中华文化立场·全球传播视野

华夏传播研究

Huaxia
Communication
Studies

第七辑

谢清果 韩立新／主编

九州出版社 | 全国百佳图书出版单位

JIUZHOUPRESS

图书在版编目（CIP）数据

华夏传播研究. 第七辑 / 谢清果，韩立新主编. --
北京：九州出版社，2021.11
ISBN 978-7-5108-2382-4

Ⅰ. ①华… Ⅱ. ①谢… ②韩… Ⅲ. ①新闻学－传播
学－中国－文集 Ⅳ. ①G219.2-53

中国版本图书馆CIP数据核字(2021)第220089号

华夏传播研究（第七辑）

作　　者	谢清果　韩立新　主编
出版发行	九州出版社
责任编辑	肖润楷
地　　址	北京市西城区阜外大街甲 35 号 (100037)
发行电话	(010)68992190/3/5/6
网　　址	www.jiuzhoupress.com
印　　刷	北京九州迅驰传媒文化有限公司
开　　本	720 毫米 ×1020 毫米　16 开
印　　张	29
字　　数	510 千字
版　　次	2021 年 11 月第 1 版
印　　次	2021 年 11 月第 1 次印刷
书　　号	ISBN 978-7-5108-2382-4
定　　价	82.00 元

学术委员会

编辑委员会

项目资助及成果

国家社科基金资助项目："华夏文明传播的观念基础、理论体系与当代实践研究"（项目编号：19BXW056）

福建省高校人文社会科学研究基地"中华文化传播研究中心"建设成果

福建省学位办研究生导师团队"华夏文明传播研究团队"建设成果

福建省本科高校教育教学改革研究项目"华夏文明传播新理论体系、教学模式与实践探索综合改革研究"成果

厦门大学研究生课程思政"中国传播理论研究"课题立项建设成果

厦门大学一流本科课程"华夏传播概论"建设成果

福建省首届网络教学名师支持计划建设成果

刊首语

推进中国传播思想史的研究

韩立新

2021 年，在庆祝中国共产党成立 100 周年的喜庆时刻，河北大学新闻传播学院与厦门大学新闻传播学院、华夏传播研究会达成了战略合作协议，共同建设《华夏传播研究》集刊。

我们希望《华夏传播研究》成为中国新闻传播学界同仁共商共建共享的学术平台，成为中国学界推进传播学本土化研究，和构建传播学"中华学派"愿景的桥梁和纽带。

值此之际，为推进中国传播思想史研究，谈一些感想抛砖引玉，与学界同仁共勉。

一、弭谤与飞耳

每读古代典籍，总能从中看到古人对传播效果控制的强烈愿望。

《国语·周语上》说：厉王虐，国人谤王。召公告曰："民不堪命矣！"王怒，得卫巫，使监谤者。以告，则杀之。国人莫敢言，道路以目。王喜，告召公曰："吾能弭谤矣，乃不敢言。"

言语间，透露出厉王对传播效果控制的自得。

召公则对厉王的自得提出了质疑，说："夫民虑之于心而宣之于口，成而行之，胡可壅也？若壅其口，其与能几何？"

字里行间，透露着召公的不同传播观。

厉王与召公的目的是一致的，只是方法不同。一个是对传者行为的控制，一个是对受者行为的控制。

哪一种控制行为更为有效呢？浩繁的中国典籍，漫漫的历史长河，历代都有不绝于书的探索。

《鬼谷子·符言》中说："人主不可不周；人主不周，则群臣生乱。寂乎其无常也，内外不通，安知所开？开闭不善，不见原也。右主周。"

鬼谷子似乎显示出更高的传播智慧，他阐述了传者行为与受者行为的对立统一性，也观察到了社会传播与组织传播的对立统一性，并且认识到信息是社会控制的资源。

因而，他渴望掌握更多的信息，他倡导掌握更多的信息。

怎么才能做掌握更多的信息呢？

以天下之目视者，则无不见；以天下之耳听者，则无不闻；以天下之心虑者，则无不知。辐辏并进，则明不可塞。右主明。

多么富有想象力的表述啊：天下之目，天下之耳，天下之心，表现出利用社会传播资源的眼界和胸襟。

又说："一曰长目，二曰飞耳，三曰树明。千里之外，隐微之中，是谓"洞"。天下奸，莫不暗变更。右主参。"①

多么有趣的比喻啊，对于受者而言，远距离的信息、隐微的信息就是一个"洞"，洞察就是在传播中对距离的把捉，就是在显见的表象中看到潜流，表达出对远距离信息驾驭的渴望，表现出对表象性信息所具有的掩饰性作用的深察。

其飞耳的提法，充满了诗情画意，耳朵飞翔起来，到其所欲之处，像极了今天的手机！可谓之为鬼谷子的手机梦，一笑！

弭谤是让人不要发指责之声，飞耳是想听到远方的话语，前者是对异质意见的传播控制，后者是对远距离传播内容的接收方法，两者似乎是矛盾的。

循着这一矛盾对古代文献进行考察，可以观察到有史以来，一代代人对传播控制和对传播资源利用之间矛盾的探索和思索。

这些探索和思索，是华夏文化百花园中的一株传播学蓝草，若能从中萃取出一系列概念，并探究出其中的关系，形成渊源于中国文化的传播学概念体系，那将是青出于蓝般的奇观，必将在世界传播学的发展史上闪烁出中华之光。

在新媒体惊涛拍岸的震耳之声中，我辈之所以仍盈盈于怀于斯，是因为此中有我们心灵的传承，其辞章汗牛充栋，其思绪烟波浩渺，彰往而察来之谓也。

---

① 李志敏主编：《鬼谷子》卷4，北京：民主与建设出版社，2016年，第436页。

二、过去与未来

新闻传播中存在燃眉效应，越是当前的，越容易疾言其要，若沙海苦渴之于水也，故传媒要做"冷静的促进派"。

阅读媒体，就像在接受价值塑造，被一个接一个的所谓的"当前的重要性"牵引在当下，视野所及，皆是晨钟暮鼓，日升日落，那悠悠过往，冉冉欲来，却常是九霄云外事了。

中国典籍少有这个窠臼，其鉴往知来的传播取向，给受者一个远处，既见黄河之水天上来，也见奔流到海不复回，可使人从当下的急湍中超脱出来，从一个大格局中审视当下。这样的为文之道，可补新闻之缺，可谓新闻的文化厚土也！

《资治通鉴》"专取关国家盛衰，系生民休戚，善可为法，恶可为戒者，为编年一书"①，虽号帝王之学，却也蕴涵着"过去规定现在、未来"的传播思想，即过去的史实，对当下的传播行为和未来的图景有规定性。

夫民之疲劳，则骚扰之兆生，上慢下暴，则瓦解之形起。……是故智者不为小利移目，不为意似改步，时可而后动，数合而后举，故汤、武之师不再战而克，诚重民劳而度时审也。如遂极武黩征，土崩势生，不幸遇难，虽有智者，将不能谋之矣②

这是《资治通鉴》在论及秦亡时的一段文字，其在过去、当前、未来这样三个时间维度上观察事物的方法，引人对新闻的即时性沉思。

过去规定现在，未来也规定着现在。

关于未来的想象、预期和观念，也规定着当下的传播行为。

古人青史留名的信念和行为，是研究这一问题的宝藏。

文天祥率兵与元军转战于广东潮阳一带，不幸在广东海丰县北的五坡岭，为元军元帅张弘范部所俘。张弘范把文天祥拘于船上，经过零丁洋时，逼迫文天祥写信招降在崖山抗击元军的宋军元帅爱国将领张世杰。文天祥慷慨陈词："我自己救父母（祖国）不得，怎么能教人背叛父母？"并奋笔疾书《过零丁洋》诗作答③。

① 任宪宝主编：《中国通史・中国上下五千年》下，北京：中国商业出版社，2017年，第559页。
② （宋）司马光著，冯国超，许海星，王进军译，《资治通鉴》文白对照全译本，第8册，北京：燕山出版社，2010年，第2049页。
③ 王烈夫编著：《中国古代文学名篇注解析译》第3册（宋朝、元朝），武汉：武汉出版社，2016年，第344页。

辛苦遭逢起一经，干戈寥落四周星。
山河破碎风飘絮，身世浮沉雨打萍。
惶恐滩头说惶恐，零丁洋里叹零丁。
人生自古谁无死？留取丹心照汗青。①

文天祥留取丹心照汗青的面向未来传播的信念，深刻影响了他当下的行为。这是未来对当下的规定性，可为传播学研究的宝藏。

三、传播与传承

河北大学新闻传播学院自 2000 年以来，一直在做中国传播思想史的知识建设。去年本人发过一篇《论马克思恩格斯的传承观》的论文，试图区分传播与传承两个概念。

传播是共时性的，传承是历时性的，传受双方在同一时间维度是传播，传受双方在不同时间维度是传承。

因为知识区分为显性知识和默会知识，传承的内容不仅是信息，也有行为，承载行为的媒介是传承媒介。

传承也可称为跨代传播，是先人向后人的传播，是今人向后人的传播，斯人已逝，或斯人未生，传播仍发生在其间。历史是跨代传播的研究对象。

学院也有跨文化传播的积累，以中华文化海外传播为研究对象。2015 年 11 月 8 日，白贵教授倡议并组建了"一带一路"沿线国家研究智库联盟。

学院对唐宋元时期的诗歌传播和图书出版也有积累，田建平教授的《宋代出版史》（上下卷）曾收到方汉奇先生的来信嘉勉。

2019 年学院成立了燕赵传播思想史研究团队，规划了队伍和方向，展开了对古代传播思想史的研究，魏海岩老师对古代信息控制的研究已有学术成果面世。

中国传播思想史知识建设，是一个宏大的工程，它根植于中国历史和文化的沃土，需要史学、文学、哲学、自然科学等学科的滋养，需要站在新时代的前沿去审视那仍然活着的元素，从中撷取并阐释出系列概念，建设起融传播与传承两个维度的传播学思想体系，以在世界传播思想的发展史上，写下中国的文字。这是艰辛的工作，这是伟大的工作，期待有识之士关注、支持和加入这个队伍，让新媒体时代的研究有一个文化之魂。

（作者为河北大学新闻传播学院教授、院长）

---

① 王烈夫编著：《中国古代文学名篇注解析译》第 3 册（宋朝、元朝），武汉：武汉出版社，2016 年，第 343 页。

目　录

华夏图像传播

中华文化传承与创新研究

华夏传播学人志

黄河文化专栏

他山之石

特稿

中国本土传播学研究的发展之思

——以华夏礼乐传播论为考察中心

On the Development of Chinese Local Communication Reasearch:Centering on the Communication Theory of Rites and Music in China

杨柏岭 *

Yang Bailing

摘　要： 华夏民族素有"礼仪之邦"的盛誉，礼乐制度是华夏文化的突出内容和形象代表，研究华夏文化自然要以礼乐为重。从借鉴西方传播学视角阐释华夏礼乐文化，探究华夏文明中的传播智慧，经黄星民明确提出"礼乐传播"这个话题，到首部以"华夏礼乐传播"冠名的专著出版，历经70年左右。20世纪中后期，在从"传播学研究中国化"到"华夏传播论"的进程中，"礼文化传播"正是重点关注的内容，开启了华夏礼乐传播研究的高起点。21世纪伊始，在中国本土传播学研究日益高涨的氛围中，"礼乐传播"完成了命名、初探及不断推进的过程。同时，众多未曾使用"礼乐传播"之名的传播史著述夯实了华夏礼乐传播论的历史逻辑，传播思想著述提升了华夏礼乐传播论的理论逻辑，各类专题研究亦彰显了华夏礼乐传播论的学术内涵。首部《华夏礼乐传播论》专著立足于"礼乐（传播）"文本的历史考释，规划了华夏礼乐传播论的内涵与外延，凸显了"礼乐文化"传播论的华夏话语。

Abstract: The Chinese people has been maintaining its reputation as the nation of greatness and courtesy,the institution of rites and music is the highlight and representative

---

　　* 作者简介：杨柏岭，安徽师范大学新闻与传播学院教授，博士，博士生导师，皖江学者特聘教授，执行院长。曾任安徽师范大学文学院副院长、学报编辑部主任等职。在《新闻与传播研究》《现代传播》《文学遗产》等期刊发表论文一百三十余篇，主要研究方向为文化传播，中国诗词美学等。

of Chinese culture and therefore research on Chinese culture focus on rites and music.From Seeking the wisdom of Chinese civilization drawing lessons from western communication perspectives, Huang Xingmin putting forward the topic 'the Communication of Rites and Music' ,to the treatise named by 'Chinese Rites and Music Communication' being published, the time period is as long as 70 years. At the middle and later periods of 20th century, Chinese rites and music communication was one of the key points in the process from 'Sinicization of Communication Research' to 'Chinese Communication Theories' ,which appeared as a high point of the research on Chinese rites and music communication. At the beginning of 21st century, Chinese local communication research was in a more lively atmosphere,and 'the Communication of Rites and Music' had an experience of being nominated,explored and advanced. Meanwhile, numerous writings of communication history which were not named after 'the Communication of Rites and Music' ,consolidated the historic logic of Chinese communication theories,writings of communication thought promoted theoretical logic of Chinese rites and music communication, and research on different topics made the academic connotation of Chinese rites and music communication theories.The first treatise named *Chinese Rites and Music Communication Theories* based on the exploration and annotation of 'Rites and Music(Communication)' texts, illustrated the connotation and denotation of Chinese rites and music communication theories, and gave prominence to Chinese discourse in rites and music culture.

关键词：华夏传播；礼乐传播；学术史；传播智慧

Keywords: Chinese Communication; rites and music communication; academic history; wisdom of communication

　　放眼四海之内，华夏民族素有"泱泱大国，礼仪之邦"的盛誉。从"礼"的广度一面观照华夏整个文化系统，可以称为"礼乐型的文化系统"，并"以与西方的宗教型的文化系统相区别"[①]。可以说,礼乐制度是华夏文化的突出内容和形象代表，"'礼'是整个中国人世界里一切习俗行为的准则，标志着中国的特殊性"，[②]自古至今彰显着民族文化品牌的功能。唐代孔颖达有云："中国有礼仪之大，故称夏；

---

① 牟宗三：《历史哲学》，台北：台湾学生书局，1988年，第166页。
② 邓尔麟：《钱穆与七房桥世界》，北京：社会科学文献出版社，1995年，第7页。

有服章之美，谓之华。华、夏一也。"①也就是说，华夏文化绵延不断的承传与礼乐文化传播密切相关，"中国之所以成为民族，就因为'礼'为全中国人民树立了社会关系的准则"②。从华夏民族衣食住行的习惯及个体修身的要求、家庭家族风气建设与各类社会活动的风俗，上升到家国情怀及民族心理的积淀，华夏民族对中华文明的特殊情感、思想认知及历史价值，很大程度上源自礼乐文化的认同。

因此，研究华夏文化自然要以礼乐为重，而随着传播学在我国扎根并迅猛发展，从传播学角度研究中国文化，发掘中国文化传统中的传播观念、行为及价值，自然走进了学人们的视界。像文学、哲学、社会学等诸多学科一样，传播学研究在较长的时间内也是生活在西方学术的话语体系中，部分研究者习惯性地运用西方传播学来解释中国古代传播活动，构建中国当代传播学理论框架。当然，与此相呼应，传播学本土化、本土传播学以及中国特色传播学的建设呼声亦日益高涨。自施拉姆弟子香港中文大学余也鲁于1977年首次明确提出"传播学研究中国化"这一论题，得到了徐佳士、郑学檬、孙旭培、关绍箕、黄星民、陈国明、邵培仁、吴予敏、尹韵公、李彬、贾文山等一批海内外华人学者响应③。有了这一批前辈学者开疆拓土，伴随着中国发展的进程，中国学人研究华夏传播学的自信心、自豪感和自主性不断增强。可以说，在华夏传播学研究如火如荼的氛围中，即将付梓的《华夏礼乐传播论》昭示着以礼乐传播为主要内容的华夏传播研究进入了新的阶段，呈现出华夏传播研究的新理念，必将迎来华夏传播研究的新格局。

一、从"传播学研究中国化"到"华夏传播论"

从借鉴西方传播学视角阐释华夏礼乐文化，探究华夏文明中的传播智慧，经黄星民明确提出"礼乐传播"这个话题，到首部以"华夏礼乐传播"冠名的专著出版，历经70年左右。重温这段旅程，内心盈起的除了"光荣与梦想"，还有暖暖的感恩与信心。1966年，历史学家张玉法出版了他的硕士论文《先秦时代的传播活动及其对文化与政治的影响》④，将先秦文化传播活动归纳为"朝聘会盟""行人""游士""游学""商旅""战争与游民"等六种方式，尤其是前三种阐释的即是在礼乐制度背景下传播活动。如"朝是诸子对天子的隶属关系，包括送贡物，

① 《左丘明传》，杜预注，孔颖达疏：《春秋左传正义》卷56，阮元校刻：《十三经注疏》下册，北京：中华书局，1980年，第2148页。
② 邓尔麟：《钱穆与七房桥世界》，北京：社会科学文献出版社，1995年，第7页。
③ 谢清果等：《光荣与梦想：传播学中国化研究四十年（1978—2018）》，北京：九州出版社，2018年。
④ 张玉法：《先秦时代的传播活动及其对文化与政治的影响》，台北：嘉新水泥公司文化基金会，1966年。

五年一朝。聘是诸子每岁必做的，三年一大聘。天子即位，小国朝之，大国聘之，以继好结信。会是诸子相会，交流情报。盟是订立誓约或条约"①。诸如此类，皆指出了礼乐制度对传播活动的直接影响。在内地学界，一度强调从"宣传"角度阐释传统文化的思想和现象。②比较而言，较早以"礼仪"为主要内容探讨华夏传播学，当属1988年出版的吴予敏的《无形的网络》。该著正如其副题所言"从传播学的角度看中国的传统文化"，而其所理解的中国传统文化的主体即是礼仪文化。作者有两个基本问题，即"为什么传统中国是以'礼仪之邦'著称，为什么在各级家族、行会、乡社、团体组织中有那么多的礼仪性活动"。③于是，该著除了在探讨家族、乡社、职业社团、信仰社团等中国古代社会组织及传播方式，阐释包括儒家在内的各学派的传播理念等话题直接以礼仪文化为重点对象，还有以基于"历史—民俗"思维下的礼仪文化为背景，分析中国古代口语、文字及非语言传播媒介，直至综论中国社会传播结构与传统文化模式，自始至终，该著的核心思想都是从传播学角度探寻华夏文化的内聚力。可以说，这是一本未署华夏礼乐传播之名而实则以"礼文化传播"为主要内容的专著，体现了华夏礼乐传播研究的高起点。

此后"大陆学者逐渐重视传播学研究的中国化，从中国文化中发掘思想和素材，来丰富和扩充现有的传播学"。④如沙莲香主编《传播学——以人为主体的图象世界之谜》这部具有传播学概论性质的著作，不仅专题阐释了文化与传播的关系，而且设专章论析了"中国的传播方式及特点"。⑤部分研究者进而关注了中国文化中礼乐文明的传播特点及价值。1993年，何庆良撰有博士论文《先秦诸子传播思想研究》，专门讨论"儒家：政教派"及其孔子、孟子、荀子等人"教化"传播思想。其中多论及儒家重视礼乐文化的独特传播功能，认为孔子等率众弟子周游列国游说行教，就是宣传"仁政""礼治"，他们循循善教、诵《诗》执礼又念念为政求仕，"儒家的传播实践是将为政与施教合而为一"。⑥1994年，台湾关绍箕《中国传播理论》正是针对"唯西方学术马首是瞻"这个背景，尝试"传播

---

① 戴元光：《传学札记：心灵的诉求》，上海：复旦大学出版社，2004年，第138页。

② 郭志坤：《先秦诸子宣传思想论稿》，福州：福建人民出版社，1985年。

③ 吴予敏：《无形的网络——从传播学的角度看中国的传统文化》，北京：国际文化出版公司，1988年，第214页。

④ 孙旭培：《中国大陆传播研究的回顾与前瞻》，《新闻与传播研究》，1994年第2期，第2—9页。

⑤ 沙莲香主编：《传播学——以人为主体的图象世界之谜》，北京：中国人民大学出版社，1990年。

⑥ 何庆良：《先秦诸子对传播功能的认识与应用》，《新闻与传播研究》，1995年第1期，第10—16页。

研究中国化"的成果。该著本着"特定的时空环境形成了中国传播理论的独有特色"①，将中国传播理论划分为语文传播、传播规范、人际传播、人际关系、民意与报刊五大理论范畴；进而重视道德规范、强调"观人""知人""五伦"等关乎礼乐文化的阐释，成为该著核心思想之一。大陆较早真正以传播史命名的是李敬一的《中国传播史：先秦两汉卷》，该著除了绪论集中讨论了关于传播学中国化的思考，重点便在探讨先秦两汉时期的传播方式及传播思想。其中不乏从传播学角度讨论礼乐功能的内容，尤其是在分析儒家传播观念时，明确指出儒家认为的"传播就是通过对伦理道德的规范，来达到维系人际的等级关系，恢复和巩固社会秩序的目的"，反映在舆论与社会控制上，就是"一方面强调以'礼义'来调整社会关系、磨合社会矛盾，一方面强调以诛杀的办法来压制反动的舆论，从而达到社会的安定"。②

20世纪末香港回归之年，孙旭培主编《华夏传播论：中国传统文化中的传播》的出版，对于华夏传播研究来说具有丰富的象征意义。一则，这是余也鲁、徐佳士、郑学檬、孙旭培等前辈学者20年前共同倡议传播学研究中国化，以中国本土传播学为研究对象的成果问世；二则，这是海峡两岸的学者（撰稿人27位）共同著述并冠名"华夏传播"的一本书，"华夏传播"由此得以正名；三则，在传播学研究路径备受争议的学术氛围下，该著指导思想明确，方法论意识清晰，这就是"中国源远流长的历史，不曾中断过的华夏文明，会为传播学研究提供取之不竭的资料"，"'传播学研究中国化'的目的，通俗地说，就是通过研究中国的传播历史和现状，为传播学的丰富和发展做出贡献，使传播学不至于只是'西方传播学'"。③由于该著的"概论性""多人合作"等原因，致使体例、内容表述不够圆融，但以礼乐文化为主要内容的华夏传播论的特色还是极其鲜明的。其中，该著从政治礼仪、日常生活礼仪两个层面专论了"礼仪与传播"这个话题，从"交际者言辞容貌服饰体态举止，器物'道具'，加上行事程序"④三种因素，分析了礼仪在人际传播中的功能和作用方式。在第三章"中国传统文化中传播的若干特性"中，更是将礼乐制度视为"定于一尊"的传播机制、"止于至善"的传播取向、"东方智慧"的传播技巧及"汉语独特神韵"的传播媒体等华夏传播特性的文化背景和依据。由此，不仅指出在中国传统文化中，"'仁'和'礼'是传统社会中两个最重要的

---

① 关绍箕：《中国传播理论》，台北：正中书局，1994年，第11、18—19页。

② 李敬一：《中国传播史：先秦两汉卷》，武汉：武汉大学出版社，1996年，第6页。

③ 孙旭培主编：《华夏传播论：中国传统文化中的传播》，北京：人民出版社，1997年，"序言"，第3—4页。

④ 孙旭培主编：《华夏传播论：中国传统文化中的传播》，第168页。

德行，同时也是传播活动的最基本的规范和价值准则"，"'礼'是传播行为的最高规范"，[①] 而且指出在传统中国德性文化的大背景下，儒家经典《大学》开宗明义指出的"三纲领"尤其是"'止于至善'正是中国古代传播活动价值追求的目标指向，使其有别于西方古代传播"。[②] 进而，该著在"华夏传播"这个概念下，多次强调中国素有"礼仪之邦"之称，以及"各种社会生活中，各种不同的交际场合，礼节、礼数都多得惊人"的认识，成为解析华夏传播活动、媒介、行为及观念的基本共识，兹不再赘叙。

二、"礼乐传播"概念的提出、初探与推进

21 世纪伊始，对华夏传播中"礼乐传播"这个话题而言，《新闻与传播研究》2000 年第 1 期发表了黄星民《礼乐传播初探》一文，同样具有"生新"的象征意义。该文在前人多从"中国儒家已经认识到并自觉利用礼乐的传播功能""主要侧重传播文化的研究"的基础上，首次较为全面地解释了"礼乐传播"这个术语，认识到"礼乐传播这一中国历史上极有特色的重要传播活动"，并认为"它表现出我们的先辈克服传播技术落后的高度传播智慧""礼乐传播的内容还表现出我们先辈的高度传播道德"，并较早地从传播学者拉斯韦尔的传者、内容、渠道、受者和效果"五个 W 传播的过程对礼乐活动作了新的观察"。由此，该文对"礼乐传播"做出了自己的定义："我们所谓的'礼乐传播'，指的是中国儒家自觉地利用礼乐这一传播形式向全社会广泛地传播自己的思想观念的传播活动。"这个定义除了将"礼乐"合称，并将此限定在儒家文化的范畴之内，还从传播学角度指出"礼乐"是"传播形式"，"礼乐传播"是"传播活动"，由此在之前有关"礼乐"传播功能论的基础上，拓展了"礼乐传播"研究的内涵与外延。可以说，"礼乐传播"是基于传播学视野下对传统"礼教"概念的新表述，它不能等价于华夏传播抑或儒家文化传播这些概念，但无疑是对它们研究的深化。同时，该文在研究思路及方法上，中西对照，古今转化，表达了诸多新见。如儒家"礼乐传播"中的"化"字以及"教化""风化"，就其发挥的历史作用而言，"这相当于今天的'大众传播'的观念"。由此顿悟，《礼记·曲礼》中所谓"礼不下庶人"并非说"礼"就与庶人无关，虽说"与士以上的各阶层相比，庶人直接参与礼乐活动是非常有限的"，但他们可以"观众的形式成为礼乐传播的受众"。换句话说，鉴于"礼"的等级性质，贵族、庶人各有其"礼"，贵族之"礼"不必全数下达于庶人，对庶人也不必

---

① 孙旭培主编：《华夏传播论：中国传统文化中的传播》，北京：人民出版社，1997 年，第 39 页。

② 孙旭培主编：《华夏传播论：中国传统文化中的传播》，第 38 页。

求贵族之全礼，或许才是"礼不下庶人"的正解。同年，《新闻与传播研究》第9期刊发黄星民《从礼乐传播看非语言大众传播形式的演化》一文，正是基于前文关于"礼乐是个完整的大众传播过程，其至还包括效果反馈这一环节"的判断，以中国礼乐传播为主线，追溯大众传播中口语传播时期的原始礼仪、文字传播初期的古代礼仪、文字传播后期的戏曲、印刷与电子传播时期的电影广播电视网络等非语言符号传播形式的演化过程。于是，从"礼乐"是大众传播形式这个基本认识，宏观考察了礼乐传播的媒介发展历史，两文"合看将对礼乐传播有一个较完整的印象"。至此，黄星民在21世纪初年为"礼乐传播"完成了"制名""正名"工作。①

在随后的20年间，"华夏礼乐传播"这个话题在学界时有呼应。除了中国传播史研究综述类文章，部分期刊论文、学位论文也偶尔出现"礼乐传播"这个术语，或在这些文章的学术史梳理部分中提及。除此，陈新玲《儒家传播思想与当代新闻传播》是较早的一篇延展之文。该文在承认"礼乐传播"具备完整的"5W"传播过程这个认识的前提下，进一步分析了"风草说"等传播效果理论、"中道而立""民贵君轻"等传播原则、"善教得民心""化道"等传播功能观。②随后直接关联的还有张金萍《儒家传播思想与当代新闻传播》等文，以及陈谦《中国古代政治传播思想研究》等著作。后者讨论先秦儒家的政治传播思想时，便将"礼"视为传播活动的原则。第四章"面向民众的信息规范控制思想"专设"礼乐：教化内容的传播形式与媒介"一章，依次分析了"制礼作乐""古代的礼乐传播活动"及"礼乐的政治伦理意义"等话题。③进而，谢清果编著的《华夏文明与传播学本土化研究》在"名实之辨：华夏传播符号的意义网络"一章讨论"非语言符号"时，从"作为一种仪式传播的礼乐文化"出发，分析了"礼乐传播的意义传达"；④谢清果编著的《华夏传播学引论》在"礼乐与媒介：华夏大众传播的独特样式"一章，从仪式传播观视角，强化"礼乐传播"的媒介功能，基于华夏大众传播媒介的发展历程，提出了"礼乐传播：华夏大众传播的基本形态"⑤的论点，并专论

---

① 注：关于"礼乐传播"这个术语，其实，黄星民与熊华丽于1984年向第一届上海国际传播学学术会议提交 Rites-music cmmmunication 一文已有，该文认为"中国古代的礼乐传播实际上就是一种大众传播"。1986年，黄星民硕士学位论文即为《初探礼乐传播》。参见黄星民：《"大众传播"广狭义辨》，《新闻与传播研究》，1999年第1期，第2—7、94页。

② 陈新玲：《儒家传播思想与当代新闻传播》，《杭州师范学院学报》（社会科学版），2003年第2期，第69—72页。

③ 陈谦：《中国古代政治传播思想研究：以监察、谏议与教化为中心》，北京：中国社会科学出版社，2009年。

④ 谢清果编著：《华夏文明与传播学本土化研究》，北京：九州出版社，2016年，第261页。

⑤ 谢清果编著：《华夏传播学引论》，厦门：厦门大学出版社，2017年，第197页。

了"面子""关系"等话题；吉峰所著《中华传统文化传播研究举隅》在"主体论：先秦文化的传播主体"一章，从传播主体角度讨论了"礼乐传播"的话题，依次分析了采诗者、教育者、贵族阶层、瞽等西周时期文化传播主体。①

在此期间，有几篇深入推进"礼乐传播"话题研究的论文。谢清果、林凯在《礼乐协同：华夏文明传播的范式及其功能展演》中，指出礼和乐作为华夏文明传播的两种符号形式，二者是协同关系，如此"准确而有效地传递着'仁义'等中华文化的核心思想"，足见"礼乐协同是华夏文明传播的一种范式"，②强化了通过"礼乐"合一来研究华夏礼乐传播的思维路径。兰甲云、艾冬丽在《孔子的道德理想与礼乐文化传播》一文中，既尊重礼乐合称之道，又指出"礼乐相对而言，礼为阴，乐为阳"的区分；既强调礼乐文化贯穿于儒家道统、学统、宗统、政统之中的核心地位，又针对之前"礼乐传播"系大众传播之说，指出"礼乐传播是在礼乐制度的规定范围内定向传播，礼乐传播以礼典礼仪为核心平台传播，受到一定时间空间与参与人员的限制"，③增强了华夏礼乐传播研究的辩证分析法。田杰在《西周礼乐传播的核心精神及其秩序建构》一文中，以西周礼乐传播为对象，重点考察了其建构的礼乐传播秩序及观念，提出了"尚德主敬""追求和谐"以及秩序与意义的统一"文化世界"等论点，④强化了华夏礼乐传播研究的理论视域。

三、多元视野下的礼乐传播研究

21世纪以来，无论从话题选择、研究视野、分析方法、阐释思路，还是研究动机及目的，乃至研究团队的构成、学术活动的开展及学术研究的氛围上，可以说，以华夏传播研究为主要特色的中国本土传播学研究不断发展，彰显出新的理念，呈现出新的态势。兹从礼乐文化传播研究角度略作概述，进一步丰富对未曾使用"礼乐传播"之名而实则有深化意义的这方面研究成果的认识。

（一）各类传播史著述夯实了华夏礼乐传播论的历史逻辑

作为大陆较早的一部从史前期到晚清，描述中国文化传播史的通史著作，周月亮《中国古代文化传播史》内容极为丰富，然与之前对儒家礼乐文化与传播话

---

① 吉峰：《中华传统文化传播研究举隅》，北京：九州出版社，2019年，第92页。

② 谢清果，林凯：《礼乐协同：华夏文明传播的范式及其功能展演》，《新闻与传播评论》，2018年第6期，第59—68页。

③ 兰甲云，艾冬丽：《孔子的道德理想与礼乐文化传播》，《伦理学研究》，2019年第1期，第32—40页。

④ 田杰：《西周礼乐传播的核心精神及其秩序建构》，《北京印刷学院学报》，2020年第4期，第84—87页。

题的讨论多着力于先秦时期不同，这部著作从先秦时期如《周礼》"教为鼓，而辨其声用"的"声用说"、周王朝"教化"说、孔子的传播思想及实践（附儒家），经过汉代"儒学复兴与经典教育"、宋代"儒学大传播"、明代"权力与教化输出""书院传儒脉"，到清代"唯独对理学格外着迷"现象，基本搭建了儒家以礼乐文明为主的文化传播学小史。鉴于该著"为了追求'史'的知识型面孔"[1] 的写作特点，作者原初"一部文明演进史就是一部文化传播史"的判断，试图"不要只是在写文化的传播史，更要写出传播的文化史"这个"顽固的意欲"[2] 的实施情况来看，未能完全满足读者的阅读期待。不过，此番研究文化传播史的方法论带给华夏礼乐传播等本土传播学研究一个深刻的启示，即我们不仅要研究礼乐文化的传播史（所以然），还要探寻礼乐传播的文化史（之所以然）。事实亦如此，该著有关礼乐传播的一些说法，仍值得后人系统深入的探讨。如谈到声音媒介时说的"从自然的'声咏'到自觉的'声用'，到后来的铸大钟、制铜鼓，成为关乎朝野、上下之间，关乎礼仪、民俗的多重功能的传播机制"；论及孔子传播思想及实践时说的"让礼的概念系统如仁、忠恕、中庸来规范人际传播，来统驭人们的日常传播行为，使信息成为信念"；分析汉代儒学复兴与经典教育时提出的"儒学自身以师生链为组织形式，以整理经典为理论形式，以讲学为传播方式""靠着自身的传播力量保持下来本身就是传播史上的奇观"等。[3]

同样在 2000 年出版的台湾关绍箕《中国传播思想史》也是一部由先秦到清代的通史。正如书名所示，该著侧重"思想""观念"层面，所讨论的话题也以专人、专书为主。作者不仅较为全面地研究了包括儒家在内的中国历史著名学人的传播思想，还专门讨论了含《礼记》《大戴礼记》等在内的各类典籍的传播思想。如认为"《礼记》触及的传播范畴共有语文传播、传播规范、人际规范、人际关系与民意五类。其中，对传播规范着墨最多"。"《礼记》论及了一般规范、语言规范与行貌规范三个层面，触角甚广。这也凸显了《礼记》是一部注重'规范'的典籍"，[4] 较早地从传播学角度概括了《礼记》的思想及特色。该书颇重视史料，"传播思想"深度剖析不足，但这种传统的学术史撰写体例还是值得华夏传播研究者们借鉴与拓展的。

随后李敬一本着"研究中国传播的历史和现状，研究西方传播理论的发展方

① 周月亮：《中国古代文化传播史》，北京：北京广播学院出版社，2000 年，第 329 页。
② 周月亮：《中国古代文化传播史》，第 6 页。
③ 周月亮：《中国古代文化传播史》，第 50、108、146 页。
④ 关绍箕：《中国传播思想史》，台北：正中书局，2000 年，第 83—84 页。

向，目的在于建立有中国特色的传播理论体系"①这个鲜明立场，在其《中国传播史论》中讨论了采诗观风、书院传播、儒家教化等与礼乐传播有关的传播方式、实践、观念等内容。其中，他从舆论控制角度，考察了孔子等儒家人物的传播观念，指出儒家认为"人的一切传播行为，不能不以'礼'为标准""坚持以'礼'来形成舆论、引导舆论、控制舆论就会名正言顺"②等主张颇有新意。就礼乐与文化传播关系而言，孙顺华《中华文化与传播》是值得关注的一部著作。该著"不是一本传统学科意义上的中国文化史论著，也不是一本传播学意义上的中国传播史论著"，而是"从文化与传播互动关系的视角阐释独具特色的中华传统文化的形成、发展和影响，探讨中国历史上和现实中种种传播现象的本质和规律"。③在作者看来，"中国传统文化是道德文化和礼乐文化，道德和礼乐贯穿于传播的各个方面"，基于对中华文化这个形态特点的认识，包括"礼乐文化的兴起与传播""中华文化的社会学传播""中华文化的非文字传播（尤其是建筑、服饰等）"等与礼乐传播直接相关的话题在内，主要遵循了"文化是传播的内容""文化为传播提供语境""文化为传播提供了方法、模式与结构"④等思路，分析了文化对传播影响。研究思路的变化，自然带来了研究结论的不同。譬如在考察儒学在汉代转型时，便发现儒学的传播形态的系列变化，其中一大特点就是"'礼'的渗透应该是儒家'真理话语'的最有利证据，儒家的思想学说通过'礼'渗透、影响到整个社会"，⑤同时借助传播的力量，以道德文化和礼乐文化为主要内容的中华文化，既增强了华夏民族的内聚力，也扩散形成"东亚文化圈"、流播西方世界。

2005 年金冠军、戴元光主编《中国传播思想史》四册出版，构建了中国古代、近代、现代较为完整的传播思想史，令时人有眼前一亮之感。其中，在多维视野、全景架构中对"礼乐与传播"多有关注。如古代卷在分析上古技术传播时指出的"巫术中融伦理的思想"是值得注意的现象，三代时期"政治垄断和文化控制的'刑礼'互补传播"，孔子将"礼乐教化注入传播并落实到现实的传播角色意识中，具体化为'仁'"，⑥以及上古教育思想转播与建制、明代书院及其传播思想、清代帝王政治文化传播思想等话题中，均认识到礼乐文化在中国传播思想史上的独特价值。需要特别强调的，该著除了提及政治传播、教育传播、文化传播

---

① 李敬一：《中国传播史论》，武汉：武汉大学出版社，2003 年，第 294 页。
② 李敬一：《中国传播史论》，第 191—192 页。
③ 孙顺华：《中华文化与传播》，北京：新华出版社，2003 年，"前言"，第 1 页。
④ 孙顺华：《中华文化与传播》，第 15 页。
⑤ 孙顺华：《中华文化与传播》，第 108 页。
⑥ 金冠军，戴元光主编，余志鸿著：《中国传播思想史·古代卷·上》，上海：上海交通大学出版社，2005 年，第 67、90 页。

等概念，还有"礼仪传播"这个术语。像作为我国古代伟大的传播理论家和传播实践家的孔子，就是"曾为中国古代的礼仪传播制度提出过系统的构想"；[①]《三礼》则充分展示出中国古代礼仪传播的思想，"《周礼》中实现政治传播的官僚机构和制度""《礼仪》中实现礼仪教化的传播思想""《礼记》中以伦理为核心传播的封建礼制"[②]；而作为最早的国别史《国语》除了"在礼仪传播上，主张维护'先王之制'"，部分内容则"充分反映了在社会转型时期权力传播体制与礼仪传播体制之间出现的矛盾和冲突"[③]……诸如此类，既为华夏礼乐传播研究提供了广阔的文化背景，梳理了历史演变脉络，相关专题也深入探讨了礼乐文化传播的方法、模式与结构。

（二）各类传播思想著述提升了华夏礼乐传播论的理论逻辑

首先，在探寻华夏传播理论传统视野下对礼乐文化或传播的重点关注。在此领域，最具有自觉意识且成果突出的是谢清果及其团队。除了冠名"华夏文明（传播）"的系列成果，如《华夏文明与传播学本土化研究》（北京：九州出版社，2016年）、《华夏传播学引论》（厦门：厦门大学出版社，2017）、《华夏文明与舆论学中国化研究》（北京：九州出版社，2018年）、《华夏传播研究：媒介学的视角》（北京：社会科学文献出版社，2019年）、《华夏文明研究的传播学视角》（厦门：厦门大学出版社，2019年）等，还有《和老子学传播：老子的沟通智慧》（北京：宗教文化出版社，2010年）、《中国科学文化与科学传播研究》（厦门：厦门大学出版社，2011年）、《中庸的传播思想》（北京：九州出版社，2018年）、《〈论语〉的传播思想》（北京：九州出版社，2020年）等专论，无不有意识地构建了系统全面的新颖体系。据笔者来看，这本身就值得专门分析，故而此处不再细说，仅就其他研究情况予以梳理。

毛峰在强化中华文化要义阐释的基础上，以文明传播的秩序为对象着力发掘中国人的智慧。在他看来，中华"文明传播的法则是自然生态与人类活动的良性平衡"，有了这个理论判断，进而指出中华民族历经两千余年的建设，"创造出一种独特的，融政治、经济、伦理、宗教、文化为一体的'礼乐'制度"。[④]可以说，"'礼乐'制度是中华民族在文明的独特发展中摸索出来的、不以武力和强制

① 金冠军，戴元光主编，余志鸿著：《中国传播思想史·古代卷·上》，上海：上海交通大学出版社，2005年，第141页。
② 金冠军，戴元光主编，余志鸿著：《中国传播思想史·古代卷·上》，第116—123页。
③ 金冠军，戴元光主编，余志鸿著：《中国传播思想史·古代卷·上》，第307、310页。
④ 毛峰：《文明传播的秩序：中国人的智慧》，北京：中国传媒大学出版社，2005年，第13、63页。

达成社会合作、融洽与统一的伟大制度""高级伦理制度"。简言之，"中国者，礼仪之国，道德之国也"。① 至此，"中国价值观（世界观）的外在形式体系是'礼'、'乐'"，这不仅是"中华文明得以维系之道德秩序"，也是对外文明传播的秩序，"世界人文主义之开山纲领，中国礼乐教化之根本大法"。② 从传播学角度说，"传播的第一要义在于'传承文化遗产'"，而"孔子之社会理想，本其一贯之人道主义，要让人人承担社会责任'礼'"③。通过孔子论文明传承、播撒等文化传播实践，彰显了"培育礼乐精神""德教立国""世界大同"等发扬中华文化传播智慧的主张，以及"生生之仁"（仁爱万物，包容天下；遵循传播秩序，促进天人和谐）等传播原则。

全冠军博士学位论文《先秦诸子传播思想研究》（北京大学 2005 年，该文后于 2014 年出版）认为实现传播学研究的本土化，至少有通过研究中国当下传播现状或中国古代传播史构建自己的理论体系两条基本途径。④ 该著采取了后一种路径，指出"先秦诸子的传播思想主要以人际传播为中心展开，而人际传播又是大众传播、组织传播的基础，是人类最普遍、最常见的传播形式"。⑤ 基于人际传播这个中心考察中国古代社会，自然就将"礼"上升为中国古代文化的传播理念。于是，与其他著述不同，该著比较全面地考察了先秦诸子对"礼"文化传播的认识与实践。像孔子提出了"'和而不同'的传播理念，其具体表现为'仁'和'礼'的统一"，孟子"更加重视孔子所提出的'仁'，而对'礼'有所忽视"、荀子"发扬了孔子学说中的'礼'这一向度，而对'仁'关注不多"，至于同样熟悉"礼"的老子却主张取消"礼教"，⑥ 但"老子所反对的乃是儒家所倡导的礼教，认为那是一种病态的文明，反对的是人的异化、传播活动的异化"，而并不反对"人们自然而然生发的仁、义等传播秩序（例如对子女的慈爱、对老人的尊敬等人际关系和秩序）"。⑦ 这些论题不仅分析细微，关键是拓展了华夏礼乐传播研究的范围，展示出华夏文化对礼乐价值判断的辩证眼光，而不是将其局限于儒家文化的范围之内，守着某种"独尊"的意识。

同样针对传播学研究的本土化建设中出现的种种质疑，郝朴宁等著《民族文

---

① 毛峰：《文明传播的秩序：中国人的智慧》，北京：中国传媒大学出版社，2005 年，第 64、91 页。
② 毛峰：《文明传播的秩序：中国人的智慧》，第 102—103 页。
③ 毛峰：《文明传播的秩序：中国人的智慧》，第 158 页。
④ 全冠军：《先秦诸子传播思想研究》，北京：中国书籍出版社，2014 年，第 12 页。
⑤ 全冠军：《先秦诸子传播思想研究》，第 17 页。
⑥ 全冠军：《先秦诸子传播思想研究》，第 325—326、329 页。
⑦ 全冠军：《先秦诸子传播思想研究》，第 240 页。

化传播理论描述》立足于"传播学"与"民族文化学"这一交叉学科，从文化与传播互动关系研究包括民族文化传播介质在内的中华民族文化传播理论。该著一大原创就是在全面观照中国56个民族文化差异和融合的视野下，关注了少数民族文化传播理论，特别是对"生活在红土高原的云南25个少数民族原传介质进行了梳理研究"。① 通过考察作为一种历史行为的传播活动，理论上认识到风俗习惯、道德规范、法律规范和宗教规范等，不仅"对跨文化交流有所影响，也是跨文化交流中引起误会和冲突的一个重要因素"。② 由此整体来看，"中国传统文化的最大特点是浓厚的道德色彩"，诗和音乐"作为传播道德信息的载体"存在，孔子所说的"正名""一方面将人际传播纳入到礼制的社会道德体系，另一方面又通过'礼'这种符号系统中的象征性角色扮演来加强社会的道德体系，使仁和礼的观念深入到社会的每个角落，深入到人们的日常言行，深入人心"。③ 于是，该著在考察少数民族语言文学、歌舞介质、听觉介质（鼓声、口哨、口弦、乐器等）、视觉介质（服饰、图案、图画、体饰、文身等）、实物介质（礼器等）、仪式介质（出生、命名、婚嫁、丧葬等）等话题时，均将这种广义的"礼乐文化"贯穿其中。如云"纳西古乐是作为一种礼乐，得以在丽江纳西族中确立了它的地位""在纳西族人的眼里，音乐传统与儒学传统是一致的，儒学是一个是乐，一个是礼。礼乐相辅相成，缺一不可"。④ 既立足中华民族文化整体，以汉族礼乐文化为轴心，又融合少数民族"礼乐""习俗"文化，该著无疑为华夏礼乐传播研究范围的拓展提供了有力的支撑。

从理论上探讨华夏传播学终归要有形而上的思辨，从文化哲学层面思考、提炼并予以系统建构就是最佳路径之一。邵培仁等在华人本土传播理论研究上的成果，便展示出这一方面的力度。邵先生进入传播学领域研究伊始，即对宏观思考传播模式⑤、传播学研究的中国特色等话题充满兴趣，其中"为何要有中国特色""怎样叫作有中国特色""怎样才有中国特色"三问，以及"既有中国特色又有通用性质的整体互动模式"的目标，⑥ 貌似平易，然至今仍是中国传播理论探索的问题。经过"中国古代受众的信息接受特色"及"中国传播学界需要学术寻根"

① 郝朴宁等：《民族文化传播理论描述》，昆明：云南大学出版社，2007年，"导论"，第2—3页。
② 郝朴宁等：《民族文化传播理论描述》，第35页。
③ 郝朴宁等：《民族文化传播理论描述》，第40页。
④ 郝朴宁等：《民族文化传播理论描述》，第438—439页。
⑤ 邵培仁：《关于传播模式的思考与构想》，《淮阴师专学报》（哲学社会科学版），1991年第3期，第45—49、63页。
⑥ 邵培仁：《论传播学研究的中国特色》，《徐州师范学院学报》，1995年第3期，第62—64页。

等华夏传播学等话题的探索，①2013 年发表了《寻根主义：华人本土传播理论的建构》一文。作者明确表示"面对本土传播研究理论贫乏的局面，我们提出'寻根主义'作为本土理论建构的突破口"，建构了"传播思想：阴阳和合的传播哲学""传播原则：情理交融的传播伦理""物我融通的传播意识"等华人本土传播理论的观念结构，认为这些均是影响中国传播的文化"基因"。以此观照华夏礼乐传播，也必将从思想观念层面对其有了清晰的把握，像"儒家思想作为两千年来中国的正统意识形态，其构建的'仁—礼'伦理结构长期作用着中国人的传播行为"②即是。继而，作者另撰文章从传播模式论角度，以《论语》为考察中心，对儒家构建的"仁—礼"伦理结构进行了专论。作者指出，《论语》文本蕴含了"以仁释礼，情在理中"价值传播的"内化"模式、"众星共辰，风行草偃"的道德传播的"情感"模式、"忠恕为仁，推己及人"人际传播的"外推"模式、"不愤不启，不悱不发"知识传播的"情境"模式，并进一步提炼儒家传播思维。此文明确指出"因为'仁'仅仅停留在知识建构层面，虽然其中蕴含了便于传播的因素，但要真正进入传播过程，必须依赖一种实践性的规则，即'礼'"，③此论实则从学理上为礼乐传播"正名"。邵培仁等后来发表的《传播理论的胚胎：华夏传播十大观念》等文，均为华夏礼乐传播研究提供理论支撑，自然亦提升了礼乐传播研究的思想内涵。

值得一说的，杨瑞明等主编的《文明传播的哲学视野》为当代中国文明传播提出了战略建议。在探索中华文明传播原理中，认为"亲缘、地缘、业缘、物缘和神缘"等"五缘关系"构成了中华谱系文化和信仰传播的核心，建构了"中国传统文化的根本特征是伦理政治性"④的传播基因。诸如，"亲亲"是中华文化"一种群体意识的传播和行为规则"，"血缘"是中华文化"最为重要的人际传播路径"，"礼乐文明"在世界文明史上"独立无二"等。⑤由此，"中国者，不侵略之国，不掠夺之国也""中国者，礼义之国、道德之国也""中国者，中道之国、人道之国

————————

① 邵培仁：《论中国古代受众的信息接受特色》，《杭州大学学报》（哲学社会科学版），1998 年，第 3 期，第 45—52 页；《中国传播学界需要学术寻根》，《当代传播》，2012 年第 1 期，第 1 页。

② 邵培仁，姚锦云：《寻根主义：华人本土传播理论的建构》，《新疆师范大学学报》（哲学社会科学版），2013 年第 4 期，第 28—41 页。

③ 邵培仁，姚锦云：《传播模式论：〈论语〉的核心传播模式与儒家传播思维》，《浙江大学学报》（人文社会科学版），2014 年第 4 期，第 56—75 页。

④ 杨瑞明，张丹，季燕京主编：《文明传播的哲学视野》，北京：中国社会科学出版社，2012 年，第 285、173 页。

⑤ 杨瑞明，张丹，季燕京主编：《文明传播的哲学视野》，第 191、200、223 页。

也"等，① 均为解读华夏礼乐传播提供了理论上、方法论上的启示。进而，观照当今中国，在纵向传播方面，"如何继承中国悠久博大的传统文化并使之在全中国人心目中生根开花"的"道德教育"，创造性地诠释儒家人文主义思想尤其是孔子"仁""义""礼"等基本观念，是弥补"文化断裂"的重要议题。于是，在"文明传播学"主题列举中，与"礼乐"相关的内容便成为最重要的话题。②

其次，在探寻传播学亚洲学派乃至全球化传播学视野下对礼乐文化或传播的重点关注。陈国明主编的《中华传播理论与原则》是"华人社会首见的传播理论建构合集"，由中华文化出发，探讨中华式传播形态与行为，"旨在探究以文化特殊性建立传播理论的可能性"，③ 有着鲜明的"将庞杂的论述抽象化"这个理论建构意识。于是，该论集在认识到传播是人类社会普遍性行为的基础上，"其目的并非在寻找普世性的传播理论，而是要从中华文化的角度，来探讨所谓中华式或本土性的传播型态或行为，以资与其他文化的传播型态或行为有所区别"。④ 除了"总论""分论"中辑录的文章如中华传播理论与方法、华人组织传播、儒家思想对组织传播的影响等话题涉及华夏礼乐文化传播的内容，"细论"部分更是从"脸面""和谐""关系""礼""报（报答、报恩……）""客气""缘（有缘、缘分……）""风水"等诸多礼文化活动、行为、心理现象解读了华人的沟通行为，可谓华夏礼文化传播型态或行为伦理建构走向深入的尝试。其中，张惠晶撰写的《台湾人际传播理论的重建：多面性架构理论的分析》一文，特别指出了目前华人人际传播理论研究存在的一种思维定式，这就是"通常将传统文化，特别是以孔子为代表的儒家文化，视为此等行为的主因""亦即，儒家的礼教约束，及以五伦规范的亲疏远近的人际差序格局（费孝通，1948），导致华人明显区分所谓的'自己人'与'外人'"。这种基于个人主义与集体主义、东西方文化等二分化的阐释思路，带来诸如忽视个人主义、鲜有提及传播人的情感因素、视华人的传播行为为被动且单调的等关于华人人际传播的认识偏向⑤。客观来说，这一判断对在全球化背景下的华夏礼乐传播研究来说，也是一个重要的提醒。怎么办？该文指出"我们必须跳脱单一因果模式的东西文化二分法"，改变当前研究"把重点放在儒家的影响上"这个偏颇的取向，基于深度分析，寻求华夏文化的特质的"多面性的架

---

① 杨瑞明，张丹，季燕京主编：《文明传播的哲学视野》，北京：中国社会科学出版社，2012 年，第 224—226 页。
② 杨瑞明，张丹，季燕京主编：《文明传播的哲学视野》，第 486、493—494 页。
③ 陈国明主编：《中华传播理论与原则》，台北：五南图书出版股份有限公司，2004 年。
④ 陈国明主编：《中华传播理论与原则》，"前言"，第 1—2 页。
⑤ 陈国明主编：《中华传播理论与原则》，第 171—172 页。

构”以及“在现代社会生根发芽”①的建构意识与路径。

赵晶晶等基于传播理论的亚洲中心学派形成这个既成事实，编译《传播理论的亚洲视维》共收研究亚洲文化与传播学的国际学者 18 篇文章。赵晶晶在《前言》中明确指出“亚洲中心的学者们发现除了佛教、伊斯兰教等深层思想结构之外，渗透贯穿于亚洲五个地区传播行为中的儒学思想是最重要的、具有共性的贯穿线索之一”，因此“作为华人，我们也不能以儒学为中国独家所拥有”，因为儒学“传入朝鲜、日本、越南等国，对塑造东亚社会的精神产生了重要影响”②。从这个意义上说，“华夏礼乐传播”研究范围理当包括“对外交流与传播”等话题，抑或即便从儒家文化角度说，华夏礼乐传播也只是“礼乐传播”的类型之一。赵晶晶在《前言》中所言，也是该论文集中其他学者的共识。三池贤孝《对人性、文化和传播的重新思考：亚洲中心的评论与贡献》一文从亚洲中心的角度提出了人类传播研究五个命题，可以说均不同程度地与“礼乐文化或传播”相关，尤其是第五个命题“传播是我们将宇宙道德化、和谐化的过程”，即“亚洲人强调社会秩序及终极的宇宙秩序”堪为评价人类传播行为的亚洲标准③。早在 1988 年，琼·奥克·尤姆便发表了《儒家思想对东亚人际关系及传播模式的影响》一文，“探讨儒家人文主义及其强调的‘仁’与‘礼’跨越文化界线的可能性”④。该论文集所收琼·奥克·尤姆《儒家思想与传播：仁、礼和乌班图（Ubuntu）》（英文发表于 2007 年）一文，便是上述思想的专论，认为“要想对东亚传播模式加以理解，最恰当的办法就是对‘仁’与‘礼’共同产生的影响加以研究”，甚至说对此“任怎么高估都不为过”⑤。在她看来，孔子对于“仁”与“礼”之间关系的看法，一般有两种解读，或是工具性解读，认为恪守“礼”是培养与表达“仁”的手段；或是阐释性解读，认为“礼”独立于“仁”；而无论哪种解读方法“都指向了在理解东亚人对恰当传播的重视时‘礼’的重要性”⑥。进而，该文将“仁”与“礼”原则由东亚传播模式提升至亚洲传播模式，并延伸至与拉丁美洲、非洲等相关观念对照研究。值得关注的还有罗纳德·D.戈登《二十一世纪的亚洲传播学者》一文，在强调“传播”这个国际性学科建设中需要亚洲学人的贡献时，尤其期待中国的力量。这主要因为

---

①　陈国明主编：《中华传播理论与原则》，台北：五南图书出版股份有限公司，2004 年，第 195—196 页。

②　赵晶晶编译：《传播理论的亚洲视维》，杭州：浙江大学出版社，2008 年，第 12 页。

③　赵晶晶编译：《传播理论的亚洲视维》，第 31 页。

④　赵晶晶编译：《欧美传播与非欧美传播中心的建立》，杭州：浙江大学出版社，2009 年，第 82 页。

⑤　赵晶晶编译：《传播理论的亚洲视维》，第 218、228 页。

⑥　赵晶晶编译：《传播理论的亚洲视维》，第 220 页。

"中国的传播学者们可以帮助我们重新发现传播在东方文化中的古老根茎及其现代行为/潜力"，因此"在把我们对人类传播的理解真正'国际化'（实现此词最准确最恰当的含义）的过程中"，需要"中国的学者们首当其冲"①。

谈到传播在中国文化乃至东方文化中的"古老根茎及其现代行为"，那就不得不提及探寻华夏礼乐传播的另一种研究路径——不是从古至今的"参古定法"，而是古今互动中"追根溯源""望今制奇"。杨美慧曾于20世纪八九十年代对中内地都市进行了关系学实践的田野调查，其目的在于"把关系学的伦理和逻辑系统放在当代中国更广的历史和社会经济的背景和联系之中来观察"，分析中国在进入现代性的过程中"关系学的历史性复苏"②。从华夏文化传统来说，"关系学的另一个关键概念，更与一种大众化的儒家伦理有关，这就是'礼'或者'礼仪'的概念"，有"社会礼仪""伦理""礼节"等含义③。作者沿着古代关系学的谱系，追踪到清代之前儒家伦理制度，认为"儒家强调人际关系的伦理，孝、悌、仁、义、信、恕、报，这不仅适用于家庭和家族，而且也适用于政府……于是家庭、社会生活、政府在儒家话语中都有了明确的制度化的空间"④。于是，通过伦理、计策及礼仪诸方面考察关系学中的"艺术"，通过亲属制度、朋友关系以及其他的私人关系分析关系学的基础，通过义气、感情和人情揭示当代中国人的"情意"以及对比分析古代中国的仪式伦理与当代中国的国家理性，分析中国根茎式的关系网和民间组织等话题，均围绕关系学"传统的形式和历史的再现"⑤来展开。虽说此项田野调查侧重于礼物经济（关系、人情和面子等），未能全面深入反映当代中国人际关系伦理的真相，部分表述也因作者对当代中国社会变迁比较陌生而带有意识偏向，但这种田野调查与文献研究相结合的文化学研究路径，非常值得华夏礼乐传播研究者们学习和借鉴。

（三）各类专题研究彰显了华夏礼乐传播论的学术内涵

这类研究成果无疑是极其丰富的，除了运用传播仪式观理论分析华夏礼乐传播这种中西对照研究，基于华夏礼乐传播的视角，还有几个现象值得评述。首先，儒家教化或文化传播、中国古代政治传播等传统话题的进一步延续。如廖声武站在中国古代传播史上，充分肯定了儒家的传播方式"首开先例、卓有成效"的特

---

① 赵晶晶编译：《传播理论的亚洲视维》，杭州：浙江大学出版社，2008年，第319—320页。

② 杨美惠：《礼物、关系学与国家：中国人际关系与主体建构（中文版）》，赵旭东、孙珉译，台北：南天书局有限公司，2005年，"前言"，第11页；按：该书简体版由江苏人民出版社2009年出版。

③ 杨美惠：《礼物、关系学与国家：中国人际关系与主体建构（中文版）》，第64页。

④ 杨美惠：《礼物、关系学与国家：中国人际关系与主体建构（中文版）》，第199页。

⑤ 杨美惠：《礼物、关系学与国家：中国人际关系与主体建构（中文版）》，第131页。

点及地位，揭示儒家在宣传"仁政""礼治"中对传播功能具有双面效应的认识有独到的见解 ①。崔炼农全面系统地对孔子思想作了传播学诠释，尤其在分析孔子"仁者"的政治传播学时，将"礼"作为孔子确定言行规范的传播尺度："礼"的作用重在教化，重在君子之德的传播；"礼"是防范道德过失的堤防，一种传播区界的设定；"礼"囊括一切社会关系，构成一整套传播符号体系；"礼"是人们"视听言动"必须遵循的普遍规范，是一种"制中"的传播尺度；"礼"将社会关系条理化、稳固化，建构出一种超稳定的传播秩序；"礼""政"互融，完成教化的使命。同时，在对"刑"做出强制言行入轨的传播控制阐释中，又指出"刑"为罚而"礼"为法，"刑"以"礼"为依归，"教而后刑"才能从源头杜绝"恶（德）"的传播 ②。诸如此类，诚如孟泽在该著《代序》中说的，"传播学的视角也未必是审视孔子思想的最恰当的视角"，但作者"所给出的说法，便至少是一种有意思甚至有意义的说法，并不辱没孔子，也不辱没自以为清明者的智力" ③，此番评价实则肯定了该著的学术分量。杨柏岭在阐释孔子的文化传播实践及现代意义中，指出孔子主张用"礼"来统一思想、引导舆论，特别重视"礼"在文化传播中的作用。同时，孔子"以诗、书、礼、乐教弟子"（《史记·孔子世家》）过程中，基本延续了西周以"六艺"为核心的教学内容。孔子的初衷不在开启言论自由，而是扩大受众面，以唤起更多的人对周代文化的认同与自信。如此，才能真正把握孔子提倡私人讲学这个传播媒介的历史价值。④ 郝雨、田栋认为孔子的思想传播和实践活动以整体的伦理秩序和"礼"的思维为基础，构成了具有自我脉络和结构的传播实践活动，推动了中国早期传播秩序的塑造。⑤

谢清果团队开创性地探讨儒家经典《中庸》的传播思想，紧扣"慎独"揭示"中庸"具有内向传播观念的特征，并从"仁"与"礼"、"义"与"利"、"和"与"变"、"中"与"度"等四个基本关系，阐释了《中庸》"敦厚崇礼"这个关于人际传播纲领的主张，进而提出了中庸之道对解决现代人际传播问题的价值。⑥ 从政治传播角度关注礼乐文化传播，从某种意义上说是儒家"教化"观、"宣传"观

---

① 廖声武：《论先秦时期儒家的传播思想》，《新闻与传播研究》，2000 年第 3 期，第 50—54、95 页。

② 崔炼农：《孔子思想的传播学诠释》，长沙：湖南大学出版社，2008 年，第 110—120、130—134 页。

③ 崔炼农：《孔子思想的传播学诠释》，"代序"，第 6 页。

④ 杨柏岭：《孔子的文化传播实践及现代意义——兼论"媒介，人的延伸"》，《学术界》，2016 年第 12 期，第 58—72 页。

⑤ 郝雨，田栋：《孔子与中国早期传播秩序的建构》，方勇主编，《诸子学刊》第 15 辑，上海：上海古籍出版社，2017 年，第 46 页。

⑥ 谢清果等：《中庸的传播思想》，北京：九州出版社，2018 年。

等话题，在西方学界转译而来的政治传播学研究视野下的新发展。其中，董大川以"乐"为对象，揭示了先秦政治传播所彰显出的"政治意义的宣化"观念。从传播学角度说，作者认为在上古中国社会，作为先秦时期的基本文化形态的"乐"，既是上古先民政治意识形态的精神载体、道德伦理观念的表征，也是中国上古教育的核心内容，更是人类最古老的表达方式，一种非常重要的"非语文传播"方式[①]。关于华夏礼乐传播研究，人们多关注"礼"，因此，此文的意义不言自明。除此，中国古代政治传播除了前文已提及的陈谦《中国古代政治传播思想研究：以监察、谏议与教化为中心》，还有如贾兵《先秦诸子政治传播观念研究》（2011 年，博士论文）、白文刚《中国古代政治传播研究》等诸多成果。后者鉴于"从根本上来说，礼乐制度还是更深层、更核心的政治文化的外在表现""对媒介的理解不应该只局限于技术性或物质性的层面"[②]等原因，将礼乐制度视为中国古代王朝主要教化媒介之一。

其次，"礼文化传播"概念提出并得以进一步开展。2003 年，历史学者胡克森发表了《春秋争霸与中原"礼"文化传播之特征》一文[③]，不过，此文不是探讨"礼"作为媒介的传播活动，也不是那种将"礼"视为传播对象的教化活动，而是对中原"礼"文化向四夷传播的历史考察。2010 年，刘宏丽发表《中国传统礼文化与敬谦语传播关系研究》一文，较为明确地提及了"礼文化传播"这个说法。该文立足于中国传统礼文化，以敬谦语为对象，既关注作为载体（媒介）的敬谦语，也探究作为礼文化的敬谦语，阐释了礼文化传播的规律。[④]不过，自觉建构"礼文化传播"这个概念的是张兵娟及其团队。她以"中国礼文化传播与认同建构研究"为题获得国家社科项目立项（2016 年），在《中华文化与传播研究》2018年第 1 期"中国礼文化传播"栏目主持人语说："在中国，礼文化是以礼治为核心，由礼仪、礼制、礼器、礼乐、礼教、礼学、礼俗、礼义等诸方面的内容融汇而成的一个文化丛，它就是中国文化的代表。今天'礼文化'仍深深影响着我们的生活的各个方面，有必要从传播学的角度进行整体深入的挖掘，以此推进中国本土传播学的研究。"张兵娟等进一步概括了中国礼文化传播特点，即"润物细无声"

---

① 董大川：《"乐"：政治意义的宣化——先秦政治传播观念研究》，博士学位论文，吉林大学，2009 年。

② 白文刚：《中国古代政治传播研究》，北京：中国社会科学出版社，2014 年，第 153 页。

③ 胡克森：《春秋争霸与中原"礼"文化传播之特征》，《贵州社会科学》，2003 年第 1 期，第105—109 页。

④ 刘宏丽：《中国传统礼文化与敬谦语传播关系研究》，《河南大学学报》（社会科学版），2010年第 5 期，第 127—132 页。

的渗透性"、"身体力行"的实践性、"风行草偃"的示范性等①。由此清晰的认识，首届"礼文化与华夏传播研究"工作坊（2019年）顺利举办。除了青年学者礼文化研讨、博士生礼文化论坛等会议主题，本次工作坊就"礼文化传播"等主题，还专门安排了邵培仁、谢清果、潘祥辉、余仁洪等学者专家的学术访谈。其中邵培仁"中国礼文化传播既是华夏文化传播的重要内容，也是中华文化复兴系统工程的一部分"的主张及其"建构中国礼文化传播的理论体系"②的呼吁，代表了学界关于"礼文化传播"这个提法的认可与成果期待。

再次，礼乐传播"深描"方法运用及其研究路径的拓展。探索华夏礼乐传播论既需要理论逻辑和历史逻辑相结合的"鸟瞰式"研究以及遵循实践逻辑的田野调查，也需要在对礼乐传播文献"深描"基础上的细化、深化。或如王秀臣将《诗》视为载体、媒介，将"典礼"视为信息对象，考察了《诗》的礼典属性及其传播与接受机制的发生③；或如朱红林基于睡虎地秦简《法律答问》与《周礼》比较研究，考察了战国时期国家法律的传播④；或如韩高年等从明堂这种礼仪性建筑的功能入手探讨周代仪式乐歌、礼仪之文、典礼诵辞等生成语境与传播方式⑤……相对而言，潘祥辉以"传播考古学"为研究路径，关注古代中国的传播媒介、社会习俗中的传播行为以及日常生活中的传播现象等，成为其中的异军突起者。在其系列论著中，诸如《传播史上的青铜时代：殷周青铜器的文化与政治传播功能考》（《新闻与传播研究》2015年第2期）、《"歌以咏政"：作为舆论机制的先秦歌谣及其政治传播功能》（《新闻与传播研究》2017年第6期）、《"秦晋之好"：女性作为媒介及其政治传播功能考》（《国际新闻界》2018年第1期）、《瞽矇传诵：先秦"盲媒"的传播考古学研究》[《西北师大学报》（社会科学版）2019年第2期]、《先秦谥法与一种中国特色的人物品评机制》（《华夏文化论坛》2019年第1期）等，正如其本人所言，从治国理政到衣食住行都属于"礼"的范围，像"对天发誓""青铜时代""秦晋之好"这些都是中国历史上非常古老的媒介或传播现

　　① 张兵娟，刘佳静：《中国礼的教化传播思想及当代价值》，《郑州大学学报》（哲学社会科学版），2019年第3期，第113—118、128页。

　　② 刘佳静：《坚守中国文化自信心与学术主体意识，建构中国礼文化传播的理论体系——访浙江大学传媒与国际文化学院邵培仁教授》，《中华文化与传播研究》，2019年第2期，第56—64页。

　　③ 王秀臣：《〈诗〉的礼典属性及其传播与接受机制的发生》，《北方论丛》，2006年第1期，第11—15页。

　　④ 朱红林：《战国时期国家法律的传播——竹简秦汉律与〈周礼〉比较研究》，《法制与社会发展》，2009年第3期，第119—125页。

　　⑤ 韩高年，马睿：《人类学视野中的明堂与周代礼文政典的传播》，《西北民族研究》，2019年第2期，第169—179页。

象""玉器和青铜器就是礼的重要载体"①。可以说，上述成果均植根于华夏文化土壤，滋养于中国传统考据学，讲求"无征不信"，从方法论上拓展了中国本土传播学的研究路径。

四、首部"华夏礼乐传播论"著述的特色及价值

在中国本土传播学研究中，厦门大学自始至终都是重镇。以"礼乐传播"为例，20世纪80年代初期，黄星民便提出了这个术语，至21世纪初《礼乐传播初探》一文正式发表。如今，又一个20年，谢清果团队首部《华夏礼乐传播论》专著即将付梓，如此学术坚守，不得不令人感慨动容。在该著之前，我们在不同场合常听到谢清果教授要传承并深掘"礼乐传播"这口深井的倡议："厦门大学的华夏传播研究团队也将继续在'礼乐传播'方面用力，力争打造出反映中国文明传播理论的独特样态之一——礼乐传播论。"②而在阅读这部书稿的过程中，各章节撰稿人同样彰显出以传承与发展为学术自信的凝聚力。这一点是这部书稿带给我的最大震撼，也是留给我的最深印象。学术团队对任何学科的建设都很重要，然对那种并不被时下看好而又十分必要的研究领域来说，其"意义"就不是"重要"二字所能评定的——就中国学派的传播学建设来说，以华夏传播为主的中国本土传播学研究正是这样的一个领域。在感慨之余，回到这部书稿本身，一言以概之，《华夏礼乐传播论》满足了我这个中途转道行走者沿途欣赏风景时的种种阅读期待。

（一）"礼乐（传播）"文本的历史考释

"华夏礼乐传播"是个新的概念，然其根茎则藏于华夏文明的历史土壤之中。即便如此，作为从现代意义的传播学角度观照历史存在的术语，其命名的学理性何在？是"望今制奇"还是"参古定法"③，抑或兼而有之，必然是读者们所关注的问题。传播学传入中国，带来了视野、方法等诸多方面的新启示，我们也发现，在以学术创新为时代精神的当下，凭借新眼光在旧领地挖掘宝藏的风气，成为我们这个时代非常突出的学术风尚。然而，这里又存在"占山头"与"攻堡垒"两种路径的区别。前者，概念、术语"飞舞"，只求"插旗""留痕"；后者貌似前者，然实则聚焦重点、深耕易耨。植根于华夏文化背景，"礼乐传播"这个概念，

① 王闯：《扎根华夏传播土壤 构建礼文化现代认同——访南京大学新闻传播学院潘祥辉教授》，《中华文化与传播研究》，2019年第2期，第65—70页。
② 李阳：《在古今中外的视域中审思中国礼文化传播问题——访厦门大学新闻传播学院谢清果教授》，《中华文化与传播研究》，2019年第2期，第75页。
③ 王利器：《文心雕龙校证》，上海：上海古籍出版社，1980年，第199页。

历经近 40 年得以揭橥，带给我们的不仅是"创新"启示这么简单。这就是外来的理论或观念在遭遇泱泱五千年的东方中华文化时，我们如何既可以被"外化"美景所吸引却不被牵引，又不陷入"中体外化"而难以超越、创新的窠臼，进而在"创造性转化、创新性发展"方针下开展我们的学术活动，是民族文化发展中的"全代"①责任。

感喟如此，从传播学角度审视华夏文化，揭示华夏传播核心命题，"礼乐传播"命名合理性、价值性能否经得起考验，仍是一个话题。在笔者看来，关心可以，然过度质疑实无必要。因为"礼乐是中国传统文化的主干，华夏文明也被冠以'礼乐文明'之称"②，这是人们的共识，从传播学角度探讨华夏礼乐文化，通过前文的学术史梳理，也得到学界的一致认可。问题的焦点在于华夏传播研究界除了"礼乐传播"，还有"'礼'传播""'乐'传播"等提法。其实，无论哪种，各自均遵循着"礼乐协同"这个华夏文化的本色性，故而对各种命名本无可非议。只是不熟悉这个前提的读者会有误解，于是，基于"礼和乐作为华夏文明传播的两种符号形式"（32 页）的认识，书稿针对"有观点认为，礼是处于主导地位，而乐则是一种附属，没有独立地位"这个认识，依据《通志·乐略》记载的"礼乐相须以为用，礼非乐不行，乐非礼不举"③，专门讨论了"以乐观礼""礼乐协同"的话题，在华夏文化根基上为"礼乐传播"寻找学理依据，明确指出"'相须以为用'的礼与乐，经历氏族社会到夏商周三代的不断接合、发展、演进，才逐渐形成中华礼乐文化的基本形态"（14 页），特别强调了"礼和乐地位是等同的""二者在协同运作中准确而有效地传递着'仁义'等中华文化的核心思想"，上升为"礼乐协同是华夏文明传播的一种范式……是华夏文明传播的本质特征"（32 页），直至"华夏文明传播本质上就是华夏礼乐传播，因为礼乐传播是华夏文明传播最鲜明的特色"（33 页）。鉴于上述考虑，可以说"礼乐协同"堪为本书稿高频率的关键词之一。

当然，传播学毕竟是外来学科概念、学术理论，"华夏传播研究"进路如何，或者说诸如传播学研究"为何本土化""何以本土化"等疑问，均难有明确答案。无论何如，传播是人类普遍存在的行为，以人的传播实践为考察对象乃是天经地义之事。至于依据何种理论来解释，那是学术视野与方法运用的话题，至关重要的问题在于"话题"本身是否源自本土，遴选是否恰切，其次才是阐释思路及研究结论的问题（后文分析）。在阅读《华夏礼乐传播论》过程中，这个问题在期待

---

① 注：使用"全代"一词，两层意思，既指空间意义上的领域、范围、类型"代表"意涵，也指时间意义上持续不断地代际相传之意。

② 谢清果等：《华夏礼乐传播论》书稿，第 14 页；以下凡引自该书稿，只在行文中注明页码。

③ 郑樵：《通志》，卷四十九，上海：商务印书馆，1935 年，第 625 页。

中逐渐得以释然。一则，在传播学视野下观照"礼乐"，然对"礼乐"本身的把握是否全面、深刻，是弄清楚华夏礼乐传播研究内涵逻辑起点的前提。从全面性来看，除了"乐"有专论，第十八、十九专论《诗经》这个首部乐歌总集等，就"礼"而言，基本涵盖了《周礼·大宗伯》所言吉礼、凶礼、宾礼、军礼、嘉礼等"五礼"，其中，第九章以祭礼为主要考察对象分析了"缘情制礼"的话题，第十七章以黄帝祭祀仪式为例阐释"祭礼"；第十章通过"丧服"考察了丧礼；"嘉礼"最多，第十四章、第十五章、第十六章均通过"婚礼"予以揭示。二则，华夏礼乐传播研究自然以华夏民族传播实践为本，然毕竟是历史研究，因此如何植根于华夏礼乐传播文献开展研究，就是本话题是否具有学术知识体系生产力的文化根基之所在。正如前文指出的，探索华夏礼乐传播论既需要理论逻辑和历史逻辑相结合的"鸟瞰式"研究以及遵循实践逻辑的田野调查，也需要在对礼乐传播文献"深描"基础上的细化、深化。无论哪种路径，均须守住华夏民族传播实践这片沃土。可以说，细读、精读华夏经典文本的文献意识及其彰显出的历史研究法，是本书的一大特色。部分话题及其思想揭示更是就相关经典文本的专门分析，如第三章据《礼记·月令》分析礼乐传播中"时间"意义，第六章通观《礼记》四十九篇探讨礼乐传播形塑中外共同"天下一家"的意义世界，第八章专论作为"群经之首"的《周易》所展现的礼乐精神，第十四章以《礼记·昏义》为基础探讨礼乐传播的宗法婚嫁制度，第十八、十九章则是《诗经》的专题等等。如此絮谈，不仅想说谢清果有指导团队研究意识与能力提升的得力之法，还想表达的是文献意识与运用对于华夏礼乐传播这个亟待开疆拓土的"历史性"领域而言的意义，以及在大数据时代传统治学方法"更新"与"回归"的价值。

学者们多熟悉傅伟勋提出的"创造的诠释学"（分成"实谓""意谓""蕴谓""当谓""创谓"五个辩证的层次），邵培仁教授曾专门就此讨论了本土传播学研究方法的话题，并认为对中国传播学者来说，"其最为重要的工作实际在第四层次（'当谓'）和第五层次（'必谓'）"，因为"前三个层次有历代学者的'巨人接力'，各种工作已达致很高水平，进行一些用功极深的考证，已不是传播学者的任务，而是历史学、文字学等关注的内容"，因此，"传播学者的主要任务，一是深入传统文化的母体，梳理传统思想关于传播的表层结构，进而发掘深层结构；二是以此为基础，进行传统思想的创造性转化，即原创的本土传播理论的建构"①。邵先生所言极是，不过前三个层次"不是传播学者的任务"，主要是从原创的本土传

---

① 邵培仁，姚锦云：《传播模式论：〈论语〉的核心传播模式与儒家传播思维》，《浙江大学学报》（人文社会科学版），2014年第4期，第56—75页。

播理论的建构角度说的，并不能说这三个层次真的不重要。在笔者看来，这些要成为从事中国本土传播学研究者基本的学术素养，否则难以胜任这个领域的研究。关于傅伟勋"创造的诠释学"模型，笔者曾就文学教学与研究予以了简化处理：一是文学语言层面的文本，在校勘基础上探问"原作者（或原典）实际上说了什么"；二是原作者层面的文本，结合作者传记、时代心理等，询问"原作者想要表达什么，他的真正意思是什么"；三是历史层面的文本，结合文学或文学思想史，进一步问"原作者可能想说什么？仍可能蕴涵那些意思意义"；四是读者层面的文本，联系当代，探询"由此文本我们能继承什么"，又"如何'救活'原典或原有思想"①。

　　现在看来，这同样适用于中国本土传播学的研究。正如谢清果所说，"礼乐"在传播中国文化上的思想内涵，"只有统合于中国特殊文化语境中才能传达特定的含义，发挥特定的社会功能"（46页）。"礼乐"功能如此，关于礼乐传播的研究也应当如此。可以说，将所讨论的话题放置于历史文化语境及其传统中"求其原意"，而后从传播学角度予以创造性诠释，力图发掘"原创的本土传播理论或观念"，始终是本书坚守的研究路径。于是，在新的理论视野下，一旦尊重了文本的历史解读，就拥有了通往创意的可能性。阅读中印象较深的，如"古人为何对金石打击音情有独钟，后世却鲜有提及"，作者通过典籍中有关"金石"音质等记载，认为"大型祭祀场合中，'通天'性应是古人乐器选择的重要依据，而打击乐恰可以确保先祖（神）'听到'后人'告知'祈愿，这或许是它被倚重的原因之一"（17—18页）。这个判断既解释了中国文化史领域一个熟视无睹的问题，也强化了"乐器"等礼器以及"乐"这种文化样式特殊的媒介性质。又如，谢清果曾专门考析过儒家"修身为本"的内向传播②、老子的身体交往观等话题，本书稿在"在传播活动中，社会化的个体基于对自身和他人身体的认知、情感、意志、行动而展开的整体且系统的交往观念"③的基础上，依据《礼记》《论语》等儒家经典，通过"以身观礼"，指出"身体在儒家思想中具有重要意义"（145页），阐释了礼乐传播的儒家身体观。这种以身体为媒，以传播学为介，观照儒家修身思想，角度颇为新颖。

　　① 杨柏岭：《文本·美育·文化——当前高校文学类课程教学的问题与思考》，《中国大学教学》，2010年第9期，第39、43—46页。
　　② 谢清果：《儒家"修身为本"的内向传播意蕴考析》，《吉林师范大学学报》（人文社会科学版），2018年第3期，第22—29页。
　　③ 谢清果，赵晟：《身体交往观视域下的老子思想新探》，《文化研究》，2018年，第2、304—319页。

（二）华夏礼乐传播论的内涵与外延

诚如谢清果所言，"从古至今，学界对礼乐的研究可谓汗牛充栋"（31 页），若想在礼乐研究上有所创新，这对研究者而言，着实是个难题。《华夏礼乐传播论》这部研究中国礼乐的专著，显然不是传统历史学、社会学、文化学等学科的著作。谢清果团队肆力于此，其本意也并非专门研究礼乐文化，而是"礼乐传播"的专论。其实，伴随着我国学科建设意识的提升，或是在新的理论视野下主动自觉探索，或是因人事关系隶属学科调整而"被动"转型，这种跨学科研究在中国传统文化领域是个常见的现象。再撇开"中西结合"等是否融洽等话题，只就跨学科研究本身来说，不只是中国传播学领域所需要，同时也是当前中国文科建设亟待深入推进的话题。从某种意义上说，跨学科研究体现了文明发展的传播学属性，彰显出华夏文明发展的历史规律。很显然，谢清果团队对华夏传播的探索属于前者。不过，从黄新民开始提出"礼乐传播"这个术语，通过强化"礼乐"这个渠道的媒介性来阐释这个概念，那么，时隔 20 年后，"礼乐传播论"的内涵与外延是怎样的呢？这自然也是读者们要追问的关键话题。

全书除"绪论"外，共 21 章。细心揣摩这部书稿的结构特色，可以看出，著者基本上遵循了中国传统的"本末源流"思维模式设置了框架目录，由此呈现出对华夏礼乐传播论的理论体系的认识，彰显出鲜明的民族文化特色。含绪论在内的前六个话题，整体上属于华夏礼乐传播论的本体论。其中，前三个话题，即绪论"中国礼乐教化传播智慧及当代价值"、第一章"以乐观礼"、第二章"礼乐协同"，在为华夏礼乐传播"正名"的同时，侧重于礼乐传播这个范式在华夏文化中的功能论。后三个话题，即第三章"与时偕行"从时间维度，第四章"礼通天地"从空间维度，第五章"天下一家"从时空合一维度（"天下一家"是中外共通这个时空合一的"意义世界"），阐释了华夏礼乐传播的时空论。第六章"风行草偃"、第七章"礼乐有德"主要从机制、秩序等角度重点讨论了华夏礼乐传播的效果论。第八章"物畜有礼"溯源《周易》，探讨礼乐制度成熟之前的制作情况；第九章"缘情制礼"重在"制礼作乐"的动因及目标，总体上属于华夏礼乐传播的制作论。同时，这两章在整个目录系统中处在"本末源流"思维进程中的过渡阶段。第十一章"以身观礼"、第十二章"男女有别"基于传播学视野，依次从身体、性别议题，揭示华夏礼乐传播实践的属"人"性，可以称为华夏礼乐传播论的人性论。第十三章"尊礼择色"（"色彩……是社会文化的符号与媒介"，169 页）、第十四章"序和合同"（"善用传播符号以成夫妇之'和'"，189 页）、第十五章"婚礼符码"、第十六章"象征隐喻：礼乐传播的婚礼仪式符号释义"以及之前的第十章"亲亲尊尊：周代丧服制度的符号建构与传播"这六章属于华夏礼乐传播论的符号论。第十七章"炎黄子孙"、第十八章"君子如玉"、第十九章"引诗论政"，则属于礼乐仪式与典籍专论。第二十章"名教自然"、第二十一章"黔中屯堡"，属于承传论。至此，我们从功能、时空、效果、制作、符号、典籍、承传等方面解读了这部书稿的结构逻辑，可能并不符合著者的初衷，但至少能让读者了解到这部书稿关于华夏礼乐传播论的大致内容，能为后继者进一步探索"原创的本土传播理论"提供一种借鉴的可能。

　　黄星民曾"从传播过程的角度着重讨论了礼乐传播这一中国历史上极有特色的重要传播活动"[①]。谢清果进一步通过对"文明"的解释，从传播学层面为"礼乐传播"这个概念提供了学理依据。所谓"'文明'自身就是个传播观念，因为文明本质上是探讨人如何与自然、社会以及自身身心、国家与国家之间如何和谐共处的问题，文明就是人意识到人应当以人的方式来对待这个世界的一切，因此'文明'正是'人的方式'的标识和结晶。"这么说，一切文明均是如此，何况作为"华夏文明传播本质上就是华夏礼乐传播，因为礼乐传播是华夏文明传播最鲜明的特色"（33页）。同时，"礼乐传播"作为一个整体的传播活动而存在，"礼乐（制度、形式、样态、文化等）"既是传播对象，也是传播媒介，甚至可以说"礼乐"本身就是由人参与的一个传播过程。不过，相对而言，出于彰显"礼乐传播"传播学特点的需要，黄星民等更青睐将"礼乐"视为媒介之一种，至这部《华夏礼乐传播论》，"媒介学"仍是最突出的观察视角。如第一章"以乐观礼"，"将'乐'视为一种礼制秩序（关系）形塑的'媒介'和礼文化生成的实在力量，以此重新审视古乐内涵（诗、歌、舞一体）与媒介属性（通天媒介性、沉浸式复合媒介性、信息阐释媒介性、社会整合媒介性、政治符号媒介性）的嬗变机制"，"我们只是希望，从'媒介学'的视角，探讨'乐'作为一种媒介下何以可能，又是如何承载礼之内涵"（31页）。于是，在媒介学视角下，拓展为"符号学""仪式观"下的阐释路径。如云"礼和乐""作为华夏礼乐传播的符号"，"实际上可以将礼看成是一套表征符号""乐也是一套能够配合礼，传达思想内涵，沟通传者与受者的符号系统"（35页）。简言之，不仅"礼乐文化是一套符号系统"（203页），而且"礼乐传播本身也是一种符号化的过程"（202页）。至于仪式观，"礼乐传播作为一种仪式传播，也是一个具有时间偏向的、模式化的、利用象征行为交换意义的过程"（49页）、"礼乐传播是通过'礼'和'乐'仪式与礼仪来传达儒家乃至中华文化中核心精神，本质上是一种仪式传播形态"（113页），等等。再进一步，由"运作形式"到"文明传播范式"论，认为礼和乐协同这个"华夏礼乐传播的一种运作形

---

① 黄星民：《礼乐传播初探》，《新闻与传播研究》，2000 年第 1 期，第 27—35、95 页。

式"（35 页）就是"华夏文明传播的一种范式"（32 页）。无论是媒介学，还是符号学、仪式观、范式论等，均为观照华夏礼乐传播提供了新的视角。如"礼乐传播中使用的海量符号，使得儒家思想和道德观念迅速普及化和大众化"（202 页），就是从符号学角度进一步思考了黄星民"礼乐传播已经是更成熟的大众传播"①的判断。当然，比较而言，中国传统的"教化"概念，则更倾向于将"礼乐"视为传播的内容，而不仅仅是"媒介"或"形式"。这种将"礼乐"由内容到形式的认识，早在孔子那里就有了担忧，所谓子曰"礼云礼云，玉帛云乎哉？乐云乐云，钟鼓云乎哉"②就是。这就是说，既从内容也从形式——即信息即媒介角度阐释"礼乐传播"，或许更能凸显由人参与的礼乐传播的主体性，从而全面把握住"礼乐传播"的内涵，探寻其演变的过程，挖掘华夏传播话语的历史规律。

不仅是以"华夏礼乐传播"为题的研究，包括一般意义上的礼乐与文化传播话题，关于礼乐传播的文化属性，大多都将此限定在儒家范畴之内。应该说，这部书稿对此有过反思，如认为黄星民为"礼乐传播"所下的定义，"在一定程度上限制了礼乐传播的范围，仅仅将其设定为以儒家为主体进行的传播活动"，然而实际上，"'礼乐文明'是华夏文明的别称，这意味着中国古代的许多传播活动都可视作'礼乐传播'的有机组成部分。因此，'礼乐传播'的定义可以扩展为华夏民族通过礼乐这一传播形式向全社会乃至全世界传播中华文化中的思想观念的传播活动"（115 页）。我们在之前的学术史梳理中，也曾表达过类似的意思。从议题选择来说，华夏礼乐传播研究不仅要超越地域、民族等空间范围，也要由先秦走向数千年礼乐传播演变的时间之旅，更要立足于华夏礼乐传播实践活动。即便是儒家范围内的礼乐传播论，通过考察像道家、法家乃至其他学派对其态度，对深度解读华夏礼乐传播的观念等，也有着积极的意义。因此，我们不能将"礼乐传播"仅视为儒家文化的产物，或只是正面研究这个话题，而由此形成一种思维定式，必然会限制华夏礼乐传播论的研究内容、方法运用乃至观点的提炼等。当然，毕竟是首部华夏礼乐传播论著述，将重点仍放在儒家文化范畴之内有其必要性，也是可以理解的。作者们由此重点观照了"华夏礼乐传播"的特征、作为媒介的礼乐所传播的内容以及礼乐传播的功能等内容。这除了从 21 章所拈出的四字句标题中已经体察到作者们的学术匠心，还有对华夏礼乐传播特色、特征概括等一系列判断，也是新意不断，这些均是致力于"华夏礼乐传播"的内涵式建设上所反映出的精度、力度与厚度。

① 黄星民：《从礼乐传播看非语言大众传播形式的演化》，《新闻与传播研究》，2000 年第 9 期，第 35—44、94—95 页。

② 杨伯峻：《论语译注》，北京：中华书局，1980 年，第 185 页。

（三）"礼乐文化"传播论的华夏话语

从传播学角度诠释礼乐文化，抑或挖掘礼乐文化的传播学意涵，处理不当，必然造成"隔阂"，带给对礼乐文化熟悉的国人一种"陌生感"。可见，中国本土传播学的研究绝非基于传播学视野对华夏传播观念及实践作出新释那么简单，这除了话题的选择、理论体系及观点揭示的民族化与原创性，接下来非常关键的就是问题提出的方式、阐释的思路及其依据等"话语"方式民族化的问题。对此，谢清果教授认识极其深入，他在谈到华夏文明传播时说，"华夏文明传播是以中华文化精神为核心内容，以中国传统传播媒介或符号为载体，以吸纳社会各阶层、其他民族或地区为多元一体的文明共同体为目标，在交融、合作、传承中，以期达到教化、融通，从而构建起一个共存共生的和谐社会关系的信息传播过程"（34页），从精神、媒介、目标、过程等角度立体性地表达了对华夏文明传播研究的想法与建议。虽说这书稿中部分内容存在一定程度上"西体中用"的现象，导致华夏礼乐文献成了证明这些现代西方传播概念术语、理论体系的证据，但整体而言，本着制礼作乐"奠定了中国文化大传统的根本"（25页）这个原则性立场，追求华夏传播话语特色，是这部书稿的一大特色和意义的重要体现。

就当前中国本土传播学研究而言，难以摆脱西方传播学"观念先行"思想意识的研究者不在少数，因此，立足于华夏礼乐传播实践，恰当地提出具有原创性、学理性的问题是十分关键的。以第一章为例，"从'乐'的媒介性出发'以乐观礼'，检视中国古乐在'礼'文化滥觞期所处的地位和媒介功能，从而为阐明'礼乐协作'成为中国传统社会治理系统而完善的政治符号媒介，提供一种媒介学视角的思考向度"（14页）。这种研究路径正是追求华夏礼乐传播本色性的精致思路的反映。那么，"乐"的媒介性依据何在？谢清果继而从文字学角度考察"礼"字，针对种种争议，在一番考证之后，依据方建军"礼就是以礼器（玉）与乐器（鼓）相互配合以事神致福，这可能就是礼的原初涵义"[①]的话，认为"这种说法是有一定'媒介学'依据的"，读来合情合理，其根据正是植根于"以中国传统传播媒介或符号为载体"这个要求。于是，随后提出并阐释诸如"'乐'是否可能发挥某种传播'中介''媒介'的效力？如果有，它的'媒介性'如何得到关联、凸显"（15页）等话题，就是题中应有之义了。当然，毕竟是从传播学角度解读华夏礼乐文化，如何做到吸收西方传播学话语而又不显得突兀，则又关涉到构词方式及观点表述方式等技术性问题（实则也是观念认识）。从"以乐通神：乐作人神（祖）之间信息传递的通天媒介""百兽率舞：乐作引渡神性的沉浸式复合媒介""省风宣气：乐作解密

---

① 方建军：《音乐考古与音乐史》，北京：人民音乐出版社，2011年，第199页。

"天启"信息的阐释媒介""制礼作乐：从'通天媒介'到'社会整合媒介'再到'政治符号媒介'的跨越"等揭示观点的标题来看，很明显，核心话题源自中国本土，阐释思路中西结合，而观点的揭示以中国为主，且力图做到了古今转换。

"礼乐文化"传播论华夏话语的彰显，还必须建立在深刻揭示华夏礼乐传播的特征，掘发华夏礼乐传播的意义，尤其表现在对其价值的评价上。这部书稿无论是"礼乐传播是华夏文明传播的本质特征""礼乐协同是华夏文明传播的一种范式"（32页）等整体判断，多个话题涉及以"情感取向"为主要特色传播方式，以及"强调人的主体性，并以建构、维系和升华人和社会其他主体关系为目标的整体传播活动"（33—34页）、"以礼乐为媒介的仪式相较于西方的宗教等仪式，具有突出的伦理特征，并且注重成员间的情感互动"（96页）、"和谐共通：礼乐传播的创设目标"（71）等系列主张，均是植根于华夏文化，在与西方文化对照中对华夏文明传播特征的表述。由此，亦可对礼乐传播作为一种大众传播的形式的判断有了进一步思考，认为"西方大众传播体制理论水土不服，宗法制下的礼乐传播自有其本土和时代的特色"（183页）等。诸如此类，这对读者深入认识华夏礼乐传播乃至华夏文明传播的内涵意义极大。除了中西对照，这部书稿既重视阐释礼乐传播对中国古代社会的构建价值，也重视在古今关系中思考华夏礼乐传播研究的现代意义。如在思考礼乐传播的时间意义时，便认为"传播者通过对时间的神化来教导人们对时间、对自然要怀有敬畏之心"，而"这种敬畏体现在对生态伦理的认知与对自然环境的保护上，有利于维护自然与社会的秩序和谐，更有利于统治者对社会大众的管理"（56页）；又如，礼乐传播中空间意义生产上已具有凝聚民族情感、强化文化认同以及延续礼乐文化的当代价值；谈及"天下一家"时，认为"礼乐传播"具有对社会治理的建议、内向传播关怀以及国际治理思考等现代意义，等等。全书一以贯之的理念，还在于将华夏礼乐传播价值论的核心落在"人"上，这一点可谓抓住了华夏礼乐传播乃是华夏文化的本质性。从某种意义上说，"礼""乐""不仅仅是一个客体，不是对象化的事物，而是人类参与的活动过程"，因此，与"人"一样，是个"活体"①。这部书稿亦持此论，其最基本的观点就是作为华夏文明传播的范式之一的"礼乐协同"运作形式，凸显对"人的主体性的重视，并以情感为传播媒介强化人的道德意识和引导人的行为，体现以人为本，彰显人的价值"（46页）。可以说，"传播和践行礼乐协同所传递的这些核心思想的关键在于人"（32页），主体性—情感—道德意识—人的价值这个思考模式，贯穿于大部分话题的讨论中，限于篇幅，不再列举。

① 田丰：《身体思维与礼乐文明的现代转化》，博士学位论文，苏州大学，2012年。

结语

接到谢清果教授要求我学习《华夏礼乐传播论》的任务后，压力一直很大，我到底能写出什么呢？虽说一直潜行于传统文化这片丛林之中，然华夏文明传播这个领域对于我来说，仍是个陌生的对象。后来转念一想，刚好乘着这个机会，为下一步在此领域思考做一做一些学术史梳理工作，于是便有了这样一个学习札记类的读后感。写完之后，我清醒地认识到，限于自己的学术视野、文献积累，无论是从华夏礼乐传播角度所做的中国本土传播学研究报告，还是就这部书稿所谈的学习收获，实乃门外之谈，疏漏、错误之处肯定不在少数，为识者嗤笑。

不过，对于个人来说，在爬梳文献的过程中，越来越感觉中国本土传播学研究的重要性。"当前，我国处于近代以来最好的发展时期，世界处于百年未有之大变局，两者同步交织、相互激荡"①。这个"最好"除了指当代中国"站起来""富起来""强起来"的发展现实，还有就是当代中国重新唤起的文化自信以及所倡导的文明交流互鉴观念。在此背景下，人们越来越清醒地认识"新文科"建设的必要性，从"提升综合国力需要新文科""坚定文化自信需要新文科""培养时代新人需要新文科""建设高等教育强国需要新文科""文科教育融合发展需要新文科"等多个方面，达成了"新时代新使命要求文科教育必须加快创新发展"的共识，"推动形成哲学社会科学中国学派，创造光耀时代、光耀世界的中华文化"②已经内化为当代中国学人的学术使命。

不过，在此阶段，实现这个目标的动力，着实不是几句口号就能唤起的。于是，我联想到了郑永年的两句话，转引于此，是为结语。一是"中国要确立能够解释自己的国际行为的话语，就首先必须脱离西方的话语体系。用西方的话语来解释自己只是对西方的一种'迁就'，而非和西方的平等对话。国际话语并不是自说自话、闭门造车能够产生的，而是必须通过和西方、发展中国家的平等对话才能产生。如果不能产生一整套能够解释自己的概念和理论，就很难争取到和西方的平等对话权"。二是"要让西方了解中国，首要的任务是中国人自己要了解自己。如何了解？这就要建立中国自己的知识体系。这里对所谓的'本土化'要有一个正确的认识……提倡'本土化'的学者看到了不能用西方的概念和理论来解释中国，这一点不错。但是，问题是中国本来就没有类似西方的科学传统。本土化如果意味着简单地抵抗西方，那也很难建立自己的社会科学"③。

---

① 习近平：《习近平谈治国理政》，第三卷，北京：外文出版社，2020年，第428页。

② 新文科建设宣言，2020年11月3日，http://www.moe.gov.cn/jyb_xwfb/gzdt_gzdt/s5987/202011/t20201103_498067.html，2021年3月1日。

③ 郑永年：《郑永年论中国：中国的知识重建》，北京：东方出版社，2018年，第98、180—181页。

年度综述

传播学的"中年危机"与华夏传播研究的新期待

——华夏传播学研究 2020 年综述

谢清果　王皓然 *

Xie Qingguo　Wang Haoran

如果我们将 1978 年郑北渭先生在《外国新闻事业资料》上译介的华伦·K. 艾吉的两篇论文《公众传播工具概论》和《美国资产阶级新闻学：公众传播》作为开端的话。本土传播学研究已走过 43 个年头，大致算是一个"80 后"。如果将它比作一个中年人，则他很有可能正随着生活逐步进入公式化的瓶颈期，转而迎来生命中的一次"中年危机"。

其实，传播学研究也是如此。在它历经学术生命头 40 年的不断吸收学习和自我批判式的个性成长后，不得不面对外部世界高速的变化发展，以及自我在人格定型后趋向于保守的双重矛盾：一方面，是以海量数据和算法科学所主导的崭新信息时代。我们现正处在从计算机和信息技术引导的第三次工业革命向第四次工业革命转变的接轨路口。由生物技术引导的认知神经科学，由智能计算、光学工程和量子通信引导的新一代网络物理系统，结合新材料、新能源、新空间，正在创造出全新的传播环境，这是过去难以想象的；[1] 另一方面，是在经典时代中培养起来的主体意识、认识倾向和思维惯性，又过早地给传播学是什么、为什么和怎么做等等关键问题下了定义，框定其未来的大致路径。

两者虽非绝对冲突，但无论如何，时代的落差与归属感都是两者之间不可弥合的隔阂。不平凡的 2020 年更加放大了这种隔阂：它似以一种横扫一切的冲击力颠覆了我们许许多多的旧思维和旧常识，即便它带来的震撼和破坏终将离我们远

---

　　*　作者简介：谢清果，男，厦门大学新闻传播学院副院长，教授，博士生导师，厦门大学传播研究所所长、华夏文明传播研究中心主任；王皓然，男，厦门大学 2020 级博士研究生，研究方向：华夏传播。

　　①　吴予敏：《中国传播研究的再出发》，《新闻与传播评论》，2020 年第 3 期，第 1 页。

去，其余波仍旧将长远地影响着我们以及我们的新闻传播学科。随着新冠疫情深刻地改变了全球范围内的社会生活，促使社会运行的主导逻辑由生产逻辑转向风险逻辑。[①] 过去以效果论为主导价值的能动生产性的传播学知识取向，不得不面临更加深刻的自我批判，不得不寻求重新认识我们与外部世界、我们与传播之间的关系。而传播学也不得不去思考如何在我们的生存世界当中实现人与自然、人与人的和谐相处、交往共生。保持主体间性的思考维度，从而真正理解"万物皆媒"所构成的社会交往关系。[②]

"中年危机"的首要表现就是突如其来的"身份焦虑"问题。在过去，传播学界一直强调"以世界为方法"。这包含了学术理论和知识的权威谱系、学术话语家族、学术问题议程、学术规范标准、学术建制秩序、学术传播网络等。然而，作为方法的"世界"本身却是以美国、欧洲为基本模板，就连其中不同的意识形态价值体系、不同的学派斗争、不同的学术话语也都在中国得到沿袭和模仿。[③] "中年危机"的另一个表现则是对未来的迷惑，剧变之下的显示对过去"怎么做""为什么"的回答提出了挑战，逼迫着我们不得不去确立新的范式、探索新的方法。

显然，当下传播学研究面临的议题和挑战，已经偏离了传统的普适性的"世界方法论"，愈发需要以新的尺规来划定它的未来方向，而尝试提出"以中国为方法"的华夏传播学研究范式，恰印证了对"以世界为方法"的过往主体意识的批判和修正。作为传播学百花争艳中的一枝，华夏传播研究既是立足中国本土、历史的学问，也是面向当下、未来和世界的研究，肩负着十分繁重而艰巨的历史使命和社会责任。[④] 在新冠疫情加速催生的"世界百年未有之变局"面前，它的野心和潜能不仅仅是对学术主体性的深切忧思，更是事实面对当下生存世界许多客观难题时的切实需要。

一、从中华到世界：话语的对话与碰撞

华夏传播研究在 2020 年的迎难而上，鲜明表现为比过往更加频繁的与主流学术体系实现对话、碰撞和思想交锋的过程。相对过去聚焦于从在洋学问中提炼"中国特质""中国经验"，越来越多的学者意识到主动提倡"中国意识""中国道路"的重要性。明确学科的主体意识，不仅仅是华夏传播研究从学科范式和主体意识

---

① 《国际新闻界》传播学年度课题组：《2020 中国的传播学研究》，《国际新闻界》，2021 年第 1 期，第 27—28 页。

② 肖珺，肖劲草：《历史大场景下的疫情传播：问题与方法——2020 中国传播创新论坛·云端对话会议综述》，《新闻与传播评论》，2020 年第 4 期，第 59—63 页。

③ 吴予敏：《传播研究应"以中国为方法"》，《教育传媒研究》，2020 年第 6 期，第 1 页。

④ 邵培仁：《面向现在、未来和世界的华夏传播研究》，《现代视听》，2020 年第 6 期，第 85 页。

上不断趋向成熟的标志,更是实现国家长远的文化输出与积极国际化战略的重要方法论指导。谢清果教授在《如何向世界说明"中国":中华文化海外传播的问题意识与方法自觉》一文中就提到,中华文化海外传播是中国在国际舞台上树立国家形象的关键一招,因此,如何向世界说明"中国",自然成为海外传播中华文化实践的核心问题意识和根本方法自觉。研究表明:"中国"这个观念本身是中华文明自信的表征,而此观念的核心意涵正是具有人类共同价值旨趣的"共生交往观"。在漫长历史长河中,"中国"观念的缔造过程孕育出以"中"致"和"的理念,从而在空间与时间上为人类文明交往树立了典范,使"文明型中国"的建构成为主流意识,因此,在当代阐扬"中国"观念的文明交往观,高扬可沟通的"中国"形象,理应成为传播学者应有的责任与担当,也是建构向世界说明"中国"话语体系的内在需要。[①]

与世界其他国家不同,中国以儒学为核心、儒释道一体的文化传统,以及社会主义核心价值观的文化发展,锻造出了一系列具有独特性的表达方式、思维方式、行为方式、价值方式。例如,中国传统文化讲求事缓则圆,以持两端用之中的渐变缓释为上;中国传统文化讲求和谐和合,以协调统一的合治调适为上;中国文化讲求君子不器,以行为和精神层面的重义重道为上;中国文化讲求宗族宗法的秩序,对行为的规约上有大量人化的、主观的、艺术化的弹性成分同时,在文化问题上,我们还要考虑到中文表达与其他语言表达的区别,语言不仅是工具和表达问题,其背后也是深刻的思维方式、行为方式、价值方式问题。[②] 这些差异性,共同决定了在强调文明自身之独立主体性的前提下与更广泛、多元的文明世界相互交流,尤其是与被视作"世界性"和"普适性"的西方文明模式之间的对话过程,总是避免不了碰撞和融合两种对话姿态。

(一)以史为鉴:华夏文明传播研究的历史之思

今年的不少研究将文明对话作为一种鲜活的传播过程加以呈现和揭示,通过历史语境还原的方式加以重新审视。比如张兵娟与李阳的论文《传播学视角下中英"礼仪之争"再审视》就举例了公元1793年英国大使马戛尔尼来华导致的"礼仪之争",它既是东西方文明史上最重要的一次碰撞与冲突,也是40余年后爆发鸦片战争拉开中国近代史的"导火索"。通过后殖民理论批评,从传播学视角重新

———————

① 谢清果:《如何向世界说明"中国":中华文化海外传播的问题意识与方法自觉》,《安徽师范大学学报》(人文社会科学版),2020年第4期,第95—103页。

② 胡智锋,刘俊:《新中国70年新闻传播学发展的回顾与展望》,《新闻大学》,2020年第2期,第44—54页。

审视、传播者的传播动机、传播手段以及在传播中由于中英价值观念的偏差导致的认知障碍等因素，明确指出英国使团表面的贸易诉求背后是殖民霸权倾向的传播动机；同时通过中华礼仪文明与西方物质文明的对比，对中国特有的宾礼朝贡制度及其背后支撑的天下传播秩序模式进行了深入阐释。可以说，笼罩在近代史中的"殖民者的世界模式"虽已远去，但印刻在心理上的殖民思维并没有消散。重新审视这一重大历史事件，有助于我们对西方文明扩张史保持一份警醒，纠正"中国故事"中丧失主体性的长期失语，重塑中国文化自信和中华文明。[①]

事实上，即便殖民时代已经被人类历史彻底翻篇，但殖民主义的认识模式和强烈意识仍在深远地影响着地球上每一个人的文明思维。在根深蒂固的西方主体性雾霭之下，华夏传播学的倡导者们常常将自己所倡导的"中国方法"和"中华范式"误作为一种被凝视和被观察比较的对象，进而又渐渐落入东方主义的怪圈当中。要摆脱这种怪圈，除了不断强调自我意识的自信外，也需要通过对福柯式的批判来对东方主义话语加以更深刻的解构。王润珏的《探索与想象：16世纪英国国家记忆中的中国形象》就为我们提供了这样一种思路。它以一个微观的视角为我们还原了西方世界对于中国的想象，是如何通过早期历史中相对匮乏的传播渠道建构起来的。1864年英国女王文书局出版的《国事日志》中收录的文献显示，在中英两国尚未有直接接触的16世纪，英国主要通过间接素材从地理、人文和商贸三个维度勾勒中国形象，带有典型的国家理性和自我中心的特征，与这一时期英国对海上权力的谋求、对国家制度的设计和对贸易逻辑的认知紧密联系。这种产生于特定历史时空，由间接信息和自我想象构成的中国形象的认知仍然以文字、观念、博物馆藏等形式影响着今天英国公众的中国形象认知。[②] 因此，对一个文明的认识判断一定是特定条件下的传播活动的结果，它并不具有真理性和恒定性，而仅作为客观交流条件和有局限的主体视角的共同呈现。只有清晰地把握这一判断，才能在文明对话的互相理解和认识中保持真的自我，实现真正的交融而不是被替代。

作者在文中还提到如何客观地使用这种具有历史性的观察结果来帮助我们实现对华夏文明的自我审视这一问题。哈布瓦赫认为，记忆既是物质现实，又是象征符号。这种对于记忆的二重性的充分认识，有助于我们理解记忆与社会关系的重要性，并尝试以这些深植于英国国家历史和社会认知中的记忆符号为线索，唤

① 张兵娟，李阳：《传播学视角下中英"礼仪之争"再审视》，《新闻与传播评论》，2020年第5期，第102—115页。

② 王润珏：《探索与想象：16世纪英国国家记忆中的中国形象》，《现代传播》（中国传媒大学学报），2020年第4期，第62—66页。

醒跨越时空的共同记忆，以形塑更生动、丰盈的当代中国形象。①同样由于记忆既是符号的又是物质的，中西两种文明模式之间的对话过程，不仅仅是意义、思想、哲学的对话，更是基于广泛的社会物质交往活动的对话。及至当下，由于全球化的市场实践活动，通过物质交往活动来促成双方间的相互理解和差异和解，更成为比直接的符号交流更频繁、更主流的对话方式。因此杨懿以符号学为理论视阈的贵州茶文化的海外传播就显得颇具有代表性了。在作者看来，茶作为中华传统文化符号体系的传播载体，是开展国际传播的有效媒介。在符号学视域下，以茶为媒开展国际传播，有助于消弭各国各地区间存在的文化差异和思维隔阂，化解中华传统文化的国际传播之困。贵州茶的国际传播为中华传统文化的国际传播提供了有效范式，同时也为相关符号学理论提供了新的思路和方法论。②

由杜莉、刘彤、王胜鹏、张茜、刘军丽著述的《丝路上的华夏饮食文明对外传播》一书，则是从更长的时间尺度上为我们介绍了全球贸易活动发生过程中的文明交流、融合与演进。书以先秦至明清时期为时间段，主要选取西北丝绸之路、南方丝绸之路、海上丝绸之路等三条丝路上的华夏饮食文明对外传播为研究对象，以历史学为根基，充分运用文化人类学和传播学等多学科原理，搜集丰富资料、多方引证，采取以点带面、突出重点、点面结合的方法，在梳理、论述丝绸之路上华夏饮食文明对外传播历史状况的基础上，不仅较为全面系统地归纳、总结出四个历史时期丝绸之路上华夏饮食文明传播特点与规律，梳理并列出各时期丝绸之路上华夏饮食文明对外传播的主要情况一览表，绘制出各时期丝绸之路上华夏饮食文明对外传播示意图从中原到边疆，从边疆至周边国家地区的途径及相关细节，不但非常直观且概括地为我们展示了华夏饮食文明在周边国家和地区传播和发展的情景。还较为系统地阐述古代丝绸之路上华夏饮食文明对外传播的多重价值，对加强华夏饮食文明与沿线国家和地区的交流和传播、促进当前"一带一路"建设、推动沿线国家和地区共同发展和人类命运共同体的构建提出一些思考与建议，做到有经有纬、有史有论，构成一个较为完整的体系。③在一定程度上填补了丝绸之路、饮食文化研究领域的部分空白，对当今华夏饮食文明及华夏文明对外传播具有重要的借鉴意义。李楠，张焱同样关注了衣食住行的交流活动作为文明

① 王润珏：《探索与想象：16世纪英国国家记忆中的中国形象》，《现代传播》（中国传媒大学学报），2020年第4期，第62—66页。

② 杨懿：《符号学视域下中华传统文化的国际传播：基于贵州茶的观察》，《现代传播》（中国传媒大学学报），2020年第11期，第60—63页。

③ 杜莉，刘彤，王胜鹏，张茜，刘军丽：《丝路上的华夏饮食文明对外传播》，北京：人民出版社，2020年。

对话之媒介的重要功能,称其为"一种频繁互动的服饰传播模式"①。文章从跨文化传播的角度来认识游牧服饰的媒介性体现在三个方面:二部式服制的通约性、印度—希腊化装饰的融合性和抽象图式符号的共享性。通过考察游牧服饰的开放与传播活动来明晰上述认知,厘清中华服饰文化多元一体格局和其吸收游牧服饰的合理成分而不断进化的内在理路。基于游牧服饰文化在体现丝路精神、彰显文化自信和支撑文化认同中的重要价值,增进对中华文化具有的凝聚力、向心力的深入理解,使之成为增强中华文化认同的历史基石。②

历史向我们揭示,文明与文化的交流过程不但是碰撞和融合的,而且这种碰撞和融合总是文明传播实践过程中的一体两面。按学者赵立敏的说法:"冲突与融合是跨文化传播的两大旋律,冲突既是融合的阻力,也是融合的动力,什么样的冲突往往造就什么样的融合。"③其论文《理论、身份、权力:跨文化传播深层冲突中的三个面向——以汉传佛教在华传播为例》以佛教在华传播为例证,详细阐释了它与中国本土的儒家和道教先后经历了深层次的理论冲突、身份冲突、权力冲突,并在这一过程中规范儒释道的功能分区,也奠定了中国传统文化的基本传播秩序。④佛教本土化的传播过程和当今我们所面对的全球化交流活动一样,存在着身份认识和重构认同的曲折且深度的发展。因而文章从理论和身份两维分析了佛教如何在外来身份、自我认同和理论辩论的纠缠关系中塑造它的形象和传播动能。

（二）经世致用:"人类命运共同体"视角下的思想对话与文明交流

历史、现在与未来,不断交织的人类发展实践和广延的交流活动当中,我们的对话和碰撞无时、无刻、无处不在产生中。而之所以华夏传播学研究所提倡的独立体系和理论特色具有重要性,不仅因为它是"最历史的""最中国的",更是因为它是最符合当代国家、民族与社会发展之需要的。逄增玉的《跨文化交流与中华文艺参与人类命运共同体建设的思考》阐述了在"建设人类命运共同体"这一倡议思想号召下的跨文化交流活动的重要性,以及中华文艺的参与路径。人类各民族文化在诞生发展中内含的共同价值,是中华文艺参与人类命运共同体建设的基础,而中华文艺及其赖以支撑的文化价值,由于它所具有的丰富主体性、民

---

① 李楠,张焱:《跨文化视野下中国游牧服饰之媒介功能与意义》,《现代传播》(中国传媒大学学报),2020年第5期,第84—88页。

② 李楠,张焱:《跨文化视野下中国游牧服饰之媒介功能与意义》,第84—88页。

③ 赵立敏:《理论、身份、权力:跨文化传播深层冲突中的三个面向——以汉传佛教在华传播为例》,《国际新闻界》,2020年第9期,第23—42页。

④ 赵立敏:《理论、身份、权力:跨文化传播深层冲突中的三个面向——以汉传佛教在华传播为例》,第23—42页。

族性和世界性价值,曾经在历史上对周边国家有效传播和影响,并且也接受过域外文化文艺的有益影响。[①] 通过对中华文艺参与历史剖析,亦可以对当代的人类命运共同体建设提供了历史经验和启示,应当在梳理和确立中华文艺核心价值基础上,高度重视中华文化文艺参与人类命运共同体建设的方式、路径、方法和战略策略问题。[②]

近年来,"中外文化与国际传播研究丛书"系列作为国家社科基金重大项目"'一带一路'背景下中国价值观的国际传播研究"的成果展示,为我们罗列了同一带一路沿线国家文化交流传播活动当中所涉及诸多问题和理论探讨。它主要关注中国价值观国际传播当中的环境演变与理论创新,同时涉及中外比较研究、人类命运共同体视域下中国价值观的跨文化阐释研究等[③]。进而汇聚了来自中国传媒大学、华中科技大学、武汉大学、复旦大学、北京外国语大学等著名高校及各权威媒体资深学者、专家,涵盖新闻传播、国际关系、中国文化、比较文学、对外汉语等不同学科领域的真知灼见。而由谢清果等著,唐润华、张恒军主编的《中华文化海外传播的新境界:中西传播思想的分野与对话》该系列所结的最新成果则集中在新闻传播学视域中,对"中国价值"的当代性和学理性进行了现代化的阐释,用中西传播观念比较关照的方式实现中华传统文化思想精粹与现代传播学理论的对话,进而努力将传统价值与智慧嵌入到现代化的传播学理论与实践指导体系中去。

中国的传统文化和文艺是独特的,但与其他文明的思想、文化与智慧之间并不是不可通约的。在"人类命运共同"的伟大号召下,更加广泛地将中国与西方、传统与现代的传播思想智慧加以比较对话,是我们深化对本土传播思想轮廓认识的必要步骤。谢清果、王婳就以比较哲学的方法将彼得斯《交流的无奈》中提出的传播的阈限性问题与先秦思想家庄子的观点进行比较。将"三言""得意忘言""心斋"等等传统意向重新放置进当代语境当中挑拣出具有现代意义的、可以与当代西方传播学理论进行对话的独特思想。文章指出,庄子和彼得斯在解决交流失败的方式认知上存在暗合。但彼此在解决路径上又有些许不同:庄子的取向是求诸己,以自我的精神超越获得个体的自身解放,而彼得斯的取向是求于外,

---

① 逄增玉:《跨文化交流与中华文艺参与人类命运共同体建设的思考》,《现代传播》(中国传媒大学学报),2020年第3期,第20—23页。
② 逄增玉:《跨文化交流与中华文艺参与人类命运共同体建设的思考》,第20—23页。
③ 谢清果等著,唐润华,张恒军主编:《中华文化海外传播的新境界:中西传播思想的分野与对话》,北京:中国戏剧出版社,2020年,"总序",第7页。

以社会的联合，保障个体的自由。①

二、从观念到体系：华夏传播学的议题、概念与范式思考

华夏传播研究之所以可能，很大程度上要归功于一代又一代学人的情怀和视野，尤其是从这个研究领域产生之初就一以贯之的跨学科、跨领域、跨文化的开放学术态度。传统文化与现代生活当中的每一处细节、每一种意向无不可成为学问。正是新的研究对象、研究问题、研究视角源源不断地汇入到现有研究领域当中。同时，华夏传播研究作为，十分着重于在自我批判和自我审视当中寻求学科化与成熟化，它体现在对研究方法、范式的不断尝试和思考当中。正是这些在生命历程当中积累起来独特气质，才赋予了这样一个偏"传统"的研究面向始终保持着前沿性和生动性。

（一）小问题与大乾坤：中传统文化现象与意向的新阐释

近年来，随着媒介学、媒介考古学以及具有本土特色的阐释学和传播考古等新的视角与方法的涌现，使得对中国传统传播实践和历史文化现象的传播学研究用了更广阔的潜力空间。越来越多的学者致力于对文化现象与意向进行新的传播学思维框架下的阐释和理论建构。这些现象许多是具体而微的，却无不体现着中华文化的独特智慧和丰富实践特点。

比如，潘祥辉就以"谥号"这一中国政治史上产生的独特符号机制来透视中国古代政治传播。谥号是一种中国文化特有的社会性名号，它起源于避讳习俗，并从氏族扩展至国家领域，带有鲜明的政治传播色彩。谥号既是生者对死者的"盖棺定论"，也是一种"无声的舆论"，发挥着道德监督的作用。谥号作为一种重要的政治传播机制，依托于褒贬评议程序，通过口碑、史书以及碑刻等媒介传于后世。谥号植根于中国祖先崇拜的文化传统、儒家思想对"正名"的重视以及宗法社会对名垂青史的追求，在中国文化背景下具有强大的激励功能和导向功能，是一种重要的声誉传播和宣传教化机制。②由一种社会实践的组织模式会带来围绕该模式所形成的价值趋向和观念体系，因而潘祥辉认为在"前大众传媒时代""以谥评人、'盖棺定论'的中国式"传播机制，既是一种华夏本土传播观念，也是一种

———————

①　谢清果，王婕：《〈庄子〉对"交流失败"的求解——从与彼得斯〈对空言说〉比较的视角》，《新闻爱好者》，2020年第6期，第24—27页。

②　潘祥辉：《盖棺定论：作为一种本土传播机制的谥号及其政治功能》，《社会科学战线》，2020年第11期，第172—182页。

本土传播实践。①

"追谥"作为中国古代政治传播活动当中的文化现象，独特但非孤例。李东晓与潘祥辉的《"史论监督"：一种中国特色的政治监督机制溯源》就择取"史权"这样一种存在于中国传统政治生态当中的鲜明特点，探讨它所具有的监督职能、历史渊源和行动模式。博大精深的中国史学对世界文明的贡献不只于发明了一种自成体系的、连续性的记录方式，更在于它发展出了一种通过历史书写与传播来实现对现实政治的监督功能，即"史论监督"功能。"史论监督"是一种融历史的客观记录与史家的主观评价于一体的历史叙述方式，这种"史论合一"的叙述即可收政治监督之效。②"追谥"和"记史"，虽然各自的目的和运作大相径庭，但都是活跃于中国传统社会的"前大众传播时代"的特有文化实践，又能与现代社会传播结构当中的部分功能产生对话，比如假托于"史权天授""尊史崇古"及"敬畏文字"等文化传播"史论监督"极具合法性和效力。而"无需诉诸"舆论"或大众传播和"舆论监督"。③它的合理性和适用性无论对历史研究还是当代研究而言，都具有启发性。

比如，谢清果以"门"这样一个十分寻常的文化符号入手，重新认识"门"作为生活世界中的独特的媒介在人类社会交往过程中的隐喻意义。以《道德经》中提到的"门"为例，它既阐释了作为万物本源的道为"众妙之门""玄牝之门"，提出了"门道"隐喻；又剖析了人类如何复归生活世界的操作方式——"塞其兑，闭其门"，既包括身体和感官的门，又引申为欲望和心灵的门。④从"门"在日常生活当中的媒介意义，中国传统文化衍生出丰富的媒介哲学深层意蕴。

又比如，张兵娟教授与张议丹、张欢分别合作的两篇论文，分别从我们日常最易接触、接受的饮食文化、牌坊文化探讨了二者作为"礼"的载体和媒介如何在传统文化生活当中发挥其社会性的功能作用。中华饮食是具备丰富文化意义与社会功能的完整体系，满足着中国人多层次的需求，其重要性不言而喻。而作为"礼"文化之部分的饮食文化，又在饮食活动中建构了"礼"。从传播学视角出发，同样可以阐述饮食的媒介符号特征、饮食媒介符号在礼文化的传播中呈现的特点

① 潘祥辉：《盖棺定论：作为一种本土传播机制的谥号及其政治功能》，《社会科学战线》，2020年第 11 期，第 172—182 页。
② 李东晓，潘祥辉：《"史论监督"：一种中国特色的政治监督机制溯源》，《新闻与传播研究》，2019 年第 10 期，第 105—125 页。
③ 李东晓，潘祥辉：《"史论监督"：一种中国特色的政治监督机制溯源》，第 105—125 页。
④ 谢清果：《媒介哲学视角下的老子之"门"新论》，《山西大学学报》（哲学社会科学版），2020 年第 2 期，第 83—91 页。

以及饮食之礼在当代的传播价值。①古代中国崇尚用"礼"来规范社会，而礼的推行在于教化，除了传统手段之外，"牌坊"这一极具中国特色的文化符号也发挥着重要的作用。牌坊具有的审美、历史、艺术价值。从传播学视角切入，牌坊则不仅是一种具有"时间偏向"性的"无声的媒介"，也被视为一种"类大众媒介"的媒介特征，表现在"文以载道""图以鉴世""物以传情"三个方面。牌坊在特殊的时代所延伸出的精神激励价值、道德教化价值和社会整合价值，对现代人立身行事仍具有重要的参考价值。②

与饮食、牌坊这些社会生活实践相类似的还有曲艺。李东晓的《"唱新闻"：一种地方说唱曲艺的传播社会学研究》就将源于南宋临安的"说朝报"传统的浙江地方特色曲艺活动——"唱新闻"置入传播学的视角加以审视。在传播学的视阈下，"唱新闻"不仅是民间曲艺，更是一种民间社会传统的"新闻"传播活动。它呈现了我国传统"新闻"传播活动的特点，是留存至今的古代"新闻"传播活动的活化石。③尽管在"前大众传媒时代"，中国传统社会并不存在现代意义上的系统性的传媒体系。却可代之以一套同样与其社会生活、生产实践深度契合的传播实践模式，同样发挥着可等量齐观的效益。论文从传播社会学视角对"唱新闻"在浙江地区兴起的社会因素的分析，将之与近代苏浙沪地区媒体新闻业兴起相联系，发现它作为向底层民众进行二次传播的口头中介的社会与历史意义，为丰富我国本土新闻传播史和民间的口头传播实践研究提供了新的案例和新的阐释视角。④同样是研究"前大众传媒时代"的具有中国特色的传统传播实践，庄曦、何修豪则以徽州祭簿为着手点，探讨祭簿作为徽州乡村社会中的"神圣文本"，回答它如何实现特色的媒介叙事与乡民记忆建构。透过"祖先群体—书写者或藏簿人—子孙群体"这一"沉降式"传播结构，在长期的仪式训导下逐渐建构出"追忆的乡村史"这一独特的乡民记忆模型。研究以安徽歙县峤山村的八份祭簿为研究对象，集中探讨了徽州祭簿与乡民记忆活动之间的关联性问题。研究发现：乡民群体借助祭簿强化了荣耀记忆和伤痛记忆，也选择性地遮蔽和消解了某些史实。祖先、书写者和子孙三大群体间的三元"互动"是乡民记忆得以传承的重要保证。⑤

---

① 张议丹，张兵娟：《饮食媒介符号的礼文化传播及当代价值》，《新闻爱好者》，2020 年第 5 期，第 76—78 页。

② 张兵娟，张欢：《传播视野下中国古牌坊的媒介特征及其当代价值》，《新闻爱好者》，2020 年第 2 期，第 74—77 页。

③ 李东晓：《"唱新闻"：一种地方说唱曲艺的传播社会学研究》，《新闻与传播研究》，2020 年第 8 期，第 94—108 页。

④ 李东晓：《"唱新闻"：一种地方说唱曲艺的传播社会学研究》，第 94—108 页。

⑤ 庄曦，何修豪：《徽州祭簿的媒介叙事与乡民记忆建构研究》，《现代传播》（中国传媒大学学报），2020 年第 3 期，第 24—28 页。

陈月华与潘沪生二人的研究《从图案化影像遗存探析我国原始游戏活动中的价值观塑造传播》视角则更加大胆，是从当下的考古发现去复原原始社会当中就业已存在的中华传统游戏活动，并依据近年考古发现，结合图案化实物影像资料如岩画、崖画、彩陶纹饰等"史前文献"，分别从生存、享受、发展的三个视域窥探我国原始游戏和氏族价值观的塑造与传播之间紧密的同根性关系。在原始先民的日常生活中，以生存为驱动的诸如石球、集体操练、"军事教育"等物质实践性游戏，以享受为驱动的诸如"叠罗汉"、集体杂技等娱乐性游戏，以及以发展为驱动的诸如舞蹈祭祀等精神游戏，都是原始先民最初最普遍的价值观塑造与传播的载体和媒介。这些泛游戏化的活动和行为，塑造和培养了原始氏族成员间的团结、合作、信任、配合、秩序、规则、平等、自由、和平、友善及爱护集体等正向的价值观和情感。以古鉴今，期望为当下新时代以严肃游戏为载体传播国家主流价值观的行为进行最本初的溯源，提供最悠远的观照。[1]

之所以强调华夏传播研究与传统传播学研究之间的区别和对等关系，是因为在漫长的历史演化过程中，"中国"产生了迥异的发展模式和文明生态。经验模式和指导体系。中国独特的政治体制、自然禀赋、哲学和科学技术思想体系，它们共同幻化为中国新闻传播实践中的一些明显特征，如和谐、圆融、缓释、传承、重集体、重情理、重弹性、重调适，等等。这些文化印记和实践特点，既是我们研究和思考的对象，也是中国新闻传播学主体性建设的基础和依托，彰显着中国新闻传播学主体性建构的广阔空间。[2]

比如在情感价值的思考和传播上，在语言传播方面，孔子主张"慎言"，而这种"慎言"观念背后是各种德性情感在主导：有天道之情的敬与孚，也有人道之情的仁与信等，这些德性情感支配着天与人、人与人之间的"慎言"传播。语言作为一种具有文化意义的符号，是天与人和人与人沟通的媒介，孔子用譬喻的语言传播风格以及使用雅言的方式来传递德性情感，实现德性情感的互动、共鸣。从传播学的角度来看，在这种德性情感传播中，孔子的目的在于通过"慎言"来培育个体德性的修养，强化阶级之间的互动交流，保持社会秩序的稳固，建构新的理想社会。[3]中国人的交流活动讲究意境、内涵和隐喻关系，将西方修辞学强调的辩论、逻辑包裹在美学和情感的温暖外衣当中。这也让中国传统的人际交流和

---

① 陈月华，潘沪生：《从图案化影像遗存探析我国原始游戏活动中的价值观塑造传播》，《现代传播》（中国传媒大学学报），2020年第9期，第16—21页。

② 胡智锋，刘俊：《新中国70年新闻传播学发展的回顾与展望》，《新闻大学》，2020年第2期，第44—54页。

③ 林凯，谢清果：《"慎言观"视域下孔子的情感传播观念研究》，《华夏文化论坛》，2020年第1期，第23—32页。

说服活动有了其独特性。

"察言观色"是中国传统"家天下"文化背景养成的说服传播技巧。在梳理"察言观色"词源学与哲学意蕴及其历史流变的同时，引入戈夫曼的社会情境理论与米德的符号互动论来加以阐释，从而论述了"察言观色"在中国说服传播视阈中的深刻内涵，剖析其产生的社会制度背景和传播结构，总结出其艺术表现，并在与古希腊说服的比较中阐发出其背后蕴含着的中国传统传播艺术伦理。①

（二）老智慧与新道路：华夏传播研究的经典之思与范式之辩

我们始终强调，华夏传播研究需要以自身的主体意识为起点，讲求对中华文明的范式自信与方法自觉，也讲求对优秀传统思想的提炼和把握，更讲求辩证地把握两种文明形态理解传播与社会时的思维互补性。2020年出版的学术专著《华夏传播理论》就是这样一部有问题意识、方法启示和理论贡献的著作。作者邵培仁、姚锦云不仅探讨和澄清了华夏传播理论是否可能、如何可能以及如何建构等问题，而且创造性提出"从观念到概念、从思想到理论"的建构路径，并依据中华文化基因和传播元素探索性地提出一系列华夏传播理论观，从而既表征了华夏传播研究在全球传播时代的觉醒与现实，也丰富了华夏传播理论的认知与想象，对中国传统传播思想的概念化、理论化和亚洲传播及全球传播研究的深化也有启示意义。它以观点新颖，视野开阔，时空交错，论证严谨，语言精练。它以宏大而广阔的理论视野，辩证地探讨了西方与本土、历史与当下、返本与开新、意义与因果、知识论与方法论等的关系；在翔实而鲜活的历代文献资料中，提炼出"华夏传播十大观念"和"意义之网"及"理论的胚胎"；在古今联通、中外勾连的时空隧道里，以"他山之石"攻本土之玉，也以本土之智启全球认知，使古今中外的学术对话得到充分展开。②是尝试对华夏传播学理论及其理论框架进行整体性梳理、把握的重要尝试。

对华夏传播学理论体系整体性框架性的设想，建立在更多学者对中华文明丰富的历史资源进行大浪淘沙式的辛勤耕耘上，建立在对历史人物、历史现象中的社会政治思想的总结提炼上。每年都会有许多优秀论文作品，致力于从既往的历史材料中为我们淘洗出传统传播观念智慧的饕餮盛宴。潘祥辉的《"潜夫"之论：东汉王符的政治传播思想研究》一文，就聚焦于东汉中后期社会政治批判思潮的开风气者——王符，在其著作《潜夫论》中，王符对东汉的吏治、社会风气及政

---

① 谢清果，米湘月：《说服的艺术：华夏"察言观色"论的意蕴、技巧与伦理》，《现代传播》（中国传媒大学学报），2019年第10期，第98—104页。

② 邵培仁，姚锦云：《华夏传播理论》，杭州：浙江大学出版社，2020年。

治传播失灵现象有着深刻的洞察与尖锐的批评。进而，又对如何加强君臣之间以及朝廷和民间的政治沟通，如何克服政治传播中的信息壅塞及信息扭曲以及如何对民众实施政治教化等问题都提出了一系列主张。文章整理总结了王符"宣之使言"的言论观及其对道德教化的推崇等等在当时非常新锐的政治传播思想。同时也认识到他希望通过"圣君贤臣"的榜样示范，用儒家的"恕、平、恭、守"来规范人际交往，以"道德教化"来改良浇薄的社会风气，所带有的理想化色彩和时代局限性。①

　　由于中华文化相对独立的实践性特征，全盘托付于西方社会科学与人文思想的认识论与价值论是难以完满地理解、深入阐释许多极原生的思想精神和文化现象，它们既完全属于中国化的语境，又完全地应中国式的传统社会实践而生。当我们越来越多地把这些与经典传播学语境迥异、知识超纲的问题纳入传播学的视野下去重新分析时，就不得不寻求在范式上的新的思考、突破、补充。余英时也说："我可以负责地说一句：20世纪以来，中国学人有关中国学术的著作，其最有价值的都是最少以西方观念作比附的。"② 因此，学者李红的研究尝试就华夏传播的范式特点问题展开了独立讨论，认为在中国文化中，"权力"并不是讨论的核心，因而以"权力"为中心的范式划分只适用于西方语境。为了将华夏传播研究范式的讨论置于世界话语的脉络，文章提出了一种以"主体"作为中心的范式划分标准。在此，"反求诸己范式"就可以与西方的控制论范式、批判论范式以及对话论范式置于同一个层面进行讨论。"反求诸己范式"的提出是基于中国文化以"自我"为对象的修身传统，展现出一种朝向内在"主体性克减"的逻辑。正是通过"主体性克减"以获得自我的敞开与透明，主体才实现对于他者或者世界的吸引或者接纳。假如进一步将"反求诸己范式"延伸到社会当中，就可以看到自我和他者之间是如何以"人格"为中心，建立起彼此的传播逻辑。③

　　而尹连根对当下传播学本土化研究总体态势进行了一定评估，认为当在地经验的本土化之争日趋式微的时候，传统文化的本土化之争依然存在。他们本人参照于社会学与史学等学科的本土化实践，提出对传播学本土化可资借鉴的三条路径：社会学的"文化自觉"，哲学层面的思辨以及历史学层面的传播活动诠释。④不仅仅是传播学的本土化，自近代以来中国逐渐拥抱世界、融入世界的过程，始

---

　　① 潘祥辉：《"潜夫"之论：东汉王符的政治传播思想研究》，《湖南师范大学社会科学学报》，2020年第3期，第50—58页。

　　② 余英时：《论士衡史》，上海：上海文艺出版社，1999年，第459页。

　　③ 李红：《反求诸己：华夏传播研究的范式》，《山西大学学报》（哲学社会科学版），2020年第2期，第74—82页。

　　④ 尹连根：《庄子与中国传播学的本土化》，《新闻与传播评论》，2020年第6期，第99—110页。

终长期持存着传统知识与更广袤、普世的以西方所主导的世界性知识之间的矛盾与不兼容。每个人都会在这种两个世界、两种知识的矛盾中持有各自的态度：有要"另起炉灶"的，也有要"废医验药"的，或讲求结合或讲求独立，但最终，都不可避免地变成相互参照、共同存在的新的世界性知识的一部分。

三、从过去到现在：新时代下的华夏传播与文明实践

华夏传播研究既传统又当代，它对把握和理解当代的传播现象、文化符号有着自己的独特面向和视角。近年来越来越多研究尝试从田野经验、实证方法出发，参透传统文化思想精华如何被创造性地融入现代社会生活实践当中。近年来，华夏传播研究的工作不仅仅局限于从黄泥巴中捧出"土理论"，它同样结合现代社会的传播实践活动特点进行了很多范式、方法和哲学认识层面的思考，进而涌现出传播考古学、训诂和谱牒学等既具有本土特色又具有广泛影响力的新研究方法。这种古今对谈本身汇聚了古老与现代、东方与西方的不同智慧，也让华夏传播研究的版图和视野在历史与现代的交汇中变得更加完整、广博，亦碰撞出更加多元精彩的思想火花。

（一）华夏传播研究的方法与范式创新

林羽丰的《月子传授：行动中心的传统传播研究》一文是近年于个中极富有代表性的研究。它摒弃了过往传播研究当中的文本中心主义取向，转而寻求一种行动中心主义的假设。这种假设指向了传统流传的现实，也启发我们以一种微观的、日常的、行动取向的思路考察传统传播的问题。文章发生在一对母女间的月子传授清晰地展示了行动中心的传统传播实践。在两个月的时间里，二人因认知逻辑发生冲突，受社会建构而不欢不散，凭迂回策略又重归于好。在这个过程中，文本式微而趋于边缘，行动紧迫而占据中心，传播受外力所驱，传受间发生了意义结构的迁移，最终生成了一种认同但不认知的整体性接受。这则个案充实了我们关于行动中心的想象和传统传播的认识，也让我们看到传统对现代的反噬。[①] 不重文本修辞而重行动关系向来是孔孟老庄所代表的中国传统哲学智慧以及蕴含其间的传播智慧的典型特征，因而用行动主义取向的新路径，取代长期作为传播学的核心范式的以信息内容和运动为依据来研究传播的文本中心主义，有助于重新确立主体在传播中的地位。但这并不意味着传统的以信息为中心的传播学方法论便不再适用于华夏传播问题的研究。宋凯难能可贵地将传播学近年来最为炙手可

---

① 林羽丰：《月子传授：行动中心的传统传播研究》，《新闻与传播研究》，2020年第9期，第64—77页。

热的工具领域——大数据和网络分析代入到传统文化形象议题上来，很好地通过现代工具为传统问题寻找答案，作者认为，媒体内容在潜移默化中影响着人们对事物的感知，对于城市空间的塑造亦是如此。在北京市的文化形象建设中，媒体起到了明显的推动作用。通过媒体报道的内容以及基于此引发的受众讨论，北京市的文化形象得以清晰地呈现。基于大数据和社会网络分析等方法，通过海量数据分析和典型案例聚焦，讨论北京文化形象在媒体报道中的呈现，探究北京文化呈现在社交网络平台的整体形象。归纳总结中国媒体进行文化传播时的内容传播模式和受众对此类内容的话题态度倾向，并最终得出在受众面对不同文化接近性内容时，媒体所扮演的角色区别。①

董小玉、金圣尧则讨论了中国人最为重视、最富感情的"家文化"是如何通过现代媒介和现代叙事焕发心生的。近年来中华民族延续千百年的"家文化"被人们有所忽视，媒体对中华"家文化"的报道立场与导向也出现偏差。为此，文章着重阐释了中华优秀"家文化"的内涵价值，分析新时代中华优秀"家文化"的现代媒介传播样态：族谱电子化、数字化，破解"家文化"流散难题；探讨纪录片、影视综艺、公益广告等视觉图像如让"家文化"表达形式活起来；探讨移动端的移动短视频、自媒体电台、公众号平台等如何营造"家文化"包容开放的新生态，以期全面了解"家文化"的传承现状，并结合新时代的特征与需求，提出"家文化"的建构范式与传播路向。②

怀揣着同样的初衷，邱凌的《"和合"思想：中国影视剧对外传播的价值核心》则考虑了通过影视剧如何起到传播"和合"思想的问题。影视剧因其直观、生动、形象的表达对塑造国家形象、传播中国文化具有重要作用。但也存在着出口的影视剧作品价值观表达散乱、不明晰、优秀文化成果不多等现实问题。中国影视剧创作需要立足于本土文化和本土价值观，作为中华文化思想精髓的"和合"思想理应成为中国影视剧对外传播的价值核心，其所蕴含的"和实生物"的本源思想、"天人合一"的自然观以及在五大层面中的积极作用，不仅影响着中华民族，而且对当今及未来的全球发展都有着重要借鉴。我国影视剧应合力凸显"和合"价值观，通过多维视角、多元题材、精良制作打造优秀文化成果，提升中国文化的辨识度，弥合文化差异，在世界彰显中国文化的魅力。③

① 宋凯：《北京文化形象的媒体呈现——基于大数据和社会网络分析方法》，《现代传播》（中国传媒大学学报），2020年第10期，第18—24页。

② 董小玉，金圣尧：《论新时代中华"家文化"的内涵价值与传播样态》，《现代传播》（中国传媒大学学报），2020年第9期，第22—26页。

③ 邱凌：《"和合"思想：中国影视剧对外传播的价值核心》，《现代传播》（中国传媒大学学报），2020年第6期，第90—94页。

张兵娟、刘停停的论文《历史之潮与现实之美：年代剧的叙事创新及其精神诉求》同样探讨了影视剧作为重要载体实文化价值传达的可能性，其观察点聚焦在"年代剧"这一影视剧当中的细分种类。分析认为，年代剧因其史诗般的风格、深厚的历史内涵和浓郁的家国情怀，历来受到观众的青睐。特别是近年来年代剧在叙事上独具特色，为数众多的作品获得了收视业绩和专业水准的双向成功。因此，文章主要从小人物、大时代的历史叙事，立体化、差异化的人物叙事，地域化的审美叙事以及多维度的家国叙事来探讨年代剧在叙事上的创新与突破，进一步诠释年代剧在塑造国民价值观念、引领时代风尚、振奋民族精神等方面所发挥的重要作用及价值力量。①

（二）华夏传播研究的版图补全与理论积淀

华夏传播研究本身是由愿景所指导的学术实践尝试：它将试图建立具有深刻独立意识、民族立场和本土实践价值的华夏传播学作为其终极追求，并为此尝试以西方传播学的经典理论、范式为蓝本进行批判性对话，又不断将文学、史学、哲学、修辞学、人类学等等不同学科视角下的理论和方法融入这种尝试当中去。正因为"愿景"当先，它往往是先有框架和理论设想的"骨架"，再通过不断汇入的新思想、新研究扩充它的"血肉"。因此在不断开拓自我的过程中，华夏传播研究同样也在夯实基础、补全它的学术拼图。华夏传播研究不断强化的自我意识就是后者的直接结果。这种独立的学科意识，不仅来自对未来的展望和现实需求，更取决于经典文本、学科历史的不断沉淀，是通过历史意识来转化其自我认同。2020 年华夏传播研究论丛系列出版的《海外华夏传播研究（陈国明卷）》《华夏传播研究在中国（谢清果卷）》和《华夏传播年鉴（2019 卷）》三册本，便是通过组织经典文本以树立学科史的一种尝试。除了对华夏传播研究领域重要学者及其重要研究的重新出版外，其中还包括了不少海外学者研究的中文译本的首次出版，它们对华夏传播研究的历史溯源又进行了新的延展，进而能让我们重新认识早期海外学者在探讨华夏传播研究时的设想和路径探讨，重新认识华夏传播研究的历史实践过程乃至发展逻辑。同样怀揣着补全华夏传播研究学术版图的目的，谢清果教授主编的"经典与传播研究丛书"系列继《中庸的传播思想》《庄子的传播思想》之后于 2020 年度又出版了《论语的传播思想》，以传统经典与现代理论的对谈来深耕并发掘传统文化、文本当中的传播观念和思想。而《华夏自我传播的理

① 张兵娟，刘停停：《历史之潮与现实之美：年代剧的叙事创新及其精神诉求》，《中国电视》，2020 年第 2 期，第 26—30 页。

论建构》一书则充分认识到中国传统文化中突出的自我传播智慧，观照儒释道文化为核心的传统文化以力争运用中西理论对话来阐明华夏自我传播的呈现特点和独特思想性。自我传播这一传播类型，不仅仅在中国学术界，乃至世界传播学教学科研中都处于相对边缘地位。因而用传统文化观念来参照反思西方传播学谱系中的自我传播领域，不仅彰显中华文化自身的主体性、用中国自身的话语建构中国的自我传播理论体系，同样扩充了自我传播研究的语境和材料。厦门大学新闻传播学院作为早期华夏传播研究的萌芽之地，长期致力于这些文本经典和历史文献层面的基础性工程，致力于补全空缺版图的学术作品，为孕育更多、更前沿、更高深的研究成果提供土壤和培养皿。

当然，这种版图补全不仅仅是前向的、面向历史和自我的。当下的华夏传播研究讲求古今、中西之间的对话融通的可能，时间与空间跨度上的理论张力。这就意味着不只是用"传统的眼睛看现代"，更可以用"现代的视野"重新审视我们的传统。由晏青、杨威所著的《再访传统：中国文化传播理论与实践》即是从媒介逻辑、移动哲学、全球传播以及个案研究四个层面研究中国优秀传统文化在大众传播系统中的传播景观与策略。全书以新传播体系作为基本背景来讨论传统文化传承，进而关注中国文化媒介逻辑、分析传统文化全球传播的策略、阐释中国传统文化本土化创新模式。近年来媒介考古与媒介学在传播学领域中引起的关注和探讨日益剧烈，而其广泛的理论空间和更具有历史批判意识的属性为华夏传播研究提供了十分广袤的学术土壤。

聆听时代的召唤，2020年的华夏传播学研究表现出它更加自信、积极和开放的新面貌，更主动地参与到文明传播、文化出海、跨文化传播与交流的历史性责任与使命当中。也更主动地参与到"中年危机"背景之下关于传播学"是什么"和"怎么做"的未来讨论当中去。在今年于厦门大学、云南民族大学、深圳大学分别举办的"华夏文明与传播学中国化高峰论坛""华夏文明与跨文化传播学术研讨会""华夏文明与传播创新高峰论坛暨华夏传播研究会年会"三场学术论坛中，就紧扣"中国化""文明传播"和"创新"三个词展开了多领域、等层次的精彩交流，提出了不少真知灼见。这既是华夏传播研究在当下和未来一段时间内的主题任务，也是它为传播学的未来和这场"中年危机"给出的自己的"药方"。

四、总结

"中年危机"简单来说，就是一个旧的你站在一个仍在不断变化的新世界面前无法回避的不适应感，进而不断引发认同危机和身份危机。虽然站在媒介革命大门前的这几年，我们已经无数遍地渲染过那种"山雨欲来"的气氛，但这一次，尤其是随着疫情和后疫情时代的大加速，传播学是真正地半只脚踏进它的"中年危机"里了。它表现整个传播学界当中，就是我们对于过去笃信的认识论与方法不再抱有无可置疑的信仰；对这个学科的边界和未来形态不再持有笃定的判断；对自身的身份和价值定义更加焦虑。表现在更细分的华夏传播研究领域，就是对自身主体意识、范式意识的更加关注，对自身对现实传播活动的经验把握和指导意义更加关注，对与传播学其他不同流派、更广泛不同学科与科学领域间的交流欲望更加迫切。

　　未来，新闻传播学的发展突破少不了"世界性的传播学"和"中国化的传播学"两个主体之间的建构与创新。因而"新闻传播学"的发展与"中国新闻传播学"的发展有它各自平行且独立的空间：新闻传播学主体性的建构，是基于以传统老牌学科的发展为参照。中国新闻传播学主体性的建构，是以全球新闻传播学的发展为参照。① 两者在新的剧变时代中，两者虽然是"你中有我"的，却又免不了需要各自埋头苦干。居于其间，既强调本土性和主体性，又极具与世界产生对话、甚至影响和改变世界性理论的华夏传播学，会不断通过延展范式跟理论骨架，并不断填充文本和历史的血肉的方式，继续履行好属于它的那一部分学术使命。

　　就跟"幼儿期""青春期"等等不同的人生阶段一样，这场"中年危机"终究要被经历、被克服，在无数的自我否定、观点论争和重新发现当中进入下一个，也更加成熟的阶段。唯一和人类不同的是，华夏传播研究的学术生命，只会变得愈加"年轻"更加具有"活力"，迈向更加广阔未来。

---

　　① 胡智锋，刘俊：《新中国 70 年新闻传播学发展的回顾与展望》，《新闻大学》，2020 年第 2 期，第 44—54 页。

专题评述

2020 年华夏政治传播研究综述

The Summary of Research on Huaxia Political Communication in 2020

文　婷　刘　乐　白文刚 *

Wen Ting　Liu Le　Bai Wengang

摘　要：华夏政治传播是华夏传播研究中的一个重要领域。整合 2020 年华夏政治传播相关文献发现：研究数量稳步增长，研究的学科背景涉及政治学、历史学、传播学等其他学科，文献大多刊发于政治学、历史学及传播学类期刊。研究内容主要涵盖华夏政治传播理论和思想观念的探索、制度探讨、媒介考察以及实践分析；研究主题围绕舆论、教化、信息沟通等热点展开。但目前学界研究主要集中在梳理、总结某一个历史阶段或某个特定历史人物的政治思想理论和政治实践，加之学科背景的差异性导致对历史理解的准确性存在误差。因而在未来的研究中还需要深入历史语境当中，准确把握历史事实，同时注意把握历史语境与现实之间的关系，实现华夏政治传播研究的学科价值。

Abstract: Chinese political communication is an important field in the study of Chinese communication. By integrating the literature related to Chinese political communication in 2020, it is found that the number of studies is growing steadily. The background of the studies involves other disciplines such as politics, history, and communication, and most of the literatures are published in political science, history, and communication journals. The research content mainly covers the exploration of Chinese political communication theory and ideology, institutional discussion, media investigation

---

　*　作者简介：文婷，四川南充人，中国传媒大学政治传播研究所 2019 级硕士研究生，研究方向为政治传播；刘乐，湖南长沙人，中国传媒大学政治传播研究所 2019 级硕士研究生，研究方向为政治传播；白文刚，山西寿阳人，中国传媒大学政治传播研究所教授、副所长，研究方向为政治传播，文明传播。

and practical analysis; Research topics around public opinion, education, information communication and other hot spots. However, the current academic research mainly focuses on sorting out and summarizing the political thought theory and political practice of a certain historical period or a specific historical figure. Moreover, the differences in disciplinary backgrounds lead to errors in the accuracy of historical understanding. Therefore, in the future research, it is necessary to go deep into the historical context, accurately interpret the historical facts, and pay attention to the relationship between the historical context and reality, so as to realize the disciplinary value of the study of Chinese political communication.

关键词：华夏政治传播研究；2020 年；研究综述

Keywords: Chinese political communication research; 2020; the research reviewed

　　广义上的华夏政治传播意指中国古代政治传播，本文将在此范畴下尽可能涵盖各种立场的华夏政治传播研究，展现 2020 年华夏政治传播研究的面貌。在华夏政治传播的广义视角下，本文搜集到相关学术文献共 51 篇。期刊范围遍及政治学、历史学及传播学等学科范畴，主要参考《政治学研究》《清史研究》《中国社会科学》《新闻与传播研究》《现代传播》《国际新闻界》等权威期刊，文献主要包括华夏政治传播理论探索、华夏政治传播制度探讨、华夏政治传播媒介的考察以及华夏政治传播实践的分析，但由于本文的华夏政治传播是广义意义上的古代政治传播，因而本文也把与之有关的都纳入研究范畴。

　　纵观 2020 年华夏政治传播理论研究，既有从政治传播的视野分析中国古代政治思想，也有从古代政治思想中挖掘政治传播的相关研究。研究主要集中在四大板块：理论及思想观念、制度、媒介、实践成果，本文也主要对这四大板块进行分析和阐释，以期描绘出 2020 年华夏政治传播研究的学术样态，为当今政治传播与社会治理实践提供有价值的参考。

一、关于华夏政治传播理论及思想探索

　　学者们重点关注中国古代政治思想家的相关理论以及政治传播理论本身。就中国古代政治思想家而言，在《法术势：先秦法家社会治理理论的内涵、政治传播特点及其现代价值》一文中，王婷认为韩非不仅是第一位比较成熟的政治理论家，而且其"法—术—势"的政治传播观念，是经由相关理论介入政治活动后才

形成的相对应的政治文化和政治思想，是三位一体的表征。①潘祥辉在《"潜夫"之论：东汉王符的政治传播思想研究》中细致地分析了王符的政治传播思想。认为作为东汉中后期社会政治批判思潮开风气的先者，王符非常敏锐地观察到了东汉政治传播当中"上下不通""征辟失灵"等问题，并就这些问题做了深刻的分析和批判，除此之外，王符还针对这些问题提出了建设性意见：例如完善"考绩制度"、纠正"选官制度"、对道德教化的推崇等，王符提出的这些思想也在一定程度上超越了先秦儒家，达到了封建社会对政治沟通认识的新高度。②

在华夏政治传播理论研究中，"教化"是热点之一。华夏文明能够绵延数千年之久，离不开社会教化的内推力。2020 年有不少学者做了新的理论推进，章滟及雷月荣在《传承与转化：论中国古代教化及其当代德育价值》从两个路径来理解教化：自上而下的意志灌输、自下而上的修为提升；总结出中国古代教化具备三大特征：教化途径的系统性、教化手段的多样性以及教化内容的综合性。同时提出要从德育实践出发，结合个体和社会的种种客观因素，适当地扬弃传承和创新，使中国古代教化思想的强大影响力能够转化为当代德育价值。③杜俊燕及秦进川主要分析了汉代的教化传播，认为不同的教化传播主体承担不同的社会职能，但其本质上都是巩固和维护封建政权、传承政治文化、稳定社会秩序。④同样吴兆丰主要分析了明中期出现地方士民褒扬、播传镇守中官美政和德政现象，不仅反映镇守中官的制度化，展现镇守中官与地方官绅、民众的交融互动，而且彰显镇守中官受到循吏文化模塑和教化的情形。⑤在《中国古代政治教化仪式及其社会功能》中，胡元林与司忠华提出在古代中国，礼仪教化是政治教化的重要方式，丰富完备的仪式体系成为开展政治教化的重要载体。在功能上，中国古代政治教化仪式表现出培育理想人格、维护政治统治、稳定社会秩序和促进文化传承的价值功用。⑥

此外，还有学者聚焦于特定思想派别或特定思想家的政治传播活动和观念进

① 王婷：《法术势：先秦法家社会治理理论的内涵、政治传播特点及其现代价值》，《中国文化与管理》，2020 年第 1 期。
② 潘祥辉：《"潜夫"之论：东汉王符的政治传播思想研究》，《湖南师范大学社会科学学报》，2020 年第 3 期。
③ 章滟，雷月荣：《传承与转化：论中国古代教化及其当代德育价值》，《江苏高教》，2020 年第 2 期。
④ 杜俊燕，秦进才：《汉代教化传播初探》，《河北学刊》，2020 年第 5 期。
⑤ 吴兆丰：《模范与教化：循吏文化与明中期镇守中官善政塑造》，《西南大学学报》（社会科学版），2020 年第 4 期。
⑥ 胡元林，司忠华：《中国古代政治教化仪式及其社会功能》，《湖南科技大学学报》（社会科学版），2020 年第 4 期。

行阐述。张明新与陈佳怡则着眼于《论语》本身，重新阐释政治信任的历史形构，并认为这种信任的建构是儒家观念、建构路径和建构思维三者交织而成"上下交"的双向传播互动过程。这种"自上而下"的体制价值传播为政治信任建构设置理想化的政治认知框架，民众通过接收、认同并内化政治信息后，形塑其对整个政治系统的认同感，进而建立政治信任。①

林凯和谢清果则主要分析了孔子的"慎言观"，认为语言作为一种沟通和传播的媒介，有助于强化阶级之间的互动交流，保持社会秩序的稳固，从而建构一个理想社会。②

上述研究涉及中国古代政治传播相关理论及相关思想家的政治传播观念，总体而言，学界立足于中国古代的历史情境本身而展开理论探讨，认为古代政治传播在本质上有助于维护和巩固政权、稳定社会秩序。

二、关于华夏政治传播制度探讨

华夏政治传播制度主要是指中国古代信息传播制度，在本文中主要是指政治信息沟通、传递等相关制度。2020 年华夏政治传播研究制度主要集中在三个方面：信息沟通制度、宣讲及礼乐制度以及监察制度。

首先，信息沟通中的制度。在《唐朝政令如何落实到乡里——基层政务与国家制度的弹性对接》一文中，刘后滨重点关注唐代国家政务运行过程，他认为由上而下的命令文书（含裁决文书）和由下而上的申奏文书构成了政务文书的主体，但是由于各级官僚及其机构的自利化取向，势必导致信息沟通制度过程中的各种滞碍。因此，唐朝还差遣官员或派出使职到地方和基层进行监督落实，构建起直贯基层的中央行政监察体系，以实现基层政治与国家政权之间的弹性对接。③另一方面信息沟通制度还表现为由上至下的特征。在古代的科层制结构中，"责问"也是一种重要的沟通制度，指的是当国家高层政治运行中存在问题时，上级对相关责任人展开的质询与追查。在《汉代的皇帝责问》一文中，刘晓满从汉代皇权运作的视野出发，分析了汉代的皇帝责问主要集中在干扰或非议国家决策、高级官员履职问题以及大臣违法犯罪行为这三方面。他认为"责问"作为皇权的一种行使方式，是汉代国家最高层面的监察与督促，更多的是出于巩固政权、维护统治

① 张明新，陈佳怡：《"上下交而其志同"：〈论语〉中的政治信任建构——以政治传播为视野的考察》，《新闻与传播研究》，2020 年第 1 期。

② 林凯，谢清果：《"慎言观"视域下孔子的情感传播观念研究》，《华夏文化论坛》，2020 年第 1 期。

③ 刘后滨：《唐朝政令如何落实到乡里——基层政务与国家制度的弹性对接》，《人民论坛》，2020 年第 14 期。

的客观需要。① 因而在一定程度上来说，"责问"制度在有效连接上下级的沟通之间发挥着不可替代的作用。

其次，宣讲及礼乐制度。圣谕宣讲作为明清时期的一项正式制度，通过隆重的仪式以示统治者对教化的重视。杨郎在《表演中的教化》一文中把圣谕宣讲作为主要研究对象，认为其创造出了一种公共空间，在这种空间中，国家的象征——天子的声音通过宣讲者的中介达之民众。在本文中作者虽然把圣谕宣讲视为一种表演，但其实质与核心仍然是一项制度，这种制度本身也是一种政治传播。② 王秀玲及万强谈到祭祀礼仪作为"五礼"之首，是古代国家礼仪制度的重要组成部分，具有深刻的政治功能和文化价值，指出：清代国家祭祀礼仪作为一种礼仪制度，其具体仪式程序都有严格规定，表达特定历史时期的政治文化内涵，在保持本民族习惯的基础上，借鉴吸收中原礼仪制度，形成了完善的祭祀体系。这种祭祀活动的举行多出于巩固统治及获得民众认同的长远性考虑，③ 因而本文也将此纳入制度探索的范畴。

再次，舆论制度的分析。潘祥辉在《盖棺定论：作为一种本土传播机制的谥号及其政治功能》中提出，谥号既是生者对死者的"盖棺定论"，也是一种"无声的舆论"，发挥着道德监督的作用。谥号作为一种重要的政治传播机制，依托于褒贬评议程序，植根于中国祖先崇拜的文化传统、儒家思想对"正名"的重视以及宗法社会对名垂青史的追求。在中国文化背景下，谥号具有强大的激励功能和导向功能，是一种重要的声誉传播和宣传教化机制。"盖棺定论"这种"中国式"本土传播机制，有鲜明的本土文化特色。④

最后，监察制度的探讨。林晓炜对北宋时期的台谏政治和御史弹劾制度进行研究，他分析了御史"关白"制度的演进逻辑："关白"制度为皇权政治和官僚政治的"变异"，充当皇权与士大夫集团之间互动的桥梁与纽带，直到宋代由于宋仁宗个人对台谏的倚重使"关白"制度走向终结。笔者研究御史"关白"之制的存废与宋代台谏政治的演化，有助于深化对古代御史制度的认识，正确认识传统官僚政治的局限性，也为当下的制度建构提供镜鉴。⑤

---

① 刘晓满：《汉代的皇帝责问》，《历史研究》，2020 年第 1 期。

② 杨朗：《表演中的教化》，《读书》，2020 年第 2 期。

③ 王秀玲，万强：《清代国家祭祀礼仪的象征体系与政治文化内涵》，《深圳大学学报》（人文社会科学版），2020 年第 1 期。

④ 潘祥辉：《盖棺定论：作为一种本土传播机制的谥号及其政治功能》，《社会科学战线》，2020 年第 11 期。

⑤ 林晓炜：《制度何以变迁——御史"关白"制度与北宋中前期台谏政治的演化逻辑》，《云南民族大学学报》（哲学社会科学版），2020 年第 1 期。

三、关于华夏政治传播媒介考察

中国古代由于受到地理、交通、社会等其他因素的影响，下情不能及时下达，上下级之间信息较为闭塞。在《西汉君主的信息获取渠道研究》一文中，赵静文认为西汉时期由于皇权至上，下情不能及时有效上达、君主受到信息壅蔽，成为一种常态现象。而为缓解这一现象，及时掌握政务和民意信息，西汉王朝开拓了多方信息渠道，不仅包括中央和地方之间的信息监控、监察体系等制度层面的保障，还包括"遮行上书""诣阙上书""上变事"等地方向中央输入信息的渠道，使得君主在常规制度之外获知更多隐藏不彰的政治动态，加强对地方诸侯国的控驭和管理。①因而在中国古代无论是上级掌握政务信息还是下级向上反映民情民意，媒介在其中都扮演着不可替代的作用。

正如伊尼斯谈到的，媒介具有时间和空间偏向属性，不同时空偏向导致媒介社会控制向度不尽相同。偏向时间媒介催生了"固守传统文化，它强调连续性，突出社会的黏合力，坚守信仰和道德传统"；偏向空间媒介催生了"强调地域扩张、中心对边缘控制的文化"。②罗彬与李世强依据伊尼斯媒介时空偏向论来分析中国古代政治传播，他们认为不同政权对不同偏向型媒介的使用，导致其政治传播与社会治理效果不尽相同。以桓楚、宋、明三政权为例，从媒介技术视角考察不同偏向型媒介导致的政治传播与社会治理效果。③因而媒介在政治信息互通之间扮演着重要角色，除却宏观的媒介探讨之外，2020年关于华夏政治传播媒介研究主要还包括对文字媒介、话语媒介、广播类媒介等中微观媒介的研究。

就广播类媒介而言，在《新闻媒介还是朝政传播——中国古代报纸媒介范式研究》一文中，崔林及朱玺认为中国古代报纸是服务于朝政政治需求而形成的组织传播形态，在形式、内容和技术上都呈现出相对静态的特征，但在本质上都带有政治传播的诉求以维护朝政。④

就文字媒介而言，常建华在《认同与建构：西安碑林中的康熙书法》中把书法作为一种重要的媒介，基于清朝统治成功原因里关于汉化、满化的争论，认为康熙帝利用赏赐御制书法作品建构了新的满汉关系，其御书展示有博得官民政治

---

① 赵静文：《西汉君主的信息获取渠道研究》，博士学位论文，华中师范大学历史文化学院，2020年。
② ［美］哈罗德·伊尼斯：《传播的偏向》，何道宽译，北京：中国人民大学出版社，2003年，第27页。
③ 罗彬，李世强：《媒介偏向视阈下中国古代政治传播特点研究——以桓楚、宋代、明代为例》，《新闻爱好者》，2020年第9期。
④ 崔林，朱玺：《新闻媒介还是朝政传播——中国古代报纸媒介范式研究》，《社会科学》，2020年第11期。

认同的深意，这也为清朝取得政治合法性奠定了基础，建构了新的国家认同。①

就文学 / 礼乐而言，谢清果分析了黔中屯堡的礼乐文化符号系统对族群认同、社会教化和政治自保的传播效果。②付林鹏通过对象胥某些具体职能的考察，他们的工作将四夷的文化元素融入华夏礼乐体系之中，通过语言、音乐等媒介有效促进不同文化之间的交流融合以及整个华夏文化共同体的形成。③赵亦雅认为古代文学具有较强大的实用性功能，包含功利用途和道德属性，尤其是在国家事务中发挥了重要作用。同时提到在《左传》中，文学能力被视为一种参政能力，这也在一定程度上反映了古代文学在政治传播中扮演的媒介作用。④在《诗礼复兴"与回溯传统的社会心态》中，朱承认为近年来的"诗礼复兴"有着深刻的历史原因，"诗"以一种优雅的语言方式来实现教化，而"礼"则以一种相对刚性的方式对人们进行约束，要求人们按照尊卑等级来构建与维护秩序，意味着"仪式规训"。总的来说，"诗""礼"作为政治传播的媒介，其不外乎是为了维护社会秩序而进行的教化与规范，切中了社会发展对教化与规范的诉求。⑤

就其他媒介而言，周游在《黄龙旗与现代国家想象：晚清的"国旗"、象征与民族主义》中以国旗为媒介，认为黄龙旗在晚清时期的使用也成为时人想象现代民族国家和表达认同的政治符号。因此，在现代国家建立后，政府会通过国家机器推广国旗，传播"爱旗爱国"的观念，建构国旗与国家的关系，并要求人民认同国旗和国家，以达到建构国家认同进行国家整合的目的。⑥正如小野寺史郎所言，清政府的设计者始终无法将黄龙旗象征意义中"天子"和"朝代"的象征切割出来，部分民众也将黄龙旗视为"天子"和"朝代"的象征。⑦黄龙旗最初是以作为"国旗"来使用，而随着其在民间使用的扩展，时人通过黄龙旗来想象现代国家和表达国家认同，且在此间交织于收回利权及主权运动之中。⑧通过对晚清黄龙旗与现代国家想象的研究，有助于学界更好理解该种新旧杂糅的政治资源如何

---

① 常建华：《认同与建构：西安碑林中的康熙书法》，《江海学刊》，2020 年第 6 期。

② 谢清果，陈瑞：《黔中屯堡社会中礼乐文化的符号表征及其传播特质》，《符号与传媒》，2020 年第 1 期。

③ 付林鹏：《周代的文化认同与文学交流——以音乐制作、语言传译为中心》，《中国社会科学》，2020 年第 5 期。

④ 赵亦雅：《中国古代文学的国家政治属性探析》，《人民论坛·学术前沿》，2020 年 10 月。

⑤ 朱承：《"诗礼复兴"与回溯传统的社会心态》，《探索与争鸣》，2020 年第 8 期。

⑥ [英] 埃里克·霍布斯鲍姆：《民族与民族主义》，李金梅译，上海：上海人民出版社，2006 年，第 88 页。

⑦ [日] 小野寺史郎：《国旗、国歌与国庆：近代中国的国族主义与国家象征》，周俊宇译，北京：社会科学文献出版社，2014 年，第 45 页。

⑧ 周游：《黄龙旗与现代国家想象：晚清的"国旗"、象征与民族主义》，《学术研究》，2020 年第 5 期。

成为想象新的政治共同体和表达认同的政治符号。

就特定历史时期的媒介而言，秦汉皇帝通过使用兵符、帝玺等政治信物，实现政治与军事权力。孙闻博在《兵符与帝玺：秦汉政治信物的制度史考察》中提出，秦汉君主为实现最高政治、军事权力，往往借助兵符与玺印，构建君—臣关系、中央—地方关系。[1] 而对于政治信物的制度史研究，可以增进对秦汉皇帝的政治军事角色及其地位的认识。汪小虎在《中国古代历书的编造与发行》中提出，中国古代的历书由官方编造与发行，是一种具备显著仪式化特征的政治传播，其传播核心内容是时间信息，在此基础上还附带多项历注内容。[2]

除了比较传统的报纸、文学、历书、国旗等媒介之外，谢清果及何雨蕾创新性地分析中华传统文化中"桥"的传播媒介功能。分别分析了桥作为自然交通、情感维系、人际交往和民族记忆的媒介，一方面加强了国内各地区之间的联系，另一方面加强与其他国家的联系，这种新兴的媒介分析也给华夏政治传播的渠道和媒介提供了一定参考。[3]

综上关于媒介的探讨是2020年华夏政治传播研究中具有鲜明特色的组成部分，学界的研究范围涵盖了宏观以及中微观层次的媒介，且不再是简单的传统的诸如报纸类的媒介，有学者开始挖掘特定历史时期的媒介，例如历书，这也为中国古代政治传播中的媒介研究打开了思路。

四、关于华夏政治传播实践的分析

华夏政治传播研究中的实践分析，大多基于特定历史语境来解读中国古代具体的政治实践，部分研究则从历史实践中提炼出政治传播思想。

从时间上来说，2020年相关文献中，可发现关于对华夏政治传播具体实践的探讨集中在汉唐时期及宋代的特定历史事件。例如巴晓津在《典范政治与西汉皇权——以父慈子孝政治思维为视角》中从西汉皇权出发，研究其背后深刻的父慈子孝的君臣和君民关系，巴晓津认为如何维护好皇帝的慈父形象和推行典范政治至关重要，在文中虽然没有直接提及政治传播，但这样一种典范政治的建立和维护在本质上也是为了维护皇权，统一政治秩序。[4] 尚永琪认为汉唐时期国之名马作为一种象征性标志，在塑造汉唐国家形象层面也发挥了重要作用。而汉画像石中

---

① 孙闻博：《兵符与帝玺：秦汉政治信物的制度史考察》，《史学月刊》，2020年第9期。
② 汪小虎：《中国古代历书的编造与发行》，《新闻与传播研究》，2020年第7期。
③ 谢清果，何雨蕾：《中华传统文化中"桥"意象的媒介功能探析》，《徐州工程学院学报》（社会科学版），2020年第5期。
④ 巴晓津：《典范政治与西汉皇权——以父慈子孝政治思维为视角》，《中国人民大学学报》，2020年第3期。

大量的西域天马谱系的汉马，表征着汉代国家形象的塑造与文化认同；而以唐太宗的"昭陵六骏"等为代表的突厥马谱系的唐马形象，则书写了大唐王朝的雄浑气象。① 以上研究，也在一定程度上说明汉唐时期国家形象的塑造有赖于这些特定传播媒介。

从主题上来说，国家的正统性、政治信息的传播、国家形象的塑造等是重要议题。例如在《地域文化与国家政治融合互动》一文中，徐家贵及刘绍卫从柳宗元神灵形象与文教圣贤形象建构的视角出发，长时段考察地方社会与国家政治间存在的民间化——升华的双向融合互动，从下而上地对中国政治文化传统予以上溯，管窥其中蕴含的传统政治智慧与社会运作机制，以期为完善当前的社会治理体制机制提供一些借鉴。② 在《争膺天命：北魏华夏天神祭祀考论》中，赵永磊认为在正朔相争的背景下，华夏郊天礼是重要的仪式表达，也是彰显政权正统性的显著标志。柯稀云在《宋代政治妖言的信息传播及其应对——以庆历七年李教"造妖案"为中心的考察》一文中，分析了宋代政治妖言，认为告妖加重朝廷对地方的不信任，导致地方屡受指责和无端得咎。地方官洞悉朝廷的矛盾心理，必然要阻断告妖信息的传播。从"造妖案"起承转合的过程，可以发现朝廷、地方官、告妖者之间围绕信息主导权而展开的激烈争夺。③ 丁义钰则主要以北宋中期知州的公共景观活动营建活动为研究对象，这些公共景观的建立主要用于自适、共乐和教化，创新性地提出公共景观也被当作地方政务的一环。地方政务作为知州的重要职能，公共景观这一具体实践也能帮助知州更好地维护政治稳定。④ 谢清果及孙培雯在《作为华夏公共传播形态的"东林运动"》一文中从公共传播视角关照"东林运动"，阐述其作为一场华夏公共传播实践，显示了比较鲜明的组织传播以及舆论传播意涵。⑤

结语：华夏政治传播研究评介与前瞻

纵观 2020 年华夏政治传播研究，学者们在华夏政治传播的理论基础上紧扣热点，回溯了中国古代政治思想家的某些理论，在由此进行适当解构。但众所周知

---

① 尚永琪：《国马资源谱系演进与汉唐气象的生成》，《中国社会科学》，2020 年第 8 期。
② 徐家贵，刘绍卫：《地域文化与国家政治融合互动——以柳宗元神灵形象与文教圣贤形象的建构为例》，《广西民族研究》，2020 年第 2 期。
③ 柯稀云：《宋代政治妖言的信息传播及其应对——以庆历七年李教"造妖案"为中心的考察》，《宋史研究论丛》，2020 年第 1 期。
④ 丁义珏：《自適·共乐·教化——论北宋中期知州的公共景观营建活动（1023—1067）》，《中华文史论丛》，2020 年第 3 期。
⑤ 谢清果，孙培雯：《作为华夏公共传播形态的"东林运动"》，《广西职业技术学院学报》，2020 年第 2 期。

政治传播本身是发端于西方的研究，相关理论探讨主要是基于西方本身的实践，不一定具有普世性。而目前的中国古代政治传播研究理论，大多还是借鉴西方或停留在某些中国古代政治思想家的理论上，离在本土化实践上抽象出理论意义尚有一定距离，这也是未来的学者需要重点关注的领域。

在华夏政治传播思想观念研究上，2020 年的研究还比较薄弱，个别研究缺乏对历史事实的准确理解，这也是未来的研究需要注意的地方。其次目前主要集中于某些特定思想家的思想观念，例如孔子的"慎言观"等。在华夏政治传播研究制度层面，集中探讨了信息沟通制度、礼乐宣讲制度、监察制度及舆论制度，学界普遍认为这些制度的出发点都在于更好地由上至下传递政治信息，从而得以维护和巩固政权。但在制度的具体实施过程中，是否存在问题或是达到了怎样的政治传播效果，相关研究较为匮乏，这可能是学界接下来需要继续推进的。

在华夏政治传播研究媒介上，2020 年关于媒介的探讨可以说是具有比较鲜明特色的，学界不再将研究对象局限在传统的政治传播媒介，例如报纸、文字等。而是关注到了更多此前未曾关注到的媒介，例如中国古代的历书、御书，和近代的国旗等。这些聚焦于微观媒介的相关探讨，真正地深入了历史语境和古代文化传统当中，有助于学者们更全面地理解和把握中国古代政治传播媒介，也有助于学者们更好地理解媒介在古代政治传播中的作用。在接下来的研究中，学界要在此基础上继续聚焦于历史深处，挖掘历史细节，以推动政治传播媒介研究。

在华夏政治传播实践层面，学者们对特定历史时期发生的历史事件进行分析，从而发掘其与古代政治传播的内在关联，这是 2020 年研究当中值得借鉴的部分。但一些学者在探讨历史实践的过程中，仅仅是"为历史而历史"，将研究拘泥于单一历史事件的讨论，几乎没有考虑到历史实践和现实政治之间的关系，从而使得研究具有一定局限性，而这也是未来研究需要注意的。历史虽然是已经发生的事，但它能为现实提供一定的参考价值和借鉴意义，这或许正是研究的价值所在。

综上，2020 年华夏政治传播研究涉及了政治学、历史学、传播学等多重学科视野，主题丰富，成果显著。但在梳理中，发现其尚且存在些许不足，未来还需在当前研究基础上继续深入。华夏政治传播研究本身是个具备多重学科视野的研究范畴，因而学界在对其研究时要有包容的学科视野、深入历史语境当中进行分析和研究，尤其是在对特定历史时期的特定政治传播现象进行分析时，要综合考量历史与现实之间的关系，避免陷入"为历史而历史"的泥沼之中。

2020年华夏乡村传播研究综述

A Summary of China's Rural Communication Research in 2020

关琮严 *

Guan Congyan

摘　要：回顾2020年的乡村传播研究，其总体特点可以概括为：立足实践，创新理论概念；围绕抗疫，阐释乡村传播现象；推陈出新，重新发现乡村传播；力图振兴，求解乡村传播难题。从近年来乡村传播研究的成长历程来看，交叉融合的趋势日益明显，学术自觉意识日渐清晰。

Abstract: Looking back on the rural communication research in 2020, its overall characteristics can be summarized as: based on practice, innovating theoretical concepts; focusing on fighting the epidemic, explaining the phenomenon of rural communication; innovating through the old and rediscovering rural communication; striving to revitalize and solve the problem of rural communication. Judging from the growth process of rural communication research in recent years, the trend of cross-integration has become increasingly obvious, and academic consciousness has become clearer.

关键词：乡村传播；研究综述

Keywords: Rural communication; research review

2020年是不寻常的一年，在抗击新冠疫情，恢复生产生活的主旋律下，一方面，乡村传播研究在原有基础上继续深化和拓展，包括本土理论概念的创新、对新传播现象的捕捉和阐释、县级媒体的深度融合以及乡村传播助力乡村振兴和乡

---

　　* 作者简介：关琮严（1981—），男，湖州师范学院人文学院副教授，研究方向为乡村传播，媒介与社会发展。

村治理；另一方面，围绕抗击疫情的相关话题成为乡村传播研究的一大亮点，而且由此引发了对广播、大喇叭等传统媒体的重新关注和审视。从 2020 年 1 月 1 日至 2020 年 12 月 31 日，以"乡村传播"为主题词通过中国知网学术搜索平台检索，共产生论文结果 134 条。与论文相比，2020 年乡村传播领域专著出版较少，具代表性的是旷宗仁的《乡村传播中的农民认知行为研究》。整体上看，2020 年的乡村传播研究的特点可以概括为：立足实践，创新理论概念；围绕抗疫，阐释乡村传播现象；推陈出新，重新发现乡村传播；力图文化振兴，求解乡村传播难题。

一、立足实践创新理论概念

立足乡村传播实践，总结创新理论概念的研究方向基本可以概括为借鉴、改造与创新。首先是反思和改造，主要是结合乡村传播实际，将其他领域的理论概念放在本领域内进行重新审视和阐释，使其在乡村传播实践中具备理论生命力和阐释力。2020 年度"嵌入"成为乡村传播的热词。"嵌入"的概念由波兰尼率先提出，用来重申整体主义的方法论原则[1]。对于乡村传播的意义而言，"嵌入表现为一种关系性的视角，而对这种关系性视角的重视可以为媒介研究走向日常性、互动性传播实践的分析路径奠定基础"[2]。受此启发，国内学者对"嵌入"进行了重新阐释，比如有学者从媒介人类学的关系维度对嵌入进行重新阐释，认为"嵌入概念又可以从两个角度来思考：一是理论层面，媒介人类学特别关注媒介技术和使用行为如何根植于日常生活的特定情境、历史、社会和文化体系。二是方法论层面，嵌入表现为研究者以自身为工具，进入研究对象的生活语境，观察他们的媒介日常实践，并建立起相互之间可靠的信任关系，从而获得第一手资料去理解媒介、人、社会与文化之间的关系"[3]。基于上述认识，有学者通过对一个白族传统村落的微信社区进行田野调查后发现，"微信社区"的存在，一方面让乡村社会在某种程度上成为"脱域的共同体"，但另一方面，由微信建构起来的这个新型社区又在"嵌入"其现实的乡土社会结构和文化之中。[4] 还有学者以"嵌入"为视角重新审视乡村传播结构与乡村社会结构间的关系，"发现乡村传播结构与社会结构始终存在互嵌与协同演替的规律"[5]。这种嵌入的结果则是"改变传统乡村的社会结构与

---

① 孙信茹：《数字文化研究的"嵌入性"》，《现代视听》，2020 年第 10 期。
② 孙信茹：《数字文化研究的"嵌入性"》。
③ 孙信茹，段虹：《再思"嵌入"：媒介人类学的关系维度》，《南京社会科学》，2020 年第 9 期。
④ 杨星星，唐优悠，孙信茹：《嵌入乡土的"微信社区"——基于一个白族村落的研究》，《新闻大学》，2020 年第 8 期。
⑤ 冯广圣：《互嵌与协同：社会结构变迁语境下乡村传播结构演变及其影响》，《南京林业大学学报》（人文社会科学版），2020 年第 2 期。

生活方式,建构着新的社区文化"①。嵌入的视角也影响到了对县级融媒体中心的探讨中,有学者由此视角出发对县级媒体融合进行了再思考,认为"县级媒体融合在媒介技术融合的显性内涵之外还有与基层社会融合嵌入的隐性内涵"②。从上述研究可以看出,乡村传播对"嵌入"这一理论概念和视角的关注和重视,说明乡村传播研究已经改变了"媒介—社会"的线性影响逻辑,取而代之的是结构性视角或关系性视角,是将媒介视为乡村社会中相互影响的结构性因素之一。长期以来,乡村传播研究中存在"媒介本位"的取向,有学者就此进行反思,着重讨论中国农村城镇化进程中社会关系时间维度的弱化与空间维度的凸显现象,分析传播与乡村社会研究空间转向与重构的理论需求。③

　　其次是总结创新,主要是基于鲜活的乡村文化传播实践,生发和提炼本土理论或概念。郭建斌关于"牧影"理论意涵的阐发是本年度乡村文化传播领域本土理论概念创新的一个亮点。所谓"牧影",指的是在中国特定的历史文化语境中由流动电影放映相关的制度、人、技术等构成的媒介实践之阐释意义。④该概念是基于中国流动电影放映的相关现象提出的,它既包含了中国传统文化内涵,也涵盖了西方"代理""具身"等理论意涵,它"既能把流动电影放映这样一种当下的实践与中国文化传统进行有效勾连,同时也能与来自西方的相关理论话语进行有效地嫁接"⑤。近年来关于重构中国新闻传播学的呼声不绝于耳,对于重构的逻辑起点也多有讨论。本年度"乡村"成为讨论该问题的重要切入点。沙垚通过对学者们有关讨论的学理探讨和 20 世纪历史经验的梳理总结,提出"社会主义与乡村,以之为起点,可以打开中国新闻传播学新的学术想象"⑥。这为重构中国新闻传播学指出了另一种可能,令人耳目一新。

　　最后是汲取借鉴,主要是将相关理论用于乡村传播研究。比如有学者用西尔弗斯通的"双重勾连"理论考察手机进入西部农村村民的日常生活,认为该理论

　　① 周孟杰,吴玮,徐生权:《重拾、共构与嵌合:乡村青年的抗疫媒介实践——以新冠肺炎疫情中的武汉市黄陂区 A 村为例》,《新闻界》,2020 年第 2 期。
　　② 关琼严,李彬:《嵌入基层:县级媒体融合实践的治理转向及优化策略》,《出版广角》,2020 年第 19 期。
　　③ 姚婷:《乡村振兴战略背景下传播社会学研究的"媒介本位"反思与空间架构》,《新闻爱好者》,2020 年第 8 期。
　　④ 郭建斌,王丽娜:《"牧影":中国流动电影放映再阐释——基于滇川藏"大三角"地区田野研究的讨论》,《国际新闻界》,2020 年第 6 期。
　　⑤ 郭建斌,王丽娜:《"牧影":中国流动电影放映再阐释——基于滇川藏"大三角"地区田野研究的讨论》。
　　⑥ 沙垚:《社会主义与乡村:重构中国新闻传播学的起点》,《全球传媒学刊》,2020 年第 3 期。

同样适用于分析新媒介技术使用如何形塑日常生活并实现其社会和文化意义。[①] 有学者在"在场"概念的基础上，聚焦于仪式化传播视角，凸显出"在场"作为秩序或制度生成逻辑基础的理论意涵，并且认为"在场"的有效整合，既可以推动乡村内生性力量向治理资源的转换，也可以促进村民参与式治理的进程，更可以形成乡村治理核心的再造[②]。还有学者从建设性新闻视角探讨新传播与乡村振兴的关系，拓展新传播关系与乡村振兴建设的想象维度，提供一个理解和认知当下中国乡村振兴的新传播路径[③]。

二、围绕抗疫阐释乡村传播现象

抗击新冠疫情是 2020 年整个国家面对的重要工作之一，它也成为乡村传播研究的重要主题之一。围绕该主题，引发了学者们对突发事件中乡村传播的效果和作用的重新认识和评估，尤其是对乡村广播的重新探察成为重点。很多研究都注意到大喇叭在抗击疫情宣传中的组织动员作用，重新审视乡村传播结构中传统媒介与新媒介的关系问题。比如有学者认为"乡村大喇叭虽因其自身所具有的优势助力了基层疫情防控宣传工作，打通了防控疫情信息的最后一公里。"[④] 有学者认为乡村广播在乡村信息传播结构中拥有不可取代的地位，乡村广播在其宣传防控疫情的活动中，借助其地缘接近性等优势发挥了巨大的宣传作用，为我国新冠肺炎疫情防控宣传贡献出了一分力量[⑤]。还有学者通过对乡村广播抗疫宣传的分析认为乡村广播亟待打破组织边界与媒介壁垒，开辟区域互联的广播系统，实现新旧媒体的深度融合。[⑥] 乡村广播和大喇叭在乡村抗疫宣传中的作用固然重要，但从乡村传播结构的角度来看，乡村广播却非孤立地发挥作用，它作为乡村传播结构中的重要一极，同其他传播力量同频共振。比如有学者分析了媒介在乡村抗疫中的角色和作用，认为乡村媒介动员存在"基层组织—高音喇叭"和"熟人网络—微信群"双重结构，二者通过"站堆儿"这种乡村人际传播和生活方式完成共振[⑦]。还

---

① 吴琳琳，徐琛：《日常生活情境中的"勾连"：陕西省 × 家村村民使用手机获取信息的考察》，《现代传播》（中国传媒大学学报），2020 年第 10 期。

② 汪佳豪，邱新有：《传播仪式观视野下乡村治理过程中的"在场"新意涵——以南方某省王村新农村建设为中心》，《江西师范大学学报》（哲学社会科学版），2020 年第 6 期。

③ 刘珺：《建设性新闻视角下的新传播与乡村振兴的想象》，《当代传播》，2020 年第 5 期。

④ 于风：《乡村大喇叭在疫情防控宣传中的运用》，《青年记者》，2020 年第 20 期。

⑤ 秦修琪，林燕：《乡村广播在抗疫战中的传播效力》，《青年记者》，2020 年第 23 期。

⑥ 李琦，刘豫：《乡村媒介的社会传播与发展路径——基于 2020 年抗疫宣传中乡村广播的考察》，《传媒观察》，2020 年第 9 期。

⑦ 刘庆华，吕艳丹：《疫情期间乡村媒介动员的双重结构——中部 A 村的田野考察》，《现代传播》（中国传媒大学学报），2020 年第 7 期。

有学者通过对乡村青年抗疫媒介实践的考察，得出了相似观点，认为新旧媒介彼此交融混搭，甚至传统媒介被重拾，两者共构为一种社会文化"传播力"[①]。此外，还有对乡村抗疫宣传标语的研究，比如有学者研究了乡村抗疫宣传标语的战时影响和对文明走向的潜在影响。[②] 有学者研究了乡村抗疫标语的功能、特征和问题。[③] 还有学者将乡村抗疫宣传标语的话语策略加以辨识，研究总结出三种主要文本框架：心理震慑框架、亲情感化框架、家国教化框架，并且分析了标语在话语实践背后社会、政治、文化等因素的运作，分析标语书写者如何通过文本框架的建构促进集体意识的塑造与共意的搭建，增强村民对疫情防控的认知与认同，从而实现有效的宣传动员 [④]。

三、推陈出新重新发现乡村传播

如何在媒介环境变化和乡村传播结构变革中审视乡村传播现象，重新发现乡村传播已经成为近年来乡村传播研究的一个重要方向，这也成为乡村传播理论探讨最活跃的领域和乡村传播理论生产的增长点。该研究领域有三条研究进路，第一条进路是对传播现象的深度阐释。"唱新闻"是流传于浙江民间的传统新闻传播活动，源于南宋临安的"说朝报"传统[⑤]。"在近代江浙沪地区媒体新闻业兴起后，'唱新闻'与之发生勾连，成为一种媒体新闻向底层民众进行二次传播的口头中介。"[⑥] 为此，有学者从传播社会学视角对"唱新闻"在浙江地区兴起的社会因素进行了分析，并且认为"唱新闻"让我们认识到传统和民间新闻传播活动的丰富性，为我们理解传统中国的新闻传播活动，理解乡村底层民众的"新闻"传播实践提供了一个独特的观察窗口[⑦]。同样是关于"唱新闻"，另有学者从的声音景观和感官文化的视角对其进行了探究，认为"听觉和声音是考察中国乡村深层文化结构的重要维度。"[⑧] 同时还拓展出除声音与时间、声音与空间这两个基本问

① 周孟杰，吴玮，徐生权：《重拾、共构与嵌合：乡村青年的抗疫媒介实践——以新冠肺炎疫情中的武汉市黄陂区 A 村为例》，《新闻界》，2020 年第 2 期。

② 杨光志：《乡村防疫抗疫宣传标语传播效应研究》，《新闻研究导刊》，2020 年第 11 期。

③ 李成伟：《农村标语的功能、特征、问题及建议——以 2020 年新冠肺炎疫情防控标语为例》，《视听》，2020 年第 4 期。

④ 刘国强，粟晖钦：《共意动员：农村抗疫"硬核标语"的话语框架与建构逻辑》，《现代传播》（中国传媒大学学报），2020 年第 8 期。

⑤ 李东晓：《"唱新闻"：一种地方说唱曲艺的传播社会学研究》，《新闻与传播研究》，2020 年第 8 期。

⑥ 李东晓：《"唱新闻"：一种地方说唱曲艺的传播社会学研究》。

⑦ 李东晓：《"唱新闻"：一种地方说唱曲艺的传播社会学研究》。

⑧ 李乐：《唱新闻：浙江传统乡村的声音景观和感官文化》，《现代传播》（中国传媒大学学报），2020 年第 1 期。

题之外，声音与权力争夺、声音与身份认同、声音与社会秩序、声音与民间信仰等问题，进而引出"听觉社区"的研究主题。① 有学者对1949年以来浙江省缙云县农村婺剧发展进行了考察，认为它体现出农村文艺实践中集体性和业余性的原则，其中还包含着社会主义想象，以及一种超越工资关系的生产关系和组织关系的可能性②。还有学者专门研究了徽州祭簿的媒介叙事与乡民记忆建构，研究发现"乡民群体借助祭簿强化了荣耀记忆和伤痛记忆，也选择性地遮蔽和消解了某些史实。祖先、书写者和子孙三大群体间的三元'互动'是乡民记忆得以传承的重要保证。"③ 学者们不但从传统乡村媒介研究中发现新意义新价值，也注重从乡村传播的新媒介研究中发现新问题新规律。有学者考察了珠三角地区新生代农民工自媒体赋权的演变，发现该群体的自媒体赋权声势渐弱④。还有学者就农民工群体中的"打工精英"如何通过新媒体赋权获得城市化发展的机会和资源，使他们在经济收入方面发生重大改变⑤ 这一现象进行了深入研究。短视频作为乡村文化传播的重要形式，受到研究者们的持续关注，除了个别学者对乡土原创短视频的内容特点、局限性、传播特色等进行分析外，透过现象揭示深层文化肌理和传播规律的研究逐渐增多。比如对乡村短视频中的身份认同的研究⑥、短视频的乡村时间研究⑦ 等。短视频在乡村流行，在内化为广大村民日常生活方式的同时，也给主流媒体对乡村文化和价值引导提出了新问题。于是，有学者提出并探究当短视频成为社会大众逐渐熟悉的概念或符号时，主流媒介时间如何"插入"乡村新媒体形态、特别是在短视频中获得影响力。⑧ 短视频引发的土味文化的网络兴起在近些年的乡村传播研究中备受重视，但研究的空间范围要么在农村，要么在网络。有学者专门选择城乡接合部这一特定空间，通过对土味文化和土味美学的思考，试图探讨城乡融合过程中的文化融合及乡土性何去何从的问题。⑨

---

① 李乐：《唱新闻：浙江传统乡村的声音景观和感官文化》，《现代传播》（中国传媒大学学报），2020年第1期。

② 沙垚，赵月枝：《集体性与业余性：1949年以来浙江省缙云县婺剧实践的理论启示》，《杭州师范大学学报》，2020年第2期。

③ 庄曦，何修豪：《徽州祭簿的媒介叙事与乡民记忆建构研究》，《现代传播》（中国传媒大学学报），2020年第3期。

④ 高传智：《流水线下的网络低语：珠三角地区新生代 农民工自媒体赋权演变考察》，《现代传播》，2020年第3期。

⑤ 宋颖慧，管成云：《新媒体赋权与农民工城市化发展的个案研究》，《新闻大学》，2020年第4期。

⑥ 邓晴：《乡村短视频中的身份认同研究》，《青年记者》，2020年11月。

⑦ 李红艳，周晓璇：《短视频的乡村时间研究》，《新闻爱好者》，2020年第11期。

⑧ 李红艳，周晓璇：《短视频的乡村时间研究》。

⑨ 顾明敏：《城乡接合部的文化表征：土味美学及土味文化再思考》，2020年第5期。

第二条进路是见微知著。一方面由某种乡村传播现象入手揭示乡村传播的宏观取向,"转型""转向"成为研究焦点。比如有学者在媒介视角下,以媒介变革为主线考察了当代中国乡村治理结构的转型①,这种转型的背后蕴藏着新旧媒介在乡村社会治理框架下如何自洽,研究发现在充分挖掘新媒体治理潜能的基础上,仍有必要充分发挥电视、有线广播和人际传播的作用,以塑造更为合理的乡村治理结构②。有学者在对乡村传播结构进行历时态分析后认为乡村传播结构正在由差序格局向新媒介框架转型,这种新型的乡村传播结构重塑着乡村话语体系和故事结构,将建立在此基础上的乡村归属感——乡愁由实景引向拟态。③有学者通过考察农村家庭媒介空间结构转型的历史进程,重新发现国家在塑造村民以现代媒介观念和媒介自主意识为核心的主体性中的重要历史作用。④有学者通过回顾和概括20世纪末以来乡村传播领域中的三种主流分析框架:科技兴农、媒介赋权与公共性重建,发现乡村公共性的重建不仅彰显了农民的主体性和乡村的内生动力,体现了在巨大社会转型变迁面前,乡村社会的一种"压力—回应"能力,更是一种社会的重建与释放⑤。另一方面,由某种新媒介为切入点,主要探究新媒介对乡村社会关系的建构。比如有学者以微信为例探讨了新媒体在乡村社会中所带来的社会联系的变化,以及由这种变化而形成的类"亲属"关系⑥。还有学者探讨了微信社区,并且认为这种社区结构对传统社区中社会关系、组织结构和生活方式都产生了巨大影响。⑦

第三条进路是发现被遮蔽的传播,主要是在研究关注的主流对象之外,发现被忽略的传播活动和传播现象。比如有学者认为农村俱乐部是1949年以来中国新闻传播史的研究盲点,并且农村俱乐部和新时代文明实践之间都有着多重关联⑧。类似的还有乡村小卖部,"很多乡村传播和空间研究的学者都较为关注村庙、祠堂、茶馆等,很少聚焦于乡村小卖部。"⑨有学者就此指出小卖部是乡村信息传播的策源

---

① 李乐:《媒介变革视野中的当代中国乡村治理结构转型》,《新闻与传播研究》,2020年第9期。
② 李乐:《媒介变革视野中的当代中国乡村治理结构转型》。
③ 陈洪友:《从差序格局到新媒介框架——我国乡村传播结构转型的考察》,《编辑之友》,2020年第9期。
④ 关琼严:《乡村家庭媒介空间中人主体性生成的历史考察》,《新闻爱好者》,2020年第6期。
⑤ 沙垚:《新媒介与乡村:从科技兴农、媒介赋权到公共性重建》,《江西师范大学学报》(哲学社会科学版),2020年第5期。
⑥ 李红艳,宋佳杰:《微信里的类"亲属"关系:基于贫困乡村社会联系视角的探讨》,《新闻与写作》,2020年第4期。
⑦ 杨星星,唐优悠,孙信茹:《嵌入乡土的"微信社区"——基于一个白族村落的研究》,《新闻大学》,2020年第8期。
⑧ 沙垚:《再谈农村俱乐部与新时代文明实践》,《现代视听》,2020年第10期。
⑨ 沙垚:《小卖部:何以赋权、何以治理?》,《现代视听》,2020年第11期。

地和集散地，不是漂浮于乡村社会之上的抽象符号，而是介入每一个村民的生产生活，将乡村有限的资源进行整合，以空间为手段，应对现实问题，使个体和社区在当代社会获得更好的生存与发展[1]。

四、力图文化振兴求解乡村传播难题

乡村振兴的重要一环是乡村文化振兴。2020 年度乡村文化传播研究继续升温，对乡村文化现象的关注和阐释成为焦点。有学者考察了独龙族的 80、90 后群体对于一款社交 App 全民 k 歌的使用，借此探讨社交媒体和少数民族文化认同之间的关系[2]。有学者通过对乡村网红文化的考察，发现新媒体语境下乡土文化从传统到现代的转向。[3] 还有学者通过对乡土短视频的研究认为在其传播的过程中唤起了受众的乡村记忆，使得每个个体在对短视频的观赏与阐释中延续乡土情感，个体在这样的文化群体中获得归属感和身份认同感。[4] 乡村春晚被学者们关注重视，成为近年来乡村传播研究的一个重要主题。2020 年对乡村春晚的讨论又有了新维度，有学者认为："在泛娱乐化和消费主导乡村文化活动的今天，乡村春晚提醒我们，文化不只是一种可有可无地、漂浮于乡村社会上空的符号，而是真正嵌入社会结构，承担政治经济功能的治理方式，唯有如此，文化才能得人心，才能行更远。"[5] 此外，本年度学者们对广场舞也展开了新思考，比如有学者深入分析了农村广场舞队频频解散的原因，由此肯定了社会主义初期的制度遗产对当代农村文艺实践有着重要的积极意义。[6] 还有学者以广场舞为切入点，探讨了新农村公共文化空间的转型，认为"舞市"的快速发展昭示了国家公共文化供给模式与传播模式的重大转变，这种转变背后折射出农村民众的文化自觉和文化主体性。[7] 有学者立足乡村公共文化传播，从用户、媒介、内容和情感四个方面进行公共文化传播设计分析，提出了契合公共文化传播用户、融合公共文化传播媒介、创新公共文化传播内容和链接公共文化传播情感的公共文化传播策略。[8]

综上所述，2020 年的乡村传播研究紧扣时代脉搏，扎根乡土实践，既有对现

① 沙垚：《小卖部：何以赋权、何以治理？》，《现代视听》，2020 年第 11 期。

② 孙信茹，钱浩：《独乡"K 歌"：社交媒体与文化认同研究》，《新闻春秋》，2020 年第 4 期。

③ 顾丽杰，张晴：《乡村网红的崛起与乡土文化的转向》，《新闻爱好者》，2020 年第 12 期。

④ 邓晴：《乡村短视频中的身份认同研究》，《青年记者》，2020 年 11 月。

⑤ 沙垚：《在乡村春晚中发现文化治理》，《现代视听》，2020 年第 1 期。

⑥ 沙垚：《制度遗产与农村广场舞兴衰——基于江苏省 R 县的田野观察》，《现代传播》（中国传媒大学学报），2020 年第 1 期。

⑦ 关琼严，李彬：《"舞市"：新农村公共文化空间的转型再造》，《江西师范大学学报》（哲学社会科学版），2020 年第 1 期。

⑧ 徐延章：《乡村振兴战略中公共文化传播策略》，《图书馆》，2020 年第 12 期。

实问题的观照，也有对理论问题的思考，还有对历史传统的反思，跨学科的交叉融合的趋势也越来越明显，相信在学者们的积极探索和共同努力下，中国的乡村传播研究将砥砺前行，焕发出蓬勃生机。

2020 年汉服文化与华夏传播研究综论

A Summary of the Research on Hanfu Culture and Huaxia Communication in 2020

李汇群　段雨辰 *

Li Huiqun　Duan Yuchen

摘　要： 汉服研究是华夏传播研究的重要领域。本文通过梳理近十五年来的学术论文和博硕士研究论文，对汉服研究现状做了梳理和分析，发现目前汉服研究尚且处于初期起步阶段，研究主题和研究方法相对比较陈旧，研究视野也相对狭窄，需要继续凝练研究主题，拓展研究空间。

Abstract: Hanfu research is an important field of China Communication Research. This article combs and analyzes the current research status of Hanfu by combing the academic papers and Ph.D and master's research papers in the past 15 years, and finds that the current research on Hanfu is still in its early stage, with relatively outdated research topics and research methods, and relatively narrow research horizons. It is necessary to continue to condense the research topics and expand the research space.

关键词： 汉服文化；华夏传播；研究综述

Keywords: Hanfu culture; Huaxia Communication; research summary

2003 年，民间人士王乐天将汉服穿上街头，成为第一个被媒体公开报道的对象，也被视为汉服复兴运动开始的标志。此后，各种汉服活动如火如荼，包括中学、高校纷纷成立汉服社，国内一二线城市相继成立汉服社团并多次组织活动，以汉服为名义的商业经营运作层出不穷等，汉服运动逐渐出圈，从小众的亚文化

---

* 作者简介：李汇群，中国传媒大学传播研究院副教授；段雨辰，中国传媒大学新闻学院本科生。

活动被大众所熟知，也相应引起学术界关注。由此，有必要梳理近年来与汉服相关的研究成果，包括学术论文和博硕士论文，为进一步探究汉服与华夏文化传播之关系奠定基础。

一、汉服论文研究综述

（一）汉服论文研究现状概述

在中国期刊网（知网）以"汉服"为篇名搜索，发现最早研究汉服的论文发表于 2005 年。以 2005—2020 年为时间跨度，总共得到 313 篇论文，去除重复者和英文文章，共计有 307 篇论文。总体而言，发文数量不多，深入系统的研究较少。

1. 发文数量

从发文数量趋势来看，从 2005—2020 年期间，和汉服相关的论文数量呈明显上升趋势。其中三个高数量节点分别是 2015 年（28 篇）、2019 年（44 篇）、2020 年（79）篇。尤其是 2019—2020 年两年，共计发文 123 篇，占据比例超过三成，可见学术界已经越来越关注汉服现象。

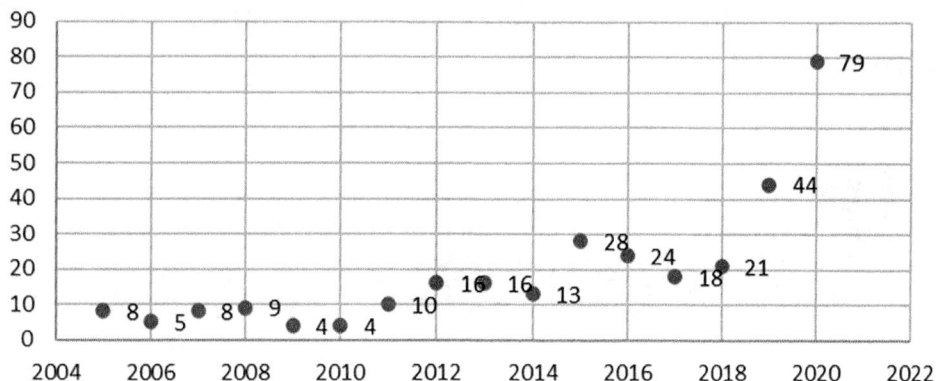

图 1：发表论文数量趋势

2. 学科分类

从学科分类来看，发文量占前十位的学科分别是纺织（185 篇）、工业经济（37 篇）、美术（30 篇）、文化（18 篇）、教育（13 篇）、民族（12 篇）、新闻传播（11 篇）、旅游经济（9 篇）、影视（8 篇）、商业经济（5 篇），体现了鲜明的跨学科研究特色。

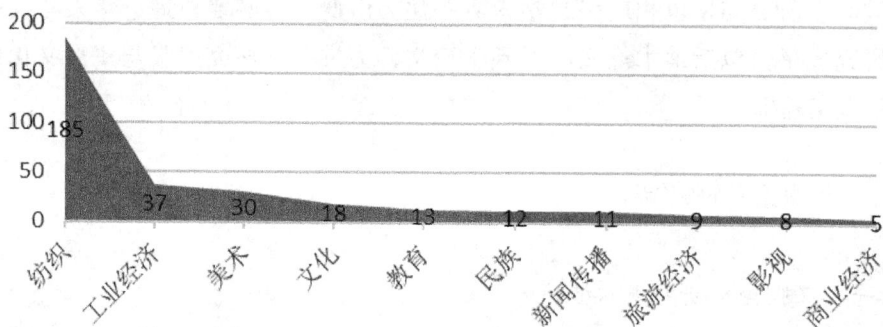

图2：发表论文学科分布状况

3. 发表期刊

从发表期刊来看，发表量占前十位的期刊分别是《西部皮革》（14篇）、《轻纺工业与技术》（8篇）、《民族论坛》（8篇）、《艺术科技》（6篇）、《中国市场》（5篇）、《大众文艺》（5篇）、《现代装饰》（5篇）、《合作经济与科技》（5篇）、《电影评介》（4篇）、《美术教育研究》（4篇）、《文化产业》（4篇）、《湖南科技学院学报》（4篇）、《山东纺织经济》（4篇）。发表期刊范围较广，但核心期刊和CSSCI期刊较少，北大核心期刊论文和CSSCI论文共计24篇，占比不足一成，说明目前汉服研究尚且处于初级阶段。

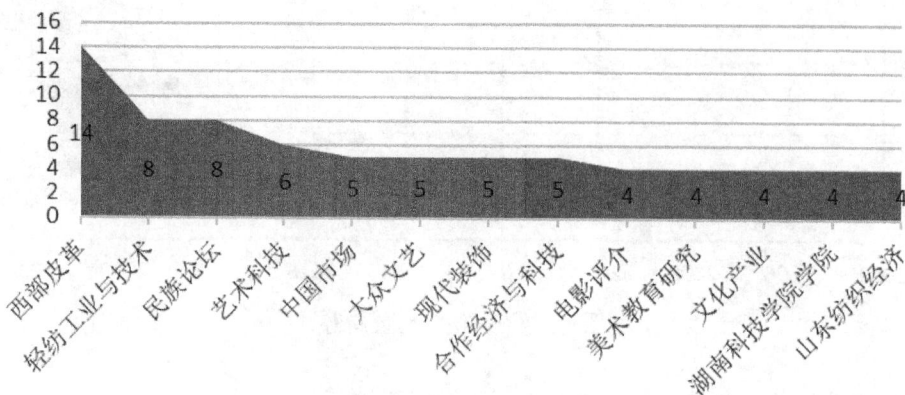

图3：发表论文期刊分布情况

4. 作者和所属机构

从作者发文来看，占据前十名的作者分别是周星（4篇）、杨娜（4篇）、夏翠兰（3篇）、岳文侠（3篇）、王睿（3篇）、陈雨晴（3篇）。从作者所属机构来看，占据前十名的机构分别是北京服装学院（6篇）、武汉纺织大学（5篇）、日本爱知大学（5篇）、陕西服装工程学院（5篇）、四川大学（5篇）、南京林业大学

（4篇）、浙江理工大学（4篇）、江西服装职业技术学院（4篇）、西安工程大学（4篇）、郑州大学（4篇）。纺织类院校突出占据前列，而以某位学者为中心的研究团队也表现突出，如日本爱知大学的周星教授集中发表成果多篇，和同样署名为爱知大学的张小月在《贵州大学学报》上发表论文2篇，可以看出明显的学术团队研究特色。

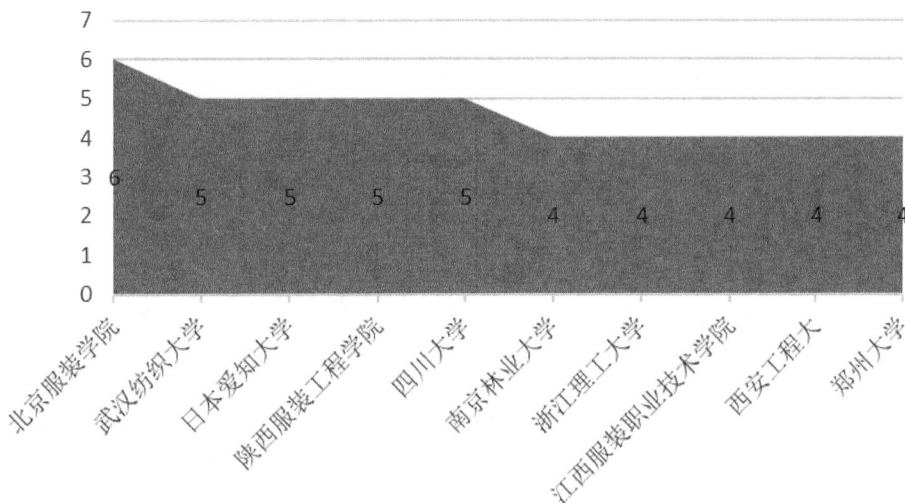

图 4：发表论文学科分布状况

5. 论文引用排名

从论文被引用的情况来看，排在前十名的论文排列如下表。其中，周星以3篇论文115次被引数高居榜首，是当前汉服研究当之无愧的头部学者。

表：引用排行前十的论文

序号	论文	作者	期刊	发表时间	被引	下载
1	新唐装、汉服与汉服运动——二十一世纪初叶中国有关"民族服装"的新动态	周星	开放时代	2008/5/10	54	4791
2	本质主义的汉服言说和建构主义的文化实践——汉服运动的诉求、收获及瓶颈	周星	民俗研究	2014/5/15	42	3260
3	当代汉服复兴运动的文化反思	韩星	内蒙古大学艺术学院学报	2012/12/15	20	3050

序号	论文	作者	期刊	发表时间	被引	下载
4	基于亚文化视角的青年"汉服文化"透视	李春丽，朱峰，崔佩红	当代青年研究	2015/1/20	19	3615
5	汉服之"美"的建构实践与再生产	周星	江南大学学报（人文社会科学版）	2012/3/20	19	1856
6	汉服元素在服装设计中的运用	高月亭	重庆科技学院学报（社会科学版）	2011/1/8	18	1316
7	关于现代汉服的符号分析	张翼	四川理工学院学报（社会科学版）	2013/10/29	17	1556
8	"汉服运动"：互联网时代的种族性民族主义	张跣	中国青年政治学院学报	2009/7/20	16	1966
9	浅议汉服风韵与国服	邓雅，梁惠娥	饰	2006/9/30	15	2580
10	关于当代汉服设计的思考	王志敏	山东纺织经济	2008/11/20	14	1630

（二）汉服论文研究主题深描

梳理相关研究论文，可以发现目前的研究虽然比较分散，但仍然可以梳理出几大主题，反映学术界集中关注的问题。

1. 什么是汉服？

所谓汉服，顾名思义，指汉民族的服装。周星指出在目前的文献中，汉服包含三层含义，从源头来看，被归为汉朝的服装；从历史延续来看，可视为华夏族的服装；从专属来看，可看作是汉族的服装。他强调应区分学术用语的汉服和"汉服运动"的汉服，关于前者的讨论主要集中于学术圈，主张历史上的汉服一直与少数民族服装交流融合，对"汉服运动"的复古倾向持批评态度；关于后者的讨论多见于网络论坛等平台，论者往往强调汉服复兴运动的必要性及中华文化的"纯粹性"。① 袁仄指出以汉民族为主体的中华服饰文化,有一个历时态不断发展的过程,并不存在所谓孤立静止不变的某种"汉服"。② 杨娜认为汉服可以分为古代汉服和现代汉服,古代汉服从上古一直延续到清初,现代汉服是在继承古代基础上重新建构的服装。③ 张翼提到汉服符号包含有传统文化符号、汉民族符号、消费文化符号等三个层面的意义。④ 总体来看,学术界基本不赞成汉服运动中的排他性,而是将汉服看作一个历史建构的概念。

2. 汉服和民族文化

王惠琴认为国服是代表国家形象的外在可视符号,应包含传统和现代服饰因素。由于历史原因,汉族没有自己的民族服装,这在全世界都少见,对中国来说也是遗憾,可以考虑在清代以前的历史资源中寻找服饰精华来开发汉服。⑤ 周星指出,2001 年上海 APEC 会议期间唐装曾作为正式服装亮相,是一次构建民族服装的国际化尝试,但新唐装中包含了满族服装元素,2004 年后汉服在民间社会异军突起,新唐装作为民族服装的实践遭到挑战。⑥ 廖保平认为汉服复兴在当下有其合理性,但汉服不能完全代表传统文化,也不能代表少数民族成为民族服装。⑦ 李贝从历史和当下两个层面梳理了汉服发展的脉络,历史上随着改朝换代,汉服复兴曾多次出现;当下中国已卷入全球化进程,多元文化和西方思潮的冲击,使得人们在文化认知和民族认同等方面产生了更多需求,这是汉服再次复兴的背景。⑧ 张跣批评了汉服运动,认为它是互联网推动的种族性民族主义,宣扬汉文化和汉民族的纯正性、优越性,是"民族意识的退化"和"历史的倒退"。⑨

3. 汉服和传统文化

邓雅、梁惠娥认为复兴汉服不是全盘复古,而是要对汉服进行现代性改造,使之适合现代社会生活,首先可以在重要场合推广汉服作为礼服,强调其严肃性和庄重性。⑩ 李静指出,汉服和重要节日、仪礼等传统习俗的脱钩,使得汉服难以

---

① 周星:《新唐装、汉服与汉服运动——二十一世纪初叶中国有关"民族服装"的新动态》,《开放时代》,2008 年第 3 期。

② 许海玉:《给"汉服"一个复兴的理由——对话北京服装学院教授袁仄》,《中国制衣》,2007 年第 11 期。

③ 杨娜:《现代汉服:在重构中传承》,《中央社会主义学院学报》,2020 年第 6 期。

④ 张翼:《关于现代汉服的符号分析》,《四川理工学院学报》,2013 年第 6 期。

⑤ 王惠琴:《汉服与国服》,《饰》,2008 年第 1 期。

⑥ 周星:《新唐装、汉服与汉服运动——二十一世纪初叶中国有关"民族服装"的新动态》。

⑦ 廖保平:《对复兴汉服的焦虑》,《人民公安》,2006 年第 13 期。

⑧ 李贝:《"汉服热"背后的文化思考》,《天中学刊》,2015 年第 4 期。

⑨ 张跣:《"汉服运动":互联网时代的种族性民族主义》,《中国青年政治学院学报》,2009 年第 4 期。

⑩ 邓雅,梁惠娥:《浅议汉服风韵与国服》,《饰》,2006 年第 3 期。

深入到现代日常生活中，要推进汉服运动，就要重新形成汉服和节日文化、仪礼文化之间的紧密连接，夯实传统文化根基。^①周星提出，汉服运动实际上对汉服之美进行了重新建构，是对中国传统审美意识的回归，具体途径包括文献资料考证、以悲情唤起失落之"美"、美女之"美"与汉服之"美"相互辉映、以汉服展示场景之自然美、以礼仪社会实践体现汉服的华美等。尤其美女之"美"，是以衣服遮蔽身体的方式衬托女性的内在气质之美，是向着力于突出女性身体线条的西式服装的反拨。^②张小月从比较的视角切入，将和服和汉服相对比，梳理了和服在日本现代社会被建构的历史，^③从建构主义的角度，为汉服发展提出了建议。

4. 汉服和青年亚文化

王军认为互联网推动了汉服运动，目前汉服运动处于初期发展阶段，尚未形成负面影响。参与汉服运动的主要是青年，"这一运动具有很强的内向性、寻根性、审美性、非排他性、非进攻性特征"，^④属于小范围的私人团体活动，在网络空间之外的影响力较小。但也有研究者认为，在青年的推动下，汉服运动已经从线上转入线下，建立了相应的社会团体，在重建传统民族精神方面发挥了积极作用，对公民社会建设亦有贡献。^⑤周星从本质主义和建构主义的角度展开分析，研究了汉服运动的诉求、收获和瓶颈，指出它目前存在文艺化、错时空穿越、精英优越感、场景转换认同感不同等问题，并得出结论，汉服的可能贡献在于对中式服装的未来拓展提供参考借鉴。^⑥而李春丽等通过实际调研广州的汉服爱好者，发现少数民族青少年也是汉服运动的参与者，这直接颠覆了部分研究者认为汉服运动可能会走向狭隘民族主义运动的顾虑，从调研结果来看，汉服运动是各民族青少年共同参与的传承优秀传统文化的亚文化群体活动。^⑦

5. 汉服与现代教育

青年学生是传承中华优秀传统文化的重要力量，在学校教育中引入与汉服相关内容引起了研究者关注。农涛提出，在新课改背景下应将汉服文化融入高中政

---

① 李静：《浅谈汉服运动背后汉民族文化的缺失》，《中华民族博览》，2015 年第 8 期。
② 周星：《汉服之"美"的建构实践与再生产》，《江南大学学报》，2012 年第 2 期。
③ 张小月：《汉服运动的现状与问题——与和服的比较考察》，《贵州大学学报》，2018 年第 6 期。
④ 王军：《网络空间下的"汉服运动"：族裔认同及其限度》，《国际社会科学杂志》，2010 年第 1 期。
⑤ 徐寅杰：《汉服复兴之于公民社会建设的作用》，《山东纺织经济》，2010 年第 6 期。
⑥ 周星：《本质主义的汉服言说和建构主义的文化实践——汉服运动的诉求、收获及瓶颈》，《民俗研究》，2014 年第 3 期。
⑦ 李春丽，朱峰，崔佩红：《基于亚文化视角的青年"汉服文化"透视》，《当代青年研究》，2015 年第 1 期。

治课教育，鼓励教师学习汉服知识促进教学，并引导学生积极参与汉服实践。[①]何志攀等认为，可以采用多种方式在中学推进汉服教育，包括讲授汉服知识、教导华夏礼仪、给古装剧挑错、学习缝制汉服等，引导学生将学习和实践相结合，加深对优秀传统文化的认知。[②]任连军等指出，汉服作为一种文化符号，有助于培养新时代大学生的文化自信，在培养过程中要坚持马克思主义思想指导、注重搭建教学实践平台，并要避免民粹主义的泛起。[③]夏翠兰以湖南科技学院为例，从开设选修课程、出版专业教材、打造传承基地等多方面探讨了在高校推进汉服教育的意义和价值。[④]

6. 汉服元素的现代应用

张宁刚提出，在电影中的汉服设计要有舒适性、时代性和个性，能吸引观众，创造更多经济价值。[⑤]李晶晶认为，电影中的汉服设计既要尊重历史，还要添加现代元素衬托电影内涵。[⑥]蔡蓉博、李晓蓉认为，古装影视剧中的服装色彩对传统汉服色彩有一定传承，但也有过于戏剧化、娱乐化的不足，在传承和创新之间需要把握好平衡尺度。[⑦]袁仄提到可以将传统汉服元素应用于现代服饰设计，如马可创立的"无用"品牌，从理念上与传统文化精神相契合；又如江南布衣用棉麻材料制衣，做出了现代时尚。[⑧]高月亭认为，要提炼汉服的整体性、宽松性、装饰性等特征，将其与现代服装设计相结合。[⑨]王志敏则从文化融合、设计观念创新、使用新的服装材质等角度谈到了现代汉服创新的问题。[⑩]

7. 汉服与新媒体

张兵娟等以汉服春晚为研究对象，分析汉服春晚在传播礼乐文化过程中发挥的积极作用，并从汉服中的文化记忆、乐舞中的文化记忆、传统元素中的文化记

① 农涛：《新课改背景下汉服文化融入高中思想政治课教学的路径》，《教育观察》，2020 年第 31 期。

② 何志攀，杨梦醒：《汉服选修课的理想与现实》，《中国民族教育》，2017 年第 2 期。

③ 任连军，衡若冰：《汉服与新时代大学生文化自信培育》，《西南科技大学学报》，2019 年第 3 期。

④ 夏翠兰：《高校传承与弘扬汉服文化的路径与对策研究》，《湖南科技学院学报》，2020 年第 2 期。

⑤ 张宁刚：《浅谈电影服装设计中的汉服文化》，《电影评介》，2015 年第 8 期。

⑥ 李晶晶：《汉服在电影服装中的视觉文化研究》，《电影评介》，2015 年第 9 期。

⑦ 蔡蓉博，李晓蓉：《汉服色彩在影视剧中的传承与发展》，《四川戏剧》，2015 年第 6 期。

⑧ 许海玉：《给"汉服"一个复兴的理由——对话北京服装学院教授袁仄》，《中国制衣》，2007 年第 11 期。

⑨ 高月亭：《汉服元素在服装设计中的运用》，《重庆科技学院学报》，2011 年第 1 期。

⑩ 王志敏：《关于当代汉服设计的思考》，《山东纺织经济》，2008 年第 6 期。

忆等三个层面,探讨了汉服春晚借助互联网媒介所发挥的建构文化共同体的作用。①刘佳静以"福建汉服天下"为例,研究了新媒体语境下汉服趣缘体在建设公共空间、建构集体记忆、促进非物质文化遗产发展等方面产生的积极影响②。刘俊玲以互动仪式链理论作为分析工具,探讨了汉服仪式和汉服迷群生态建构之间的关联。③严清如结合抖音数据,梳理了抖音平台中汉服短视频的传播现状④。

二、汉服博硕士论文研究综述

博硕士论文选题代表青年学生对学术问题的关注,也反映了未来可能存在的学术拓展空间。因此,关注汉服研究,对博硕士论文的研究现状也有必要进行梳理。在中国知网检索篇名为"汉服"的博硕士论文共 45 篇,其中硕士论文 44 篇、博士论文 1 篇,从研究层次来看,目前基本属于初期研究阶段。

（一）汉服博硕士论文研究现状

1. 研究时间

中国知网上首篇符合筛选标准的论文发表于 2010 年,所有论文的研究时间集中在 2010—2020 年。如表 6 所示,2010—2014 年的研究数量为每年 2 篇;2015—2017 年呈上扬趋势,2015 年为 4 篇,2016 年为 4 篇,2017 年为 5 篇;2018 年略有下降,为 3 篇;2019 年迎来大幅增长,达到了 12 篇;2020 年略有下降,降至了 7 篇。

总体上,选择"汉服"为研究内容的博硕士论文是逐渐增加的,论文的研究数量变化与近年汉服在国内的发展状况基本一致。2011 年首届汉服春晚在网络播出,2013 年首届中华礼乐大会在中国横店召开,汉服的国内影响力通过线上和线下两种途径逐渐扩大。此后,汉服"同袍"（汉服爱好者）的数量逐年增加,并在2019 年出现了飞速增长,一举达到了 356.1 万人。⑤汉服爱好者群体规模的扩大使得汉服在经济、文化、社会等领域的影响力越发显著,也就更有可能成为研究议题的选择对象。

① 张兵娟,刘佳静:《新媒介环境下中国礼乐文化的记忆认同及其建构——以汉服春晚的传播为例》,《新闻爱好者》,2015 年第 7 期。
② 刘佳静:《新媒体语境下汉服趣缘共同体的建构——以"福建汉服天下"为例》,《新闻爱好者》,2016 年第 5 期。
③ 刘俊玲:《圈层消弭与仪式构建:新媒体视域下的汉服迷群生态现状研究》,《东南传播》,2020 年第 4 期。
④ 严清如:《抖音平台中汉服文化传播研究》,《西部广播电视》,2020 年第 9 期。
⑤ 《艾媒报告|2020Q1 中国汉服市场运行状况监测报告》:https://report.iimedia.cn/repol8-0/39077.html,2021 年 3 月 29 日。

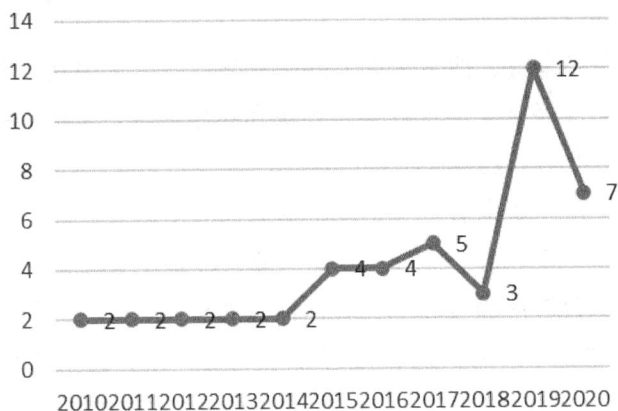

图 5：博硕士论文研究时间统计

2. 研究院校

从研究者的学校来源统计看，目前已有文献的研究者并未呈现出绝对集中的情况，而是分散在各高校。如表 7 所示，来自浙江理工大学的研究者最多，有 4 位；次之为华东师范大学，有 3 位；东华大学、西安工程大学、南京大学、沈阳师范大学和山东大学都有 2 位研究者。

研究者既选择汉服作为研究对象，便应对汉服领域有基本了解，而汉服校园文化是学生研究者深入对汉服理解的途径之一。浙江理工大学的汉服校园文化已有多年实践经验，其汉服社团"汉未央协会"于 2012 年正式成立。而早在 2009 年，学校就有毕业生自制了汉服学士服，将汉服文化融入毕业照当中。

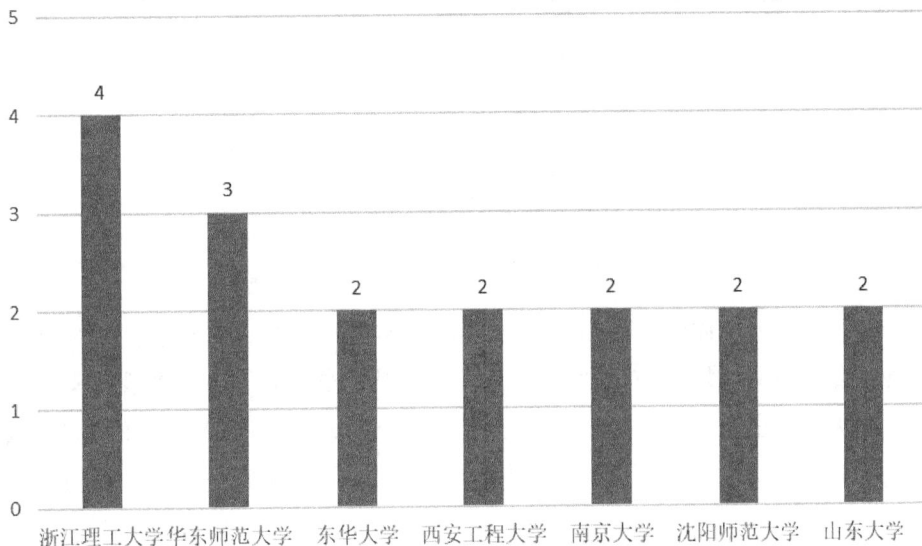

图 6：博硕士论文研究者院校

3. 研究学科

从论文的分类号来看，博硕士论文的研究学科主要集中在工业技术类的服饰美学和服装心理学、经济类的工业部门经济和商品流通、文化类的传播理论、艺术类的电影电视艺术和工艺美术。

从研究者的学科专业来看，一半以上的研究者来自文学学科，其中又集中于新闻传播学、艺术学等专业（详见图 7）。这部分研究者多以汉服文化为研究内容，重在利用专业知识分析汉服背后的精神内涵。如肖晨薇在《新媒体环境下"汉服文化"传播现象研究》中通过分析汉服文化传播的渠道、受众和新媒体传播形式，全面研究了汉服文化的传播现状，为传统文化的传播发展提供了建议。[①]

此外，部分研究者来自工学和经济学学科，也体现出汉服研究已拓展到了纺织业和商业领域。

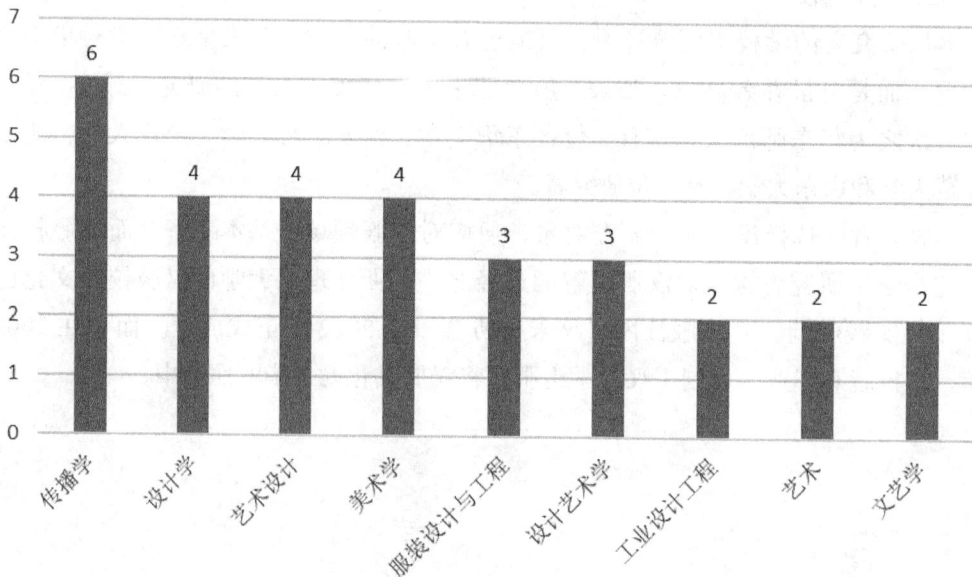

图 7：博硕士论文研究者学科专业

4. 研究方法

研究者多采用定性研究的研究方法，通过文献研究法，对汉服文化内涵、汉服在服装设计中的应用等方面进行分析；通过观察法，对汉服发展现状整理出自己的独特认识。也有部分研究者采用了定量研究的方法，例如李鹏龙在《汉服形象的媒介呈现与受众认同研究》中对媒介受众对汉服的认知进行问卷调查，得到

---

① 肖晨薇：《新媒体环境下"汉服文化"传播现象研究》，硕士学位论文，吉林大学，2020 年。

了受众对汉服媒介呈现的真实诉求。①

（二）汉服博硕士论文研究主题深描

通过对所有论文关键词的整合，可以发现在目前已有论文中，汉服传统文化、汉服服饰设计、汉服传播与创新等主题较为热门。

图 8：博硕士论文关键词词云

1. 汉服文化的传承和传播

在汉服相关研究中，聚焦于汉服文化的研究所占比重最大，其中又可细分为传统服饰文化、民族文化、现代亚文化传播等。

汉服本身蕴含着中国传统文化的丰富内涵。汉服形制凝聚了中国传统的和合观念，汉服色彩反映了中国古代的等级制度和审美意趣。何伊莎在《华夏魂，汉服情——汉民族传统服饰的形制与文化研究》中分析了汉服的历史演变和文化内涵，并基于探讨汉服在当今社会文化传播中扮演的角色。②

汉服作为汉民族的传统服饰，区别于我国少数民族服饰。不过，汉服与少数民族并不是割裂开的，汉服的历史变革体现着中原文化与少数民族文化的兼容并包。周景怡《蒙元服饰与汉服的沿革研究》通过对比元代蒙古族服饰和汉族服饰的款式和内涵，分析得出了民族服饰的传承演变。③

汉服作为亚文化的传播现状同样是一大研究热点，包括汉服文化的媒介形象、"汉服运动"的社会影响等选题。许彩云在《汉服运动发展及其跨文化教学研究》中从符号学视角分析了汉服的传播要素，并以孔子学院的汉服传播为例，分析了

---

① 李鹏龙：《汉服形象的媒介呈现与受众认同研究》，硕士学位论文，西南政法大学，2019 年。
② 何伊莎：《华夏魂，汉服情——汉民族传统服饰的形制与文化研究》，硕士学位论文，湖南师范大学，2016 年。
③ 周景怡：《蒙元服饰与汉服的沿革研究》，硕士学位论文，浙江理工大学，2018 年。

汉服在海外的传播现状。[①]

2. 汉服设计的传统元素和现代创新

随着汉服产业规模的扩张，汉服设计相关主题的热度逐渐提升。汉服设计既需要保留传统风韵，又要适应当代审美生活，这便出现了研究汉服传统纹样和文物、汉服借助技术手段实现设计创新等主题。例如，张玉颖在《当代汉服服饰纹样的继承与创新应用研究》中针对传统纹样的复原工作和当前汉服生产技术进行了调查，在二者的结合下完成了自己的汉服设计图。[②]

此外，汉服的商业化促成了汉服品牌的出现。近年来，借助互联网电商平台，汉服商家开始涌现。截至 2019 年，仅淘宝平台的认证汉服商家就已达到了 139 家。[③]因此，汉服营销和汉服品牌的打造也成为近年的热门研究选题。如罗天宇在《汉服品牌视觉形象设计研究 ——以罗·汉汉服品牌为例》中分析了目前市面上五家汉服品牌的视觉形象，归纳出目前汉服商家在品牌营销上的优劣，并据此提供了自己汉服品牌的策划案。[④]

3. 汉服爱好者群体研究

汉服爱好者，即汉服"同袍"，是研究的另一热门选题，具体又包括汉服爱好者的文化传播与消费、汉服文化节的发展等。高海南《汉服爱好者的行动逻辑研究——以西塘古镇汉服文化周为例》介绍了汉服运动十余年的发展历程，剖析了汉服爱好者在参与汉服活动中的身份认同。[⑤]

三、研究不足与反思

通过对学术论文和博硕士论文的梳理来看，目前学术界关于汉服的研究尚且属于初期起步阶段。这表现为：

1. 研究主题较陈旧，缺乏创新性研究。目前的研究主要围绕汉服和民族文化、汉服和传统文化等主题展开，但缺少深入分析，对于交叉领域的拓展也不够。

2. 研究方法较陈旧。目前的研究多数通过文献阅读获得研究材料。汉服运动已经在国内大中城市发展到了一定程度，但研究者较少采取问卷调研、田野调查、

---

① 许彩云：《汉服运动发展及其跨文化教学研究》，硕士学位论文，山西大学，2020 年。

② 张玉颖：《当代汉服服饰纹样的继承与创新应用研究》，硕士学位论文，北方工业大学，2020 年。

③ 《艾媒报告 |2020Q1 中国汉服市场运行状况监测报告》：https://report.iimedia.cn/repo18-0/39077.html，2021 年 3 月 29 日。

④ 罗天宇：《汉服品牌视觉形象设计研究 ——以罗·汉汉服品牌为例》，硕士学位论文，江西财经大学，2020 年。

⑤ 高海南：《汉服爱好者的行动逻辑研究——以西塘古镇汉服文化周为例》，硕士学位论文，华东师范大学，2019 年。

深访等方法获取一手资料，使得研究难以深入展开。

3. 研究视野较狭窄。目前研究多着眼于国内的汉服发展情况，较少有研究者具备国际眼光，将汉服与世界范围内的其他服装进行比较。并且，汉服是一个历史建构的概念，历史上汉服曾不断吸收少数民族服装要素，但纵向的历史研究和横向的比较研究目前尚不多见，使得研究始终停留在现象层面，缺少厚度和深度。

汉服运动在当下社会实践中的发展使得学术界已经对之作出相应反应，但目前的研究仍然处于初期阶段，未来的深入研究需要继续聚焦研究主题、深化研究理论和研究方法，从而拓展更多研究空间。

华夏传播观念与理论

中华文化视阈下的中国特色新闻与传播观念 *

Journalism and Communication Concept with Chinese Characteristics from The Perspective of Chinese Culture

常志刚 **

Chang Zhigang

摘　要：本文从词源角度入手考察中华传统文化视阈中的新闻与传播观念，在分析新、闻、传、播等关键字和新闻与传播这两个关键词的基础上，尝试厘清中国特色的新闻与传播的文化内涵和逻辑基点。本文认为中国的新闻学与传播学本土化进程应建立在对自身文化特色的自信的、自发的、自觉的尊重和理解的基础上，内化于心，外化于行。努力建构具有中国特色、中国风格、中国气派的概念体系、学术体系和话语体系，并基于此展开与国际新闻与传播学界的对话。

Abstract: From the perspective of etymology, this paper investigates the concept of journalism and communication in the perspective of Chinese traditional culture, and tries to clarify the cultural connotation and logical basis of news and communication with Chinese characteristics on the basis of analyzing the Chinese characters xin,wen,chuan,bo and the two keywords of journalism and communication. This paper holds that the localization process of journalism and communication in China should be based on self-confident, spontaneous and conscious respect and understanding of its own cultural characteristics, internalized in the heart and externalized in the practice. Strive to build a conceptual system, academic system and discourse

---

*　基金项目：本文系山西省哲学社会科学课题"三晋文学古籍整理与中华传统文化传播研究"的阶段性成果（项目编号：2019B536）。

**　作者简介：山西临县人，复旦大学新闻学院在读博士生，山西吕梁学院中文系新闻学专业讲师，中国新闻史学会理事。

system with Chinese characteristics, Chinese style and Chinese Manner, and start a dialogue with the international journalism and communication academic circles based on this.

关键词：中华传统文化；中国特色新闻学；中国特色传播学

Keywords: Chinese traditional culture; journalism with Chinese characteristics; communication with Chinese characteristics

2016 年 5 月 17 日，中共中央总书记习近平在哲学社会科学工作座谈会上谈到：一个没有发达的自然科学的国家不可能走在世界前列，一个没有繁荣的哲学社会科学的国家也不可能走在世界前列；同时继续号召："要加快完善对哲学社会科学具有支撑作用的学科，如哲学、历史学、经济学、政治学、法学、社会学、民族学、新闻学、人口学、宗教学、心理学等，打造具有中国特色和普遍意义的学科体系。"[①] 新闻学是一门研究新闻领域一般传播规律的科学，同时又是一门明显具有意识形态属性的哲学社会科学。[②] 各国的新闻学都是其社会现状和传统思维在新闻理论与实践活动中的直观显现，同时表征着各个国家的国家利益和意识形态。新时代中国特色社会主义需要继承与创新并举的中国特色新闻学与传播学——"要围绕我国和世界发展面临的重大问题，着力提出能够体现中国立场、中国智慧、中国价值的理念、主张、方案。"[③]

1918 年被学界公认为是中国新闻教育的开端，然而中国特色新闻文化却早在两千多年有系统文字记载的传统文化绵延历程中已经逐步展现。改革开放以来，从西方引进的传播学，以港台学者为中介，完成了自身学科化建制的旅程。

话语是一种所指，陈述具象表征和抽象认识，而话语体系则是兼具逻辑和学理性质的话语组合。新闻传播话语"是意识形态的话语，因为它必然表达和确认其制作者的社会和政治态度"，[④] 因此中国的新闻学与传播学话语体系必然具有中国特色、中国风格与中国气派，对汉语"新闻"与"传播"二词进行思想史、文化史、观念史层面的考察，无疑能够进一步实现"弘扬中国精神、聚集中国力量、讲好中国故事、做好中国事情、展现中国气派、突出中国风格"[⑤] 的目标。中国特

---

① 习近平：《习近平谈治国理政》（第二卷），北京：外文出版社，2017 年，第 345、376 页。
② 朱清河：《文化殖民反思与中国特色新闻学的话语构建》，《厦门大学学报》（哲学社会科学版），2019 年第 2 期。
③ 习近平：《在哲学社会科学工作座谈会上的讲话》，《光明日报》，2016 年 5 月 19 日第六版。
④ [荷]梵·迪克：《作为话语的新闻》，曾庆香译，北京：华夏出版社，2003 年，第 2 页。
⑤ 张钧然：《新形势下构建中国特色社会主义话语体系的路径研究》，硕士学位论文，吉林财经大学，2017 年。

色的新闻与传播理论要对中国新闻舆论与文化传播工作的现实复杂性与理论规律性进行揭示，特别是对处在全球传播格局弱势与新媒体快速发展的条件下的当代中国新闻舆论与文化传播实践进行研究，需要保持新闻传播理论与新闻传播实践的紧密互动。有益于我们更好地构建中国特色的新闻学和传播学。①

"新闻"作为新闻学的关键词，历来备受关注。思想史角度考察汉语"新闻"一词，应该从"新"和"闻"的字源开始。古代"新"和"闻"字的用法并不单一。已有不少学者对汉语"新闻"二字进行过词义方面的考辨。② 根据最新的研究考证，"新闻"一词在中国首先出现于西晋时期③，焦中栋在考察"新闻"的"闻"字时指出，古代汉语中的"闻"作为一个单音节词，有动词和名词两种词性。④ "闻"为动词，体现在许慎将"闻"的本义解释为"知声"，即现代汉语的"听到"⑤。随着使用时间和范围的扩大和更迭，"闻"逐步引申为"听说""知道""学习"等词义，均为动词用法。如：闻义而徙；闻名不如见面；闻一知十；如入芝兰之室，久而不闻其香。同时，"闻"作为名词，如："博闻强记；区闻陬见；名闻四海。"其中，"博闻强记，区闻陬见"中的"闻"意为"见闻、知识"，"名闻四海；碌碌无闻；没世无闻。"中的"闻"意为"名望"。由于"闻"在造字以来就具备名词和动词的词性，"新闻"这个语言单位在古代汉语中同样可以有两种语法结构。⑥

自上古开始，人类便有无处不在的传播活动，传播在我们的生活中占据非常重要的位置，是人类诞生以来世界上最值得关注的现象之一。从中国古代"传播"的起源和发展入手可以发现，其外延与内涵都与我国近现代尤其是二战以后，从西方所引进的传播学中的"传播"意涵不尽相同，甚至迥异其趣。我们知道，在不同的国家，不同的文化背景下，经常会对同样的概念进行不同的释义。在拥有着五千年历史的中国，有丰富的关于传播的思考。自传播学引进中国以后，学者们便提出了传播学本土化的问题。对于一个舶来品，我们应秉持应有的文化自信，

① 参见胡钰：《马克思主义新闻观与中国特色新闻学构建》，《新闻战线》，2018 年第 17 期。
② 参见李漫：《中文语境下"新闻"概念嬗递考辨——一种思想史的视角》，《江南大学学报》（人文社会科学版），2009 年第 5 期；包志会：《"新闻"定义在中国的发展脉络》，《中国科技术语》，2013 年第 4 期；焦中栋：《"新闻"一词首次出现时间新考——兼论"新闻"词义的历史演进》，《国际新闻界》，2009 年第 7 期等。
③ 邵天松：《也说"新闻"一词首先出现的时间及词源》，《国际新闻界》，2013 年第 4 期。
④ 焦中栋：《"新闻"一词首次出现时间新考——兼论"新闻"词义的历史演进》，《国际新闻界》，2009 年第 7 期。
⑤ 《说文解字》："闻，知声也。"选自第十二卷许慎编，徐铉校定：《说文解字》，北京：中华书局，2013 年。
⑥ 注：一种是"新"作为副词修饰动词"闻"，一种是"新"作为形容词修饰名词"闻"；详见焦中栋：《"新闻"一词首次出现时间新考——兼论"新闻"词义的历史演进》，《国际新闻界》，2009 年第 7 期。

自觉地从中国特有的文化中总结其传播规律，进而建构独特的传播学理论体系。

本文对"新闻"与"传播"的考察从文字训诂入手，结合语料分析的方法，分别从汉字"新""闻""传""播"的字源来考察其思想根源，重点梳理西晋时期到明清时期中国本土的"新闻"与"传播"的词义演进，试图籍此概括出具有中国文化特质的新闻与传播概念，以期与当下学界公认的西方新闻传播观念进行有效对话。

一、汉语"新""闻"二字的渊源与流变

汉字不仅是中国文化的标识，也是中国历史和社会的见证。某种程度上，汉字就是中国的文化之根。汉字刚出现时，人们会以物体外形或其标志性特点来作出一幅图画，一旦它有了辨识度且使用频率提高后，这种图画便会固定下来成为早期的象形文字。

（一）"新"字在文献典籍中的出现

图 1 "新"字的字形演变图①

观察"新"字的甲骨文，分上下两部分 = + ，上面像一把刀刃，下面是木头，作劈开之势。"新"的本字是"辛"，其形容词性（痛苦的，悲伤的，强烈刺激的），对动作发起者而言并非易事，于木头这一动作承受者而言，它正在经历着巨大的"造作"。另外，原木是一种表皮灰暗褶皱而内里白皙光滑的存在，借此我们不难理解引申出来的"辛"的形容词含义——"全新、崭新"。渐渐地，当"辛"的动词本义"劈柴"消失后，甲骨文在 的基础上右边再加"斤" （斧子）变成"新" ，强调用斧子劈开。

其次，"新"又是"薪"的本字，其造字本义是用锋利的刀斧将原木劈成两半，备作柴薪（动词）。当"新"的本义消失后，篆文 再加"艹" （草木）另造"薪"代替。因此"新"从"劈柴"的动词本义引申出"开辟性的、前所未有的"形容词性含义，这也是迄今为止"新"字使用范围最广的含义。许慎把汉字"新"

---

① "新"的字形演变，2019 年 10 月 20 日，http://www.vividict.com/Public/index/page/details/details.html?rid=10593。

字收录在卷十四"斤"部:"新:取木也。从斤新声。息邻切。"①段玉裁则解释为:"取木也,取木者、新之本义。辛声。非从声也。息邻切。十二部。"②"新"为动词,体现在许慎将"新"的本义解释为"取木",③即现代汉语的"伐木"。"新"逐步引申为"新鲜的""初次的"等词义,均为形容词。如:"新仇旧恨;朝新暮敝;衣不如新,人不如故。"同时,"新"作为动词,也渐渐失去了造字义(通"薪"),仍然作为一种名词活用——如:"改过自新;焕然一新;文君新寡"等。其中,"新"在"改过自新"中是使动用法,意为"更新,使……变新"。但值得一提的是,"新"字更早的用法是做名词,再如成语"白头如新,倾盖如故"④是形容的是鉴定朋友的标准,即不能以时间的远近,作为接纳一个朋友的主要标准,"新"在此是"新交、新朋友"的意思。

(二)"闻"在文献典籍中的出现

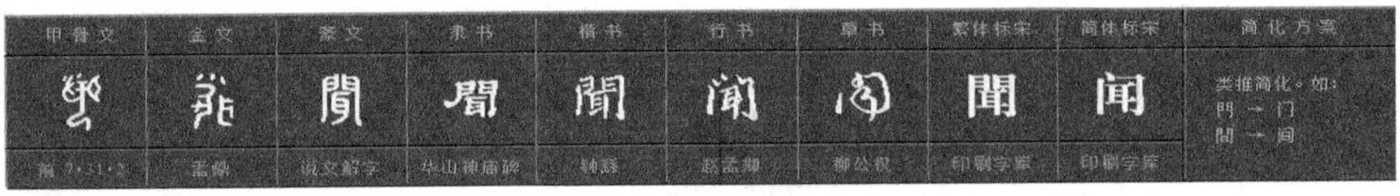

图 2 "闻"字的字形演变图⑤

汉字"闻"也出现在商朝时期的甲骨文。从简体字来看,"闻"字是门中有耳,"门"的繁体形式为:門——表示进入一所房屋需通过的左右两扇门。門,表示古代房屋通道处可开关的两扇门户。聞,甲骨文 ＝ + 。篆文"聞"另造会义兼形声的字形:聞 ＝ 門(門,双户)。+ (耳朵),表示在门里听门外的动静。⑥造字义是"知闻",表示动词词性,体现在许慎将"闻"的本义解释为"知声",即现代汉语的"听到"。

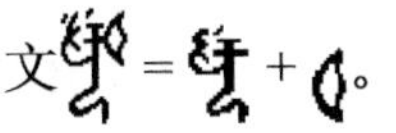

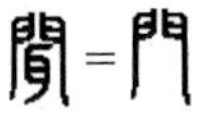

① 许慎著,徐铉校定:《说文解字》,北京:中华书局,2013 年。
② 段玉裁:《说文解字注》,上海:上海古籍出版社,1984 年。
③ 注:《说文解字》:"新,取木也。"许慎,徐铉校定:《说文解字》,北京:中华书局,2013 年。
④ 见司马迁:《史记·鲁仲连邹阳列传》,《史记》,北京:中华书局,1999 年,第 1927 页。
⑤ "新"的字形演变,2018 年 5 月 10 日,http://www.vividict.com/WordInfo.aspx?id=555
⑥ 详见象形字典 vividict.com 有关"闻"字的字源解说,2018 年 5 月 10 日,http://www.vividict.com/WordInfo.aspx?id=555。

二、汉语"传"与"播"二字的使用与变迁

（一）"传"字源流

从构造上看，"传"是会意兼形声字。甲骨文从人，从專（转动），会供人转换车马的驿站，驿舍之意，"專"也兼表声。隶变后楷书写作"傳"。如今简化作"传"。据《说文·人部》"传"字本义为"傅，遽也。从人，專声。"本义为古代供人转换车马的驿站，驿舍。①

1. 做 zhuàn 来解释

首先看其本义，《通典》中"传遽，以车马给使者也"。这句便是其本义的体现。而作为 zhuàn 来讲其有八种引申义。第一，引申指驿站所备的车马。如《左转·成公五年》："梁山崩，晋候以传召伯宗。"这一例则指车马。第二，通过转换车马又引申为转，辗转。如《孟子》："后车数十乘，从者数百人，以传食于诸侯，不以泰乎？"第三，又引申指（过往的）符信。如《史记·酷吏列传》中"于是解脱，作刻传出关归家。"可知其引申义有（过往的）符信。第四，又引申指次序。第五，由驿站的作用引申指记载历史事件或个人生平事迹的文字。如《屈原贾生列传》。第六，引申指文学作品。如《水浒传》。第七，又特指古代注解阐释儒家经典的著作，如《春秋左氏传》《诗经毛传》，皆指著作。第八，又用作姓。②

2. 做 chuán 来解释

作为 chuán 来讲，则有十六种引申义。首先，由驿站传递消息、公文，引申指一方交给另一方。如《悲歌行》中"出自今寡人实不若先生，愿得传国"。其次，引申指由上代交给下代。如世代相传，家传秘方，传世之作可以体现。第三，进而引申指把学问、技艺授给别人，如《论语》："君子之道，孰先传焉？"此例即是指传授学问，技艺。第四，又引申指散布，推广，播扬。如《吕氏春秋·察传》中"夫得言不可以不察，数传而白为黑黑为白"。在《谋略成大业》中的"功如丘山，名传后世"，传作为散布，推广，播扬解释。第五，用作名词，又引申指传闻，传说。如《武》中"如非有司失其传，则武王之志荒矣"。第六，又引申指延续，继承。如《卢生》的"人人自安乐，无战争之患，传之万世"，则是继承的意思。第七，又引申指遗留。如《水经注卷四》中的"东厢石上，犹传杵臼之迹"。第八，又引申指流露，表达。如《史阙序》中"传神写照，正在阿堵中"。第九，又引申指传递命令召人来。如《红楼梦》中"往大观园去传人"。第十，引申指逮捕。如

---

① 谷衍奎：《汉字源流字典》，北京：语文出版社，2008 年，第 278 页。
② 谷衍奎：《汉字源流字典》，第 278 页。

《公孙刘田王杨蔡陈郑》的"又作为诏书，以奸传朱安世"。第十一，又引申指移动。如《礼记·内则》"父母姑舅之衣、衾、簟、席、枕、几，不传；杖履，只敬之，勿敢近"。第十二，又引申指引来。第十三，又引申指染上。第十四，又引申指极，最。第十五，又引申指热或电从导体的一部分流通到另一部分，一股暖流传遍全身。第十六，又用作姓。①

（二）"播"字源流

从构造上看，"播"是形声兼会意字。金文从文，从采（野兽足迹），体现散乱之意。古文改为从番（田中野兽足迹）。篆文从手，番声，也兼表散乱之意。隶变后楷书写作"播"。本义为撒种，种。②如《诗·豳风·七月》中"亟共乘屋，其始播百谷"；引申指分散。如《张衡传》中"奋余荣而莫见兮，播余香而莫闻"；引申指传布，传扬。如《列传·宣张二王杜郭吴承郑赵列传》中"朝臣惮其节名播匈奴"。所举例中均为传布，传扬之义；引申指表现。如《国语·晋语三》中"夫人美于中，必播于外"；引申指迁徙，逃亡。在《夏氏之池歌》中，"夏氏之乱，成公播荡"。在《金史·礼志一》中，如《说苑·君道》中"出自官宗南播，疆宇日蹙"，都是迁徙，逃亡的意思；引申指背弃，放弃。如《说苑·君道》中"公作色太息，播弓矢"。"播"作背弃，放弃来解释；引申指放纵。如《国语·周语下》中"播其淫心，称遂共工之过"；引申指施行。如《礼记·缁衣》中"《甫刑》曰：播刑之不迪"。此例中是指施行的意思；如《尚书大传·洪范范五行传》中又通"藩"，指封建王朝的属国或属地；用作姓。此外，播又通"簸"，指摇动，簸扬。如《庄子·人间世》中"鼓策播精，足以食十人"。

"播"字也属于传播概念之一，其本义与引申义，学者们的解读基本一致，并无太大歧义。其本义"撒种，播种"皆是广泛的、大范围的播种，很容易便可以引申到传布，传扬。同"传"相同，"播"既可以做单音节字使用，又可以作为词根使用。而且同现代意义上的"播"字释义大体相同。

（三）"传"与"播"组合使用

"传"与"播"单独使用非常早，但二字开始合用是比较晚的。"传"与"播"的合用，最早出现于唐朝李延寿的《北史·突厥传》："时沙钵略既为达头所困，又东畏契丹，遣使告急，请将部落度漠南，寄居白道川内……文帝下诏曰：沙钵略往虽与和，犹是二国，今作君臣，便成一体。已敕有司，肃告郊庙，宜传播天下，

---

① 谷衍奎：《汉字源流字典》，北京：语文出版社，2008 年，第 278 页。
② 谷衍奎：《汉字源流字典》，第 1798 页。

咸使知闻。自是诏答诸事，并不称其名以异之。"[1]不难看出，最早的"传"与"播"合用，是在诏书中，在此处"传播"一词是广泛宣扬之意。

"传"与"播"二字合用为一词开始使用后，唐宋时期该词便开始使用较多。如《唐才子传·高适》中，"每一篇己，好事者辄传播吟玩"。《宋史·列传 第二百一文苑四》中，"来者往往钩赜言语，欲以传播，好意相恤者几希矣"。可见，在唐宋时期，传播一词的使用范围开始渐渐扩大，并开始有着由诏书用语到诗人，文人墨客的使用语的变化。明清时期，"传播"一词流行开来，开始大量使用。如《明史·列传第六十七》中，"四民告病。哀痛之声，上彻苍昊。传播四方，人心震动"。《续资治通鉴·卷第七十四》中，"不以诋谤为主。小则镂板，大则刻石，传播中外，自以为能"。这些例子均可以看出传播一词的使用变化。除此之外，"传播"一词在清朝时期的小说中更是常见。所以，可以发现，该词的使用已经开始平民化，在民间也可常见，而其传播多使用于言辞的传播。

（四）"传播"的概念演进

根据任学良的构词法，传播属于近义并列式结构。[2]其中传是古代表示传播概念的集中代表，播字之义与现代汉语之义没什么差别，因而对于"播"字，本文采取了弱化处理。同时由于传播一词合用较晚，在古代出现次数较少，且其多用于言辞的传播，所以，对于传播概念的分析，主要分析"传"这一单音节词所体现的传播概念。

"传"既可以做单音节字来使用，又可以与其他字合并使用，用法十分灵活。例如，"传业""传乘""传书""传付""传令""传令兵""传吏""传叶""传信牌""传告""传位""传名""传人""传信鸟""驿传""绝传""袭传""真传""言传"等一系列词语。这些词语在古汉语中常见，现代汉语中亦如此。那么，传本义为驿舍，传之引申义又作何解释？很多学者都直接解释道，传之本义为驿站，驿舍或是遽，引申义为传递，传达。如李恩江和贾玉民在《说文解字译述》中解释便如此。[3]而学者白川静则有独到的见解，她认为："传为会意字，由'人'和'專'组成。'專'表示橐（更）放入物品后用手（寸）拍实。'人'像包袱一类的东西背起，谓'傳'，有背员传运，运输，传递之义，由此'傳'用来表示传达，传世，传递，推广等。"[4]对于其联系，学者们各有各的道理，我比较赞同于学者白

① 李彬：《唐代文明与新闻传播》，北京：中国人民大学出版社，2014年，第78—80页。
② 任学良：《汉语造词法》，北京：中国社会科学出版社，1981年，第24页。
③ 李恩江，贾玉民：《说文解字译述》，郑州：中原农民出版社，2000年，第720页。
④ [日] 白川静：《常用字解》，苏冰译，北京：九州出版社，2010年，第328页。

川静的解释，与后文论述相通。由第一部分对于传字的源流解释的梳理以及传字的考证，可以发现"传"在古代，较多用于递传，教传，书传，传说，纪传，言传五类。

《墨子·号令》中"传火以次应之，至主国止"。《旧唐书》中，"丁亥，两中尉传诏召顺节，顺节以甲士三百自随，至银台门，门司传诏止从者"。《旧唐书》中，"夫祝以传命，通主人之意以荐于神明，非贱职也"。"传"字在这里都是传递之义。这些传所体现的传播的传受双方基本为君臣，古代朝廷与各级地方官府，军事战争中的信息传递，当然传播之内容多为政治军事的传播，如皇帝的圣谕，朝廷中的法令，大臣们的奏章以及古代战争中所传递的军令消息等。此外，对于传递来说，驿是更好的体现，通过驿站可以将皇帝的诏令层层下达，又可将官员的奏章等上达。而此种传播与古代普通百姓并没什么联系，因此也可将这种递传视为一种官方传播。对于言传，则涉及现代意义上的舆论，在古代，统治者对于舆论有着非常严格的控制。言传中，既包括有上传下达的官方传播，也有着官方民间同一等级的平级传播。

古代的文化传播，最广泛的传播应该是教育，而古代的教育基本属于教化式的传播。"师者，所以传道授业解惑也"，皆是传授之意。《后汉书》（郑范陈贾张列传第二十六）中，"后累迁为鲁相，以德教化，百姓称之，流人归者八九千户"。此例则是教化之意。对于教传，古代多指在思想层面，知识技能层面的教育，包括有古代文人、普通百姓的教育以及官方对百姓的教化。此外还有书传，在我国古代能称得上传的多为圣者们的见解等，这也是古代教育传播的一种。而且在我国古代除去统治阶级的思想，多以儒家的思想为指导思想，因而就不难理解古代的教育传播有着教化之义。所以，古代的教育除去传授知识，更看重的是德行的教育。

三、中华传统文化中的新闻内涵

（一）"新闻"在唐朝及唐朝之前

1. 西晋时期首次出现

"新闻"最早出现在西晋，后来演化为动词性短语[①]，表示"新近听闻"之义，

---

① 邵天松：《也说"新闻"一词首先出现的时间及词源》，《国际新闻界》，2013 年第 4 期。

出自西晋僧人竺法护《佛说当来变经》，①这篇文章中的"新闻法人、浅解之士，意用妙快"解释为——新入学佛法的比丘们只是不甚了解，出于好奇和新鲜之感来宣讲佛法，但其实自己的理解和思考只是别人的只言片语，谈不上思考。这里的"新闻"表示"刚刚听闻、最近听闻"，这里的"新"作动词，语出自班固"新学小生，乱道误人"②中的成语"新学小生"意义相近，指的是进入全新领域，包括从事学问、进入职场或官场的新人，他们对周遭环境陌生且毫无头绪，遇到问题束手无策。"闻"作名词，在"新闻法人"中表示听到的事情，与这个意思相同的"闻"字有成语逸闻轶事、传闻异辞、亘古奇闻、风闻言事等，均是指惊奇又能够勾起人好奇心的事情。

2. 南朝时期"新闻"一词的使用情况

提到南朝，大多数人想到的是杜牧"南朝四百八十寺，多少楼台烟雨中"（《江南春》）③其实除了提倡佛法，南朝时期流行的社会思潮还有"新变"思潮——特指齐梁时代反对因循守旧的风气。众所周知，兰陵萧氏家族好文学，其治国理政主推儒玄佛三教融合，如此这般，一旦举国上下得到思想解放、开放地接纳诸多新鲜事物，文人与士族便可尝试以全新的创作视域和文学主体进行描摹与创作，通过"变"来寻求新的创作高地，整个社会形成创新成风的兴盛局面。④

1500多年前，《弘明集》卷七《难顾道士夷夏论（并书）》⑤南朝·《弘明集》出现"新闻"二字："故自汉代已来，淳风转浇，仁义渐废……仁众生民，黩所先习，欣所新闻。"⑥这里的"新闻"，仍然是由两个独立语素构成，表示新近听闻、了解的事物。

3. 唐朝有关"新闻"的撰述

近三百年的唐王朝名扬四海，文学成就极高的唐诗不仅在当时社会影响高，

① "三、新闻法人、浅解之士，意用妙快。深达之人，不用为佳……"《佛说当来变经》为西晋时期西域月氏国僧人竺法护所译。历代大藏经中均有收入。文中引文依据日本大正一切经刊行会所编辑《大正新修大藏经》（第12册）录入。翻译佛经作为汉语词汇研究的重要语料来源已经在语言学界受到广泛的重视，竺法护作为中古时期著名的译经僧人，他所翻译的佛经具有重要的语言价值。

② 班固：《汉书》卷八十一，《匡张孔马传》序，《汉书·张禹传》，北京：中华书局，1962年，第2577页。

③ 上海古籍出版社1997年版的《杜牧全集》为依据，共438首，其中包括裴延翰手编《樊川文集》二十卷中所有的诗歌，以及历代学者补辑的外集和别集的诗歌。

④ 韩仪：《齐梁新变的成因与本质特征》，《北方论丛》，2009年第4期。

⑤ 这篇文章的作者为朱昭之。朱昭之为南朝宋人，曾官常侍。《弘明集》是南朝梁时释僧佑所编。僧佑姓俞氏，彭城下邳人，初出家于扬都建初寺，武帝时居钟山定林寺。《弘明集》所辑皆东汉以下至于梁代阐明佛法之文，其学主于戒律，其说主于因果，其大旨则主于抑周孔、排黄老，而独申释氏之法。朱昭之此文主旨亦不外乎此种观点，是他和顾道士的往来辩论书信和辩论文章。

⑥ 僧佑：《弘明集》（四部备要本），北京：中华书局，1971年，第59页。

一度为王朝和民间各层人士所熟读背诵和传咏，在后世更是生生不息，无数学者兢兢业业研究个中玄妙，还能灿若星河，其中的闪光点和微妙情愫总能取之不尽用之不竭，不断地展现今人和唐人奇妙的思想交会，其中迸射的火花历久弥新。唐朝的经济、政治、外交和文化空前繁荣，唐人也成为中国人的代称。以多元化著称的唐朝，是我们考察"新闻"二字的传播思想史的重点时期。

由于古代中国社会以新闻活动为最主要的新闻实践，不同于印刷媒介的古代"邸报"，唐朝诗人李咸笔下的一句"新闻多说战争功"就提到了唐朝时期的对外战争和"新闻"之间的巧妙联系。众所周知，古代中国每逢征战告捷，会传送一种捷报，以露布或牌报、旗报等来进行传播，军事接报为了鼓舞士气，震慑敌军，告知天下，一定程度上具备新闻宣传的某些特征。唐朝时期的中原版图是中国最大的，对外战争自然相对频繁而重大，换句话说，对外战争节奏快而敏感，上至朝堂，下至黎民百姓对信息的需求都比较主动而快速。即使类似于今天的"硬新闻"的战事，唐人仍然乐此不疲地交流和打听着。

汉语"新闻"二字在唐朝时期也迎来了新的阶段。自古"新"与"旧"相对，在唐朝以前，"新闻"与"旧闻"也相对"孙处玄，长安中征为左拾遗。颇善属文，尝恨天下无书以广新闻。神龙初，功臣桓彦范等用事，处玄遗彦范书，论时事得失，彦范竟不用其言，乃去官还乡里。以病卒"。——史部，正史类，旧唐书，卷一百九十二。[①]这里"恨天下无书以广新闻"中的"新闻"已经是当时常用的名次词组，在孙处玄的心中是一个"特殊"的存在——孙处玄寄希望于时任执政大臣的桓彦范，指望他可以听取自己对时下政治和社会民情的意见，但当时并没能够遂意，最后辞官还乡。他希望有"书"记载"新闻"能够被今世和后世的人们所认知。文章是对自己内心的排遣，表达自己的真情实感，同时暗示孙处玄认为当时的"新闻"应该广而告之，得到一定程度的社会反馈。

晚唐笔记小说出现了《南楚新闻》和《锦里新闻》明确以"新闻"为题的作品，暗示出文人笔记与新闻传播的内在关联。从文献资料上看，迄今所知的此种笔记只有两部，分别是唐代尉迟枢《南楚新闻》[②]和段成式《锦里新闻》[③]。《太平广记》中有辑录过《南楚新闻》的一些内容。从内容上看，此时的"新闻"是文人墨客用以书写记录的短小文章，只是自己对所听所闻的民间的轶事遗闻的收录，

---

① 文渊阁：《四库全书》，上海：上海人民出版社，迪志文化出版有限公司，1999年。
② 中主保大（946年）时书《中兴佛窟寺碑》刻石，立于金陵。《新唐书·艺文志》着录其《南楚新闻》三卷，收入小说家类。原本今已不存，逸文三十余则散见于《太平广记》《说郭》《组珠集》《实宾录》等书，内容以唐代朝野逸闻奇事为主。
③ 现已无处可考，推测其内容当与锦江所在的蜀中有关，宋人句延庆的《锦里旧传》即述前蜀与后蜀之事。

具有随机性和主观性。

（二）"新闻"在宋明清

1. 宋代词性、词义开始固定

宋代的民间社会风貌繁华而标志性明显，文人活跃，市井生活独具特色，这与积贫积弱的宋王朝成为鲜明对比。词派众多，也体现出宋代人民生活比较清闲，既能体验生活和个人悲欢，又有闲情逸致观摩街坊邻里的家长里短。商业的兴起带动了陶瓷、服装等产业的发展，也为绘画、音乐等艺术提供了不可缺少的生存土壤。宋代以后，"新闻"一词开始在民间和朝堂得到更加频繁地使用，而且其词性、词义开始固定。① 不拘泥于泛泛而谈的新鲜见闻，而是有了特定历史内涵的色彩。

北宋新旧党争，苏轼有诗《次韵高要令刘湜峡山寺见寄》"新闻妙无多，旧学闲可束"，② 黄庭坚作诗《奉和王世弼寄上七兄先生用其韵》"学官尸廪人，奉养阙丰腆。学徒日新闻，陋孤犹旧典"③，苏轼和黄庭坚二人诗中提到的"新闻"可专指王安石的"新学"，或者指士子们钻研王氏经学的新风气以通过科举考试。④ 但其实一直居于"官学"地位的王安石新学永远无法阻止学术在民间的自由蓬勃发展。⑤

宋室南渡后，逐渐缓和的新、旧学之争直接促使"新闻"二字褪去专指、特指色彩，泛指一切新学问、新知识。

2. "新闻"与明清小说

鲁迅先生划明清小说为中国小说的繁盛时期，明清时期的文人"习俗浸润，乃及文章"，⑥ 与此同时"新闻"二字也迎来了更广泛更具体的应用。

白话短篇小说集《三言》中有一篇《陈多寿生死夫妻》："街坊上听说陈家癫子做亲，把做新闻传说道：癫蛤蟆也有吃天鹅肉的日子。"⑦ 得了癫症的陈多寿与朱

———————

①　宋人使用"新闻"一语的数量远比唐代以前要多——文献中出现首创的"新闻"一词达39处，比例超过四分之一，范围遍及经史子集四部。参见孔正毅：《"新闻"一词的出现及其内涵的演变》，《国际新闻界》，2009年第9期。

②　苏轼：《集注分类东坡先生诗》（四部丛刊本），上海：上海书店1986年，第129页。

③　黄庭坚：《山谷计果》（丛书集成初编本），北京：中华书局：1991年，第37页。

④　焦中栋：《"新闻"一词首次出现时间新考——兼论"新闻"词义的历史演进》，《国际新闻界》，2009年第7期。

⑤　姜广辉，许宁宁：《再评王安石：新法、新学的关联审视》，《陕西师范大学学报》（哲学社会科学版），2018年第3期。

⑥　鲁迅：《中国小说史略》，北京：人民文学出版社，2014年，第123页。

⑦　冯梦龙：《醒世恒言》（第九卷），北京：人民文学出版社，2017年，第116页。

多福结亲,这件事在街坊邻居眼中成为一桩"新闻传说",这里的"新闻"接近于现在的社会新闻,具备新鲜性,但不是真正现代意义上的新闻。

《红楼梦》第三十九回:"凤姐儿见贾母喜欢,也忙留道:'我们这里虽不比你们的场院大,空屋子还有两间。你住两天罢,把你们那里的新闻故事儿说些与我们老太太听听。'"①查考《红楼梦》中涉及的"新闻"不难发现其全部出自小说人物的口语表达中,内含了多种包括时宜、重要、接近、显著、趣味、反常等新闻特性,形成了一种有别于西方的认知"特色"直觉体系。②

明清小说中出现的"新闻"比宋朝出现的数量更多且范围更广泛,含义也不仅限于奇闻、传说③,但有一点是相通的——尚未出现专门以发布新闻的机构或单位作为平台来传播的新闻。

根据学者胡钰和虞鑫提出的构建中国特色新闻学话语体系的三点原则④,笔者在此对应地提出几点中国特色新闻学的新闻的特点:

第一,开创性。中国文化历经五千年的灿烂文明,是中国新闻话语的首要来源,⑤从"新"与"闻"在造字本义来看,二者都极具一定的能动性,这种开创性体现在:木头只有借助外力才可能成为柴薪,进而被有效使用,人只有主动听取外界的声音,才能趋利避害从而实现不同程度的人生价值。

第二,超越性。"新其见,广其闻"——启发受众的个人见识,拓宽他们的知识体系。值得注意的是,这里的"新"不止局限于"更新",还必须是有意义地更新——即启发。因为很难说现代新闻在更新受众"认知库"的同时能兼具启发性。

第三,高品位。国内外新闻质量参差不齐,表现在内容低俗、泛娱乐化倾向等方方面面。在新闻领域中,虽然"内容为王"还是"技术为王"的争论已经渐渐淡出学界视野,但新闻内容要不断精进和增强作为社会公器的使命感,体现人文关怀的责任感,更重要的是对"新闻"概念本身的厘定和澄清。只有提高新闻本身的门槛,禁止所有随随便便的猎奇、黄色、暴力、娱乐等的信息成为新闻的一员,才能让新闻的价值得到实实在在的彰显。

---

① 由于新版《红楼梦》中统一作"新闻"。中国古代"闻""文"是通假字,晚清朱起凤《辞通》就指出:"文闻同音相通",所以新闻与新文并无二致,本文引用的《红楼梦》版本,参见曹雪芹:《红楼梦》,北京:人民文学出版社,1982 年。

② 吴翔:《〈红楼梦〉内蕴的"新闻价值体系"——从〈红楼梦〉中 14 处"新闻"说起》,《南京晓庄学院学报》,2014 年第 2 期。

③ 《红楼梦》第 1 回"当下哄动街坊,众人当作一件新闻传说。封氏知此信,哭得死去活来……"这里的"新闻"一词作为信息解释,这个信息对封氏来说是重要情报。

④ 分别是"自主原则、学术原则和普遍原则",详见胡钰,虞鑫:《中国特色新闻学话语体系论纲:概念、范畴、表述》,《全球传媒学刊》,2018 年第 1 期。

⑤ 童兵:《中国新闻话语的来源和批判地吸纳西方新闻话语》,《新闻爱好者》,2018 年第 2 期。

新闻的基本义不能变，我们只能在此添加定语，将"新闻"重新定义为：专业人士就新近发生的事实为人民群众提供的具有前瞻性和启示性的报道。

四、中华传统文化中的传播观念

在中国古代，传播的主要对象并不是信息而是文化。这与我国古代的传统文化背景有着密切的联系。古代中国，传播中有着很重要的宣德教化之内涵，故而其对传播主体及其传播实践都有着严格的要求。

（一）中国立场的传播主体和传播行为

在中国古代所谓的传播者多以文人为主，包括思想家，文人墨客，私塾先生等现代意义上可以称为知识分子的人。而他们首先是具有传播能力的人，在一定的使命下传播思想或主张，故而对自身的要求也极为严格。如先秦时期的社会传播者，他们多是受过教育，通晓六艺的"士"阶层。一方面是为了自己的生计，另一方面可以传播自己的主张、思想。他们既服务于统治阶级，为其出谋划策，又服务于社会，为其传播社会信息，对上有着自己的政治使命，对下有着自身的社会责任。其中，先秦时期道家老子认为，"每一个传者都应该以圣人为榜样，要求传者必须做到自知、自胜、自化、自正、自朴，自省、自卑，少受外界干扰"①。又如古代负责记录史事的史官与现在意义上的记者，作为传播者他们有着异曲同工之妙。他们同样采取多种方法如采访，调查等，通过一些事实来反映社会的一些现象。其中，西汉的史官司马迁与北宋的史官司马光最为突出，他们都背负着责任感完成了自己的使命，给当时以及后代的思想文化留下了宝贵的财富，可以说是史官中杰出的传播者。再如魏晋南北朝的刘勰对于传者也有要求，他认为传者需为"五行之秀"的人，应该是"文""才"兼备的。这些都是具有代表性的传播者，而和他们一样的中国古代传播者不计其数，他们都对自身有着严格的要求。

古代的传播者对于传播内容同样有着更高的要求。因为他们肩负着为国家，为社会，为天下服务的重大责任。首先，对于传播内容的选材要求，东汉时期的一位传播思想家王充要求必须"真"，必须"实"，不可以有虚假的话语，不要华丽的空洞言论，不应该照搬照抄，否则那些不真实的言论传播开来，便会使社会中的人不能够辨明是非，辨明真假与黑白。因而王充的著作《论衡》一书，便主要揭露失实的文章。其次，传播者们还注重传播内容的理论与实践结合，东汉时期的王充以及西汉时期的司马迁都强调此点，其中司马迁特别注重"漫游"，从而

---

① 李敬一：《中国传播史论》，武汉：武汉大学出版社，2003年，第179页。

更好地达到理论与实践的相结合，通过实践证实理论，理论又可以指导实践，是对传播对象的负责，对社会负责。第三，古代传播者都非常重视教育传播，言语传播，教育传播中包括有亲情教育，知识教育，学习态度等。这些传播内容在历朝历代都非常重要，其对个人，国家，社会的发展都具有很大的影响。如隋代中期最渊博的学者颜之推，对于教育传播有着很深刻的理解。他在亲情教育中，传播者要威严友善，以身作则建立良好家风等的思想。在知识教育中，传播者要勤学，自立，务实的思想。在学习态度与方法中，要虚心，求真。古代传播者们对于内容还有着很多其他的要求，他们在一步步导人向善，追求至善，在自身传播思想，观念，知识等内容的过程中，都充当过"把关人"的角色，都是有责任，有担当的。

所以，古代传播理念是含有导人向善之意的，不单单是传播者本身拥有一种责任感，使命感，其所传播内容更是在一种约束力之下进行传播，是有方向，有目的的，并不是任意妄为，并不是任何一个普通人就可以称得上传播者。古代的传播者都是有理想，有责任，有思想，有才华的文化人。这也正好符合古汉语"传"字之含义。

在具有独特文化背景的中国，拥有独具特色的传播理念。因而本文尝试以中国的传统文化，传统思想为切入点，寻找具有中国特色的传播理念。参考学者吴予敏建构的，反映中国传统文化模式特征的同心圆结构①，如图 3 所示。结合对古代"传播"一词的考查以及传播思想的领悟，我们认为中国特色传播理念用偏心圆来概括更合适一些。如图 4 所示：

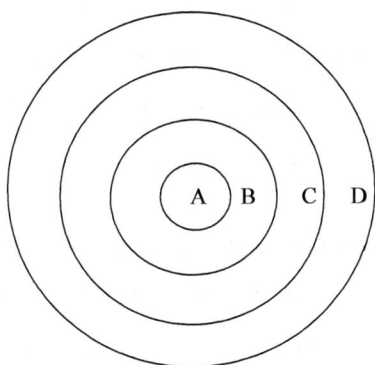

图 3

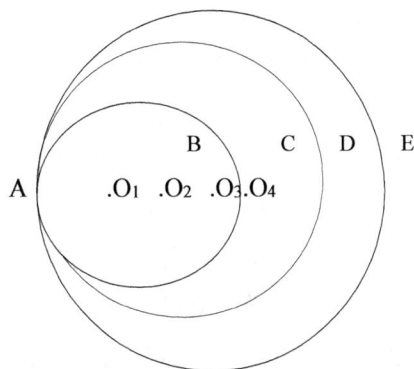

图 4

自古以来我们都有着共同的理想目标，尤其是古代的"传者"。譬如"大同"

① 吴予敏：《无形的网络——从传播学的角度看中国传统文化》，北京：国际文化出版公司，1988 年，第 210 页。

理想，这是古人们所期盼的一种理想社会。尽管朝代更迭，历史变迁，但大同理想依旧存在并发展着。如东晋陶渊明所幻想的桃花源便是"大同"思想的继承。又如我们当今所倡导的中国梦。因而我认为古人的传播理念起点是一致的，即图④中偏心圆的 A 所在之处。而 B、C、D、E 分别代表不同类型的人或个体、家族、国家以及天下。O_1，O_2，O_3，O_4 代表每一圈层中的核心思想理念。恰如中国古代"四书"之一的《大学》所着意宣扬的思想"修身、齐家、治国、平天下"一样，每一层都有着非常重要的意义。

其中，修身是指要对自身进行约束，进行规范，尤其是传者。修身，属于一种中国特色的内在传播。关于修身，"儒家认为应该克己复'礼'，礼是一种社会的分寸感，超然的尺度"[1]。而只达到修身这一思想层次时，实际上是一种"小我"境界，此时核心思想在图中的 O_1 处。而当修身与齐家兼修时，核心位置会发生变化，此时所要拥有的思想，不单是个体的修身养性，个体的内涵素养，还要有着齐家的思想，如家族中德高望重的人，他们在家族中传播家规品德，生活经验，家训家风，对自身有要求，对所传播的下一辈也有责任之心。家族之间不但重视言传，也讲究身教，更注重二者的有机结合，从而可以有优良的家风，可以使得高质量的家族人际传播传承下去，传播开来。而 D 层次的人，则是有着"治国"理想的人。对于治国理政层次，我们知道中国自古以来就倡导以德教化，如孟轲和荀况认为，"善政，民畏之；善教，民爱之。他认为仁政的极致，就是不要教训人（更不要强行约束人），而是要感化人"。所以当拥有治国这一传播理念时，核心思想位置便又会发生变化，它在不断地扩充内涵。因而到达 O_3 处。所以会有"先天下之忧而忧，后天下之乐而乐"之说。传播"道德"，宣传"教化"，而"平天下"便是古代中国"内传外化"所要达到的最高境界。此时这一圈层的传播者做到了内外兼修，并拥有着更大的胸怀，拥有着更高的格局。在这一过程是不断充实自我的过程，并不是如同吴予敏学者提出的同心圆一样，它存在着核心圈层以自我为中心的思想，存在着逐级延展的过程。

此外，古代中国与外部世界的交流中也传播着和平理念，宣德教化。如张骞通西域，郑和下西洋。史料记载："永乐十四年（1416年）四月初六日御制《南京弘仁普济天妃宫碑》中，朱棣称其派遣郑和下西洋是为了'敷宣教化于海外诸番国，导以礼义，变其夷习'。"[2] 这一记载既符合明朝"宣德化而柔远人"的思想，更体现出了中国宣德教化的传播理念。所以，从传播主体的传播行为来看，其对

① 毕琳：《解析〈鬼谷子〉的传播理论及应用》，硕士学位论文，西北大学，2011年。
② 转引自郑一钧：《论郑和下西洋》，北京：海洋出版社，1985年，第250页。

于传播的价值观与传播操作层面的建构，都体现出了传播宣德教化，臻于至善的理念。

（二）古今中西传播理念的本质差异

正是由于古代中国特有的经济文化背景，以及古代中国对传播者的要求，对传播内容的要求，对传播理念的追求，可知所追求的传播活动价值的目标也有着中国的特色，而并不是单单为了传播信息而传播信息。

对于中国来说，传播学是从西方引进来的，但"传播"一词并不是。那么西方的"传播"一词又从何而来。"词源学家认为该词大约在 14 世纪才被引入英语，源自拉丁文的 com（'起'）和 munia（'职责'），意为'共同担责'，根据这个传统的定义，'传播'被视作在特定社会情境中（通过文化交往、仪式或交换等）与他人分享的过程，不同于现在被主要当作发号施令的媒介"①。虽然，西方的传播最早起源有着共同担责之意，但在西方，这一词发展下来，对于担责层面上的含义并没有很好的继承。我们可以从英语中代表传播之义的 communication 来看，传播并不是它唯一的翻译，而是还包含着通讯、通知、交通，联络等。其并不含有想古代中国的"传播"一样的理念和内涵。而且，传播学中的传播一词更是可明显而见。

在传播学中，"传播"是一个需要学者们在特定的环境下进行深度考虑而定义的概念。传播一词在不同的国家，在不同的语境下有着不同的含义与理念，所以不同的传播学者便会对其有所不同的理解和定义。"'每一位传播学家都有一个属于自己的传播定义'的事实，充分反映了研究者在具体研究中因时因地而异、因事因人而异的特点，如今对于传播的代表性定义目前大概将其分为五类：共享说，影响说，反应说，互动说，过程说"②。

然而，从古代中国的"传""播"以及"传播"一词的使用，纵横向的考查以及本文的分析来看，中国古代的"传播"理念是符合中国传统观念，传统文化的一种温和中性的理念，没有太多争议，没有太多庞杂冗余的内容。传播内容为导人向善的思想、观念、情感以及优良传统的传承，旨在追求至善的价值目标。它是抱有一种责任感而进行传播的活动或者行为。所谓的传播者对其传播内容都是有约束力的，负有使命感的。同时，古代中国的对内传播与对外传播都是出于宣德教化的目的，是一种和平教化思想的体现。而西方所认为的传播，即现代传播

① ［美］辛普森：《胁迫之术：心理战与美国传播研究的兴起（1945—1960）》，上海：华东师范大学出版社，2017 年，第 19 页。

② 邵培仁：《传播学》，北京：高等教育出版社，2015 年，第 55 页。

学中的传播，大体都认为广义的传播是泛指一切信息的传递与扩散。从一方面来看，信息传播对于我们的生活以及人际交往有着较大的影响，能够满足人们的一些需求。但另一方面，则可以发现西方所认为的这种传播，失去了对社会的一种责任感。尽管有守门人的存在，但随着互联网时代的到来，信息泛滥，信息污染，信息侵略增加了人们选取信息的负担，因而现代传播学的传播观念与中国特色传播理念也就大相径庭。此外西方人认为每个人都可以称为传播者，更加世俗化了"传播"这一词汇。

结语

虽然"新闻"在中国本土历经西晋、唐、宋、元、明、清几朝，其内涵和外延也有了一定程度的变化，但就新闻与阅听人的关系来说，总归无法跳脱不出"新鲜的见闻"这一古老范式。构建中国特色新闻学，回归汉字本义及中国历史。作为舶来品的传播学，我国学者在引进以来，一直在传播学本土化的道路上努力前进。我们不完全反对西方，也不能完全照搬西方。我们着力寻求自己系统的理论建构，自己的方法论和知识论。我们应联系整个社会生活的时代背景，来建立自己的理论，而不是利用已经形成的西方的理论来附会古今中国的文脉。

所以，本文从"新闻"与"传播"词源考察及其内涵的发展历程入手，关注中国古代新闻与传播观念的独特性，本文所界定的本土化的"新闻"，表达了中国人对新闻的独特理解，或许也还可以成为与西方新闻观构成对话的学理基础。从古代"传播"一词的起源、发展及其所蕴含的理念，从传播发展的偏心圆结构，我们不难发现，中国传统文化对"传播"一词的情感和价值的高度关注，这一发现可为中国新闻学与传播学的本土化研究提供有益的参考。

传递"中国故事"：游戏的文化媒介传播及功能化发展

Delivering "Chinese Story": Cultural Media Communication and Functional Development of Games

褚金勇　韩雪迪*

Chu Jinyong　Han Xuedi

摘　要： 在游戏被视为第九艺术的当下，结合其被定义为文化产业的特殊地位，对游戏的研究包含其形式、媒介、参与者等方方面面，其中对于游戏的文化传播功能的应用备受关注。由于游戏与媒介技术的高度依赖性，对游戏研究最新成果的梳理对我们观照游戏的现实以及未来走向具有重要指导意义，从我国的游戏发展趋势来看，借力游戏向国际社会传递中国声音、输出中国文化也是可行之道。

Abstract: At the moment when games are regarded as the ninth art, combined with its special status as a cultural industry, the research on games includes its form, media, participants and other aspects, among which the application of the cultural communication function of games has attracted much attention. Due to the high dependence of game and media technology, the carding of the latest achievements of game research has important guiding significance for us to observe the reality and future trend of game. From the perspective of China's game development trend, it is also feasible to use games to transmit Chinese voice and export Chinese culture to the international community.

关键词： 游戏文化；中国元素；媒介技术

Keywords: Game culture; Chinese elements; Media technology

---

　　* 作者简介：褚金勇（1982—），男，郑州大学新闻与传播学院副教授，新华通讯社－郑州大学穆青研究中心研究员，研究方向：媒介文化研究；韩雪迪（1997—），女，郑州大学新闻与传播学院硕士研究生，研究方向：媒介文化研究。

在原始媒介时代，人类社会化的过程可以看作游戏的过程，通过与他人一次次的游戏互动不断获得对生活的体验。进入工业化社会，电子游戏的出现将游戏一词的指代逐渐固定化，放大了网络游戏诸如成瘾性强等负面特性而忽略传统意义上的游戏在个人发展中的正向作用。游戏概念的改变正是伴随着大众传播媒介的改变而演化成并拥有了符合其所处时代媒介特点的语义。[①] 于是我们可以看到，近年来对游戏的分析大多集中于电子游戏，历时性变迁是学者常用研究角度。赫伊津哈认为文化以游戏的形式出现，通过这种形式，社会表达它对生活与世界的解释，而文化就在游戏的形态和情绪中展开。[②] 游戏的文化内涵被不断提及，并成为必须控制其发展方向的重要原因之一。不同于传统游戏近邻性与真实感赋予，电子游戏呈现不同样态的同时也具有更大范围内的可接近性，这使得其能够形成更广泛意义上的游戏文化。在游戏中的文化含义更加潜移默化影响受众的今天，通过对有关游戏的最新研究的整理分析，对理解游戏的演变过程及发展预测，进而正视游戏在文化中的功能有重要意义。

一、界定与筛选：游戏研究文本整理与统计

（一）游戏概念与历史

游戏在辞海中意为"以直接获得快感为主要目的，且必须有主体参与互动的活动"。在《现代汉语词典》中游戏意为娱乐活动，如猜灯谜、捉迷藏等。李屏对游戏做了词源学分析，认为我国古汉语中的"戏""游""玩"等字都有游戏的意思。[③] 在此基础上，有学者认为我们日常所言的游戏是一种随意地玩耍活动；[④] 但更多游戏研究者是将游戏简单定义为娱乐活动。[⑤] 安平认为"游戏就是按照一定规则进行的交互式娱乐行为"[⑥]。赫伊津哈认为相对于游戏的功能而言，游戏概念是缓慢并继发的，在出现了类似于"本能"的游戏行为之后，对游戏的概括性表述才得以发展。即便如此他还是对游戏作了如下界定：游戏是一种自愿的活动或消遣，在特定的时空里进行，遵循自由接受但绝对具有约束力的规则，游戏自有其目的，

① 尚国强：《新媒介技术环境下中国电子游戏文化研究》，硕士学位论文，吉林大学，2020 年。
② 余佳，张玉容：《基于游戏理论的长安文化传播创新策略》，《视听》，2020 年第 12 期，第 194—195 页。
③ 李屏：《中国传统游戏研究——游戏与教育关系的历史解读》，太原：山西教育出版社，2012 年，第 15 页。
④ 吕逸：《中国古代儿童游戏研究》，硕士学位论文，陕西师范大学，2006 年。
⑤ 王蔚：《传统民间游戏开发利用研究》，硕士学位论文，山东大学，2005 年。
⑥ 安平：《传统游戏与电子游戏》，《科技信息》，2010 年第 11 期，第 481、462 页。

伴有紧张、欢乐的情感,游戏的人具有明确"不同于平常生活"的自我意识。[①]从对游戏的定义中也可看出,游戏一词的含义根据其所处的社会背景不同有很大差异,并且多针对具体情境进行概念整理。但可以确定的是,游戏一定包含参与人员,并且需要借助媒介,并能对参与者带来一定身心影响。

根据蔡丰明在《游戏史》中对古代传统游戏的概述,人类早在十万年前就有了类似于石球的游戏工具。[②]他将我国的古代游戏史分为先秦、汉魏、唐宋、明清四个时期,先秦时的游戏种类并不十分丰富,并且局限于斗鸡、走狗等简单游戏形式;汉魏时期游戏形式在继承先秦的部分传统之上发展出了影响巨大的流行于统治阶级的官家游戏,如蹴鞠、棋戏等;唐宋时期被认为是游戏发展最为繁盛的阶段,例如马球、步打等新型游戏层出不穷;至于明清时期,伴随着封建社会的逐渐没落,游戏并无许多创新性发展,但棋牌类游戏却日渐兴盛。总体来说古代传统游戏包括角力、竞技、斗智、猜射、博戏等类型。

发展到电子媒介时代,从对第一款电子游戏诞生时间的界定起,学界就已经出现分歧。有学者认为,1958年,美国国家实验室推出世界上第一个电子游戏,人类由此开始进入利用电子设备进行游戏的崭新阶段。[③]另有学者认为,1961年,世界上第一款电子游戏《宇宙战争》诞生于美国,在大学内广泛流传。[④]邓剑指出,我国最早有据可查的关于电子游戏的记载来自1977年1月29日《电子计算机动态》所刊登刘秀月翻译Margaret K.Butler的文章《计算机展望》,这意味着中国人最迟应于1977年耳闻了电子游戏这一科技产品。[⑤]以电脑、网络等为依托的游戏均是电子游戏的一种,某项游戏发展到一定程度之后,再伴随资本进入,就会呈现一定的产业样态。不同于日本、美国等国家电子游戏发展的先声夺人,国内的电子游戏相关研究在20世纪末21世纪初才开始崭露头角,这更要求我们迎头赶上,在游戏产业不断扩大市场的同时搭上游戏传播的顺风车,借助游戏的文化传播功能助力中国文化顺利出海。

（二）研究文本检索设计

利用知网的高级检索功能,将关键词设定为游戏,并将发表时间限制在2020

---

① [荷]赫伊津哈:《游戏的人:文化中游戏成分的研究》,何道宽译,广州:花城出版社,2017年,第127页。
② 蔡丰明:《游戏史》,上海:上海文艺出版社,2007年,第4页。
③ 王蔚,史建婷:《电子游戏的分类与发展》,《北京观察》,2003年第4期,第47页。
④ 安平:《传统游戏与电子游戏》,《科技信息》,2010年第11期,第481、462页。
⑤ 邓剑:《中国当代游戏史述源——以20世纪的游戏纸媒为线索》,《新闻界》,2019年第3期,第70—79页。

年 1 月 1 日至 2020 年 12 月 31 日之间，在总库中仅选择中文文献并且将文献学科限制为新闻与传播，共得到 455 条结果。通过对 455 条文献结果进行浏览分析，大部分文献主要研究内容为电影、广告、视频等或美学等方面，如《布歇的换装游戏："欧罗巴"是怎样诞生的？——中国美人图与弗朗索瓦·布歇的女神形象再思》①一文虽然因题目中有游戏一词被抓取，但其实际为对于中国艺术形象对法国历史画中女性形象的研究分析，与本文研究内容相差较大。所以在以"游戏"为关键词抓取的基础上，通过对内容的简要分析，笔者共筛选出 120 篇游戏研究文章，并按其研究内容进行如下分类，本文的综述研究也建立在此 120 篇文本之上。

表 1：2020 年"游戏"研究分类表

主题	次主题	关键词	篇数	总计
游戏与文化传播		文化传播、传统文化、游戏文化	30	35
		功能游戏、严肃游戏	3	
		国风游戏	2	
游戏与中国元素		场景、建筑、纹样、水墨画	22	22
游戏与技术发展	新闻游戏	叙事、议程设置、技术变革	16	20
	游戏+	云游戏、健康传播、游戏劳工	4	
游戏中的参与者	玩家	用户视角、受众研究、社群	15	18
	主播	网络主播、游戏主播、女性	3	
游戏话语与认知	话语分析	话语传播、游戏符号、游戏语言	6	9
	媒介建构	主流媒体、《光明日报》、《人民日报》	3	
游戏监管与治理		新媒介治理、产业监管	4	4
游戏教育问题		游戏叙事、儿童益智游戏	4	4
游戏市场发展		行业分析、国际传播	8	8
总计				120

二、文化与传统：现代游戏与历史元素的跨媒介交流

2014 年，国务院通过推进文化创意和设计服务与相关产业融合发展的政策，游戏产业作为其中环节必定得到扶持，继上海将被全力打造为"电竞之都"后，2019 年，北京市委宣传部也发布意见，鼓励推进北京游戏行业健康发展。在游戏被界定为文化产业的一部分之后，游戏与文化的关系已然密不可分，游戏的发展必然伴随着文化的随时传播，游戏也将在文化传播的成功与否当中发挥一定作用。

① 李军：《布歇的换装游戏："欧罗巴"是怎样诞生的？——中国美人图与弗朗索瓦·布歇的女神形象再思》，《艺术设计研究》，2020 年第 3 期，第 79—96 页。

（一）类型游戏的不同文化结合方式

1.功能游戏的教育功能

关于游戏对中国传统文化的作用研究方面，功能游戏是一些学者较为认同的游戏模式。2018年，功能游戏概念被文旅部提出。功能游戏是严肃游戏或应用性游戏，主要功能诉求在于解决当前社会和行业的现实问题。[①] 关于功能游戏的研究，学者也多采用游戏个案分析，程露指出游戏《佳期：团圆》是通过色彩、传统习俗等社会环境建构，通过传构筑起传统文化世界来帮助参与者学习传统文化；[②]《尼山萨满》则将音乐艺术和满族文化、剪纸文化相结合，对保护和传承北方少数民族文化具有积极的社会意义。[③] 赵素磊等从非物质文化遗产角度出发，具体研究了土族盘绣与功能游戏的结合应用，[④] 也有研究者关注文化习俗领域，如魏诗雅等认为可以通过游戏实现对于二十四节气传统习俗的发扬传承。[⑤] 此外，还有学者关注功能游戏在博物馆服务中的效果，认为博物馆作为文化旅游市场不可或缺的一部分，要想真正在传播中华文化方面有所作为，功能游戏或许能为其助力。韩旭研究国家典籍博物馆推出的主题实景解谜游戏——"古籍保卫局"之"山海社的宝藏"中包括游戏目标、游戏规则等要素，认为此类游戏以全新的角度呈现丰富的典籍知识与厚重的历史文化，有利于提高公众对相关文化知识的兴趣。[⑥] 张晴通过分析VR皮影戏"田忌赛马"成功实践的经验，提出将优秀的传统文化艺术进行"数字化转换"是艺术与科学紧密合作的新兴探索渠道，也是目前对非物质文化遗产最有效的保护途径。[⑦]

2.古风游戏的美学意蕴

对于被认为是传统文化＋电子游戏的代表之一的古风游戏，其设计必定需要从古典文化中吸取借鉴灵感。周泽民通过《绘真·妙笔千山》的美术设计分析其

① 喻国明：《从网络游戏到功能游戏：正向社会价值的开启》，《理论视野》，2018年第5期，第25—27页。

② 程露：《从中国传统美学和视觉文化视角看功能游戏的社会意义——以〈佳期：团圆〉为例》，《传媒论坛》，2020年第2期，第132—133页。

③ 荆丽娜，王海峰：《功能游戏的文化价值与交互设计——以〈尼山萨满〉为例》，《通化师范学院学报》，2020第11期，第1—7页。

④ 赵素磊，王乐，张乻，崔晓：《基于非物质文化遗产传播的严肃游戏设计研究——以土族盘绣为例》，《决策探索》（下），2020年第9期，第24—25页。

⑤ 魏诗雅，李子乐，孟馨，陶金洲，张恒博：《借助游戏传播二十四节气的研究》，《传播与版权》，2020年第9期，第148—150页。

⑥ 韩旭：《文旅融合背景下博物馆功能游戏开发探析——以国家典籍博物馆"古籍保卫局"之"山海社的宝藏"为例》，《科学教育与博物馆》，2020年第4期，第292—295页。

⑦ 张晴：《中国博物馆在展览中运用虚拟现实技术的互动表达与语言转化——以VR皮影游戏"田忌赛马"的开发与应用为例》，《中国博物馆》，2020第2期，第121—126页。

对于中国国画的继承以及其游戏音乐对中国古典音乐的融合。①何扬认为潜藏进游戏机制中的游戏叙事对于其传承传统文化有很大作用。将传统文化意象与精神融入游戏的设计中，通过角色叙事与技术叙事呈现后，并赋予玩家既定范围内的能动性，会使其在角色认同基础上进一步产生文化认同。②张少轩通过对移动端游戏《江南百景图》中人物设定、地点选择、建筑设计等的研究，认为其作为传统文化传播的媒介，不仅具备传播江南文化的作用，还可以成为展览江南地区历史、民俗、人物的窗口。③

3. 传统游戏的再研究

此外，还有为数不多但极具价值的对传统游戏的研究。柳逢霖研究中国民间传统游戏，分析了我国现今小说、动漫、影视、电子游戏设计等方面对民间传统游戏的植入发展，并与日韩地区做对比，认为目前我国流行文化作品对于本土民俗游戏的融合，仍旧显得单薄、生硬，并且未意识到本土民俗文化的重要性。④陈月华等以岩画、崖画等我国早期图画遗存入手，通过对其中所展示的特殊意象的分析，研究了包括石球狩猎游戏、集体训练游戏、组合式杂技游戏、舞蹈祭祀类游戏在内的原始游戏，并指出这些游戏进行过程中需要的团结、规则、平等自由等素质在成员价值观塑造方面发挥了独一无二的作用，并且帮助种族得以顺利繁衍生息。⑤王丹等对 1949 至 2019 年间的民间游戏研究进行整体综述，认为我国民间游戏研究方面的核心成果并不算丰富，更需要跨学科融合研究。⑥严鑫关注古代孩童的"骑竹马"游戏，通过对古代文献中的竹马游戏记载再到对现存各文物中的竹马游戏图像分析，认为中国古代的竹马游戏不仅是一种简单的游戏活动，而且从中也表现出了极为丰富的历史文化内涵与审美。⑦竹马的内涵已经超越了单纯的儿童游戏范畴，成为包含童年记忆、友情、对于飞行的想象等意象的代表，此外还含有独特的政治意味并成为德政的象征。关于游戏在政治领域的作用，还有学者通过研究玩具与儿童的关系加以证实。朱厚焜认为儿童不仅在游戏中发展自

---

① 周泽民：《网络游戏〈绘真·妙笔千山〉对民族文化的解读与传播》，《新媒体研究》，2020 年第 12 期，第 95—96 页。

② 何扬：《国风网络游戏的传统文化叙事研究》，硕士学位论文，山西大学，2020 年。

③ 张少轩：《移动端游戏中的传统文化传播研究——以〈江南百景图〉为例》，《新媒体研究》，2020 年第 23 期，第 34—36 页。

④ 柳逢霖：《我国民间游戏文化的后现代发展》，《沈阳师范大学学报》（社会科学版），2020 年第 1 期，第 117—122 页。

⑤ 陈月华，潘沪生：《从图案化影像遗存探析我国原始游戏活动中的价值观塑造传播》，《现代传播》（中国传媒大学学报），2020 年第 9 期，第 16—21 页。

⑥ 王丹，王祺：《追寻游戏生活的真谛——中国民间游戏研究的成就与启示》，《长江大学学报》（社会科学版），2020 年第 3 期，第 26—31 页。

⑦ 严鑫：《中国竹马游戏图像研究》，硕士学位论文，南京艺术学院，2020 年。

己的人际关系，也在玩具中形成对世界的认知。并且通过对 1927 年至 1937 年之间《申报》上关于玩具的叙述论证知识分子通过宣传玩具中的"科学性"与"民族性"塑造了儿童"国民性"。① 为数不多的对传统游戏的研究也提醒我们对游戏的关注不应只局限于电子游戏等新型游戏领域，对从传统游戏形式的分析也能够帮助我们发掘游戏文明史的同时拥有研究游戏发展的新角度。

（二）从设计端延展的中国元素运用

在中国元素在游戏中的运用方面，部分文章均由工程设计或工业设计方面研究者所作，其视角定位为游戏设计人员，这也反映出从游戏研发设计阶段，如何将中国传统文化更好融入游戏之中就已经被重视。汪婉莹致力于将广府早茶文化与游戏相结合，以减轻顾客排队等位时的焦虑与无聊。② 其中涉及休闲游戏可具备的轻量性与教育性特点，侧面反映出不同的游戏种类所适应场景的区别。王宇将青铜器兽面纹应用进游戏场景设计，认为兽面纹所具有的丰富的历史内涵与独特的审美价值能够在帮助提升游戏品质的同时拓宽兽面纹纹饰文化的宣传渠道。③ 张东鸣关注中国神怪文化，针对多数人对本国妖怪文化体系认识不足的现象，通过对《山海经》中的妖怪形象归纳分析，从"如何将现代新兴游戏设计与古老传统妖怪文化相结合进行创新设计并达到一定的文化传播效果"角度进行了具体的游戏角色设计。④ 狄凯悦则聚焦于以儒家思想为主要思想，以春秋战国时期其他诸子百家思想为辅的华夏文化，从上古神话中汲取灵感，利用上古时期文化元素进行二维游戏设计。⑤ 王泽宇仅关注游戏主题音乐，通过对其所用古典诗词及乐器的具体分析，认为带有中国特色的游戏主题音乐在音乐和文学领域都有一定研究价值。⑥ 此中也有一定的批评意见，如梁科等认为围绕《山海经》IP 已经形成包括游戏、图书、影视在内的大量作品，但在游戏设计方面或在游戏人物背景设置上缺少对

① 朱厚焜：《作为启蒙的玩具：从玩具看近代儿童的"国民性"塑造》，硕士学位论文，暨南大学，2020 年。
② 汪婉莹：《广府早茶文化主题游戏设计研究》，硕士学位论文，广东工业大学，2020 年。
③ 王宇：《青铜器兽面纹在手机游戏场景设计中的应用研究》，硕士学位论文，南京信息工程大学，2020 年。
④ 张冬鸣：《基于〈山海经〉妖怪文化的游戏美术设计研究与创作》，硕士学位论文，广东工业大学，2020 年。
⑤ 狄凯悦：《基于华夏上古神话元素的二维游戏创意实践研究，硕士学位论文，西北大学，2020 年。
⑥ 王泽宇：《浅析中国特色游戏主题音乐——以〈仙剑〉为例》，《当代音乐》，2020 年第 2 期，第 145—147 页。

《山海经》文本内容的挖掘，或在画风上与中国传统文化风格有违而被诟病。[①]

　　黄常春、方春莲、刘萃等学者都关注中国传统建筑文化在游戏场景中的应用。黄常春认为我国游戏设计应该摆脱长期跟在欧美日韩等国家后面亦步亦趋的情况，可以从中国古代建筑之中提取场景设计元素，走游戏设计的民族之路。[②]方春莲通过对游戏场景中对于中国古代建筑与园林艺术元素的应用分析，认为民族元素在增加游戏民族特色的同时，也使其发挥了文化载体作用。[③]陈颖旭、陈欢等学者则将目光放在中国水墨画与游戏设计的关联之上。陈颖旭认为将中国水墨画元素引入游戏设计之中，无论是在对意境氛围的把控还是视觉效果的艺术性方面，都能在激发新的游戏风格的同时展示中国特色文化。[④]陈欢则肯定了作为向玩家传达游戏文化属性的重要手段和载体的游戏美术的重要性，认为水墨艺术元素的应用在能给玩家带来更好的游戏体验的同时弘扬了传统文化及价值观。[⑤]余晟文通过对二维横版动作游戏《都广裔迹录》的场景设计研究，指出传统山水画内涵承载的是中国传统文化中的悠远意境，将其运用至游戏中有十分重要的意义。[⑥]另外也有学者关注中国传统纹样在游戏网页以及游戏原画中的设计应用。

（三）《王者荣耀》中的传统文化蕴含

　　对于游戏与传统文化传承方面的研究，具体的游戏个案分析较多被使用，其中王者荣耀被提及频率较高，这或与该游戏中所涉及近百位游戏人物绝大部分来自中国传统故事或历史人物有关。近年来，《王者荣耀》一直在与有关政府部门合作开展一系列文化活动，2020 年，《王者荣耀》以游戏文化为中心推出荣耀中国节系列文创活动，今年则与中国民俗协会携手共创荣耀中国节，旨在传承中国传统节日文化。在对《王者荣耀》文化传播的研究中，刘康指出，《王者荣耀》游戏中的许多元素均带有中国传统文化印记，整个游戏构架以中华传统文化为精神内

[①]　梁科，邢琳琳：《浅析近 20 年"山海经"文化产业之发展：以图书、影视、游戏为例》，《楚雄师范学院学报》，2020 年第 5 期，第 92—101 页。

[②]　黄常春：《论中国传统建筑元素在游戏场景设计中的应用》，《今传媒》，2020 年第 7 期，第 126—128 页。

[③]　方春莲：《中国传统建筑和园林艺术在游戏场景设计中的运用》，《明日风尚》，2020 第 13 期，第 3—4 页。

[④]　陈颖旭：《浅析中国水墨画风格在游戏美术设计中的应用》，《文艺生活》（艺术中国），2020 年第 8 期，第 129 页。

[⑤]　陈欢：《水墨艺术元素在游戏设计中的应用研究》，《美与时代》（上），2020 年第 11 期，第 103—105 页。

[⑥]　余晟文：《中国传统山水画在二维横版游戏场景设计中的应用初探——以游戏〈都广裔迹录〉为例》，《今古文创》，2020 年第 40 期，第 75—76 页。

核进行角色、故事创作和活动设计①,并从王者荣耀融合传统文化、注重社交文化、打造竞技文化几方面入手,分析其游戏文化的塑造与传播。在关于王者荣耀的具体内容研究中,唐珊珊从游戏人物台词及游戏配乐方面分析,认为游戏中使用的包括二胡、尺八、笙、琵琶、古筝等多种中国传统乐器配乐有助于民族乐器和民族音乐的传承和发展。②牟宪勇等在游戏本身设计之外还聚焦于《王者荣耀》打造的一系列节目以及文创产品,进而形成了独特的品牌 IP。③聂韬在研究《王者荣耀》角色塑造时认为该游戏在推出后早期存在任意解构传统文化并引起主流文反感的现象,其中该游戏空间形成了亚文化与主流文化的冲突问题,文化产业的价值或许应在对传统优秀文化的传承、文化资源的保护中得到主流文化和国家意识形态的认可,④直接点明网络游戏发展需顺应中国文化传播趋势,弘扬传统文化。邓剑经由王者荣耀分析其所属的 MOBA(Multiplayer Online Battle Arena)类游戏本质,分析其中所蕴涵竞争机制如何将玩家纳入扩建后的游戏资本主义生产体制之中,进而上升到如何从整体上扭转以过剩"竞争"为核心话语的社会意识。⑤从传统的类似于"三国杀""狼人杀"的桌游,到被认为是二次元专属的 cosplay,再发展至现今的诸如英雄联盟、王者荣耀的电子游戏,多人角色扮演类游戏也实现了由现实向虚拟的转变。

三、技术与用户:游戏参与与话语认知的互动影响

从早期依靠参与者自身作为传播媒介,到利用街机、电脑、手机等媒介工具参与游戏,游戏依赖外部媒介的变化呈现不同样态。在不断提高的媒介技术水平的加持下,随着 VR、AR 等新科技的不断发展,林蕾认为游戏拥有了更多的可能性的同时其品类也会更加丰富、普及。⑥而游戏的参与者在利用媒介介入游戏的同时通过一系列游戏行为以及在游戏中与他人及游戏本身产生的互动过程也成为游戏媒介的一部分。李俊欣结合最新爆发的新冠疫情,研究瘟疫游戏的反乌托邦建构对于游戏参与者的影响,在此意义上,游戏成为表征文化创伤、书写集体记忆

---

① 刘康:《〈王者荣耀〉游戏文化传播研究》,《新媒体研究》,2020 年第 9 期,第 103—104 页。
② 唐珊珊:《〈王者荣耀〉游戏配乐对于传统文化的传承》,《艺术大观》,2020 年第 21 期,第 8—9 页。
③ 牟宪勇,蔡绍硕:《网络游戏中的文化传承与传播——〈王者荣耀〉的文创开发解读》,《科技传播》,2020 年第 2 期,第 118—119 页。
④ 聂韬:《表现还是再现?——〈王者荣耀〉对游戏角色塑造的解构与反思》,《中外文化与文论》,2020 年第 2 期,第 207—218 页。
⑤ 邓剑:《MOBA 游戏批判——从"游戏乌托邦"到"游戏梦工厂"的文化变奏》,《探索与争鸣》,2020 年第 11 期,第 169—176、180 页。
⑥ 林蕾:《中国游戏产业发展与潜力分析》,《市场研究》,2020 年第 5 期,第 65—69 页。

的场所，并且通过对诸多现实问题的隐喻和投射，帮助人类解决问题与自我拯救。[①]
游戏参与者被游戏影响，进而通过游戏参与过程影响游戏。

（一）媒介新载体下的游戏创新

根据麦克卢汉的观点，游戏本身就是一种媒介，其必然会受到媒介技术的影响。在此前提基础下，尚国强从媒介技术角度对游戏载体的发展进行了整体梳理，主要分析利用最新媒介载体传播的电子游戏，并分析了包括"云玩家"在内的游戏受众以及游戏玩家的游戏消费心理，落脚点在于电子游戏文化的变迁以及对电子游戏发展的反思与建议。[②]惠阳从虚拟现实技术层面论证网络游戏界面设计对于传播传统文化的可行性，并且利用眼动仪进行实际实验，认为中国传统文化融入网络游戏进行传承和发展，具有很强的可行性与操作性。[③]

1.新闻游戏的双面效果

作为近年来的新兴潮流，2003 年由乌拉圭游戏设计师恭扎罗·弗拉斯卡（Gonzalo Frasca）提出的"新闻游戏"一直被研究者关注。从相关研究数量方面可以发现新闻游戏因将新闻与游戏结合研究，并且具有很强的实用价值，受到包括新闻从业者在内的多领域研究者关注。陆茜等肯定了新闻游戏在扩宽新闻从业人员思路、探索新闻呈现形势方面的价值。[④]袁喆认为新闻游戏化完成了对传统新闻的解构与重构，这是媒介融合背景下新闻互动化的趋势。[⑤]王海燕则在此基础上呼吁新闻媒体正视新闻游戏的价值，利用新闻与游戏的最佳融合点反向促进媒体融合纵深发展。[⑥]周景从游戏本身的媒介特性、市场与用户需求、新闻媒介自身发展以及技术推动几方面分析，并通过不同形式的新闻游戏案例，对新闻游戏的发展情况进行了反思与应用建议。[⑦]敖翠莲从比较分析入手，通过对中外新闻游戏发展情况的异同介绍，希望为中国本土新闻游戏发展提供可行性建议。[⑧]有学者从具体的新闻游戏案例出发，试图厘清其在新闻传达方面的正负效应。岳小玲通过对关

① 李俊欣：《瘟疫游戏：反乌托邦叙述与创伤表征》，《新闻界》，2020 第 9 期，第 65—72 页。
② 尚国强：《新媒介技术环境下中国电子游戏文化研究》，硕士学位论文，吉林大学，2020 年。
③ 惠阳：《中国传统文化影响下的网络游戏虚拟现实界面设计——从艺术特性和审美体验角度浅析》，《新西部》，2020 年第 Z2 期，第 101—103 页。
④ 陆茜，刘冰：《新闻游戏：新闻与游戏共生的可能性》，《青年记者》，2020 年第 33 期，第 31—32 页。
⑤ 袁喆：《浅谈媒介游戏化特征对传统新闻的解构》，《东南传播》，2020 年第 8 期，第 14—16 页。
⑥ 王海燕：《新闻游戏：媒体融合推动下的新闻形式创新》，《传媒》，2020 年第 7 期，第 63—65 页。
⑦ 周景：《游戏化在新闻报道中的应用与反思》，硕士学位论文，安徽大学，2020 年。
⑧ 敖翠莲：《中国本土新闻游戏研究》，硕士学位论文，重庆工商大学，2020 年。

于叙利亚战争的文字冒险游戏 *Bury Me, My Love* 的分析认为应当鼓励新闻游戏的发展，发掘其新的融合可能性。[①] 贺玲玲等研究了《人民日报》近几年来引起现象级传播的新闻游戏作品，其涉及的均为包括两会等在内的重大新闻事件，并且均作为事件长期报道中的一环而非孤立存在，能够通过对事件系列报道起到吸引关注、帮助理解等补偿性作用，进而认为兼具互动性与趣味性的新闻游戏在舆论引导及传播价值观方面是可行的。[②] 崔乃文则以《人民日报》与人民网推出的"家国梦"系列融媒体作品为研究样本，从中探索利用游戏性传播使新闻作品更有吸引力的可能性。[③] 沈峥嵘进一步将新闻游戏的研究提升至国际传播高度，认为新闻游戏依托新技术的赋能，能够在潜移默化中输出和传递本国意识形态和主流价值观念，并通过沉浸式融入和逼真的场景叙述在国际话语竞争中取得优势。[④]

从学者研究来看，在肯定新闻游戏的创新性的同时，对其伦理道德等方面问题的质疑也一直伴随出现。吴洪霞、宋凌宇等学者从具体的传播学理论角度分析新闻游戏，吴洪霞以议程设置为立足点，认为新闻游戏虽然打破了传统新闻自上而下的议程设置并且讲求双向互动，且内容轻松易接受，但仍有削弱传播目的、缺乏专业性等问题影响到媒体新闻议程设置功能。[⑤] 宋凌宇从戏剧主义观出发研究新闻游戏中的修辞，提出新闻游戏的本质仍是新闻，而不是游戏归类，其最终目标是传达信息、告知信息与阐释信息。[⑥] 兰靖在肯定新闻游戏扩大受众接触面，提供沉浸式互动体验的同时指出其时效性差、隐含伦理问题等问题，这些问题在其他学者关于新闻游戏的研究中也多有提及。[⑦] 陈一奔在分析了包括数据新闻、新闻游戏等在内的几种新闻游戏化表达的趋势之后提醒我们要避免乐观主义的憧憬，并认为其在新闻表达、时间成本、媒体融合、场景沉浸等方面都存在问题，把握

---

① 岳小玲：《新闻游戏的存在价值与问题反思——以 *Bury Me, My Love* 为例》，《传媒》，2020 年第 19 期，第 62—64 页。

② 贺玲玲，朱爱敏：《发挥补偿性功能，传播主流价值观——以人民日报新闻游戏系列作品为例》，《采写编》，2020 年第 5 期，第 46—48、60 页。

③ 崔乃文：《重大主题宣传报道的游戏性传播应用及启示》，《中国出版》，2020 年第 15 期，第 38—41 页。

④ 沈峥嵘，王瑜婷：《新闻游戏，沉浸式交互中构建国际传播新路径》，《传媒观察》，2020 年第 11 期，第 81—87 页。

⑤ 吴洪霞：《从议程设置角度看融合新闻中"新闻游戏"的特点》，《中国广播》，2020 年第 3 期，第 44—47 页。

⑥ 宋凌宇，黄文虎，李文文：《三度区隔：戏剧主义中新闻游戏的修辞性探究》，《东南传播》，2020 年第 3 期，第 33—35 页。

⑦ 兰靖：《融媒体环境下"新闻游戏"的现状与困惑》，《传媒论坛》，2020 年第 6 期，第 158—159 页。

新闻生产的核心而非技术崇拜才是重中之重。[1]

2. 关于健康的"游戏＋"领域

继"新闻游戏化"之后，又有学者从劳动视角审视游戏并提出"劳动游戏化"，将游戏视为劳动的研究思路近几年被越来越多人提及。袁潇从青少年游戏玩家作为"游戏劳工"的非物质文化劳动，认为数字经济的商业逻辑使得青少年自身及其技术使用行为、个体情感、社交关系被劳动化与商品化。[2]胡骞等在研究游戏与劳动的关系时对游戏的定义显然不仅局限于普通意义上的娱乐游戏，而是在"玩劳动"的研究基础上将游戏内涵扩展至包括社交媒体使用在内的一系列无偿劳动。在他看来，游戏暗含的"强制"与"同意"共存逻辑、以及实际作为"劳动"的表征，正在将资本主义的剥削以隐蔽的形式延伸与强化。[3]在此基础上，游戏与健康的关系又被提及，如何应对游戏与健康问题的关系以及实现游戏传播与健康传播的结合被学者注意。姜海等通过对游戏成瘾的生理与心理机制研究之后，认为以健康传播的视角研究游戏，能够进一步发展游戏中的正向相关性。[4]与之相促进，武晓立在分析游戏化作为各场景中的发展工具被使用的可行性之后，认为以游戏化思维应对健康传播能够有效地促进和改善人们的健康行为。[5]

（二）介入或观看的游戏参与者

麦克卢汉说过："游戏是一架机器，只有游戏的人一致同意当一阵傀儡，这架机器才能运转。[6]无论依赖何种媒介，游戏参与者之间总有心照不宣的某种默契使得游戏进程得以持续。周思妤根据《电子游戏之梦》（*The PlayStation Dreamworld*）中的文化批评研究展开游戏批评，本质上还是围绕游戏玩家，分析电子游戏在重塑玩家欲望以及塑造享受上的致命吸引力。[7]对于游戏玩家中社群的形成，以及用户间的虚拟交往问题也有较多学者关注，其中互动仪式视角也较多为学者使用。

---

[1]　陈一奔：《模式与内核：技术变革情境下游戏式新闻表达的反思》，《Remix 教育·科教望潮·2020 Remix 教育大会论文集》，北京，2020 年 9 月。

[2]　袁潇：《数字劳工：移动游戏中青少年玩家的非物质劳动研究》，《当代传播》，2020 年第 5 期，第 105—107 页。

[3]　胡骞，吴鼎铭：《"玩"何以成为劳动——以游戏（play）之名耦合资本主义的商业逻辑》，《传媒观察》，2020 年第 8 期，第 86—93 页。

[4]　姜海，沈珺：《"游戏成瘾"与健康性应对——兼论健康传播在游戏中的适应性》，《北京理工大学学报》（社会科学版），2020 年第 1 期，第 157—163 页。

[5]　武晓立：《游戏化思维在健康传播中的应用》，《青年记者》，2020 第 36 期，第 38—39 页。

[6]　曹明明：《手机游戏〈王者荣耀〉的文化创新和营销策略研究》，硕士学位论文，兰州大学，2020 年。

[7]　周思妤：《〈电子游戏之梦〉：电子游戏研究的文化批评实践》，《中国图书评论》，2020 年第 12 期，第 79—87 页。

倪洋在社群基础上关注于游戏中的情感传播与群体认同，将基于虚拟空间共同在场下的游戏群体间的互动视为完整的仪式互动过程，认为游戏中的情感交往也会在玩家的现实生活中起到积极的促进作用。[①]崔正昊、冯杨帆等学者均以《王者荣耀》作研究游戏样本，认为任何互动行为的实质都是情感传播的过程，如何使玩家在游戏中得到的积极情感体验能够与现实生活形成良性循环并形成积极的社会作用是各方应该努力的方向。崔正昊认为以游戏为纽带形成的趣缘传播群体能够帮助参与游戏的个体形成游戏认同，并且反向为个体带来或积极或消极的影响。[②]冯杨帆认为游戏社群成员通过虚拟在场，在虚拟社群的仪式互动链中进行互动仪式——情感/情感能量——符号/符号资本——互动仪式的循环，帮助进行社群运营。[③]万杰专注于研究多人在线游戏中的用户社交互动行为，在该学者的研究中，游戏世界被认为是一个具体的社会空间，在其中用户间能够发展出纯粹基于游戏的互动、日常交流、脱离游戏的交往等多重关系模式，对于这种流动的社群关系研究能够帮助我们更深入玩家的内心世界。[④]刘晓燕等使用模型假设的方式研究玩家自我个性以及游戏中用户呈现的关系，认为二者存在明显相关性。[⑤]陆正兰等在对游戏玩家从"理性的人"到"游戏的人"发展过程的研究中提到，从康德、席勒作为审美的游戏，到麦克卢汉、斯蒂芬森的游戏媒介观，再到数字时代的游戏控制论，游戏的意义经历了从最初的快乐玩耍，到发挥社会功用，再到产生负面异化效应的过程，在此过程中，技术与文化也在同时演进。[⑥]李爽根据从传统游戏时代到电子游戏时代文化模式的不同，将虚拟文化视为现今普遍化的网络游戏中用户交往的背景，呼吁在游戏领域也要在文化理性的基础上建构相应的交往理性。[⑦]

作为游戏玩家中的特殊类别，部分人热衷于游戏直播的观看，此类人群可能并非深度游戏体验用户，但很有可能是游戏直播的忠实观看者。冯佳宇从用户视角出发研究游戏直播对用户群体的吸引，认为游戏直播在满足用户追求刺激性、

① 倪洋：《互动仪式视角下网络游戏社群的情感传播机制研究》，硕士学位论文，苏州大学，2020 年。

② 崔正昊：《基于〈王者荣耀〉的网络游戏趣缘传播中的群体认同研究》，硕士学位论文，浙江传媒学院，2020 年。

③ 冯扬帆：《虚拟在场：网络游戏虚拟社群的互动研究》，硕士学位论文，西南大学，2020 年。

④ 万杰：《边界交融：社交互动中的多人在线游戏玩家关系》，硕士学位论文，南京大学，2020 年。

⑤ 刘晓燕，王胤琦：《玩家的个性与自我呈现：游戏动机的中介作用》，《东南传播》，2020 年第 6 期，第 120—124 页。

⑥ 陆正兰，李俊欣：《从"理性的人"到"游戏的人"：游戏的意义理论研究》，《江西师范大学学报》（哲学社会科学版），2020 第 5 期，第 59—65 页。

⑦ 李爽：《虚拟文化下的人际交往》，硕士学位论文，中国科学技术大学，2020 年。

娱乐性的情感需求的同时，又通过弹幕实时交流、比赛仪式观等方式满足了用户的社交需求。① 也有学者将目光对准游戏主播，并且一些学者重点关注其中的女性主播群体。

（三）玩家或媒体建构的游戏话语

在涉及游戏话语的研究方面，有学者关注游戏本身的话语设置，通过解读游戏语言设定等方面分析其隐喻的表征，有学者关注玩家在游戏里外进行的话语沟通特点。在游戏话语研究方面，学者多采用具体的游戏个案分析，王超以网络游戏语言的产生为背景，通过对《王者荣耀》中包括词汇构成在内的语言分析，认为网络游戏语言的规范化问题需得到关注。② 杨向荣等通过"狼人杀"游戏的话语解读，认为存在于"狼人杀"游戏中的话语较量隐喻了复杂的权利关系，玩家通过游戏中的话语表征和交换，进行逻辑判断、身份建构和权力话语的争夺。③ 有学者从符号学角度出发解读游戏话语，宗争指出游戏是也必须被视为符号文本，其核心是由游戏规则构建的符号系统，游戏符号学的研究方向需要被发展与继承。④ 樊世红认为游戏通过文字语言、图像编码、语音信息等非暴力符号形成隐形暴力，而规避此种符号暴力带来的负面影响需要系统、玩家与政府的共同反思。⑤ 另外也有学者研究游戏玩家在外界对游戏用户的话语构建中的主动抗争过程。谭晓露以"家长怒进游戏群控诉"事件为契机，研究游戏玩家在对其污名化表述过程中所作的反污名化抗争，并认为因玩家自身认知层面上的矛盾性以及难以构建的身份认同使得该进程仍有相当的局限性。⑥ 上述研究中的玩家均在话语建构方面有一定主动性，可以通过一定的能动过程影响游戏话语的发展方向，而媒体报道中对于游戏或游戏玩家的形象建构则趋近于压倒性的强力话语。

对游戏的认知离不开媒体报道，在主流媒体的话语体系当中游戏呈现的样态如何也受各学者关注。尤砺锋等通过对《光明日报》2000 年以来对游戏的 223 篇报道文本进行话语分析，提出了了解—担忧—去污名化—新一轮的担忧的报道框

---

① 冯佳宇：《"看游戏的人"：用户视角下的游戏直播》，《新闻知识》，2020 年第 3 期，第 49—51 页。
② 王超：《网络游戏语言研究——以〈王者荣耀〉为例》，《汉字文化》，2020 年第 1 期，第 100—102 页。
③ 杨向荣，贾梦圆：《话语传播中的权力建构及其反思——"狼人杀"游戏的话语解读》，《传媒观察》，2020 年第 12 期，第 43—48 页。
④ 宗争：《游戏符号学的意义与价值》，《符号与传媒》，2020 年第 2 期，第 128—140 页。
⑤ 樊世红：《网络游戏中的"符号暴力"研究》，硕士学位论文，郑州大学，2020 年。
⑥ 谭晓露：《中国游戏玩家的反污名话语实践研究》，硕士学位论文，浙江大学，2020 年。

架，其中不难发现游戏逐渐融入主流社会并被接纳的过程。①张航分析了1982至2019年间《人民日报》的游戏报道，认为其报道遵循时代背景分别呈现为不同框架，并受各时代占主导地位的权力因素的制约完成了"电子可卡因"形象到"经济增长点"趋势的新闻话语构建。②郜颖以2014至2019年间《人民日报》和《中国青年报》微信公众号上的网络游戏报道作为内容分析样本，认为两家媒体上负面报道占多数，并通过影响青年人的游戏认知引发其避免长时间接触游戏、选择更健康的游戏方式等行为改变。③

四、发展与监管：势不可挡的游戏国际化传播趋势

邓剑以十年为界，将我国的电子游戏发展从二十世纪八十年代开始划分为四个时期，从早期隐伏与学习之中的游戏，到被民族主义激发的第一批国产游戏，再到关注于精神交往的"游戏乌托邦"及游戏消费主义，最后是玩家成为"游戏梦工厂"中的游戏劳工与游戏观众，中国游戏已经在资本增值的循环中越走越远。④何昶成认为游戏作为艺术形态的一种，其与"中国故事"相结合能够通过与传统文化的融合创新达到文化传承效果。⑤如何在游戏发展的资本主义浪潮中走出具有中国特色的传统文化讲述之路，或将成为一段时间内较受关注的游戏议题。

（一）前景无限的游戏市场发展

不少学者从商业领域出发，将游戏与市场发展情况相结合进行研究，此类文章多为总结性的数据统计，如成锦鸿根据国家统计局的游戏行业数据、《数字娱乐产业蓝皮书：中国游戏产业发展报告（2019）》、伽马数据和Newzoo发布的《2019全球移动游戏市场中国企业竞争力报告》等已经成型的报告，并结合国产游戏在Pocket Gamer Mobile Games Awards 2020（口袋游戏评选移动游戏奖2020）中的亮眼表现，认为中国游戏企业在中国不断扩大对外开放的市场环境中不仅有产品输出，更展示了文化自信。⑥对于中国游戏国际化，学者普遍认为应将蕴含中国文化

① 尤砺锋，陈佩佩：《主流媒体中电子游戏的媒介镜像——以〈光明日报〉游戏报道框架分析》，《中华文化与传播研究》，2020年第1期，第319—332页。
② 张航：《中国电竞游戏产业的主流媒介话语变迁》，硕士学位论文，暨南大学，2020年。
③ 郜颖：《网络游戏报道对青年人认知和行为的影响》，硕士学位论文，内蒙古大学，2020年。
④ 邓剑：《中国电子游戏文化的源流与考辨》，《上海文化》，2020年第12期，第42—51、125页。
⑤ 何昶成：《从休闲娱乐到传承创新——"中国故事"语境下中国网络游戏发展的冷思考》，《艺苑》，2020第1期，第84—87页。
⑥ 成锦鸿：《"一带一路"机遇下中国游戏出海势头强劲》，《商业观察》，2020年第1期，第90—91页。

的游戏向世界范围内传播。

（二）不能放松的游戏国际化传播

对于游戏乃至游戏研究的发展，平遥等对 2019 年进行了整体盘点，从第一部对游戏进行系统整理研究的《游戏学》的出版，再到《游戏简史》等游戏史类研究结晶的发布，结合《中国游戏产业发展报告（2019)》，中国无论是游戏行业发展还是游戏研究方面都在快速前进。[①] 对于我国游戏在国际舞台上的发展，在游戏出海势头越发强劲的当下，游戏已经被监管部门视为输出产品与文化自信的可行性渠道，并且作为可用的承载"中国故事"的国际传播媒介为文化输出服务。陈文华指出，在新的历史和技术条件支撑下，精心打磨的包含中国传统文化以及正向价值观的精品游戏可以承担传播中国文化和输出国家形象的新使命。[②] 对于我国游戏产业，研究者在承认有诸如内容监控、游戏管控等问题的同时，均对其行业展望持乐观态度。

（三）对外传播与跨文化载体使用

王紫葳通过对电竞的国际发展情况分析，认为打造中国的电竞游戏文化能够成为对外文化传播的新路径。[③] 对外文化传播本质上也是跨文化传播，柳集文认为《王者荣耀》逐渐从以传统文化为元素的手机游戏进化为现代青少年网民群体和国外游戏玩家了解中国传统文化的触点。[④] 郑珊珊研究了单机像素解密游戏《狄仁杰之锦蔷薇》（*Detective Di: The Silk Rose Murders*），指出游戏文化对跨文化传播有着非常重要的作用，通过游戏可以有效促进跨文化传播从而增进不同文化之间的交流。[⑤] 需要注意的是，此款取材于中国传统故事并且处处充满中国元素的游戏由外籍华人操刀制作，虽难免存在对传统文化的挖掘与应用深度不足的情况，但也在一定程度上反映出国内应用传统文化进行游戏制作方面的疲软态势。

多数学者都认为利用游戏为载体，无论是进行对内文化培养和还是对外文化传播，都能够起到一定效果，不少学者均提到通过游戏"讲好中国故事、传递好

---

① 平瑶，窦新光：《星星之火——2019 年中国游戏研究盘点》，《中国图书评论》，2020 年第 2 期，第 51—62 页。
② 陈文华：《游戏的产业价值和文化强国新动能》，《中国文化报》，2020 年 6 月 6 日，第 4 版。
③ 王紫葳：《国际合法性视角下中国电竞游戏文化的传播——构建"共识"背后的"破壳"输出》，《东西南北》，2020 年第 10 期，第 120—121 页。
④ 柳集文：《浅析电子游戏的跨文化传播》，《科技传播》，2020 年第 12 期，第 176—177 页。
⑤ 郑珊珊，曹玥：《中国元素在游戏中的跨文化传播浅析——以〈狄仁杰之锦蔷薇〉为例》，《新闻传播》，2020 年第 10 期，第 29—30 页。

中国声音"或是可行之道。需要引起关注的是，在对游戏传承文化的研究中，研究者虽对此方式呈正面态度，认为其能够通过虚拟世界的建构帮助玩家更好接近传统文化范畴，但此种接触也仅限于游戏所设定的世界观中，尤其在玩家能够自主决定游戏走向并自行设置游戏文化叙事的时候，由此产生的文化认同是否真正有利于传统文化观的建设则有待商榷。范兴在研究《王者荣耀》包括游戏人物设定、角色形象、台词配乐方面的传统文化嵌入之后认为，若坚持利益导向形成的文化脱嵌后的历史重构会形成"游戏"历史所带来的文化冲击和错乱。①

（四）需各方协同参与的游戏监管

为应对势不可挡的游戏发展趋势以及其带来的一系列问题，对游戏监管与治理方面的研究必不可少。儿童与游戏密不可分，并且已经成为网络游戏的重要接触群体，对儿童的游戏接触研究也被作为游戏监管领域重要的参考部分。常启云等关注游戏场景变化，通过对从新中国成立以来，从跳皮筋、丢沙包的天然游戏到街机游戏再到诸如《王者荣耀》等网络游戏的游戏形态的历时性变迁分析，认为中国儿童的游戏场景经历了从开放动态到封闭静态、从物质到虚拟、从固定到流动、从真实互动到虚拟互动、从单一到融合的转变，从这些转变中窥探儿童行为的转向，能够为应对青少年游戏成瘾等问题提供一定参考。②李涛研究乡村儿童中的游戏接触，认为"网络游戏"在乡童世界中无意识地承载了男性成人世界中如"香烟社交"一般的公共社交职能，帮助他们反抗包括"知识权威""关系权威""空间权威""时间权威"等在内的权威体系，这使得我们在解决乡村儿童的网络游戏成瘾问题时应多一分尊重意识，重新理解知识、关系、空间和时间，重塑农村教育哲学。③

在游戏及相关行业的治理监管方面的广义研究多集中在政策落实方面，冷晨曦认为动漫游戏相关的法律法规落实不到位、动漫游戏运营及分级管理仍存在问题，这使得利用网络环境迅速发展的动漫游戏的监管急需强化。④在此基础上有学者提供可行性建议，袁媛研究了我国《游戏适龄提示草案》的提出与施行，认为其作为我国游戏监管分级制度的新尝试，已显现"智慧分级"和"创新分级"的

①　范兴：《基于文化嵌入的国产网络游戏发展策略研究》，硕士学位论文，长江大学，2020年。
②　常启云，张路凯：《媒介化的游戏——从传统到现代的儿童游戏场景变迁研究》，《新闻爱好者》，2020年第10期，第18—21页。
③　李涛：《网络游戏为何流行于乡童世界——中国西部底层乡校再生产的日常研究》，《探索与争鸣》，2020年第2期，第91—98、159、161页。
④　冷晨曦：《网络生态视域下的动漫游戏传播管控体系研究》，《传播力研究》，2020年第20期，第41—42页。

雏形，制度前景十分明朗。[①]郭栋认为可以使用化解活动进行游戏治理，企业、边界组织与专家、权力机构等划界者通过扩张、驱逐、保护自主性等形式得以建构与维持治理边界的平衡。[②]

结语

纵观千百年来的人类发展史，游戏不可能被剥离出实际生活，无论是亲子间的互动游戏、朋友间的消遣游戏、抑或是工作中的放松游戏等，或许表现方式与使用媒介不同，游戏总在人类交往中发挥作用，文化的传承也会在游戏中进行。进入工业化时代，媒介快速发展的冲击性使得附着其上的游戏被视为"洪水猛兽"，游戏玩家则被视为沉迷于"电子鸦片"的瘾君子。但需要注意的是，游戏的文化传播功能并不会因其依附的媒介载体的变化而消失，区别只在于其所传递文化观念等是否为传统文化的再继承，抑或仅是快餐时代的昙花一现。面对永不消失的游戏，需要端正看待游戏的视角，采取措施使游戏尽可能为文化传播所用以避免文化的断代。现今来看，利用游戏进行国内文化培养，讲好"中国故事"的同时将故事传递给海外受众，传递出中国声音，或许是一条应对之道。

---

① 袁媛:《我国电子游戏产业监管与〈游戏适龄提示草案〉浅析》,《出版广角》,2020 年第 4 期,第 37—40 页。

② 郭栋:《新媒介治理中的划界活动探析——基于网络游戏的研究》,《编辑之友》,2020 年第 11 期,第 63—68 页。

中国礼文化传播的特点与价值诉求 *

The Characteristics and Value Pursuit of Chinese Ritual Culture Communication

张兵娟　刘佳静 **

Zhang Bingjuan　Liu Jiajing

摘　要：中国自古被誉为"礼仪之邦"，礼是我们中国文化的根本特征和标志。礼是一个完备的表意系统，也是一套完备的象征体系。一直以来，礼文化塑造并影响着我们中国人的关系往来和人际沟通，建构了我们独特的交流方式和话语体系。首先，礼文化以祖先崇拜为根基，注重血缘关系和家族宗室，产生了礼文化的亲情传播特点。在礼文化中，治家与治国融为一体，追求家国同构、荣辱与共。其次，礼文化强调君子人格，将"君子"作为道德楷模，修身成就示范传播，从而成就"内圣外王"。并且，礼文化渗透到人伦关系中，建构人与人之间的情感和行为的互动，表达了德礼一体的价值诉求。再者，礼指导着人们"修身、齐家、治国、平天下"的实践活动，努力营造"天下大同"的美好愿景。

Abstract: China has been known as "the nation of etiquette" since ancient times. Ritual is the fundamental feature and symbol of Chinese culture. Ritual has a complete expression system and a symbolic system. For a long time, ritual culture has shaped and influenced the relationship and interpersonal communication of Chinese, which constructed our special way of communication and discourse. Firstly, ritual culture is based on ancestor worship. The core of ritual culture is blood relationship and family lineage, which forms

---

 * 项目基金：2016 年国家社科基金项目"中国礼文化传播与认同建构研究"（项目编号 16BXW044，已结项）。2017 年度河南省高校哲学社会科学基础研究重大项目"河南北宋礼文化传播及当代价值研究"（项目编号 2017-JCZD-002）。

 ** 作者简介：张兵娟（1963—），女，郑州大学新闻学院教授、博士生导师；刘佳静（1991—），女，中国人民大学新闻学院博士生。

the characteristics of family affection communication. In the thought of ritual culture, administering the family and governing the country are integrated. The same structure of family and country, sharing weal and woe are regarded as the pursuit goal. Secondly, the ritual culture emphasizes the personality of the gentleman. It takes the "gentleman" as a moral model. Demonstration communication of ritual culture is through cultivate one's moral character. Thirdly, ritual culture infiltrates into ethical relations, constructs the interaction of emotion and behavior between people, and expresses the value demand of the integration of morality and ritual. Finally, Ritual guides people's practical activities of "self-cultivation, family administration, country government and world peace". It tries to build a beautiful vision of "harmonious society".

关键词：礼文化；表意；象征；传播特点；价值

Keywords: Ritual culture; Expressing connotation; Communication characteristics; Symbolization; Values

人类不同的文化有不同的显著特征，我们能够根据这些特征将不同的文化归纳为不同的结构和模式。中国自古被誉为"礼仪之邦"，礼是我们中国文化的特征和标志，形成了以"礼"为核心的文化心理结构和文化模式。"'礼'在中国，乃是一个独特的概念，为其他任何民族所无。其他民族之'礼'一般不出礼俗、礼仪、礼貌的范围。而中国之礼则与政治、法律、宗教、思想、哲学、习俗、文学、艺术，乃至经济、军事，无不结为一个整体，为中国物质文化和精神文化之总名。"①

邹昌林学者提出，礼是一个完备的表意系统，成为传授经验、交流感情、储存信息的工具②。陈来学者认为："周代是以礼仪即一套象征意义的行为及程式结构来规范、调整个人与他人、宗教、群体的关系，并由此使得交往关系'文'化，和社会生活高度仪式化。"③如此看来，"礼"还是一套完备的象征体系，"从具体的方面来说，不同的礼仪有不同的所指，但从整体上来看，礼所具有的意义又是一致的：象征着社会，象征着社会的等级秩序"④。

文化理论研究的学者们认为，文化与人是一个互为建构的过程。人们"编织

① 邹昌林：《中国礼文化》，北京：社会科学文献出版社，2000年，第14页。
② 邹昌林：《中国礼文化》，第51页。
③ 陈来：《古代宗教与伦理——儒家思想的根源》，北京：北京大学出版社，2018年，第291页。
④ 刘丰：《先秦礼学思想与社会的整合》，北京：中国人民大学出版社，2003年，第237页。

了意义之网"①，人为的制造出来"意向性的世界"②。"文化可定义为在符号中展现、在历史中传承的意义模式，一种以符号方式表达、通过继承获得的概念系统，人们正是凭借它得以交流、延续和发展他们对生活的知识和态度。"③ 文化的结构和模式塑造了这个文化共同体成员的世界观、价值观、信仰和观念等。人们通过从文化环境中使用符号、共享意义的过程中而逐渐形成其主观世界和精神生活。"从过程的意义上看，文化不仅是一种在人本身自然和身外自然的基础上不断创造的过程，而且是一种对人本身的自然和身外自然不断加以改造，使人不断从动物状态中提升出来的过程。"④

在中国，以礼文化的核心观点为基础，围绕礼文化的价值原则，形成了礼文化传播的符号形态和意义机制。礼文化的传播正如凯瑞所说："是一种现实得以生产（produced）、维系（maintained）、修正（repaired）和转变（transformed）的符号过程。"⑤ 他认为"研究传播就是为了考察各种有意义的符号形态被创造、理解和使用之一实实在在的社会过程"⑥。循此思路，我们可以引申出研究将礼文化的传播目的——为了考察礼文化被创造、理解和使用的恶社会过程，进而也就可以发现传播仪式观视阈中礼文化传播应该关注的总问题：礼文化是如何被创造、理解和使用的？礼文化如何建构、维系和修正社会的？

一、祖先崇拜与家国同构

先民对于人与万物的本源和礼的根本有明确的认知，《礼记·郊特牲》曰"万物本乎天，人本乎祖"，《荀子·礼论》曰"礼有三本。天地者，生之本也；先祖者，类之本也；君师者，治之血缘"。亲情形成祖先崇拜，成为家族宗法制度和国家政治制度的根基。这种社会形态体现了当时社会的人性特征，决定了社会结构和社会关系。

人们通过礼慎终追远、祭奠缅怀，将祖先作为了家族的精神支柱和认同源头。族人相信祖先的灵魂不灭可以保佑着整个家族五谷丰登、人丁兴旺。古人尊亲事亲之心源自孝，敬祖拜祖的行为体现在"修宗庙，敬祀事，教民追孝也"（《礼

① [美]克利福德·格尔茨：《文化的解释》，韩莉译，南京：译林出版社，1999年，第5页。
② Richard A. Shweder, "Cultural Psychology—What is it?"in: Stiger, James W., Richard A. Shweder & Gilbert Herdt, eds.,*Cultural Psychology: Essays on Comparative Human Development, Cambridge*, New York,et al: Cambridge University Press, 1990, pp.1—2.
③ [美]克利福德·格尔茨：《文化的解释》，纳日碧力戈等译，上海：上海人民出版社，1999年，第103页。
④ 张岱年，程宜山：《中国文化精神》，北京：北京大学出版社，2015年，第3页。
⑤ [美]詹姆斯·凯瑞：《作为文化的传播》，丁未译，北京：华夏出版社，2005年，第12页。
⑥ [美]詹姆斯·凯瑞：《作为文化的传播》，第18页。

记·坊记》）。家族成员对祖先怀有崇敬之情，以"事死如事生"（《礼记·中庸》）的观念对待逝去的祖先。

（一）血缘关系、家族宗室产生礼的亲情传播

在中国古代社会，家族是最基本的社会组织，"一个家族或氏族，是由人的血缘关系纽结起来的，但是它却天然地形成了内部的结构秩序，同时作为基本的生产、政治、教育、军事、社交、宗教的组织发生作用"[①]。除了血缘关系之外，所有的家族，都由祠堂、家谱和族田联结起来。[②] 中国家族形成的基本条件是男系血缘系统的人员关系；家庭单位；聚族而居或相对稳定的居住区；有组织原则、组织机构的领导人，进行管理。[③] 祖先崇拜在家族中具有至关重要的地位，"家族的绵延，团结一切家族的伦理，都以祖先崇拜为中心——我们甚至可以说，家族的存在亦无非为了祖先的崇拜"[④]。

古代的礼制基本是围绕宗法制度而建立的，如祭祖制度、丧服制度、昭穆制度、宗庙制度等。礼文化的传播形态也与家族的结构和特征紧密相连。家庭成员之间互敬互爱，传情达意，用各种礼仪完成家族的延续和繁荣。

礼的亲情传播是谱系式进行的，父传子，子再传孙，体现出承接性。古代宗法制度的重要产物就是族谱。每个家族都有自己的族谱，记录了这个家庭世系繁衍的姓名，能够序长幼、辨亲疏、尊祖敬宗。但是这个角色关系不是一成不变的，因为父亲终将老去，那么儿子就承接了父亲的角色和地位。中国父子的关系是"流动性的"[⑤] 和"角色"最终优位，这有别于西方父权强调的"个人"的最终优位。[⑥] 维系这种"流动性"的父子角色关系的核心是：孝。如何做到"孝"呢？《说文解字》载："孝，善事父母者，从老省，从子，子承老也。"《礼记》曰："从命不忿，微谏不倦，劳而不怨，可谓孝矣。"元典释"孝"突出"承"与"从"，就是说要继承和顺从长辈。家族内部首先要明确等级辈分关系，晚辈听从上辈的教导，顺从长辈的决定。长辈会以耳提面命、言传身教的方式传授给晚辈生活经验、神话传说、家规家训。

① 吴予敏：《无形的网络——从传播学的角度看中国的传统文化》，北京：国际文化出版公司，1988 年，第 27 页。

② 徐扬杰：《宋明家族制度史论》，北京：中华书局，1995 年，第 20 页。

③ 冯尔康等：《中国宗族社会》，杭州：浙江人民出版社，1994 年，第 10—11 页。

④ 瞿同组：《中国法律与中国社会》，北京：中华书局，1982 年，第 5 页。

⑤ 翟学伟：《中国社会中的日常权威》，北京：中国科学文献出版社，2004 年，第 93 页。

⑥ 韩格理：《传统中国与西欧的父权制：韦伯支配社会学的重估》，见《中国社会与经济》，张维安等译，台北：联经出版事业股份有限公司，1990 年，第 42 页。

礼的亲情传播是波纹式进行的，由一个中心向外逐层延展。父子关系是核心，一切由父子关系确立的血缘关系是嫡系亲属，一切由母亲关系确立的血缘关系是非嫡系的亲戚。在嫡系亲属中又包括直系和旁系，进而推出了直系九代和旁系五代的血缘关系。①随着家族的繁衍，一代一代的族长成为祖先的化身和代言人。族长在家族组织中建立了道德权威和礼法权威，同时也成为强有力的传播中心和传播源。在古代，父亲为一家之主，具有绝对的话语权和管理权，成为一个家庭的中心。不同身份的人与这个"中心"的距离不同，昭穆、嫡庶各有区别。比如，在《仪礼·丧服》记载了古代的五等服制：斩衰、齐衰、大功、小功、缌麻。血缘关系远近不同的亲属间，服丧的服制不同，亲者服重，疏者服轻，依次递减。家族组织的祭祀活动、典礼仪式都是听从家族、家庭权威中心的指导。"我们中国人是活在一个被祖先的权威笼罩的可以沟通的世界里的。一个人和一个家庭的所作所为不是由自己来决定的，而是由祖先的遗训和活着的祖父们来决定的。"②在这个由亲情所形成的"可沟通的世界里"，"家族的传播范围则是根据血缘的亲属关系，由内而外延伸的。越是接近传播范围的核心，信息交流越频繁，交流的方式越丰富"③。

（二）立身扬名，一脉相承完成家国同构

有学者认为："中国是带着宗法血缘的纽带进入文明社会的，氏族组织成为建构国家的主要组织形式。"④"宗法社会结构把家庭与国家结合在一起，形成家国同构的社会框架，以及家国一体相适应的文化。"⑤家国一体的文化具有稳定性和持续性，礼在其中起到凝聚作用和调和作用，表达了家国同构、家国并举，同心同德、荣辱与共的价值诉求。

"古代中华文明中，宗庙所在地成为聚落的中心，政治身份的世袭和宗主身份的传递相合，成为商、周文明社会国家的突出特点。政治身份与宗法身份的合一，或政治身份依赖于宗法身份，发展出一种治家与治国融为一体的政治形态和传统。"⑥无论是治家还是治国，其目标和诉求都希望能够在当下立身扬名、一脉相承祖先的伟业。

① 翟学伟：《中国社会中的日常权威》，北京：中国科学文献出版社，2004 年，第 90 页。
② 翟学伟：《中国社会中的日常权威》，第 89 页。
③ 吴予敏：《无形的网络——从传播学的角度看中国的传统文化》，北京：国际文化出版公司，1988 年，第 49 页。
④ 姜广辉：《中国经学思想史·第一卷》，北京：中国社会科学出版社，2003 年，第 675 页。
⑤ 白华：《儒家礼学价值观研究》，博士学位论文，郑州大学历史学院，2004 年，第 25 页。
⑥ 陈来：《中华文明的核心价值》，上海：三联书店，2015 年，第 37 页。

立身扬名是一个共时性的价值诉求，《孝经·开宗明义》曰："立身行道，扬名于后世，以显父母，孝之终也。"意思是说，自己立足社会有一定的地位、名声传扬，从而让父母荣耀。从一定程度来说，礼的传播目的是为了彰显一个家族或者国家的精神、实力，通过仪式、庆典和聚会记录事件，共享信息，训诫后世，表彰功勋、科第，以及忠孝节义。原始祭祀礼仪活动初步具有了我们现代意义上的大众传播的特征和功能。有学者将原始礼仪作为原始的大众传播，原始礼仪是定期传播的，使信息能在时间中流传延续；也是多层传播的，使信息在空间上扩散传播。① 在家国一体文化影响下，礼文化熏陶和感染着家国的成员，增强他们的凝聚力，塑造他们的认同感和荣誉感。

一脉相承是历时性的价值诉求。对于家族和国家来说，不仅仅希望能够在当时当下名扬四方，也希望家族、民族的文明能够传承下去。"历史地看，中华古典文明绵延数千年不断复兴，说明源于西周经儒家不断阐扬的古典礼教秩序教化的有效性与历史的合理性。"② 一个家族希望自己的成员能够建功立业、光耀门楣，让整个家族名垂青史，流芳百世。同时一个家族，也希望家族精神和品格能够传承世世代代，福泽子孙。家族修订族谱，修建宗庙、祠堂、牌坊，举办家族祭祀，向后人昭示家族先人的高尚美德和丰功伟绩。对于国家而言，国君不仅希望当下的政权稳固、社会稳定，还希望自己的统治能够长治久安，王朝能够千秋万代。古代君王、王后以及诸侯大臣等社会地位相对较高人物，在其去世之后，由礼官主持依据其生前的政绩和品德追加谥号。对国家有大功、值得子孙永世祭祀的先王，就会特别追加庙号，以示永远立庙祭祀之意。《礼记·王制》记载："天子七庙，三昭三穆，与太祖之庙而七。"君王用这种方式激励和劝诫后世君王，能够勤勉于政，成就千秋大业。

二、君子人格与内圣外王

孔子曰："君子之德风，小人之德草。草上之风，必偃。"（《论语·颜渊》）荀子曰："君子者，天地之参也，万物之总也，民之父母也。"无论是孔子，还是荀子，都非常重视君子的表率、典范作用。古之君子内外兼修、言行一致，成为知礼、守礼的良好楷模。无论是上层社会还是普通民众，对君子品格都有一种向往。君子修身以成就示范传播，以身作则，树立标杆，才能取得民众的信任和拥戴，从而达到有效的教化目的。

儒家治国理念在中国历史上的认同，在于"任人唯贤""任贤使能"观念深入

---

① 黄星民：《从礼乐传播看非语言大众传播形式的演化》，《新闻与传播研究》，2000 年第 3 期。
② 毛峰：《中国古典礼制的文化内涵及其现代性阐释》，《河北学刊》，2019 年第 4 期。

人心。君子人格、贤能政治对古代君王起到了激励的作用，君王希望通过礼达到"内圣外王"，从而成就"王制理想"。

（一）以身作则、率先垂范体现礼的示范传播

作为理想人格的君子，从外貌、衣着到言行，都要符合礼的规范。君子严于律己，品德高尚，因而成为人们心中的道德模范和行为标杆。"君子"是一个具体的、实在的楷模，不是西方文化中抽象的、遥远的众神形象。君子的言谈举止对世人来说是一种示范，他们会纷纷以"君子"为目标，见贤思齐、择善而从，使自身不断进步。

君子作为礼的化身，通过"感化"的形式传播人格魅力。在这个过程中，君子的人格魅力成为一种吸引力和影响力，将道德模范的力量在无形中传递给世人。如何实现君子人格的引导呢？这就需要"礼"作为载体和中介。一方面，通过"礼"塑造君子人格、提升自我修养。主张以"礼"存心，浸润塑造人的内在品质；以"礼"待人，规范约束人的外在行为。另一方面，通过"礼"显现君子的内在品德、展示文质彬彬的行为举止。子曰："恭而无礼则劳，慎而无礼则葸，勇而无礼则乱，直而无礼则绞"（《论语·泰伯》）。为人恭敬但缺少了礼制的规范则劳累困顿；处世谨慎但缺少了礼制的规范就未免流于胆小懦弱；做人勇敢但缺少了礼制的规范就未免会鲁莽闯祸；为人爽直但缺少了礼制的规范就未免会尖刻刺人。

君子作为道德标杆，以"引导"的形式传播了礼仪规制。在众多礼节之中，容礼是最能实现这种引导方式的。"所谓容礼，是指行礼时，容貌情色、俯仰屈伸、进退登降、周旋揖让、盘旋避退等礼仪规定。它是中国古礼的重要组成要素，是礼乐文化内在德性和外在礼仪的统一，是先秦贵族文化及君子理想人格的外在表征。"[1]君子以容礼为载体，表达敬让、谦逊之心。在日常行为、言谈举止中规定仪容仪表，建构君子之威仪。君子以容礼作为中介，做到"上交不谄，下交不渎"（《周易·系辞下传》），达到各安其位、各司其职的良好状态。李泽厚认为："人处于'与他人共在'的'主体间性'之中。要使这'共在'的'主体间性'真有意义、价值和生命，从儒学角度看，便须先由自己做起。所以这不仅是交友处世的'君子'之道，而且也是稠密人际关系，并将这关系置放于很高地位的自我修养和自我意识。"[2]

《礼记·玉藻》记载了君子修养的九种仪容："君子之容舒迟，见所尊者齐遫，

---

① 曹建墩：《先秦礼制探赜》，天津：天津人民出版社，2010年，第189页。
② 李泽厚：《论语今读》，上海：三联书店，2008年，第30页。

足容重，手容恭，目容端，口容止，声容静，头容直，气容肃，立容德，色容庄，坐如尸，燕居告温温。"君子的容貌闲雅从容，见到尊长的时候就要迅速迎待。在行走的时候脚步稳重，抬手的时候要端庄恭敬，观察事物的时候要目不斜视，站立的时候中正挺拔，坐下的时候如尸一样稳重，闲处而指使人的时候态度温和可亲。君子还要口不妄言、声不粗粝、头不偏斜、气息平静、面色矜庄，处处表现出自己品行端正、气度不凡。君子的修身之道价值诉求在于端正心性，矫正行为，成就"内圣外王"的理想人格。正如欧阳修所说："君子之修身也，内正其心，外正其容。"（《左氏辨》）

（二）由内而外、推己及人达到内圣外王

"君子"身份在古代的成功塑造，依赖于儒家的宣扬和推崇。"正是因为孔子及其弟子的阐发和践行，'威仪'观念才能与儒家政治学、修养论等主要论题有机结合，最终成为儒者追求'内圣外王'之理想的基本途径，亦成为后世大一统帝国构建礼制、装点太平的题中之义。"[1]君子人格重点在于实现个体自我能力的提升与人格的完善，从而可以营造和谐友好的人际氛围，维持等差有序的社会稳定与和谐。君子的道德修养、进退举止、为政之方、修德进业等各个方面都彰显了"内圣外王"的价值诉求。

礼的传播不是强制性的，而是要实现主动的、内在的感触和认知。费孝通先生说："礼并不是靠一个外在的权力来推行的，而是从教化中养成了个人的敬畏之感，使人服膺；人服礼是主动的。"[2]礼的传播是循序善诱、人心向善，进而达到"水到渠成"式的效果。世人耳闻目睹君子风范，受到礼文化的浸染，久而久之有识之士都希望成为君子，人人也都希望跟君子结交。君子人格是传播主体的内在诉求，也成为理想型交往对象的品格。古代士大夫阶层都有成贤成圣的人生理想，将"内圣外王"作为了修身养性的终极目标。"'内圣外王'的人生信仰，结合修身哲学与经典的研读，成为儒家道德的核心。在他们看来，道德的修为就是修身，通过自我的修养，将道德作为个人生活的部分，形成道德的自律，最终实现圣人之功名。"[3]

礼的传播也不是刻板的、僵化的，而是在人际交往中实现灵活的转化。君子立于德、传于世，他的垂范作用能够推己及人。推己及人是君子的"忠恕之道"，朱熹曰"尽己之谓忠，推己之谓恕"（《四书章句集注》）。"忠恕之道是儒学的根

---

① 石超：《儒家"容礼之学"探析》，《学术交流》，2015 年第 4 期。
② 费孝通：《乡土中国 生育制度》，北京：北京大学出版社，1998 年，第 51 页。
③ 谢清果：《华夏传播学引论》，厦门：厦门大学出版社，2017 年，第 50 页。

本大道，是儒家伦理的核心和灵魂。'忠''恕'是儒学两个重要内涵和范畴，众多儒家学者从不同角度对忠恕之道进行了论证和阐发。'夫子之道，忠恕而已矣'，儒家推崇尽忠行恕，倡导尽己推己。忠恕之道是处理人际关系的基本原则，有利于建立良好的人际互动关系。"[1]"忠"意蕴为忠实、忠诚、忠厚，《论语·学而》曰："与人谋而不忠乎？"《论语·子路》曰："居处恭，执事敬，与人忠。""忠"是对己的要求，正如《论语·雍也》所说"己欲立而立人，己欲达而达人"。以立己、达己之道，完善自我，能够实现"尽己之心"。"恕"是对待他人时的态度，自己不愿意做的事情，不要强加给别人。将心比心、推己及人的忠恕之道，达到自身与他人的和谐共处，能够化解矛盾冲突，通过加强德性主体的自律，实现自我修养的改善。《论语·卫灵公》中有对"恕"的论述，子贡问曰："有一言而可以终身行之者乎？"子曰："其'恕'乎！己所不欲，勿施于人。"

三、伦理本位与德礼一体

礼文化的传播是在各种人际关系中建构的。有学者认为，我们现在常说的"人际关系"在中国古代社会应该用"人伦"这个本土化的词[2]。儒家认为，君臣、父子、夫妇、长幼、朋友是社会生活中最重要的人伦关系，儒家称之为"五伦"。

人们在五伦关系中都有自己的身份担当，也有彼此的角色关系。人们具有身份认同和角色认知，从而形成了稳定的家庭、社会结构。"父子有亲，君臣有义，夫妇有别，长幼有序，朋友有信。"（《孟子·滕文公上》）礼文化渗透到人伦关系，指导人们的情感和行为的互动。关系双方根据"尊卑差距"和"亲疏关系"来践行关系往来，形成"父慈，子孝，兄良，弟弟（悌），夫义，妇听，长惠，幼顺，君仁，臣忠"的德礼诉求。

（一）角色伦理，关系取向形成礼的互动传播

礼是人与人交往的内容，仪是人与人交往的形式，礼与仪整合了人际关系的网络和结构。"将人视为处于互系的观念，将人家庭角色及关系作为修养道德能力的起步；这样，它在精神上呼唤道德想象，并能激励通过人的相系而生成的道德力。呵护相系关系，被视为是人的道德本质。它所建设的，是一种人为核心（而非神为核心）、非有神论'宗教性'（人与人关系性）；这与亚布拉罕（一神）宗教

---

① 刘书正：《儒家忠恕思想的道德意蕴》，《管子学刊》，2015 年第 4 期。
② 肖群忠：《中国古代人际关系：现象、特点及其现代意义》，《西北师大学报》（社会科学版），1994 年第 5 期。

构成鲜明的差异。"①

礼的互动是以人为核心而形成的，人在礼的传播中具有一定的角色"扮演"，承担了这个角色的责任和义务。人类学家 Grace G.Harris 认为，"人"的概念不是停留在生物学层次的个体，而是一个社会学层次的概念。人是"社会中的施为者，他在社会秩序中会采取一定的立场，并策划一系列的行动，以达成某种特定的目标"②。具体来看，五伦中，人有自身的立场，有的人扮演了"父、兄、夫、长、君"等角色，有的人扮演了"子、弟、妇、幼、臣"的角色，不同的角色之间构成"孝、悌、听、顺、忠"的关系。

汉学家安乐哲教授提出了儒学角色伦理，他认为我们是处在父亲、母亲、儿子、女儿、老师、朋友、邻居等角色的活动网中。何友晖学者也认为，中国文化中的自我不是一个个独立的自我，而是关系中的自我。"人际关系除了在人类性格发展过程中承担历史使命之外，它也在个体有生之年，为生命定出人之所以为人的意义。个人的生命是不完整的，它只能透过与其他人的共同才能尽其意义。没有他人，个人的身体本色便失去了意义。"③

礼的互动是在角色担当的基础上，形成了关系网络。儒家的角色伦理和关系取向不是凭空形成的，是在仁的指导下，以礼为载体形成的关联和呼应。人们想要维系某种关系，就要相互往来，表达情义。在一定的关系中，承担了某种角色的人，要依靠符号体系才能进行正常的社会交往，这个符号体系就是礼。这些符号有特定的象征意义，含蓄、委婉的表达思想理念、价值诉求。这与西方文化语境中，直接、简明的沟通方式有所不同。我们根据不同的交往情景，运用不同的礼仪，在"行礼——还礼"的形式中组织和协调人际关系。

通常来说，"人们所运用的符号可以是语言的，也可以是非语言的、视觉的、听觉的、触觉的和嗅觉的。符号可以是说的话、写的字（如留言、信件），可以是姿势、表情、眼神，以致某种气味、服饰、个人所处的空间"④。在古代，大部分礼的传播活动是围绕着语言符号所展开的。但是在礼文化的传播中，人有意识表现出来的非语言符号同样值得注意。服装、配饰、挚等都是表情达意的符号。服装的色彩、材质、型制、纹饰都是身份、地位的象征，在人与人的交往中穿着合适

---

① ［美］安乐哲：《儒家角色伦理学：挑战个人主义意识形态》，《孔子研究》，2014 年第 1 期。
② 黄光国：《儒家关系主义：文化反思与典范重建》，北京：北京大学出版社，2006 年，第 88 页。
③ 何友晖，陈淑娟，赵志裕：《关系取向：为中国社会心理学方法论求答案》，转引自黄光国：《儒家关系主义：文化反思与典范重建》，北京：北京大学出版社，2006 年，第 86 页。
④ 沙莲香：《传播学：以人为主体的图象世界之谜》，北京：中国人民大学出版社，1990 年，第 243 页。

的服装是表示对人的尊重。头饰、佩饰、腰饰、屦饰也都是人际传播中的暗含信息。身体动作、面部表情、语气神态也是礼文化的人际传播中所包含的非语言符号。双方相见会有揖、拜、送、厌（盖拱手而作向内引之状）、进退等身体动作；戚（犹促，恭敬诚实貌）、舒、庄、恭等面部表情。

（二）导德齐礼，德礼一体建构和睦关系

一个人内心充满仁爱，无论是语言符号还是非语言符号都会践行礼的规范，反映出自身的德行。"君子怀德"（《论语·里仁》）自然就表现出"坦荡荡"的气度（《论语·述而》）；"泰而不骄"的神情（《论语·子路》）。我们的语言传播和非语言传播反映和再造了我们所属的文化或社会群体中的价值观念。有学者认为："传播是以符号言语交换思想或观念，也是我们理解他人，并使自己为他人所理解的过程。对话是言语交流和符号交流的主要方式。在对话中，人们言说、聆听、观察、反馈，是人们互相影响，相互理解的重要方式。"[1]

德礼一体的价值诉求是实现一定的"规范性"。孟子曰："不以规矩，不能成方圆。"（《离娄章句上》）礼的内容包罗万千，《礼记·中庸》曰："礼仪三百，威仪三千。"这些内容中最终归于礼的本质和原则，指导着人们之间的沟通和交往，是人们日常生活方寸和尺度。在周代，礼基本上囊括了皇亲贵胄、达官贵人的日常生活和交往内容。天子有天子应行的礼，诸侯、大夫也有自己应该尽的礼数。到了宋代完成了"礼下庶人"的转掠。至此，礼成为上层社会和平民社会普遍性的人际交往内容。

孔子说："道听而途说，德之弃也。"（《论语·阳货》）听到不可靠的传闻而四处散播，这是不合礼义规范的言论，是违背道德的行为。礼可以指导人际关系，建立不同身份的人交流的规范和内容，"与君言，言使臣；与大人言，言事君；与老者言，言使弟子；与幼者言，言孝于父兄；与众言，言忠信慈祥；与居者言，言忠信"（《仪礼·士相见礼》）。"'礼'指明了一个人生活在社会之中处于传播关系的某种交叉点上，担任着某种具体的社会角色；没有'礼'，人在社会中就不能自立。这种人际传播规范最终由道德教条被提升为社会法则，凝固成人们交往传播的行为模式和内在要求，形成了中国古代思想文化的一大特色。"[2]

礼文化的传播能够固定"程式化"的仪式和礼节，培养人的自觉性。礼具有明确、细致的流程，规定了在重大礼仪中人应该怎么说、怎么做。人们在仪式中

①　单波：《〈论语〉的传播智慧：一种比较视野》，《国际新闻界》，2014年第6期。
②　胡河宁，孟海华，饶睿：《中国古代人际传播思想中的关系假设》，《安徽史学》，2006年第3期。

聚集，在吉礼中共同表达祈愿；在嘉礼中相互赠予祝福；在宾礼的往来中表达情感；在丧礼中表达安慰。通过礼的调节，达到"与天地合其时，与日月合其明，与四时合其序"（《礼记·中庸》）。日常化的礼仪具有规律性、重复性的礼节。"投我以桃，报之以李"（《诗经·大雅》）能够增强主体之间的互动，调动交往的积极性和主动性。正所谓"来而不往非礼也"（《礼记·曲礼》），有来有往才能建构和睦的关系。

礼文化的传播、互动直到今日仍然影响着我们的人际交往的价值诉求。孔子说"道之以德，齐之以礼，有耻且格"（《论语·为政》）。德与礼是一体两面、相得益彰，既要看重道德的教育和引导功能，也注重礼仪的规范和感化功能，这样人就有了羞耻心，并能积极改正错误。我们可以看出，德礼一体是在社会交往中体现出的自律性和自觉性，做到"非礼勿视，非礼勿听，非礼勿言，非礼勿动"（《论语·颜渊》）。

四、经世致用与天下大同

礼从起源开始就具有特定的目的，体现出礼文化传播的实用性。原始祭祀活动涉及先民生活的方方面面。在人生的关键节点，例如生老病死、婚丧嫁娶；氏族部落的重要事件，例如狩猎、迁居、战争、盟会，都会举办仪式或者典礼。人们在原始祭祀礼仪活动中敬神拜祖，通过巫觋、乐舞、器物等载体表达自己祈福、祝祷，以求得到庇佑和保护。

周代之后的礼，不仅仅在日常生活中体现实用性，还在政治、军事、教育等多个方面发挥稳定社会、鼓舞士气、纯化民风的实际功效。礼关照社会现实、关注社会问题，运用其价值内涵缓和社会矛盾、解决社会问题以求达到国治民安的实效。

（一）经世致用，身体力行反映礼的实践传播

礼是立身处世的行为规范和章法尺度，古语有云"不学礼，无以立"（《论语·季氏》），古语亦云"人无礼则不生，事无礼则不成"（《荀子·修身》）。礼指导着人们"修身、齐家、治国、平天下"，它贯穿在人们生活中的衣食住行、婚丧嫁娶。古人运用礼的内容和形式，理性的建构和维系整个社会生活的运行。"礼的作用不仅在于提供给人们一些行为规范以维持社会秩序，更在于通过这些外部的规范来起到教化的作用，启发和涵养人们内在的理性自觉，不断培育人们的道德心，

从而提高人们的道德境界。"①

礼的实践依赖于言语的交流。古人以"自谦而敬人",在用语上体现出礼的精神内涵。古人对不同的人有不同的称谓,以示对他人身份的尊重。例如,常见的"君""卿""公"一方面可以显示男子的身份地位,一方面是表示对此人品行的敬重。也有"令""台"等字,用于日常问候,表示对所提及之人的礼貌。例如"令尊""令堂""兄台"。古人成年行冠礼之后就要取字,《仪礼·士冠礼》中记载:"冠而字之,敬其名也。"古人之名是只有父亲或者国君才可以称呼的,其他人直呼其名是一种无礼的行为。除了日常的交流之外,这些敬称、谦词也运用于书信往来之中。书信还有一些独特语言用于表达情感,例如运用思慕语表达对收信人的思念或者仰慕之情,运用祝福语表达对收信人的祈愿和敬意。

礼的实践还依赖于身体的参与。"先行其言,而后从之"(《论语·为政》),"讷于言而敏于行"(《论语·里仁》),"言之必可行"(《论语·子路》,这古语都是强调"行"的重要性。"具体的礼乐,直接作用于身体,作用于血气;人的心理情致随之顿然变化于不觉,而理性乃油然现前,其效最大最神。"②儒家所设想的是利用不同形式的礼作为一种行为系统、规范和指导人理性的行动。礼文化传播的实用性和能动性是康德知识论中所谓的"实践理性"。这种"实践理性"必须通过"体征的践履"或"体知"的历程,方能为人所认识到。③韦伯曾说:"儒教是要去适应这个世界及其秩序与习俗。"④礼文化的意义内涵和价值诉求深藏在了礼的"身体"和礼的表达中,经过转化和吸收成为经世致用的传播实践和文化"表演"。

礼的实践是一个多元融合的体系,用语、行动、穿衣装扮、神态面貌等都能传递信息、表达情感。人们在潜移默化中受到礼文化的熏陶,践行着日常礼节。礼文化在实践中传播其精神内涵,培养人们"知礼守礼"的自觉性和能动性。总体来看,礼的实践对古代国家治理、社会秩序起到了相当大的正面作用。正如有学者所说"礼在古代中国通过不同的礼仪行为和一系列协调人际关系和集团关系的规则表达了一种理想的社会秩序"⑤。

---

① 白奚:《儒家礼治思想的合理因素与现代价值》,《哲学动态》,2000 年第 2 期。

② 梁漱溟:《中国文化要义》,上海:上海人民出版社,2018 年,第 129 页。

③ 黄光国:《儒家关系主义:文化反思与典范重建》,北京:北京大学出版社,2006 年,第 48 页。

④ [德]马克思·韦伯:《中国的宗教:儒教与道教》,康乐、简美惠译,桂林:广西师范大学出版社,2020 年,213 页。

⑤ [美]杨美慧:《礼物、关系学与国家》,赵旭东、孙珉译,南京:江苏人民出版社,2009 年,第 192 页。

（二）华夏民族，礼仪之邦实现天下大同

"中国有礼仪之大，故称夏；有服章之美，谓之华。"（《春秋左传正义》）历史上的夏夷之别，不仅仅是地理位置的区分，其内在的因素在于政治文化的差异。"这种政治文化观念的存在，说明古代中国人所特有的政治国家与民族、文化的同构认识，即'夏'不仅指一个国家政治领域及民族范围、界限，也指一个民族所服膺的政治礼仪与社会文化习俗，同时亦指华夏以'礼仪'文明为主的文化心理内容。"[①]这种文化心理的认同是可以说是在礼文化的传播中形成和建构的。

礼乐仪式具有神圣性，参与者在庄严的氛围中感同身受，激发内心的崇拜和敬畏，从而建立信仰。祭祀仪式从一定意义上讲，它是"原始部族成员之间进行最大规模交际的手段。原始宗教仪式的重要特点之一是其公共性与部落性，各种全民参加的仪式实际上承担了现代社会各种集会的职能，它传达信息、部署任务、统一意志、传授知识，是一个多功能的结构。当社会关系发生重要改变时，仪式通畅扮演区分、强调、确定、隆重化与安抚的角色，成为缓和剂和一种潜力无穷的调整机构"[②]。从仪式的视角看传播，实质上是"以团体或共同身份把人们吸引到一起的神圣典礼"[③]，其目的是为了建构并维系一个有秩序、有意义、能够来支配和容纳人类行为的文化世界。

礼乐仪式具有共享性，行礼之人和观礼之人集合聚会、共同沐浴在礼的氛围中，从而塑造文化认同。周代之后的礼乐仪式、节庆仪式和习俗仪式基本是原始祭祀仪式的世俗化演变，成为现实与想象的桥梁，是象征符号和意义载体。礼乐传播仪式将原本分散的个体的感性存在和感性活动，有意识的紧密联结在一起，融为一体，它组织、构造了群体仪式，唤起、培育了个体观念和行为的集体性、秩序性。对于参与仪式的成员而言，通过仪式能够寻找归属感，获得心理认同。对于共同体而言，通过仪式能够维护整体秩序，加强成员之间联系，增进集体意识和团结。

仪式是古代人们日常生活的重要组成部分，时至今日也还伴随着人类社会的发展。从原始的祭祀仪式、到周代之后的礼乐仪式，再到现代社会的节庆仪式、习俗仪式，基本是从时间、空间、人物三个方面建构了仪式化的体系和流程。从时间上来看，礼乐仪式有一定的规律性。首先在人生阶段的重要时刻会举办仪式，其次根据时令要举行祭祀仪式，还有举办国家重要事件之前的祭祀。从空间上来看，祭祀场所有明显的差异性，例如祭日于坛、祭月于坎、祭星于布，祭祀祖先

① 李禹阶：《华夏民族与国家认同意识的演变》，《历史研究》，2011年第3期。
② 陈富荣：《文化的演进——宗教礼仪研究》，哈尔滨：黑龙江人民出版社，2004年，第23页。
③ [美]詹姆斯·凯瑞：《作为文化的传播》，丁未译，北京：华夏出版社，2005年，第28页。

在宗庙或者祠堂，内祭在城内、外祭在城外四郊。从人物上来看，不同的礼为不同的人而设。这样一个完备的仪式体系能够吸引、感召共同体成员参与其中，最终想建构一个"天下大同"的美好愿景。

结语

在礼文化的符号建构和意义传播的体系中，将治国安邦与安家立业相互关联，注重伦理关系，培养君子人格，树立道德模范，强调礼的实用理性和规范效用。时至今日，礼文化的传播形态依然塑造并影响着我们中国人的关系往来和人际沟通，建构了我们独特的交流方式和话语体系。

在建构和传播的过程中，礼文化具有一种有机的、富有推动性的力量，能够稳定社会秩序、促进社会整合、达成社会共识，体现出涂尔干所说的文化功能主义的特征。帕森斯认为，社会秩序的核心是对普遍价值的赞同。通过某些规范（如公平不公平）的内化，以及共同目标（如成就）的认同，人们会使自己的行动与他人保持一致。[1]礼文化中的多元价值诉求，成为中华民族传承至今的人文精神和道德规范。礼文化给予了当代人们认同的力量，我们在文化的阐释和重构中，不断的审视和反思。在"辩证的综合创造"中，寻找文化复兴、文化自信之路。"根据中国社会主义现代化建设的实际需要，发扬民族的主体意识，经过辩证的综合，创造出一种既有民族特色，又充分体现时代精神的高度发达的社会主义新中国文化"[2]。

礼文化经过现代性的转化，已不再是硬性的、刻板的教条主义，而是同一共同体中多数人在心理上认同，在情感上接受的行为规范。[3]礼文化指引人们在修身养性中实现内圣外王的自我完善，以君子人格为目标，实现言行一致、身心和谐。同时，礼文化也教导人们在礼仪往来中实现人伦关系的和睦相处，在人际交往中以仁释礼、以德彰礼。人们在家国一体文化的熏陶中，积极探索实现盛世家园的长治久安，实现孝悌和亲、崇德贵民的现代化转换。人们也在知世救民思想的影响下发挥礼文化经世致用之功能，不断完善"人类命运"共同体的意识，实现全人类社会的共同发展。

① ［英］菲利普·史密斯：《文化理论——导论》，张鲲译，北京：商务印书馆，2008年，第45页。
② 张岱年，程宜山：《中国文化精神》，北京：北京大学出版社，2015年，第306页。
③ 方朝晖：《法治中国同样需要礼教文明重建——从中西方制度文明的比较展开》，《人民论坛·学术前沿》，2014年第21期。

华夏传播史

传播观与时代价值：对佛教文化传播的再度审视 *

Communication View and Time Value：Reconsideration of the Communication of Buddhist Culture

杜超凡 **

Du Chaofan

摘　要： 经过长久的历史沉淀佛教文化进入了科学民主的现代社会，并将迎来现代社会持续化的检视，检视的维度则可依止于传播观和时代价值。然而，对"佛教文化"这一概念认知的模糊及认知偏向，消解着佛教文化传播之于现代社会的积极作用。故此，厘清佛教文化中宗教文化与"附佛文化"之间"一体两面、双重叙事"的关系是实现再度审视的基础。在现代传播学的概念框架中考量佛教文化传播观则是评估佛教文化传播时代价值的先决条件，概而述之为"依经奉法"的信源观；"万物有灵"与"众生平等"的受众观；"音声入道"的媒介观；"受想行识"的效果观；"八正道"的传播伦理观。佛教文化"以佛治心"的传统定位早已发生转向，从与现代社会相适应、文化本质、世界格局的视角出发，"顺乎时代调和社会""构建东方人文话语及人文共同体"是佛教文化传播所富有的时代价值。

Abstract: After a long period of history, Buddhist culture has entered the modern society of science and democracy, and will usher in the continuous examination of modern society. The standard of examination is the Communication View and the Time Value. However, the vague cognition and the cognitive bias of "Buddhist culture" eliminates its positive role in modern society. Therefore, to clarify the "one body-two sides and dual

---

　*　基金项目：国家社科基金西部项目"中国新闻立法的法理研究"（16XW002）阶段性成果。重庆市社会科学规划重点项目"地域文化'国潮'氏：巴渝文化继承与传播的现代转向"（项目编号：2021NDZD10）的研究成果。

　**　杜超凡（1991—），男，辽宁沈阳人，新闻传播学博士在读，西南政法大学新闻传播学院，研究方向：华夏传播，传播法治。

narrative" relationship between the religious culture and the "Buddhist Elemental Culture" is the basis of re-evaluating the Buddhist culture. Considering the Buddhist cultural communication view in the conceptual framework of Communication is the prerequisite to evaluate the Time Value of the Buddhist cultural communication. In summary, they are "Full reliance on Buddhist Sutras" Source View, "Animism" and "Equality of All Sentient" Audience View, "Understanding through Sound" Media View, "Sensation, Conception, Synthesis, and Discrimination " Communication Effect View, "Noble Eight-fold Path" Dissemination of Ethics. The traditional orientation of the Buddhist culture "To the Buddhism to the mind" has already changed. From the perspective of adapting to modern society, cultural essence and world pattern ," Adapt to The Times and harmonize the society "and" Constructing Oriental Humanistic Discourse and Humanistic Community "are the Time Value emitted by the communication of Buddhist culture.

关键词：佛教文化；传播观；华夏文明；人文话语；人文共同体

Keywords: Buddhist culture; Communication View; Chinese Civilization; Humanistic Discourse; Humanist Community

　　"儒释道"作为华夏文明的三大泓流经过长久的历史沉淀已然进入科学民主的现代社会。然而，对"佛教文化"这一概念认识的模糊及这一状况引发的一系列问题致使佛教文化相对于儒家文化在现代社会、当代中国的健康发展和传播受到桎梏。

　　虽然，"儒释道"共同代表着中华优秀传统文化，但是它们在历史上与封建制度相适应，并成为封建制度的强大支柱，当下及未来的长远岁月它们将接受现代社会的持续审视。佛教文化尤为如此，它既附有宗教属性又具备世俗文化基因，奔突于神圣与现实之间，但是传统语境中对"佛教文化就是宗教"的认知偏向阻碍着佛教文化与现代社会相适应，消解着它可能为现代社会所带来的积极影响。也正因为这种认知偏向，已然蔚为大观的带有佛教元素的产业，诸如禅茶、名山旅游、佛艺等未能得到学理支撑，缺乏学界的观照，这一产业的发展方向始终不得明朗。更加需要我们关注的是，进入现代社会的"儒释道"三教在发展道路上出现分化，"人文化成，神道设教"的儒教重新做回了"儒家"走向一条"人文"发展道路；然而，"释道"则继续着它们的"宗教"道路，其中深隐的博大人文精神及深厚的人文话语力量被其"宗教角色"所掩映并未得到充分的重视，佛教文化传播依然被盖以"以佛治心"的传统定位，但我们却忽略了在现代社会的检视下它的角色定位早已发生转向，这一切，殊为可惜。可是，面对古今中外多元文化的交织对碰，何以调和？面对自近代以来疏离分散的人文共同体何以凝聚？东方人文话语何以对话西方？我们需要从佛教文化与现代社会相适应中探明方向，在文化的本质中寻找答案，基于世界的格局提炼时代价值。

因此，辨明"佛教文化"概念，明确佛教文化传播的历史任务，从现代传播学的概念框架中考量佛教文化传播观，从而审视佛教文化传播的时代价值将成为文章论证的逻辑理路。

一、佛教文化：一体两面，双重叙事

文化是一个复杂而深厚的问题，关于"文化"的概念界定英国学者克朗搜集的文化定义有150个，美国学者克罗伯等统计的文化定义有164个，王恩涌先生在《文化地理学》中认为"文化是通过符号而获得的，并通过符号而传播的行为模型，这类模型有显性和隐性的，其符号也像人工制品一样体现了人类的成就"。[1] 主流学术界认为文化一般有三种大的分类：物质文化、精神文化、制度文化。其实在具体的文化事物中，往往同时包括这三者，例如在宗教文化中，教堂建筑是物质文化，教会组织是制度文化，宗教信条是精神文化。[2] 着眼以上有关文化的定义和分类，从传播学角度来看，文化因传播而存续，通过文化符号能指和所指的互动得以表达，互动中物质文化、精神文化、制度文化或独立或融合。

佛教文化是中国优秀传统文化的重要支脉，佛教文化的传播历程同样是中外文明跨文化传播的标志性表征。目前学界对佛教文化内涵的论述较少，但都主要集中在将佛教文化视为一个总的概念。日本佛教学者缘本善隆曾认为佛教即是文化，是整个文化的一部分。赵朴初先生曾说"佛学在某种意义上来说，它就是文化"。[3] 南开大学孙昌武教授把"佛教看作一个总的范畴，其核心部分是有一定的徒众（僧伽、居士）、一定的信仰对象（佛、菩萨）和教义（佛法）的宗教集团及其信仰实践，这也是决定佛教本质的部分，而为这一核心服务的、在这一核心影响下产生的文化成果，如思想、学术、文学、艺术、伦理、风俗、中外文化交流等诸多方面，则都包含在佛教文化范围之内"。[4]

笔者认为学界将佛教文化进行整体化概括主要出于两个原因：首先，佛教文化艰深系统、体量庞大，文化又重系统性，如果从各细微层面定义佛教文化过于

---

① 王恩涌：《文化地理学》，南京：江苏教育出版社，1995年，第32页。
② 唐晓峰：《文化地理学释义——大学讲课录》，北京：学苑出版社，2012年，第12页。
③ 方立天：《佛教文化的内涵与建设》，《云南民族大学学报》（哲学社会科学版），2005年第3期，第57页。
④ 孙昌武：《关于佛教文化的研究》，《佛学研究》，1995年第4期，第10页。

细碎，不能透析物质文化、精神文化、制度文化三者相互作用的实质；其次，佛教文化崇尚"圆融"之道，只有将其视为总的概念才能不损害佛教文化的整体性、系统性。因此，笔者结合孙昌武的定义将佛教文化的概念归纳为"佛教文化是一个总的概念，其核心是有一定的徒众（僧伽、居士），一定的信仰对象（佛、菩萨）和教义（佛法）的宗教集团及其信仰实践，佛教文化是围绕这个核心，包含思想、学术、文学、艺术、伦理、风俗、中外文化交流等诸多方面的一种文化成果"。

由此定义可以发现佛教文化兼具宗教属性和文化属性，或者可以说包含宗教文化及作为亚文化的"附佛文化"。具体体现在精神文化、器物文化、制度文化三个方面。宗教文化集中在佛教的信仰和制度层面，我们可以称之为"佛法"。而具有文化属性的那部分佛教文化则留存在佛教的世俗层面，我们可将这一部分确认为"附佛文化"。需要辨明的是，古时佛教文化仅以宗教文化的身份出现，而今，进入现代社会的佛教文化，在文化产业和消费主义的驱动下成为宗教文化与"附佛文化"的结合体，它们是"一体两面"的关系，统一于一个整体，却进行着双重叙事，宗教文化是佛教文化的"宗教叙事"；"附佛文化"则实现其在现代社会中的"世俗叙事"。

二、佛教文化的传播观

佛教文化的传播观即是基于佛教文化传播的历史和现实痕迹，依照传播学的理论框架，提炼出的佛教文化特有的传播理念集合。厦门大学谢清果教授提出的"华夏文明内向传播理论"已经为后续相关研究展开了全新的研究视野，提供了可供参考的研究维度。

佛教文化传播观的提炼具有重要的学术价值，首先，它将被置于传播学的理论视野中来探索佛教文化是如何看待传播的，有助于和宗教学研究相区别，建立佛教文化传播研究的学术合法性，实现此领域研究脱离"传播的宗教"而进入"宗教下的传播"；其次，中华优秀传统文化是国家崛起、民族复兴的原动力与软实力，作为传统文化三大弘流之一的佛教文化如何"观传播"是华夏传播研究的重要理论支撑，是以东方人文话语对传播学研究的重塑与重组。

佛教文化传播研究是一个持续进行的过程，同样遵循着事物由量变到质变的发展规律，而且佛教典籍浩如烟海，其中蕴藏的智慧横无际涯，因此本文所谈只能算是对佛教文化传播观研究的阶段性成果，相信未来对该领域的研究会更加深入、全面。笔者结合自己的研究，借鉴现有的相关学术成果将佛教文化传播观总结归纳为："依经奉法"的信源观；"万物有灵"与"众生平等"的受众观；"音声入道"的媒介观；"受、想、行、识"的传播效果观；"八正道"的传播伦理观。

（一）"依经奉法"的信源观

信源即信息的来源，传播线性模式中的"香农—韦弗"模式将具体的传播行为视为从信源经由信道到达信宿的过程，在传播的过程中会受到噪音的干扰。对信源的严格把控可以有助于维护信息的真实性和权威性，而提高信源的可信性更能具有抵御噪音干扰的效果。

相较于其他社会传播，宗教文化传播因要把教派创立者的真实理念传递给教徒，所以更加注重信源的把关与维护，从而实现教义在传播过程中的统一性和一体化。另一方面，宗教文化的传播其意含必然会出现衍生乃至转化的情况，从而导致宗教分裂，教派林立，如果这种情况可控则宗教文化的传播与传承可以延续，如果失控甚至有消失于历史的危险。佛教文化传播中对信源的把控和维护除了是对信息的真实、准确传播保驾护航，更是一种"纠偏机制"，使佛教文化在传播过程中的衍生与转化处于可控的范围内。这种"纠偏机制"往往在出现教义分歧时产生作用，回返信息源头，在佛陀的教言中寻找依据，对偏离佛教文化根本精神、偏离时代和现实需求的观点进行驳斥，行纠偏之实效。佛教文化的信源观可以概括为"依经奉法"，在实践中主要体现在"如是我闻"的行文；"依经不依论，依法不依人"的原则；"非僧宝不足以传道"的规制。

如果以佛陀涅槃作为分界点，那么站在佛教文化传播的角度，佛陀涅槃以前可以称为"一元信源时期"，佛陀涅槃后可以称为"多元信源时期"。在"一元信源时期"，佛陀本身就是最核心的信源。然而，在佛陀涅槃后情况发生了很大的变化，最核心的信源从"佛陀"这个人转变为"佛陀的教典"和"佛陀的弟子"，进入"多元信源时期"，这一时期佛教文化传播却最易受到噪音干扰，使信息的本意受到消解与误读，所以，"依经奉法"信源观的纠偏作用在这一时期殊为突出。

据佛教史记载，在佛陀进入涅槃之前，受阿难尊者的祈请，佛陀为后世佛教传播考虑附嘱于他在经文的起始处加上"如是我闻"即"我是这样听佛所说"。该句具有两方面的指向：首先，指明了信息的来源便是佛陀；其次，表达出佛经是对佛陀的教言用近于史官"春秋笔法"的方式所进行的客观记录。由此可见，早在2000多年前的佛教文化传播中就已经产生了信源管理的观念，也出现了类似现代新闻业"用事实说话"的理念萌芽。"如是我闻"正是以确信的信源、客观中立的记录来保证信息的真实、准确，使受众能够信服。

但是，面对佛教浩瀚的典籍，"如是我闻"只能让受众了知这是佛陀的真实言教，后世更出现了"经律论"三藏，信源繁多同样产生噪音效应，影响受众对佛教文化经意的解读和判断，于是"依经不依论，依法不依人"的原则应时而生。佛教"经律论"三藏地位和作用各不相同。佛陀遗教"以戒为师"，所以"律"便是佛教的基础及管理制度；"经"是佛陀金口玉言开示的教法，是整个佛教文化的精髓；"论"是后世祖师大德根据佛陀教法结合自身体悟所作的解读。"依经不依论，依法不依人"的原则是受众在"多元信源时期"的重要指引，面对佛教文化传播，受众应追根溯源以佛陀的言教——"经""法"为准而非后世的论断和理念。这样不仅保障了佛教文化传播的延续，还通过纠偏维系了佛教文化正统的传承。

"非僧宝不足以传道"不仅是佛教文化传播的特征，更是佛教文化传播中信源管理的重要规制。在佛教中，僧团是住持佛法的主力军，兼具宣说佛法、阐释佛理的"传道"责任，因此也是佛教文化的核心传播主体。这里的"传道"主要指传播"佛法"，即佛教的精神文化和制度文化，这是佛教文化宗教属性的内容。在传道方面，佛教对此具有严格的规定，《魏译无量寿经下》云："佛眼具足，觉了法性，以无碍智，为人演说。"江西庐山东林寺主持大安法师在接受凤凰网佛教频道专访中谈到在家人"以交流的形式跟大家谈一谈也是可以的"，"一般来讲，白衣高坐、比丘下座是佛教的衰相，是不如法的"。[①]由此观之，佛教内宣说佛法、阐释佛理，进行传道原则上应该是三宝中的"僧宝"，在家白衣可以私下交流，但公开传道是不如法的。密宗注重师承，传道时必须由金刚上师开许，禅宗的传道至六祖大师慧能处也一直是由前代祖师口传心授。此外，佛教对传道的僧宝也具有明确学位要求，应该达到"法师"的学位，赵朴初先生在《佛教常识问答》中提到"要通达佛法为人讲说的人才能称法师，不是任何人都可以称的"。[②]

严格地讲，佛教中只有法师才能宣说佛法，而对法师的要求是通达佛法。相对白衣来说，法师因为更亲近佛法并经过严格的学习，作为信源无疑具有专业性和权威性，更有能力承佛伟任译经说法，妙解"如来真实义"。

"依经奉法"的信源观是佛教文化面对传播的理念和态度，千年前的它既充分考虑受众，注重"如是我闻"的行文和"依经不依论，依法不依人"的原则，又对传者有着"非僧宝不足以传道"的明确规制，不得不说这是佛教文化得以畅行天下的重要理念基础，也是佛教文化留给华夏传播学的思想财富。

（二）"万物有灵"与"众生平等"的受众观

佛教文化的目的在于传播，传播是佛教文化存在的价值，因此，佛教文化的受众是谁？范围有多大？受众的地位及权利如何？是对其受众观的核心发问。纵观受众研究历史，对受众的认识经历了由将受众视为大众到主体，由关注被动接

---

① 大安法师：《十分重要：大安法师答"在家人可以讲经说法吗？"》，http://m.ifeng.com/news/JrPFSkUY/shareNews?aid=106186880，2016 年 2 月 15 日。
② 赵朴初：《佛教常识问答》（第三版），北京：北京出版社，2011 年，第 67 页。

受行为到主动选择行为的转变，主要有三种基本的看法：一是"被动的受众"观；二是"顽固的受众"观；三是"主动的受众"观。① 大众传播时代三种受众观演进的背后是技术革新的强大力量。

佛教认为"万物有灵"，因此，"草木丛林""稻麻竹苇""山石微尘""飞禽走兽"都可沟通，这是佛教文化受众观的根本前提。众生本具佛性，都具备信受佛法的基础，所以佛教文化传播的受众是万物，范围是六道众生。同样的，佛教文化还提倡"众生平等"的受众观，这是一种超越时空的受众观，纵向上则从过去而来走向未来，横向上则包含"湿生、卵生、胎生、化生"等六道众生，认为一切众生都能平等地信受佛法，乃至传者和受者的身份界限都不复存在。

大众传播时代受众观的演进的驱动力是技术革新，它使受众从被动到主动。此前，普遍化的观点会认为"万物有灵""众生平等"的受众观不过是佛教文化基于神仙方术的奇谈怪论而已，然而当前"万物互联"的物联网和人工智能技术已然为其打开了崭新的天空。笔者认为，大众传播时代的"众"以最广大民众作为受众，我们可以理解为"广众"；而从佛教文化的受众观出发，随着物联网、人工智能技术的不断革新，未来的传播将从"大众传播时代"进入"泛众传播时代"，这里的"众"指代"众生"，它实现了传播时空的融通。

简而言之，"物物相连的互联网"便是物联网。彭兰教授表示物联网将开创全新的传播景观：未来在各种环境中存在的任何物体，都有可能成为一个智能的终端，它可以自主地发送或接收信息，物与物之间也可以实现智能的连接与互动，而不再完全受制于人。② 不断发展的人工智能，在尝试提升人—人交流的效果的同时，人类也一直在寻找新的交流对象，比如鬼魂、超自然力量、动物以及外星人。③ 佛教文化"万物有灵"的受众观将生命体和非生命体都作为可以沟通的对象，既是物联网、人工智能发展革新的理念先导，同时也为"传播"去除观念的封印，将"传播"从人类的"社会传播"引向对"泛众传播"的思考与探索。

"众生平等"是一种去等级、去身份、超时空的受众观。它强调在佛教文化传播的过程中一切众生都是参与者、见证者，是传播者、受传者、媒介的"三体合一"，只是所参与、承担的工作和任务不同。诚然，在佛教内部的管理体系中的确存在着等级差序，看似与佛教文化"众生平等"的理念相悖。但笔者认为佛教文化为传播而生，传播造就了不断发展的佛教文化，由此，"传播"便可称为解读佛

---

① 胡正荣：《传播学概论》，北京：高等教育出版社，2017年，第228页。
② 彭兰：《网络传播概论》（第4版），北京：中国人民大学出版社，2017年，第13页。
③ 牟怡：《传播的进化：人工智能将如何重塑人类的交流》，北京：清华大学出版社，2017年，第24页。

教文化的公式，佛教文化中的一切皆可放置在传播的视野中进行分析并寻找出答案。正如前文所言，佛教文化传播具有严格的信源观，佛教内部僧人等级的划分其实依据的是僧人传播佛教文化的专业水准，是"依经奉法"的信源观对佛教文化信息来源的管理与维护，根本目的并非迎合世俗的社会等级观念，而是为了佛教文化的有效传播开方便之门。除僧人外的其他众生或作为符号承担"表法"的任务，或以"众生相"成为佛教文化甚深法意的现实印证。

（三）"音声入道"的媒介观

媒介观可以视为对传递信息、承载意义的媒介的态度与论断。佛教文化传播中特别强调"音声"，将佛陀以及后世祖师大德的言教称为"法音"，也就是说惠及一切众生，遍及虚空法界的佛法要靠"音声"传递。《地藏菩萨本愿经》中如来在开演佛法前"放如是等不可说光明云已，又出种种微妙之音，所谓檀波罗蜜音、尸波罗蜜因、羼提波罗蜜因、毗离耶波罗蜜因……狮子吼音、大狮子吼音、云雷音、大云雷音"。① 在这里如来的法音化为不同的"音声"不仅有传递信息的作用还能庄严道场构建神圣空间；《观世音菩萨普门品》中特别谈到"妙音观世音，梵音海潮音，胜彼世间音……"② 将"音声"作为佛法的象征；《大方广佛华严经普贤菩萨行愿品》当中有"一舌根出无量音声海，一音声出无量言辞海"，③ 更加明确地点明以"音声"为媒介从而转化为无量的言辞。

佛教文化传播以"音声"为媒介主要考量两方面的因素：第一，声音遍及三千大千世界具有遍在性，佛教文化将"音声"作为佛法的象征，称之为"法音"，则预示着佛法如若"音声"一样遍在十方；第二，声音的本质是一种波动，即声源的振动以波的形式在介质中的传播。④ 声音具有渗透性和立体感，如前所述，佛教文化以众生为受众力求联通万物，声音对传播的介质并没有苛刻的要求具有极强的渗透性可以满足佛教文化传播的要求，而声音的立体感可以建构空间，再现场景，佛教文化认为正因为"法音"犹存，所以"灵山未散，法华犹在"。

在佛教文化传播中，"音声"作为媒介其作用是"入道"，所以佛教文化传播的媒介观称为"音声入道"甚至是"因声入道"，认为"音声"可助人"返闻闻自性，性成无上道"，通过"音声"启发人的自性，进而"自觉"完成一场有效的内向传播。

① 许颖：《中华经典藏书——地藏经 药师经》，北京：中华书局，2012年，第30页。
② 赖永海：《法华经》，北京：中华书局，2010年，第494页。
③ 鸠摩罗什译：《佛经》，北京：中国文史出版社，2003年，第201页。
④ 陆晔：《当代广播电视概论》（第2版），上海：复旦大学出版社，2012年，第8页。

（四）"受、想、行、识"的传播效果观

效果分析在大众传播研究的五大领域中占据核心地位，传播学界对传播效果的研究大致经历四个阶段，即20世纪初至30年代的强效果阶段；20世纪40至60年代的有限效果阶段；20世纪60至70年代的适度效果阶段；20世纪70年代后的回归强效果阶段。传播效果具体作用于认知、态度和行为三个层面。换句话说，传播学的效果分析便是考虑信息传播对人的认知状态和结构，态度和心理，行为层面上的影响。

然而，佛教文化传播的效果观则聚焦"受、想、行、识"四个层面，同样这也是佛教文化对信息传播环节的认识，即经历"受—想—行—识"四个环节。其中，"受"指感官刺激，是信息接触的阶段；"想"指感受，也就是信息接触后的初始化体会；"行"指行动，既包括心里的触动也包括即将产生的具体行为；"识"即是在"受—想—行"环节之后所形成的具体认知。"受、想、行、识"的传播效果观更加细微地考虑到传播四大环节上所能体现出的效果。

由此观之，"受、想、行、识"不仅更加细微地关注到信息传播的环节，还突破了传统传播效果观的认知、态度、行为三个层面，将关注传播效果的目光延伸至"识"，不得不说具有更为开阔的视野。传播效果具有短期效果和长期效果，佛教文化传播效果观则更加注重持久、连续的长期效果，因为"识"是经过长期的信息传播，在这种潜移默化的作用下形成的认知，这种认知是不仅对人产生持续性作用，甚至对形塑地域形象产生助力。

（五）"八正道"的传播伦理观

所谓传播伦理就是传播过程中或传播行为所涉及的道德关系。[①] 传播伦理观也就指的是对传播过程各要素及传播行为所涉道德关系问题的根本看法。如果说"依经奉法"的信源观是从外围对佛教文化传播的一种纠偏，那么传播伦理观便是佛教文化依托自身理念的一种自觉性管理和把关。笔者认为佛教文化传播中的伦理观可以用"八正道"概括、解读。

"八正道"包括正见、正思维、正语、正业、正命、正精进、正念、正定。正见指正确的见解；正思维指正确的观念；正语指符合主流价值观的信息；正业指正当的活动；正命指正当的手段、方式；正精进指正确、明确的努力方向；正念指正确的思维；正定指正确的认知。

在传播学的视域下，"八正道"的传播伦理观对传播者、信息、传播方式、受

---

① 褚亚玲，强华力：《新媒体传播学概论》，北京：中国国际广播出版社，2018年，第10页。

众等方面都产生着约束、管理的作用。其中，要求传播者的观念正确、思维正确，也就是要有"正思维"和"正念"；所传播的信息应为"正语"也就是传播的信息符合时代需要、符合主流价值观；在对信息的解读和阐释上要具有正确的见解，具备"正见"；传播方式应当正当，符合"正业""正命"的要求；此外，"八正道"的传播伦理观还特别指出应该将信息传播引向正确、明确的方向才能产生卓越的传播效果；"正定"则主要聚焦受众层面，使受众在接收信息传播后能逐渐产生对周遭环境的正确认知，这也是传播效果期待的结果。

佛教文化传播尤其是在华传播获得成功是无法忽视"八正道"传播伦理观的作用的。这里将尝试从四个方面对此展开说明：第一，"八正道"着力于佛教文化传播者修养的提升，这不但提高了传播者的专业水准，而且使其在民众面前建立了良好的形象，而这显然提升了佛教文化传播的信源可信度；第二，两千多年前的佛教似乎早就感知到了传播的"双重偶然性"，因此特别强调传播应当有明确、正确的方向，明确的方向能最大限度地减少传播力的分散，正确的方向可以使信息的传播掌握最好的时机，佛教文化的南传和北传都具有明确、正确的方向也因此获得了传播的最佳时机；第三，"八正道"传播伦理观在传播内容属性上有着明确的表达，即信息应当顺应时代潮流、符合主流价值观和时代精神，放眼历史这也是佛教文化成功在华传播的真实写照；第四，"八正道"传播伦理观规定佛教文化的传播应当达到"正定"，以培养受众正确的认知为传播目的，为最有效的传播效果。由此，我们可以发现在"八正道"传播伦理观的把关与管理下，佛教文化传播"以正为道"，并由此造就了天朗气清的传播空间，成就了全新的气象。

三、佛教文化传播的时代价值

佛教文化的产生受到时代的感召，佛教文化的传播则源于时代的作用，佛教文化与时代向来相伴而行。佛教文化依次经历原始佛教、部派佛教、大乘佛教、密教四个阶段，每一个阶段之后都有与之相应的具体时代背景。汉末三国时期佛教文化正式传入中土，此后的千年时光佛教文化历经初传、依附、独立、融合，真正地在中国开枝展叶成为文化弘流，而佛教文化在中土的传播所经历的四大阶段其中的建构力是"时代的力量"，真正印证"时代有所需，佛教文化有所应"。这并非是佛教文化迎合时代而丧失独立性，而是因为佛教文化本来便崇信"圆融"之道，它"以善为念""以众生为念"始终认为最主流的需求便是众生的需求，也理应是的时代的需求。所以佛教文化传播根植于时代，也是时代价值在文化空间的重要表征。

（一）顺乎时代的社会"调和"作用

佛教文化传播的首要时代价值便是"顺乎时代的社会'调和'作用"。承前所论，佛教文化传播的社会"调和"作用体现在现实维度和意识维度上。在现实维度上，佛教文化传播以朴素的"因果哲学"消解民众心中的现实矛盾，对社会矛盾进行调和。"种善因得善果，种恶因得恶果"的祛恶扬善理念不仅构成社会秩序和伦理道德观的基础，还鼓励民众积极地通过自己的力量追求并创造美好。

其次，佛教文化传播可以营造充满"善"的社会气氛，正如格伯纳的"培养理论"中所探讨的大众传播对受众会产生涵化作用一样，这种"善"的社会气氛对民众乃至对社会同样具有潜移默化的涵化作用，这种社会气氛与环境结合会产生暗示效应，马尔科姆·格拉德威尔的《引爆点：如何引发流行》一书中在分析纽约犯罪潮和南太平洋的青年自杀潮时特别强调暗示效应会引发模仿产生连锁社会行为。故此，佛教文化传播所营造的"善"的社会气氛会产生良好的暗示，进而引发群体的"善行"模仿，进而传播并彰显社会正能量。儒释道文化中虽然都有对"善"的认同，但是，只有佛教文化是以"善"为基，入世是以慈悲之心于世间行善，出世是为求众生得解脱是为"大善"，从此岸至彼岸皆以"善"为舟，所以，这是佛教文化传播对社会气氛的调和。

佛教文化随时代发展而产生的亚文化，诸如禅文化、佛系文化等同样起到社会调和作用，只是笔者将其视为人的"自我调和"。社会转型期带给民众强烈的社会压力，人们需要自我宣泄、自我安慰来进行"自我调和"，这是人类的自然需求也是人类的本能。近年来，由于网络社交媒体的昌盛，佛教文化在网络传播中衍生出"佛系文化"，虽然当前学界对"佛系文化"的争论声犹在耳际，但笔者认为依然要结合整合社会环境来客观、理性地看待"佛系文化"，虽然它"活在当下"的理念却是存在着"丧文化"意味，但是我们仍然"要以正确的、应然的思想观念、人文精神、道德规范来加以引导"。[①]"佛系文化"是一种网络青年亚文化，虽然它与正统原始佛教理念存在很大的差异，但我们也应该清楚地认识到，佛教文化从原始佛教到密教的发展过程中理念都在伴随着时代发生变化，因此"佛系文化"的出现本就是一种自然而然的文化变迁及衍生现象大可不必妖魔化。需要关注的是"佛系文化"的生长空间是网络，主要在青年群体中传播，当前的年轻人在氤氲于儒家"修齐治平""化成天下"的宏大语境下满负压力，处于"理想"和"现实"，"诗意"和"远方"交织的地带。"佛系文化"中"活在当下，无欲无求"

[①] 徐小跃：《"佛系"是伪佛：中国传统文化如何消解佛系》，《探索与争鸣》，2018年第4期，第48页。

的理念其实源自文学作品、影视作品对佛教文化的阐释。所以，"佛系文化"其实是对大众传播中的佛教文化所进行的再生产。从另一个角度来看，"佛系文化"可视为青年人面对成长的软抵制式的生活态度，其实是青年人以自解自嘲而进行的一种自我宣泄和自我安慰，与禅文化、素食文化一样都是佛教文化传播所起到的"自我调和"作用。

在意识维度上，佛教文化传播是对"道""儒"文化的调和，既对现实进行指引，又对人们心性的修炼产生作用。西学东渐后，佛教文化传播同样是以东方文化、本土文化之姿对西方文化的调和。进入现代社会，佛教文化传播则又实施着传统文化对新兴文化，精英文化对大众文化的调节，在意识形态上保持古今、内外、东西的平衡和协调。

（三）构建东方人文话语及人文共同体

人文主义是人类文明本质精神的重要标志，是"人类不断走向未来的力量源泉和指路明灯"，"是开启并协调人类现代化进程的钥匙"。[1]西方的人文主义虽然滥觞于古希腊，但却在基督教文明掌控下发展至今，其所倡导的普世价值实则是基督教文明中的价值。而"儒释道"是构成东方人文主义的主体框架，并与中东的伊斯兰文明存有地缘文化上的亲近。放眼长期以来国际多极的博弈和当前的意识形态对立归根结底可视为东西方人文话语体系的对碰。这一话语体系自然而然地影响着政治话语、舆论话语、学术话语等诸多方面。

自地理大发现以来，经济全球化突飞猛进，但精神文化的全球沟通严重失衡、停滞不前。西方发达国家长期占据全球文化输出的主导地位，全球化主要是西方化。广大发展中国家、东方世界普遍在国际上失语、失声，没有言说自我、对话沟通的平等地位，[2]百余年来"西强东弱"的话语格局也由此逐渐形成。

2020年11月10日，习近平在上合组织成员国元首理事会上提出了构建卫生健康共同体、安全共同体、发展共同体和人文共同体的中国方案，应对当前全球危机。构建人文共同体的理念让我们回望过去，展望未来，为应对错乱的世界秩序和格局带来思想和道路指引。

人文共同体背后的凝聚力根植于人文话语，历史上，"儒释道"在参与构建东方人文话语的同时，也在形成东方人文共同体。仅从法显西行、玄奘西游、鉴真东渡、"开元三大士"来华、金乔觉赴唐的历史中便能寻到佛教文化为构建东方人

---

① 于文杰:《现代化进程中的人文主义》，重庆：重庆出版社，2006年，第395页。

② 袁靖华:《人文共同体传播：国际传播话语体系新突破》，《对外传播》，2021年第2期，第12页。

文共同体所做的贡献。仅从《佛国记》《大唐西域记》《洛阳伽蓝记》的叙事中我们便能看清佛教文化传播中人文共同体形成的历史行迹。《大慈恩寺三藏法师传》中玄奘法师曾深情地感佩高昌国王对其西行求法的帮助，"高昌王开了一个好头，西域各国也都跟着来支持了，就连西突厥的叶护可汗，由于高昌王的请求，也一路上给予了关照"。于是因对佛教文化的共同崇奉玄奘的西行路是这样的一条路："一路通关文书，一路金银玉帛，国王为他铺了一条追求真理之路，一条法王与人王义结金兰通往人类最高友谊之路，一条让桃园三结义升华的思想者之路。"[①] 这是一段人文之力突破政治等不可抗力实现联结的历史实践，向我们彰显着东方人文话语不可摧服、无法斩断的凝聚力。

然而，近代以来西方的坚船利炮打开了对东方国家殖民侵略的历史，随之而来的现代文明也在冲击着古老的东方文明，交流的崩断和地缘的割据打破了东方人文话语持续凝结的局面，而它所维系的人文共同体也因此出现撕裂。"中国话语"缘起于中国自晚清到当下对中西文化关系及其价值认知的剧变。[②] 自那时起，西方人文话语和东方人文话语之间"西强东弱"的态势开始出现，这一切并不能说明东方人文话语在本质上弱于西方，只缘于西方殖民侵略的暴力和历史的强力。

历史的作用在另一方面则体现在"儒释道"在东方人文话语中的角力。古时，道家的"黄老之学""岐黄之术"都曾被应用于王朝统治、国家治理中，尤其是在西汉初年"黄老之学"更是成为国家恢复经济的有效过渡手段。儒家对中国古代中央集权制王朝统治、管理的作用更是毋庸多言，它成为封建王朝统治思想的正统。"儒释道"中唯独佛教文化仅以"镇护国家"的社会作用参与中国古代人文话语、政治话语的建设中。在现代社会，"儒释道"均已无法实质上进入政治空间，其在意义空间中的地位和属性趋于一致，均从政治层面转向知识文化层面和民俗层面。[③] 但是，在"佛教文化就是宗教"的认知偏见下，人们往往忽视了佛教文化传播凝聚人文共同体的历史及现实昭示。"释道"与"儒"之间在现代社会话语体系内的不平衡发展大大削弱了现今国际格局中东方人文话语和西方人文话语对话的能力，乃至碰撞交辉的力量。

"宗教问题为中西文化之分水岭，一般来说文化都是以宗教作中心而发展，中国独否。"[④] 梁漱溟早在《中国文化要义》一书中就已点明中西文化区别的根本在宗

---

① 刘刚，玄奘：《一个偷渡的思想者（下）》https://baijiahao.baidu.com/s?id=1682223011665365
530&wfr=spider&for=pc，2020 年 11 月 2 日。

② 刘骥翔：《中国人文学科话语构建及与西方话语的对话之路——以曹顺庆、张佩瑶和葛兆光相关学说为例》，《中外文化与文论》，2019 年第 3 期，第 305 页。

③ 杜超凡：《西安佛教文化传播生态研究》，硕士学位论文，西安工业大学，2019 年。

④ 梁漱溟：《中国文化要义》，上海：上海人民出版社，2005 年第 5 期。

教。西方人文主义长久以来是在基督教文明的笼罩下发展，西方基督教为"神本"进路，认为"原罪"折射出软弱与佞妄两极并存的人类有限性，故人类须信奉创生万物之独一真神，借无限之他力以提升有限之自力。中国文化则为"人文"进路，认为人性本善而觉有先后，即便是大众劝惩意义上的神道设教，也具有立足自力而权借他力的人文本色。在西方文化语境中，"神"指独一上帝。而在中国文化语境中，本心即神，日用即神。①

概而述之，东西方人文话语的对话绕不开附有"神性"的宗教文化，"儒释道"是东方人文话语的主体框架，在构建东方人文话语上皆发挥着不可替代的作用，为今之计是"儒释道"中或独立或融合的哪个部分可以更好地和基督教文明对话，哪个部分在当下混乱的国际秩序下能够更大程度上、更大范围地形成人文共同体，佛教文化传播在这种情况下已然显示出它独特的价值。

在世界宗教文化空间中，佛教文化和基督教文明在地位和地缘范围上平分秋色，基督教文明之于西方，佛教文化之于东方。双方的对话、对碰从根本上难以绕开的是"神性""人文价值观""人伦"三个方面。

在有关"神性"的一系列问题上，道教文化在世界宗教格局中传播范围有限，相较而言佛教文化具有进行对话的天然优势。在大乘佛典的叙事中，由"人"通过修行而成的"佛"是"觉悟者"，"大千世界芸芸众生之中，唯有佛最尊贵，而不知上天有造物的主宰"。②"佛"的地位是超越三十三天的主宰的，佛教文化认为人人皆具佛性，人人皆可觉悟成佛，相比之，佛教文化更加重视的是"人性"和从"人"到"佛"觉悟的过程；在人文主义价值观方面，西方畅谈的"博爱"是基督教文明中"神爱世人"的"爱"，而儒家则是以血缘为基础的差序的"仁爱"，这二者间的对话存在"世间与出世间""人性与神性"之别，然而佛教文化中与基督教文明"博爱"对应的却是对"众生"的"善念观"；在人伦方面，西方人文话语下"人人生而平等"实则也来源于基督教的"上帝面前人人平等"③，佛教所倡导的最基本的道德准则是众生平等，即不论何种类型的人际关系，在人格上一律平等，一律平等相待，例如在君臣、官民、男女、僧俗之间，佛教主张都应享有平等的人权和人格，都应平等相待，所以僧人即使面见君王也只合掌致礼，而不像

---

① 李明：《中国宗教的人文性质与儒化特色简析——以佛教、基督教中国化为例展开》，《中国文化论衡》，2017 年第 1 期，第 217 页。

② [英] 托马斯·赫胥黎：天演论及其母本《进化论与伦理学》全译，重庆：重庆出版社，2018年。

③ 戚姝：《从"个人"到"族群"——北美殖民地时期黑人平等观念的演进》，《祖国》，2014 年第 12 期，第 22—24 页。

儒家所主张的行跪拜礼。[①]

　　现代社会对文化具有改造力量，在消费主义、商业资本影响下基督教文明衍生出众多的亚文化，随着诸如圣诞节、万圣节等西方节日及背后的商业因素的扩散，也引动了全球的文化消费，这种方式实则也成为基督教文明在现代社会塑造西方人文共同体的主要方式。然而，基于本文的论述，我们已然辨明佛教文化中宗教文化和"附佛文化"之间"一体两面"的关系，已然清楚"附佛文化"背后文化产业的价值和如今的规模。

　　人文话语是人文共同体背后的凝聚力，西方人文共同体的形成在历史上伴随着基督教文明扩张中的战争，在近代，传教士的核心角色是西方国家殖民侵略的先导，在当下则是通过附有宗教文化及价值观的商业文明和消费文化。而东方人文共同体的形成则秉承着"儒释道"的对内和谐，对外和平的思路，在古丝绸之路上，以佛教文化传播作为纽带联结人文共同体的历史实践中最重要的特征便是"和平传播"。特别是在与另一大世界宗教文明体系——伊斯兰文明的关系上，佛教文化不仅与其有着地缘上的文化亲近，更在理念上有着诸多共识，佛教文化传播同样与其存有深远的历史交集，最早的佛寺于贵霜王朝时期采用的是与清真寺一般的"穹顶"结构，曾几何时，法显于白沙瓦发现木制弥勒像，而今，巴基斯坦西部的犍陀罗佛陀造像依然闪耀着文化交融的光辉。

---

①　童鹰：《从可持续发展看佛教的生态人文主义意识》，《佛学研究》，2002 年，第 15—18 页。

中国古典编辑学发微

——以郑樵《通志·校雠略》为例

A Study of Chinese Classical Redactology: Taking Zheng Qiao's *Jiaochou Book of General History* as an Example

李承志 *

Li Chengzhi

摘 要： 广义的"校雠"或"校雠学"涵盖了文献的搜集、校勘、编次，这与狭义的"编辑"或"编辑学"的封域并无二致。更准确地说，"校雠学"是中国特有的"古典编辑学"，从编辑学的角度观照校雠学确是一种现代性诉求的民族性表达。作为中国古典编辑学的第一部学术专著，郑樵的《通志·校雠略》在整体上提倡"会通"与"博雅"的编辑思想。其中，在作为中国古典编辑学核心的文献分类方面，郑樵创造性地提出了"十二分法"与"三级分类法"；在作为中国古典编辑的基础与前提的文献搜集方面，郑樵就佚书提出了"学者自亡"的创见，就存书则提出了"求书八法"。另外，《通志·校雠略》在编辑人才与管理以及包括编、校、注在内的编辑素养与技巧上亦卓有发挥，在学理与实践层面上对现代编辑事业都极具启发意义。

Abstract："Jiaochou" or "Jiaochou Studies" in the broad sense covers the collection, collation and compilation of documents, which is no different the narrow definition of "Redaction" or "Redactology". To be more accurate, "Jiaochou Studies" is a unique "Chinese Classical Redactology" and looking at the "Jiaochou Studies" from the perspective of "Redactology" is the national expression of modernistic pursuit in fact. As the first academic monograph of Chinese Classical Redactology,

---

* 作者简介：李承志，1997 年 2 月生，男，山东省邹城市人，山东大学新闻传播学院新闻传播学硕士研究生，主要研究方向：华夏传播学，编辑出版学。

Zheng Qiao's *Jiaochou Book of General History* advocates the Redactology thoughts of "Understanding Thoroughly" and "Erudition" on the whole. Among them, Zheng Qiao creatively put forward "Twelve Types" and "Three Levels" in terms of documents classification as the core of Chinese Classical Redactology. And he put forward the original idea of the criminal responsibility of scholars on lost books and "Eight Methods" for the existing books. In addition, *Jiaochou Book of General History* played an important role in the talents and managements of Redaction as well as the qualities and skills of Redaction including compilation, collation and annotation. Actually, it is of great significance to modern Redactology in terms of theory and practice.

关键词：校雠（学）；编辑（学）；郑樵；《通志·校雠略》；中国古典编辑学

Keywords：Jiaochou; Redactology[①]; Zheng Qiao; *Jiaochou Book of General History*; Chinese Classical Redactology

一、校雠与编辑

（一）校雠

"校雠"二字在汉语中出现较早，西汉刘向受汉成帝之命对图书进行系统整理时便将自己的工作定义为"校雠"，如"臣向谨与长社尉臣参校雠"。[②]《风俗通》曰："案刘向《别录》'雠校'，一人读书，校其上下，得缪误，为校；一人持本，一人读书，若怨家相对，为雠"。[③]可见《风俗通》对"校雠"一词的释义与"校勘"无异，因此"校勘"就成为狭义的"校雠"，"校勘学"就成为狭义的"校雠学"。如向宗鲁《校雠学·正名第一》所言："昔人校雠之名，本以是正文字为主……簿录之始，必于校雠之终。事或相资，而名不可贸。"[④]但向氏之言依凭的是《风俗通》的解释，却未能完全概括刘向当年整理图书的全部工作。根据《别录》中保留下来较为完整的"书录"来看，除了校勘文字之外，刘向的整理工作还包括确定书名、厘清目次、考辨真伪、收集佚文以及内容评价等工作，故将"校雠"

---

① 这里"编辑学"的英文译法取著名编辑家林穗芳倡导的，中国编辑学会正式采用的译法。

② （清）严可均（辑）：《全上古三代秦汉三国六朝文》，全汉文卷三十七，民国十九年景清光绪二十年黄冈王氏刻本。

③ （梁）萧统编，（唐）李善注：《文选》，卷六，胡刻本（文末"为雠"二字为程千帆据胡克家《考异》所补）；另（宋）李昉（撰）《太平御览》作："刘向别传曰：'雠校者，一人持本，一人读析，若冤家相对，故曰雠也'"。

④ 向宗鲁：《校雠学》，北京：商务印书馆，2014年，第1页。

仅仅视为"正文字"未免取义过狭。

广义的"校雠"或"校雠学"则将向、歆父子当年的图书整理工作尽皆囊括，诚如范希曾所言："故细辨夫一字之微，广极夫古今外内载籍之浩瀚，其事以校勘始，以分类终。明其体用，得其觑理，斯称校雠学。"① 如此一来，广义的校雠学便指的是"治书之学"，即从"校勘"到"分类"的全过程。张舜徽先生认为这个过程可以分为三个部分，即"目录、板本、校勘，皆校雠家事也"，三者"必相辅为用，其效始著"②。程千帆先生则认为校雠学实际上应当"包括版本、校勘、目录、典藏"③ 四个部分。胡朴安与胡道静进一步大而言之，认为"搜集图书，辨别真伪，考订误缪，厘次部类，暨于装潢保存，举凡一切治书事业，均在校雠学范围之内"④，这就是将包括编辑出版以及管理保存在内的治书全过程尽皆委之于"校雠"了。二胡之言不免言过其实之嫌，但总而言之，广义的"校雠"或"校雠学"包含文献的搜集、校勘、编次在学界应当没有多少异议。

（二）编辑

"'编'和'辑'最初是两个意义毫无关联的单音节词"。⑤《说文》释此二字之义分别为"次简也"与"车和辑也"⑥。段玉裁将"编"进一步解释为"以丝次弟竹简而排列之"⑦，即将书写用的竹简用丝绳按照次序固定。这本是中国古代最基础的文献编辑工作。但对于"辑"，段玉裁则认为其本意是"车舆"，"引申为敛义"，"又为和义"⑧。将相关文献收集（敛）在一起而使之有条理（和），则是文献编辑工作最基本的原则。

然而不同于"校雠"一词可见于西汉，"编""辑"二字连用作"编辑"一词在汉语中出现较晚，疑是在中古汉语双音化过程中产生的词汇。"编辑"一词出现在现今可见的材料中最早不超过唐代⑨，如唐高宗仪凤元年的诏书《颁行新令制》中有"然以万机事广，恐听览之或遗；四海务殷，虑编辑之多缺……于事适宜，

---

① 胡朴安，胡道静：《校雠学》，长沙：岳麓书社，2013年，第2页。
② 张舜徽：《广校雠略》，上海：上海古籍出版社，2013年，第1—2页。
③ 程千帆，徐有富：《校雠广义·目录编》，济南：齐鲁书社，1999年，《校雠广义》叙录，第9页。
④ 胡朴安，胡道静：《校雠学》，第1页。
⑤ 姚福申：《中国编辑史》，上海：复旦大学出版社，2004年，"绪论"，第1页。
⑥ （汉）许慎（撰）：《说文解字》，卷十三上及卷十四上，清文渊阁四库全书本。
⑦ （清）段玉裁（撰）：《说文解字注》，卷十三篇上，清嘉庆二十年经韵楼刻本。
⑧ （清）段玉裁（撰）：《说文解字注》，卷十四篇上，清嘉庆二十年经韵楼刻本
⑨ "编缉"一词的使用当早于"编辑"。例如（北齐）魏收（撰）《魏书》卷八十一列传第六十九中有："前后再居史职，无所编缉"。可参见林穗芳《"编辑"词义从古到今的演变》。

文虽繁而必录，随义删定，以类区分……仍令有司编次①，具为卷帙施行"②。再如中唐范传正《唐左拾遗翰林学士李公新墓碑并序》中有："文集二十卷，或得之于时之文士，或得之于宗族，编辑断简，以行于代。"③由此不难见此时唐人心目中的"编辑"的意义已经较为固定，即由专人广泛收集文献材料，删定并分类，使之成书并广泛传播。这与广义的"校雠学"，即"治书之学"并无二致，同时也与现代狭义的"编辑"概念无太大差别。

当然在现代，"编辑"一词的意义在上述狭义的基础上得到了更加广泛的扩展或更加深刻地变化。一方面，现代的文献编辑工作更集中于整理与审定书稿这一环节上。另一方面，编辑的对象范围大大增加。不仅文献编辑的对象在书籍之外又增出了报纸与杂志；而在文献编辑之外，也新增了音视频编辑。尤其是后者，其编辑手段与编辑业务与狭义的"编辑"已经有了较大区别。这些变化多是与出版事业和现代媒介的发展息息相关。因此，"编辑"的定义也必须开疆拓土，其疆域中心也必随拓展过程迁移。但无论如何变化，狭义的"编辑"也始终被保留在编辑的定义域内，即使日益偏离定义中心。

（三）现代性诉求的民族性表达

通过以上分析不难发现，"校雠"与"编辑"有着千丝万缕的关联。自校雠学的角度而言：一方面，狭义的"校雠"单指"校勘"，即"比勘篇籍文字同异而求其正"④，对应编辑活动中的审核（如版本校勘）与校对（如校样勘误）环节。广义的"校雠"则指"治书"，这个过程基本囊括了文献"编辑"的检索、收集、选择、审校、编排以及加工整理等诸项环节。因此从工作流程上看我们便可以说广义的"校雠"即是狭义的"编辑"，广义的"校雠学"即是狭义"编辑学"。但是二者还是略有不同：一方面，"校雠"的对象通常是既经传播的文献，而"编辑"的对象则既可以是既经传播的文献，亦可以是未经传播的稿件。另一方面，"校雠"的对象通常是中国古籍，具有特殊的"中国性"，而"编辑"的对象则在时间与空间上无限制。再加之"编辑"的外延不断随时代发展而扩大，而"校雠"的封域却愈趋稳定，因此更准确地说，广义的"校雠"是一种针对古典文献的特殊"编辑"活动，广义的"校雠学"从属于"编辑学"。进一步说，校雠学是中国特有的"古

---

① 林穗芳在《"编辑"词义从古到今的演变》中提到高宗诏书中的"编辑"一词与"编次"同义，后者更侧重于具体的整理工作。在郑樵的《通志·校雠略》中，"编次"一词多次被使用。
② （宋）宋敏求（撰）：《唐大诏令集》，卷八十二政事，民国适园丛书刊明钞本。
③ （唐）李白（撰）：《李太白集》，卷一，宋刻本。
④ 胡朴安，胡道静：《校雠学》，长沙：岳麓书社，2013年，第2页。

典编辑学"。

从现代编辑学的角度来说，其与校雠学，尤其是广义的校雠学也难以划清界限。在历史主义的视域下，"治书之学之滥觞也是编辑学之起源"①。编辑学之所以成为一门科学当然以丰富多彩的现代出版事业为契机，但在现代出版业出现之前就早已存在的治书之学，尤其是涉及诸如选、审、校、编等基本编辑手段的学问都沿用到了书籍的印刷复制时代。从这个角度讲，"治书之学"是"编辑出版学的'前科学'阶段"②，刻意的切断二者的联系无疑意味着编辑学在中国自断历史之根。正是由于现代编辑学与中国传统治书之学的诸学科有密切关联，编辑学的兴旺带动了这些学科的发展。"伴随着编辑活动的发展，一些诸如文字学、训诂学、考据学、校勘学、版本学、目录学、索引学等等以及众多的专业学术概念，纷纷活跃起来，形象地展现各自的特有功能，增长新知新识"③。反过来，传统治书之学对现代编辑学亦大有裨益，例如"用文献学的眼光观察编辑活动，有助于理解的深化"④。

总体而言，校雠学与编辑学虽相对独立，但在历史、理论与实践上均存在着缠绕渗透的关系。由于现代学科分类体系主要出自西方，故诸如校雠学一类的传统学问在现代学科分类体系中并无一席之地；而由于学科特有的实践性以及舶来性，"编辑无学"与"科学主义"所发出的频段不时成为干扰现代编辑学的噪音。将校雠学引入编辑学后，不仅为校雠学这一传统学科的"游魂"寻找到了一具生机勃勃的肉身，也同时为编辑学接续上了历史根基——至少可以为编辑学从编辑史的角度摘掉"编辑无学"的帽子，也给编辑学本身增添了"人文主义"的色彩。这当然是推动中华优秀传统文化"创造性转化和创新性发展"⑤。如果承认校雠学是中国古典编辑学的话，那么承认校雠学对当今的编辑学的理论和实践具有启发意义便是水到渠成之事了。但这也并不意味着忽略时代特征将前现代的"校雠学"全盘照搬到现代编辑学当中。事实上，如果我们将中国古典编辑学和现代编辑学分别视作民族性和现代性各自的表征的话，我们追求的恰恰是一种"现代性诉求的民族性表达"（The national expression of modernistic pursuit）⑥。

---

① 吴平，钱荣贵主编：《中国编辑思想史》，北京：学习出版社，2014年，第139页。
② 吴赟：《中国编辑出版研究学术史简论》，《河南大学学报》（社会科学版），2008年第5期。
③ 姚福申：《中国编辑史》，上海：复旦大学出版社，2004年，"序二"，第3页。
④ 潘树广：《大文献学》，《图书馆工作与研究》，2000年第3期。
⑤ 习近平：《习近平谈治国理政》，北京：外文出版社，2014年，第164页。
⑥ 李欣人，李承志：《儒家文化视域下跨文化传播观念的重构》，《现代传播》（中国传媒大学），2021年第7期。

二、郑樵与《通志·校雠略》

（一）郑樵其人

郑樵，字渔仲，学者称夹漈先生。两宋之交著名的历史学家，文献学家与编辑学家，其代表作为"史学三通"之一的《通志》。《宋史》载郑樵"好著书，不为文章，自负不下刘向、杨雄。居夹漈山，谢绝人事……遇藏书家，必借留读尽乃去"①。由此不难看出郑樵有两个异于常人之处：一来嗜书如命；二来自命不凡。嗜书如命又包括"好读书"与"好著（编）书"两个方面，就像他在《上宰相书》提到的那样："三十年著书，十年搜访图书"②。"好读书"使得郑樵能够接触并收集到大量文献，"好著（编）书"则使得郑樵能够始终身处编著的第一线。"读古人之书，通百家之学"③，长期大量的编辑实践为其提出传世的编辑理论开拓了宏广的视域并奠定下了坚实的基础。

如果说郑樵的"嗜书如命"素来无非议的话，那么他的"自命不凡"就多为后人所诟病了。例如《文献通考》的作者马端临就批评郑樵："讥诋前人，高自称许，盖自以为无复遗憾矣。"④郑氏常以孔子和司马迁自比，除了在史学上"言班固以来历代为史之非"⑤之外，在编辑方面也有"七略所分，自为苟简，四库所部，无乃荒唐"⑥的不惭大言。郑樵之言确实不免"独断之学"的偏激与夸张，但从中亦不难看出郑氏不为权威慑服而"自成一家"的批判精神，这在《通志·校雠略》上亦有显著地体现。

（二）《通志·校雠略》

《通志》自是一部史学巨著，但在成书之后却遭到了不少非议，而相当一部分非议集中在此书因袭旧文上。例如批评此书"纪、传及谱皆剿袭旧史，略为删润，殊无可观"⑦。但实际上，这类批评恰恰忽略了"述"这一中国古代特有的文献形成方式。杜泽逊先生在《文献学概要》中将文献形成方式归纳为著、述、编、译四种。其中，"开创者为作，遵循者为述"⑧。郑樵所被批评的"剿袭"，恰恰就是遵循。

① （元）脱脱等（撰）：《宋史》，北京：中华书局，2000年，第10095页。
② （宋）郑樵（撰）：《夹漈遗稿》卷下，"上宰相书"，清钞本。
③ （宋）郑樵（撰）：《夹漈遗稿》卷中，"献皇帝书"，清钞本。
④ （元）马端临（撰）：《文献通考》，卷二百一经籍考二十八，清浙江书局本。
⑤ （元）脱脱等（撰）：《宋史》，北京：中华书局，2000年，第10095页。
⑥ （宋）郑樵（撰），王树民点校：《通志二十略》，北京：中华书局，1995年，第1805页。
⑦ （清）梁章钜（编）：《退庵随笔》，卷十六，清道光十六年刻本。
⑧ 杜泽逊：《文献学概要》，北京：中华书局，2001年，第39页。

而"述"层面的遵循不能止于简单的继承，"在领会的过程中，可能还会有所增益，使之更完整。或者有所删定，使之更正确"①，也就是所谓"略为删润"。郑樵效法孔圣，的确是一位"述而不作"的大师。同时又不得不说这里的"述"与我们今天所谓的"编辑"工作十分相似。从这个角度而言，《通志》的纪传部分亦可被视作编辑实践层面上的一部鸿篇巨制。当然客观地讲，郑樵本人对"述"的理解也有偏差，否则他也就不会大言臧否班固"全无学术，专事剽窃"②了。

如果说《通志》的纪、传、谱是"述"的话，那么《二十略》则确固不拔的是发前人所未发的"作"了，盖如郑樵本人所言："臣之《二十略》，皆臣自有所得，不用旧史之文。"③所谓"略"，郑樵解释为"总天下之大学术而条其纲目，名之曰略"④。可见"略"本身便有理论升华与总结的意味，那么《通志·校雠略》确可被看作是校雠学的一部理论专著了。关于成书的目的，郑樵说道："册府之藏，不患无书，校雠之司，未闻其法。欲三馆无素餐之人，四库无蠹鱼之简，千章万卷，日见流通。故作《校雠》"⑤。可见郑樵心目中校雠乃是上文所讨论的广义的校雠。"其所言校雠之事，惟编纂类例，搜求亡书"⑥——从编辑的角度说，《通志·校雠略》涉及了文献的搜集、选择、编排、审校等问题。因此，郑樵的《校雠略》无疑是一部中国古典编辑学的理论专著。

尤为重要的是，《通志·校雠略》反映了校雠学，或言中国古典编辑学的自觉。程千帆先生曾经指出："盖始有校雠目录之事，继有校雠目录之名，终有校雠目录之学。"⑦在郑樵作《通志·校雠略》之前，中国仅有校雠之事与校雠之名，却断无校雠之学。郑樵开创性地将前人与其自身对"校雠"的认识理论化，提出了一系列中国古典编辑学的重大问题并给予了探讨，破天荒地建立了中国古典编辑学的体系，并且这个体系基本为后世持广义校雠学观点的学者沿用。"故自郑樵而后，治书之学，统被校雠之名"⑧。更重要的是，郑樵将《通志·校雠略》中原创性的中国古典编辑理论和思想直接运用到了《通志·艺文略》中，甚至进而将其广泛运用

---

① 杜泽逊：《文献学概要》，北京：中华书局，2001年，第39页。

② （元）马端临（撰）：《文献通考》，卷一百九十一经籍考十八，清浙江书局本。

③ （宋）郑樵（撰），王树民点校：《通志二十略》，北京：中华书局，1995年，"通志总序"，第11页。

④ （宋）郑樵（撰），王树民（点校）：《通志二十略》，"通志总序"，第5页。

⑤ （宋）郑樵（撰），王树民点校：《通志二十略》，"通志总序"，第8—9页。

⑥ （清）李兆洛（撰）：《养一斋集》，文集续编卷四，"顾若墓志铭"，清道光二十三年活字印四年增修本。

⑦ 程千帆，徐有富：《校雠广义·目录编》，济南：齐鲁书社，1999年，"《校雠广义》叙录"，第2页。

⑧ 程千帆，徐有富：《校雠广义·目录编》，第3页。

到了其终身所从事的编著群书的编辑实践之中。这给《通志·校雠略》在理论价值之外又平添了丰富的实践价值。当然,《通志·校雠略》作为学科开山之作亦不免"创始者难为功"的通病,但是作为中国古典编辑学滥觞的源头活水,瑕不掩瑜,其中大有可为现代编辑学所借鉴、吸收、发扬者需细细发掘整理。

三、《通志·校雠略》的编辑思想

郑樵整体的编辑思想主要体现在"会通"与"博雅"两方面。所谓"会通",盖如郑樵所言:"古人编书,必究本末,上有源流,下有沿袭,故学者亦易学,求者亦易求。"[①] 所谓"博雅",亦如郑樵所言:"然大著述者必深于博雅,而尽见天下之书,然后无遗恨。"[②] 也就是说,郑樵的中国古典编辑学要求编者既要对编辑材料有纵向上的深刻思考,又要有横向上的宽广把握,最终"集古今天下之书为一书"。从这个角度来说,能文者未必能编书,故编辑非大视域、大学问者不能御其列。"会通"与"博雅"不仅是郑樵编辑思想的核心,更是它一生编辑实践的真实写照。在章学诚的《校雠通义》中,"会通"与"博雅"思想被引申为"辨章学术、考镜源流"[③] 这一中国古典编辑学基本命题,影响深远,成为后来编者孜孜矻矻的学问与实践指归。

(一)文献分类

文献的编次是中国古典编辑学的核心内容之一,以至这部分内容在后世形成了泓涵远迤的目录之学。郑樵尤为重视"学守其书,书守其类"[④],因此作为文献编次基本环节的文献分类在《通志·校雠略》中占了很大的篇幅。郑樵创造性地提出文献分类的首要工作是区分"类例"。"类例"是郑樵文献分类体系中的核心范畴,大抵指的是"分类体系与分类规则"[⑤]。郑樵认为"类例既分,学术自明"[⑥];"类例不明,图书失纪"[⑦]。文献分类的类例是否合理不仅直接事关图书的存佚,还进一步地

---

① (宋)郑樵(撰),王树民(点校):《通志二十略》,北京:中华书局,1995年,"通志总序",第1807页。

② (宋)郑樵(撰),王树民(点校):《通志二十略》,"通志总序",第1页。

③ (清)章学诚(著),王重民(注解),傅杰(导读),田映曦(补注):《校雠通义通解》,上海:上海古籍出版社,2009年,"章学诚《校雠通义》自序",第1页。

④ (宋)郑樵(撰),王树民(点校):《通志二十略》,第1804页。

⑤ 周余姣:《郑樵与章学诚的校雠学研究》,济南:齐鲁书社,2015年,第136—137页。

⑥ (宋)郑樵(撰),王树民(点校):《通志二十略》,第1806页。

⑦ (宋)郑樵(撰),王树民(点校):《通志二十略》,第1804页。

关乎学术的脉络与源流——"可以见先后之次，可以见因革之宜"①，这也是郑樵的"会通"思想在文献分类中的具体体现。

基于此郑氏在《通志·校雠略》中独创了一套图书分类方法：在横向上根据学术种类，将文献分为十二大类；在纵向上根据种属关系，独创了与前人殊为不同的文献三级分类法。这个分类方法在《通志·艺文略》中得到了贯彻。虽然"郑氏分类法"终于未能撼动"四部分类法"在中国学术史上长期占据的主导地位，但其合理性亦不容磨灭，尤其是郑樵敢于打破成规的创新精神以及考镜源流、与时俱进的学术思想更是为人称道。事实上，在郑樵之前，《七略》《七志》《七录》以及《隋书·经籍志》都给出了各自不同的图书分类方法，它们与《通志·校雠略》分类方法之不同大略如下表所示：

表：郑樵分类法与前人分类法比较示意表

《通志·校雠略》	《七略》	《七志》	《七录》	《隋书·经籍志》
12类（100家/432种）③	6略（38种）	9志	7录（55部）	4部（40类）
1. 经类（9/88） 2. 礼类（7/54） 3. 乐类（1/11） 4. 小学类（1/8）	1. 六艺略（9）	1. 经典志	1. 经典录（9）	1. 经部（10）
5. 史类（13/90）			2. 记传录（12）	2. 史部（13）
6. 诸子类（11/48）	2. 诸子略（10）	2. 诸子志	3. 子兵录（11）	3. 子部①（14）
	3. 兵书略（4）	3. 军书志		
		4. 佛经（附）	4. 佛法录（5）	
		5. 道经（附）	5. 仙道录②（4）	
7. 星数类③（3/15） 8. 五行类（30/33） 9. 艺术类（1/17） 10. 医方类（1/26）	4. 数术略（6） 5. 方技略（4）	6. 阴阳志 7. 术艺志	6. 术伎录（10）	
11. 类书类（1/2）				
		8. 图谱志		
12. 文类（22④/40）	6. 诗赋略（5）	9. 文翰志	7. 文集录（4）	4. 集部（3）

① （宋）郑樵（撰），王树民（点校）：《通志二十略》，第1822页。
③ 注：《艺文略》中实际分类与《校雠略》的描述略有出入。

1. 十二分法 ①

郑樵的图书分类方法最显著的特点是细密而有条理。诚如郑樵所言："凡编书，惟细分难，非用心精微，则不能也。"在横向上，相较于《七略》的"六分法"，《七志》的"九分法"，《七录》的"七分法"，以及《隋书·经籍志》的"四分法"，郑樵根据自己对学术源流的理解，将部分原本不被视作类目的文献种类独立出来并作升格，给出了类目数量最多的"十二分法"。例如将之前图书分类方法中被视作铁板一块的"经部"一分为四，将之前分类方式中逐渐趋于统一的"子部"重新拆分，以求达到类目虽多而治，书籍虽庞而齐的效果。

类目拆分的目的一方面在于随着时代发展，学术门类和书籍数量不断增加，四部分类法的粗疏逐渐被凸显：经部和子部两大类目囊括了太多种书籍，查询文献的麻烦当然与日俱增。一个典例就是《校雠略》中经部的礼类书可分为7家54种书，在数量上完全可以与9家88种书的经类书分庭抗礼。另一方面则自学科性质与源流上看，"小学类"的书，即音韵、文字、训诂之学应当是中国古人阅读和学问的基础，不仅仅是读经类书需要建基于小学的础石之上，读史类、文类等其他种类的书亦然。因此在图书分类上将小学类书单独作为经类的附庸颇不合理。但吊诡的是，在郑樵之前的图书分类法和在郑樵之后逐渐成熟的四部分类法对这一点皆视而不见，故郑樵升格小学类书籍的做法在图书分类史上颇具革命性。再如"类书类"的书本身取材繁杂，经史子集皆有涉及，四部法将其归于子部，亦未免过于粗疏，不如郑樵将类书单列成一类更"别出心裁"。

但分类细密也并不意味着将图书种类作无限地拆分和扩展。秉着分合允当的原则，郑樵的"十二分类法"也适当延续了图书分类方法中子部书逐渐扩大的趋势，将子、兵、佛、道等类别的书籍悉数合并于"诸子类"当中。其道理在于所谓的兵、佛、道本身便属于诸子之一或者具有与诸子类似的性质，将其归于"诸子类"再恰当不过。同时，这几类书本身数量不多，在中国传统学术中也并不占据核心地位，归于一类实是必然。

2. 三级分类法

郑樵的图书分类方法之细密与条理亦体现在纵向的三级分类法上。除了《七

---

① 《隋书·经籍志》四部分类之后附有道经、佛经，共收书十五类，表格据后世成熟的四部分类法将二者归入子部，不再单独列出。

② 《七录》中的"仙道录"细分为"经戒部""服饵部""房中部"和"符图部"，而道家典籍应收在"子兵录"的道部中。

③ 《通志·艺文略》中作"天文类"。

④ 《通志·校雠略》本作"文类一类分二家，二十二种"，据《通志·艺文略》则为"二十二家，四十种类"，此处从后者。

志》无法拿出确凿的证据外，在书籍分类上从《七略》到《隋书·经籍志》使用的都是二级分类法，以《隋书·经籍志》为例，其一级位类是"部"，二级位类我们命名为"类"，那么文献查找顺序便是由"部"到"类"，由"类"到具体文献，例如"经部—《论语》类—《集解论语（十卷）》（何晏集）"。而郑樵再一次破天荒地打破成例，独创了三级分类法。即在二级分类的基础上拓展出三级位类，如此则文献查找顺序便变成了由"类"到"家"，由"家"到"种"，由"种"再到具体文献，例如"经类—《论语》家—'注解'种—《集解论语（十卷）》（何晏集）"。事实上，随着学科的不断丰富，书目的不断增加，图书分类的位类随之拓展是大势所趋。例如清《四库全书总目》的四部分类体系中在某些类下就增加了三级位类，当下中国所使用的《中国图书馆分类法》所采用的也是三级分类。由此不难见郑樵的先见之明与锐意革新之精神。

（二）文献散佚与搜集

1. 文献散佚

"古书亡失，愈远愈稀。片羽吉光，弥足珍贵"①。文献在流传的过程中不断散佚，研究者将其原因或归罪于天灾人祸，或归结于自然淘汰。但在后者的基础上，郑樵却给出了一个更为新颖大胆的假设，即书籍亡佚罪在编辑不当。就天灾人祸而言，历代亡书声名之恶者，未尝过于秦火。然而郑樵却认为秦不绝儒灭书。原因有三：其一，陆贾、郦食其、叔孙通等汉初大臣皆为秦时巨儒，且叔孙通降汉时有弟子百余人；其二，秦二世时诸儒生尚能以《春秋》之义答对；其三，项羽败亡之时鲁国尚能恪守儒家礼节。由此推论，秦或有坑儒焚书之事，但并非像后世学者所推断的那样是学术与书籍的灭顶之灾。故针对"秦人焚书而书存，诸儒穷经而经绝"的悖论，郑樵大胆推测"书之易亡，亦由校雠之人失职故也"②。析言之，校雠失职或言编辑不当又可细分为二：一是"类例不明"，二是"编次之失"。关于前者，郑樵认为"书之不明者，为类例之不分也"③。如果历代编者所制定的"类例"明晰而合理，后世学者"求之易求，学之易学"，书籍的散佚就不会如此严重。关于后者，则只能归咎于编次工作人员的粗疏大意了。《唐志》④中缺少日月风云气候之书，《崇文总目》中缺少日月之书，都是由于"编次之时失矣"。自

---

① （清）永瑢（撰）：《四库全书总目》，卷一百十八子部二十八，清乾隆武英殿刻本。
② （宋）郑樵（撰），王树民（点校）：《通志二十略》，北京：中华书局，1995年，"通志总序"，第1809页。
③ （宋）郑樵（撰），王树民（点校）：《通志二十略》，第1804页。
④ 指宋代官修《新唐书·艺文志》，下同。

此看书籍"百不存一二"果然是"学者自亡之"了。事实上，郑樵的"学者亡书"说除了能够警醒编次人员在从事文献编辑工作时务必慎之又慎之外，也在客观上起到唤醒编辑人员的主体性意识，提高编辑人员社会地位的作用。

2. 文献搜集

文献的搜集是文献编辑的前提和基础，故郑樵就文献搜集的论述用功甚深而着墨极多。他甚至认为文献搜集应当成为一种官方的文化事业，从事文献搜集的编辑人员应当是公派的"求书之官"。作为编辑的首要环节，文献的收集应当多多益善。没有丰富完善的一手资料，自然不可能编出好书，而《通志》这部皇皇巨著就建立于郑樵广泛的阅读与文献搜集的基础上。在长期的文献搜集实践过程中，郑樵总结出一套完整的"求书之道"①，详言有八：即类以求，旁类以求，因地以求，因家以求，求之公，求之私，因人以求，因代以求。按照书籍的性质、地域、时代、家族以及个人归属"按图索骥"自然事半功倍；求书在重视官方藏书的同时也注重民间藏书自然巨细无遗。郑氏求书之法是经验之谈，虽未见得全面，却颇具实用性。

另外，文献的搜集除了集存世之书外，还包括辑亡佚之书。在辑佚方面，郑樵可谓颇具创见，提出了"书有名亡实不亡论"。即某些文献虽然看似已经亡佚，但却能够在现存的书目中寻找到与之相关的总结概括、断章残句或蛛丝马迹，佚书便能由此重获新生，如《十三代史目录》可取诸《十三代史》。又提出"阙书备于后世论"。即某些文献虽在一代看似湮没，却能在后世寻得踪迹。例如《隋书·经籍志》所称"梁有今亡"的书籍却又能复见于《新唐书·艺文志》中。故搜求亡书不可迷信前朝甚至当代的目录，求书之人大可由后世之存书寻前人之佚书。据章学诚《校雠通义》所考，辑佚工作当起于南宋王应麟，因此郑樵生活的时代书籍辑佚还尚未走上正轨，郑氏极具创建的辑佚理论实是走在了辑佚实践之前。故郑樵的辑佚理论难免"发言太易"，但又不得承认"其见甚卓"②。

（三）编辑人才与管理

在文献的编辑过程之外，郑樵还讨论了作为编辑主体的编者的问题，甚至还涉及了编辑管理的问题，这同样是中国古典编辑学自觉意识产生的标志之一。从编辑管理的角度讲，《通志·校雠略》认为编辑工作应当成为一种官办事业，政府

① （宋）郑樵（撰），王树民（点校）：《通志二十略》，北京：中华书局，1995年，"通志总序"，第1813—1814页。
② （清）章学诚（著），王重民（注解），傅杰（导读），田映曦（补注）：《校雠通义通解》，上海：上海古籍出版社，2009年，第33页。

应当为书籍编辑人员设立"校雠官"，既如此编辑人员才能"专职久任"，非如此不能出旷世的编辑作品。从编辑人才的角度说，郑樵给"校雠官"提出了"专"（"校书之任不可不专"①）与"久"（"校雠之官岂可不久其任也哉"②）两个要求。尤值得一提的是，这里的"专"既指编辑能力，又指学养才识。而在编辑事业的早期，治书之业集中于"一人之手"，故学养才识之专只能表现为专人学问的通达广博。其中，"专"与"久"形成互为前提的关系：久校者必能专，专校者方能久。从中国古代编辑历史的角度考察，无论是司马氏父子还是刘氏父子，无一人不是博古通今的无双国士，无一家不是终身不辍的校雠世家。当然随着时代的发展、文献的增加以及编辑要求的提升，编辑活动的社会分工进一步清晰，逐渐由司马氏、刘氏这样的"一人之手""一家之学"向集体工作的"众手"过渡。而在集体编辑活动中，分工合作更应重视的就是"专"的问题，也就是因才施用、人尽其用，充分发挥各专业学者之长处，万不可"夺人之所能，而强人之所不及"③。专业学者编书是中国古典编辑实践的重要传统，这对现代编辑实践也不无启发，事实业已证明编者的专业学术功底常与编辑作品质量成正比。另外，郑樵对"专"与"久"的阐述对当前编辑出版界编辑主体意识和职业意识薄弱的问题也具有直接的指导意义。

（四）编辑素养与技巧

中国古典编辑学的一个重要特点是编、校、注合一。《通志·校雠略》对编次、校勘、注解都有方法论意义上的阐发，其中不少论述对现代编辑的编辑素养与编辑技巧具有发蒙启蔽的作用：

1. 编次有序

图书分类自有标准，但是在标准制定之后编辑人员必须将标准一以贯之，否则便极易出现这样几种编次失误：一是同类分置。郑樵认为"一类之书当集在一处，不可有所间也"④。即同一类书不应当分置多处而造成混乱。二是书籍误分。即将本属于此类的书归于彼类。例如《唐志》将本属农家的《钱谱》误分至小说家，因为此书的作者封演以小说家名世。这是典型的"以人类书"⑤的错误，事实上，文献的编次更应注重文献本身的主体性而不是作者。三是同书重收。即将同一种

---

① （宋）郑樵（撰），王树民（点校）：《通志二十略》，北京：中华书局，1995年，"通志总序"，第1812页。
② （宋）郑樵（撰），王树民（点校）：《通志二十略》，第1813页。
③ （宋）郑樵（撰），王树民（点校）：《通志二十略》，第1822页。
④ （宋）郑樵（撰），王树民（点校）：《通志二十略》，第1815页。
⑤ （宋）郑樵（撰），王树民（点校）：《通志二十略》，第1820页。

书归于不同的类目中。例如，《唐志》在"仪注"类中有玉玺、国宝之书，"传记"类中又有这二种书。这几种失误的出现有一定的必然性，因为一种书籍可能同时具有多种性质，在归类时便容易出现亦此亦彼或者时此时彼的情况。此类具有复杂性的书，郑樵曾做过专门总结："古今编书，所不能分者五：一曰传记，二曰杂家，三曰小说，四曰杂史，五曰故事。凡此五类之书，足相紊乱。又如文史与诗话，亦能相滥"①。专业人士在编辑此类书时，除了对分类标准了然于胸之外，更应当认真审读原书进而对书籍性质作出精确把握。而"只看帙前数行，率意以释之"②的苟且行事与粗枝大叶正是编辑工作的大忌。《通志·校雠略》指出了"看前不看后"与"见名不见书"③这样两种在编书时因粗疏大意所造成的失误。前者如《艺文志》将本属兵家的《尉缭子》当作诸子类归入杂家，后者如《唐志》将本属"炉火之书"的《周易参同契》与《周易五相类》归入"卜筮之书"。这都是由编书者审读不精造成的，换言之，精细审读是编者重要的编辑素养。

在文献编次上，郑樵还指出了两个实用技巧：一是"必记亡书"。某些亡佚的书籍虽然消亡于一时，但就像郑樵所指出的那样，"阙书备于后世"，因此记载亡书能够为后世文献搜集提供索引。另外，将亡书尽数搜集也有利于"辨章学术，考镜源流"，使学术脉络和线索不至于完全中断。亦基于此，郑樵除了著录亡书之外也著录书籍流传状况。二是"必记卷帙"。古典文献常发生部分亡佚，即某书的某一或某些篇目失传的情况。如果没有专门针对卷帙的说明和记载，某些文献在部分散佚后仍文从字顺，极难被读者察觉。同时相较于连篇累牍的大段文献，明确卷帙后也能让"学者易学"。另外，在《通志·艺文略》中，郑樵除了记载卷数之外也记载文献来源，这也同样能起到"考镜源流"与使"学者易学"的作用。

2.尤重校勘

编辑的重要职责之一就是审校文献中的讹误，这一点古今皆然。郑樵认为校勘是编辑工作中至关重要却不被重视的一环，尝喟然叹曰："后来编书出于众手，不经校勘者可胜道哉！于是作《书目正讹》。"④尤为值得称道的是，郑樵指出了校勘与版本之间的关系。"校书必广求异本，尤其必须广求古本"⑤，这是编辑工作中古籍校勘的基本原则之一。之所以要广求古本，就是因为文献在形成之后，在广泛传播的过程中本本相因而难免出现讹误。而前出之讹"后人更不考其错误而复

① （宋）郑樵（撰），王树民（点校）：《通志二十略》，北京：中华书局，1995年，"通志总序"，第1817页。
② （宋）郑樵（撰），王树民（点校）：《通志二十略》，第1810页。
③ （宋）郑樵（撰），王树民（点校）：《通志二十略》，第1809页。
④ （宋）郑樵（撰），王树民（点校）：《通志二十略》，第1817页。
⑤ 杜泽逊：《文献学概要》，北京：中华书局，2001年，第172页。

因之"①者比比皆是。例如在郑樵看来，《唐志》中的谥法归类之误就是因为因袭了《隋志》的错误。这虽然是"编次之讹"，但郑樵所隐而未发的观点却指向校勘。即古籍校勘当求善本，而善本的特点之一是时代较早。不考虑文献编刻者的工作细致程度，理论上讲越早的版本越接近初本的原貌。所以郑樵说："君子重始作。"②但是这里还有一个重要问题就是"始作之讹，则后人不复能反正矣"③。这就给初版书籍的编辑校样勘误人员提出了更高的要求，"始作之讹"当在文献流布的源头即行剪灭。

3. 适当注解

文献编辑常常被比喻作"为他人作嫁衣"，在编辑活动中任何编辑都没有权力擅自改动原作。当编者认为作者的著作中有错误时，若作者是今人，当然可以与之商讨；但校勘古籍时，作者是古人，编者自然不能启古人于地下，便只能通过作注或者题写校勘记的方式表达观点。事实上，校勘记本身也属于注解的一种。那么何处当注，何处不当注，某处当如何注就成为古籍编辑时的一大难题。郑樵给出的方案是"盖有应释者，有不应释者，不可执一概之论"④。郑樵以史书编辑为例说明这一点。正史编撰规范，无需作过多说明；杂史编撰良莠不齐，其中的错杂之处当然要予以更正；霸史编撰纷乱，因此需要编辑人员一一注解说明。这之中，郑樵对"泛释无义"做法最为抵触，"强为之说，使人意怠"⑤。譬如"'学而时习之，不亦乐乎'无笺注，人岂不识？……此皆义理之言，可详而知，无待注释"⑥。在不应注解处作注，不但不能顺利表达编辑的意图，反而"去经愈远"。

更重要的是，郑樵并不认为文字作注是编辑在编书时的唯一表达观点的方式。编辑的意图可以通过独具匠心的非文字形式表现，例如丛书编辑就完全可以通过书籍类目揭示图书性质，而无需使用文字对图书性质再作赘述，这也就是郑樵所谓的"睹类而知义"⑦，故郑樵虽对《隋志》推崇备至，但在《艺文略》中却不仿照《隋志》作大小序。另一方面，郑樵极为重视图谱在文献编辑中的作用，甚至为此专门写作了《图谱略》。自学术源流分析，他甚至认为"图谱之学"与"书籍之学"源出一脉而当平分秋色。"图成经，书成纬，一经一纬，错综而成文。古之学者，

① （宋）郑樵（撰），王树民点校：《通志二十略》，北京：中华书局，1995年，"通志总序"，第1815页。
② （宋）郑樵（撰），王树民（点校）：《通志二十略》，第1816页。
③ （宋）郑樵（撰），王树民（点校）：《通志二十略》，第1816页。
④ （宋）郑樵（撰），王树民（点校）：《通志二十略》，第1819页。
⑤ （宋）郑樵（撰），王树民（点校）：《通志二十略》，第1818页。
⑥ （清）朱彝尊（撰）：《经义考》，卷二百三十八尔雅，清文渊阁四库全书本。
⑦ （宋）郑樵（撰），王树民（点校）：《通志二十略》，第1819页。

左图右书，不可偏废"。这不无道理，直到现在我们仍以"图书"作为书籍的代称。但自向、歆父子以来，重书籍而轻图谱，以至于"图谱之学"不兴。但"即图而求易，即书而求难，舍易从难，成功者少"[①]，因此后世在编书时更应注重有意识地使用图谱以求作品图文并茂。总之，"繁简适当，图文并茂"是郑樵编书作注的基本原则，现代编辑工作者更应在编辑活动繁与简的张力以及多样化的形式中彰显个人主观能动性与行业独有的创造力。

① （宋）郑樵（撰），王树民（点校）：《通志二十略》，北京：中华书局，1995年，"通志总序"，第9页。

中国丝绸文化典籍传播：历史脉络、传承现状和数字创新 *

Dissemination of Chinese Silk Cultural Classics: Historical Context, Inheritance Status and Digital Innovation

周　琼　颜欣彤 **

Zhou Qiong　Yan Xintong

摘　要：典籍是中国传统文化的重要载体，通过典籍讲好中国故事是"中华文化走出去"战略的重要要求。处于中华文化"走出去"新的历史机遇期，传统丝绸文化典籍的对外传播面临着新的挑战。新媒体时代，传统文化的对外传播要顺应时代发展，注重全球化语境中文化符号的价值认同，优化丝绸文化典籍的外译传播策略。典籍的数字化发展借力数字人文技术的应用，为丝绸文化典籍的对外传播提供了新的视角，新媒体技术的发展让音乐、影视、VR、AR 等跨媒介传播成为丝绸典籍活化的新方式，网络直播引流、民间渠道构建及"互联网+KOL"等传播营销新模式为丝绸典籍开拓更广阔的海外受众市场，推动中华优秀传统文化海外传播。

Abstract: Classics are an essential carrier of Chinese traditional culture. It is an important requirement for the strategy of 'Chinese culture going out' to tell Chinese stories well through classics. In the new historical opportunity period of 'going out' of Chinese culture, the external communication of traditional silk cultural classics is facing new challenges. In the new media era, the external communication of traditional culture should conform to the development of the times, pay attention to the value identity of cultural

---

* 基金项目：此文为教育部人文社科青年课题"网络社群传播模式创新和社会秩序重构研究"（项目编号：19YJC860055）；国家社科基金重大研究项目"网络与数字时代增强中华文化全球影响力的分层传播战略和实施研究"的阶段性成果。

** 作者简介：周琼（1984—），女，复旦大学新闻学院博士后，浙江工业大学人文学院讲师，研究方向：文化传播，群体传播，新媒体与社会；颜欣彤（2000—），女，浙江工业大学人文学院学生。

symbols in the context of globalization, and optimize the translation and dissemination strategy of silk cultural classics. The digital development of classics takes advantage of the application of digital humanities technology to provide a new perspective for the external communication of silk cultural classics. The development of new media technology makes music, film and television, VR, AR and other cross-media communication become a new way of activation of silk classics. The new communication marketing models such as network live broadcast drainage, folk channel construction and 'Internet + KOL' open up a broader overseas audience market for silk classics and promote the overseas communication of Chinese excellent traditional culture.

关键词：中华典籍；丝绸文化；海外传播；数字人文

Keywords: Chinese classics ; Silk culture ; Overseas dissemination ; Digital Humanities

一、中国丝绸文化典籍对外传播的发展历史

（一）典籍的对外传播历史

典籍是中华传统文化的重要载体，中国典籍对外传播的历史源远流长，最早可追溯至公元 6 世纪，中日文化交流开始盛行，大批"遣唐使"受日本天皇之命来到中国学习，并带回日本大量中国的典籍文献。日本近代汉学家岛田翰的《古文旧籍考》考察了日本所藏中、日、韩刊刻的汉籍版本源流，分别考证旧抄本、宋椠本、旧刊本、元明清及韩刊本，厘为 4 卷。严绍璗的《日藏汉籍珍本追踪纪实》（上海典籍出版社 2006 年版）、《日藏汉籍善本书录》（中华书局 2007 年版）收藏日本所藏汉籍七千余种。[1]

伴随着"东学西渐"在汉唐、宋明和明末清初的三次高潮，大量的中国典籍文献也随之流传至世界各地。16 世纪至 18 世纪期间，大批前来中国的传教士受所在国的图书馆、博物馆的委托收购中国典籍，有些会携带皇帝的赠书回国。1682年，比利时传教士柏应理带回 400 余种共计数千册中国典籍。1697 年，法国传教士马若瑟受托为法国汉学研究开创者傅尔蒙带回数千卷中国典籍，法国传教士白晋奉康熙皇帝之命，将 300 多卷康熙回赠书籍带回法国献给法王路易十四。[2]1869

---

① 刘跃进：《中华古籍在世界范围内传播的意义》，《北京联合大学学报》（人文社会科学版），2008 年第 1 期，第 78—79 页。

② 潘德利、王凤娥：《中国典籍文献流散轨迹与形式研究》，《图书情报工作》，2009 年第 7 期，第 10—14 页。

年，美国政府为交换中国最新人口资料向清政府赠送西文图书，同治皇帝将 10 种明清刻书共近 1000 册赠予美国政府，而这也成为美国国会图书馆最早也最具价值的特藏。[①]鸦片战争以后，中国沦为半殖民地半封建国家，数以万计的典籍文献蒙受了前所未有的掠夺，随战争进一步流散至海外各地。

（二）丝绸文化的对外传播历史

1. 丝绸文化的对外传播及回流影响

丝绸文化是我国传统文化宝库中的一颗璀璨明珠，也是中华文明走向世界的重要文化组成部分。中国是丝绸的故乡，《史记》中有"嫘祖始蚕"的典故，诗经《国风》中有"氓之蚩蚩，抱布贸丝，匪来贸丝，来即我媒"的诗句。丝绸是中国古代先民们集体智慧的结晶，很早就被当作商品在民间进行物物交换，到春秋时期，丝绸的商品流通已经非常普遍。丝绸真正的对外传播始于汉代，丝绸贸易空前繁荣，汉建元三年（公元前 138 年）和汉元狩四年（公元前 119 年），张骞两次出使西域，丝绸不再仅仅是作为对外贸易的商品，而是逐渐成为对外交往和文化传播的媒介。

丝绸文化的对外传播主要是沿中原地区逐渐向东、西、南三个方向发展，以东到达中国东北和朝鲜、日本等地，以西沿着绿洲丝路深入欧亚大陆腹地，以南经过东南亚、印度洋一直到非洲、红海、地中海及大西洋沿岸。随着丝绸贸易的繁荣发展和丝绸文化的传播影响，这些地区的蚕桑丝绸业不断发展壮大，通过丝绸贸易将极具本地民族特色的丝绸产品和生产技术再次传入中国，为中国丝绸文化在原来的基础上增添了许多新的元素。[②]西域斜纹组织、纬线起花等生产技术在中国丝织业得到广泛应用，极具地方特色的异域图纹，让中国的丝绸产品图案更加丰富多样。

2. 浙江丝绸文化的对外传播

中国的丝绸文化源远流长，而素有"丝绸之府"之称的浙江在我国丝绸文化的悠久历史中更是占据重要地位。浙江不仅是我国河姆渡文化、良渚文化、马家浜文化的重要发源地，同时也是我国丝绸文化影响最为深远的发源地区之一。三国时期，江南地区海路运输与造船业发达，浙江丝绸通过海上交通线路运往海外各国。隋唐两宋时期，杭州、明州、温州是丝绸对外贸易的著名商港，元朝时以庆元港为中心的浙江海外贸易与日本、高丽两大近邻之间的商贸活动最为频繁，

[①] 刘跃进：《中华古籍在世界范围内传播的意义》，《北京联合大学学报》（人文社会科学版），2008 年第 1 期，第 78—79 页。

[②] 李易安：《丝绸与其文化的东西方传播》，《江苏丝绸》，2013 年第 6 期，第 13—15 页。

极大地推动了丝绸文化在当地的传播。明清时期，浙江丝绸通过海路行销日本、南亚、东南亚各国，通过北方的陆路输向俄国，甚至通过菲律宾马尼拉中转远销美洲、欧洲，从而实现了真正意义上的世界贸易，丝绸文化对外交流空前繁荣。[①]

日本史籍《日本书记》一书中记载：应神三十七年（公元307年），遣阿知使主、都加使主等经高丽国至吴，令求缝工女，后吴王与宫女兄媛、弟媛、吴织、穴织四女以归。由此可见，自秦朝起江浙一带就已有丝织工匠和移民东渡日本，将中国的养蚕、丝织与制衣技术传授给日本当地人民，从而推动了日本养蚕丝织业的建立发展。日本《正仓院刊》即言："唐代运去了彩色印花的锦、绫、夹缬等高贵织物，促使日本的丝织、漂印等技术获得启发。"南宋时期，于潜（今浙江临安）县令楼璹绘制的《耕织图》将江南地区农耕和蚕桑生产的各个环节用图诗的方式详细直观地展现出来，被日本、朝鲜等地制作成摹刻本进行广泛传播、学习和借鉴，普及推广农业生产知识与丝绸织造技术，推动当地丝绸业的繁荣发展。[②]

二、中国丝绸文化典籍对外传播的现状及挑战

（一）典籍外译出版现状及问题

典籍承载着中华传统文化的精髓，是我国文化软实力的重要组成部分，典籍的对外翻译在推动中国文化对外传播、促进中外文化交流、增强我国文化影响力等方面发挥着重要作用。21世纪以来，随着我国改革开放的深入发展和中国文化"走出去"的战略实施，典籍外译工作受到国家的高度重视，被列为国家战略工程之一。[③]国务院新闻办公室、原新闻出版总署和其他文化机构纷纷设立典籍外译新工程，中央政府启动"中国文化著作翻译出版工程""经典中国对外出版工程""中华学术外译计划""中国图书对外推广计划"等项目，推动典籍对外翻译出版传播事业的发展进程。[④]

中华典籍浩如烟海，博大精深，尽管我国的典籍外译传播取得了一定的成果和影响，但在世界文化舞台上仍面临诸多挑战，典籍的外译内容选择、翻译策略及出版传播等多个方面仍有待提高。从全球范围的文化市场译作来看，与欧美等西方国家相比，我国典籍所占的译介比例低且内容种类不多，主要以《大唐西域

①　蒋晓娜：《浙江丝绸文化的对外传播研究》，《长春工业大学学报》（社会科学版），2013年第5期，第134—136页。

②　蒋晓娜：《浙江丝绸文化的对外传播研究》，第134—136页。

③　毕冉：《中国文化典籍英译与对外传播之思考》，《出版广角》，2016年第4期，第45—47页。

④　李伟荣：《中国文化"走出去"的外部路径研究——兼论中国文化国际影响力》，《中国文化研究》，2015年第3期，第29—46页。

记》《红楼梦》《三国演义》等文学类经典名著为主。同时，大量典籍的外译本由于引文及注释内容篇幅过长，对除了学术研究领域群体之外的普通海外读者而言显得较为厚重且深奥难懂，不适合当下大众的碎片化阅读习惯。就典籍外译成果的出版传播来看，尽管近年来我国图书版权引进和输出的逆差已显著降低，但与发达国家相比仍存在较大差距，[①] 我国与国际出版界的合作仍有待加强，未能形成全球化的出版合作态势。[②]

（二）典籍数字化发展趋势与实践

随着计算机和网络信息技术的飞速发展，数字化成为典籍保护与利用的一种重要手段。典籍数字化既实现了对典籍的再生性保护，也为典籍的开发利用提供了丰富的数字化素材，为传统文化的传承提供了保障。始于 20 世纪 80 年代的中国典籍数字化工作经过多年发展已日臻成熟，典籍数字化项目如"中国数字图书馆工程""中华再造善本工程""中华字库工程"等陆续展开，典籍索引数据库、典籍书目数据库、典籍全文数据库等典籍数字化产品陆续被建成应用。

"中华古籍保护计划"是首次由国家主导的重大工程，国家图书馆挂牌成立国家古籍保护中心，发挥国际资源合作优势，建立全球中华寻根网、中文文献资源共建共享、海外中华典籍数字化回归、数字图书馆海外合作馆、民国时期文献保护计划等；积极推进海外中国文化中心图书馆的建设，开展"丝绸之路"数字图书馆项目，在"中华古籍保护计划"下组织实施"中华再造善本工程""海外中华典籍调查暨数字化合作""中华典籍数字资源库"等多个典籍整理再造及数字化项目；跟踪国外数字图书馆的研发进展，以馆藏资源数字化加工为突破口，经过十余年的大规模数字资源加工工作，国家图书馆已完成"哈佛燕京图书馆典籍数字化合作项目""世界数字图书馆项目""中日韩数字图书馆合作项目"等一批合作项目。

（三）浙江古籍的保护与传播现状

随着"中华古籍保护计划"的实施，浙江图书馆入选"国家级古籍修复中心"，浙江省成立古籍保护工作专家委员会，为古籍保护工作提供咨询、论证、评审和专业指导，发布《关于推进文化浙江建设的实施方案》，强调要将提升浙江古籍保护水平纳入优秀传统文化传承发展工程，建设古籍资源库、"浙学"文献中心总库、

---

① 戚德祥：《我国图书版权输出战略与途径》，《现代出版》，2016 年第 1 期，第 26—28 页。

② 李建伟：《中国出版业发展现状与走出去策略探析》，《中国出版》，2015 年第 5 期，第 6—11 页。

浙江地方文献缩微资源总库、浙江历史文献数字资源总库，形成纸质、数字资源和缩微胶片三位一体的文献保护体系，同时搭建便利的数字服务体系。

近年来，浙江图书馆为推动中华典籍保护与传统文化传播进行了一些创新尝试，例如举办"书路修行，与古为役——古籍修复特展"，借助图片文字的直观展示、视频展现、活态演示使观众透过不同的角度重新"看见"古籍修复的细节之美，唤起国人对传统典籍的热爱及对典籍保护工作的关注；响应国家古籍保护中心要求，联合浙江大学图书馆举办"古籍修复技艺进校园"活动，现场演示传统木版印刷、线装书装订技艺，让师生们体验传统书籍制作工艺，近距离观摩古籍修复技艺，提升对非物质文化遗产的认知与了解。

基于浙江悠久的历史文化底蕴与独特的地域资源优势，浙江图书馆联合巴黎中国文化中心、浙江省文化和旅游厅在巴黎举办"楮墨浙韵——浙江印刷文化展"，以"法国·浙江文化年"为主题框架打造形式多样的文化交流活动，包括丝绸主题的"再造——中国丝绸技艺与设计展览"，书画主题的"古韵今声"西泠印社社藏历代印章原拓题跋扇面展，以及"天涯共此时——中秋节庆祝演出"和以丝茶瓷为主题的人文讲座等，全方位展现中国传统文化艺术的独特魅力，增强中华文化的国际影响力。

（四）浙江丝绸文化典籍传播存在的问题

1. 整理出版遵循旧制，数字化建设发展缓慢

国家针对古籍整理与出版工作出台《2011—2020 年国家古籍整理出版规划》，其中包含历史、语言文字、出土文献、文学艺术等 9 大门类，共收纳 491 个项目，旨在推进我国典籍的整理出版工作顺利进行，为新时期的典籍文化传播提供保障。从典籍整理出版工程项目在浙江的开展情况来看，大多以传统纸质影印为主，典籍今译及绘图本整理样式也大多遵循旧制。大量典籍文本的数字化转换周期漫长，典籍文献数据库建设大多处于起步阶段。在浙江丰富的丝绸文化典籍当中，目前被纳入丝绸典籍文献数字资源库的丝绸典籍仅仅只是冰山一角。图书馆的数据库系统可提供的服务仅限于基于知识主题的文献浏览，以及检索词匹配的全文检索，统计分析功能缺乏，读者不能按需关联相关文献，也很难对文献知识内容进行深度挖掘，导致丝绸典籍文献的利用效率较低。

2. 阅读门槛要求较高，受众群体范围狭窄

典籍的数字化发展降低了典籍的获取难度，然而现代读者阅读典籍仍面临诸多困难。受目录学、版本学等专业知识限制，不具备典籍查询知识的一般读者在典籍检索上存在一定困难；古今汉语知识内容及古今人文、地理、法制等方面的

社会背景知识差异较大，普通受众在理解古文字内容时常常会出现偏差，难以准确把握理解典籍的知识内容。新媒体时代，"快餐式"的移动阅读和碎片化阅读成为用户获取知识信息的主要方式，典籍文本阅读的受众群体范围日趋狭窄，整体上以具备专业知识或有科研业务需求的单一群体为主。近年来随着浙江省的实体书店数量大幅缩减，典籍愈发难以近距离和读者接触，典籍的受众群体愈来愈小众化，市场吸引力不断降低。

3. 传播营销渠道单一，市场吸引力待提高

典籍的传播营销是拓展典籍与受众市场接触面的有效路径，但目前从浙江省的范围来看，典籍的传播营销渠道较为单一，并未全面与市场接轨。尽管浙江省的典籍数字化资源库建设开始有所起步，但大部分典籍依旧通过影印出版的形式在国内专业学术领域传播，仅满足学术研究需求，难以在社会公共文化领域发挥引导作用。就传统文化典籍的对外传播现状来看，热销海外的典籍主要是儒学经典名著、中医药著作等，而丝绸典籍的市场吸引力不强。从整体上来看，大量的丝绸文化典籍依旧是通过汉学家转译、海外出版社出版发行等传播渠道进行对外传播，海外受众对丝绸典籍的获取形式相对单一，丝绸典籍对外传播的自主渠道开发和网络传播渠道建设有待加强。

三、丝绸文化典籍对外传播的优化路径

（一）创新丝绸文化典籍的外译传播

1. 优化典籍外译策略

典籍外译不仅仅是翻译文字，更需要深入了解外译传播对象国家的历史文化、意识形态和社会发展等等，明确翻译目的和社会功能。[①]中华丝绸文化典籍的外译传播首先要确定目标读者，尊重目标读者的阅读习惯、接受特点和兴趣偏向，避免对外传播中的话语体系、表达方式等过于官方化，缺乏感召力。[②]其次，面向文化背景层次、接受能力程度不同的海外受众，应采用不同的翻译策略，推出多样化的丝绸典籍译本，从而满足国外受众了解中国文化的不同需求。对于广大的普通海外读者，在翻译时应突出典籍译本的可读性、通俗性、大众化等特点，以图文并茂的形式讲述丝绸文化故事，简化引言、注释等文本内容，降低读者的阅读

① 栗文达：《中国文学出版"走出去"：翻译的困惑、目的与对策》，《现代出版》，2015 年第 1 期，第 43—45 页。

② 李伟荣：《中国文化"走出去"的外部路径研究——兼论中国文化国际影响力》，《中国文化研究》，2015 年第 3 期，第 29—46 页。

困难，带来轻松愉悦的阅读体验；而对于那些研究领域更高层次的海外读者，应采取典籍外译的"异化"策略，体现丝绸典籍中的独特文化意涵。

2. 强化符号价值认同

丝绸典籍的外译传播既要站在全球化的角度，尊重与理解文化多样性，顺应海外受众的文化接受方式，同时也要挖掘不同文化当中的共性与共通之处，寻找认同度和共享度高的文化符号，在典籍外译传播中突出符号的价值影响力。"丝绸"本身就是一个国际共享度高的文化符号，由"丝绸"符号延伸出的"丝绸之路""驼铃""宝船"等符号，在中亚、西亚乃至欧洲都有相当高的文化认同度，常常出现在海外各类官方、民间活动甚至品牌 logo 当中。① 未来丝绸典籍的外译传播在内容选择上要挖掘更多的共享文化符号，唤醒相关国家的共同历史文化记忆，以此为切入点激发潜藏在不同国家背后的文化共通因素，借助历史文化语境中的符号价值认同，进而打造文化共同体的传播格局。

3. 创新外译出版模式

翻译依赖出版得以传播，出版依赖翻译获得资源，翻译与出版具有紧密相连的文化血缘关系，二者是文化对外传播中的两个重要环节。② 尽管近年来我国图书版权引进和输出的逆差已显著降低，但与发达国家相比仍存在较大差距。③ 传统文化典籍的外译出版需要深入研究国际文化市场的出版现状，加强与海外知名出版机构、学术研究机构、海外文化中心、孔子学院等文化机构的合作，共同推进丝绸文化典籍的外译出版传播。随着网络与媒介技术的快速发展，数字化阅读逐渐成为用户的主要阅读方式，未来丝绸文化典籍的外译出版应顺应数字化的发展趋势，推进典籍译本的数字出版与网络推广，借助"互联网＋电子商务"的销售模式，推动丝绸文化典籍更多地进入国际市场④，同时利用社交媒体的互动性建立阅读交流社区，吸引读者在阅读社群中交流心得感悟，与海外主流社交媒体的网络KOL 以版权合作形式推广书籍，共同推动传统文化的海外传播。

（二）推进丝绸典籍数字资源库建设

1. 尝试关联数据挖掘

在数据的发布、共享和关联时，可采用 RDF 和 URI 技术在互联网上发布资

---

① 王小英：《"丝绸之路"的语言学命名及其传播中的话语实践》，《现代传播》（中国传媒大学学报），2017 年第 11 期，第 84—90 页。

② 李景端：《翻译编辑谈翻译》，武汉：湖北教育出版社，2009 年，第 3 页。

③ 戚德祥：《我国图书版权输出战略与途径》，《现代出版》，2016 年第 1 期，第 26—28 页。

④ 龙明慧：《与时俱进创新翻译——论数字化时代中国典籍复译》，《外国语》（上海外国语大学学报），2020 年第 2 期，第 121—128 页。

源、整合各分散资源，可以进行基于知识内容的数据组织和逻辑关联，同时完成基于语义的数据检索。关联数据技术凭借其开放性、可拓展性的特点被广泛应用于各个领域，在典籍数字资源库建设中引入关联数据，可实现数据建模、RDF 化、Web 发布和开放查询，对典籍书目数据进行知识组织和关联化发布，能够实现对典籍数字资源的有效整合。[①]

上海图书馆曾率先将数字人文的关联数据技术应用到典籍数字资源库建设当中，建立并发布家谱关联数据，为用户提供"家谱数字人文"服务，实现基于普通用户需求、以寻根搜索为代表的知识发现服务，同时也可以提供专业的数据挖掘服务。浙江省的丝绸文化历史悠久、源远流长，拥有丰富的丝绸文化典籍文献资源，在推进丝绸典籍数字化进程中可借鉴上海图书馆数字化实践的经验和思路，将数字人文的关联数据技术应用到丝绸文化典籍的数字资源库建设当中，可尝试联合中国丝绸博物馆、浙江图书馆，为广大读者及用户提供"丝绸典籍数字人文服务"，将散落在丝绸典籍文献中的时间、人名、地名等关联起来，形成完整且有逻辑性的丝绸文化知识网络，对丝绸典籍文献进行知识谱系的组织管理，深度整合与组织各大馆藏的丝绸典籍文献数字资源，挖掘出潜在的数据间联系，分析数据间隐含的关系与知识内容。

2. 采用 GIS 可视化分析

GIS（Geographic Information System）技术不仅能高效便捷地处理和分析空间信息与其他属性的相关关系，还能清晰直观地以地图形式呈现出地理空间属性与其他属性的结合，为传统的人文社科研究提供了一种基于空间方位的地理模型分析方法。

数字人文的 GIS 技术应用为典籍文献的检索与分析提供了全新的视角，北京大学图书馆建设的"秘籍琳琅——北京大学数字图书馆古文献资源库"引入 GIS 技术提供时空检索，用户可以在不同朝代的历史地图上圈划检索区域，检索出的文献信息按照相应的地理位置分别显示在地图上，方便读者对典籍文献资源的检索应用。

丝绸典籍的数字资源库建设同样可以借鉴北大图书馆的建设经验，将数字人文的 GIS 技术应用到丝绸典籍文献的检索当中，并利用 GIS 技术对散落在各个朝代不同典籍文献中的相关信息进行分析，把地图的可视化、地理分析功能与文本资源相结合，从而突破传统的丝绸典籍文字表述呈现方式，将不同朝代的丝绸产

---

① 魏晓萍：《数字人文背景下数字化古籍的深度开发利用》，《农业图书情报学刊》，2018 年第 9 期，第 106—110 页。

地分布、丝绸贸易路线、丝绸文化传播等相关数据进行分析，用可视化图表展示分析结果，按地理位置分别显示在历代地图上，全方位、多层次地将信息展示在读者和用户面前，提供直观便捷的数据检索和分析结果，提高丝绸典籍文献资源的利用率，能够进一步实现对丝绸典籍的深度开发与利用。

（三）开展丝绸文化典籍的多样态传播

1. 影音视听的创新活化

新媒体时代是一个典型的"读图时代"，从文字到音乐、美术、影视等跨媒介传播成为传统文化典籍的活化方向。2020年3月喜马拉雅FM发起"古籍唤醒计划"，超过13万主播在线朗读、讲解、传播古籍文化，达到超95亿的全球总播放量。喜马拉雅充分利用其自身平台影响力与网络资源优势，打造传统文化爱好者交流社区，扶持传统文化领域优秀创作者，和新浪微博合作，招募古籍唤醒人，对解读古籍的作品进行征集，联合打造古籍唤醒人签约成为主播，提供制作指导、版权保护、流量扶持等服务，助力音频创作者实现商业变现，此举吸引了大批典籍与传统文化爱好者、古籍研究学者、作家及自媒体人、图书馆、博物馆及古籍类出版社等机构工作者入驻。

拥有近10万播放量的喜马拉雅FM节目《舌尖上的丝绸之路》，以丝绸之路沿线出土的美食文物为线索，用通俗生动的方式讲述各地美食及其文化融合的故事，深度解读丝绸之路的美食文化与华夏文明，让广大受众尤其是年轻群体感受到中华丝绸文化的博大精深，并积极参与到传统文化符号的传承中来。除音频领域之外，丝绸文化典籍也可以通过抖音、快手、小红书等更多不同类型的新媒体平台进行创新传播，从传统文化中贴近人们现实生活的小切口引入，例如美食、服装、饰品、绘画、音乐、生活用品等等，不断延伸出与之相关的丰富历史文化知识内容，以民众喜闻乐见的方式和通俗生动的话语讲述丝绸文化故事，让中华传统文化在新媒体时代彰显强大的感召力和生命力。

2. 虚拟现实的互动体验

虚拟现实技术（Virtual Reality，简称VR）能够充分调动人的视觉、听觉、触觉、嗅觉等多种感官，带来沉浸式、交互式的应用体验，广义而言，虚拟现实（VR）包含增强现实（AR）和混合现实（MR）。① 我国工业与信息化部2018年印发的《关于加快推进虚拟现实产业发展的指导意见》提出，要推进"VR+文化"

---

① 中华人民共和国工业和信息化部：《关于加快推进虚拟现实产业发展的指导意见》解读，2018年12月27日，http://www.miit.gov.cn/n1146295/n1652858/n1653018/c6562991/content.html。

重点产业的发展，推动数字内容向虚拟现实内容移植，满足民众文化消费升级需求，提升多感官体验模式，创新文化传播方式。[①]

"VR+文化"是视域融合、知识传承、精神交流的人机交互新平台，也是融合多项先进技术"新知识媒介"。[②] 浙江良渚博物馆目前已将"AR+文物"融入博物馆服务当中，与传统的文字、图片解说式导览相比，AR技术融视频、图像、文字、声音等形式于一体，参观者只需佩戴博物馆提供的AR眼镜移步到文物前，就能在三维立体环境中从多个角度观察文物，了解文物背后的历史故事。例如良渚馆藏的陶罐以AR形式展示文物从底部到四周各个位置的花纹、图案、材质等细节，用三维立体模型模拟还原一件陶罐最原始的制作过程，同时配有相应的动态视频解说陶罐的起源发展、制造工艺、具体用途、艺术特点等等，让观众获得全方位的互动观赏体验。

利用虚拟现实技术推动现有典籍文本数据向虚拟现实内容转移，实现典籍数字文本的深度利用，是推进典籍阅读与传统文化传播的有效途径。[③] 随着新技术的发展，"VR+典籍""AR+典籍""MR+典籍"的应用成为可能，中国丝绸博物馆作为浙江丝绸文化对外传播的重要窗口之一，可以从良渚博物馆的"AR+文物"实践中汲取经验，未来将丝绸典籍、丝绸服饰、丝绸用品与"AR""VR""MR"等技术结合，观众不再是单向地阅读典籍，观赏玻璃罩内的古代丝绸服饰，还可以"穿越"到丝绸典籍描述的场景当中，在三维立体、声画并茂的动态展示中了解从养蚕缫丝、编织精炼、染色印花到最终成型的丝绸制造全过程，在虚拟现实环境中穿搭不同朝代的便服、常服、礼服等不同类型的古代丝绸华服，并身着华服参与古代的中秋节、元宵节等传统节日活动，身临其境感受传统文化的魅力。

四、新媒体时代丝绸文化传播的思考

（一）线下主题活动引领

传统文化在新时代的创新传播需要不断开拓多元化、年轻化的传播格局，鼓励引导更多的组织、机构、企业等参与丝绸文化的传播渠道当中。自2018年哔哩哔哩（B站）和中国青少年新媒体协会联合主办"中国华服日"活动，先后在西

---

① 中华人民共和国工业和信息化部：《工业和信息化部关于加快推进虚拟现实产业发展的指导意见》，2018年12月25日，http://www.miit.gov.cn/n1146290/n4388791/c6559806/content.html。
② 谭博：《图书馆开展"VR+阅读推广"的基本途径与实施策略》，《图书与情报》，2017年第4期，第13—17页。
③ 张宁，Miguel Baptista Nunes，李俊炀：《"VR+文化"背景下的中华古籍阅读与传统文化传播新路径研究》，《图书馆建设》，2019年第6期，第128—134页。

安大明宫遗址紫宸殿、开封市龙亭公园、南京国际会展中心举办，包括华服博览会、华服秀典、华服发展论坛等系列活动，不仅为全国上百家华服品牌、华服相关企业和华服社团提供全方位的合作展示机会，也吸引了众多华服历史文化专家、广大年轻华服爱好者参加，这是依托丝绸文化载体，跨越圈层、凝聚年轻群体的新尝试。

各地的文化馆、博物馆都可以积极参与到"中国华服日"的活动组织中来，充分利用自身的文化资源优势，举办传统文化相关的创意主题活动。近年来，中国丝绸博物馆联合各大高校、研究院、汉服社、服饰企业等共同举办"国丝汉服节"活动，先后以"明之华章""宋之雅韵"为主题邀请明代、北宋、南宋等时期的服装研究、复原、设计、制作者参加分享和展示，包括文化展览、时尚走秀、故事演绎等各具特色的创意文化活动，结合传统节日、民间习俗、经典诗词、代表人物等内容主题，讲述传统服饰的变迁与丝绸文化的独特魅力，吸引了大批年轻群体及传统服饰爱好者们参与，为丝绸文化传播提供了一个开放包容的年轻化交流平台。

（二）线上直播引流互动

移动信息化时代，网络直播带来的巨大流量资源优势，为传统文化传播提供了新的有效路径。2019年的"中国华服日·宋风雅集"活动在B站、微博、微信、腾讯直播、一直播、QQ空间、今日头条、快手、斗鱼、虎牙等21个平台进行同步直播，全球超过1000万人次在线观看，微博话题阅读量累计超过5亿人次。活动以"汴京梦华""水调歌头""宋都皇城""盛世风华"四大篇章为题，通过华服走秀和国风表演展示丰富多彩的宋代文化，众多网友在观看活动直播过程中就传统华服、配饰、妆容等内容展开热烈讨论。

直播作为网络引流的重要渠道，不仅拓展了文化艺术的传播边界，也推动传统文化表达方式的创新转型。2020年3月，B站发起为期三天的"国风十二时辰"直播节目，以"与子同袍，共克时艰"为主题邀请李玉刚、李子柒等明星嘉宾和百余名国风UP主（视频内容创作者）以国风歌舞、华服造型、传统美食带来创意表演，以传统文化之美弘扬民族精神，凝聚抗疫力量。

网络直播为丝绸文化典籍的对外传播带来了新的发展机遇，要深入挖掘丝绸典籍中更多有价值的知识内容，结合歌舞器乐、时尚走秀、情景演绎等多样化的表现形式展现古老的丝绸文化，吸引海外受众的关注；同时加强移动终端的海内外同步网络直播渠道建设，让广大海外受众在线上就可以参与到丝绸文化活动中来，感受中华传统文化的独特魅力。

（三）民间传播渠道构建

新媒体的出现打破了信息互动的时空限制，为用户提供了一个空前自由的社交环境，"兴趣"成为社群聚集的重要源泉，微博、微信、贴吧、豆瓣、小红书等众多新媒体平台为兴趣社群建立"文化圈际"奠定了基础。[①]新媒体不仅为国内广大传统文化爱好者提供了圈层聚集与交流互动的重要平台，同时也为海外不同地区的汉服社、国学社、华服交流协会等民间社团组织创造了文化传播阵地，广大汉服爱好者通过微博、微信、抖音等新媒体平台合作策划组织汉服海外推广活动，成为中华传统文化在海外传播的重要推动者。

丝绸文化典籍的对外传播要充分利用新媒体平台的资源优势，加强同海外各大传统文化社团组织的联系，借助他们在海外的社群影响力共同组织丝绸文化相关的创意活动，推动中华传统文化的对外传播。目前很多海外的汉服社团也在不断地探索传统文化的传播渠道，2020年12月26日至27日，由民间自发组织的第二届海外社团交流论坛在线上成功举办，来自美国、加拿大、英国、法国、德国、澳大利亚、新西兰、日本、韩国等海外25家知名汉服社，就不同地域汉文化传播的共同话题进行深入交流，结合所处国家情况与自身经验讲解作为海外社团应如何与当地使领馆及所在国政府机构建立良好合作关系；如何与当地文化社团及社会组织合作进行文化交流活动；如何联系华侨同胞资源并与国内相应机构进行合作对接等话题，共同为中华传统文化的对外传播贡献力量。

（四）"互联网+KOL"传播营销

新媒体所颠覆的不仅仅是传播介质，还包括广义上的文化产品生产和消费模式。[②]利用新媒体和社交网络优势打造"互联网+KOL"传播营销新模式，能够为传统文化典籍的对外传播开拓更广阔的用户市场，增强传统文化在海外的影响力。

浙江丝绸产业龙头万事利集团在"互联网+"营销方面起步较早，2015年底就在阿里巴巴国际站和亚马逊等平台试水跨境电商业务，以围巾、丝绸面料和家纺等自有品牌产品为主，并根据海外市场消费者的审美喜好，对产品花型、色彩、规格等进行专项设计；同时将丝绸文化产品开发与中国传统文化典籍相结合，打造名著系列、诗书系列、国画系列等丝绸文化创意产品，采用数码科技印花技术打造丝绸邮票册《四大名著》、丝绸印花版《西湖情韵》、丝绸织锦版《道德经》、

① 赵艳萍：《新媒体时代中国文化典籍出版与对外传播路径探寻》，《北京印刷学院学报》，2018年第8期，第19—21、26页。

② 杨荣广：《我国典籍的对外翻译出版与传播——以〈宋明平话选〉为例》，《出版广角》，2015年第14期，第114—116页。

真丝印花精品《图兰朵》、全丝绸版的《孙子兵法》等丝绸文化产品，以丝绸为载体推动传统文化典籍的对外传播。

在"KOL"（关键意见领袖）网络传播方面，万事利于 2018 年举办"最忆是杭州·KOL 游杭州"之旅活动，邀请来自美国、匈牙利、捷克等多个国家的多位网络红人和社交媒体达人作为代表参与丝绸文化体验活动，利用海外 KOL 的网络影响力和社交媒体粉丝集聚效应，助推全球范围内的品牌宣传与丝绸文化传播。

"互联网 +"时代背景下，丝绸文化的对外传播要结合互联网传播营销的特点，加强新媒体传播渠道建设，助力跨境电商平台发展，打通线上 + 线下产业链，与社交媒体平台、电商平台及网红 KOL 进行强强合作，借助 KOL 的网络影响力带动丝绸文化的海外市场吸引力，基于传统丝绸文化元素开发相关文化创意衍生产品，以合作共赢的形式推进丝绸文化对外传播营销，开拓海外用户市场。

结语

中国的丝绸文化源远流长、博大精深，典籍承载着中华传统文化的精粹，通过典籍讲好中国故事对推动中华文化走向世界、增强我国国际影响力与文化竞争力具有重要的价值意义。新时代背景下，传统文化的对外传播要顺势而为，创新丝绸文化典籍的外译传播方式与翻译策略，注重全球化语境中的文化符号价值认同，利用互联网的资源优势拓宽典籍外译的出版传播渠道；典籍的数字化发展与数字人文技术的应用，为传统丝绸文化典籍的对外传播提供了新的视角，利用关联数据技术与 GIS 技术推进丝绸典籍数字资源库建设，加快对丝绸典籍数字资源的有效整合，不断提高丝绸典籍文献资源的利用率，实现对丝绸典籍的深度开发与利用；新媒体技术的发展让音乐、影视、VR、AR 等跨媒介传播成为丝绸典籍活化的新方式，在数字化建设的基础上开展丝绸文化典籍的多样态传播，利用技术赋能、场景赋能、流量赋能助力丝绸文化典籍迈向国际市场。传统文化的海外传播可尝试多元化的对外传播渠道，通过线下主题活动引领、线上直播引流互动、民间传播渠道构建及网红"KOL"传播营销模式，为丝绸文化典籍的对外传播开拓更广阔的海外用户市场，使中华优秀传统文化具有强大的国际影响力和风尚引领力。

华夏图像传播

大风起兮 *

——汉的精神气象与图像特质

The great wind came forth: the spiritual atmosphere and image characteristic of Han dynasty

韩丛耀 **

Han Congyao

摘　要：汉代处在中国历史的特殊结点上，上承夏、商、周三代文明，下启魏晋、唐宋、元明清各朝文化。它连接着远古，启迪着后来。汉作为一个统一的帝国，不仅对疆域内的文化给予融合和发展，还积极开展与周边民族及域外国家的经济、文化交流。博大辉煌的汉文化，建立在对各种文化的包容、吸收与融合上，汉代图像具备了一个东方帝国的气质风范，形成了汉代图像以大为美、兼收并蓄，质朴为美、天人合一，浪漫率真、气韵生动的视觉艺术特征。图像在汉代所抵达的现实广度和浪漫高度不但是前所未有的，也是后来历朝历代都无法企及的。它气魄宏大不羁，精神饱满乐观，汉代图像自由地穿梭在过去与未来之间，在人的世界里安插大无畏的神迹，在神的世界里布置喜乐的人间生活。汉代图像繁密无间，架构起汉代的四维空间，为汉文化的传播提供了全视野的媒介形式。

Abstract: The Han Dynasty is at a special node in Chinese history, inheriting the civilizations of the Xia, Shang and Zhou Dynasties, and initiating the cultures of the Wei, Jin, Tang, Song, Yuan, Ming and Qing Dynasties. It connects the distant past and enlightens the later. As a unified empire, Han not only integrated and developed the cultures within

---

* 基金项目：本文系国家社科基金重点项目"传播学视野下的中国图像史研究"（20AZD134）阶段性研究成果。

** 作者简介：韩丛耀，男，1957 年 10 月生，江苏新沂市人，博士，现任南京大学新闻传播学院 / 历史学院教授、博士生导师，主要研究方向：视觉传播、图像文化、新闻传播技术史、图像史学。

its borders, but also actively carried out economic and cultural exchanges with neighboring ethnic groups and countries outside its borders. The vast and glorious Han culture was based on the inclusion, absorption and integration of various cultures, and Han images had the temperament of an oriental empire, forming the visual art characteristics of Han images, which were big and beautiful, eclectic, simple and harmony between man and nature, romantic and sincere, and vivid. The breadth of reality and the height of romance reached by images in the Han Dynasty were not only unprecedented, but also unparalleled by all subsequent dynasties. It was grand and unrestrained, full of spirit and optimism. Han images freely traveled between the past and the future, inserting fearless miracles in the world of men and arranging joyful earthly life in the world of God. Han images are densely packed, structuring the four-dimensional space of the life of Han dynasty and providing a full-view media form for the dissemination of Han culture.

关键词： 汉代；精神气象；汉代图像；视觉图式

Keywords: Han dynasty; spirit ethos; Han images; visual schema

> 大风起兮云飞扬，
> 威加海内兮归故乡，
> 安得猛士兮守四方！

在大风起兮的时候能看到天空中云飞扬的，必然是向上、向高远处的眺望的豪气和激情，也只有这样的穿透的注视和热切的眼光可以超越现时所居，可以纵见威震天下的壮阔场景，激荡建功立业的人生抱负。

在这样一个时代，朴拙、饱满而实在的图像铺天盖地、满幅而来，创造出一个个生动活泼、神秘浪漫、摄人心魄的历史画卷，为世人留下了汉民族灿烂的文化和泱泱大国的风采。

汉代图像是雄浑朴拙、飞扬流动的；其图像内容是紧张戏剧性、倾向动感的，其精神气象是愉快乐观、积极开朗的，其人生态度是积极关注、全面肯定的。他们想象天堂，观赏世界，品味物类，从天上到地下，从历史到现实，人神杂陈、马驰牛走、龙飞凤舞，百物交错，各种对象、事物、场景应有尽有，汉代图像世界是一个丰富、饱实、充满着非凡活力和旺盛生命而异常热闹的世界。汉代有神仙世界、有地下世界，却没有地狱；汉代有世间的种种喜乐，却没有对苦难的刻意描摹，也没有用苦难来威胁恐吓的图像；汉代图像里生趣盎然、生机蓬勃，没有后代图像对割裂的一枝一叶那种局部观看的细密心思和苦中作乐的深刻颓废。

汉代的图像大气磅礴，有气势，有力量，有运动和生长的美。

它的气魄如此宏大不羁，它的精神如此饱满乐观，它自由地穿梭在过去与未来之间，在人的世界里安插大无畏的神迹，在神的世界里布置喜乐的人间生活，在天地之间流贯着豁然坦荡的"浩然之气"。它所抵达的现实广度和浪漫高度是前所未有的，也是后代至今都无法企及的。

汉代图像无不表现出内在冲涌的力量，流露出天真旷野的性情，与体量无关与题材无关，汉代图像里盘旋的是一种一往无前不可阻挡的气势：大风起兮！

大风起兮，御风而行，风起云涌，威加海内。

是何等的胸襟？

是怎样的自在？

风起震云飞

如果说汉代是二千年前的读图时代，这一点都不为过。在那四百年间，图书、图谶、图谱，各种图像形态的固定及变化延展、图像载体的开拓丰富、图像意义及功能的开发，图像在汉代所抵达的现实广度和浪漫高度不但是前所未有的，也是后来历朝历代都无法企及的。它的气魄如此宏大不羁，它的精神如此饱满乐观，它自由地穿梭在过去与未来之间，在人的世界里安插大无畏的神迹，在神的世界里布置喜乐的人间生活。过去未来都在，且人神并在，无怪乎汉代图像那么繁密，他们竟然不只是生活在一个读图时代，进而，他们竟然是生活在一个四维空间的时代。

汉代人重视图像的作用，在他们看来图像与文字是同等重要的。当时流传着许多图文共述的图书，如《山海经图》《周礼图》，西汉时期刘向的《孝子图》，汉代官方颁布认可的《瑞应图》等。"图"指图像，"书"指文字，"图书"的概念包括图像与文字两方面的内容。考古发现证明，秦汉时期的竹简上有插图，帛书上也有插图，"图文并茂"是中国图书的优良传统。

长沙东郊子弹库楚墓中发现的《帛书十二月神图》是目前发现的最早的插图本图书；湖北云梦睡虎地、甘肃天水放马滩、江苏连云港尹湾汉墓等地，都出土了秦汉时期简牍上的插图；长沙马王堆三号汉墓出土的《天文气象杂占图》《神祇图》《导引图》《地形图》《驻军图》等都是图文并茂的帛书；山东嘉祥武氏祠出土的《祥瑞图》，图文混排，文字内容与《宋书·符瑞志》的记载几近相同。这些都证明了"古人以图书并称，凡有书必有图"①的说法，可惜这些"图书"在流传的

① （清）叶德辉：《书林清话》，上海：上海古籍出版社，2008年。

过程中遗失了，只是留下了一些版本目录。

公元前196年，刘邦破英布（黥布）军回长安，途经故乡沛，踌躇满志又新胜强敌的刘邦设宴招待家乡父老故交，饮至酒酣时击筑而歌：

> 大风起兮云飞扬，
> 威加海内兮归故乡，
> 安得猛士兮守四方！

在大风起兮的时候能看到天空中云飞扬的，必然是向上、向高远处的眺望的豪气和激情，也只有这样的穿透的注视和热切的眼光可以超越现时所居，可以纵见威震天下的壮阔场景，激荡建功立业的抱负。大风起兮，御风而行，风起云涌，一曲歌罢，5年后（前202年）刘邦果然统一天下"威加海内"，建立了中国历史上空前强大的大汉王朝。

秦汉时代结束了自春秋起500多年诸侯拱卫封建邦国的区域文化，区域文化向朝代文化的转变，向着典章制度、语言文字、文化教育、风俗习惯统一的朝代文化的转变。秦汉时代是中华民族发展史上的一个重要时期，汉代的建立标志着"汉文化"的正式形成。汉族和周边各少数族群都是汉代中国多民族国家的成员，汉以后的各个朝代的名称虽有变换，但汉族作为国家主体民族的地位始终未变，这也是汉代文化的最重要的特色。

从中国历史上看，汉代是中国历史的特殊结点，它正好在中国朝代史的二分之一的时间点上，上承夏、商、周三代文明，下启魏晋、唐宋、元明清各朝文化。从公元前21世纪，到公元21世纪，秦汉时期是一个承上启下的阶段，它连接着远古，启迪着后来。

从中国地理上看，汉代版图上，除东方是大海之外，北方有匈奴、东胡、乌桓、鲜卑等民族；西北有月氏、乌孙等西域各部落；西南有滇国、夜郎国等西南夷和今两广一带的南越国等。这些地区除了自身的文化之外，又与其际缘地区的文化有着密切的交往，这些民族成为各文化圈之间的传播使者。汉代帝国疆域辽阔，早在先秦时期，生活在不同地域的人们，以其丰富的想象力和创造力造就了不同地域的文化。齐鲁文化、燕赵文化、中原文化、巴蜀文化、吴越文化、荆楚文化、秦晋文化、岭南文化在图像上显示出不同风格和地域特点。丰富的地域文化在被封建、专制的朝代文化替代，形成了汉代图像文化的统一性和多元性。

从世界地理上看，这时候地球上并列着罗马、安息、贵霜、秦汉四大帝国，这四大帝国分别代表着地中海文明、巴比伦文明、古印度文明、华夏文明。一条横贯欧亚草原的丝绸之路，宛如一条巨大的丝带，将各个文明古国紧密地联系在一起。自汉代通西域以来，东西方文化交往得到了促进，汉帝国以海纳百川、兼容并蓄的心态，接受来自异域的不同文化，东西方的文明，在此汇聚。

图 1 通往西域的丝绸之路 [①]

图 2 彩绘陶舞俑，徐州驮篮山楚王墓出土 [②]

① 引自《中华文明》，北京：中国社会科学出版社，第366页。
② 引自《中华文明》，首尔：中国社会科学出版社，第367页。

图 3　东汉辎车画像砖，四川成都扬子山出土①

图 4　"熹平石经"残石（公元 25 年—220 年）②

---

① 引自《中华文明》，第 351 页。
② 引自《中华文明》，第 379 页。

汉的精神气象

秦汉作为一个统一的帝国，不仅对疆域内的文化给予融合和发展，还积极开展与周边民族及域外国家的经济、文化交流。博大辉煌的汉文化，建立在对各种文化的包容、吸收与融合上，秦汉社会的图像具备了一个东方帝国的气质风范，形成了汉代图像以大为美、兼收并蓄，质朴为美、天人合一，浪漫率真、气韵生动的视觉艺术特征。

以大为美　兼收并蓄

汉代图像以其千姿百态、雄浑夸张和充满幻想的艺术风貌，向世人展示了汉代强盛的国力以及汉民族灿烂文化的泱泱风采。与先秦图像的写实和六朝以后图像的纤细不同，汉代图像所表现出的精神气质，大多是雄健有力、生机勃勃，焕发着大汉王朝的时代气魄。它以极大的包容精神将不同民族、不同地域的艺术形式及风格熔于一炉，构成了博大精深的个性风格。所有这些，至今都引起中外艺术家对它的追求、模仿、赞叹。这些历经近两千年的陶俑、石雕、画像石，画像砖、帛画、壁画，创造出一个个生动活泼、神秘浪漫、摄人心魄的历史画卷，其艺术生命至今仍闪耀着熠熠的光彩。

早在西汉天下初定时，萧何就营建未央宫，立东阙、北阙、前殿、武库、太仓，理由是"天子以四海为家，非壮丽无以重威，且无令后世有以加也"（《史记·高祖本记》）[1]。这一"大美"思想，造就了汉代艺术形式的铺陈、荣耀与华丽，体现在建筑、音乐、百戏、大赋、雕刻、绘画等各个方面。而汉代图像里不仅包括了绘画形式和雕塑形式两种图像的视觉艺术，它几乎涵盖了我们所能见到所有的艺术品形式。

"大美"，是汉代人审美思想的首要追求与崇尚。汉代辽阔的疆土，兼收并蓄的阔大胸襟，造就了人们积极向上的精神，凝结成为"以大为美"的审美倾向。先秦时期，人们已经有了大美的思想。老子说："道大，天大，地大，人亦大。人法地，地法天，天法道。"[2] 孟子谓："充实之谓美，充实而有光辉之谓大，大而化之之谓圣，圣而不可知之之谓神。"[3]

汉代美学的奠基者《淮南鸿烈》继承发展了先秦道、儒、老庄、孟子天地大

---

[1]（汉）司马迁：《史记·高祖本纪》卷八，中华书局，1985年，第341页。

[2]（春秋）老聃著，涂小马校点：《老子·第二十五章》，大连：辽宁教育出版社，1997年，第8页。

[3]（战国）孟轲著：《孟子·尽心下》，王云五主编：《孟子今注今译》，重庆：重庆出版社，2009年，第420页。

美思想，提出"横八极，致高崇"①文化理念。东汉高诱注曰："鸿，大也；烈，明也。以为大明道之言也。"②由此可见，《淮南鸿烈》的书名，已经明白昭示了该书惟"大"是举、以"大"为美的基本题旨。实际上，对"大"或"大美"的追慕与向往的确成为贯穿全书的一条主线。

《淮南子》对"大"的倡扬，根本正在于对"道"的尊崇。这与它偏重黄老之学有关。所谓"大道无形""大音稀声""大朴无雕""大方无隅""大象无形"都是表示"大"才是至高无上的美。

"以大为美"的思想，在汉代大儒董仲舒那里得到进一步发挥。所谓"得天地之美"，"取天地之美以养其身"③正是孟子"塞于天地之间"的"浩然之气"，在董仲舒"天人合一""天人感应""天人相通"的神秘思想中，实际上讲的是人与自然的关系，人与自然不应该彼此隔绝相互敌对，而是应该相互渗透，和谐统一。"人法自然"的思想，对汉代美学思想的影响是巨大的。在"天人合一"观念看来，生命充溢于广大的宇宙，流贯于整个天地自然。天地万物无不充满着昂然奋进之生命，人类与万物无不是生命的结晶。

"大美"的思想，造就了汉代艺术形式的铺陈、荣耀与华丽，体现在建筑、音乐、百戏、大赋、雕刻、绘画等各个方面。

"大风起兮云飞扬"的壮歌，激励着人们积极向上的精神。

图像是生活的反映，伟大的时代产生伟大的图像，汉帝国正是这样一个时代。古朴活泼的韵味、积极开拓的创造手法、多元性的文化融合，汉代的图像文化自然显示和蕴含这些鲜明的时代特点。回望汉代，我们不仅看到了华夏各族文化绚丽的奇葩，而且看到了罗马文化、西亚文化、中亚文化、印度文化的身影。特别是东汉时期，图像中有斯基泰民族的动物图案、巴比伦风格的角龙，安息国进贡的狮子、扶拔，贵霜帝国的佛教题材；甚至地中海地区的希腊、罗马柱等，这些异域风格的画面极大地丰富了秦汉图像文化的表现风格和创作内容。

① （汉）刘安：《淮南鸿烈集解·泰族训》，北京：中华书局，1989年。
② （汉）刘安：《淮南鸿烈集解叙》，北京：中华书局，1989年。
③ （清）苏舆撰：《春秋繁露义证·循天之道》，北京：中华书局，1992年。

图5 东汉出行图壁画，内蒙古呼和浩特新店子出土①

图6 百戏图，沂南北寨汉墓②

质朴为美 天人合一

质朴无华，崇尚自然，推崇天然质朴之美，是汉代又一审美倾向。现代美学中的形式与内容，外美与内美，实际上就是中国古代美学思想中的"文"与"质"的关系。先秦时期，"文"的意思是色彩、物质外表的装饰。"文"与"质"是相对的，质是指事物的本质，质地、本性。中国古代美学思想的"质"，是指非人工

---

① 引自《中华文明》。
② 引自《中华文明》。

雕饰的天然之美。

文质统一，以质为先，崇尚自然，质朴为美，汉代人最终杂糅了先秦儒道的文质观，形成了一种审美的标准。天地间一切事物的天然之美，即事物本身所具有的不待文饰之美，如"白玉不琢，美珠不文"，是至高之美。这种文质思想，相当准确地概括了汉代图像艺术的一般特征，汉代图像艺术正是高度地重视不假人工雕琢的天然质朴之美，达到了后世不能超越的高度。

质朴为美，更多地体现在汉代的雕刻艺术中。汉代人十分重视材质本身的美，材质的本身也传达着特定的意义，这就是中国古代"比德于物"的思想，"玉、石之美者，有五德"。当玉器温柔典雅的物理属性被赋予深刻的宗教文化内涵时，玉器便有了符号意义。如汉玉中的玉蝉，采用极为简练的"汉八刀"刻法，寥寥数刀，粗犷有力，尽量展现玉质的天然之美，同时表现出蝉餐风饮露，能死而复生的象征意义。再如霍去病墓前的石雕，充分利用山石的自然形态，依石拟形，稍加雕琢，求之神似，形成了手法简练、雄浑博大，形象古拙、风格浑厚的图像艺术风格。

任何一个时代的视觉图像形态，都是这个时代集体心态的写照。汉代思想从"无为而治""天人合一"的黄老思想，到"罢黜百家、独尊儒术"，再到谶纬神学，儒家思想、道家思想一直在争论中相互渗透、互相借鉴。这些思想观念对汉代社会的制度文化以及物质文化产生了直接的影响。汉代图像正是汉朝时代精神的承载物。构图简单质朴、造型粗犷生动、线条洒脱奔放、色彩单纯强烈。汉代图像的形式构成所具有的独特性，是其他朝代没有或无法替代的。汉代图像还包括画像砖、帛画、壁画、漆画等多种传播媒质和视觉表达形式，无论是哪一种图像艺术形式，都是在"天人合一"思想的感召下，表现出当时人们的精神世界。所谓"言，心声也""文，心学也""书，心画者"[①]，天地之大，无所不包，在"天人合一"的观念看来，生命充溢于广大的宇宙，流贯于整个天地自然。天地万物无不充满着昂然奋进之生命，汉代所有的图像都表现出这种共同的文化心理特征。

图像艺术是一种创造性的视觉艺术，其创作是按照他们的理解美的视觉规律进行的。西汉人淮南王刘安在《淮南子·说林训》中说"寻常之外，画者谨毛而失貌"。意思是作画不能细逐微毛，否则画面的大貌（整体）有失，反映了汉人对于视觉造型艺术的审美追求。东汉人班固在《汉书·酷吏列传》说："汉兴，破觚而为圜，斫雕而为朴。"[②]以比喻删繁从简，去浮华而尚质朴，这些都是对当时艺术思

---

① （汉）扬雄：《法言译注·问神》，哈尔滨：黑龙江人民出版社，2003年，第67页。
② （汉）班固：《汉书·卷九十·酷吏列传》，北京：中华书局，1962年，第3646页。

想的高度概括。在这些审美思想的影响下,汉代的图像艺术不拘泥细节微小,而是从大处定局,不求形似,但求神似。在处理手法上,突出夸张的形体姿态,以形写神,变形取神,以求气韵生动的艺术境界。

图 7　鎏金熊形青铜镇,安徽合肥出土①

图 8　独角兽,汉代木雕②

---

① 引自《中华文明》,第 347 页。
② 引自《中华文明》。

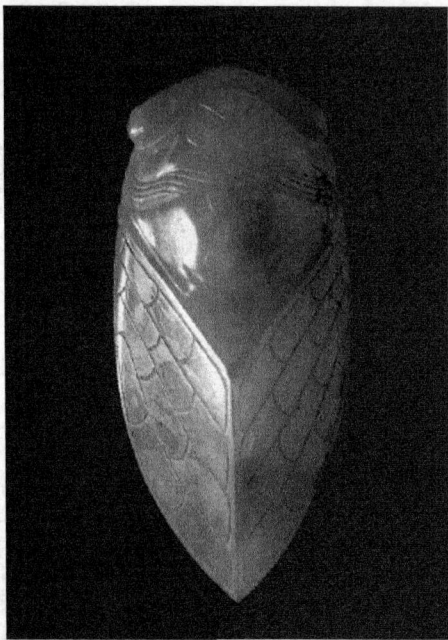

图 9　玉蝉，徐州狮子山楚王陵出土①

质朴为美，同时体现在汉代对器物装饰的态度上，王符《潜夫论·务本》："百工者，以致用为本，以巧饰为末。"这种重功用的工艺美术装饰思想对汉代的器物装饰有非常重要的影响，如汉代青铜器已经完全没有商周时期青铜器的烦琐纹饰，图案简洁，并出现许多"素器"。汉代实用功能的装饰思想对后世有非常深刻的影响，欧阳修谓"于物用有宜，不计丑与妍"。王安石"诚使适用，也不必巧且华，要之以适用为本，以雕镂绘画为之容而已。不适用，非所以为器也"。都是质朴为美思想的延续和发挥。

浪漫率真　气韵生动

汉代是一个充满创造的时代。在这个特定的历史时期，不仅是政权的更迭，更是观念的更新、艺术的创新。观念的变化、科学的进步、技术的提高，图像的表现舞台呈现出多姿多彩。各种材质的媒介运用到图像的创作中，画像石、画像砖、壁画、帛画、漆画、陶俑、石雕等各种艺术形式琳琅满目，图像无处不在。

汉代图像表现为现实主义和浪漫主义两种风格，分别对应的是中国古代画论的"写形"与"写意"两大表现系统。汉代图像的"以线造型""达意存真"的写形取象更方便"意象"的表达。汉代图像的视觉图式是多种多样的，作为最为成

① 引自《中华文明》。

熟的艺术形式和对后世的影响力度，主要体现在壁画与画像石这两大图像系统中。汉代壁画和画像石的构成形态和视觉句法，具有典型的时代特征和承前启后的历史地位。

汉代图像中有许多神秘抽象的图形，这些图形就是一种象征性符号。汉代图像中的许多视觉元素，在中国文化中均有原型的意义，不少图像或抽象符号在原始图像艺术中就已存在，其文化基因可以在原始图腾、族徽中去寻找，而原始岩画、彩陶装饰纹样、青铜器纹饰是原始文化图像的基因库，如铺首衔环，来自良渚文化中的兽面纹，鸟衔鱼来自仰韶文化中的彩陶，龙的来源可以追溯到距今7000年以前的红山文化玉猪龙等。汉代的日月天地、东西南北都有图形符号的象征，三足乌、玉兔、蟾蜍、青龙、白虎、朱雀、玄武都是有生命的象征符号；汉代博局、博局镜、TLV 三种符号[①] 蕴含着有着两极、四正、八维等含义，在中国古代礼制建筑中，都暗含着这种复杂的宇宙思想。

图 10　装饰 TLV 纹的青铜镜（公元 10 年）[②]

汉代图像中神仙世界，许多也是靠符号来表达的。如西王母的头上的"胜"饰，当它出现在画面中，便成了一种标志、一种象征、一个符号；在表示昆仑仙山的时候，三山是区别与平常山的标志，由此演变出东王公头上的"三山冠"；在

---

① 汉代的博局、规矩铜镜、日晷的基本图形是在中央方块的周围有 12 曲道，12 曲道很像英文大写字母 T、L、V，曲道上，四隅封口的，即 V 形，边线上开口的，即 L 形，中间的曲道，即 T 形，每组子母出现 4 次，构成 12 曲道，因此称之为 T、L、V 纹。博局镜过去被称为规矩镜，西方汉学家通常称其为"TLV"镜（The TLV mirror 或 The TLV pattern of the Han mirrors）

② 引自《中华文明》，第 292 页。

表示仙人的时候，羽毛和羽人就是一个象征符号；"天门"是人们幻想中存在的一种物象，升仙必须经过天门，在汉代图像中，它用形象具体"双阙"的图形，表达了一个虚幻而执着的神话仙境，丰富了仙境的内涵。

"气韵生动"是汉代图像艺术的突出特征。"气"在中国古代美学思想中的非常重要，"形、神、气"是中国古代美学中最重要三个范畴。"气"是生命的"形"与"神"二者的结合，它是形而上与形而下的交接点。汉代人在"形"和"神"之间，还有一种"气"的元素，具体而言，要求图像艺术作品酣畅淋漓、一气贯之，达到气韵生动的艺术效果。"气韵生动"在汉画像石（砖）中表现得尤为突出，在画像中，不求烦琐的细节装饰，着重于大的形体语言，夸张大的动作特征，表现最富表情和神态的部位，大手笔的省却烦琐细巧处，使得传神处得到最强烈的彰显。以形写神、变形取神，画为心声的艺术境界，为中国图画理论中的"重神轻形"的思想，开辟了道路，奠定了基础。

汉代视觉艺术家追求内在神气和韵味。如汉代舞蹈长袖舞，凭借长袖交横飞舞，贯注丰富的思想感情，以千姿百态的变化，来表现舞者的韵味和美感。汉代的画家将长袖舞精彩的瞬间表情"传移摹写"到图像中来，这里扬举的长袖，飘曳的长裾，行曲的腰肢，婀娜的体态，举手投足之间，无不以"气"贯之始终，特别是舞者的眼神，在回首一眸中抛出，"明藐流盼，一顾倾城。"除了"形神兼备"以外，还不可缺少"气"的贯穿，流畅的线条加上准确的造型，使得舞者神姿百态、呼之欲出，取得了"气韵生动"的艺术魅力。

图 11　东汉月神，画像砖，四川省出土[①]

---

① 引自《中华文明》。

图 12　导车图，东汉浮雕画像砖，四川大邑安仁乡出土[1]

图 13　击鼓说唱俑，四川成都天回山出土[2]

汉的视觉图式

汉代人们充满着对现世生活的眷恋和对未来世界的希冀，怀着率真浪漫的情

---

① 引自《中华文明》。
② 引自《中华文明》，第369页。

怀和无比丰富的想象力，创造了灿如星斗、丰富多样的图像内容。这种率真和浪漫情怀反映在图像上就是古朴雄浑的韵味和活泼无拘的形式，它充分显示出秦汉图像艺术独特的格调和气派。

如果只用一个既抽象又形象的短语来概括汉代的总面貌，如果只用一个既浪漫又威武的场景来呈现，那么，这个既是短语又是场景的短语无过于"大风起兮"。"大风起兮"作为一种特殊的时代气象体现在汉代生活的方方面面，尤其是在西汉时期，它是如此充沛勃发，激动人心。这种气象在汉赋、画像石、壁画、帛画、隶书、陶俑中尤为显著，它也渗透在铜镜、漆器等日用品的生活细枝末节处，时代气象和图像特质流贯其间。

如果说，汉赋的语言华丽铺张之美、节奏张弛跌宕之妙，迷倒数代众生，早已成为有汉一代首屈一指的文艺代表和精神标识；汉画像石缤纷奇幻的题材、朴拙传神图像，令后人魂驰梦想，也已成为人们追慕的汉代艺术经典，那么，本文在此两种汉代文艺高标之旁，仅就汉代帛画、壁画、画像砖、兵马俑、建筑、石像、铜镜、漆器、服饰这几类以图像为内容的文艺载体简单品玩，其中对图像纹样、形态及造型特色多加留意，以粗识其妙。

汉代帛画

帛画是画在丝帛上的一种图像形式，是汉代图像中重要的门类之一。帛画艺术大约兴起于战国中期的楚国，至西汉发展到高峰，消失于东汉中期，时间跨度约 500 年。由于帛画的材质是丝帛制成，保存下来非常困难，目前所能见到的楚汉帛画（书）目前总计只有 36 幅（汉代帛画目前发现的共计有 25 幅[①]），属于魂幡、非衣、铭旌一类的帛画 18 幅，而保存完好的汉代帛画就更少了。

汉代帛画分为助丧类和记载图像信息两大类三种形式。一种是被称作"非衣"的铭旌（旌幡），其作用是在灵堂上高悬祭祀，出殡时在队列中高举招魂，入葬时覆盖在棺盖上安魂；"非衣"以外，还有一种是悬挂在棺壁的帛画，内容为反映墓主人生前活动，如车马仪仗图、车马游乐图、划船招魂图。还有一种帛画，因为上面有一些文字信息，人们又常把它归入"帛书"，如导引图、天文气象杂占图、太一将行图、丧服图、城邑图和园寝图、卦象图等都属于帛书帛画。

西汉初期为帛画的鼎盛期，武帝时期为帛画的扩展期，西汉末至东汉帛画逐渐消失。帛画在葬仪中有着特殊的功能和象征意义，反映了当时人们的灵魂观和丧葬观念。1972 年湖南长沙马王堆 1 号汉墓出土的帛画，是反映汉代人丧葬思想

---

① 陈锽：《古代帛画》，北京：文物出版社，2005 年。

的最为重要的图像资料。这幅帛画出土时画面向下，平铺在棺盖上，帛画保存完整，色彩鲜艳，内容丰富，形象生动。帛画图像分为天上、人间、地下三界，勾画出一个立体的宇宙世界，体现了汉朝人的浪漫奇想，是汉初社会人们灵魂观的真实再现，反映和象征着人们"引魂升天"的美好想象和祈愿。

图 14 楚帛书"十二月神图"①

图 15 马王堆帛书《天文气象杂占》中的彗星图②

---

① 引自《中华文明》。
② 引自《中华文明》。

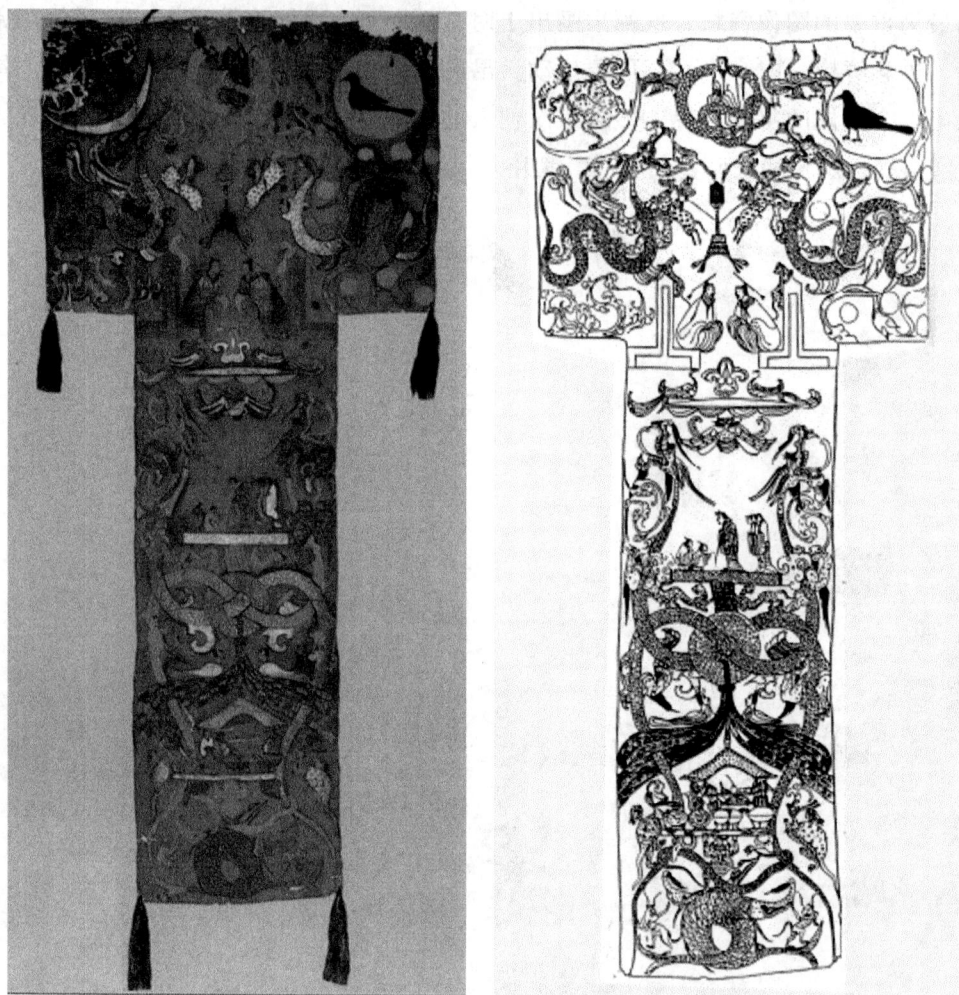

图 16　马王堆 1 号墓 T 形帛画[①]

汉代壁画

壁画是最传统的图像形式，这里所说的壁画，专指以笔和墨及各种颜料，绘制在建筑物墙面上的图像。汉代壁画的主要表现形式是墓室壁画，特指以笔墨和彩绘装饰墓室画。从西汉早期开始，就有壁画墓的出现，一直延续到东汉晚期，目前发现的汉代壁画墓共有 80 余座。这些墓室壁画的制作方法主要有两种，一是在造墓前预先在墓砖上作画，墓砖上进行编号，然后再组装到墓室中；一种是墓室砌好，在墓室墙壁上处理好底层后，然后在墓壁上作画。

壁画墓是汉代图像中最为重要的视觉载体之一，艺术成就很高。汉代壁画的

① 引自《中华文明》。

题材思想、图像意义十分丰富，包括有天文图像、墓主升仙、神话传说、祥瑞图案、驱邪逐疫、经史人物、历史故事、墓主生平经历与现世生活等方面的内容。其中，天象图是重要的表现内容之一，而汉代五行思想带来的"五行色彩观"也只有在壁画墓的绚丽色彩中才能表现出来。在创作手法上，壁画表现出多种传统绘画技法。从中国画的种类来讲，人物画、山水画、花鸟画这时都已经产生；从绘画的表现技法而言，单线平涂、单线白描、勾勒渲染、没骨画法及设色用笔都已经成为图像艺术家的不同表现手法。特别是，由于壁画采用单线平涂的手法作画，线条流畅，物象的外形轮廓线清楚，细节描写入微，色彩丰富。在图像研究中，除了看到准确的外形，还能看到人物的服饰色彩。这些绚丽的色彩、笔墨的表现方法及丰富的表现内容对后来"中国画"形成了直接影响。

墓室顶部是壁画天象图最重要的表现区域，在这个区域中汉代人驰骋想象力，赋予宇宙天体和自然现象以浪漫的神话色彩和生命的活力，日月星辰、二十八宿、天文神话、天降祥瑞都是壁画内容。汉代墓室壁画中的星空图并不仅是为了表示一个天体空间，也不是为了表现一个关于星空的神话，它的深层含义是以灿烂星空为背景，以充满幻想浪漫的艺术形象构成幻想中的永恒美好的灵魂归宿。在星空图的下方，往往是在珍禽异兽、神仙羽人的引导和护送下，墓主人的灵魂奔向昆仑仙界，羽化升天，吉祥永生。星空图隐喻着另一个世界，它寄托了汉代人对生的留恋和对幸福生活的渴望。

到了东汉，墓室壁画的主题逐渐增加了世俗内容，生前建功立业、荣享富贵的渴望越来越强烈，画像题材更注重人间生活部分的描写，主要内容包括有车马出行、宴乐会饮、生平经历、生产劳作、经史故事等。到了东汉后期，这种趋势表现得更加突出，田园农庄、生产劳作都被收入壁画图像，出现了对山水、放牧、牛耕、收获等内容的描写，这直接开创了后世中国山水画的田园风情题材。

汉代墓室壁画的作者是被称作"画工"的人们，他们没有留下姓名，却留下了伟大的图像作品。墓室壁画的制作难度非常大，他们仅凭着昏暗的油灯在墓室中作画，这些作者已经非常熟悉构图、线条及色彩的运用，在色彩上可以用五彩斑斓来形容。在绘画技法上，除了传统的单线平涂之外，还出现了直接用色彩造型，这就是所谓的大笔刷写意，为了表现物体的质感，还使用了"晕染法"，使得物象更具层次变化。汉代壁画在人物画、花鸟画、山水画的中国画三大系列中，都有了新的创造和发展。特别是人物和马的图像造型，表现出特别的创造能力。汉墓壁画的作者，继承和发扬了中国传统的"以线传万物"的绘画技巧，无论是起伏的山峦，还是车辚辚、马萧萧的出行，到形态各异的人物和腾云驾雾的神兽，都是用粗细长短变化万千的线条来表现其形象神韵的。通过运笔勾线的轻重，疾徐转折、虚实顿挫，把众多的物象描绘得活灵活现，富有质感。汉代墓室图像的艺术成就与影响力，对于南北朝图像的风格及技法有直接的影响。

汉代墓室图像开创了中国图像艺术的重要篇章，这些图像作品不仅是宝贵的艺术遗产，也是研究两汉社会历史的重要资料，成为人类艺术的永恒财富。

图 17　东汉壁画乐舞百战图，内蒙古呼和浩特新店子出土[①]

图 18　东汉壁画乐舞百战图（局部）[②]

---

① 引自《中华文明》。
② 引自《中华文明》。

图 19　狩猎图，西安理工大学壁画墓东壁南部 [1]

汉画像砖

画像砖是一种表面有模印、彩绘或雕刻图像的建筑用砖，画像砖形制多样、图案精彩、主题丰富，是中国图像发展史中的独特艺术形式。从考古发现的材料来看，画像砖的出现比汉画像石要早许多，战国墓就出土有空心画像砖，秦朝的宫殿也有画像空心砖的使用，汉代的画像砖是在战国、秦画像砖的基础上的进一步发展，西汉晚期画像砖艺术到了鼎盛时期。汉代画像砖主要是砖室墓中的装饰，反映了汉代的社会风情和审美风格。

汉画像砖具有鲜明的区域性和时代性，画像砖主要有两大分布地区，即河南画像砖和四川画像砖。河南画像砖以空心砖为主，流行时代为西汉时期；四川画像砖为实心砖，流行时代为东汉时期。画像砖的内容不断丰富，从早期的图案组合，发展为阙楼桥梁、车骑仪仗、舞乐百戏、庖厨宴饮、祥瑞异兽、神话典故等各方面的内容。

画像砖是一种具有商品属性的建筑材料，为了提高产量，画像砖都是翻模制作的。图像母模的制作解决了画像砖批量生产的技术问题。画像砖的母模以木模为主，郑州空心砖多是使用了小模拍印法，即在未干的砖坯上排列着众多的单元图案，然后入窑焙烧。洛阳空心砖多是用阳模拍印，通过单元图像的任意组合，构成了内容多变的图像。南阳画像砖开始出现大场景的图像，这些图像是一模一

---

① 引自《中华文明》。

印，这种画像砖的制作工艺是直接翻模制成的。空心砖的烧制有较强的工艺性，东汉时期空心砖已经基本绝迹。四川画像砖都是实心砖，实心画像砖均为模制法，一次成型。由于画像砖是一种商品，因此出现有内容相同的同模砖。

汉画像砖中表现西王母的图像内容丰富多彩，汉代图像中最早的西王母形象就是在画像砖中出现的。西王母图像的演进经历过从神仙到宗教偶像、从情节型到偶像型两个不同的阶段。西汉画像砖的西王母图像都是情节型构图，东汉画像砖的西王母图像基本都是偶像型构图，画像砖上的西王母图像为我们勾勒出西王母艺术形象发生、发展及其变化的历史轨迹，这在汉代图像文化史中，无疑是十分重要的。

画像砖不是单纯的雕刻艺术品，它是一种墓葬装饰手段，离不开墓室建筑这个大的环境。特别是到了西汉晚期，画像砖上的装饰内容成为墓室结构的组成部分，包含了一定的空间和方位的意义，从河南新野画像砖墓就可以看出它在墓室中的组合意义，四川画像砖每一块画像砖看似有独立的画面内容，然而它是通过画像砖的组合，形成了有叙事性的故事。

图20　"乐舞杂技"图，四川成都羊子山出土汉画像砖[①]

---

① 引自《中华文明》。

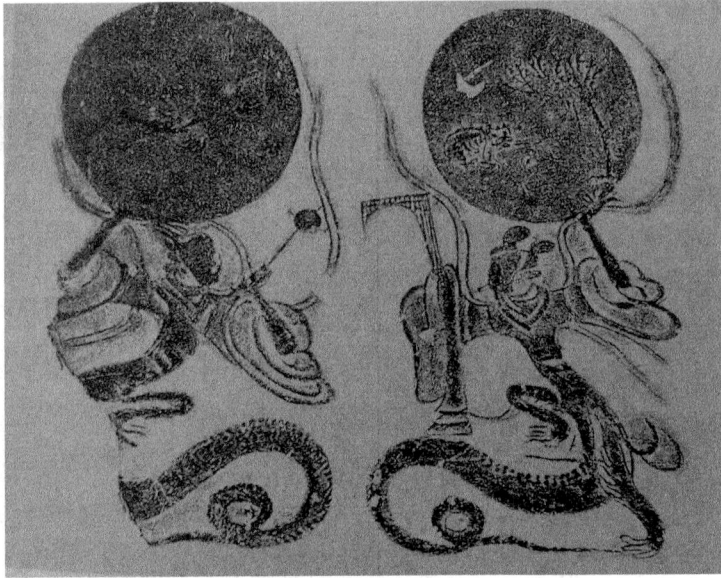

图 21　东汉伏羲、女娲画像砖，四川省出土①

图 22　汉代人物交谈彩绘砖，美国波士顿美术馆藏②

---

① 引自《中华文明》。
② 引自《中华文明》。

图 23　舂米画像砖，四川彭山出土^①

汉代石像

西汉时期陵墓石雕最重要的遗存就是西汉名将霍去病墓石像，石像依石拟形，稍加雕琢，手法简练，个性突出，风格浑厚，是中国现存时代最早、保存最完整的一批大型石雕艺术珍品。西汉霍去病墓及墓前的每一处石雕都是有象征意义的。霍去病的墓"为冢象祁连山"是指封土、各种石刻猛兽、动物置于封土上，并与150 余块竖石^②一起组成"祁连山"的形状，象征着他戎马倥偬、建功立业的地方。

汉代石像最大的特点是立体的场景交融，而不是孤立的艺术品赏析，如每一单个的石像或兵马俑，都只是整体建筑或帝国模型中局部的一个石像一个兵卒，由许多个石像或无数个兵马俑才构成整体呼应完整的建筑形态和强大的帝国军队模型。秦汉图像有丰富的象征意义，而这种象征意义只有回归到"场景"中才能被发现，而这个"场景"需要观者的积极参与。

---

① 引自《中华文明》，第 308 页。
② （清）顾声雷修，张埰撰：《兴平县志》卷七，乾隆四十四年（1779）刻本。

图 24　霍去病墓前石雕"石虎"①

图 25　霍去病墓前石雕"马踏匈奴"②

---

① 引自《中华文明》。
② 引自《中华文明》。

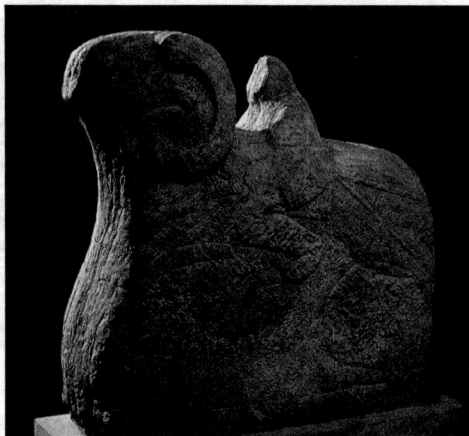

图 26　石雕"仙人骑羊"，徐州出土[①]

汉代兵马俑

西汉兵马俑沿袭了秦始皇陵兵马俑的葬制，其中汉阳陵是汉景帝与王皇后同茔异穴合葬陵园的总称。阳陵南区从葬坑出土了数以万计的武士俑和骑兵俑。生动地再现了汉代军队带甲百万、骑万匹的浩荡军威。值得注意的是汉阳陵骑兵俑军阵中发现了为数众多的女骑兵。女骑兵多为中、青年妇女形象。其中几位面部造型十分突出，眉脊如山，眼细如线，颧骨突出，两腮自然下陷，头发中分，自脑后挽结成髻，显得英姿飒爽。战马高 70 厘米，周身涂有棕红色彩绘，木质雕塑。木马体格健壮，尾部翘起，极具动感。

图 27　徐州狮子山兵马俑[②]

---

① 引自《中华文明》。
② 引自《中华文明》。

图 28　西汉彩绘陶兵马俑，陕西咸阳杨家湾兵马俑坑出土①

图 29　骑兵俑，阳陵 11 号从葬坑②

---

① 引自《中华文明》，第 280 页。
② 引自《中华文明》。

图 30　汉兵马俑，西安咸阳杨家湾周勃、周亚夫父子墓[①]

图 31　彩绘石骑马人，河北望都出土[②]

---

①　引自《中华文明》。
②　引自《中华文明》，第 376 页。

图 32　彩绘石骑马人（局部）①

汉代建筑

凌空飞跃的线条如同跳动的音符和感人的旋律，其"钩心斗角"的巧妙结构、"云构厥高"的檐脊、形制厚重的屋宇、错落有致的楼阁，加上绚丽华美的装饰，组成"高楼飞观，长途升降"气势轩宇的建筑群，给人以强大的视觉冲击力和精美绝伦的心理享受。

汉代建筑特有的装饰符号表现出一个时代的精神气质，粗梁大柱上与厚重的斗拱形象是汉代建筑的标识。汉代建筑屋脊上的脊兽装饰是一个开创，鸱尾、凤鸟、三角形火焰纹、独角蹲兽后来成为中国古代建筑必不可少的内容，经过长期的演变，鸱尾演变为鸱吻、龙吻；凤鸟、三角形火焰纹演变为火珠和佛塔上的宝顶；蹲兽发展到了明清时代成为建筑等级的标志。这些都是中国独有的、汉代首先出现的装饰，体现了建筑技术与艺术的高度统一。

图 33　徐州茅村画像石墓的"楼阁栉比"图②

---

① 引自《中华文明》。
② 引自《中华文明》。

汉代也是瓦当图像文化发展的最为成熟和鼎盛时期，瓦当和其他艺术一样，内容以及风格都在一定程度上反映了汉代的政治、经济、文化繁荣，它作为一种建筑符号其意义早已超越出建筑物附属品的地位，成为独具一格的图像艺术精品。汉代辉煌的建筑形象的客观存在，成为汉代绘画和明器建筑中精美图像的直接模型。

图34　西汉"单于天降"瓦当，内蒙古包头召台出土[1]

图35　四川绵阳平阳府君阙[2]

---

① 引自《中华文明》，第284页。
② 引自《中华文明》。

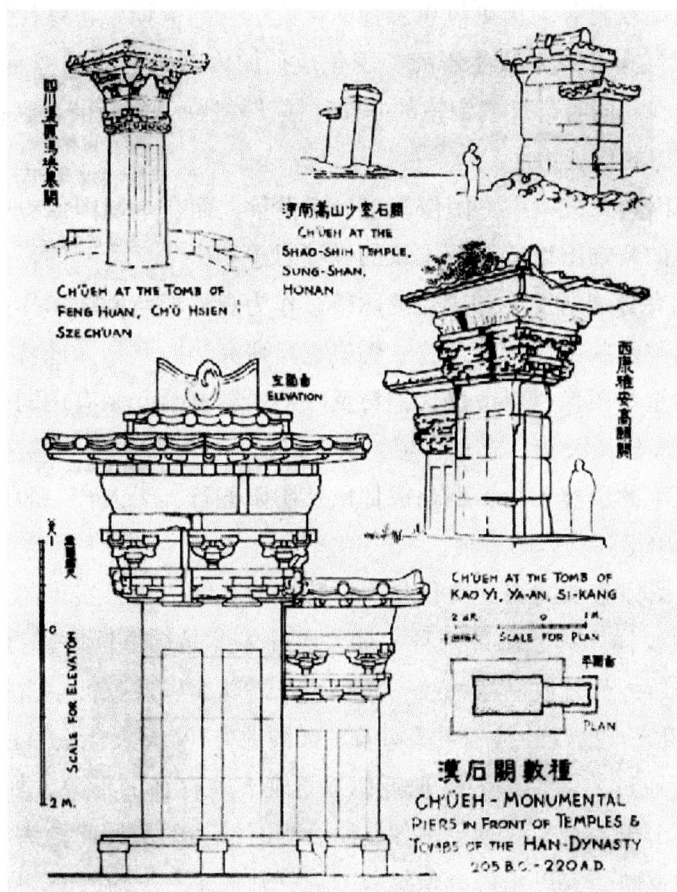

图36　梁思成所作的高颐阙及其他数种汉阙的测绘图[①]

汉代铜镜

　　铜镜是发现最多的汉代生活实用器，它既是一件生活用品，更是一件图像艺术作品，映射出一个时代人们的心理需求。在汉代，铜镜的实用功能不仅仅是"察容貌、正衣冠"，铜镜本身及其纹饰图像作为一种文化象征的载体，渗透在人们社会生活的方方面面。从婚姻陪嫁到爱情信物，从民间馈赠到国家礼品，从随葬器物到降妖降魔，都离不开铜镜。

　　小小铜镜与当时社会的政治经济、民俗风情、宗教信仰、科学技术、文学艺术、社会思潮、价值观念等发生着千丝万缕的联系，形成了一个物质文化与精神气象相互影响、互为结合的图像体系。铜镜上的动物、植物、人物、几何纹图案的艺术形态，反映了汉代文化艺术、宗教思想等丰富内涵，特别是在东汉时期的

---

① 引自《中华文明》。

画像镜中，将宗教思想、历史故事、神话传说引入到铜镜中，汉代铜镜弥漫了谶纬思想、儒家经典和道家长生不死、羽化成仙的内容，铜镜图像是"历史重构"的重要视觉材料。同时，汉代铜镜的制作往往"一器而聚百工"，它也是研究传统制器、造物思想的代表物件。

汉代铜镜因其工艺精湛、图像繁多、存世量大而在中国图像史中占有重要位置。汉代铜镜的装饰图像盛载了丰富的设计思想和中华文化基因，并随着社会思想形态的变化有着清晰发展和变化的脉络。作为观念形态的艺术作品都是一定的社会生活在人类头脑中反映的产物，铜镜也是研究当时政治、经济、思想文化以及社会形态的重要图像资料。汉代铜镜反映的内容概括起来有庄园生活、田园狩猎、宴享会饮、乐舞杂技、忠孝思想、历史传说、神话故事等，儒家的忠孝节义、谶纬迷信，道家的清静无为、羽化成仙以及阴阳五行、天人合一的思想都在铜镜的铭文及图像中得到具体的表现。

汉代铜镜图像表现的观念文化是通过特有的装饰语言来实现的。铜镜的装饰语言分为抽象纹样、具象图像两种，抽象纹样主要是同心圆、乳钉纹、连弧纹、三角纹、柿蒂纹、云气纹、植物纹、蟠螭纹、蟠虺纹以及象征宇宙模式的规矩纹（博局纹）等组成，抽象的符号中蕴藏着"天圆地方""天人合一"等哲学的思想。具象图像是指通过艺术手法的处理近似地再现客观存在的形象，如人物、车马、动物、植物、山川等。这些具象图像是结合当时社会的形态而抽离出来的重要视觉形象，其中反映儒家思想的画像镜有"周公辅成王""忠臣伍子胥""贞夫"画像镜等，反映道家思想的有"东王公西王母""道教群仙图"等，反映重要历史事件的有"胡汉战争图"等，这些图像都是依据当时的文本故事创作的。

汉代铜镜铭文是铜镜整体装饰的一部分，它既有视觉形式，又有信息内涵，铜镜铭文为图像的正确解读提供了准确的方向。铜镜铭文的是一个庞大的信息库，铭文上的准确纪年，为判断铜镜的准确年代提供了断代标尺；铜镜铭文上有制造者的地名和姓名，为判断铜镜生产的场地和作坊提供了依据。

汉代铜镜的外形基本上都是圆的，对称式也是汉镜纹饰最常用的组织形式之一。为实现铜镜图像中的对称美，铜镜的图案构成选择了"模件化"的方式，这种艺术创作的"模件化"是在艺术构思的过程中创作出单元图样，然后向拼图游戏一样，进行对称式的组合。这种模件化的程式是艺术创造过程中的一种经验模式。由于有了经验范式，创作者可以简化原始构思，更便于商品化生产。汉代铜镜的各种单元纹样都具有象征意义，并且发展为约定俗成的一种符号形式，许多图形和图像已经成为一种标准样式，如青龙、白虎、朱雀、玄武、东王公、西王母的形象，成为人们心目中的固定模式。

图 37　重列式神兽镜，直径 12.4 厘米 ①

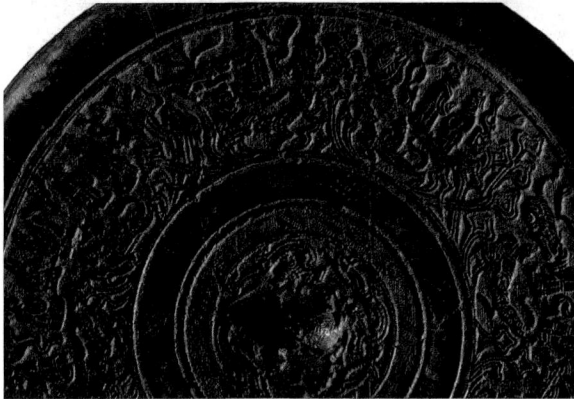

图 38　徐州市西汉宛朐侯刘埶墓人物画像镜（局部）②

---

① 引自《中华文明》。
② 引自《中华文明》。

1.越王、范蠡　　　　2.王女二人

3.吴王　　　　　　4.忠臣伍子胥

图39　伍子胥画像镜叙事结构图 [①]

汉代漆器

漆器是器物表面涂漆的日常器具及工艺品、美术品。汉代漆器的色彩语言和色彩风格非常显著，是汉代图像的重要载体。红与黑是汉代漆器的基本色彩，但在漆画作品中，则使用黄、绿、白、蓝、灰、黑、红、褐、金、银诸多颜色。汉代漆器中的图像内容是当时丰富多彩的社会生活和"天人合一""天人感应"的神人思想的反映，既有狩猎、歌舞、宴饮、出行等现实生活，也有人神杂处、琦玮诡谲的神话世界和抽象的象征的瑞鸟祥云等的图案。

---

① 引自《中华文明》。

汉代漆器的制作是一种商品化的规模生产，在生产过程中有明确的分工。汉代木椁墓彩绘漆画是汉代重要的图像形式，内容多为星象图、泗水取鼎图、百戏杂技图、建筑图等。

汉代的生活实用器上常有精美的图像。河北定县三盘山汉墓出土的错金银车饰是这一时期错金技术和图像艺术结合的典范之作。汉代的屏风画"饰以文锦，映以流黄；画以古烈，颙颙昂昂"，是人们家居生活中的艺术欣赏品。

图 40　神仙乐舞图，马王堆一号墓黑地画棺[1]

图 41　铜盆漆画，广西贵县罗泊湾 1 号墓[2]

---

① 引自《中华文明》。
② 引自《中华文明》。

图 42　漆樽舞蹈图，甘肃武威磨子嘴汉墓出土①

汉代服饰

服饰是汉代图像文化的重要载体。汉代服饰的色彩、样式、装饰图案反映出汉代服饰背后蕴藏着的深刻政治含义。汉代是中国服饰制度走向完善并正式确立的重要时期。服饰制度强化了社会等级制度，是明辨社会等级地位、维护社会秩序的重要工具，成为汉代礼制文化的外在表现。汉代服饰中的颜色作为一种特殊符号，在汉代服饰中起到了礼仪化的作用，作为祭祀大典中的"五行时色"充满了阴阳五行、天人感应的神学思想，而生活中的常服成为"别尊卑"的标记。汉代服饰中的图案都有确定的象征意义，服饰中的图案如日月星辰、龙雉华虫、宗彝藻火、粉米黼黻等，都有着"比德""象德"的深层意义。汉代服饰已经超出了单纯的审美意义，作为图像的特殊媒材，它是一个时代观念和文化的反映。

图 43　身着日常汉服的彩绘陶俑，徐州北洞山西汉楚王陵出土②

---

① 引自《中华文明》。
② 引自《中华文明》。

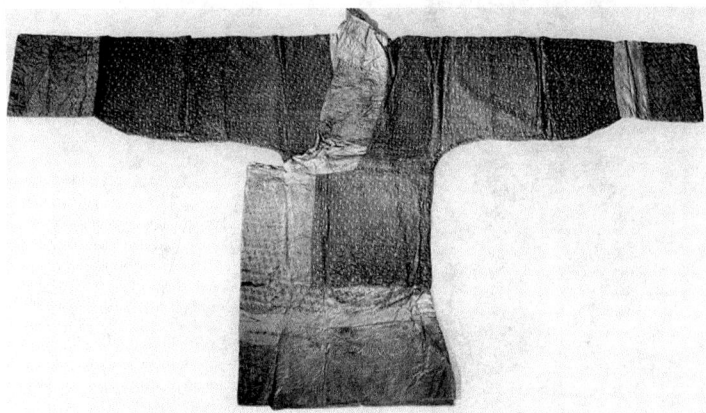

图 44 直裾深衣，马王堆 1 号墓出土[1]

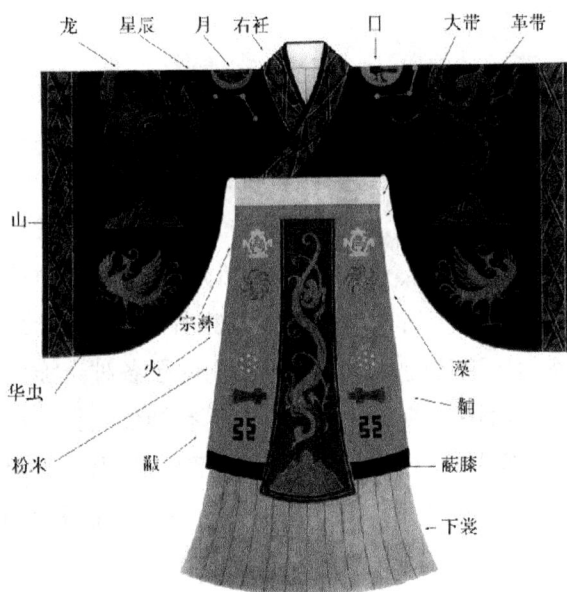

图 45 汉代皇帝祭服十二章纹[2]

---

① 引自《中华文明》。
② 引自《中华文明》。

图 46 "望四海富贵为国庆"绣，楼兰故城孤台遗址出土 [①]

汉风长历历

纵观汉代图像，其图像造型是雄浑朴拙、飞扬流动的；其图像内容是紧张戏剧性、倾向动感的，其精神气象是快乐观积极开朗的，其人生态度是积极关注全面肯定的。他们想象天堂，观赏世界，品味物类，从天上到地下，从历史到现实，人神杂陈、马驰牛走、龙飞凤舞，百物交错，各种对象、事物、场景应有尽有，汉代图像世界是一个丰富、饱实、充满着非凡活力和旺盛生命而异常热闹的世界。

汉代的神仙世界很不同于后来的佛教神鬼世界，没有遁世绝欲的消沉颓废，而是生意盎然生机蓬勃。汉代的神仙神兽神物们除了各种奇诡的"长相"令我们叹为观止，都只有单纯愉快的满足和欲求。汉代有神仙世界，有地下世界，却没有地狱，没有对苦难的描摹也没有用苦难来威胁恐吓的图像。人们积极乐观开朗，全面地肯定和爱恋所在的世间，他们寻仙山、觅灵药，希求人生能够永恒延续。他们相信天上也充满人间的乐趣，在图像中表达要到天上去参与和分享神的快乐的要求。

他们一方面对神仙世界充满渴望和幻想，一方面又积极面对现实世界，兴致勃勃，乐在其中。这种入世的积极乐观精神气质透过在时间上回望的历史故事和在空间上的展开的世俗生活显现出来。图像中通过表彰圣君贤相、忠臣义士、孝子烈女的故事，宣扬儒家教义，如"狗咬赵盾""高祖斩蛇""鸿门宴"，通过对世俗生活和自然环境的多种描绘流露出。

邈远的神话幻想，悠久的历史传统，辽阔的现实图景在汉代熔铸出气象万千的图像作品。如果在一些极其普通的日常物件、器皿上都能饶有兴味地刻绘描摹

---

① 引自《中华文明》。

欣赏，那是一种怎样的愉悦与喜爱？这些生活用品中流露出的是对物质世界、对世间生活的全面关注和肯定。

．．．．．．．．．．．．

"街衢洞达，阎阎且千，九市开场，货别隧分。人不得顾，车不得旋……大宛之马，黄支之犀，条支之鸟。逾昆仑，越巨海，殊方异类，至于三万里"。（班固《两都赋》）汉赋所记与图像所录互为佐证，描绘和记录了这个大风起兮的充满活力豪迈昂扬的时代。

汉代图像铺天盖地，满幅而来，画面塞得满满的几乎不留空白。然而，因为它的朴拙使人感到饱满和实在。这个时代的人们几乎对一切都具有浓厚的兴趣，无论是梦幻所及还是生活所涉，他们都好奇地关注赞美，充满着肯定的期许。他们完完全全溶在外在丰富多彩的生活和缤纷热闹的环境世界中，他们的满心欢喜地描摹这种琳琅满目的对象化的世界，情感充沛又不免粗枝大叶，而这种生力十足的"粗""大"显示的正是"大风起兮"的粗犷雄浑的汉代气派。

图 47　车马图，汉画像石①

体现了这一时代精神并穿越了时光磨砺保存下来的，除了画像石、壁画这样较大尺幅需要较多人合作的作品，还有相比之下稍具个私化的制作，如漆器、铜镜、织锦，在制作它们时，人们倾注的极大热情和创造激情，他们不计时间、不计人力的创作使之成为空前绝后的图像精品，他们在图像的造型、纹样、技巧上是无与伦比的，很多制作技艺至今无法破译更无从超越。绚烂平滑的织锦、不到一两重的纱衫，缀石成褛的金缕玉衣、古拙典雅的铜镜，光泽如新的漆器，其想象力，创造力所达到的高度真可谓是登峰造极，直使后人瞠目结舌，叹为观止。

汉代的图像作品有气势，有力量，有运动和生长的美。

_____

① 引自《中华文明》。

歌舞俑的长袖善舞，力士像的敦实孔武，泗水取鼎图的惊险，荆轲刺秦王的旋急，车马搏斗的激烈，龙腾凤翔的飞扬，庖厨宴饮的铺张。

图48　西汉双人舞盘鎏金铜扣饰，云南晋宁石寨山出土①

图49　汉代铜塑马踏飞燕，甘肃武威雷台汉墓出土②

---

①　引自《中华文明》。
②　引自《中华文明》。

图 50 建筑人物，徐州睢宁墓山汉墓出土①

　　汉代图像是靠行动、动作、情节，靠剪影似的轮廓优势的写实，没有人物脸部等细部描画，也没有主观抒情，被突出的是夸张的形体姿态，是手舞足蹈的大动作。他们的人是整体的，故事是整体的，他们还没有后代文人艺术家对割裂的一枝一叶那种局部观看的细密心思和苦中作乐的深刻颓废。人物、动物、植物都具有一种蓬勃向上的美，挺拔的羽人、奔跑的战马、舒展的扶桑木，转动的蓬蒲草，无不表现出内在冲涌的力量，流露出天真旷野的性情，与体量无关与题材无关，汉代图像里盘旋的是一种一往无前不可阻挡的气势：大风起兮! 不是技巧，生命感和生命力，这才是后代图像艺术所难以企及的。

---

① 引自《中华文明》。

实有实无：版画的构成性形态 [*]

——从黑白到彩色的图像印刷技术

Visiblity Of Different Technology: The Constitutive Form Of Traditional Chinese Woodcut Image Printing Techniques From White and Black To Colour

韩 雪 [**]

Han Xue

摘 要： 使用雕版技术刷印出来的版画最初是黑白图像，在追求多样性的心理驱动下，古代版刻家克服了技术上的困难，使用了涂色、套色等印刷方法，制作出彩色的版画作品。仔细考察中国版画彩色化的技术演进过程，除了惊叹、惊奇中国古人的智慧与勤劳之外，我们感到他们对于观看者视觉操控能力的把握已到达一种炉火纯青的状态，在图像表达形态上的物象与图形之间运用自如，可谓是得心应手、手到擒来，至今无人可以超越，成为独具中国意象文化特色的创作手法。中国古代版画留给我们的不简简单单是一个图像品种，留给我们的是一种观看世界的方法、一种视觉性复制世界的手段，它是一种"大道至简"的文化，是一种视界建构。

Abstract: Prints made by engraving were originally black and white images,driven by the psychological pursuit of diversity, ancient printmakers overcame technical difficulties,the production of color prints use of tintage,colour process printing methods. Carefully examining the technological evolution of Chinese woodcut colorization,in addition to marveling at the wisdom and diligence of the ancients, we feel that their mastery

---

[*] 基金项目：本文系国家社科基金重点项目"传播学视野下的中国图像史研究"（20AZD134）阶段性研究成果。

[**] 作者简介：韩雪，女，南京大学历史学院博士研究生。

of the viewer's visual manipulation has reached a state of peak,in the image expression form of the actual thing and the actual nothing to use freely, it can be said to be handy, easy to catch, so far no one can surpass, it has become a creative technique with unique Chinese image culture characteristics.What ancient Chinese woodcut leaves us is not simply a variety of images, but a way of viewing the world, a visual means of replicating the world. It is a kind of 'simple' culture, and a kind of 'visiblity of different technology' horizon.

关键词：版画；彩色版画；技术；图像；形态

Keywords: Woodcut; Color print; Image; Constitute; Form

复制现实物象一直是人类的超级梦想，人们总是希望能够找到一种方法，将自然的景观如视觉般地记录下来，并且得到更多的技术复制品。从自然景观到黑白图像，从黑白图像到彩色图像，从彩色图像到虚拟仿真。人们不断探索、实践，终于在版画刷印技术的发展进步之下，取得了视觉上的成功。版画的彩色印刷复制技术不是物理意义的完全复制，而是利用了人们视觉器官的生物性反应，在图像形态的黑白与彩色、现实物象与视觉图形之间，唤起受众产生一种心理上的效能。这种利用物理上的动能通过生理的功能达到心理上的效能的视觉操控手法，完成了人们对现实世界复制欲望的回应，满足了人们对现实物象拥有的心理需求。版画可以说是今天机具技术性复制——印刷、摄影、电影、电视等技术的母体。

一、套印版画发明前的彩色版画

自然界是五彩斑斓的，社会也是五光十色的。版画刚刚诞生时，只能表现黑白世界，人们不满足于版画对于彩色世界的黑白表达图像形态，一直在借鉴其他图像表现手法，力图早日完成版画的彩色表达手法。

在黑色版画出现以前，人类已经能够用彩色绘制的图像来表现周围的现实世界的物象。肇始于新石器时期的陶器制作，已经有了在陶坯上彩绘花纹，制成的彩陶的能力。例如，在青海省大通县上孙家寨遗址清理出来的一只舞蹈纹彩陶盆，盆的内壁上绘有4圈平行带纹，上面绘有3组跳舞人，每组有5人，手拉手踏地而舞（如图1所示）。

图1　青海省大通出土的"舞蹈纹彩陶盆"（马家窑文化）

在人类绘画史上，最古老的画种——壁画，就已经用彩色来绘制的了。现存最早的壁画是秦咸阳的宫殿壁画（残片）和举世闻名的敦煌壁画，都是彩色绘制而成的。

1959年，在秦咸阳城遗址第3号宫殿建筑遗址的九间廊道东西两面墙壁上，发现的彩绘壁画，是迄今仅见的秦代绘画原作，也是现存最早的宫廷壁画。

壁画上有7套4马1车的车马，马旁的衬景为道路和树木，画面上并行奔驰的4匹马均呈枣红色，马首配有白色面具，马身则由3轭与车伞顶端相连。奔马前后腿分开，似在急速的奔跑中，造型十分生动（如图2所示）。

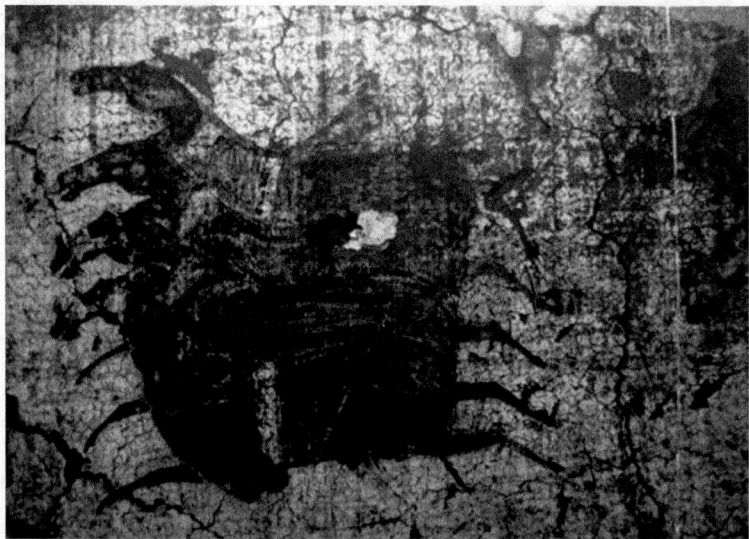

图2　（秦）秦咸阳城遗址的壁画"驷马图"残片

长沙战国楚墓中出土的帛书图像，上面有12个彩色神像（如图3所示），也是人工手绘的彩色图像。

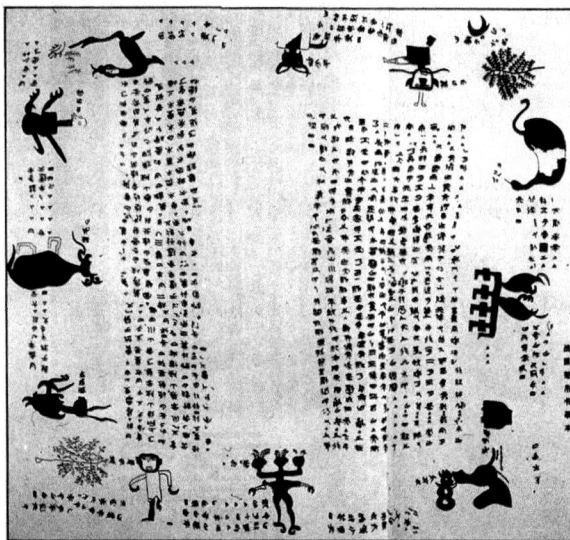

图 3 （战国）长沙战国楚墓中出土的"帛书图像"

那么，既然我们对手工绘制彩色图像并不陌生，黑白的版画能不能像手工绘画一样变成彩色图像呢？经过不断摸索与实践，人们创造了一种彩色印刷术的复合工艺——"刷涂套色"，即先用雕版印刷术在纸上印制版刻图像，之后再用手工涂绘的方法在已经印制出来的版刻图像上按需涂上颜色，原本一幅雕版印刷的黑白图像经过手工上色处理后变成了一幅彩色图像。且此法简单可行，又大大节约时间成本和经济成本。

人们熟知的《敦煌隋木刻加彩佛像》就是采用这种方法印制后再手工上色，使黑白版画变成彩色版画的。另据敦煌研究院的专家披露，他们"在敦煌版画的研究中发现，有 3 种 4 幅彩色版画，是由红、蓝、黄、绿、黑五色填彩而成"①。查启森先生在《介绍有关书史研究的新发现与新观点》一文中说，1980 年前后，《全国善本书总目》巡回检查组在陕西调查时，"听说"前几年修建水库时，从一座唐墓中出土一纸雕版经咒，四周为回文咒语，中间为彩色佛像。查先生认为，假如此事属实，则此件即为现存最古老的套色彩印佛教版画。②郑如斯、肖东发先生编著的《中国书史》也提及此事。由此可见，这种"刷涂套色"工艺早在唐、五代时期就已经被采用，这比 1974 年在山西应县木塔中发现的辽代（960—1115）刷涂套色的《炽盛光佛降九曜星官房宿相》和《南无释迦牟尼像》还要早一二百年，

① 《敦煌版画研究取得重大突破》，《甘肃日报》，2005 年 9 月 16 日。

② 郑如斯，肖东发：《中国书史》，北京：北京图书馆出版社，1987 年，第 123 页。

如是这样，套色版画的诞生时间将被大大提前。《炽盛光佛降九曜星官房宿相》高120厘米，宽45.9厘米，是迄今所见中国古代木刻刷印后着色最大的作品（如图4所示）。它是在墨印后填上红、绿、蓝、黄四种颜色而成的。尽管此画已历经千年岁月，但色彩艳丽，层次鲜明，质感丰富仍不减当年，不愧为中国着色版画中的珍品。

炽盛光佛是金轮佛顶尊的别名，也有称炽盛光如来，为释迦佛的"教令轮身"。因他周身毛孔会发出炽盛光芒，所以称他为"炽盛光佛"。炽盛光佛信仰在唐宋时期有过一段相当辉煌的流行岁月，但到了13世纪后逐渐衰亡。

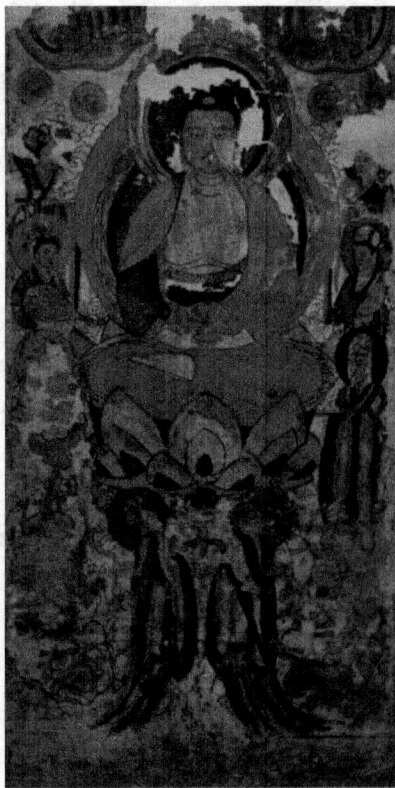

图4　（元）刷涂套色佛像《炽盛光佛降九曜星官房宿相》

《炽盛光佛降九曜星官房宿相》图中间是正在说法的炽盛光佛，他结跏趺坐在仰莲须弥座上，身披红色袈裟，袒露胸部，面露微笑，两手合托法轮，身后有背光、项光。莲座前的供桌上放置牟尼宝珠。在炽盛光佛四周环绕着人形化的九曜、二十八宿、黄道十二宫等星神。左边是太阳、木星、水星、罗睺；右边是太阴（月）、金星、火星、计都；前边左面是土星；前边右面是地神。太阳为男像，双手托盘，盘中是一只火球，火球中有一只金鸟。太阴为女像，手托月盘，盘中的明月，有玉兔在跳动。木星也为男像，双手执笏，表情严肃。金星则头饰凤鸟，怀抱琵琶，似一个善歌喜舞的少女。土星、地神，一男一女立于佛前，双手合十。罗睺坐于盘龙上，手擒鬼怪，无比威武。计都坐在神牛上，神牛的目光注视着它身上驮负的计都，计都手擒女鬼。各星神背后皆有项光。炽盛光佛的头上象征着天界，有天蝎、朱雀、巨蟹、金牛等黄道十二宫的星座，还有脚踏祥云的天众。他的脚下是地狱，有披头散发、残肢断臂的饿鬼，飞禽走兽等动物。

这幅着色版画的颜色非常凝重，尤其是佛像中的红色，让人望之，一种顶礼膜拜之心油然而生，这也正是这幅佛画的传神之处，给信众以崇敬的神力。

与《炽盛光佛降九曜星官房宿相》同时发现的《南无释迦牟尼像》，也是一幅刷涂套色的彩色版画（如图 5 所示）。

图 5 （元）刷涂套色佛像《南无释迦牟尼像》

《南无释迦牟尼像》长 65.8 厘米，宽 62 厘米，是以红色为主调，由红、蓝、黄、黑等颜色组成的一幅彩色版画。它套印方法与《炽盛光佛降九曜星官房宿相》不同，经过对其生产工艺的考证，发现它采取的是民间镂孔印染花布的方法。据记载，镂孔印染花布的方法，早在隋唐时期就已经有了。"（唐）玄宗柳婕妤有才学，上甚重之。婕妤妹适赵氏，性巧慧，因使工镂板为杂花，象之而为夹结。因婕好生日，献王皇后一匹。上见而赏之，因敕宫中依样制之"①。这种"印花染色"的方法从此流传开来。

从图像的构成形态上看，很容易辨认出采用"对折漏印"法而成（因为是对折漏印，所以右边的"南无释迦牟尼佛"七字为反字，而左边的却是正字）。漏印是指用两套版子刷印——先漏印红色，再漏印蓝色。然后手工涂色，大部分涂黄，在精细部分，如眉眼口鼻手足、衣领等处的则用黑色墨笔勾绘而成。采用印花染色工艺刷印的佛像有一种古老、纯朴的意味，给人一种悠远而特殊的美感。

这幅《南无释迦牟尼像》，人物众多，背景华丽。图中的释迦牟尼端坐在中央莲花座上，态度安详；头顶华盖，幔帛下垂。两旁各四众，为比丘、比丘尼，四众旁各站一人，双手合十，似为供养人。两化生童子，身绕祥云，双膝下跪。整幅版画的构图十分和谐。

《炽盛光佛降九曜星官房宿相》《南无释迦牟尼像》两幅佛教版画上的色彩，虽是用手工涂绘上去的，但却是人们探索彩色版画的一种尝试，它在世界文化史上有着重要的地位，因此，在讨论彩色版画的构成形态时，不能不提到它们。

二、现存最早的木刻套印版画

现存世最早的彩色套印版画应该说是元至元六年（1340）中兴路（今为湖北江陵）资福寺刊刻的《金刚经注》中的一幅《无闻和尚注经图》（如图6所示）。它描绘无闻和尚在注经时的情形：在一张案桌前，无闻和尚正在全神贯注地注经，在铺开的纸上，还写上"金刚"两字；身旁站立着一个侍童，正在帮他磨墨；案桌前的一位供养人，双手合十，一副虔诚的样子。无闻和尚背后是一株参天松树，天上降着祥云；案桌前的烛台上点着香烛，地上长出几朵灵芝。左上角有"无闻和尚注经处产灵芝"的题记。《金刚经注》中的注经图和经解分用朱墨两种颜色印制，人物、书案、烛台、云彩、灵芝、书名《金刚般若波罗蜜经》等处涂以朱色，而人物背后的松树及经文、题记的地方则涂以黑色，然后覆纸刷印。

与"刷涂套色"不同，它是用朱、墨两色套印而成。这种印刷工艺被称之为"刷版套印"，是一种新的版画彩色套印工艺。它根据图像内容的要求，可以在同一块雕版的不同部位涂上不同的颜色，然后一次刷印而成。

---

①　王谠：《唐语林》，上海：上海古籍出版社，1978年，第149页。

图6　朱墨套印《金刚经注》中的一幅《无闻和尚注经图》

（元）元至正元年（1341）中兴路资福寺刊

　　朱墨两色的《无闻和尚注经图》，镶嵌在密密麻麻的经文中，十分突出，醒目别致，为套色木刻的滥觞，比欧洲出现的第一部彩色版画本《梅因兹圣诗》早170年。比日本最早的宽永四年（1627）《尘劫记》的套色版画要早287年。

　　元代的版刻承袭了宋代的遗绪，但技术日趋纯熟，刀法日趋老练。而元代版刻最具特点的即是产生了套色印刷术，这是了不起的突破。《无闻和尚注经图》便是例证。

　　刷版套印技术在今天看来比较简单，但在当时，要在实操中用起来还是不容易的。因为在一块木版上同时用几枝彩色笔刷抹，如果时间相隔过长，先涂的颜色会因干燥而印不出来。所以，印出来的画面常常会出现或浓或淡、时润时枯的情况。因此，这种套版印刷技术一时未能推广开来，很长一段时间没有被人们普遍地采用。一直到了明代后期，这种印刷技术才开始盛行起来。

　　现存明代最早的套版印刷版画为明刻本的《程氏墨苑》，它始刻于明万历二十三年（1595）前后，以后又陆续补充印行。其中有彩印的版画（墨印图中夹有彩图，世称"彩印本"），也有墨印的版画（世称"墨印本"）。与墨印本相比，彩印本流传十分稀罕，见到的人极少，连一直收藏版画图像书的郑振铎先生，得到它后同样倍感意外，十分惊喜地写道："此'国宝'也！人间恐无第二本。余慕之十余年，未敢作购藏想。不意于劫中竟归余有，诚奇缘也！"[①]

《程氏墨苑》（北图本）有彩图 50 幅（如果以面计算，可以说是 55 幅，另 28 幅为红色或图章套红均不计在内），其中"玄工"类 12 幅，"舆图"类 9 幅，"人官"类 5 幅，"物华"类 14 幅，"儒藏"类 8 幅，"缁黄"类 7 幅。

龙，是华夏先民的图腾，神灵与权威的象征，也是中华民族自上古以来一直崇拜的神异动物。《程氏墨苑·玄工》中的《飞龙在天图》，描绘了一条雄伟、威严、顶天立地的巨龙在祥云中飞腾。它目光炯炯地注视前方，舞动着利爪，具有强烈的动感。艺术创作的价值核心在于它的个性。《飞龙在天图》，不仅构图严密精巧，而且具有独创性，它以朱红为底色，加上蓝灰色、黄色等，比只有黑白的图画不仅在颜色上要更为丰富，而且在图画的神韵上更显得庄严、神秘和至高无上（如图 7 所示）。但因为是一版敷多色覆纸刷印而成，各次上色多少不同，所以各本颜色不尽一样，造成"飞龙在天"图有的偏黄，有的偏红。

图 7 （明）万历刊本《程氏墨苑》中的套色彩印《飞龙在天图》

《程氏墨苑·儒藏》中的《巨川舟楫图》，在青山绿水环抱中，一条棕色的小船，在平静如镜的水面，犁出一道道涟漪。老船公慢慢地摇动着桨橹，载着客人

---

①　郑振铎：《劫中得书记》，《郑振铎艺术考古文集》，北京：文物出版社，1988 年，第 288 页。

去远行，恬静而悠闲，颇具浓浓的诗意（如图 8 所示）。

图 8　（明）万历刊本《程氏墨苑》中的套色彩印《巨川舟楫图》

明万历年间刊刻的《花史》四卷（现存夏集、秋集和冬集），其中的彩色版画也是采用刷版套印的技术。它的程序是先将每一种花卉刻成一块雕版，并按照花卉的不同颜色特点，在雕版的不同部位涂上花卉原来的颜色，如叶子涂以绿色，葵花涂以黄色等等，然后再一次覆印在纸上，印成彩色版画（如图 9 所示）。这种印刷的缺点是，对涂色的技艺水平要求很高，印刷者还应有一定的绘画知识；在不同颜色的交界处，往往颜色混淆不清，从而难以印出近似原作的版画作品。

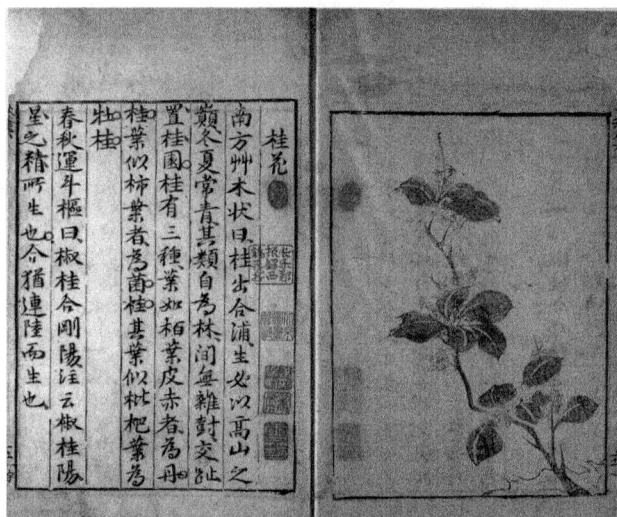

图 9　（明）万历刊本《花史》中刷版套印的图像

尽管这种方法套印出的彩色版画的颜色并不太鲜艳，但总算有了颜色，比只有一种黑色的《花史》要好看多了，这是一大进步。《程氏墨苑·缁黄》中的《宝树低枝图》就是采用套色彩印的技术而成（如图10所示）。这种一版敷色技术与墨线填彩技术有本质的不同（一为印，一为绘），是彩色印刷技术的一大进步。后又探索出多版敷色技术，与套印的版画相比，多版敷色对图像的色彩有更好的表现力。

图10　（明）万历刊本《程氏墨苑》中的套色彩印《宝树低枝图》

三、彩色版画中的顶峰之作

自明代出版家胡正言发明了饾版印刷术后，版画家创作的彩色版画作品也越来越多，有明时吴祥发的《萝轩变古笺谱》、胡正言的《十竹斋笺谱》和《十竹斋书画谱》、闵寓五的《西厢记》、李渔的《芥子园画传》等；清时有《西湖佳话》《耕织图》《盼云轩画传》《龢庵花谱》和《绘像三国志》等。

（一）《十竹斋书画谱》与胡正言

中国古代版画大都是以木材雕刻制版，用溶于水的水剂颜料印刷完成的。这是东方木刻画的传统。但同样是水印，水印木刻与木刻水印就不同。我们知道，中国古代的木刻作品一般都是水印木刻，这里有一个雕刻家创作的过程：首先要对画家的作品进行描图摹态，然后再雕版刻画，因此在艺术形态上要表现出一种"木气"，即表现出版刻的特色。而木刻水印主要是"淡淡浓浓，篇篇神采；疏疏密密，幅幅乱真"，是我国独有的一种印制技术。

精美绝伦的《十竹斋书画谱》是明末出版家胡正言所刊刻，具有收录名画、讲授画法、供人鉴赏和临摹的功能（如图 11 所示）。从明万历四十七年（1619）辑集，至天启七年（1627）刊成，前后花费了 8 年时间。《十竹斋书画谱》分为书画谱、竹谱、梅谱、兰谱、石谱、果品谱（如图 12 所示）、翎毛谱、墨华谱等 8 种，每种 20 幅，每幅都配有书法极佳的题词和诗，总共 160 幅彩色版画和 140 件书法作品，辑录当时名家吴彬、倪瑛、魏之克、米万钟、文震亨等以及前辈名家赵孟頫、唐寅、沈周、文徵明、陆治、陈道复等人的作品。

图 11 （明）天启崇祯年间刊本《十竹斋书画谱》中的"石谱"

图 12 （明）天启崇祯年间刊本《十竹斋书画谱》中的"果品谱"

为完成这部《十竹斋书画谱》，胡正言呕心沥血，集中了当时一流的刻工，并与刻工"朝夕研讨，十年如一日"，采用繁复的饾版印刷技术，对分版、刻版、对版、着色、印刷都有很高的要求，一点都不马虎。在每次付印前，他都要亲加检校，以保证质量，使印出来的作品达到前所未有的意境。

胡正言为中国明末的书画家、出版家，对雕版印刷技术的改进做出过巨大的贡献。他字曰从，别号十竹主人、默庵老人，生于明万历十二年（1584），卒于清康熙十三年（1674），经历了明万历、泰昌、天启、崇祯，清顺治、康熙六代，寿高命长。据说，明末清兵攻入北京时，福王朱由崧仓皇南逃，把明朝国玺丢失了。胡正言闻听后，为他精心镌刻了龙文螭纽的国玺御宝。胡正言后期一直居住在南京鸡笼山侧，因家中庭院种有竹子十余株，他将居室名为"十竹斋"。李克恭在《十竹斋笺谱叙》中说：胡宅"尝种翠筠十余竿于楯间，昕夕博古，对此自娱，因以十竹名斋"①。

胡正言擅书能画，潜心研究制墨、造纸、篆刻、刻书，与当时在金陵的徽州刻工，共同商讨，"不以工匠相称"，革新彩色印制工艺，发明了"饾版"和"拱花"印刷工艺，并将它们推广应用，使我国古代的印刷技术提高到一个新的水平。他主持雕版印刷的《十竹斋书画谱》和《十竹斋笺谱》，已经成为中国乃至世界印刷史上划时代的不朽作品。

"饾版"印刷的分版分色印刷技术，是真正意义上的套版印刷，但它对印版的尺寸要求很严，对印制时的操作要求很高。明末，又在这种分版分色套印的基础上，发展成一种"饾版"印刷图像的方法，使印刷的品质达到了几可乱真的程度。它是按照彩色画稿的用色情况，分别勾摹下来，每种颜色刻成一小块木板，犹如饾钉，故称"饾版"。然后再依照"由浅到深，由淡到浓"的原则，将不同颜色逐色依次套印或叠印，最后形成一幅五彩缤纷的彩色版画。这样印制出来的彩色版画，其颜色的深浅浓淡、阴阳向背，都可以随心所欲地表现出来，几乎与原作无异，艺术效果令人叹为观止。在明代，"饾版"印刷也被称为"彩色雕版印刷"，清代中期以后称之为"木版水印"。

胡正言还总结出一套饾版版刻的创作理论："饾版有三难，画须大雅又入时眸，为此中第一义。其次则镌忌剽轻，尤嫌痴钝，易失本稿之神。又次则印拘成法，不悟心裁，恐损天然之韵。去其三疵，备乎众美，而后大巧出焉"②等等。

① 李克恭：《十竹斋笺谱叙》，《中国版画史图录》第3辑，第9册，上海：中国版画史社，1942年，第1页。
② 李克恭：《十竹斋笺谱叙》，《中国版画史图录》第3辑，第9册，第3页。

（二）《芥子园画传》与李渔

我国自宋代出现富有韵味的《梅花喜神谱》等画谱以后，随着雕版印刷术的发展，画谱刻印也越出越多，其中流传最广、最受人欢迎的是清朝刊刻的《芥子园画传》，几乎学画的学子，都知道这样一套中国画技法画谱。问世三百余年来，风行于画坛，至今不衰，许多成名的艺术家，当初入门，皆得惠于此书。

据说，齐白石初以雕花为生，有一年随师外出做工，看见主人家有一部乾隆年间翻刻的《芥子园画谱》，如获至宝，遂向主人借来，花了半年时间，用勾影雷公像的方法，将书中的图画全部勾影下来。直到白石老人晚年，还念念不忘此事。

国画家潘天寿，十四岁到县城读书，看到一部《芥子园画谱》，成了他学画的第一位老师。在无人指导下，他照画传学画，终成一代大师。

山水画名家陆俨少，从小喜画，苦于无师。十二岁到南翔公学读书时，得到一本石印的《芥子园画谱》，照书临摹，迈出了画家生涯的第一步。

芥子园是李渔居住在南京的一座园林。李渔（1611—1680），号笠翁，以戏剧家和戏剧理论家著称，同时擅长于写小说。他生于浙江钱塘，晚年迁居江宁（今南京）。李渔对造园艺术亦有极高的造诣，他一生构筑过众多的园林。清康熙四年（1665），他建造的芥子园是最能代表他的造园才能和思想的。此园因地仅 3 亩，面积微小，如同"芥子"，故取名"芥子园"。他曾说过："金陵别业，地只一丘，故名芥子。"

园虽小，经李渔精心设计和安排，园内设有栖云谷、月榭歌台、一房山、浮白轩、来山阁等，移步换景，错综复杂。芥子园一时成为南京园林一绝，有"园中之王"的美称，在我国园林史上也占有重要地位。清康熙十五年（1676）前后，李渔和他的女婿沈因伯（心友）编辑了一本对后人影响巨大的图像作品集《芥子园画传》。芥子园也因《芥子园画传》而闻名遐迩、蜚声海内外。李渔的许多著作如《无声戏》《一家言》《闲情偶记》等也都在芥子园完成，他在芥子园度过了一生中最辉煌的时期。

《芥子园画传》又称《芥子园画谱》，初集为山水画谱（如图 13 所示），由清代画家王概（字安节）在明代画家李流芳的 43 幅教画的画稿基础上绘制而成的，王概等人又增绘图稿 90 幅，一共 133 幅，康熙十八年（1679 年）用五色套印刊出。初集分为五卷，卷一为画学浅说及设色各法，卷二为树谱，卷三为山石谱，卷四为人物屋宇谱，卷五为模仿各家画谱。

图 13　（清）康熙十八年（1679）刊本《芥子园画谱》中的山水画

在此以前，有一部专门描绘西湖及钱塘美景的《湖山胜概》（如图 14 所示），其中的彩色版画就已经采用了这种彩色套印的方法。还有一部康熙十四年（1675）刊刻的《西湖佳景》（如图 15 所示），也是用了这种彩色套印方法，并比《湖山胜概》更进一步，使用了无骨画法，直接刷印到画上去，不用任何黑线，更显丰富。以后的《李笠翁评本三国志演义》（刊于 1680）也采用了这种彩印方法。《李笠翁评本三国志演义》是一部有 200 幅彩色版画的巨作。它也是先将刻好黑线的木刻图用黑色印好，然后，将红色、黄色、蓝色等一块块地套印上去，就像小时候，人们在黑白图上涂颜色那样，这里涂黄，那里涂红，天上涂蓝。

图 14　（清）康熙年间刊本《湖山胜概》

图 15 （清）乾隆年间刊本《西湖佳景》

《芥子园画传》第二集为兰、竹、梅、菊四谱八卷，由诸曦庵编绘兰、竹两谱（如图 16 所示），王蕴庵编绘梅、菊两谱，还加入了诸曦庵、王质等人的画谱稿，共 125 幅，经王概、王蓍、王臬三兄弟编辑出版。卷前有画法浅说，以指导初学者习画。于康熙四十年（1701）彩色套印。这集中的梅、菊谱都用的是《李笠翁评本三国志演义》彩印方法印制，先将刻好黑线的木刻图用黑色印好，套印时，有了深浅浓淡之别，两块颜色紧接地印在一起，效果甚好。而兰、竹两谱采用的是无骨画法，用深浅的墨色渲染烘托，虽是一色，但具有多种颜色的感觉，即"墨具五色"，色彩夺目。

图 16 （清）康熙四十年（1701）刊本《芥子园画谱》中的"梅兰竹菊"之一

《芥子园画传》第三集为花卉、草木、鱼虫、禽鸟四卷（如图 17 所示），有图

166 幅，由王质编绘，最后请王概兄弟增辑而成，于康熙四十年（1701）彩色套印。版画有的采用饾版印刷，"一幅之色，分别先后，凡数十版，有积至逾尺者"；有的采用"无骨画法"；有的采用《西湖佳景》的印制方法。

图 17　（清）康熙四十年（1701）刊本《芥子园画谱》
中的"花卉、草木、鱼虫、禽鸟"之一

《芥子园画传》在绘刻、刷印方面，都有很高的成就。尤其在选题、编辑上，迎合了大多数习画者的需要而倍受欢迎。

《芥子园画传》在清乾隆、嘉庆中移至苏州再版出书，并有多种版本出现。嘉庆二十三年（1818 年），书商又将丁皋的《写真秘诀》一卷，并选择了上官周的《晚笑堂画传》的人物画像，编作《仙佛图》《贤俊图》《美人图》三卷，附上《图章会纂》，合成《芥子园画传》第四集的人物画谱，共 324 幅。因补充了前几集所缺乏的人物画，所以一般均称《芥子园画谱》四集，与初、二、三集画传，组成一套系统的绘画教科书。

到了光绪年间，画家巢勋（清末著名画家张子祥的学生）将《芥子园画传》的一、二、三、四集重新临摹修编，然后在上海石印出版，从此《芥子园画传》得到了更广泛的流传。

（三）其他

彩色套印版画还有不少，清康熙时王衙所刻《西湖佳话》前有彩色版画 12 幅，色彩使西湖山水更逼真诱人；乾隆年间刻印的《耕织图》为双色套印，远山远树，用蓝色，余者皆用墨色。同治十年（1871）《盼云轩画传》（如图 18 所示）；宣统年间刊刻的《龢庵花谱》（如图 19 所示）。清末还有彩色的《绘像三国志》（如图 20 所示）、《聊斋志异》等。2002 年，一部饾版彩印《绣像三国志》残本出现在拍卖会上，中国国家图书馆也有一部，为郑振铎先生捐赠的残本，据说，这是小说、戏曲书籍中唯一可见的饾版多色印刷品。此书原刻 240 幅彩色版画，雕镌了一二千块刻板，繁复程度令人咋舌，且套印多至八色，不惜工本，刻意求精，亦现代印刷所不及。从版刻风格而论，此书刻工技法高超，处理战争场面或人物群像显得有条不紊、层次分明，堪称集明末清初版画图像艺术之大成，应是出于徽州良工之手。

图 18 （清）同治三年（1864）刊本《盼云轩画传》

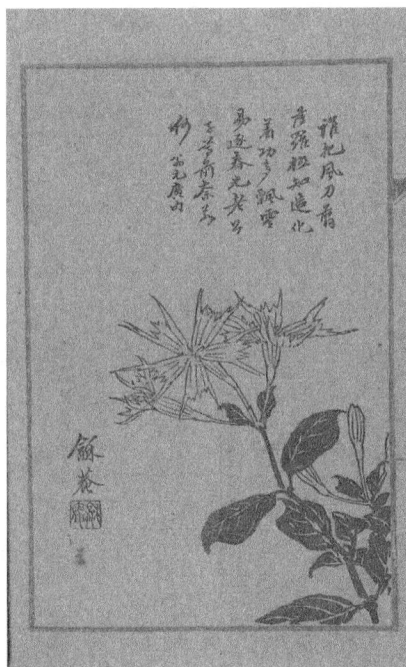

图 19 （清）宣统三年（1911）刊本《龢庵花谱》

图 20 （清）清末刊本《绘像三国志》

结语

版画是中国图像印刷技术的源头，从它以黑白图像形态诞生的那天起，人们就一直渴望它能够实现人们复制彩色世界的愿望。之初，人们从古人在陶器上绘制彩色花纹上得到启示，在已经用雕版印制的版刻图像上，使用手工涂绘颜色的方法，使得原来的黑白图像变成彩色图像，其色彩艳丽，层次鲜明，图像表达实体物象的质感较之黑白丰富许多，这种印刷制作工艺被称之为"刷涂套色"。由于刷涂套色的图像生产方式对刷印者的手工涂色技能要求比较高、工艺比较复杂，于是，在此基础上人们又探索出一种根据图像形态的表现内容要求，在同一块雕版的不同部位涂上不同的颜色，然后一次刷印而成的版画彩色套印新工艺，称之为"刷版套印"。到了明代，图像印刷技术日臻成熟，人们将套版印刷和版刻艺术结合，完善彩色套印的技术，真正意义上的套版印刷被广泛应用。明末，在"分版分色套印"的基础上，发展出一种"饾版"印刷版画的方法，使印刷的品质达到了几可乱真的程度。"饾版"印刷也称之为"彩色雕版印刷"，清代中期以后称为"木版水印"。

彩色版画刷印技术的逐步发展和不断改革完善，满足了人们视觉性复制世界的愿望，人们在有限的图像空间，用有物、有形、有色彩的技法，表达无物、无形、无色彩的精神世界；同时又在有限的图像空间，用无物、无形、无色彩的技法，表达出有物、有形、有色彩的现实世界。版画家破觚为圆，斫雕为朴。其技，大道至简；其意，妙不可言。

（本文写作得到王福康先生和徐小蛮女士的热情帮助，特布谢忱）

中华文化传承与创新研究

传承与革新：在"去语境"与"再语境"之间的地方曲艺

——兼谈江西省非物质文化遗产"筱贵林南昌谐谑故事"

Inheritance and Innovation: Local Folk Art Forms between "De-contextualization" and "Re-contextualization": also talk with Intangible cultural heritage of Jiangxi — Province "Xiao Guilin Nanchang witty Story"

摘　要：当代文化的多元交融，相互渗透和影响，创生于传统文化语境中的地方曲艺在当代语境中迷失自我。借鉴 20 世纪 90 年代中期中国民俗学从"民俗"到"语境中的民俗"转换的理论视角，以语境论作为地方曲艺自我革新的一个视角。文章认为，在"去传统语境"和"再现代语境"之间做出曲艺艺术的自我调适，调适的目的恰恰是为了超越自身种种"文化过去"而赋予当代视野和当代追求。在此过程中，兼以江西省非物质文化遗产"筱贵林南昌谐谑故事"做讨论标本。

Abstract: Contemporary cultures blend, infiltrate and influence each other. The local folk art forms created in the traditional cultural context lost itself in the contemporary context. Referring to the theoretical perspective of the transformation of Chinese folklore from "folk custom" to "folk custom in context" in the mid-1990s, the context theory is taken as a perspective for the self-innovation of local folk art forms. The paper holds that the purpose of the self-adjustment between the "de-traditional context" and the "re-modern context" of local

---

* 作者简介：付自强，南昌大学新闻与传播学院毕业，现为南昌大学教师，研究方向：文化传播。

folk art forms is precisely to transcend its own "cultural past" and give contemporary vision and contemporary pursuit. The intangible cultural heritage of Jiangxi province "Xiao Guilin Nanchang witty story" is taken as a discussion specimen in this process.

关键词：曲艺艺术；文化调适；语境；去语境；再语境

Keywords: Local folk art forms; Cultural adjustment; Context; De-contextual-ization；Re-contextualization

曲艺艺术是中国民族文化重要的形式之一，作为我国的非物质文化，曲艺体现出民族个性、民族情感和民族创造的历史统一，体现出民族文化与时代风貌的交融共生。任何一种曲艺艺术的形成和发展必然要受到特殊的历史环境影响，同样的，任何一种曲艺艺术都反映出那个时代历史的、民俗的等诸方面特色。可以说，对曲艺文化的深入研究，有利于发掘被历史遗忘的民族瑰宝，有利于发现中华民族传统文化创生的客观规律，更有利于曲艺文化融合当下发展的文化语境，不断在传承和弘扬之中进行自我突破，发展出更加形式多元的、内涵丰富的艺术形式。随着社会多元化发展，文化与文化之间有交流有碰撞，有矛盾也有调和，本文正是立足于当代新的文化语境的变迁和思考，兼以江西省非物质文化遗产"筱贵林南昌谐谑故事"（以下简称"筱贵林谐谑故事"）为例，探讨在新的文化语境下，地方曲艺如何在"去语境"与在当代语境"再语境"之间做出选择与调适。

一、地方曲艺的历史流变与"筱贵林南昌谐谑故事"

（一）地方曲艺的概念、由来和现状概述

何为曲艺？长期以来，由于历史和现实的原因，业界和学界对曲艺基本概念和理论都观点不清、认识混乱，说起具体的曲艺门类可能比较明白，然而一旦涉及概念解释和内涵外延的界定时，就时常产生认识偏差，最常见的就是将曲艺与"戏剧戏曲"混为一谈。曲艺最大的特点是"说"与"唱"，因而很多人将"说唱"或"说唱艺术"直接指涉为曲艺艺术，"说唱"只是作为曲艺艺术基本的外在形式特征和表述文字，并不能用于曲艺艺术门类概念的使用。吴文科在《中国曲艺通论》中认为，曲艺就是以口头语言进行"说唱"的表演艺术。① 这个对曲艺概念界定的表述是比较准确的，曲艺演员一般通过说、唱将各类不同特征的角色人物形象以及各种故事表演出来，一人可分饰多角，而戏剧往往一人承担固定的角色扮

---

① 吴文科：《中国曲艺通论》，太原：山西教育出版社，2002年，第62页。

演。如果说戏剧舞台上的演员通过身体的动作、舞台的美光、丰富的表情营造出的是一种"视觉"观赏，那么曲艺文化则重在通过表演者的"说"与"唱"为台下听众营造一种"听觉"的享受。

吴文科还按照审美创造的主要功能和特点，将中国曲艺分为"说书""唱曲"和"谐谑"三个大类，"说书"即是以叙事为主要审美旨归，"唱曲"以抒情为主要审美旨归，"谐谑"则以逗乐的方式来明理为主要审美旨归，这三个大类基本上涵盖了曲艺的所有门类。曲艺自诞生之初就带有强烈的地方色彩，在中国传统社会的演变中，曲艺艺术与民间浓郁的乡土文化、地方民俗关系密切，这就决定了曲艺艺术的地方性和民俗性，从荀子的《成相篇》到汉魏时期的"相合歌"，从唐代民间的"说话"和变文，到宋代流行的"陶真""货郎儿""鼓子词"等，其后经元明清的"杂剧""相声""鼓词"发展流变，民间曲艺活动蔚为壮观，成为地方民众饭后茶余精神体验和文化休闲的主要方式。[①] 据不完全统计，我国现有曲种约 400 种，分布在中国大江南北，如我们所熟知的京韵大鼓、天津快板、二人转、苏州评弹、扬州清曲等优秀曲种。

然而，随着现代社会文化的多元发展，传统的民间曲艺面临多方面的发展困局。如曲艺人才青黄不接，曲艺质量良莠不齐，曲艺传承后继乏人，曲艺研究滞后不力，这些问题都给当下曲艺发展带来严重隐忧。造成这种局面的其中一个重要原因是当代年轻群体的审美发生变化，曲艺观众数量日益衰微，由此导致曲艺文化越来越从"日常生活"中消退，从"日常生活"中诞生的曲艺最终失去了"日常生活"的现实支点，反而使曲艺从传统的"大众文化"变成了今天的"小众文化"。

（二）江西省非物质文化遗产"筱贵林南昌谐谑故事"历史由来

根据江西省已申报省级非物质文化遗产保护名录的曲艺项目，我们可以将曲艺归纳为：只说不唱，又说又唱，以唱为主，特技（滑稽、口技）表演四个类。但曲艺艺术共性多于个性，它们之间相互借鉴、相生相成，有你不到之处我又似乎无所不在，如唱的有叙事为主的有侧重抒情的，说有以擅长说故事和说笑话的，有专以冷面说惯抖包袱和歇后语见长的。[②] 其中只说不唱的则以南昌筱贵林谐谑故事为典型代表。当然，按照吴文科的"说书""唱曲""谐谑"三分法的话，筱贵林谐谑故事应当划入"谐谑"大类，但筱贵林早年一直从事着评书的工作，在具体的评书过程中，他使用诙谐幽默的方式进行讲评，博采众长，独树一帜。

---

① 王晓乐：《浅析新媒体时代民间曲艺的传播发展》，《北方音乐》，2017 年第 11 期，第 75 页。
② 见江西省非物质文化遗产数字博物馆，http://www.jxfysjk.com/index_qy.asp。

筱贵林原名万笑铃，是 20 世纪六七十年代江西境内家喻户晓的说书、单口相声演员，他创作的一百余件作品大都是反映市井平民的普遍生活状况及聪明才智，在表演上惯用方言土语，现抓现卖，绘声绘色，同一个段子在不同的场合根据不同的观众和气氛产生不同的演出效果。早年万笑玲因家境贫寒，以打工为生，加上 1937 年抗日战争爆发后，民不聊生，万笑玲由此流落街头，跟随河南坠子老艺人郭少村"摆场子"学说唱艺术。1942 年被上海滑稽说唱艺人筱福林收为弟子，并赐名"筱贵林"，在上海大世界表演滑稽说唱和独角戏。其后筱贵林于 1952 年返回南昌独立门户，借用南昌方言的语言特色，他改用南昌方言表演滑稽笑话、单口相声、评书等，逐渐形成自己独特的艺术风格，在南昌民间文化史上留下浓重笔墨，成为南昌民间著名的谐谑评书艺人。

2008 年，以筱贵林诙谐、幽默的评书特点作为基础的"筱贵林南昌谐谑故事"被列为江西省第二批非物质文化遗产项目。具体来说，"筱贵林南昌谐谑故事"就是表演形式为单人、双人、众人表演，其内容多反映市井、百姓生活的人和事、历史名人传等。表演语言丰实，把民间百姓身边事运用比喻、夸张、讽刺等艺术修辞手法巧妙地结合在一起，形成集说、学、逗、唱、表为一体的综合艺术形式。筱贵林南昌谐谑故事是地域文化、民俗文化和南昌方言的文化结合，不仅在南昌当地民众中产生了广泛影响，而且还影响遍及闽、浙、云、贵、川及上海等省市。其代表性传承人万新民（小筱贵林）在继承父亲表演艺术的同时，也在作品上不断创新，创作了如《一对懒夫妻》《说句心里话》《地名串》等脍炙人口的作品。如今，小筱贵林创建了南昌方言传承基地"贵林社老茶馆"，重新将相声搬上剧场，每周六晚上都在剧场上上演一些原创的南昌方言相声，为筱贵林谐谑故事和南昌方言文化传承都作出重要的努力和贡献。

然而，筱贵林谐谑故事也同样面临诸多发展困境。首先，随着普通话的推广，以方言为载体的筱贵林谐谑故事受到较大冲击，愿意来茶馆听方言相声的少之又少，甚至南昌本地人讲方言的也越来越少，且还不一定算是地道的南昌话。其次，经济收入单一，贵林社面临经营困难。贵林社基本上都是免费表演给观众的，进去听戏象征性收 10 块钱，而每次去听戏的观众数量本身就很少，由于经济问题，贵林社从南昌剧场到八一公园，再到如今的老茶馆，几经周折，三易场地。

二、从"去语境化"到当代语境的"再语境化"的研究视野

（一）语境与中国民俗学研究范式转换之关系
语境一词，最早由功能学派人类学家马凌诺斯基提出，当他在翻译当地土著

居民的语言时，发现要把当地土著语言的话语翻译成英语非常困难，马凌诺斯基意识到土著语言中词句的意义在很大程度上依赖语境，如果不把他们的词句与当时说话的情景结合，不提供语言使用者的文化背景知识，就不能理解他们的话意。因此，他提出了情景语境（context of situation）这一概念[1]。后来，他又提出了文化语境的概念，情境语境指言语发生时的具体情景；“文化语境”指说话人生活于其中的社会文化背景[2]。语境即语言环境，语境的提出，表明了文本本身固然十分重要，甚至意义直接由文本所携带，但离开了具体语境，文本自身的意义无法得到解释，这就是符号学的“语境论”。在符号学中，语境可以分为两类，第一种是符号内的（符号文本自带的）“内部语境”，也就是伴随文本；第二种是符号接收的语境，即“外部语境”，这些外部语境因素的汇合，经常被称为“语义场”。[3]

　　世界充满了符号行为，却没有任何一种符号行为可以独立表意，都不得不受到其他符号行为的影响。由此看来，我们对文本的理解就不能停留在单一的表意语境，尤其对于曲艺艺术来说，在文化流变的各种不同语境中，曲艺艺术受到历史的、民族的、民俗的、经济的、政治的等多重因素纠缠影响，理清各种不同语境与曲艺之间的内部逻辑、发展规律就显得极其重要。在过去很长一段时间，中国民俗学研究的视野就是单纯从民俗事象做理论延展，其取向基本上就是将民俗定位在“传统的”“过去的”，并被文化所标出的、与现代文明对立的文化现象，这一做法直接脱离了具体时空与民众实践的文化语境。更为重要的是，这一研究取向，使民间文化只是由文献资料来重构其历史过程，将丰富复杂的生活文化概括为一些有限的文献资料，忽略了作为民间文化传承主体的人群在具体的时空坐标中对民间文化的创造与享用[4]。很显然，这种超越了民俗继承具体的历史时空、以民俗事象为研究中心的研究范式无法还原民俗文化的具体生成过程，无法在复杂的、交叉难分的各种文化情境中看到各自的逻辑关系。从 20 世纪 90 年代中期开始，经高丙中、刘铁梁、安德明、张士闪、耿波等多位国内民俗学者的努力，中国民俗学界发起了一场从单纯的民俗事象研究，转向在语境中研究民俗，强调田野调查，强调在田野中观察民俗生活、民俗表演的情境、民俗表演的人际互动、

————————

　　[1]　B. Malinowski, *Problem of Meaning in Primitive Languages*, in Ogden & Richards(eds.),The Meaning of Meaning, New York and London：Harcourt Brace Jovanovich.Inc. 1946, pp.296—336.

　　[2]　刘晓春：《从“民俗”到“语境中的民俗”——中国民俗学研究的范式转换》，《民俗研究》，2009 年第 2 期，第 7 页。

　　[3]　见赵毅衡：《符号学：原理与推演》（修订本），南京：南京大学出版社，2016 年，第 178—179 页。

　　[4]　刘晓春：《仪式与象征的秩序——一个客家村落的历史、权力与记忆》，北京：商务印书馆，2003 年，第 32—33 页。

民俗表演与社会生活、社会关系、文化传统之间的复杂关联等等，呈现出民族志式的整体研究取向，时空、人、社会、表演、变迁、日常生活等系列关键词，表明在语境中研究民俗的学者具有共同的问题、方法以及学术取向①，完成了从"民俗"到"语境中的民俗"研究之转换。

（二）"去语境"与"再语境"之关系与转换因由

本文正是从这一研究范式的转换中得到启发，作为与民俗渊源深厚的曲艺，当下我们的研究不也正面临过于强调"过去"和"传统"这一特定语境吗？举凡谈到曲艺，必然要像背诵教科书式的还原到已经消逝的"过去"，必然要强调先辈们是如何原模原样的对其进行继承和表演，必然要叙述其过去之种种，当下我们对待传统文化有一种倾向就是如文物保护式的"修旧如旧"，这种观点当然有失偏颇，而且这样做的结果恰恰就是让古典语境中的曲艺被当代文化所标出。所谓标出，是语言学和符号学的一个术语，常常被称为"标记"，笔者采用赵毅衡的说法，用"标出"代替"标记"，当对立的两项之间不对称，出现次数较少的一项，就是标出项。

在文化研究中，标出项所指示的就是文化异项，非标出的则为文化正项，此外还存在大量的中间项（中项）。异项之所以为"异"恰恰是因为被大量的中项和正项所排斥，形成二元对立的局势。所以当一个对象越加被标出（成为异项）时，事实上我们也在越加强调两者的二元对立关系，当曲艺文化越加被还原到过去的语境，出于当代历史文化发展的多元现状，尤其是近代中国发生过的浩浩荡荡的"反传统"运动以及后现代文化中"反传统"的传统，被传统文化所"标签化"的曲艺与现代文化之间存在微妙的二元对立关系，于是现代文化的消费主义、娱乐倾向、文化产业、影视文化等也都被传统主义者认为与之不可调和。只要异项被标示出来，正项和中项之间的矛盾就永远存在，二元对立会以各种斗争方式演变发展——直到异项消失（尽管可能永远不会消失，但会一直式微下去）。如何解决这种看似不可调和的矛盾呢？所以笔者认为只有弱化曲艺的"传统""过去"语境，将曲艺纳入当代各种文化语境之中并为之所包容，在此之间便可以找到"传统"与"现在"的契合点，为"异项"和"正项"寻求连接点，打通异项和中项、正项的沟通交流。前者正是"去语境化"，后者则是在当下语境下与各种多元文化交融共生的"再语境化"过程。在"去语境化"和"再语境化"之间，就是曲艺

---

① 刘晓春：《从"民俗"到"语境中的民俗"——中国民俗学研究的范式转换》，《民俗研究》，2009 年第 2 期，第 5 页。

文化的"文化适应"问题，在当代多元文化中做出自我调适，目的不是为了调适而调适，恰恰是为了超越自身种种"文化过去"而赋予当代视野和当代追求。

我们都清楚，话虽如此，在考察实际情况时则可能错综复杂。但本文仍然坚持认为，文化做出自我调适是历史发展的客观规律和必然要求，因为文化差异和文化冲突一直存在，但并非不可调和。我们更需要的是一种认同、包容和尊重，在差异共存中寻求一种协调性，只有把异质文化当作有价值的主体并急于"主体间"地位的确认和他者意识的价值认知，才能有效地解决文化调适问题。① 对曲艺文化来说，破除当下种种发展困境，就是要在传统和当代杂糅之间做出调适，调适的方法就是"去语境化"与"再语境化"，这也是笔者写作本文的核心支点。中国传媒大学民俗学者耿波认为，文化认同的形成，一方面应在古典语境中明确保护对象的"前生"，这是基础，但也仅仅是基础；另一方面更要"发现"保护对象在当下语境中的"来世"，即将之置放于当下媒介文化、消费文化、视觉文化中来观其文化应对与生长态势。今天，学者行为中的非物质文化遗产保护的问题，正在于我们已正确地开始发现保护对象的"前生"，却没有勇气将之投入当下语境中。我的看法，在文化生态保护的意义上，非物质文化遗产保护是对象本身古典语境与当下语境同时发现与杂糅的过程。② 曲艺文化是活态的、传承的，其艺术本身构成的语境要求便是包容共生，中国曲艺要有这样一种调适与超越的勇气和智慧。近期央视上映的《国家宝藏》节目取得了热烈反响，社会好评颇高，一个文化类节目如何能做到这么成功呢？其中一个重要的原因是节目中的文物不仅有着"前世传奇"，而且还被当代人演绎着"今生故事"，一把越王勾践剑凝聚了古代造剑工艺的巅峰，但是一把过去的剑在今日除了展览意义之外，还包含了年轻的科学家对其潜心研究、如痴如醉的当代人的科学追求。这样，一件本无生命的文物被"激活"了，背后的奥妙之处正在于不仅将文物还原到当时的历史情境，而且也将其置于当代人生活的语境之中以体现其现实意义，这一过程就是重现和演绎，调适和超越。

三、当代语境下几种具体语境与"筱贵林谐谑故事"之间的相互作用、相互影响

需要强调的是，"去语境化"并不是要完全抛去过去的语境，而是要让"过去

① 周忠华，向大军等：《文化差异·文化冲突·文化调适》，《吉首大学学报》（社会科学版），2011年第2期，第153页。
② 廖明君，耿波等：《相声艺术的当下语境与非物质文化遗产保护》，《民族艺术》，2009年第4期，第20页。

的""传统的"这些标签从曲艺文化身上慢慢褪去，以缓和曲艺的"传统"与"现代"之间的冲突，让曲艺不再被现代文化所标出。传统语境中产生的曲艺辉煌灿烂、博大精深，是中国文化中的一朵奇葩。当曲艺艺术与当代文化碰撞之下所遭遇的种种尴尬，并不是因为曲艺艺术本身有问题，而实在是外部环境发生变化，从而影响到原文本各要素组成之关系，并迫使其"适者生存"。结构主义语言学奠基人索绪尔曾经强调，要注重系统中系统内部各要素之间的关系，因此要求从一个"共时"角度来观察，系统才能运作。如此来看，笔者所述从当代各种相关语境来考察曲艺艺术的调适和超越，更多的是以一种"共时性"的展开视野和角度。要有在古典语境的基础上叠加当下语境，在曲艺艺术"前生"和"来世"的时间通观中考察曲艺艺术中主体性适应新变、大胆创造的精神。[①] 了解了这一点，才可以不必强调笔者的一贯立场，为避免误会，笔者才可以放心的侧重对当下语境下的地方曲艺具体探讨。

（一）非物质文化遗产语境

作为江西省非物质文化遗产的"筱贵林南昌谐谑故事"首先要面临的就是非物质文化遗产语境。非物质文化遗产这一概念实在是一个舶来品，2003 年 10 月 17 日，联合国教科文组织特别出台了《保护非物质文化遗产公约》（以下称《公约》），《公约》规定，"非物质文化遗产"是指被各社区、群体，有时是个人，视为其文化遗产组成部分的各种社会实践、观念表述、表现形式、知识、技能以及相关的工具、实物、手工艺品和文化场所。这种非物质文化遗产世代相传，在各社区和群体适应周围环境以及与自然和历史的互动中，被不断地再创造，为这些社区和群体提供认同感和持续感，从而增强对文化多样性和人类创造力的尊重。在《公约》中，只考虑符合现有的国际人权文件，各社区、群体和个人之间相互尊重的需要和顺应可持续发展的非物质文化遗产。非物质文化遗产最显著的特征就是活态性、民间性、生活性、生态性。非物质文化遗产概念的生成背后有一套复杂的文化博弈，尽管这个舶来品最开始是为了从国际意义上以某种方式反抗某些大国奉行的文化霸权主义，但就像《公约》中提到的一样"考虑到必须提高人们，尤其是年轻一代对非物质文化遗产及其保护的重要意义的认识"，非物质文化遗产对于中国非物质文化的保护有着重要的理论和实践价值。如今，我国已经建立起国家级、省级、市级、县级四级保护体系，涵盖了包括传统口头文学以及作为其载体的语言、传统美术、书法、音乐、舞蹈、戏剧、曲艺和杂技、传统技艺、

---

① 廖明君，耿波等：《相声艺术的当下语境与非物质文化遗产保护》，第 21 页。

医药和历法、传统礼仪、节庆等民俗、传统体育和游艺、其他非物质文化遗产等多种非遗形态。

"筱贵林谐谑故事"代表性传承人小筱贵林在其父筱贵林遗愿下创建了相声剧场"贵林社"，筱贵林诙谐、幽默的评书方式独具一格，在江西及周边地区影响深远。然而，随着电子传播时代的到来，观众不再热衷于街头巷尾下的"撂地""茶会"等面对面的曲艺体验，观众日益锐减给评书、相声等传统说唱艺术带来了巨大的冲击，正是在这种濒危的情况下，为了保护好这一独特的地方曲艺艺术，南昌市东湖区文化部门积极申请，终于于 2008 年被江西省第二批非物质文化遗产名录收录。非物质文化遗产的提出，本身就是对当代文化对传统文化负面影响的积极抵抗，换言之，就是强调其"过去"语境而不是"当代"语境，因此，在非物质文化遗产保护视野下，地方曲艺应该更加重视其自身的发展规律的研究，不仅要将传承与弘扬作为工作的重心，也要注意对比历史文献的搜集、整理、出版，注重对其传统演出节目的采录和保存，注重曲种艺人的扶持和培养，注重曲艺演出场所的建造和维护，注重曲种文化知识的传播和传承。① 对筱贵林谐谑故事来说，在具体的实践中要充分发掘谐谑故事的历史传统，文献资料，如将筱贵林过去讲述的评书、段子等做文献归总，从中挖掘出具有丰富内涵的表演内容。这一宗旨似乎与本文写作的核心有一些矛盾，前文一直在强调对曲艺要去"传统"语境，事实上，恰恰是在非遗保护语境下，保护是最核心的内容，其他文化语境是次要的，然而做何种保护才能发现筱贵林谐谑故事的独特艺术魅力呢？那就要"去现代语境"，将其放置在过去语境下做全面检视，这就是再"传统语境化"。

当然，非遗不是文化保护和传承的"尚方宝剑"，当下非遗保护中出现了一些盲目性、机械性、片面性和近利性等问题，给非遗保护带来负面影响，这种消极的、认为只依靠政府扶持的观点一定要及时消除。曲艺文化是活态的动态传承和创新，非遗保护只是政策上给予关照，非遗保护的中心位置只能是非遗传承人，由此，非遗传承人应该将树立继承和创新的传承意识，非遗保护的目标不在过去，保护过去只是手段，任何文化的继承都指向当下和未来，指向预期之中能够为人类创造出何种文化价值。

（二）民俗与方言语境

曲艺艺术一般都富有强烈的地方性，尤其是地方民俗文化和方言文化与曲艺

---

① 吴文科：《按照文化事象的自身规律实施"非物质文化遗产"的保护——以曲艺曲种的保护为例》，《重庆文理学院学报》（社会科学版），2006 年第 5 期，第 25 页。

的发展有着千丝万缕的联系，这就不得不在民俗和方言语境中对曲艺做细致探析。民俗又称民间文化，是指一个民族或一个社会群体在长期的生产实践和社会生活中逐渐形成并世代相传、较为稳定的文化事项，又可以概括为民间流行的风尚、习俗。事实上，曲艺本身就应该属于民俗文化的范畴，曲艺的活态传承、以民间习俗作为创作素材，甚至曲艺观赏所带来的节日性或仪式性的文化活动就形成一种民俗，如民间为了庆祝某事就会请一些说唱艺人来助兴，说唱活动本身就融入民间活动并被保存下来形成一定的习俗。曲艺是一定历史时期民俗生活的艺术再现，民俗生活的内容决定着曲艺创作的内容，离开了民俗生活，曲艺也失去了生存的条件，可以说，民俗是内容，曲艺是表现形式。

　　民俗是一定空间上，一定社会群体的共同风尚、习俗，方言也同样是一定空间上社会群体的共同语言，地方性与空间性是民俗和方言研究的重要落点。从曲艺文化来说，如何理解这里的地方性和空间性呢？其实方言曲种的形成就是地方和地方空间共同作用的结果。清中叶以后，伴随中国国家经济的繁荣，由东而西，由南而北，水陆交通枢纽以及各地省会城市迅速繁荣起来，商人、手工业者、从事体力劳动者的个体劳动者纷纷向新型的城市集中，曲艺艺人因所在城市经济的发展壮大，观众的踊跃，可以不再流浪从艺，而是在一地长期驻足定居从艺，这一特定的历史背景，催生了方言艺术的发展，曲艺艺术地方曲种的概念由此而生①。由此来看，方言和民俗都是形成地方曲艺重要的文化基石，一片乡音表达的是一种乡情，作为以"口头语言说唱叙述的表演艺术"，曲艺有赖于民俗方言文化的滋养，可以说，这三者是相互影响，互为表里，你中有我我中有你，如何在新时代文化中处理好三者的关系就尤为重要。

　　如今，随着经济全球化和社会现代化发展趋势，中国城镇化速度越来越快，新型城镇化改变了原来民众生活的空间，地方性的概念越来越弱，取而代之的是流动人口的文化碰撞和文化交融，并且日益被现代城市文化所裹挟。民俗事象在新的城镇化语境下发生嬗变，民俗语境发生变化必然使得基于过去语境的传统曲艺与当下民俗之间存在冲突，例如原来去茶馆听戏会被认为是再正常不过的事，而现在去茶馆或剧场听戏却会被认为"情怀"或"高雅"，因为去现场听戏或听戏本身就被现代民俗所认为不是日常生活的必备内容。再一个，随着国家普通话的推广，地方方言面临挤压和继承人口流失，以方言为展现方式的地方曲艺也就面临着观众流失，传承困难的困局。

---

　　① 蔡源莉：《方言是构成地方曲种个性的基石——关于非物质文化遗产（曲艺类）传承中方言保护的问题》，《曲艺》，2015 年第 1 期，第 18 页。

以筱贵林谐谑故事为例，筱贵林谐谑故事是承载在南昌方言文化和民俗文化继承之上进行创作的，其中很多作品都特别反映了南昌城市的乡土文化，如民间传说故事有《府台让道》《解晋赶考》解；地名故事有事《金盘路》；民风民俗故事有《腊八结婚的由来》；民间笑话有《城隍庙拜年》《皮匠招亲》；历史名著故事有《活捉三郎》《姐妹英雄》《张飞与孔明》等，很多都是以南昌人的街头故事作为创作来源，地方民俗以故事的形式凝结在曲艺之中，进一步巩固了民俗文化，也同样作为民俗文化的历史资料和财产得到传承。筱贵林谐谑故事主要是用南昌方言说唱，方言作为艺术表现的载体存在，一方面为地方曲艺提供传播媒介，另一方面，地方曲艺的传播和发展促进了方言文化的传播，加强了地方民众的文化认同感，作为文化的凝结实体而得到传承。在具体的实践中也出现了问题，比如有很多外地人来南昌听方言相声，如果缺乏字幕解释就完全很难理解，于是小筱贵林就发明了"一南一普"，即在表演中一个用南昌话说，另一个搭档用普通话说，南昌话承担的是诙谐、幽默的功能，普通话则实现的是让非本地人理解的功能，较好地解决了外地人听不懂的问题。这就是老调新变，代表性传承人小筱贵林不拘泥于绝对的方言语境，创新出一南一普的表演方式，取得了良好的效果。从方言和民俗的角度出发，地方曲艺更要善于把握当代语境的新变——民俗在变化语言在变化，曲艺表现的内容更要有所变化，不能一味地演着过去的段子，那样民众无法感受到文化共鸣。总的来说，地方曲艺要敢于打破传统"民俗"和"方言"语境，敏锐观察，体验民生，创作出符合当代民俗风尚的新作品。

（三）新媒体语境

当代媒介技术日新月异，不仅改变了我们生活的习惯、方式，也促进了日常文化的交流和传播，成为文化传播的重要载体。新媒体技术影响着生活的方方面面，曲艺艺术当然也在其中。曲艺与媒介的嫁接由来已久，从广播时代到电视时代，再到如今的网络时代，我们总能在各种媒介上看到零星的曲艺节目、影像资料等，如相声大师侯宝林、刘宝瑞等就在广播时代家喻户晓的明星宠儿；在春晚的舞台上，以相声为代表的曲艺节目常常成为晚会的压轴，《虎口遐想》《五官争功》等节目一时间红遍大江南北。郭德纲更是网络媒体时代新的相声宠儿，他的成功离不开善于利用网络传播的特性和规律。新媒体为曲艺传播提供了无限可能，然而生活在电子媒介时代的观众都习惯于在电脑、手机等媒介上收看影像，不再愿意去到现场感受剧场的魅力。被传统剧场赋予强大生命力的曲艺在新媒体时代必须要面对这一现实——观者借助网络媒介延伸了自己的视觉和听觉功能，身体的延伸造成的一个后果是表演者与观者不再同时在场。

　　麦克卢汉认为，只要是能够传递信息的东西都是媒介，任何媒介都不外乎是人的感觉和感官的扩展或延伸：文字和印刷媒介是人的视觉能力的延伸，广播是人的听觉能力的延伸，电视则是人的视觉、听觉和触觉能力的综合延伸。[1]新媒体时代下，我们在远离剧场的几千里的家里就可以看到曲艺表演的视频，甚至是直播，其中的奥妙就在于网络媒介扩展了观者的视觉范围，将表演场景以复制的方式呈现于网络空间，表演者与观者不再必须同时在场。这一结果大大扩宽了对象的传播范围，原来只能容下几百人的剧场如今可以在网络空间上可以被几万甚至更多人观看，曲艺传播在新媒体时代重新焕发生机。然而这种结果所导致的表演者与观者不同时在场同样需要反思，传统相声以"撂地"、茶馆、堂会等与观众面对面的形式进行交流传播，表演者和观者使用身体媒介进行意见的交换和认同的建构，在这种特殊的"在场"语境中曲艺艺术充分体现出"说"与"唱"的魅力。新媒体技术出现之后，表演者和观者身体媒介的分离创造出新的发生语境，在这种语境下，传统曲艺表演者应该做出新的调适。首先，要有足够的视野和格局接纳新媒体的介入；其次，可以实行剧场和新媒体两条并重的传播方式，剧场之内欢声笑语，剧场之外的观众亦同样可以喜笑颜开；最后，充分利用新媒介技术，对优秀曲艺进行录像保存，对一些老的曲艺艺术家进行采访、记录，让非物质文化遗产的表演技术能够保存下来，为传承者提供重要的指导。筱贵林南昌谐谑故事代表性传承人小筱贵林如今已经开通了自己的微信公众号，在南昌人汇聚的地宝网上更是能看到许多他们录制的视频，他们还积极布局网络直播服务。总之，新媒体为当代曲艺带来了机遇和挑战，是敞开胸怀，选择调适，还是固守传统，选择旁观，这些都值得当代曲艺工作者认真思考与反思。

结语

　　文化融合是一个世纪难题，尤其是 20 世纪以来，西方现代主义思潮和后现代主义思潮的多元推进，地方文化早就不是一个可以独立而不受影响的事项。曲艺艺术在当代碰到的种种困壁和尴尬，本质上就是文化冲突的结果，一旦冲突的弱势一方被标出，那么对立的文化将一直以各种方式斗争下去，式微是必然的，式微恰恰证明了曲艺在当代语境中的"不适"，解决问题的办法就是实行文化调适，调适的方法是考察曲艺在不同语境下的应变。无论是"去语境化"还是"再语境化"，目的不是为调适而调适，最终指向的正是让曲艺艺术突破自身被局限的视野，完成曲艺的当代转型。

---

　　① 郭庆光：《传播学教程》（第二版），北京：中国人民大学出版社，2011 年，第 119—120 页。

中原传统曲艺文化的现状及传承价值探颐*

The Current Situation and Inheritance Value of Central Plains Traditional Folk Art Culture

常民强　郝二旭**

Chang Minqiang　Hao Erxu

摘　要: 地方曲艺文化具有悠久灿烂的历史, 一方面在中原传统文化的传承中占据着十分重要的地位, 另一方面曲艺文化的传播也是建设乡村文化的重要载体。文化振兴, 是乡村振兴之魂。厚重、多元、辉煌的中原传统曲艺蕴含着丰富的文化营养, 传承提升中原农村优秀的传统曲艺也是振兴乡村文化的有效路径之一。中原曲艺是一个年轻而古老的艺术门类。说它年轻, 有的曲种只有几十年的历史, 20 世纪 50 年代才形成; 说它古老, 春秋时的"瞽献曲, 史献书"俳优滑稽表演、汉代的乐舞百戏已具雏形, 迄今已经拥有一千多年的历史。传统曲艺也是最具民族性、民间性的艺术, 是一个民族精神情感的载体, 是民族特征的体现, 普通老百姓的价值观、伦理观、是非观无不受到曲艺文化的影响。尽管传统曲艺是中华民族文化的重要组成部分, 但随着经济全球化和生活现代化的不断加速, 多数曲种后继乏人, 受众也越来越小众化, 中原曲艺的生存和发展面临着诸多严峻挑战。在这种背景下, 如何保护、传承、弘扬和发展曲艺这一具有中国特色的文化艺术, 是摆在我们面前一个亟须解决的现实问题。

Abstract: The local folk art culture has a long and splendid history. On the one hand, it occupies a very important position in the inheritance of the traditional culture of the Central

---

* 基金项目: 本文系河南省社会科学普及规划 2018 年立项的软科学课题"河南省传统曲艺青少年普及读本"研究成果, 项目编号 0999。

** 作者简介: 常民强, 男, 河南襄城人, 平顶山学院新闻与传播学院副教授、武汉大学新闻与传播学院高级访问学者, 主要从事文化传播研究; 郝二旭, 男, 河南平顶山人, 许昌学院副教授, 主要从事文化传播研究。

Plains. On the other hand, the spread of folk art culture is also an important carrier for the construction of rural culture. Cultural revitalization is the soul of rural revitalization. The thick, diverse and brilliant traditional folk art of the Central Plains contains rich cultural nutrition. Inheriting and upgrading the outstanding traditional folk art of the Central Plains countryside is also one of the effective ways to revitalize the rural culture. Zhongyuan Quyi is a young and old art category. It is said that it is young, and some genres have only a few decades of history and were formed in the 1950s; said that it is old, the haiyu burlesque performance of Blind Songs, History Storytelling in the Spring and Autumn Period, and the music and dance operas of the Han Dynasty have taken shape. So far it has a history of more than a thousand years. Traditional folk art is also the most national and folk art. It is a carrier of national spirit and emotion and the embodiment of national characteristics. The values, ethics, right and wrong views of ordinary people are all affected by the culture of folk art. Although traditional folk art is an important part of the Chinese national culture, with the continuous acceleration of economic globalization and modern life, most kinds of folk music have no successors, and the audience is becoming more and more niche. The survival and development of Zhongyuan folk art faces many serious challenge. In this context, how to protect, inherit, promote and develop Quyi, a cultural art with Chinese characteristics, is a realistic problem that needs to be solved urgently before us.

关键词：文化振兴；曲艺；现状；传播

Keywords: Cultural revitalization; folk art; status quo; spread

　　"戏剧文学通常以舞台演出的形式呈现，与其他文学的传播方式相比，其传播过程往往更直接，内容也更通俗易懂，现场感染力最为突出，因而更容易为普通民众所接受，具有较强的传播效果。"[①] 正是在这个意义上，可以说传播戏曲文化是振兴乡村文化的有效抓手。文化精神振兴，是乡村振兴之魂。地方曲艺文化具有悠久灿烂的历史，一方面在中原传统文化的传承中占据着十分重要的地位，另一方面曲艺文化的传播也是建设乡村文化的重要载体。厚重、多元、辉煌的中原传统曲艺蕴含着丰富的文化营养，传承提升中原农村优秀的传统曲艺也是振兴乡村文化的有效路径之一。"乡村振兴"是习近平总书记在党的十九大报告中提出的国家战略，并写入党章，充分彰显了我国"三农"工作的重中之重。实施乡村振

---

　　① 李明德，劳丽华，郑娟：《延安时期的戏剧传播与文化构建》，《西安电子科技大学学报》（社会科学版），2008 年第 6 期，114—119 页。

兴战略，必须准确把握"产业兴旺、生态宜居、乡风文明、治理有效、生活富裕"的总要求，这其中"乡风文明"要求农村文明程度进一步提高。传统曲艺是最具民族性、民间性的艺术，是一个民族精神情感的载体，是民族特征的体现，乡村普通老百姓的价值观、伦理观、是非观无不受到曲艺艺术的影响。尽管传统曲艺是中华民族文化的重要组成部分，但随着经济全球化和生活现代化的不断加速，多数曲种后继乏人，受众越来越小众化，曲艺的生存和发展面临着严峻的挑战。在这种背景下，如何保护、传承、弘扬和发展曲艺这一具有中国特色的文化艺术，是摆在我们面前的一个亟须解决的问题。

一、中原传统曲艺文化的艺术价值

中原曲艺是一个年轻而古老的艺术门类。说它年轻，有的曲种只有几十年的历史，20 世纪 50 年代才形成；说它古老，春秋时的"瞽献曲，史献书"俳优滑稽表演、汉代的乐舞百戏已具雏形，距今已有一千多年的历史。曲艺在长期形成、发展过程中浸润了中原浓厚的风俗习惯，携带着中原的乡土人情，除它本身的写意性、程式性和综合性外，从内容到形式，还体现着中原曲艺独特的艺术特征。

（一）"皮薄""肉厚"的故事结构

中原地方曲艺结构在完整、紧凑、集中的基础上体现出精巧的特征，精巧表现在"皮薄""肉厚"、"味浓"上，即头尾小，肚子大起到了先声夺人、扣人心弦的作用。其内容在博采生活的基础上主要体现在对人物形象的塑造，即通过塑造鲜活的人物形象，来反映社会的众生相。

1."皮薄"

"皮薄"是指故事的开头先声夺人，演员一开腔演唱就把故事中的人物与"扣子"推到听众的面前，抓住听众的心理，并且抓住不放，使听众随着故事中人物的命运在心理上产生起伏。曲艺靠说唱叙述故事，在十几分钟内完成一个故事的起承转合，还要抓着听众的心理，这就需要对故事的结构精心安排。曲艺的故事开头最忌"皮厚""脖子长"，演员开板唱了好久进不了故事，听众干着急。格言有："念字千斤重，听者自从容。表书不清，听者不明；衬托不到，听客直跳"。中原地方曲艺，特别是现代曲目的故事结构最突出的特征是"皮薄"，开门见山，一下子就把观众拉进了故事，要做到故事的皮薄，还要人物和悬念紧密结合，一并托出，特别忌讳把人物肖像、性格特点、环境气氛、山川景色一股脑罗列出来，这样就显得脖长、平板、离题。中原曲艺很注意开头，不管长段子、短段子，传统的、现代的，都力求做到了"皮薄"。进入故事快，干净利落是中原曲艺开头的主要特点。

2.“肉厚”

“肉厚”是指曲艺浓墨重彩揭示故事的矛盾，如《小二姐做梦》中的小二姐进入梦中后，用大量的篇幅写出了小二姐出嫁时的情况，把婆家如何来迎娶，夫妇如何拜天地，如何闹洞房，如何测卜儿女等，描写了传统婚礼习俗的全过程。再如《小寡妇劝坟》，四句开头后用了大量的篇幅写小寡妇失去丈夫后的艰难生活：一是孩子小，无人照料；二是无劳力，农活难做；三是社会不太平，难保人身安全。揭示了在黑暗的旧中国单身女人的艰难处境。中原曲艺对故事的描述惜笔墨，使曲艺故事的情节曲折细腻、扣人心弦，彰显出“肉厚”特征。中原曲艺的结尾则不同，可以说是惜墨如金，矛盾一解决，立马结尾，并留下余地，耐人寻味。中原曲艺的结尾一般都是顺应人民群众追求的“圆圆满满”皆大欢喜式，顺应了人民的心理，适合民众的口味。

（二）鲜活的人物形象

中原地方曲艺每个故事唱段，特别注意对人物形象的塑造。人物形象总是鲜活异常，活灵活现。作者塑造人物的方法常采用：

第一，以火热的激情做底，以行云流水的笔法做面，利用直接和间接的描写方法去刻画人物形象。如，三弦书《吵驴》：“……不说小伙去借驴，说说佳人巧梳洗；打开青丝挽扎髻，官粉胭脂擦脸皮。上穿重绿大棉袄，下穿红裙脚脖齐……”这是对俏佳人梳妆、打扮的描写，通过写佳人从头到脚的打扮及衣服色彩的搭配，刻画了一个爱阔气、讲排场的小媳妇形象。中篇说唱《双击掌》中有这样一段唱词“……喊喳喳，挤挤抗抗一窝蜂似的拥到黑板前，伸着头，踮着脚，瞪眼看着，小声念着，交头接耳议论着，还嬉笑着。”这是写从工地回来的群众挤在一起看“板报新闻”的群体形象，写出了人们的好奇心理和对新鲜事儿的特殊兴趣，也写出了农民在紧张的劳动之余不甘寂寞、爱凑热闹的生活习惯，通过“伸、踮、瞪、念、议论、笑”等动词，使人物形象栩栩如生，场面描写生动活泼。

第二，利用白描的艺术手法塑造人物形象。中原地方曲艺常通过白描的手法，拉家常式的叙述，活灵活现的语言，展示出一幅幅生动自然的生活画面，塑造出一个个朴实无化的典型人物。白描的艺术手法再现了生活中真实形象，如袁清臣的《两亲家》中的张老八、李老八，他们两人为修复水闸，勇敢跳进水中：“又是抠，又是扒，俩老头累得咬着牙，扒一阵露出头来换口气，啊噗啊噗，钻到水里又去扒。这一扒，那一扒，水面上咕咕嘟嘟翻浪花。”表现了两位老人为了维护人民的财产不怕苦、不怕累的精神，性格异常鲜明。

第三，利用个性化语言塑造人物形象　中原地方曲艺大多反映的是农民的生活和思想情绪，农民特定的生活背景及其受教育程度，使其天性率真，直来直去，纯粹明了，没有复杂的人性，没有社会重压下的尔虞我诈，人物性格的个性确定也使其语言鲜明集中。因此，在中原曲艺作品中不管是大公无私、正直善良、才多智广的正面人物，还是损公肥私、油奸巨猾、愚拙凡庸的批驳对象，作者都用有棱有角、各具特色的个性语言将其刻画得淋漓尽致、入木三分。

（三）纯朴厚重、爽朗灵巧的艺术风格

中原曲艺在其长期形成发展过程中，受各地风俗、方言的影响，形成了纯朴厚重、爽朗灵巧的艺术风格，得到观众（听众）的认同。"每个社区的居民，对其所属的社区，都有一种感情和心理上的认同，这种认同感包括对自己社区的艺术形式的认同"。南阳人一听到《李豁子离婚》《小寡妇上坟》等曲调和"你小""贤德嫂"等口语称呼，就会说：这是我们南阳的。这说明中原曲艺已形成有别于其他地区的曲艺特征。

1. 纯朴、厚重

纯朴、厚重的艺术风格体现在两个方面：一是曲艺反映的民风民俗；二是曲艺的音乐唱腔。纯朴、厚重是中原的民风特点。中原地处中原，受儒家传统文化的熏陶，千百年来，铸造了中原人为人处事以礼为尚，以厚为德的品格，反映到曲艺中更显得朴实无华。曲艺的纯朴厚重艺术特征还体现在曲调、声腔上。如大调曲，多采用鼻音托腔，有人称唱大调为哼大调，一人唱，众人和的调子甚多，如呀呀油调，一人唱罢，众人接着和上"呀油，呀油，依呀油！"太平年调，一人唱罢前三句，众人和上"太平年……"再唱第四句，众人再和"年太平……"声音憨厚朴实使得场面轰轰烈烈，大有"下里巴人"之势，俗得有趣，俗得厚重加上演员的润腔功力，真是趣味无穷。正如南阳作家天民所说大调曲中生活段子"像采的一束清香带露的山花奇卉，沁人心脾，引人注目，虽然粗犷、野气，却是本来面目，朴实无华自然动人"。又如鼓儿词的哼声，犁铧片随着拍节的震动，厚重的鼻音托腔，听着熨帖无比，那韵味、那余音，大有绕梁之感。庄重的曲艺段子更能体现厚重的特征。如大调曲《刘胡兰就义》的鼓头为"反动军阀阎锡山，文水县里逞凶残……"由演员粗重的嗓音唱出，表现出对反动军阀阎锡山的极端仇恨。另外还有中原坠子《将军还银》、三弦书《闯江记》等都体现了这一风格。

2. 爽朗、灵巧

爽朗、灵巧的风格是由地方语音特质和表演技巧决定的，中原人说话口语重，地方性强，有时还"带把儿"，"土唱家儿"自然会反映到唱段中，如《小寡妇上坟》中"烧他娘那脚"，"闪撇那两间房，（稀巴巴烂）鸡子还搔些窝……"还有《李豁子离婚》中的语言等，写得粗俗，但听着亲切。这种粗犷的语言构成了曲艺生活段子爽朗的艺术风格。灵巧主要针对表演而言，即表现为进得快、出得快。曲艺的主要特点为一人多角，"装文装武我自己，千军万马上口中来"。曲艺反映生活与戏曲、电影不同，戏曲、电影分角色表演，演员扮演那个角色只需把握一个人的性格特点、心理特征即可，而曲艺没有角色行当之分、舞台表演要求，"装龙像龙，装虎像虎"，既能跳进又能跳出，并且还要求进得快，出得快，进得来，出得去，干净利落，不拖泥带水。跳进去是唱词中的人物，跳出来就是说书人，一方水土养一方人，一方地域的风情、曲艺风格，体现出某一地区的认同感和凝聚力。中原曲艺的每一曲种唱腔无不打着某一地区的不同历史时期的烙印，反映着时代递进的风貌及中原的风土人情；它灵活轻巧，易于演唱，唱腔旋律优美，风格纯朴厚重，深深地感染着广大听众，陶冶着人的情操，净化着人们的心灵，规范着人们的道德行为。"我们的研究目的当然也是为了现代"。[①] 即促使高尚的道德风尚的形成和精神文明建设

（四）大众化的语言

中原曲艺语言是人民大众生活中的习惯用语，是民众经常使用的口头性语言，有的符合语法，有的不符合语法，但民众明白。中原曲艺作家扎根于广阔深厚的民众生活沃土中，根据中原人民大众的语言特点，博采众长，加工提炼，用生动活泼、带有淳朴泥土气息的大众语言，讲述中原大地的风俗故事，表达中原人民的思想情感，反映不断变迁的社会生活，使中原地方曲艺语言充满了朴实迷人的艺术魅力。

大众的语言是产生于现实生活中活的语言，它精确、生动、丰富，彰显出民众的生活意识和色泽。曲艺文学反映的是民众的生活，表达的是民众的思想和情感，采用的语言是民众的语言，与民众的思想和情感保持一致。曲艺文学大量采用明白如话的大众化语言，使其具备了民俗文学的特征。它体现在以下几个方面：

1. 口头性

语言是许多文化的载体，更是曲艺文学的载体，曲艺文学运用了人民大众的口头性语言和俚俗方言，深深地影响着曲艺文学的性质，使其突出了民俗特征。口头性语言和俚俗方言虽土腥味十足，却古朴自然，是原汁原味的民众生活用语，

---

① 高梓梅：《河南民俗与曲艺研究》（河南省社会科学规划项目结项报告），南阳师范学院，2002年，第48页。

凝结着深厚的民俗因素，因此它反映民众生活更真实，这些语言大多是中原民众的口头用语，土腥味极浓。这些口头用语是一个地区的民俗文化的载体，更是曲艺文学的载体，中原曲艺采用了这些用语，说的是民众的话，反映的是民众的事，听起来亲切、感人，无论思想上或心理上都易于与之产生共鸣，使之在人际关系、生活方式、伦理道德上来调整、平衡、轻松自我。

2. 形象性

中原地方曲艺为民间叙事性文学，靠叙事来塑造人物形象反社会生活，要求语言必须具有形象性，才使故事叙事清晰，人物形象有血有肉，鲜明地树立在观众面前。如现代曲目《二嫂买锄》鼓子头的语言："二嫂子叫王九茹，火辣辣的脾气，是一个见面熟……"两句话就把二嫂子的性格特征展现在观众面前；现代曲目《算卦》的语言更精彩"张瞎子，李瞎子，肩上背个褡搭"；再看现代曲目《女货郎》中的语言："正中间站着一位大姑娘，这姑娘年纪不过 20 岁，浑身上下有力量，你看她高卷裤腿过膝盖，腿肚上沾满泥巴浆，满头大汗往下淌，忽打着衣角来乘凉。"这些语言把一个个不同性格，不同身份的人物真实地再现在观众面前。语言的形象性最具艺术魅力，也最能体现曲艺文学的艺术特征。

3. 叙事性

曲艺展现在观众面前的是一个个生动有趣的故事，故事情节的生动与否，靠语言的表达，要求其语言必须具备较强的叙事性，才能抓住观众的心理，使观众一下子进入故事中，关心故事中的人物命运。如现代曲目《两亲家》"张家洼，李家洼，住着张、李两老八，张老八，李老八，两个老八是亲家，都在队里当保管，人们称他俩是红管家"，一开头通过叙事性语言把作品中的主人翁的姓名、关系、身份交代得一清二楚，两个老八之间会发生什么事呢，自然会吸引听众，了解下情。曲艺文学的叙事性使故事的情节跌宕起伏，土声土调的语言，使曲艺文学具备了丰富的文化内涵。

中原地方曲艺的语言特征还有对俗语、谚语、歇后语等熟语的使用。这些熟语凝练、哲理性强，使中原曲艺具有艺术美的特点。谚语和类似谚语的语句体现了创作的独特性。中原曲艺中常用谚语如：《黄二姐打棒棰》中"人善有人欺，马善有人骑"，俗语"会事的两头瞒，不会事的两头传""不打不相识"等。《徐郎拜寿》中"金盆虽旧算一件宝，上称称不能少一分"，"梧桐叶落根还在，留下枝梢盼来春"。《朱大娃的婚事》中的歇后语"小秃抹帽子——头一名（明）"等。方言熟语的大量使用，真实地反映了中原农民的普通生活，揭示了农民朴素的世界观和认识论，虽说极土极俗、不能登大雅之堂，却概括、凝练、厚重，俗中见雅，浅中寓深，从这种看似"大杂烩"的语言中，看到了中原农村生活的本来面目，了解到中原古朴的风土人情和文化习俗。

二、中原曲艺现存的主要类型

中原曲艺有着悠久的历史，在其长期的发展、演唱过程中，不断地适应着不同时期民众的审美需要而产生、发展了众多的曲艺形式。民众生活的多姿多彩，决定了曲（书）目的丰富性和形式的多样性，据不完全统计，中原曲艺的类型有三百余种。大调曲子（鼓子曲）、中原坠子、大鼓书（鼓词）为其三大曲种，其余还有地方性的三弦书、槐书、灶戏等代表性曲种形式，下面一一进行介绍。

（一）中原坠子

中原坠子源于中原，由流行在中原和皖北的曲艺道情、莺歌柳、三弦书等结合形成的传统曲艺形式。约有一百多年历史。流行于中原、山东、安徽、天津、北京等地。因主要伴奏乐器为"坠子弦"（今称坠胡），且用中原语音演唱，故称之为中原坠子。演唱者一人，左手打檀木或枣木简板，边打边唱。也有两人对唱的，一人打简板，一人打单钹或书鼓。还有少数是自拉自唱的。唱词基本为七字句。伴奏者拉坠琴，有的并踩打脚梆子。初期大多演唱短篇，也有部分演员演唱长篇。现代题材曲目都是短篇。2006年5月20日，该曲艺经国务院批准列入第一批国家级非物质文化遗产名录。

1. 发展历史

中原坠子是一种比较独特的曲艺形式，俗称"中原坠子书""简板书"或"响板书"，因使用中原坠子弦（又名坠琴）伴奏而得名。它流行于中原等中原地区和华北的部分省市。

中原坠子的前身是流行于中原的道情和"莺歌柳"两种曲艺形式。从清代末叶开始，两个曲种的艺人逐渐合流，在音乐唱腔等方面互相吸收融合，特别是莺歌柳的伴奏乐器小鼓三弦被改制成坠胡以后，改弹拨乐器为弓弦乐器，伴奏旋律起了根本性的变化，促成唱腔音乐的重大变革，"溜腔"（俗稀"哼弦子"，起腔之前使用）的使用就是曲型成熟的表现。新的唱腔和音乐结构的出现，是中原坠子形成的标志，其时在1900年左右。

中原坠子在形成过程中，以新鲜活泼的特色，吸引了不少三弦书和山东大鼓艺人参加到改革创造的行列中来，使中原坠子增加了大量曲目，丰富了演唱技巧，促使这一新兴曲种日益成熟，并迅速流传到邻近的山东、安徽。民国初年传入北京，20世纪20年代传入天津、上海、沈阳，30年代传入兰州、西安，40年代传入武汉、重庆，香港等地，成为中国流行最广的曲艺形式之一。

辛亥革命后，随着男女平等思想的不断深入人心，中原坠子表演开始出现了女性艺人，已知最早的一批女艺人为从开封相国寺出道登场的张三妮和尹凤宝等。她们的出现及家班的形成，使得中原坠子的表演在通常的自拉自唱之外又出现了男拉女唱或男女对唱的方式。1913年，中原坠子出现了第一位女演员张三妞，随后又出现了乔清秀、程玉兰、董桂枝三位名家。女演员的出现，促使中原坠子扩展了唱腔的音域，改革和丰富了唱腔的旋律，伴奏技巧也有所提高。不久中原坠子即传入京津等大城市，影响也随之不断扩大。

20世纪30年代末期，在中原的南乐、大名和清丰一带享名的乔利元和乔清秀夫妇应邀赴天津演出，董桂枝、程玉兰等名演员随后而至。她们在天津坐场演出又灌制唱片，影响日隆。其中乔清秀和乔利元的搭档演出风格独具，节奏流畅，吐字清脆，唱腔婉转，人称"小口""巧口"或"乔派"；程玉兰的演唱以板眼规整、深沉含蓄见长，人称"老口"或"程派"；董桂枝的演唱嗓音圆润，朴实明朗，人称"大口"或"董派"。女演员的出现使中原坠子的表演在大城市里的发展趋向短段"唱曲"，虽然丰富了唱腔旋律，扩展了唱腔音域，提高了伴奏技巧，但也丢失了长篇说唱的特质与优势。在中原本地，当时比较著名的艺人有擅演"风情书"的赵言祥、擅演《三国》段子的张治坤、号称商丘"四大名演"之一的李凤鸣等，女艺人则有以表演细腻见长的刘明枝、以表演妩媚著称的刘桂枝和以表演豪放夺人的刘宗琴，三人同时以擅演长篇大书著名，时人称为"郑州三刘"。到了抗日战争时期，中原坠子相继传入上海、沈阳、西安、兰州、武汉、重庆和香港等地，成为中国流行最广的曲艺形式之一。

中华人民共和国成立后，中原坠子演员们积极编演了一批新曲目，宣传新思想，歌颂新生活。姚俊英演唱了《十女夸夫》《小姐俩摘棉花》等宣传《婚姻法》的作品，周玉花演唱了《考神婆》《杨发贵摔子》《魏兵义下江南》等破除迷信、歌颂解放军英雄事迹的作品。1956年以后，新一代北京中原坠子演员也成长起来，他们在努力继承传统、大力编演新曲目当中，应时代的发展，对中原坠子的音乐、表演进行了一系列的改革与尝试。马玉萍、刘慧琴、李少华等，均取得了可喜的成果。

2. 艺术特色

（1）表演形式

中原坠子使用中原方音说唱表演，以唱为主，唱中夹说，所用唱腔主要包括"平腔""快扎板""武板""五字坎"和"垛板"等。唱词基本为七字句。伴奏者拉坠琴，有的并踩打脚梆子。初期大多演唱短篇，也有部分演员演唱长篇。现代题材曲目都是短篇。

　　说唱表演的方式早期为"单口"，演唱者一人，左手打檀木或枣木简板，边打边唱；后来发展出"对口"，两人对唱，一人打简板，一人打单钹或书鼓；还有三个人搭档演出的"群口"；也有少数是自拉自唱的；几种方式各有适宜的节目。演出形式除脚踏木梆自拉自唱者外，多为一拉一唱的"二人班"。演唱时要摆上一张桌子，桌上放一小铜钹、醒木和小皮鼓。拉坠琴的弦手坐于桌侧，演唱者站立桌前，左手持简板，右手持一根竹棍，随着坠琴的旋律击出鼓点，板击强拍（板），鼓击弱拍（眼），弦手脚梆亦击强拍。简板的持法，要求与肩平，不能过高过低，须敲钹子时，放下简板，拿起棍子。也有的无鼓、无钹，只持简板，右手空着，与左手相互配合，做出各种动作。醒木仅在长篇大书的说白当中偶尔用之。还有的将坠琴绑在腰间，能站着拉唱，走街串户，边走、边拉、边唱，旧时被称为"跑摊子""巧要饭"的。

　　专业团队演出时，不设桌子。报幕员报节目后，乐队坐齐，演员持简板入场，举简板击一下，乐队起奏过门，简板随之击打，然后始唱。三人以上的群口、联唱，简板可以换手，要求统一，乐队增加，脚梆大多不用，有人专击节奏。演奏者也可放下乐器，或拿着乐器进入角色。

　　中原坠子的表演身段与动作追求秀气、活泼。手、脚的运用，要出得利索，收得迅速，点到即是。三弦书的表演要诀，中原坠子基本通用，只是有的说法不同。如"二郎担山""一步一锤"，中原坠子叫"亮翅""二仙传道"。豫东中原坠子的"一步三相"表演技巧，也有人使用。中原坠子和其他曲种一样，以说唱为主，表演为辅。一个演员，必须练好嘴上功夫。

　　（2）唱腔音乐

　　唱腔音乐是中原坠子唱腔的主导部分，由多种曲调（板腔）构成。包括引子、起腔、平腔、送腔、尾腔等部分，根据唱词的不同句式使用三字崩、五字嵌、七字韵、巧十字塞韵、滚口白等唱法，形成节奏和旋律上的明显变化，以表现不同的感情。中原坠子的曲调虽多，但它以一个主体性基本唱腔曲调为基调，根据唱段的起、承、转、合的不同规律和故事情节的不同需要，加以重复、发展和变化。同时，对传统唱腔中属于插入性或附属性的唱腔曲调，如引子、牌子、三字蹦、五字嵌、大小寒韵等，进行融会贯通式的取舍处理，把有特性的乐句和片段有机地结合在唱腔音乐中，使整个唱腔音乐丰富多彩，和谐统一。

　　中原坠子在传统唱腔中起腔唱法很多。有的起腔，开头采用紧缩节奏的手法，然后突然来一个懈板（突慢）伴之以大甩腔。也有前边几个字用白，然后起腔。

　　平腔指唱段中间大段落的唱腔部分，侧重于故事的叙述，为唱腔的主体部分。平腔都是由若干个小段组成，小段里又有开始句和叙述句之分。开始句多是两句或四句，叙述句则是无限反复，它的变化多、容量大。中原坠子各流派的形成，也就是他们各具有不同的平腔。这些曲调各不相同，有的华丽流畅，有的质朴硬朗，有的较悲切，有的则豪放。落腔指唱段结尾时用的小乐段或乐句。有的落腔比较华丽，有的落腔欢快俏皮，显得干脆利落。

（3）伴奏乐器

中原坠子的伴奏乐器是坠胡，也叫作坠琴、中原坠子。原是由小鼓三弦改制而成的拉弦乐器，定弦为四度，前奏为"5—1"弦，唱腔则变为"2—5"弦。由于它常作五度转换，所以艺人们说："过板下五度，唱腔上五度。"坠胡主要是随腔伴奏，有时加花，或用老少配等手法烘托唱腔，以增强艺术表现力。随着时代的发展，中原坠子的伴奏乐队有了很大的改进，增添了各种不同的乐器，如二胡、扬琴、三弦、琵琶、大提琴等。中原坠子的击节乐器除脚梆、小钗外，主要是简板。不少造诣较深的艺人简板打得非常灵便，不仅用击板、闪眼、加花、连缀等来渲染气氛，同时亦可作为表演的道具。中原坠子的前奏与间奏，艺人们称之为"过板"。开书前为了渲染热烈的气氛，招徕观众，艺人常即兴演奏闹台曲。有的称"闹场"，也叫"盘头""过街调""闹台调"。闹场完毕后，在每段开始以前，先由坠胡奏过门，前面一段快的叫大过板，后面一段慢的是小过板。大过板奏到一定时候突然懈板，紧接小过板。经过反复演变，它亦成为专业团队经常使用的前奏曲。

（4）声腔流派

中原坠子在中原各地广泛流传以后，受地域语言、风土人情等人文环境的影响，便有了声腔流派的分化。清代末年，在老艺人中已有了"上路中原坠子"和"下路中原坠子"之说。据艺人相传，最初的上路中原坠子主要是指在中原境内的颍河、沙河上游地区的中原坠子。下路中原坠子则主要是指处颍、沙河下游颍、亳二州的中原坠子。后来，在中原境内，又出现了东、西路中原坠子之说。西路主要是指陇海铁路开封、以南部分，黄河以南，京广铁路以西以东地带，其中还包括开封、郑州、许昌、漯河的所谓中路中原坠子在内。所以，这一路就有三个称谓，即：上路、中路和西路中原坠子。东路主要是指豫东南的商丘、周口等地的中原坠子。因豫东受皖北中原坠子影响很大，两地语言又较接近，于是，东路中原坠子又包括颍、亳二州境内的中原坠子。

在艺术特色方面，西路中原坠子最初多由三弦书（包括莺歌柳、仪封三弦）艺人演唱，脚梆击节为其主要标志，在道情、大鼓书艺人加入演唱的同时，还吸收了中原梆子、越调、曲剧等剧种的声腔，逐渐形成了"字清板稳"、"硬弓大调"、高亢明朗、节奏鲜明的艺术特色。东路中原坠子则多是由道情艺人改唱中原坠子后，吸收了琴书、丝弦等姊妹艺术的声腔，只用简板，不用脚梆，其唱腔更加灵活、自如，因而形成了柔美、细腻、善于抒情的艺术特色。正是由于东路中原坠子多是道情艺人出身，原本道情书的中、长篇大书，随之也带进了中原坠子曲艺当中。如《响马传》《狸猫唤太子》《五虎平西》《回龙传》等。所以，艺人们常说：东路书、西路段。善于演小段儿的西路中原坠子艺人，其演唱内容多是由三弦书、莺歌柳的短而精的小段子曲目引来，如《蓝桥会》《三打四劝》《金钱记》等曲目。东、西两路中原坠子虽有一平、一曲、一硬一软、曲目上的一长一短之特色，但其唱腔板式和伴奏乐器基本相同，又无其他的严格限制于禁忌，因而，在后来的发展中，经常出现你中有我，我中有你，以及曲目上相互吸收的良性融合状况。

早期的东路中原坠子多由男艺人演唱，如刘中堂（商丘中原坠子武状元刘世红之父），张志坤（商丘中原坠子文状元张大贵之父），都是在豫东享有盛名的中原坠子艺人。刘中堂师承安徽亳县道情艺人李同敬，张志坤师承虞城县道情艺人胡明善。20 世纪 30 年代以后，商丘涌现了张大贵、刘世红、王玉兰、王玉凤等一批中原坠子艺人。加之出身于安徽亳县曲艺世家的中原坠子女艺人邢玉霞、吕明琴以及师承安徽著名曲艺艺人高连元的尤桂琴、戚桂芝等，纷纷聚集商丘，在商丘风土民情的影响下，他们通过交流切磋，兼收地方戏曲和兄弟曲种之长，对中原坠子唱腔进行了不断的加工和丰富，使东路中原坠子的风格特色更加鲜明。东路中原坠子男艺人的唱腔粗犷浑厚，铿锵诙谐，边说边唱，乡土气息非常浓厚。

女艺人的唱腔则有"文派"和"武派"两种不同的唱法。"文派"唱腔音色柔美，长于抒情，以张大贵为代表。"武派"唱腔俏丽乖巧，长于激情，以刘世红为代表。东路中原坠子"文状元"张大贵、"武状元"刘世红，加上唱得好、长得俏的王玉兰、王玉凤两姐妹，被人称为"四大名旦"。

3. 代表作品

中原坠子从酝酿到形成，一直在民间流传，保持着朴素的乡土风味和浓厚的生活气息。从道情、三弦书、山东大鼓、琴书等曲种移植、继承了大量优秀书目，以后又创编、积累了一些独具特色的书目，有长篇、中篇、短篇 200 余种，保存了不少流传悠久的艺术精品，如《借髢髢》《偷石榴》《王庆卖艺》《梁祝下山》等。五四运动以后，以及抗日战争和解放战争期间，编唱了不少具有进步思想内容和鼓舞群众斗争意志的作品。中华人民共和国成立后，在整理传统优秀节目、编写反映现实生活的新作，改革音乐、表演艺术等方面，都取得了显著的成就。中原坠子常演的节目有《偷石榴》《小姑贤》《三打四劝》《王麻休妻》等"段儿书"和移植自道情说唱的《回龙传》、《响马传》《五虎平西》《狸猫换太子》等"长篇书"。

4. 保护现状

20 世纪末期以后，中原坠子的生存发展遇到空前困难，艺人锐减，演出很少，急需扶持与保护。国家非常重视非物质文化遗产的保护，2006 年 5 月 20 日，该曲艺经国务院批准列入第一批国家级非物质文化遗产名录。

（二）河南大鼓书

大鼓书因主要伴奏乐器为大鼓而得名，流行河南全省，主要演出形式为一人打鼓击板而歌。但具体演唱时各地艺人有站有坐，所用书鼓有大有小。板既有木质的匀板或简板，也育用铁质或铜质月牙板的，唱腔曲调亦不尽相同。因而，在各地有多种称谓，如豫东叫单大鼓或豫东大鼓；豫西南的南阳和省内其他地方叫鼓词或鼓儿词，有的唱腔尾带哼音者，又叫鼓儿哼；豫北等地艺人以北方口音说唱，又叫大鼓京腔或打鼓京腔；豫南叫豫南大鼓或光州大鼓，其中流行在淮河以北的，又称北口、淮北大鼓，流行在淮河以南的，又称南口、蛮口或淮南大鼓。

清乾隆时，宝丰举人李绿园在其长篇小说《歧路灯》中，写有祥符县（今开封）说唱鼓儿词的活动，可作为当时河南已有这一曲种的佐证。但就现有的调查所知，河南最早的大鼓演唱者，为清嘉庆年间（1796—1820）豫西汝阳县铁炉营村的刘登云。继至道光年间（1821—1850），该村李干荣也成为大鼓书名家。此时，豫南的大鼓书艺人，如正阳的陈黑皮、商城的常和斌、新蔡的李永明等，均课徒传艺。其中陈黑皮的弟子，罗山县的孙立金在当地亦颇有影响。道光年间，先后有山东鼓词艺人张万年、丁海州来河南演出，张以匀板击节，称"木板鼓词"；丁则以铁板击节，用北方口音说唱，被称之为"大鼓京腔"。咸丰年间，豫南的大鼓书艺人魏元宗、刘元巾、刘元鹏曾涉足湖北演唱，并授徒传艺。他们中有不少为二人班，即一人击鼓板演唱，一人弹小鼓三弦伴奏，人称"小鼓弦"。后因收入微薄，难维生计，便弃去三弦，仍由一人击鼓演唱。

光绪年间（1875—1908），豫东、豫东南地区的大鼓书艺人与相邻的山东、安徽等地的同行之间交流频繁。其中豫东夏邑县的大鼓书艺人大部分为山东大鼓的传人。睢县、柘城、永城一带亦常有山东大鼓及安徽大鼓艺人的足迹。光绪二十二年（1896），山东大鼓艺人杨明坤随师到豫东南正阳县行艺，后来不仅落户于该县油坊店乡，还广收门徒，精心传艺，成为该县大鼓艺人的一代宗师。此时，豫南固始、息县等地的大鼓艺人除在当地演出外，还常到邻省湖北的麻城、大悟、黄安（今红安）和安徽的金寨、六安、霍邱、阜南一带献艺。南阳的鼓词艺人也与安徽淮北、湖北北部的大鼓艺人经常交流演出。所以，他们所使用的鼓和鼓架子的尺寸都较为统一，即"三寸鼓（鼓高），七寸面儿（鼓面直径），鼓架二尺七寸半儿"。就在这种相互交流演出、彼此互为影响之中，河南大鼓书的队伍逐步壮大和发展。清末民初，南阳镇平县的鼓词艺人赵文秀，因演技高超，受人爱戴，其扶鼓演唱的形象被人画于该县城隍庙东廊房的墙壁上，画像左侧还题有"劝善警恶"四个大字。此时，商城县的大鼓艺人常和斌广收门徒，精心传艺，已成为豫南大鼓中的一大门派，号曰"常门"。民国初年。有山东大鼓女艺人到开封相国寺及郑州、信阳等地演出，但其他地方尚无大鼓书女艺人出现。

自民国八年（1919）起，河南大鼓书在艺术上有了新的发展，极大地增强了地方特色。如豫南常门传人张明元，自江浙回到光山县，除带回《永庆升平》《三门街》和《刘公案》三部长篇大书外。还吸收大别山山歌和南方语音，改革了唱腔，被称之为南口唱法，赢得了听众。自此，豫南大鼓逐渐形成北口、南口两个地域支派。北口，用北方语音说唱，是豫南大鼓的传统唱法，又叫淮北大鼓，唱腔刚健有力，浑厚粗犷，重说少唱；南口，是在北口基础上逐渐形成，又叫淮南大鼓，唱腔委婉柔美，有浓郁的大别山山歌风味，重唱少说。在曲（书）目上，有"北口唱案（公案书）南口唱传（《水浒传》《白蛇传》等）"之说。豫东夏邑县的周治信、张治信以及唐东彪、唐志修、唐志军等，对流入的山东大鼓进行改革，去掉山东语言，融入河南地方音乐曲调和方言俚语，受到广大听众的欢迎。特别是唐氏三兄弟，被誉为"唐家三盘鼓"。豫西南一带的鼓词艺人则广泛吸收地方戏曲及其他曲种唱腔为己所用，如唐河、社旗、南阳县（今南阳市）东的鼓词艺人唱腔中吸收中原坠子因素较多，称"坠子口"，镇平及南阳县（今南阳市）西的鼓词艺人唱腔中吸收大调曲子因素较多，称"曲子口"。此外，还有吸收中原越调、中原梆子及汉调二簧的，分别被称为"越调口""梆子口"和"二簧口"等。

民国十四年（1925）以后，中原各地又涌现出不少大鼓书名家，汜水（今荥阳县）的程至宽，新安的董金秀，光山的张明元和蔡明玉，信阳的何士林，汝南的王成功，睢县的高成彬，永城的刘福昌以及林县的侯石喜等，都是其中的佼佼者。20 世纪 30 年代初，豫南的一些大鼓书艺人积极投身革命。如光山县大鼓艺人、中国共产党党员张进霞、娄良成等，在当地爆发的"殷区农民武装起义"中，借演唱行艺作掩护，进行起义的宣传和联络工作。经扶具（今新县）的大鼓艺人还编演了反映白沙关暴动的曲目《三打白沙关》。1936 年国共二次合作，豫南苏区的大鼓艺人又编演了宣传抗日的曲目《半篮花生》，应邀到国共两党驻军营地演唱，受到欢迎。抗日战争全面爆发后，光山县大鼓艺人张祖常、李明山、殷仲理等投身于刘明榜同志领导的光山抗日游击队，一边战斗，一边宣传演出。豫西叶县、宝丰一带的大鼓艺人还编演了《白朗起义》《卢沟桥事变》等曲目。1945 年抗日战争结束后，多数大鼓艺人仍沿旧习，出师后先唱"拍门"（即沿门乞唱），然后"点棚打场"（即撂地）演唱。一些技艺较高的艺人则到城镇码头演出，叫"干明地"，唱夜场叫"咬灯花"。为适应城镇观众的需要，艺人们在致力于说唱的同时，均加强了表演，有的还改变传统的坐唱为站唱。所演唱曲（书）目，除豫北大鼓京腔艺人仍以小段为主外，其余多演唱中长篇书。因而，艺人们极为重视"条子""赞子"和"书串"的使用，如"十八景""三十六歌""七十二赞"等。此时期，武侠、传奇类的书目，如《三侠五义》《五剑三侠十六义》《水战泗州》《人头案》等，明显地增多。1946 年至 1948 年，河南大鼓书的不少艺人改唱中原坠子。也有一些艺人投身于革命的宣传活动，如南阳的鼓词艺人杜长川等所编演的《王凌云罪行》《白毛女》等新书，就曾起到了较好的宣传效果。

中华人民共和国成立后，豫东、豫南以及豫西南等地，还拥有较多的大鼓书艺人。他们在各地文化主管部门的领导下，通过学习，提高认识，相继挖掘整理出一批传统曲（书）目，其中有的经过推陈出新，使其内容起了质的变化。如新县的大鼓艺人将原来封建迷信色彩很浓的《白龟记》，整理改编为别有新趣的《三树奇花》，深受群众欢迎。同时，还有不少艺人根据小说等改编了一批现代曲（书）目，如《肖老汉翻身记》《不能走那条路》《小二黑结婚》等。1964 年后，在说新书唱新书的高潮中，又有一批根据长篇书目改编的书目问世。如《红岩》、《山乡巨变》《林海雪原》《野火春风斗古城》《平原枪声》《烈火金刚》等，被广为传唱。与此同时，各地曲艺演出场所的条件也有了较大的改善。当大鼓艺人纷纷进入城镇曲艺厅及固定的书场演出后，不少人在唱腔和演出形式上又作了程度不同的革新，如豫东永城县（今永城市）的大鼓艺人革除了以往惯用的在拖腔时抖动嗓音的"绵羊腔"，并吸收坠子、像剧、柳琴及山东琴书的优美旋律，丰富自己的唱腔。1964 年。在河南省现代曲艺会演中。该县十五岁的女演员牛秀丽所唱的大鼓《三催劳模》以其新颖的唱腔与表演轰动一时。豫南的大鼓艺人刘明星、芦学林等，则在南口、北口的基础上，吸收民歌及皮影戏丑角的唱腔，逐渐形成了一种俏皮轻快、幽默风趣的"花口"唱法，在同行中很快流传开来。1966 年"文化大革命"开始后，大鼓艺人曾一度停止演唱。1970 年后，有些艺人开始演唱根据"革命样板戏"改编的曲（书）目。商城县文化馆曾把女声群口"鼓曲联唱"的形式搬上舞台演出，并且加用了二胡、秦琴等乐器伴奏。平顶山矿区的大鼓艺人唐甲申边击鼓边弹三弦自唱，曾参加全国煤矿系统文艺调演。

1978 年后，传统曲（书）目开放，大鼓书演出活动迅速恢复并有所增加，同时还出现了不少家庭班组，如豫东柘城出现了一个"曲艺村"，全村大鼓艺人超百人。此时，一些专业曲艺团队演员的艺术与文化素质较过去有明显的提高。词曲创作也有了专业人员，如南阳市说唱团的李国全与方城县大鼓演员刘建民合作，改革唱腔，增加大三弦伴奏。伴奏者采用三弦书中"说二话"的形式，与主唱者一唱一和，插科打诨，大大强化了演出的艺术效果。他们创作并演出的新曲目《粉碎江青女皇梦》《吃饺子》《滚油桶》等，被一些专业曲艺团队广为传唱。豫南息县说唱团的作者鲁成贵，在豫南大鼓"花口"的基础上编创新腔，并加入三弦伴奏，由青年女演员邹红演唱的《计划生育好》，演出百余场，到处受欢迎。到1985年，大鼓艺人仍多在广大农村活动。其中半职业艺人占多数。如豫南的息县、光山、新蔡等县，都还有近百名的河南大鼓书艺人。

1. 河洛大鼓

河洛大鼓，俗称"说书"，河南传统地方曲种之一。河洛大鼓是一种以说、唱为艺术表演手段，叙述故事、塑造人物、表达思想感情、歌唱社会生活的传统音乐。其演唱艺术形式有十一种词牌，最具代表性的传统曲目有《刘公案》《双打擂》《大红袍》《大八义》《小八义》等。河洛大鼓发源于河南偃师，兴于巩义，流行于洛阳、孟津、登封等地。2006年5月20日，河洛大鼓经国务院批准列入第一批国家级非物质文化遗产名录。

河洛大鼓，起源于清末民初，是流行在河洛地区一个较年轻的曲种，它有百年历史。据老艺人相传在1900年前后洛阳一带流行一种琴书，只有坠琴伴奏，艺人闭目端坐，唱腔低沉，节奏缓慢，在群众中不大普及。南阳鼓儿词艺人李四来洛阳以后，和琴书艺人同台演出。琴书艺人吸取了鼓儿词艺人大腔大口演唱和动作表演的优点，加之使用打击乐、书鼓和钢板，很能烘托气氛，很受群众欢迎。经过一段相当长时间的合作，改革丰富了洛阳琴书，使洛阳琴书发生了质的变化，逐渐形成了一个新的富有豫西地方风味，颇受群众欢迎的新曲种——大鼓书。河洛大鼓早期流行于农村，20世纪30年代后渐渐流传入城市。在20世纪30年代中晚期，洛阳城区已经出现了相当稳定的曲艺市场，且艺人之间竞争激烈。自20世纪20年代至40年代，河洛大鼓开始在洛阳及偃师的周边地区，如宜阳等地迅速盛行。

新中国成立后，许多原先存在的曲艺人员的行会制度逐渐被国家认可、资助的文艺体系所取代。在新的政治、经济环境下，河洛大鼓的发展进入一个新时期。1950年，周恩来总理率领慰问团到朝鲜慰问抗美援朝的志愿军，偃师县二代鼓书艺人张天培随团演出。周总理观看演出之后问张天培："你演的叫什么曲种？"张回答："这是我们河洛地区流行的地方曲艺——大鼓书。"周总理说："那就叫河洛大鼓吧！"根据周总理的建议，在1951年洛阳专区召开的第一次曲艺工作会议上将此种曲艺形式正式命名为"河洛大鼓"。1966年开始的"文化大革命"给全国范围内的传统曲艺发展带来致命打击，河洛大鼓也不例外，由于政治环境骤变造成的影响直接导致了洛阳几乎所有传统曲艺表演的中止。20世纪60年代末至70年代初，许多传统艺人成为被批判对象。洛阳地区传统曲艺界的境遇直到1977年才开始好转。"文革"后对传统曲艺的"解冻"把河洛大鼓推向一次短暂的巅峰。然而从20世纪90年代开始，河洛大鼓在城市以及一些郊县中则渐渐被边缘化。

（1）艺术特点

①表演形式

河洛大鼓除了在园子里（如曲艺厅等）有舞台外，在村镇乡野，大都是一桌、数椅、一茶就可以开书了。演唱工具主要有书鼓、钢板（也称鸳鸯板，月牙钢飞）、醒木、折扇等，也有的加配简板。其演唱方式主要有一人单唱不加弦子伴奏的（"单大鼓"）和自拉自唱这两种。每场书一般说三大段，每一段一个小时左右，称为一板书（济源一带称为一关书）。每一板书开头一般都要加一个书帽，其作用主要是为了调节气氛，变换口味。

河洛大鼓最常见的表演形式为：主唱者左手打钢板，右手敲击平鼓，另有乐师以坠胡伴奏。演唱风格欢快活泼、气氛热烈，常以说书的方式，在乡村庭院表演。

②唱腔特点

河洛大鼓的唱腔属于板腔体，即以对称的上下句作为基本单位，通过对节奏、速度进行改变，形成不同板式。唱词中的奇数句为上句，偶数句为下句。演唱者通过上下句的反复或变化反复构成一段唱腔，这便是河洛大鼓的唱腔结构的基础特点。

河洛大鼓主要唱腔板式是"平板"，又名"二八板"，其他常用唱腔板式有："引腔""起腔""坠子口""三字紧""落板""五字垛""十字句""飞板""叹腔""凤凰三点头""垛板""滚口白""武板"等十几种板式。这些丰富的唱腔在叙述故事情节、描写人物性格与心理时，都各具独特的效果。

河洛大鼓唱腔吸纳了中原地方各曲种的精华，融为一体，唱腔变化大，演唱风格新颖，开门见山进戏快，气氛活跃，便于和听众交流感情。道白质朴，情以感人，以语气传神，以动作喻势。注唱腔的抑、扬、顿、挫和手、眼、身、法、步等表演程式的运用。

③主要乐器

河洛大鼓主要乐器有书鼓、月牙板、鼓槌、坠琴、惊堂木、扇子等。

④经典曲目

河洛大鼓的演唱内容非常广泛，从内容上讲，有劝家书、逗笑书、言情书、公案袍带书、朝阁书和武侠书等；从形式上论，有短篇书帽、中篇书段和长篇大书。书帽分为垫场书帽和开板书帽；中篇书段主要有劝家书、历史故事和民间传说。

代表曲目：《罗成算卦》、《韩信算卦》、《马棚封宫》、《刘秀唱麦仁》、《马前泼水》、《姜子牙卖面》、《李志安拜年》、《王庆卖艺》、《武艺砸会》、《拳打镇关西》、《单刀赴会》、《三英战吕布》、《刘公案》系列、《包公案》系列、《施公案》、《海公案》、《狄公案》、《俞公案》、《蒯公案》、《金鞭记》、《呼家将》、《回龙传》、《王华买父》、《困龙传》、《响马传》、《五女兴唐传》、《搬龙角》、《白海棠割肝敬母》、《王祥卧冰》、《郭举埋儿》、《老还小》、《后悔药》、《鞭打芦花》、《三人哭活紫荆树》、《揪老虎》、《小姑贤》、《潭香哭瓜》、《合家乐》、《苏州买刀》、《喜遇》、《小二姐做梦》、《小女婿抬水》、《小姨子哭棉裤》、《傻女婿拜寿》、《王婆骂鸡》、《对药名》、《对哆罗》、《县长查青》、《偷石榴》、《大换房》、《兰老汉拾钱》、《彭祖夸寿》、《俞二姐祈子》等。

⑤流行地区

河洛大鼓的流行区域，主要在洛阳、偃师、巩义、孟津、登封等地区。在河洛大鼓传承过程中，先后出现过许多知名的艺人。第二代传人有"说书状元"之称的张天倍，在洛阳几乎家喻户晓；第三代传人程文和，享誉豫西，并曾代表河南参加全国首届曲代会，一曲《赵云截江》受到国家领导人的赞赏；第四代传人段介平，以及原河南省曲艺团团长王小岳等，都曾独树一帜，闻名遐迩。然而，随着电视的普及，河洛大鼓的听众人数逐年下降，年轻人已无人听更无人学，特别是年事已高的老艺人大多已谢世，艺人只减不增，所以艺人已不到20人，年龄均在五六十岁以上，并且大部分已不再从事表演活动。除了新媒体的崛起外，农村社会生活的改变也使得河洛大鼓曲艺传统的留存变得更为困难。随着洛阳周边地区城市化进程的加快，许多原先的河洛大鼓的仪式性和娱乐性演出场合渐渐消失。河洛大鼓的生存状况已跌入令人担忧的境地。

⑥保护现状

偃师市由文化局牵头，组建了"河洛大鼓保护发展领导小组""非物质文化遗产保护中心"和以"非物质文化遗产保护中心"工作人员为骨干的河洛大鼓普查工作组，对河洛大鼓项目进行了普查。

从2010年开始，非遗申报中心与洛阳电视台合作，经常在"河洛书场"栏目介绍河洛大鼓，每年的春节晚会都有河洛大鼓节目，并使河洛大鼓融入了歌舞表演等新元素和多种表演形式。还与洛阳市的报社和新闻网积极合作，组织关于洛阳市非遗项目的保护与传承工作访谈，并在中央电视台的《天地洛阳》节目里推出河洛大鼓的优秀传承人。

洛阳市非遗中心在2008年和2013年与《神舟》杂志社合作，每个月刊登两篇报道关于河洛大鼓的文章，主要讲述河洛大鼓传承和保护工作，提高群众认识河洛大鼓非物质文化遗产保护的重要性，并举办各种活动，引导群众欣赏河洛大鼓艺术。

2014 年 7 月，洛阳市文化馆成立了"河洛大鼓传习所"，供人们学习、交流河洛大鼓。传习所成立后，举办了一系列宣传活动，如河洛大鼓进社区、进机关、进学校等活动，邀请著名河洛大鼓艺人为喜爱河洛大鼓的群众献上精彩表演，群众可免费欣赏。还面向社会免费招收学员，邀请知名老艺人在这里向年轻人传授技艺，也让更多中老年人有地方欣赏他们记忆中原汁原味的河洛大鼓。

2. 南阳大鼓

南阳大鼓又称鼓儿哼、鼓儿词、南阳鼓词、毂辘词等，是一种古老的说唱艺术。早期的鼓词因唱腔的尾音多带鼻音哼字，故又名鼓儿哼。该形式历史悠久，源于唐代的道调，道曲，相传是道教宣传道义的工具。北宋时加上了渔鼓简子，称为道情，南宋时道情中的一支传唱世俗故事，设场卖艺以为谋生手段，过去称此为"俚俗鼓儿词"，这种说唱形式一直在北方流行。相传鼓词形成于清道光年间，北方传入南阳，另一说法是于明末清初，由山东郓县艺人张万年将这种俚俗鼓儿词传入南阳。20 世纪 20 年代之前是鼓儿词的兴盛时期，以镇平县为集中地，主要分布在南阳、社旗、唐河、新野、方城等地。新中国成立后，随着"翻身文艺"的兴起，演唱活动复苏，到 20 世纪 70 年代，在表演中加入三弦伴奏，并改进唱腔，称为"南阳大鼓"。

南阳最早的鼓儿哼戏班由镇平艺人李效成、刘金魁等于 1928 年创建，它采用坠子的唱腔旋律，糅合鼓儿词的板式腔体，绘声绘色，声情并茂，悦耳动听。该戏农闲时常在民间演出，其乐器不多，演员阵容不大，对演出场地条件要求不高，故而深受群众欢迎。它是广大基层群众接受历史教育、播传的纽带，吸引了一代又一代的听众。往往在农闲和雨天，大家凑钱或凑粮请艺人说书，人们围场而坐，仔细聆听，或躺，或坐，或傍，或靠，或闭目陶醉在剧情之中，直听到"欲知后事如何，且听下回分解"，人们往往还是不愿离去，缠住艺人再来一段。

（1）演唱曲目

鼓儿哼演唱的曲目分长篇和短篇，传统曲目内容浩繁，良莠杂陈。长篇大书可以演唱几场到几十场，有《包公案》《施公案》《大八义》《小八义》等 60 余部；短篇以 300 句为限，或取材于民间故事，或取材于社会生活，或是长篇大书中的节选，有《拉荆芭》《十字坡》《桃园结义》《刘全进瓜》《罗成算卦》等 50 余篇。

此外，鼓儿哼还有"书帽"——即趣味性很强的小段，《十八扯》《大实话》《颠倒歌》《鸭子跳坑》是久演不衰的保留节目，其语言简练生动，逗趣引人，作为大书开演之前的开场，颇受听众欢迎。

（2）传承现状

说书艺术从春秋时期至今，有几千年的历史，基本上是民间的一种草根文化。流传形式往往是师徒口口相传，没有专门学堂来教授，因而艺人往往只知道自己的老师，且行套简单，独人进行，一手敲鼓，一手打云板，随时随地都可以来一段。具体运作往往也很简单，或有钱大户出资请唱，或由一人成头挨家挨户凑钱、凑粮请唱，基本上是以场次给报酬，但也有送场的，比如在某个地方一连演出十天八天的，艺人会在临走前不要报酬，再送一场或一天，以示对当地人的感谢。说书的特点是演出的时间地点随意，不受限制，演出阵容最小，演出内容最丰富，既能讲出前朝历史、古代人物、民间英雄豪杰，又能教给做人的道理，引导百姓辨别善恶，树立正义感，寓教于乐。2008 年 3 月，"鼓词"被南阳市政府公布为南阳市首批非物质文化遗产。

3. 豫东大鼓

豫东大鼓是一种河南省的传统戏曲剧种。豫南、豫东地区多用战鼓，因而又叫"单大鼓"或"大鼓"，豫东大鼓至今已有 368 年的历史，涌现出了许多艺术造诣深、影响广泛的大鼓艺人，他们为豫东大鼓献出了毕生精力。豫东大鼓的曲目以传奇、武侠为主，也有公案讲史类和生活小段。

（1）发展历史

相传，在 1640 年，有一名姓朱的官绅，为避难流落到汪庄村，并在汪庄村定居下来，做些小本生意维持生计。这人生来聪慧，很快抓住了商机，生意越做越大，成为当地一名富有的商人。朱姓官绅趁自己 60 岁大寿之际，请了很多戏班子，说、拉、弹、唱，样样齐全，一连三天三夜不曾间断，台下的观众大过戏瘾，朱姓官绅感觉非常风光。朱姓官绅看村里人对戏剧那么痴迷，就索性花钱留下了几个戏班子里的精英，好让村里人也能跟他们学戏。就这样，汪庄村人边学边改进，逐渐形成了自己的、独特的艺术表现形式，就是豫东大鼓。

豫东大鼓唱腔及表演形式可分为两种，即徒口讲说和说唱相间。徒口讲说，是指表演者不借用任何道具，全凭表演者的记忆，徒口讲说故事的精彩内容。表演者通过口头语言及肢体语言表现故事中人物表情的喜怒哀乐，通俗易懂，活灵活现，滑稽动作引人入胜，常常博得观众阵阵掌声。说唱相间，是指表演者借用道具（道具由鼓、支架、鼓槌儿、桌子、椅子、惊堂木组成），由多人伴奏，以说带唱的表演形式向观众传送精彩的故事内容，唱腔高低起伏、时紧时慢，收到了独特的艺术效果。

（2）传统曲目

豫东大鼓的曲目以传奇、武侠为主，也有公案讲史类和生活小段。主要传统曲目有《列国卧虎山》《汉八义》《封神演义》《西游记》《剑侠奇中奇》《三侠五义》《仙女配》等。

（3）保护现状

豫东大鼓乡土气息浓郁，区域性强，唱段内容极其广泛，配以幽默滑稽的肢体语言，能给人们带来欢乐及精神上的享受。豫东大鼓具有厚实的群众基础，符合大众化欣赏口味，能提高人民群众的素质，对构建和谐社会、创建社会主义新农村、加强精神文明建设有一定的现实意义和一定的社会价值。

随着当今曲艺的生存和发展状况，较之其他艺术文化形态，豫东大鼓的现状及前景却令人担忧，其具体表现为专业曲艺演出人员大幅减少、演员后继乏人、曲艺创作和研究力量薄弱等。

（三）大调曲子

大调曲子原称"鼓子曲"。曲艺曲种。初盛行于河南开封，后流传于洛阳、南阳等地。约有二百年的历史。至清末民初，唱鼓子曲的艺人将旋律简洁、易于上口的各色杂曲小调用来作民间踩高跷时伴舞、歌唱，时称小调曲子，即中原曲剧的前身。其时，开封、洛阳一带的鼓子曲即因小调曲子的兴盛而渐渐衰落，而南阳一带的鼓子曲不但保留了下来，而且有了新的发展，这就是发展至今的大调曲子。它的曲牌有二百多个，可分为大牌、昆牌和杂牌三种。曲体结构有单曲和曲牌联套两种。伴奏乐器以弹拨乐器为主，如三弦、琵琶、筝，打击乐有檀板、八角鼓等。旧时无专业艺人，多是业余爱好者们休息时围桌演唱，互相切磋技艺。1949 年后培养了专业演员，并走上了舞台。

1. 发展历史

源于明、清俗曲。初兴于开封，初兴汴梁的鼓子曲传入南阳后，吸收了陕西曲子、湖北小曲的一些曲牌，清乾隆年间传入南阳后，逐渐形成不同于开封鼓子调的曲种。吸收了乾隆以后的地方戏曲声腔，如"石牌腔""吹腔""西皮""二簧腔"，形成了不同于开封鼓子调的南阳大调曲子。20 世纪 30 年代，因中原曲剧俗称"小调曲子"，鼓子曲改称大调曲子。南阳大调曲子历史悠久，源远流长。明代时已有演唱。清代和民国时期，南阳大调曲子演唱活动频繁。新中国成立后，南阳大调曲子得到了很大发展。20 世纪 60 年代，南阳的曲艺作者又创作了大量新曲目，南阳大调曲子的曲目多为韵文体，小段唱词，少数生活段子加有说白。大调曲子追求高雅、大方，因此，演出时往往要求遵循一定的准则。大调曲子的活动一般不敬神烧香，相传大调曲子信奉儒教孔子，注重知识性，讲究礼义。其他曲种往往被人瞧不起，惟独大调曲子能登大雅之堂，按南阳的方言叫"能坐客房台"，即能坐在堂屋里唱。所到之处，主人必须盛情招待，不能慢待，外地人和其他剧种、曲种的人员对大调曲子都有很高的评价，汉剧著名老演员汪阳生曾说过："一生中走南闯北，见了那么多剧种、曲种，惟独大调曲子曲牌繁多而严谨，既高雅又大方，知识性强，常使人百听不烦。"大调曲子以诗词歌赋为基础，以规、矩、礼、法、仁、义、道、德为宗旨，深受人们的青睐、尊重。诗词歌赋赋予大调曲子以知识性、高雅性。

规是指大调曲子的演出无论是伴奏者或演唱者，无论什么场合，都讲究衣服周正，闭目端坐，目不斜视，以示品格高尚。因为旧时在客厅演唱，达官贵人的女眷们依例聚在厅堂两边厢房内，隔帘听唱，演唱者闭目端坐，以避瓜田李下之嫌。矩是指弹者坐左边，唱者坐右边，演唱前先定神思，后开板。唱的中间，如不加长白不能随便跳韵。礼是指讲究礼义，唱前先拱手托板让别人唱。如有外地曲友，需先让外地曲友唱，后让本地曲友唱；先让老年曲友唱，后让年轻曲友唱。法是指演唱者尽量不离题目。例如属于祝贺场合，都要先唱祝贺性唱段。若第一个人唱了三国段，下一个人也要唱三国段。仁指大调曲子艺人之间无论年长年幼，从艺时间长短，都不称老师，统称曲友。义指曲友之间为道义之交，情同手足，非同一般，无论在什么地方，只要是曲友，不管认识不认识，都要互相照顾，盛情接待。道指道不同者，不相为谋；道同者，以诚相见。德指曲友之间，无论唱得好或是不好，唱完后大家都要同声说个"好"，不能相互挖苦、嘲笑。礼义是中华民族的传统美德，大调曲子的演出维护并继承了这一美德，迎合了广大听众的心理，这就是它有生命力，受人喜爱的原因。

2. 艺术特色

（1）音乐结构

大调曲子的音乐丰富优美，曲板庞杂，所用曲牌多达 180 余个，在我国曲艺音乐中有如此众多者实为罕见。另外还有"高山流水""和番""落院""大泉""萧妃舞"等板头曲乐曲数十首，独奏或合奏，在我国的器乐曲中很有影响。就各个曲牌的调式而言，宫调式和徵调式构成了大调曲子的主体调式。这种关系调又形成了曲牌之间联套的调式基础。大调曲子的音阶除个别曲牌为五声音阶外，大都为七声音阶。七声音阶里的"4"音，往往游移不定，在这一曲牌是"4"音，但在另一曲牌里可能更高一些近似"5"音。这一音阶特征，使南阳大调曲子形成了不同于其他地方曲艺音乐的独特风格。

（2）伴奏乐器

南阳大调曲子的伴奏乐器以三弦、琵琶、古筝三种弹拨乐器为主。这种乐队建制无疑是继承了明中期在河南、山东、安徽所流行的"弦索"。"弦索"用的乐器是三弦、琵琶、古筝。当时弦索在河南流行时，正值汴梁小曲兴起之时，二者相互结合是很自然的事。后来，小曲在乾隆时衍变为鼓子曲，流传到南阳又由鼓子曲发展为南阳大调曲子，小曲几经流变，而这种"弦索"伴奏的形式却延续至今。

在伴奏乐器中尤以三弦为主，甚至只有一把三弦，没有其他乐器伴奏亦可演唱。另外，还有月琴、扬琴、坠胡、二胡、嘟噜胡（软弓京胡）、洞箫作为伴奏乐器。其打击乐器中，手板、八角鼓两样必不可少。南阳市在新中国成立前有人以茶杯盛水（多少不等）而以筷箸击之，以此伴奏亦颇悦耳。过去，演唱大调曲子的曲友多为男性，1956 年后，大调曲子有了专业的女演员，乐队的建制、定调都有了发展和变化，多数乐队加上了二胡、坠胡、大提琴、扬琴等乐器，使乐队伴奏增加了力度和伴奏旋律的歌唱性。定调也由原来的 F 调、G 调改为 G 调、D 调。大调曲子的伴奏乐队，不仅担负着伴奏任务，同时又能单独演奏器乐曲，这种以弹拨乐器合奏或独奏的乐曲称为"板头曲"。关于板头曲历史渊源的说法十分复杂，有学者认为其曲子多为"老八板"的变体，如"箫妃舞""大全"等曲的旋律接近"老八板"，但这只是少数现象，从曲调上看，多数曲子与老八板无关。大调曲子以歌唱为主，少数段子间有宾白。宾白者，"两人相说曰宾，一人自说曰白"。在现存大调曲子的 1200 多个段子中，有宾白者仅占五分之一。旧时，大调曲子演出形式皆为清唱。演唱者、伴奏者互相称为"曲友"或"玩友"。曲友们极重唱功，轻表演，讲究吐字、行腔和韵味，有时一句能拖很长，余音不尽，所以还有"哼大调曲"的说法。

传统的清唱形式均为坐唱，演出地点或在达官商贾的厅堂内院，或在三五曲友的某家庭室，或相聚于茶馆，或设场于豆架瓜棚下，常于月白风清之夜，华灯初上之时，曲友互访，即拨弦击板，引吭高歌起来，而主人也仅以烟茶招待，以助雅兴。演唱时，正中放一张方桌，演唱者及伴奏者围坐在一起，通常由演唱者手执檀板（又名匀板，俗称牙子）掌握节奏、速度，伴奏者各执乐器，以演唱者为中心呈扇面形座次。演唱者应"闭目端坐，拔肩耸顶"，以示气度高雅、品格端正之意。演唱时，唱者檀板一扣，乐音即起；伴奏者先奏"前奏"，"前奏"奏完，骤停；此时唱者需双手托板向在座的乐手及听众揖让一圈，以示礼貌，乐手及听众亦需相应示意；唱者再击檀板，表示"献丑了"；音乐再起，这才进入正式演唱。也有不少演唱者会弹奏某种乐器，则自弹自唱，余人即伴之合之。技艺高超的演唱者弹唱自如，得心应手，伴奏者如众星捧月，怡然同乐。

（3）表演形式

大调曲子多为一人唱的形式，也有少数二人对唱或三人对唱的曲目。一人主唱，遇到需要众人和唱的调门时，伴奏者和其他听众即自动地一齐帮腔，称为伴唱。此时，唱者、乐手与观众感情交流，唱腔合一，心领神会，互相烘托渲染，气氛更加强烈，充分显示了"下里巴人"的大众艺术自娱娱人、皆大欢喜的特色。这种"一人唱众人和"之形式的产生，与大调曲子里一些曲牌系来自民歌俚曲、夯歌渔歌、山歌小调有密切关系。这种形式基本上保留了山区农民对歌时，因无乐器伴奏而由一人领唱众人和唱的表演特点。另一些原因是，清代中叶以后在北京流行的八旗子弟书中的"群曲"唱法，通过在北京做官的南阳人的引进而传入；还有南阳府、赊旗镇、新野、瓦店、石桥等处都是水旱码头，商业交通极其繁华，通过来经商的商人文化交融而接受了某些南方民歌的影响（如"蛮莲花"可明显看出是江汉渔歌的格式）。大调曲子的这种群口帮腔、听众协唱的形式在河南省诸多曲艺中实属新颖别致，颇具特色。

中华人民共和国成立以后，为了宣传工作和活跃群众文化生活的需要，南阳市首先把大调曲子搬上舞台。但登台表演的演员仍保留着传统表演形式，如率先登台的张华亭、郑耀亭、耿耀德等仍然是坐唱。直到1957年，才由南阳县（今南阳市）王富贵等专业演员冲破了长期沿袭的闭目端坐形式的束缚，变坐唱为立唱，并加以动作表演。他自编自演的《老两口卖余粮》等节目，受到了农民群众的热烈欢迎。他大胆地把山东快书的"一步三相"、东北二人转的碎步和三弦书的手、眼、身、法、步的表演技法，吸收融化在大调曲的演唱中，从坐到站，由静到动，是大调曲子表演形式上的一大突破、一大改革。1958年，王富贵、周小惠以站唱表演形式参加了全国曲艺会演。此后，随着大调曲子女演员的出现，又有了女演员手持八角鼓站唱、对唱分角表演，运用手、眼、身、步及挥舞八角鼓穗等舞蹈动作的表达形式，如南阳县说唱团李玉兰、李叔华对唱的《为了工分》，胡运荣、陈友兰对唱的《姑娘心里有主意》等。

20世纪60年代后，许多曲艺团队开始采取自弹自唱、互相对唱的形式，如内乡县曲艺队吴喜荣（琵琶）、唐改莲（三弦）弹唱的现代曲目《好风格》，南阳县（今南阳市）胡运荣、陈友兰弹唱的《一对好夫妻》，均受到观众欢迎。1975年河南省赴京演出的《开电磨》，1981年参加全国优秀曲艺节目观摩演出的《二嫂买锄》，均采用弹唱或单唱与弹唱相结合的表演形式。大调曲子表演形式的改革与丰富，更增加了这一曲种的艺术表现能力和时代精神，使它从"客房屋玩艺儿"走向社会、走向群众、走向更广阔的天地，其艺术生命力更加旺盛。

3. 代表曲目

大调曲子的传统曲目丰富，清代文人参与编写的，曲词典雅，很多是以元、明杂剧、传奇故事以及明、清演义小说改编而成。特别是摘自《东周列国志》《三国演义》《杨家将演义》《水浒》《精忠说岳》的故事为多，视为曲子的"书梁"。还有一些是从地方戏中移植过来或改编各种文人笔记、杂著中的故事。少数是直接创作的"活筲箩曲子"，这类作品大都具有生动曲折的故事情节和浓郁的生活气息，为农村听众所喜爱。五四运动以后，曾产生了一些反映民主思潮、民族意识的作品。中华人民共和国成立后，培养了一些青年演员，并对音乐做了改革。

南阳大调曲子的曲目多为韵文体，小段唱词，少数生活段子加有说白，现存曲目 1200 多个，传统曲目 1000 多个，经常上演的创作曲目 200 多个，代表作有《王大娘钉缸》《游春》《玉兰担水》《二嫂买锄》《小二姐上坟》《李豁子离婚》等。

4. 保护现状

大调曲子原是贵族的艺术，一般在茶楼或是富家堂会演出；后来在民间节日，以豫西跷曲的形式上街表演；随着更多的人喜闻乐见，最终走上戏曲舞台，以曲剧的形式为大众表演。这种大众艺术值得传承和发展。2007 年大调曲子被列为"国家非物质文化遗产"，但是目前的发展现状依然不容乐观，这主要表现为：专业团体减少；传承断层；由专业演出变成自娱自乐；演出场所少。目前要想做出困境，必须注重传承，开拓市场，增加演出，培养青少年观众，等等。

（四）三弦书

三弦书又称铰子书、腿板书，是形成于南阳的一种较为古老的传统说唱艺术，已有 250 多年历史，因用三弦、铰子（小铜钹）为主要伴奏乐器而得名。为本地四大曲种之一。初为一人一台戏，怀抱三弦，腿束节子（脚板）自弹自唱。三弦书的初期演出形式为单档班的坐唱型，即演员一人怀抱三弦、腿缚竹节，自弹自唱、自击节，亦称"腿板书"。至清末民初，逐渐发展为双档班、三合班的站唱型。双档班由一人主唱，兼操铰子和八角鼓，另一人弹三弦，蹬脚梆，兼插科打诨与帮腔。三合班即在双档班的基础上增加一人掌牙子，或把铰子与八角鼓由两位演唱者分持，也有加坠琴伴奏而仍由一人主唱的。其后，随着观众审美要求的提高和自然的发展，逐渐演变为演唱者手击铰子或八角鼓既唱又表，另有三弦和坠胡专门伴奏并在演唱中帮腔、插话而成为二三人一台戏，使这一说唱艺术得以更快地发展，更广泛的流传，南阳是中国曲艺家协会命名的"曲艺之乡"，南阳曲艺闻名全国。南阳曲艺的主要曲种有大调曲子、三弦书等。三弦书具有重要价值和影响。

1. 发展历史

三弦书纯属民间说唱，没有文字记载，很难追寻到它的源头。据南阳三弦书艺人张明川（1908—1983）和侯书凡溯师求源，清乾隆年间南阳已有三弦书的演唱活动，沈大楼（张明川上溯四代的师祖）、何老窝（侯书凡上诉三代的师祖）即是当时的艺有人根据三弦书一人唱众人和、满场热闹、激烈奔放的特点追根溯源，认为是受到明清之际流行于南阳一带的弋阳腔（高腔）的影响。三弦书的形成也是多方面的因素所致。清初，三弦书的演唱全是男性盲人，人称瞎子腔，可以推测，三弦书的最初为民间盲艺人的求生演唱（因为盲人没有从事其他行业生活的能力），在长期演唱的过程中，不断地吸收外地的曲调（如弋阳腔）和本地的小曲小调，揉进自己的唱腔中，从而形成具有独自特点的曲调，受到民众的欢迎，然后传唱开去，并一代一代的授徒传承。事实也正如此，乾隆五十七年，新野的冯国兰使用了单片小擦击节演唱，使之热闹非凡，更吸引观众，这是在伴奏上的一大改进，不久传子冯玉勤和冯跃勤。冯跃勤声音嘹亮，唱奏自如，在民众中很享盛誉。道光年间，郏县三弦书艺人苏平安被誉为"响八县"。咸丰年间的高小娥用大鼓三弦伴奏，演唱时，诙谐风趣迎合民众的心理，享有极高的声望。同治年间中牟县的盲艺人王老套演唱《五女兴唐传》，走一处响一处，极受民众的欢迎。由此可见，三弦书的源流可追溯到明末清初的民间盲艺人的小唱和外地传进弋阳腔，它的形成和完善是艺人们在长期演唱过程中不断改进创新的结果。

2. 艺术特色

三弦书的演唱程式一般分铰子腔和鼓子腔两种，演员演唱时，开始先左手持小铜铰子，右手持一根竹筷敲击，唱铰子腔中间转入鼓子腔改用八角鼓。使用方法是：左手紧握鼓子，以右手指敲击，最后再转铰子腔，仍换用铰子敲击结束。铰子腔曲调刚健明快，气氛热烈，节奏紧凑，适宜表现激烈喧闹的场面；鼓子腔多演唱叙述性段落，淡雅恬静，节奏平和。以上是通常的演唱规律，亦有个别用铰子腔一贯到底的书段。唱表过程中，还有鼓子、铰子并用的，所谓"左手拿起金击鼓，右手又把钹来击，两只手紧一齐打，哼哼咛咛唱小曲"就是此种形式的生动写照。此外，三弦书"三腔四送"（或称"三挑四送"、"扎引腔送四腔"——引腔、二腔、三腔、勾送腔）的拖腔板式形成了它帮腔助势的"架口"程式。演唱中，或是伴奏人员与演唱者共同接腔，或是弹奏者向演唱者饶有兴趣发问，其间亦白亦唱，一个哼、一个啊，一叫一应，一问一答，场面活泼，气氛热烈，滑稽诙谐，妙趣横生。

（1）演唱

三弦书十分重视表演艺术，艺人们在长期的艺术实践中总结出一套较完整的唱表要诀，即表演上的"手、眼、身、步"，唱法上的"抑、扬、顿、挫"，表情上的"喜、怒、哀、乐"，唱表上的"脱、科、闪、颤"，节奏上的"紧、慢、迟、疾"，火候上的"虚、实、寒、热"。这24字诀就成为衡量和评价一个三弦书班子和艺人水平的标准。其中"脱、科、闪、颤"是指说书人在跳进跳出时要利索，不拖泥带水。"手、眼、身、步"中的"手"是指演唱时的手势、指法；"眼"是讲究眼神中的活与动，即"大眼传神，小眼布道"；"身"是指演唱时的身段、动作、架势；"步"是指表演区的脚步定位。三弦书的演员是在伴奏者的右侧，做表的步伐近似于秧歌十字步，只限于往前三步、后退三步的地方，不能超出这三五尺见方的区域内，即所谓"三寸（口舌）大世界，五尺小乾坤"。三弦书艺人对这24字要诀代代相传，没有系统的训练方法，仅是以师带徒，口传心授。

三弦书演唱艺人手执的伴奏乐器八角鼓和铜铰子，在运用方面，手法独特，别具风采。演奏时，那八角鼓的摇、搓、翻、磕、弹、擦、推、轮，花样层出，铿锵悦耳。做表时，铰子、敲棒、八角鼓都可用来当枪使，当剑用，做包袱提。尤其是那铰子上的红绫，鼓子上的丝缘鼓穗，能随着演员的挽、拉、甩、抛，左盘右旋，上下飞跃，配合书情不断变化，大大增添了演员的舞动感和形式美。如艺人侯书凡演唱传统曲目《古城会》时，舞动的铰子红绫，犹如关羽的青龙偃月刀在空中飞舞，刚健威风。而艺人杨宝元、刘玉章在唱舞之中，还将立在指尖上的铰子弹入空中，而后顺势收回，似飞碟盘旋，以险取胜。

（2）风格

三弦书的总体表演风格质朴谐趣，火爆泼辣。因有文段子和武段子之分，唱表中则各有侧重。唱才子佳人，针线笸箩类的曲（书）目为文段子，其唱表如小溪潺潺缓流，似闺秀描云，活泼风趣，朴素细腻。常用的身段有小云手、挽手花、打转身、蹉步、移步、划步等。唱侠义类、公案类的曲（书）目为武段子，其唱表如大河奔流、蛟龙出水，豪放激烈、泼辣洒脱。常用的身段架势有单云手、双云手、云手漫顶、跨虎式、荷叶掌、虎换拳、弓箭步、踩泥等身段。一些炽热的武段子，其动作幅度大、架势硬、节奏强、力度重，表演起来，那拳脚的劈啪声、铰子红绫的鼓动声、架口的呼应声，交织在一起，往往是惊心动魄，气势磅礴，此风格实为中原其他曲种所难以比拟。

（3）乐器

早期的三弦书是自弹自唱，伴奏乐器是三弦、脚蹬木梆击节，不论唱高唱低都是用三和音伴奏。老艺人教徒传艺时就是让学徒用左手食指按住三弦之老关品，口念"君在正，臣在中，黄瓜瓠子韭菜葱"。

三弦的定弦方法，传统为"5—1—5"。20世纪60年代中期，由于有女声唱腔和乐队新生力量的充实，逐渐改死品和音的伴奏为随腔伴奏，三弦的定弦也有了"1—5—1"的定法。演奏的前奏音乐叫盘头，因声腔不同又有铰子盘头和鼓子盘头两种；根据曲（书）目的需要，盘头则有长有短。此外，在唱段里还有诸多各不相同的间奏音乐，艺人称为"大过门""中过门""小过门"，还有当作压板用的"大游场""小游场"，多用于唱段中间对话、对白的地方，使音乐不断，形成唱腔与伴奏音乐的连贯性。三弦的主要伴奏者三弦手，艺人称之为"弦子架"，他不仅要伴奏，同时还承担着递二话、接腔（伴唱）以及与演唱者交换感情、插科打诨的任务，有时还在不同情节里担负几种配角的说白和演唱，使演出生动活泼，形成满台热。三弦书由自弹自唱发展为一人唱、一人伴奏以后，便有了打击乐器（同时又是道具），即铰子和鼓子。铰子即小铜钹，上系红绸，左手拿铰子，右手持筷子敲击。在唱腔中间，除快板、紧打慢唱铰子随腔击拍外，一般都不击铰子，多当道具用，遇小过门，或在拖腔间加空击之。

鼓子又叫八角鼓，用蟒皮蒙面，下系红缨长穗，左手持鼓子，右手用五指和手掌击之，其法有敲、打、弹、震、推、拉、摇、搓等。它在"鼓子腔·前奏"里，或较长的间奏里同铰子一样，随曲调的节奏击之。由于八角鼓有鼓有铃，可击可摇，又有长穗配以身段表演，其变化多样，是一种综合打击艺术。在演唱中间可轻摇鼓铃以节歌，也可用手掌击鼓面，通常击在弱拍上。早期的三弦书艺人还有用醒木的，现已无人使用。

三弦书的伴奏，一开始是自弹自唱，腿缚节子（或以后的脚梆）击节奏；后发展为二人班，一人手持铰子、鼓子演唱，一人手弹三弦、腿缚脚梆击节奏进行演唱。新中国成立后有发展为三人班的，即除上述二人外另加一把坠胡伴奏。伴奏人多了，拉腔助势效果更好了，乐队气氛也有所加强。1962年后，一代年轻三弦书演员出现了。南阳各县（市）曲艺团队在三弦书的伴奏上先后增加了古筝、琵琶、扬琴、二胡，并有一人司板。发展至今，有的还增加了大提琴、电子琴等乐器，通过适当的配器，极大地丰富了三弦书的音乐色彩。

3. 保护现状

1977年后，随着传统曲（书）目的开放。民间三弦书演出活动重新活跃，但演出武段子的女演员后继乏人。为拯救三弦书艺术，南阳地区各级文化主管部门先后对三弦书传统曲（书）目进行了挖掘搜集，同时，南阳地区文化局连续举办八次不同规模的三弦书会（调）演，在会演期间的座谈中，认为三弦书所具有的独特的艺术风格和诸多艺术技巧未能得到全面继承和发展，尤其女演员的培养存在着缺陷。而民间的职业艺人又缺乏艺术革新。随着专业三弦书团队的减少和缺乏有影响的演员与作品，三弦书的演出活动也越来越少，亟须得到保护与发展。

（五）槐书

槐书为新野独有曲种，艺人往往就在村庄大槐树下给乡亲们演唱。久而久之，人们称它为"槐书"，即槐树底下说书之意。槐书初为单口唱或双口对唱，鼓锣伴奏，兼有猴戏、杂技、戏曲、民歌等特点。表演时，演员与受驯动物猴、狗、山羊等配合，男女主角边跳舞边口嗑两片槐叶演唱台词，既通俗易懂，又富有情趣，深受乡民喜爱。

1. 发展历史

南阳是曲艺之乡，曲艺是源自盆地的乡音和民声，它是中国具有悠久历史传统的民间艺术之一，是人们口头演唱的文学艺术，具有广泛的群众性和鲜明的地域特色，是男女老少喜爱的艺术形式。在南阳绚丽多姿的曲艺之林中，一部分曲种是本地所生，另一部分则是外地传入后，借地生根开花的。新野槐书是南阳独有的地方曲种，它和新野的猴戏有着密不可分的关系。众所周知，新野素有"猴戏之乡"之美称，玩猴艺人遍及全县走遍全国。清朝末年，新野城北沙堰镇芦堰村有兄弟二人，常年以玩猴为业。为吸引观众，玩猴艺人在表演猴戏时像皮影戏里的演员一样，一边动作一边演唱。为了使猴戏便于当地百姓欣赏，走到哪里，他们就把当地的民歌小调融入演唱中，并把这些杂乱的唱腔巧妙地融合在一起，形成了一套独特的唱腔调门，走到哪里就演唱到哪里。

旧社会由于乡村文化生活比较贫乏，芦堰村芦氏两兄弟每次回来，乡亲们就邀他们在门前的大槐树下表演。两兄弟也就很爽快地敲起随身携带的小鼓小锣，把在各地表演的大杂烩经过自己随口加工，形成了诙谐优美的小调。这些不在谱儿的乡村小调，乡亲们闻所未闻，听起来十分新鲜。因为当时也没个曲名，久而久之约定成俗，大家就叫这种在村头槐树下表演的小戏称为"槐书"。

民国年间，抗战烽烟叠起民不聊生，槐书这一演唱形式在新野近乎绝迹。20世纪60年代初，县文化局搞民间曲艺普查时，工作人员在乡下发现一位叫茹新和的民间老艺人，会唱一些槐书段子。当时老人已是古稀之年了。文化局工作人员专一把他请到县城，根据他的演唱，记录整理了老艺人茹新和青年时演唱的《崔罗斗》和《抆衙门》等剧目，并教县曲艺队排练演唱，使槐书这一传统曲艺形式首次登上了文艺舞台。1963年，槐书《崔罗斗》参加南阳地区曲艺汇演，还荣获了音乐和演出两项奖励。"文革"开始，新野县曲艺队解体，槐书停演。直到1975年，时任新野县文化局局长的郭聚山同志提出复活槐书，并要求对槐书的节目、内容、唱腔等进行变革，以跟上时代的步伐，用句时髦的话说叫"与时俱进"。新野县文化馆馆员曹宝泉同志接受了这一任务。他根据本县上庄公社一个插队女知识青年破除陋习与当地一位饲养员结婚的故事素材，创作了一个槐书剧本《爱田新歌》。同时曹宝泉又对槐书简单的曲调进行了大胆的变革，使唱腔更加丰富，更加便于人们接受。加上剧本内容与现实生活比较贴近，因此槐书《爱田新歌》1977 年参加原南阳地区文艺会演一炮打响，后来赴省里参演，得到省领导的高度评价。

20 世纪 80 年代，改革开放的东风给文艺界带来了万紫千红的春天，槐书作为传统的民间曲种又重新登上了舞台得到发扬光大。1984 年后，曹宝泉同志对槐书的演唱形式又进行了更大胆的改革，他把槐书的二人对唱形式改为三人或多人演唱，赋予新野槐树以新的内涵。同时他又吸收借鉴了其他曲种的音乐特点，并加以乐队的伴奏，改新了传统的唱腔，使槐书更加受到群众的欢迎。

2. 表演形式

槐书初为单口唱或双口对唱，鼓锣伴奏，兼有猴戏、杂技、戏曲、民歌等特点。表演时，演员与受驯动物猴、狗、山羊等配合，男女主角边跳舞边口嗑两片槐叶演唱台词，既通俗易懂，又富有情趣，深受乡民喜爱。后来，边演出边配一些地方民歌、戏曲，又伴以鼓、锣烘染气氛。为消除方言语言限制，又用吹槐叶模仿人语唱出台词，形成了其独特的艺术形式，"槐书"也由此得名。

槐书的语言音韵是以中州韵为主，结合南阳地方方言而产生的。在唱词的用韵上，和诗赞系曲种差不多。它的唱词基本上是整齐的七字句韵文，还有少量的长短句结构。亦是每段的第一句为起韵，第二句押韵，以后逢单数句子不押韵，逢双数句子押韵。平仄的规律基本上凡在韵上的句子为平声，不押韵的句子为仄声，简而言之，即：三、五、七句不论，二、四、六句分明。

槐书属于以唱为主的说唱形式，适宜演唱段子、生活戏，简单易学。它一般以单口、二人对唱为多，叙事时以板白或垛板代之。在主体唱段前有一节欢快的前奏曲，在这段曲子里，轻盈活泼的旋律伴之以清脆欢娱的小锣堂鼓，给人以清新、爽快之感。在前四小节的锣鼓反复奏出之后，八角鼓随之跳出弹拨，平稳活泼，给起腔做了很好的垫衬。在唱腔部分，旋律单纯朴实、委婉动听。槐书起初是单口演唱或两人对唱，用小鼓、小锣伴奏，流传于民间。1962 年新野县曲艺队将槐书搬上舞台化妆演唱。在表演形式上，它采用一或二人演唱的叙事和代言相结合的方法。1985 年，新野县文化馆曹保泉将传统的两人对唱形式改为三人或多人演唱，在充分利用道具的前提下，让演员一次性进入角色，尽量不跳角或少跳角，给观众以直观形象感，有助于观众对情节的理解。

槐书的伴奏乐器原来只有一个小锣、一个堂鼓，伴奏方法类同鼓词（自弹自唱）。艺人演唱时一手拿槌击鼓，另一手大拇指抢小锣，中指与无名指拿槌敲锣。搬上舞台后，伴奏上就变得戏剧化了。伴奏乐器除小锣、堂鼓外，又增加了八角鼓及板胡、二胡、琵琶、三弦、扬琴、竹笛等。乐器件数无严格要求，可根据乐队编制大小随时增减，伴奏方法除没有鼓板外，基本上与戏剧伴奏相同。

新野民风淳朴，乡俗浓郁，民间文化丰厚。槐书作为新野民间文化曲艺中的一个曲种，有着"艺术活化石"之美称。如今的新野槐书演唱，就是在传统演唱形式上经过改进过的。演员一旦进入角色，就给观众带来了直观的形象感，加深了观众对剧情的理解，浅显易懂，寓教于乐。新野槐书表演有单口演唱或双口对唱，很少有道白，即便是有道白也多以板白和垛板代之，前奏和过门中加鼓锣伴奏。槐书表演唱腔属两段体曲体结构，有起腔、随腔和落腔之分。这是新野槐书唱腔的主要特点。古老的传统文化融进了现代社会的文明，使槐书这一民间曲艺绽放出鲜活的色彩。今天，这一曲艺瑰宝正在百里沃野的城镇乡村潜滋暗长。枯木逢春的新野槐书，伴随着要猴艺人的足迹，在祖国的大江南北、长城内外释放出更加诱人的魅力。

3. 保护现状

目前，新野县槐书曲艺队以唱腔别致清新，调门独特优美的演出方式，活跃于全国各地，受到群众的喜爱，给人们的生活增添了新的乐趣，也为发掘保护民间艺术做出了贡献。作为全国稀有曲种——"新野槐书"被确定为南阳市第一批非物质文化遗产后，该县加大了对该剧种的保护力度。

近年来，新野县对濒临灭绝的"槐书"进行大力抢救，新创作的《新野县城新面貌》等10多个新剧，让人耳目一新。槐书的演唱通俗易懂，极富情趣，很受广大观众的喜爱，而且槐书仅在南阳流传，有独特的地域特点。在南阳，槐书艺人集中在新野，其他县、市艺人很少，就是有，也都是跟新野槐书艺人学来的。因此，人们把槐书称为"新野槐书"，有关专家又把新野槐书誉为"华夏独曲"。

20世纪60年代，新野艺人汝新和，外号"汝和尚"传有《打蛮船》《叉衙门》等十多个曲目，使该曲种得以流传。改革开放后，新野县整理排演了《叉衙门》《双育苗》等20多个传统节目。后来又创作排演了《爱我中华》《削价姑娘》《上夜校》等10多个新剧，再加上各地艺人移植和自编自演的节目，最多不超过40个节目，但演唱艺人很少。可以说，南阳槐书已到了濒临灭绝的境地。

（六）洪山调

洪山调是广泛流传于河南省焦作市沁阳、博爱、温县、济源、武陟、修武、孟县（今孟州市）一带的民间说唱艺术。已有2500多年历史，是中国曲坛最古老的剧种之一，自清朝初期出现职业演唱艺人（均为盲人）后，由盲人代代传承至今，传统曲（书）目约有二百部（篇）。在演唱风格上，洪山调有顶板和闪板两种不同风格的艺术流派。

1. 发展历史

洪山调是中国曲坛上一种独特而稀有的优秀民间文化遗产。相传洪山调起源于春秋末期，为晋国重臣苗贲皇所创，西汉、东汉时期盛行于民间，唐、宋时期达到了顶峰，明、清及民国时期更加繁荣昌盛，至今 2500 的历史。历史上曾有"洪山调霸覃怀（今中原沁阳市、温县所辖地域）天下"之说。

据 1973 年考古发现，中原焦作市西冯封村（原属博爱县）南宋、金墓中有弹三弦的说唱俑（实物现存河南省博物院）。三弦形制为大鼓低音三弦，俑人为坐姿，呈自弹自唱状。据艺人口碑资料传，清乾隆年间的著名艺师柴明勋的徒弟达 100 多人，出名的有 48 个，有"半百高徒"之称。自乾隆年间艺人马文彪起至今已有 10 代。随着赵铁印、范贵书、郑松贵、申玉麟、石广庆等几十位末代老艺人相继谢世，许多曲目未及整理、挖掘，目前仅剩艺人马九信还能表演完整的洪山调曲目。

清乾隆三十四年（1769）前后，清化（今博爱县）许良洪山调艺人马文彪（约 1753—1824），温县三街的刘景仙（约 1751—1819））。常在沁阳、清化、温县、孟县（今孟州市）等城镇演唱，以《白海棠割肝救母》、《孟姜女哭长城》等曲目享名。马文标弟子温县柴门庄的柴明勋（1783—1860），刘景仙弟子温县西关二街关胡同的牛发玉在嘉庆年间享誉丹河、沁河两岸，常演《目连僧救母》《浚县打花》、《梁山伯与祝英台》等中、短篇曲（书）目。柴明勋弹奏、说唱技艺全面，功底扎实一生授徒近百名，有影响者四十多人，因而有"半百高徒"之美称。

道光年间，柴明勋、牛发玉与博爱县建军庄的王先儿（1814—1895）等多在怀庆府一带乡村演唱，并逐渐发展为以演唱长篇为主，如《三洪传》《单宝童投亲》《李怀玉投亲》等。

同治、光绪年间，洪山调演唱队伍不断壮大，涌现出一批有影响的艺人。他们不但扩大了洪山调的影响，而且还改变自弹自唱的方式，进行组班演出。在原来一把三弦伴奏的基础上，增加了四弦、坠琴、二胡等伴奏乐器。演出时，演唱者居中而坐自弹三弦，用腿板击节，其他伴奏人员分坐两边各操乐器，烘托气氛。有时，几把三弦合奏，和谐自如，招来许多听众。

清末民初，京汉、道（道口）清（清化）铁路兴建。清化镇成为水（运河）旱码头。在该镇南后街（今三街）开辟了一处供富贾豪商候车等船时消遗作乐的场所，名为"桌堂"。六间瓦房，内设赌桌和茶水、小吃。堂主为了招揽顾客，常邀说唱艺人到此演唱。洪山调艺人梁绍武（艺名麻梁先儿）、刘朋章、王兆同等，每人十天或半月，轮流献艺，常演《雷公子投亲》、《卖爱姐》（即《红灯记》）、

《昆山传》等传统大书。洪山调演唱活动从此开始由城镇乡村、庙会地摊进入书棚茶社。

民国二十二年（1933）至民国三十年（1941）年间，刘明章、李英基、王兆同、冯秀娥、张清轩（1919—1974）常到焦作一带的李封、王封、李河及三十九号井（焦西矿）等大小煤矿的工人窑洞、窝棚、饭场演唱，常常连演数日不辍。民国三十二年（1943），温县遭受特大蝗虫灾害，艺人赵铁印、范贵书、王盛云、石广庆等联合到开封、洛阳、蚌埠、西安、运城等地卖艺度荒。

1935 年洪山调艺术大师张清轩（1912—1974）创立闪板派唱法，将洪山调分为顶板和闪板两大艺术流派，并创立三弦的"五指轮"奏法，将洪山调艺术达到巅峰，其艺名"三不照"的名字妇孺皆知，名扬数百里方圆。1946 年温县成立曲艺队组织，艺人三五一组，走村串乡，长年累月活跃在广大农村。

中华人民共和国成立后。在县文化馆等部门的组织下，洪山调艺人张清轩、王兆同等编演了一批现代曲目，如《黄河大漫滩》《英雄张焕东》《抗美援朝》《中苏友好》《李扔妞团圆》《石兰英结婚》等。1957 年 12 月，李荣基演唱《到底哪个社会好》与张清轩演唱的传统曲目《五彩云》，代表新乡地区参加了在郑州举办的河南省第一届曲艺、木偶、皮影会演，均获演出奖。

1964 年后，传统曲（书）目遭禁演，提倡学唱新书。因洪山调艺人皆为盲人，学唱新书困难，加之新中国成立后盲人受到政府照顾，生活有了保障，不愿再学此艺，故从艺者渐次减少。至 20 世纪 80 年代，从事此艺者仅有二十余人。

2. 表演形式

洪山调艺人尊奉"三皇"（即天皇、地皇、人皇），行会组织为"三皇会"，内设"五案""三司"，每年定期摆会，进行艺术交流。宣统二年（1910）至民国十八年（1929），沁阳县城关前卫门的李槐连续二十年在县城自治街前卫门摆会。民国二年（1913）农历三月初三，牛万太在温县牛洼村摆会，到会的洪山调艺人近百人。民国二十三年（1934）农历九月初九，王兆同在博爱县清化镇摆会，到会艺人百余人。民国二十四年（1935）农历三月初三，乔德和在孟县（今孟州市）城内小十字街摆会，到会艺人有一百三十七名。

摆皇会和合班演出，使艺人们有了交流切磋技艺的机会，也丰富了洪山调的曲（书）目。艺人们从大鼓书、中原坠子等曲种中移植改编了许多诙谐风趣的短篇曲目，如《观花灯》《大脚婆娘》《高老头赶高跷》《翻和尚》《小背锅展腰》等。增加的长篇大书有《金镯玉环记》《大汗衫》《小汗衫》《苗英传》等五十多部。温县张清轩虽然眼盲，四肢残废，绰号"三不照"，但他勤学苦练，吸收中原梆子、京剧、怀梆和大鼓书的一些腔调、白口融进其唱腔中，并多用闪板唱法。使其唱腔具有风格，一时仿效者甚多。自此。洪山调的唱腔出现了"顶板派"和"闪板派"。顶板唱胶硬朗有力，闪板唱胶则活泼轻快。民国十九年（1930）前后，张清轩与人搭班行艺中，又加入了琵琶、木琴、笙、木鱼、碰铃等伴奏乐器。使其音乐唱腔更加丰富。民国二十年（1931）前后。洪山调出现了女艺人，博爱县的冯秀娥（艺名冯二姐）及沁阳的冯三姐各享名一方。冯秀娥与丈夫王兆同经常在博爱、沁阳一带对口演唱，深受群众欢迎。

在演唱风格上，洪山调有顶板和闪板两种不同风格的艺术流派，顶板派是传统的板上起腔唱法，节奏平稳有力，舒展流畅，荡气回肠；闪板派唱法上闪板夺字用的多，具有风趣幽默、轻快活泼的风格特点。

洪山调所使用的乐器主要是大三弦和节子板。大三弦在伴奏中，除运用按、揉、打、拍、单音、双音等传统技法外，还常有从高音到低音的大滑音演奏，并能模拟说话、鸟叫、锣鼓、枪炮等自然声响，烘托演唱气氛，艺术效果颇佳。洪山调板式齐全多样，曲调高亢，婉转细腻、优美流畅，音乐表现力丰富，艺术感染力较强。

因历史久远及从艺群体的特殊性（均为盲人），清乾隆以前的艺人皆已失考。洪山调的传统曲（书）目约有二百部（篇）。

3. 保护现状

洪山调目前保护堪忧，仅剩马九信一人能表演完整曲目，后继乏人。马九信2006 年被命名为"河南省民间文化杰出传承人"、2007 年命名为"中国民间文化杰出传承人"。是目前唯一的洪山调传承人。进入 21 世纪，洪山调目前保护堪忧，仅剩马九信一人能表演完整曲目，后继乏人。2007 年马九信被命名为"中国民间文化杰出传承人"。是目前唯一的洪山调传承人。这一古老的民间文化遗产陷入濒临失传的境地。

（七）豫东琴书

豫东琴书是流行于河南省永城市、民权县、柘城县的曲种，其发源地就在以商丘为中心的豫东、皖北、鲁东南一带。1988 年，当时的商丘地区文化部门曾对全地区琴书艺人进行普查，得到的数据是：全地区登记艺人 972 人，豫东琴书艺人 233 人，占艺人总数的 24%。就人数而言，在商丘，豫东琴书是仅次于中原坠子的第二大曲种。

1. 发展历史

琴书究竟产生于何时，未发现有文字记述。据宁陵县琴书老艺人张继孔讲：传说，琴书最初发源于周朝。当时伴奏乐器较多，谓之大曲子，仅限于宫廷演唱。

在以后普及流传过程中，伴奏乐器逐渐减少，遂转化为小曲子流传民间。据《商丘地区曲艺志》记载，夏邑县的豫东琴书有六代传人，第一代何新广（1851年生），第二代何振成（1883年生），第三代何思功（1909年生），第四代何福功（1915年生），第五代蔡永连（1933年生），第六代王子亮（1954年生）。从第一代何新广算起，豫东琴书已有100多年的历史。

清朝末年、民国初年这一段时期，中原坠子在豫东民间异军突起，大行其道，很多大鼓、评书艺人开始改唱坠子。到了20世纪20年代，山东南路琴书艺人频繁地到豫东一带演唱，琴书逐渐成为豫东人民喜爱的曲种。1946年，山东琴书艺人聂兆林及其女儿聂大桂、宋广信及其女儿宋明新、司明敬及其女儿司庆华和李若亮及其外甥女张巧云组合的琴书班到商丘定居。由于他们久居商丘，淳朴爽朗的豫东民风、特点鲜明的豫东语音便潜移默化地渗进这些山东琴书艺人的演唱之中；加之他们又吸取了豫东地方戏曲和曲艺的音乐优点，便逐渐形成了具有独特风味的豫东琴书。

1978年，为了适应农村群众文化生活的需求和农村文化宣传工作的需要，柘城县人民政府组建了以著名豫东琴书艺人刘广会、韩巧莲、徐长峰等为骨干的说唱团（又叫曲艺团）。说唱团勤奋敬业、锐意创新，经常在戏台上以中原坠子、豫东琴书等形式进行表演。1980年，刘广会、马忠臣等人大胆创新，将传统曲目《回龙传》、《五侠剑》改编成连台曲艺剧，以中原坠子和豫东琴书的唱腔韵调，以戏剧舞台形式演出，很受群众欢迎。

1998年，河南省著名曲艺作家张久来应邀至柘城采访并编写戏剧《黑老吉》时，受柘城县说唱团连台曲艺剧的启发，将《黑老吉》一剧的唱段全用中原坠子、豫东琴书、河洛大鼓等曲艺唱腔演唱，称为"曲艺剧"。此剧经河南省歌舞剧院排演，在河南省第七届戏剧大赛中一炮打响，荣获一等奖。2002年冬，柘城县说唱团资深演员徐长峰自掏腰包，投资3万多元，购买了服装、道具、音响等舞台设备，组织20多名曲艺人员重新排演连台曲艺剧。

2004年春，柘城县说唱团正式把这种以中原坠子、豫东琴书唱腔为主的连台曲艺剧的表演样式定名为"坠琴剧"。坠琴剧是中原坠子、豫东琴书等曲艺的合成剧，它并不是豫东琴书的演变。在坠琴剧中，只是有豫东琴书的表演形式。随着这种表演形式，豫东琴书也彻彻底底地从庙堂走进民间，成为群众喜闻乐见的民间曲艺品种。

2. 表演形式

豫东琴书演唱时，二至三五人不等，以敲击扬琴者为主，既演唱又指挥伴奏，有演唱兼伴奏的，也有只做伴奏不唱的。伴奏乐器有扬琴、软弓京胡、三弦、二胡、坠胡、檀板等。但并非一成不变，可随时增减。演唱形式原为坐唱，基本无表演动作。据许多老艺人介绍，过去唱琴书要求吐字清楚，举止端庄，正襟端坐，目不斜视。即是富贵人家的"客厅戏"，不得看到三尺以外夫人、小姐们的脸。一般为大户人家的喜庆、祝寿时的助兴演唱。后发展为站唱带表演。新中国成立后，登上大舞台，越来越注重表演。小段以唱为主，带少许对话夹白；大书有说有唱。其音乐结构原为联曲体，逐渐变化为联曲板腔的结合体。原有七十二曲牌之说，后在实际演唱中，因不少曲牌格律严谨，艺人难以填词，演唱不便，遂被弃之不用。

豫东琴书主要的曲牌有"凤阳歌""上河调""下河调""垛子板""打枣杆""银钮丝""叠断桥""汉口垛""梅花落""娃娃腔""哭迷子""满江红""剪花落""太平年""鲜花调""湖光调""仙鹤调""二板"等。主要传统曲（书）目有《韩湘子拜寿》《打蛮船》《孙膑拜寿》《打连科》《王天保下苏州》《梁祝姻缘》《八美图》《薛礼还家》《雷公子投亲》《草船借箭》《回龙传》《白蛇传》等。主要现代曲（书）目有《烈火金刚》《淮海游击队》《上海风云》《南京风暴》《五个鸡蛋》《三难新嫂》《焦裕禄》《王杰探家》《红色交通线》等。

由于所处地域的不同，豫东琴书的唱腔也在不断变化。仅以原商丘县为例，商丘县（今商丘市）东北双八乡等地的琴书，因与山东接壤，山东琴书味浓；县西北李庄乡等地的琴书，却有中原坠子味；县东南宋集乡等地的琴书，颇有豫剧味；县西南毛堌堆乡等地的琴书，又与柘城琴书相似。

3. 保护现状

尽管豫东琴书于2011年被政府公布为第三批河南省省级非物质文化遗产，但受到社会大气候的影响，豫东琴书的传承与发展面临前所未有的困境，甚至已经影响到它的传承是否还能得延续。笔者根据所掌握的资料，对豫东琴书目前所面临的困难进行细致的分析。其中影响豫东琴书传承与发展的问题，主要有三个方面：（一）人才问题；（二）舞台与市场问题；（三）作品与相关机构的问题。如何解决好这些问题是关系到该曲种能够传承和发展的关键。

（八）灶戏

灶戏又称灶书，是河南信阳地区固始县特有的民间曲艺曲种，也是河南省乃至全国的稀有曲种之一。它的代表剧目是《郭丁香》，《郭丁香》是一部非常珍贵的原唱、原生态的民间口头文学，它的唱词长达一万多句，可与藏族英雄史诗《格萨尔王》相媲美。从灶戏的文化模式中，我们可以看到它所具有的民俗性、情感模式及宗教情结。专家学者评论灶书《郭丁香》填补了中原地区没有民间叙事长诗的空白，丰富了民间叙事的宝库，为文化的研究和中国叙事诗的研究提供了宝贵的范本。

1. 发展历史

据调查考证灶戏产生于清代早期，至今已有近 300 年历史，它最早产生流行于固始东乡、北乡一带。至鼎盛时期即清末至民国年间才在固始县毗邻的商城县、潢川县、淮滨县、安徽省霍邱县、阜南县、金寨县等部分区域流传，以后又流传到整个信阳地区和湖北省等地。新中国成立以后，由于农民群众政治生活、经济生活的改变而带来的文化生活的改变，农业合作化前，灶书还在农村时有演出，此后便逐步走向衰亡。如今除八十岁以上的艺人和六十岁以上的听众，对它的声腔音乐表现形式、主要曲目，尚保留记忆外，中、青年一代知情者已寥寥无几。

作为一种民间艺术，关于"灶戏"的来源，说法有二：一说是因为说书的内容多孤孀之怨、弃妇之愤，深闺幽情及村野爱情故事，听众又多属不出门的"锅前锅后人"，即丫鬟、仆女、老妈子，故名曰："唱灶"，唱的内容则是"灶书"。另一说法则因它最早的唱段是《郭丁香》，人称丁香为"灶王奶奶"，称她丈夫张万良为"灶王爷"，所以唱他们的故事，就叫"唱灶"，唱词就叫"灶书"。

在早期，灶戏被称为"灶书"，是单人进行类似鼓书的演唱，到了后来演唱规模变大，具备了一些"戏"的特点才被称作灶戏。早期的灶书演唱通常是在东家的院落或者前厅里，木匠师傅招来东家的一家老小以及亲邻，拿着能敲击的东西，一般是木匠做活所用的工具，一边敲击一边进行类似鼓书一样的演唱，演唱内容是灶王爷和灶王奶奶的故事。演唱灶书，一方面是娱神，在外生活寻求保佑，另一方面也是娱人，既排解了自己的枯燥，愉悦身心，又娱乐了东家亲邻。因为当时木匠做活工期长，有时候唱灶能唱半个多月，在当时娱乐方式有限的社会环境下，就受到很多农村老百姓的喜爱。后来，随着木匠班子规模扩大，进行演唱时，演唱者不再是一个人，而是多个角色分由多人演出，有了一些简单的服饰装扮，曲目也不再是单一的灶王爷和灶王奶奶的故事，还有其他民间故事如《柳逢春》《梁祝》等。将灶书表演角色化成为戏后，自然受到更多民众的欢迎，灶戏流行区域也从固始县发展到固始周边的商城、潢川等县，以及安徽省的金寨、霍邱等县。

2. 表演形式

在以前，灶戏的演出场合是随木匠的工作，去了哪里，就在哪个东家里演出，场所基本是在东家的后院或者灶房前。木匠进行灶书演唱时，所需空间不大，在东家后院，或者做活的地方都能进行演唱，后来随着灶书越来越受欢迎，具备一些简陋的演出服装、道具且人员增加以后，就会在东家选出比较宽敞的地方，进行灶戏演唱。

到了现在，灶戏的演出场合已经比较少了，除了有时候政府或者相关文化局、灶戏研究团体会邀请灶戏传承人来进行舞台演出或者参赛以外，就剩下个别民间艺术演出团在四处演出时，如果有观众提出演唱灶戏，他们才会在搭建的舞台上唱上几段。笔者在进行调查时，是将固始县秀水民间传统艺术团的三位传承人请到一个会馆的大厅里，做的临时演出，没有搭建舞台，直接以大厅为场地，传承人自己带了演出乐器、服装等，稍做装扮，便可以开始演唱。

在最初的灶书演唱里，是没有太多角色的，一般只有一个人进行类似说唱鼓书的演唱。进一步发展之后，演唱者变多，木匠们借鉴融合了多种地方戏曲以及曲艺以后，开始有了多个角色。到了现代，灶戏因为没有了当初演出的那种延续性，演出多是演唱一个选段，在角色上就少了很多。比如在《郭丁香》里，现在经常演出的选段是《比家当》，这里只涉及郭丁香和张万良，因此台上只有一男角和一女角两个人来演唱。

灶戏的服装不因戏剧人物而特制服装，一般只由灶戏班头即木匠师傅来准备老生角、少生角、婆妈角、姐妈角四种服装，如大褂子、帽头子、裙子等，演出时根据戏剧人物的年龄分别着装。这样大大节约了排戏投资，方便携带，且又比较适合戏班的经济状况。在道具上，通常是主角人物一个拿个灶鼓子，一个拿一把折扇或者手绢。到了现代，因为服装道具多样化，且与其他戏曲相融合，演唱灶戏的艺人会准备专门用作唱灶戏的服装、头饰，并且化上妆，进行演出。

由于灶戏剧目生于艺人的口头，传于艺人的口头，创作者本身属于社会底层，听众也都是乡村劳动人民，因此剧目多和劳动人民相关，具有生活气息。很多剧目都是木匠根据自己听闻过的民间故事传说或者趣闻轶事，用简朴的方式进行演唱，其中部分广为流传的故事，比如梁祝、孟姜女等是灶戏与其他剧种相似的剧目，另外的就是灶戏所独有的了。但鉴于灶戏传承者以前都是木匠，大多数人知识水平较低，灶戏的剧目几乎没有现成的剧本，加上新中国成立以前，封建文人认为灶戏是乡野粗俗的人听的，不屑于问津灶戏，更不会加工整理灶戏的唱词剧本，灶戏的剧目只能由木匠艺人口口相传。这就造成了每个不同的人讲唱灶戏虽然大体一致，但都有或多或少的区别，新中国成立以后，政府文化部门也未能重视，社会主义改造后，木匠艺人们也改变了原来的生存经营方式，戏班木匠班子逐渐瓦解，灶戏赖以生存的基础没了，很多剧目因为无人传承或者受欢迎程度不大而逐渐遗失。

灶戏的伴奏音乐是使用打击乐器伴奏的这种传统方式，在开场、人物出场及身段表演中，都会用打击乐作先导，这也是灶戏的特点之一。灶戏的打击乐器是由边鼓、牙子、堂鼓、大锣、小锣、手钹、梆子、吊板等组成。一开场，是各种乐器一起合伴奏，开场表演者独白完，便开始唱，每唱四句一打锣鼓，唱完一节，各种乐器又会齐合奏，如此往复，直到唱完一个选段。

3. 保护现状

灶戏经历了盛极一时的发展盛况以后，随着社会环境的变化——抗日战争爆发、社会动荡不安，开始进入了衰退期，新中国成立后又因破除旧思想旧文化，一度被禁止，灶戏几近消亡，直到 20 世纪 70 年代末被相关研究者发现，灶戏才开始又被人所知。随后，灶戏相关田野调查和研究一直断断续续存在着，灶戏的表演也时有出现，但早已不复当年盛景。进入 21 世纪后，随着国际上申遗热的发展，国家对传统文化的保护上升到了国家战略层面，通过国家和地方的携手推动，我国形成了诸多对传统文化的保护制度和法律，学术界也出现很多对非物质文化遗产的研究，掀起了我国的申遗热潮。固始县当地政府以及研究人员注意到灶戏，并为灶戏进行申遗工作。在他们的努力下，2007 年灶戏被录入河南省省级非物质文化遗产名录。

从目前灶戏的发展情况来看，由于社会环境的变化，相关从业人员的减少，民众对灶戏的认知也逐渐减少，很多珍贵的资料都随着历史的发展而遗失，灶戏百余年的传承在当今濒临消亡。就目前研究来看，关于灶戏的研究多集中于灶戏文本的研究上，对灶戏进行整体上的概述和介绍的少之又少，在灶戏的民俗功能和价值、灶戏的表演和传承、发展前景等方面也少有探索，灶戏研究仍有很多未被挖掘的地方。随着灶戏在人们生活里的淡出，很多人尤其是年轻的一代人，已经不知道灶戏是什么了，作为生活在灶戏传承发展环境里的一分子，更有必要去了解自己家乡的民间文化，并为其传承发展做出自己的贡献。本文便立足于此，探究灶戏的各种民俗价值，以更深入的了解灶戏，并且在当今提倡对文化遗产进行抢救、传承保护的背景下，通过对灶戏进行整体梳理与研究、对其传承发展困境进行分析和思考，去探讨能够实现对灶戏进行更好地传承保护的方法和途径，以期实现对传统文化的传承和保护。

结语

早在 2003 年初，文化部、财政部联合国家民委、中国文联共同实施中国民族民间文化保护工程，对中国民族民间音乐文化进行有效保护。2005 年 3 月，国务院办公厅下发了《关于加强我国民间文化遗产保护工作的意见》，确立了我国民间音乐文化遗产保护工作的方针和目标，对建立协调有效的工作机制，形成有中国特色的民间文化遗产保护制度等做了明确的要求。2017 年 1 月 22 日，中共中央办公厅、国务院办公厅印发了《关于实施中华优秀传统文化传承发展工程的意见》[1]，明确提出把中华优秀传统文化全方位融入思想道德教育、文化知识教育、艺术体育教育、社会实践教育各个环节，贯穿于启蒙教育、基础教育、职业教育、高等教育、继续教育各个领域。以幼儿、小学、中学教材为重点，构建中华文化课程和教材体系。编写中华文化幼儿读物，开展"少年传承中华传统美德"系列教育活动，创作系列绘本、童谣、儿歌、动画等。修订中小学道德与法治、语文、历史等课程教材。推动高校开设中华优秀传统文化必修课，在哲学社会科学及相关学科专业和课程中增加中华优秀传统文化的内容。加强中华优秀传统文化相关学科建设，重视保护和发展具有重要文化价值和传承意义的"绝学"、冷门学科。上述国家政策的提出，为传统曲艺文化的发展提供了强有力的政策保障。中国的传统曲艺，是由民间口头文学和歌唱艺术经过长期发展演变形成的一种独特的艺术形式，至今活跃在中国民间的各族曲艺曲种有 400 个左右。河南作为文化大省，目前能够参加表演的曲种已经不足 20 个。这些传统曲艺是最具民族性、民间性的艺术，是一个民族精神情感的载体，是民族特征的体现，普通老百姓的价值观、伦理观、是非观无不受到曲艺艺术的影响。尽管传统曲艺是中华民族文化的重要组成部分，但随着经济全球化和生活现代化的不断加速，多数曲种后继乏人，受众越来越小众化，曲艺的生存和发展面临着严峻的挑战。在这种背景下，如何保护、传承、弘扬和发展曲艺这一具有中国特色的文化艺术，是摆在我们面前一个亟须解决的现实问题。通过对当前传统曲艺所面临的诸多问题进行分析，我们可以发现其日渐衰落的根本原因在于"人"，即传承人和受众群体的急剧减少。从我们在马街书会等处的调研情况来看，目前传统曲艺的从艺人员普遍年龄偏大，中青年艺人严重不足，而学习传统曲艺的青少年更是凤毛麟角。与此同时，传统曲艺的受众也主要集中在中老年人群，青少年曲艺爱好者寥寥无几。不论何种艺术形式，要想生存和发展都必须有足够的传承人和受众群体。对于传统曲艺来说，艺人和受众群体的减少，必然会造成演出市场的萎缩，而市场占有率的降低，又使得青少年接触传统曲艺的机会大大减少，再加上流行歌曲、网络直播、电子游戏等娱乐手段占据了青少年绝大多数的休闲时间，随之而来的是传统曲艺文化在青少年人群中近乎绝迹。就目前的情况来看，要想保护、传承和发展传统曲艺，重点是培养传承人和受众，而其中的关键因素是对青少年的培养。因为他们是未来演艺市场的主体，青少年传承人和受众队伍决定着传统曲艺的命运。有鉴于此，

[1]　中共中央办公厅、国务院办公厅：《关于实施中华优秀传统文化传承发展工程的意见》，2017年 1 月 25 日，http://www.xinhuanet.com//politics/2017-01/25/c_1120383155.htm。

各级政府和曲艺工作者有责任和义务在青少年中间培养传承人和受众。对于曲艺文化的传承人，限于专业素养和个人天赋等条件的制约，不可能进行大面积、大规模的培养。但对于专业素养和个人天赋都没有很高要求的受众来说，完全可以进行大面积、大规模的培养，这也正是本文写作的意义之所在。

《典籍里的中国》的时空构建分析

An Analysis of the Time and Space Construction of
China in Classics

王　笋[*]

Wang Sun

摘　要： 中央电视台制作的《典籍里的中国》作为一档全新的文化类综艺节目，通过"戏剧＋电视"的制作方式，聚焦中华优秀文化典籍，讲述中华源远流长的文化。在整个节目叙事中，在戏剧与电视两门艺术的指导下，构建了多个时空，并实现了时空间的对话与交错，最终实现了对华夏典籍的解读。其中整档节目的主体部分通过舞台戏剧的方式进行展现，并将"多舞台、多空间、沉浸式戏剧和古今对话"作为节目的艺术标签，但仔细分析，该剧的"离间"效果比其"沉浸"效果更加明显。

Abstract: *China in Classics*, a new cultural variety show produced by CCTV, focuses on the Chinese excellent classics and elaborates the long history of China in the way of "drama + TV". In the whole program narrative, under the guidance of the two arts of drama and television, it constructs dialogue and communication crisscrossed in terms of both time and space, and finally realizes the interpretation of Chinese classics. The main part of the whole program is presented in the form of stage drama, and the concept "multi-stage, multi-space, immersive drama and ancient and modern dialogue" is taken as the artistic label of the program. However, careful analysis shows that the "alienating" effect of the play is more obvious than its "immersion" effect.

关键词： 典籍里的中国；尚书；史记；天工开物；时空；综艺节目

＊ 作者简介：王笋（1986—），男，淄博职业学院讲师，主要研究方向：华夏传播，戏剧影视传播。

Keywords: *China in classics*; *Shangshu*; Historical records; Heavenly Creations; Time and space; Variety Show

　　《典籍里的中国》于 2021 年 2 月 12 日在中央电视台首播,并迅速在受众中引发好评,"《典籍里的中国》甫一开播,就创下同类题材的收视新高。新媒体传播后,节目还变身'网红',带旺一波'典籍热'"①。该档节目主持由王嘉宁担任(其中第三期并未出现),并创新性地加入由撒贝宁担当的"读书人"这个固定角色。从豆瓣评分看,该档节目总体评价高达 8.8 分,在一定意义上表明受众对该节目的认可。从节目组织方式看,本档综艺节目采用"戏剧 + 电视"的方式构建不同时空,通过时空对话的形式聚焦中华优秀文化典籍,讲述中华源远流长的文化。本文将从前三期节目(《尚书》《天工开物》《史记》)展开对《典籍里的中国》所构建的时空进行分析。

　　从节目的整体构架来看,《典籍里的中国》采用了"话剧表演 + 百家讲坛"的方式"打开典籍,对话先贤",向广大受众普及中华优秀传统文化,这种"戏剧 + 电视"的组织方式是对《百家讲坛》《中国诗词大会》《国家宝藏》等央视经典传统文化类综艺节目创作模式的有机融合,并最终创新性实现了一种新型综艺节目的组织形式。专家点评,是很多文化类节目常用的节目组织形式,《典籍里的中国》亦专门设置了访谈间,每期邀请 3—4 名学者对本期所选典籍及其编排戏剧等进行评述。在前 3 期节目中,中央民族大学教授蒙曼以固定嘉宾的身份参加了访谈。《典籍里的中国》里的戏剧故事部分作为该档节目的主体部分,每期的戏剧故事都由读书人撒贝宁与当红明星在舞台上共同演绎,这也是该节目有效吸引受众的一个地方。明星演绎故事的传播效果已在《国家宝藏》中得到验证,并为本节目的剧本编排积累了宝贵的传播经验。《典籍里的中国》则将读书人的"穿越"作为主线,通过他与先贤在不同时空中展开古今对话这种"有事"的方式,将典籍打开,让书写在典籍里的文字活了起来。

　　该节目"戏剧 + 电视"的制作形式,构成了整档节目的组织框架,形成模块化,每个模块又各自构建了多个时空,这些不同时空最终在整个节目中进行融合,共同构成一个完整的节目。综合来看,要想分析《典籍里的中国》的空间构建,首先要在两个方面达成协调:一个是,这是一档"戏剧 + 电视"模式下的电视综艺节目。前面对《典籍里的中国》这一新型组织模式进行了简单介绍,但这种模

---

① 慎海雄:《我们为什么要策划〈典籍里的中国〉》,《世界电影》,2021 年第 5 期,第 63—65 页。

式无法改变该档节目是一电视综艺节目的性质，同时这种模式又构建了该节目"戏剧＋电视"的时空。这句话看似有些许矛盾，需要再次展开讨论确定。这种"戏剧＋电视"的模式让整档节目具有了电视艺术与戏剧艺术的特点的同时，也构建了不同的时空，从戏剧性与电视性两个方面进行分析，可以更好地将两种杂糅的时空进行厘定，分析镜头时空转换时的内在关系及整个节目是如何在这些时空转换中完成了最终构建，并以电视综艺节目的形式向受众进行传播。第二个是，这是一档面向受众的节目。要想分析该节目的时空构建，必需持有一个受众观。影视的艺术就是创作者将镜头符号化，将各种象征意义融入镜头组接中，形成镜头文本，向受众传输，至于这些文本是否产生意义，则需要受众进行具体解释。要分析本节目的时空构建关系，需站在受众的角度，对这些镜头语言进行解释，将节目创作者主观化的镜头进行客观化的分析。另外"沉浸式"戏剧只有从观众方面进行分析，才能理解其沉浸式特点。因此只有在这两个方面达成协调，站在受众的角度，从戏剧艺术与电视艺术两个方面切入，才能更好地对《典籍里的中国》的时空构建进行分析。

一、"时空"的释义与电视时空意涵

时空，现代作"时间和空间"[1]意，《辞海》则将时空观解释为"（人）对于时间和空间的根本观点"[2]。与时空相关的词语，在中国古典文献里多有出现。例如：《庄子·齐物论》："奚旁日月，挟宇宙，为其吻合。"[3]这里的"宇"代指一切空间，"宙"代指一切时间。此时宇宙已是标准的时空之意了。《尸子·卷下》中也提出"天地四方曰宇，往古来今曰宙"[4]。谢世俊认为"这（宇宙）是迄今在中国典籍中找到的与现代'时空'概念最好的对应"[5]。另外"乾坤""久宇""寰宇"等词语也都含有时空的意思。西方亦有多位哲学家对时空进行了阐述，例如，康德认为，时间和空间是人的先天的直观形式，并认为在时间跟空间的构建上存在冲突性，"空间和时间以及它们所包含的现象绝不是在我的表象之外自在地存在着的东西，而仅仅是表象的样式"，"感官的对象只能存在于经验之中"[6]；马赫则把时间与空间

① 中国社会科学院语言研究所词典编辑室：《现代汉语词典（第6版）》，北京：商务印书馆，2012年，第1177页。
② 辞海编辑委员会：《辞海》，上海：上海辞书出版社，1990年，第1558页。
③ 庄子：《重订庄子集注》，阮毓崧撰，上海：上海古籍出版社，2018年，第73页。
④ 尸佼：《尸子疏证》，汪继培辑，魏代富疏证，南京：凤凰出版社，2018年，第78页。
⑤ 谢世俊：《中国古代气象史稿》，武汉：武汉大学出版社，2016年，第443—444页。
⑥ ［德］康德：《任何一种能够作为科学出现的未来形而上学导论》，庞景仁译，北京：商务印书馆，2009年，第149页。

看作是"感觉系列调整了的体系",是用来整理认识材料的工具。总的来看,形而上学唯物主义针对"时空",承认其客观实在性,但关于时间、空间对物质运动的不可分割持有不理解性。辩证唯物主义则认为,时间和空间是运动着的物质的存在形式,是客观的;人们关于时间、空间的概念则是客观时间、空间的反映,同时也是相对的、可变的。

对《典籍里的中国》里的时空构建的分析,应更多地将其放在戏剧影视的时空观里进行分析。戏剧影视艺术本身就是关乎时空关系的综合艺术,都是将欲展现的内容通过舞台或者镜头进行直观呈现,通过模仿的方式向受众构建带有创作者审美倾向的艺术化的世界,受众以自己的经验对这个世界进行重新解释,对这个异时空进行感知。戏剧与影视虽然是 2 门不同的艺术门类,但在表现形式、角色构建等方面有着很高的相似性,二者的时空构建上在"假定性"上集中呈现出相一致的关系。"深受启发的话剧导演们热衷于'假定性'手段对演出中的时间与空间进行灵活处理,切割取舍、跳跃交错、进入梦境、外化幻想"①,假定性作为一个美学和艺术理论术语,它可以对戏剧影视作品的时间、地点、人物等各个元素进行设定,最终让受众在自己的认知范围内接受这种假定性的世界。关于艺术作品的时空观,王国维在分析中国戏曲的时候,认为"至宋、金二代而始有纯粹演故事之剧"②,他提出"以歌舞演故事"的理论其实就是探索戏曲的时空性。许强在分析中西方戏剧时空观时,认为"戏内呈现剧情的无限时间、空间与戏外有限的舞台空间、空间存在着矛盾"③。马也直接提出了"戏剧艺术的基本矛盾——剧本情节的时空的无限性与客观的舞台时空的有限性的矛盾"④。针对艺术作品时空中的人物角色,"角色是运动着'雕像',因而这个空间是动态空间。运动需在时间维度中才能展开。这具体表现为角色不断地参与着戏剧里连续地发生、变化、发展、完成,再发生、再变化、再发展、再完成……的各类人生与世界的运动形式与运动过程。这一切在时间维度中绵延。戏剧既存在于空间又存在于时间中,因而是典型的四维时—空艺术"⑤。在戏剧创作理论中,"三一律"就是针对戏剧时空的具体限定,它要求戏剧创作在时间、地点和情节三者之间保持一致性,并对整个戏剧创作产生了巨大影响,后布莱希特的"叙事剧理论"等已彻底挣脱了"三

① 王晓鹰:《从"假定性"到"诗化意向"》,北京:中国戏剧出版社,2020 年,第 5 页。
② 王国维:《宋元戏曲史·人间词话》,沈阳:北方联合出版传媒(集团)股份有限公司,2015年,第 72 页。
③ 许强:《中西戏剧时空观比较研究》,《戏剧文学》,2014 年第 10 期,第 110—114 页。
④ 马也:《中国戏曲舞台时空的运动特性——兼论话剧舞台时空观念》,《戏剧艺术》,1982 年第 2 期,第 69—78、90 页。
⑤ 胡润森:《戏剧时空论》,《戏剧》,1999 年第 4 期,第 4—13 页。

一律"的束缚。刘晓希在分析电影创作的空间维度时，"将电影中的空间生产借鉴空间三元辩证法，将其划为'空间的实践'（Spatial Practice）、'空间的表征'（Representation of Space）和'表达的空间'（Representational Space）三个不同的维度"①。此时他虽然是对电影空间的划分，但从划分来看，他已经将电影的叙事的"时间"性放到了电影的空间里。吴昊则从媒介入手，分析了电影的时空属性，认为："电影天生拥有一种以机械复制的方式来重塑时空关系的能力，再加上对其他感官的刺激，它能够创造出一种替代现实的独特的媒介时空。这种媒介时空可以促成自我意识的消解和认同感的诞生，以此增强观众的沉浸体验。"②故在一定意义上，戏剧与影视的空间理论存在相通性，不必刻意区分。

戏剧影视作为时空艺术，可以说每一部戏剧影视作品都试图构建一个独特的艺术时空，而且很多经典作品对特殊的时空构建进行了尝试，话剧方面如：让·科克托的《奥尔菲》、尤金·尤涅斯库的《犀牛》、赖声川的《暗恋桃花源》等；电影方面如：黑泽明的电影《罗生门》、卡洛尔·赖兹《法国中尉的女人》、汤姆·提克威《罗拉快跑》、陈可辛的《如果·爱》等。《典籍里的中国》就是在戏剧影视时空审美下进行节目制作，以"多舞台、多空间、沉浸式戏剧和古今对话"的方式，将中国古典文献以"综艺节目"的形式活了起来。

二、《典籍里的中国》时空构建分析

彼得·布鲁克在《空的空间》的开篇，就说："我可以把任何一个空的空间，当作空的舞台。一个人走过空的空间，另一个人看着，这就已经是戏了。"③从这点看，《典籍里的中国》整档节目就是一场剧，无论撒贝宁的读书与对话，还是主持人的串场等，都是在中央电视台演播厅内产生的动作，且都有现场观众的观看。此时这个定义就难免显得过于宽泛，在分析该档节目的时候还是要对每一部分是偏向戏剧还是电视的属性进行界定。分析《典籍里的中国》前3期节目所构建的时空时，会发现，整档节目的时空塑造实现了多维的交叉，节目中出现的人物角色能在不同时空中进行穿梭对话，要想厘清不同的时空看似有些难度；其实不然，整档节目还是有一个清晰的叙事顺序的，这种叙事顺序也将戏剧与电视这两种不同艺术进行了模块化分割与融合。具体来说，整个节目的叙事分为四个模块：开场戏剧、访谈嘉宾、典读会（穿插彩排镜头）、戏剧上演（含穿插的嘉宾访谈以及

---

① 刘晓希：《电影创作的空间维度——电影传播媒介和制作技术对空间生产的影响》，《当代电影》，2020年第12期，第72—76页。

② 吴昊：《电影的时空属性与互动影视的未来》，《世界电影》，2020年第5期，第129—141页。

③ 彼得·布鲁克：《空的空间》，王翀译，北京：中国友谊出版公司，2019年，第3页。

最后嘉宾结题)。在这个大的叙事框架下不难发现,该期节目正是采用了戏剧+电视的叙事结构,给各个模块赋予了不同的艺术风格,构建了不同的艺术时空。

（一）开场戏剧的时空叙事

《典籍里的中国》每期节目都以开场短剧拉开帷幕,撒贝宁点亮台灯进行典籍阅读,然后在个人论述中配合以演员上演相关历史事件,最终完成了该短剧的舞台呈现。每期开场戏剧虽短,但很好地完成了多个时空的同台对话。在《尚书》中,配合读书人解说共讲述了1900年王道长发现敦煌莫高窟藏经洞、1910年京师清朝学者阐述《尚书》意义及孔子白头整理编选《尚书》3个故事,故事演绎通过人物上下场的方式实现;《天工开物》则分别演绎1961、1962年袁隆平的事迹及明宋应星在稻田间的3个小事,2人的故事发生地各占舞台一半,通过灯光的明灭、镜头移动等实现了观众视线的移动;《史记》的开场短剧则跟随读书人讲述,依次上演了《史记》所载的五帝本纪(黄帝)、秦始皇本纪、陈涉世家、廉颇蔺相如列传、大宛列传里的部分史实,最后以"群像展览"的方式,将5个故事定格在舞台上,完成了戏剧的叙事。从舞台时空表现看,通过读书人撒贝宁所处的时空与每场短剧中的故事时空的两两交叉,不同故事在舞台上同场演绎,实现了古今对话;从叙述顺序上看,故事的叙述并非按照固定的顺叙与倒叙式,存在随意性;从艺术表达上看,每场短剧将旁白的叙事功能增强,成为开场戏剧的主线,每个小故事将具体历史故事可视化,承担着补充旁白的辅助作用。开场短剧所实现的多时空的对话,不是通过直接对话的方式实现的,而是通过在同一个戏剧舞台上,角色在演出中将时间跟空间进行切割,让现代的读书房间与不同时代的故事发生地进行同舞台呈现,产生时空碰撞实现的。

（二）访谈间的时空叙事

访谈间主要为主持人对相关嘉宾进行的访谈提供了空间场所(主持人在该档节目中的作用较小,其中第3期《史记》无主持人角色),该访谈主要承担了科普典籍的相关知识、解读典籍的时代意义等文化宣教作用,并最终对整期节目的价值进行升华。例如在《尚书》中,通过专家之口,向受众介绍了"五子之歌""'典'的演变""伏生授经"等传统文化知识,并将本期节目重点强调的语出《尚书》的"民惟邦本,本固邦宁"所体现的"民本"思想进行解读。在该部分,电视观众的视觉变化主要体现在物理空间中的移动,大家视线跟随主持人从演播厅进入访谈间、跟随镜头在访谈间人物身上来回移动等;在戏剧上演中,受众视线实现了在剧场与访谈间的移动。"形式语言的叙事性表现,是把基于时间条件下的文字叙事,转换成空间条件下形式语言叙事,本质上是一种空间关系的时间化过程"①。在访谈间，嘉宾们将那些不在场的故事，通过对言语文本进行编码叙述，塑造了不同故事的时空，展现了这些历史故事，受众也很容易对这个样本进行解释，在嘉宾的叙事过程中体验了时空的交错。值得一提的是，不同于其他综艺节目的"百家讲坛"式的访谈，《典籍里的中国》的嘉宾访谈实现了推动整档节目叙事的功能，促成了节目所上演的戏剧故事的完整性。例如：在《天工开物》中，专家在访谈间对宋应星、宋应升、涂绍煃三人的人物关系进行了简单介绍，有助于受众更好地理解后面剧作的上演；在《史记》戏剧的演出进程中，将司马迁因李陵之祸受腐刑的始末通过访谈间嘉宾之口进行叙述，实现了此部分内容在剧场上演中虽一笔带过却未破坏叙事完整的功能。因此嘉宾访谈对整个戏剧的叙事起到不可去除的作用，这点与《中国诗词大会》等节目中嘉宾点评有着本质区别。另外，从受众观进行分析，将访谈嘉宾作为受众，以他们的视角对该档节目分析，可以将整档节目看成嘉宾对本场话剧的讲评，尤其在整期节目的最后部分，镜头重新回到了访谈间，由访谈嘉宾对整期节目进行了点睛，完成了对该期节目的总结与意义升华，整个节目所塑造的时空至此完成了完全统一，构成了整期节目的时空叙事。

（三）典读会的时空构成

本档节目的艺术总监由中国国家话剧院院长田沁鑫担任，她在每期节目的典读会中，都会对这个原创演出舞台的具体物理空间进行简单介绍：该舞台共分为 4 个演出区域，1 号台是主舞台，主要展现"大禹定九州"、"牧野宣誓"、稻田及明街坊、司马迁青年游历地点等大场面；2 号舞台是伏生、宋应星、司马迁的书房；3 号台分为两层，上层是"大禹治水"的空间、明码头、汉武帝空间等，下层是伏生幼年读书的地方、年轻宋应星的家、驿站和书房等；三个舞台中间有甬道连通，同样作为演出区域，是第 4 个演出区域。在 4 个舞台中，2 号台书房是读书人与先贤对话主要发生地，4 号台是实现时空穿越重要区域。整个舞台被设置成多舞台，通过这样的设置，就可实现时空对话的全新创作理念。而且在演出中，戏剧通过这种多舞台设计实现了不同舞台上的角色同时发生动作，这就丰富了舞台的变化，改变了剧作的线性的叙事顺序，构建了不同时空的交流与对话，让整场话剧在共时／历时上进行展现。

需一提的是，典读会穿插的演员与镜子中的演员所饰演角色在试衣间的自我

---

① 周庆：《叙事性设计的符号学解读》，《南京艺术学院学报》（美术与设计），2020 年第 4 期，第 127—131 页。

对话，也是古今时空对话的有效镜头展示；另外，典读会中，明星领读，例如倪大红领读"禹敷土，随山刊木，奠高山大川"、李光洁领读"此书与功名进取毫不相关也"、王学圻领读"究天人之际，通古今之变，成一家之言"也是一种古今对话的体现方式，这些领读还可与后面舞台演出中出现的集体诵读进行跨时空的交汇对话。这些齐诵最终实现了节目参与人员、节目中的现场观众与此刻电视受众的共鸣——穿越时空的和解与对话。

（四）戏剧的多时空构建

节目第 4 部分的戏剧演出是整期节目的主体，也是最为精华的部分，该部分以一个完整的戏剧演出形式向受众们演绎了读书人与老年的伏生（倪大红饰）、宋应星（李光洁饰）、司马迁（王学圻饰）穿越时空的对话。节目《典籍里的中国》在形式上的标签为：多舞台、多空间、沉浸式戏剧和古今对话，这些特点在此戏剧演出中具体展现。

此部分所叙述的戏剧故事内容并不复杂，《尚书》讲述了伏生护书的往事，《天工开物》讲述了宋应星"此书与功名进取毫不相关也"成书历程，《史记》则讲述了司马迁不辱家族使命的艰难成书过程。但在故事的舞台呈现中，又分别将大禹治水、本人往事、炎黄二帝事迹等过去的时空融入舞台演出中，以体现各期民为邦本、科学追求、家国思想等主题。因此从剧作编排看，多时空构建成为该剧成型的基础。

1. 演出中的沉浸式分析

田沁鑫在介绍本节目的艺术特点时候指出："（该剧）将带给观众沉浸式的观看体验。"沉浸式戏剧（Immersive Theatre）最早源于英国，现已成长为在国内外都较为流行的一种戏剧形式。在戏剧演出中，该类型剧作打破了传统戏剧在固定的舞台上演出的形式，使得受众不再局限于在剧场内的固定观众席上观看演出，而是能主动在整个流动的表演空间内探索剧情，而剧情也会随着观看视角的变化而发生变化，从而实现一种沉浸式的体验。"不设固定舞台、无语言的表演、观众的参与性以及多线索叙事是沉浸式戏剧最为突出的几大特点"[1]。综合来看，沉浸式戏剧实现了受众在空间内自由行动，打破了戏剧演出中一直存在的"第四面墙"。该档节目虽然将"沉浸式戏剧"作为该节目的一个标签，但细看下来，其沉浸式特点并不明显。具体来说：

---

[1] 谢佳珂：《交错与变幻：沉浸式戏剧的特征分析——以〈不眠之夜〉为例》，《当代戏剧》，2020 年第 5 期，第 18—21 页。

沉浸式最大特点是实现了观众与剧作的互动，并成为整个剧作的一部分。菲利克斯·巴雷特甚至说："我们希望观众成为戏剧的核心，而不是表演。"① 从剧场设计来看，主体创作人员注意到了观众，实现了观众的空间位置的移动变化。这主要体现在将观众席位划定区域，通过装置实现对各区域观众席的整体水平旋转。这样在剧作上演的时候，可以根据剧作需要，通过对各区域的观众席进行水平方向调动，实现受众视线的移动，以增强观剧效果。但这样的观众席设置，并没有满足观众观剧时的完全自主性，大家的视线在空间内的移动是被动通过装置设置实现的。从这点看，这种观众席的设置只是对传统观众席的改良，观众并没有真正实现在空间内的自主移动。要说该剧实现了受众沉浸式体验，那就需要将剧作角色中的"读书人"向"受众"进行转换，将其作为受众对该剧的沉浸式特点进行分析，那该档节目则能具有沉浸式戏剧特点。在戏剧故事中，将读书人撒贝宁的身份变成一名随机的普通的观众，此时在剧场内，他是可以实现在空间内的自由移动，同时他也可以与伏生等剧中角色发生动作，进行交流，推动情节的发展，最终完成话剧的完整叙事。这样看来，该剧呈现了沉浸式戏剧特点。但是如果"读书人"向"观众"转换的论断成立，该种剧似乎又陷入了一个悖论，不承认"读书人"在剧中的角色性，这马上又将陷入了另一个争论：毕竟在整场剧中，撒贝宁所承担的读书人与剧中先贤伏生、宋应星、司马迁组成每期剧作的双男主，这个读书人的戏剧动作不具有随意性，而是经过了大量彩排，进行了舞台调度、演员间多次配合等戏剧化的艺术加工后的动作，这些戏剧动作都不是偶然性自发动作。因此，该种剧创模式的"沉浸式"特点并不明显，只能是试图将"沉浸式"的理念融入传统戏剧的创作模式。另外对此时具有争议性的"读书人"进行分析会发现，他的出现反而使整个剧作产生了离间效果。离间效果是由 20 世纪最伟大的剧作家之一的贝托特·布莱希特提出，他从中国戏曲表演中得到启发，提出了该理论。布莱希特认为，演员与观众间的相互沟通，造成了一种群体参加戏剧演出的氛围。这种"离间效果"使观众与剧中人物故事拉开了一定距离的同时，又使观众与演员本身缩短了距离，他们在演出中常常相互交流。"观众可以通过喝彩或倒彩的方式表达自己对演出、对演员的意见，对布莱希特特别有吸引力；因为这在西方现实主义戏剧的演出中是不能想象的，布莱希特认为"②。在每期戏剧的故事演出中，读书人除了与其他演员发生舞台动作外，也经常跳出剧场，以局外人的

---

① 浅草：《今夜，因戏无法入眠 访 Punchdrunk 艺术总监菲利克斯·巴雷特》，《上海戏剧》，2016 年第 8 期，第 18—19 页。

② 颜海平：《"他山之石，可以攻玉"的思维过程——简析布莱希特的"离间理论"和中国京剧》，《戏剧艺术》，1987 年第 4 期，第 11—15 页。

身份向观众介绍故事背景等，营造了与观众直接对话的效果。这种艺术表达形式其实已经产生了"离间效果"。因此本文认为，该节目的舞台演出呈现的"离间效果"强于"沉浸效果"。

2. 舞台上多时空呈现

从视觉感受来看，《典籍里的中国》的主体剧通过穿越的形式展现了古今多个时空的交错，并实在了不同时空在同一个舞台上的同时进行。央视对于这种穿越剧已有相关实践，在其他综艺节目中已将其很好地运用，例如在《国家宝藏》第2季中，国宝"样式雷建筑烫样"的守护人王菲穿越百年偶遇"林徽因"，以《大公报》记者的视角解读样式雷建筑烫样的前世传奇。从时空角度分析，该前世传奇的时空塑造比《典籍里的中国》里的戏剧故事的时空构建弱了很多，王菲只是以说书人的身份将不同时空串联起来，未与其他人产生动作的交流，因此时空也未发生实质性的交错。《典籍里的中国》里的戏剧却实现了多时空的交错对话。

首先，多时空实现了同场展现。该艺术效果的实现主要依托于4个剧场的设计，因此读书人在与伏生等在其书房展开对话的时候，其他时空也可以在另外3个台进行同步展现。《典籍里的中国》主体戏剧的多时空同台展现主要依托4种实现形式。一个是，主角对话与其他时空的独立呈现。例如伏生在对读书人讲述他在童年时期与《尚书》间的故事时，通过对舞台灯光的控制，实现了书房与童年学堂两个时空的按序登台，观众的视线随着灯光的明暗实现了在不同舞台空间的移动。再一个是，多个时空的同时呈现。例如在《尚书》的"大禹分九州"中，伏生在讲述九州故事的同时，其他号台也在上演大禹正在分九州的故事。第三个是，多个时空的交错呈现。例如在《史记》中，司马迁在讲述年轻游历时，2个不同年龄段的司马迁在两个不同号台同步演出，其中1号台年轻的司马迁在经历着大禹事迹，在大禹故事结束的时候将大禹的形象定格，紧接着又将勾践祭祖的故事推上1号台上演，此时1号台就同时实现了司马迁、大禹、勾践所处的时空交错融合，并在一个舞台上同时展现。最后一个是，从一时空到另一时空的穿越。这在4号台甬道上集中实现，例如：读书人带着伏生从汉代时的书房穿越到当代图书馆、引领宋应星实现他与袁隆平的对话，在舞台上的这个穿越过程是一个观众能视觉感知的过程：2人是从2号台走出，经过4号台，然后到达1号台；这种穿越过程《史记》中体现得更为明显，撒贝宁与司马迁在4号台共同经历了自司马迁以后的国家对待正史态度的标志性事件。

其次，多时空实现了同台对话。这种超越时空的对话首先体现在不同时空的人物角色在舞台上的对话动作，集中表现为当代读书人与三位先贤之间的对话，让不同时代的人集中在同一个时空内进行直接语言交流。其次，这种时空对话以故事的形式在同一舞台上进行陈列式的展现，例如伏生叙事与大禹治水、负荆请罪等在舞台上同时陈列，让受众能够直观感受不同时空的叙事在此刻的同步进行，并用本期所选典籍及其体现的精神将这些故事进行了勾连。最后，多个时空发生了交错，形成了一个共同的时空。4 号台甬道所承载的时空就很好地展现了这种时空融合：步入这个甬道的人物在这个时空内展开的对话已分不出是在具体哪个时代的哪个空间位置进行的了。此刻需要对第四舞台"甬道"所承担的时空意义进行进一步分析。该空间所承担的人物动作、故事叙述等功能虽然不多，但却是关键性的，它俨然成为整台戏剧里的人物穿越时空的"时光隧道"，所有塑造的时空都在此进行交错融汇，产生时空对话，因此它所代表的时空已经不再属于古代或者当代，而是一个不关乎时间与空间的交错的艺术时空。具体展现就是，读书人通过甬道进入了伏生、宋应星、司马迁的生活空间，三位先贤在此甬道上实现了与先人对话、三人又通过甬道完成了自己所处时代与当代的来回穿越。因此，甬道已成为时空交错的符号象征。

三、节目电视性解读

《典籍里的中国》这档节目创作虽然采用的是"戏剧＋电视"模式，并以"伏生授经"等故事作为主体内容，实现了节目对两种不同艺术的有机融合。本文开始已经点明该节目的本质属性仍为"电视综艺节目"，本节目最终营造的是一电视时空，现就对此具体展开几点论述：

首先，综艺感强的名人增强了节目的综艺效果。该点在撒贝宁、倪大红等影视明星及蒙曼这些人身上具体体现。撒贝宁因主持央视法制节目《今日说法》让受众熟悉，后又担任了《经典咏流传》《出彩中国人》等央视文化综艺类节目的主持人，也以固定嘉宾的身份参与芒果 TV 真人秀节目《明星大侦探》等地方综艺节目，网络自制节目亦可看见他的身影，积极参与了《饭局的诱惑》等此类网络自制节目，"小撒"已成为电视综艺节目的标志性人物。倪大红、李光洁、王学圻等明星，也是当红影视明星，他们能在节目的播出中吸引粉丝流量。前面对该档节目固定嘉宾、学者蒙曼的电视人身份也进行了简单介绍，蒙曼以《百家讲坛》主讲人、《中国诗词大会》文化嘉宾等身份走入广大受众的视线并成为电视公众人物，并受到大家的喜爱。综合看来，三人的搭档就让整个节目充满了电视综艺的意味。

其次，节目的制作过程呈现电视性。从表演方式看，演出风格偏向电视性。嘉宾采访等本就是本色出镜，"演"的成分可忽略，现就舞台演出的风格特点进行分析，会发现本节目中演员在舞台上的演出呈现较明显的电视性。在传统戏剧的现场演出中，角色为保证舞台效果会对声音、肢体动作等进行合理夸张，但在本节目的每期戏剧的舞台表演中，角色们仍采用偏电视化的表演方式，并没有对戏剧动作进行刻意夸张，因此人物形象在近景、特写镜头中的呈现没有出现夸张与变形。从拍摄手法上看，该节目注重了镜头的组接与剪辑。众所周知，话剧艺术是一门现场演出的艺术，演员需要在舞台上进行从头到尾的不间断演出，但该节目的戏剧演出却用多机位、多角度、多镜头的拍摄方式进行录制，在后期剪辑中，又将访谈、彩排花絮等置于时间线上进行合理剪辑组接，完成视频的合成，最后呈现的是剪辑后的视频；尤其在《天工开物》中，李光洁饰演了不同时期的宋应星，从最后镜头呈现看，不同时期的宋应星实现了同舞台演出，要实现这种同台就只能依托后期剪辑，营造蒙太奇的镜头现实。从目标受众看，该节目的受众为电视受众。大家在节目观看中不难发现，在访谈间与剧场中都有现场观众，且不是同批观众，这些观众的出现其实对节目的叙事并不起实质推动作用，但将这些现场观众镜头剪辑到最终的视频中，可以起到使该节目在播出过程中显得更具"现场"性。从播出方式看，该节目最终首播主要是通过电视媒体进行节目的整体推送。

结语

中华在连绵不断的历史长河中留下了浩如烟海的典籍，"观成败、鉴得失、明是非、知兴替。优秀典籍，既是中华民族的共享记忆，也是我们与历史的精神接续"①。《典籍里的中国》正是以这些华夏典籍作为对象，以一种新型的电视综艺节目组织方式对不同典籍进行了解读，将晦涩难懂的古籍通过受众易于接受的形式向当代人宣介，让文字活了起来，使受众通过远程参与的方式参与这场解读盛会，最终实现节目试图培育当代国人的民族精神和文化精神的目的。可以说，《典籍里的中国》为华夏文明的传播方式提供了一个探索方向与样板。

---

① 慎海雄：《我们为什么要策划〈典籍里的中国〉》，《世界电影》，2021 年第 5 期，第 63—65 页。

华夏传播学人志

情之所系　力之所往　功之所成

——跨界学人黄鸣奋教授访谈

陈　瑞 *

Chen Rui

一、黄鸣奋学术研究简介

厦门大学电影学院黄鸣奋教授于 1984 年毕业于本校中文系，获文学硕士学位，之后留校任教，从事学术研究。历任厦门大学中国语言文学研究所所长、中文系主任、戏剧影视和艺术学研究中心主任、人文学院副院长、厦门大学海外教育学院院长等职务，曾在荷兰阿姆斯特丹大学、莱顿大学访学。目前已退休，兼任北京电影学院未来影像高精尖创新中心特聘研究员、中国作家协会网络文学研究院（杭州）特聘研究员。先后主持国家社会科学基金课题、国家艺术科学规划课题 8 项（含重点 2 项，重大 1 项），教育部、汉办、福建省、厦门市等课题多项。独立获得全国高校人文社科优秀成果奖 3 项、福建省社科优秀成果奖 12 项、厦门市社科优秀成果奖 14 项，2021 年获国家社科基金艺术学重大项目立项。黄鸣奋教授在其论文集《华夏之光：跨文化、跨时代与跨学科探索》自序中认为其"真正的科研活动是从研究生阶段开始的"。在研究生阶段之后的学术研究实践中，黄教授不断地打破学科、专业、领域的界限，不断地融合不同学科，开展跨界学术研究，成果丰硕。根据上述自序所言，他因为家庭缘故，自幼被寄予行医的期望，具有从医的情结；因为个人经历，热爱科技，具有理工的情结；同时始终热爱中华文化，从小在父亲的影响下接受古典文学的熏陶。黄教授学术成果多是立足在中华文化的沃土之上，不断的跨界研究始终围绕着中华文化的核心理念，持续地耕耘出

---

　* 作者简介：陈瑞（1985—），女，山东菏泽人，贵州师范大学讲师，厦门大学新闻传播学院 2019 级博士研究生，研究方向：华夏传播，地域文化传播。

文艺学、心理学（他认为心理学和医学比较接近）、传播学等不同学科的累累硕果。

二、黄鸣奋学术研究脉络梳理

黄鸣奋教授围绕中国传统文化开展学术研究，融汇相关学科知识，涉猎文艺理论、传播心理学、跨文化传播、华夏传播、网络与技术应用研究等领域。根据知网提供的参考，黄教授近年研究重点集中在电影方面。以下结合黄教授的代表作，对其研究成果进行简要梳理。

（一）文艺理论领域的研究

黄鸣奋教授毕业于厦门大学人文学院中国文学批评史专业，早年致力于文学批评、文学理论的研究，代表作有《论苏轼的文艺心理观》《需要理论与文艺创作》《需要理论与艺术批评》《艺术交往论》《超文本诗学》等。

黄教授《论苏轼的文艺心理观》出版于1987年，是在其硕士学位论文的基础上经过进一步修改、整理而付梓的。本书比较全面地考察了苏轼的文艺理论见解，旨在发掘我国古典文艺心理思想宝藏。他把苏轼有关论述概括为："观察论""构思论""传达论""鉴赏论""批评论""诗画论"六大板块，以"心""情""气""意""理"五个范畴为内在线索，分为30个命题，加以深刻剖析。《需要理论与文艺创作》出版于1995年，从需要的角度解读文艺创作。他认为："对人的需要的理解显然有助于对艺术规律的认识，艺术作品以其丰富的内容给需要理论以佐证。"该书从需要理论出发，对"需要主体与需要对象的关系""需要层次与人格特质""需要方向与人际关系""需要本位与人格倾向""需要模式与社会角色"等方面进行分章论述。初版于1993年的《艺术交往论》考察艺术交往的发生，阐述狭义艺术交往的特征、动机、过程与功能，最后纵论广义艺术交往的要素及其历史发展。

（二）传播学研究

在立足自身专业背景开展文学理论研究的同时，黄鸣奋教授投身于传播学领域的学术探索，取得了丰硕的成果。相关著作有《传播心理学》《需要理论及其应用》《英语世界中古典文学之传播》《说服君王——中国古代的讽谏传播》等，相关论文有《我国古代军事传播刍论》《媒体、社会与心理：古今两次重大变革——关于传播学本土化及华夏传播史的思考》《社会治理：中国古代格言传播的启迪》《我国古代格言中传播的共同体观念》等，对华夏传播的研究具有开拓性贡献。

1. 传播心理学研究

黄教授所著《传播心理学》出版于 1997 年，从心理学的角度进行传播学的探讨，摆脱西方舶来的传播理论模式，首次建构了具有中国本土特色的传播学研究框架。他在著作中提出传播六要素原理，即传播主体、传播手段、传播方式、传播对象、传播内容、传播环境，关注六要素各自的特性，包括传播主体的目的性、传播手段的符号性、传播方式的说服性、传播对象的选择性、传播内容的倾向性、传播环境的社会性等，以"需要"一线贯通。从需要—交往—传播的角度探索传播心理学的要义，汲取不同学科的理论知识，融会贯通，运用多种技术方法，如内省法与外省法、现场研究法与实验室研究法、单一变量与多变量研究法、跨文化研究法与个案研究法、描述性研究法与论证研究法等。该著作在研究话语体系、框架体系及方法论上，开创了中国传播学本土研究的新局面，为后来的研究者提供本土化经验借鉴。《需要理论及其应用》专设一章讨论"需要与人际传播"，从需要心理出发，着重考察人际传播的构成要素、表达方式与激励方式，提出三大原理，即"狭义的传播是人类交往的特殊形式"，"在传播过程中，为了达到预期目标，必须重视如何表达自己的需要"，"激励的本质是根据他人的需要施加影响"。在传播学初入中国之际，他以中国本土的话语模式，进行传播学的研究，具有强烈本土情结及超人的学术前瞻性，体现出浓厚的中国特色。

2. 跨文化传播研究

黄鸣奋教授著作《英语世界中国古典文学之传播》出版于 1997 年，分析中国古典文学在英语世界的传播背景及综合研究情况，按照中国古典文学之文体（散文、诗歌、小说、戏剧）分别探讨中国古典文学在英语国家的传播情况，并对中国古典文学在英语世界研究中的工具书进行介绍。著作侧重于对中国古代不同文体的文学在英语世界的翻译与研究的介绍与叙述，涉猎广泛，内容丰富，是现代较早全面系统介绍中国古典文学域外传播的专著。

3. 华夏传播研究

黄鸣奋教授著作《说服君王——中国古代的讽谏传播》出版于 2001 年，在学界，是华夏传播研究领域早期的代表作品。本书按照《传播心理学》中提出的理论框架，以讽谏传播作为论题核心，从讽谏传播主体、讽谏传播手段、讽谏传播方式、讽谏传播对象、讽谏传播内容、讽谏传播环境的角度，以历史的视野，结合时代、政治、文化背景，对我国古代社会中的讽谏传播进行深入研究。黄教授认为，讽谏传播虽然已经成为历史，不可重演，但所涉及的某些传播原理具有一定普适性，可以为说服传播提供参考，在传播实践中具有借鉴价值。书中就传播主体与传播对象的关系提出待人以诚、循之以道、以人为镜、排除成见、以心交心、容纳异议等原则，就传播手段与传播内容的关系提出身教为重、导引情志、积极阅读、体认寓意、共识为本、以意为主等原则，就传播方式与传播环境的关系提出未雨绸缪、重视疏导、自我保护、因时制宜、当面批评、疏通言路的原则。这18条原则与书中序言第三部分之"分析角度的互补性"相呼应，体现出这些观点之间的密切联系。最后，该书以春秋时期齐相晏婴为对象，做讽谏传播的个案分析研究，为后来的讽谏传播或说服传播研究者提供借鉴。论文《我国古代军事传播刍论》《媒体、社会与心理：古今两次重大变革——关于传播学本土化及华夏传播史的思考》收录在出版于2006年的《华夏之光——跨时代、跨文化、跨学科的探索》一书中。《我国古代军事传播刍论》一文认为军事传播学是传播学的重要分支，从历史中寻求借鉴是其建设路径之一，也是此文的现实意义所在。文章从我国古代的军事实践中归纳出三类军事传播：面向己方的激励传播、面向敌方的攻心传播、胜己以胜人的反身传播，并结合我国古代的军事实例予以论述。《媒体、社会与心理：古今两次重大变革——关于传播学本土化及华夏传播史的思考》从媒体变革、社会变革、心理变革及其相互影响关系的角度对传播学本土化进行思考，提出了在电子时代传播学本土化需要解决的诸多问题，希望能够从主流媒体的变革中获得索解途径，并基于口语—书写—数码媒介变革，为华夏传播史的理解与书写提供一条可资借鉴的路径。近期，黄教授从宋代潘自牧《记纂渊海》收录的中国古代格言入手，继续在华夏传播领域开拓。《社会治理：中国古代格言传播的启迪》刊发于《华夏传播研究》第一辑（2018年6月），文章围绕"坐以致人""与人为地"，旁征博引，论述了社会影响的力量所在及社会得失的因果审视。前者从社会交往的不对称性、社会聚合的纽带、社会治理的思路等方面分别论述，结合时下的粉丝经济阐述"坐以致人"的消极后果。后者选取社会博弈、社会遗憾、社会治理的角度，分别阐述因人成事、因缘凑合、因势利导的论题。文章透过古代格言论述社会治理之要义，以求达到以史为镜，以古鉴今之效用。《我国古代格言传播中的共同体观念》刊发于《华夏传播研究》第二辑（2019年10月），文章透过我国古代的格言，探讨我国古代的共同体观念。文章综合探究我国古代的社会系统、社会体制、社会治理，从族类繁衍、角色设置、主体意识方面揭示社会群落的生态特征，为新时期中华民族命运共同体及人类命运共同体的建构提供历史借鉴。黄教授以渊博的学识，独到的学术洞察力打开了对古代格言研究的大门，为华夏传播研究开辟了新的领地，引导更多的后来者持续深入研究。

（三）作为传播媒介的网络与艺术关系之研究

黄鸣奋教授在《新媒体与西方数码艺术理论》一书绪论中认为：自古以来，

艺术与媒体就存在密不可分的关系。媒体既是艺术赖以安身立命的基础，又是艺术分类学的重要标准。在某种意义上，艺术史就是由口头艺术、书面艺术、印刷艺术、电子艺术向数码艺术演变的历史，相应的阶段划分是以主导性艺术媒体的更替为标志的。所谓艺术媒体，在某种意义上即艺术传播媒介。自 20 世纪 90 年代以来，他倾力于电脑、数码、新媒体的研究。对于新兴的媒介技术，他给予艺术的关照，倾注了大量精力，取得了丰硕的研究成果。出版于 1998 年的《电脑艺术学》引进传播学的基本原理来研究电脑与艺术的关系，在《传播心理学》提出的传播六要素的基础上，从艺术主体、艺术手段、艺术方式、艺术对象、艺术内容、艺术环境的角度探讨电脑艺术。《数码艺术学》出版于 2004 年。该书认为数码艺术包括任何以数码科技为条件的作品，立足于艺术主体虚拟化、艺术对象智能化等 9 个不同的角度，从数码艺术精英、"网络三客"艺术等 27 个不同侧面，对数码艺术进行考察。《新媒体与西方数码艺术理论》出版于 2009 年，以新媒体作为切入点，从数码艺术的电子人取向、智能体取向、交互性取向、超媒体取向、非传统取向、织造化取向、游牧化取向、异构化取向、临场化取向等方面研究数码艺术的特点，深入探究新媒体与人文生态的关系。鸿篇巨制《西方数码艺术理论史》（全 6 册）出版于 2011 年，著作分 6 卷：数码编程的艺术潜能、数码文本的艺术价值、数码媒体的艺术功能、数码文化的艺术影响、数码现实的艺术渊源、数码进化的艺术取向，涵盖数码编程、文本、媒体等六大领域。著作结构宏大、框架清晰，独具创见的思想，大量的论据，充分的论证，丰富的文献资料，见证了作为"史"的厚重与真实，彰显了作者的博学与睿智。黄教授此著作在数码研究学术史上有着举足轻重的地位，也为中国的文化大发展大繁荣提供有益的借鉴。他的相关著作还有《网络媒体与艺术发展》（2004）、《互联网艺术》（2006）、《互联网艺术产业》（2008）、《新媒体与泛动画产业的文化思考》（2010）、《数码艺术潜学科群思考》（三卷阿武，2014）等。

三、黄鸣奋老师访谈录

陈瑞：黄教授曾经一度投身于华夏传播研究领域，所著《说服君王——中国古代的讽谏传播》一书成为华夏传播研究史上的经典著作，黄教授能不能为我们介绍一下您撰写这部著作的缘起？

黄鸣奋：当年余也鲁先生大力推进华夏传播研究，以厦门大学新闻传播系为重要依托单位。主管文科的郑学檬副校长非常支持，牵头组织相关丛书。余先生提供研究经费，具体工作是由新闻传播系的黄星民老师负责。新闻传播系和中文系本来就有渊源关系，星民兄做事情又非常到位，直接促成我加盟这套丛书的写作。还记得在新闻传播系参加丛书作者会议的时候，兄弟院校的不少相关学者都来了，真是盛况空前。从个人角度看，在此之前我就对传播学感兴趣，所写的《艺术交往心理学》（厦门大学出版社，1987）、《艺术交往论》（台湾：淑馨出版社，1993）实际上是艺术学、传播学和社会心理学相互渗透的产物。至于将中国古代的讽谏传播作为选题，这和我以往攻读、当时执教的是中国文学批评史专业有关。

陈瑞：如果不冒昧，请问黄教授为何没有在华夏传播研究领域继续深耕呢？

黄鸣奋：回想起来有三方面的原因：一是《华夏传播研究丛书》付梓并不如我们所希望的那么顺利，有些作者未如约完成任务，出版经费的筹措也花了较长时间。作为项目，可以说一时推动乏力。二是新媒体革命风起云涌，唤起了我童年时代对无线电通信的强烈兴趣。因为自小高度近视，我在运动场上技不如人，但有幸接受了厦门国防体育俱乐部的无线电报务训练，向往在这个领域当个运动健将，因此很早就接触了电台、录音机等设备。考虑到厦门当时是海防前线，这样的机会是很难得的。"文革"期间无法上学，但我将大部分时间花在自学上，一边装收音机，一边啃相关理工科书籍。恢复高考之后，我因视力问题只能报文科，但对无线电通信仍心心念念。因此，在写完《说服君王——中国古代的讽谏传播》之后，我就转而从事数码艺术理论研究了。第一篇相关论文是《电脑艺术学刍议》（《厦门大学学报》1997年第4期），第一部专著是《电脑艺术学》（学林出版社，1998）。三是国家主管部门对高校学科进行调整，将中国文学批评史专业并入文艺学专业。考虑到学科建设的需要，我作为中文系文艺学专业研究生导师的方向是艺术传播学，而非华夏传播研究。我并没有出版过以"艺术传播学"为题的著作，不过，这个名称比较笼统，自认为可以将对数码艺术理论、华夏传播研究、海外汉学等方面的兴趣统一起来。后来我应人文学院领导的提议改至戏剧与影视学专业招生，方向则是新媒体艺术产业。

陈瑞：黄教授钟爱中国传统文化，关注中国古典文学的传播问题。中国古典文学是中国传统文化的重要组成部分。在新的媒体技术环境下，您认为中国传统文化的跨文化传播有什么机遇与挑战？

黄鸣奋：从信源的角度看，经过新媒体革命的洗礼，中国传统文化已经在一定程度上改变了参照系。且不说古籍电子化所取得的成果，单就观念而言，新媒体革命已经为我们提供了把握传统文化的新视野。因此，我写过《从电子媒体到数码儒家》（《南京邮电大学学报》2014年第1期）等文章。在《数码艺术潜学科群研究》（全四册，学林出版社，2014）中，我想做的一件事就是实现我国古代数码艺术观念和西方当代数码艺术观念的接轨。我国古代的数文化其实是相当丰富的，值得进一步发掘。

　　从信道的角度看，中国传统文化的传播比以往便利多了。我最初体会到这一点，是 1993 年在荷兰莱顿大学汉学院图书馆做研究的时候。当时，我选择的题目是"英语世界中国古典文学之传播"。汉学院的相关文献很多，图书管理员非常热情友好，任我一堆堆地搬到宿舍阅读。不过，从书目索引看，毕竟还有些材料在莱顿找不到。后来，中科院上海药物所来的留学生褚真威帮了我大忙。他悄悄带我去实验室，让我体验网络检索。看我笨手笨脚的，他直接帮助我下载了哈佛大学图书馆、美国国会图书馆有关中国古典文学英译本的书目资料，和莱顿大学汉学院图书馆相互补充。加上国内图书馆的检索，信息算是相对齐全了。这是我写作《英语世界中国古典文学之传播》（上海：学林出版社，1997）的资料准备。我自认为是较早（也许是最早）利用互联网进行古典文学传播研究的国内学者。国外对中国传统文化的了解，如今应当主要是通过网络渠道，尽管传统的书店、图书馆仍然发挥着重要作用。

　　从信宿的角度看，对中国传统文化感兴趣、有了解的国外受众早就超出了汉学家这个群体。他们自然也阅读经过翻译的中国古代文献，我在《从联机目录到大数据：英语世界中国古典文学数字化传播》（《现代传播》2014 年第 4 期）中做了一点说明。不过，我国网络文学对国外年轻人可能更有吸引力。正如金庸武侠小说是读者了解传统文化的重要参考书那样。当然，我国网络文学所展示的传统文化和"四大名著"所展示的传统文化不会完全一致。现在交通和电信都很发达，国外人士尽可以亲自来看看现实中国的模样，或者在网上了解中国人自己对传统文化的看法

　　以上所说的主要是机遇。要论挑战，首先要注意到不同文化之间的差异。我在厦门大学海外教育学院做过几年汉语国际推广的工作，和来华留学生、国外教育界有过一些接触，觉得彼此的思想方法、知识背景、关注热点、诉求目标等还是存在一定区别的。新的媒体技术既是促进交流以缩小差异的黏合剂，也可能是放大差异造成矛盾的凸透镜。

　　陈瑞：媒介的发展给文化传播带来了前所未有的机遇与挑战，那么在以数字媒体为代表的电子语时代，华夏传播研究应当如何利用新媒体开展纵深研究？

　　黄鸣奋：华夏传播研究在专题研究和通史研究领域都取得了令人瞩目的成果，有一些已经运用了数据库、电子地图等技术。所谓"纵深研究"，在我看来至少包括三方面不同的含义：一是提供视觉意义上的纵深展现。例如，可以建构华夏文明传播的动态 3D 模型，和数字地球相配合。二是促进题材意义上的纵深透析，发现过去所未发现的问题，寻找富有理论意义和实际价值的课题，揭示过去不为人所知的因果联系。譬如，世界各大图书馆馆藏中文文献比较，就可以通过新媒

体技术来做。我曾和本校信息学院一位老师共同指导本科生李洵就此做了初步尝试。小李通过网络取样于国内外三个图书馆的中国古典文学英译本，写出专题论文，以此获邀到国外参加相关学术会议。三是推动思想意义上的纵深思考。"新媒体"其实是一个历史范畴。新的信息技术所促成的革命在历史已经不止发生过一次，催生的新媒体很多至今还在应用，不过已经被当成了"传统媒体"。因此，"利用新媒体"应当包括"利用'新媒体'这一范畴"来进行观察和思考。从这个角度看，我国春秋战国、唐宋、清末民初是传播史上很重要的时期，因为它们分别是以文字、印刷术、电磁波为代表的新媒体后来居上的关键期。不过，当时新媒体革命的速度不像今天这么迅速，所造成的冲击波没有今天这么强烈。今天很热门的"媒体融合"其实也是历史现象，只不过"媒体"是个多义词，论者经常是指其所指而已。尽管如此，历史经验毕竟值得借鉴，将历史研究和逻辑研究结合起来，比较有可能向纵深推进。

陈瑞： 黄教授曾自述喜欢技术，有理工情结，在华夏传播研究领域，谢清果教授著有《中国科学文化与科学传播研究》，认为墨学是一种充溢科学文化的流派，以墨家学派为例，分析墨家科学实践过程中的文化精神及墨学人文关怀中的科学思想。黄教授认为华夏传播如何切入中国古代的技术或是科学的研究？您对华夏传播领域中的技术或是科学研究有什么建议？

黄鸣奋： 谢清果教授在这方面是权威，还是他来说比较合适。我只有几点粗浅的想法：从研究主体看，华夏传播研究是广阔的领域，也是学术共同体的事业。要加强跨学科交流，发挥有科技专长的学者的优势。从研究对象的角度看，华夏传播研究若切入中国古代科技的话，不仅要关注中国古代科技成果，而且要关注中国古代科技界。从研究方法看，可以将中国古代科技界其人、中国古代科技成果其物结合起来思考，分析当时科技共同体形成和发展所遇到的问题，从传播技术、传播体制、传播技巧、传播效益等角度总结相关的经验。

陈瑞： 黄教授近些年比较关注电影，尤其是对科技含量极高的科幻电影，从文学、人类学、伦理学、文艺批评等角度都有所探讨，并涉及"中国电影学派"的建设问题，您认为中国电影作为传播媒介应当如何传播中国传统文化？在传播中国传统文化的过程中扮演什么角色？

黄鸣奋： 先声明一下：就内容的科技含量而言，科幻电影固然比其他类型片多，但比科幻小说、科普文艺少，和科技论著更没法比，因为它是在娱乐经济的总体格局中运作和发展的。另外，"中国电影学派"的建设目前主要由北京电影学院统筹，我只是感兴趣而已。

电影是文化的视听展现，反过来又铸造相应的视听文化，并作为文化产业的分支而运营。电影本身有不少类别，其中故事片对一般观众影响最大。若论故事片和传统文化的关系，那么要注意到它不是讲解传统文化，而是根据传统文化、以传统文化为背景讲故事，或者讲述有关传统文化的故事，或者通过故事表现编导对传统文化的理解甚至批判。这些故事之所以打动人，是由于它们牵涉到人的命运，渗透着人的情感。在传播中国传统文化的过程中，中国电影所扮演的不是"老学究"，而是以媒体科技为"惊堂木"或营造"茶馆"之工具的"说书人"。

陈瑞：中国电影如何才能更好地实现跨文化传播？华夏传播研究在这方面如何切入？

黄鸣奋：中国电影早就在进行跨文化传播，而且成绩不菲。我觉得有几个问题值得注意：（1）如今的电影应当是"泛电影"，范围不限于故事片，制作者不限于专业工作者或相关企业，渠道不限于院线，形态上"众声喧哗"。就此而言，应当对于在线交流、民间交流、故事片之外的交流等予以更多的关注。（2）电影的跨文化传播不只是电影界的事情，牵涉到内容产业、信息产业、主管部门等。商业性传播固然有强大的推力，但也存在许多限制。非商业交流有自己的空间，我觉得来华留学生就是很重要的渠道。他们可以通过中国电影了解中国文化、学习中国语言，我们也可以通过他们的观感开拓对中国电影的视野。这方面已经有一些尝试见诸报道，但还不普遍，应当予以推动。（3）在中国电影的生产方面，要纠正对"越是民族的就越是世界的"这一命题的片面理解。其实，越是为其他民族认同，才能说"越是世界的"。如果只满足于添加中国元素，不考虑建构人类命运共同体的宏观需要，也不考虑定向受众的知识准备、心理预期、文化背景的话，很难收到理想的效果。

华夏传播研究若想切入国产电影的跨文化传播，首先要明确主体是谁（涉及个人身份、组织性质、切入动机等），然后要选取恰当的切入点（商业电影的跨文化传播可能是长长的产业链，非商业电影的跨文化传播或许比较简单）。若有条件的话，不妨选取一两家相关企业（很多以"文化传播""文化传媒"命名的公司就在拍电影）作为合作伙伴，跟踪一两部电影参加国际影展的过程，策划一两个项目，将理论与实践结合起来。

陈瑞：黄教授曾致力于中国古典文学与中国古代文论的研究，目前从传播学的角度对此展开的研究仍为数不多，对于华夏传播在中国古代文论这个领域的研究，黄教授有什么建议？

黄鸣奋：这个问题可以分解为三个方面来回答：（1）研究中国古代文论有关华夏传播的内容。这是从思想史的角度切入。（2）从华夏传播的角度研究中国古代文论的当代影响。这是从接受学的角度切入。（3）以"华夏传播"为核心范畴梳理中国古代文论体系。这是从传播学理论的角度切入。将上述三种取向结合起来，努力实现古为今用的目标。

陈瑞：黄教授在《传播心理学中》提出传播主体、手段、方式、对象、内容、环境的理论框架，摆脱了西方传播学理论的束缚，立足于中国的历史传统、文化环境、话语体系，建构了中国风格的传播理论，《说服君王——中国古代的讽谏传播》参照此框架成书，可以说是《传播心理学》中的理论框架的成功实践。黄教授认为这个理论框架是否具有普适性，对华夏传播的理论体系的建构有什么借鉴意义？

黄鸣奋：我后来将上述传播理论框架所包含的要素扩大到九个，即社会层面的主体、对象、中介，产品层面的手段、内容、本体，运营层面的方式、环境、机制。这三个层面分别对应于人、物、事（人与物的结合）。我应用这个框架撰写了不少论著，包括新近出版的《位置叙事学：移动互联时代的艺术创意》（全三册，上海：学林出版社，2017）、《科幻电影创意研究系列》之二"后人类伦理"（北京：中国电影出版社，2019）等。这个框架的好处是面对一个命题时可以迅速展开思路，如果有相关知识准备的话，还可以方便地把握复杂资料的内部联系，某些时候还能提示资料缺门、论点缺环、角度缺项之所在。它适用于具体传播情境的要素分析，也可用来对华夏传播思想资源进行梳理。

必须补充的是：上述九个要素是可以相互转变的。例如，传播主体转化为传播对象（交互），传播手段转化为传播内容（"媒介即信息"），传播方式转化为传播环境（虚拟现实），等等。上述转变可以用来阐述传播规律，寻找错综复杂的传播现象之间的联系。如果要详尽阐述的话，值得写一本新书。

陈瑞：黄教授在《华夏传播研究》第一辑、第二辑上发表了《社会治理：中国古代格言传播的启迪》《我国古代格言中传播的共同体观念》，作为后学，读到您在华夏传播研究领域的新作很惊喜，请问黄教授撰写这两篇文章的初衷是什么？

黄鸣奋：我在从教初期购得类书《记纂渊海》四卷影印本（中华书局，1988）。它由宋代潘自牧编纂，汇集了大量格言，对了解中国古代思想观念的来龙去脉很有帮助。在退休之初，我想过以它为线索，本着古为今用的原则，写一部以传统精华为题旨的著作，即《社会治理的古代智慧》。原书细分为1246门，若不计有目无文者，实为1195门。我写了4篇（相当于原书的4门），每篇约1.5万字。题目分别是：《坐以致人：社会影响的力量所在》《与人为地：社会得失的因果审视》《殊途同归：社会万象的范式探索》《事同一体：社会群落的生态分析》。后来，由于厦门大学人文学院副院长李晓红教授建议我从事科幻电影研究，以适应目前我所在专业"戏剧与影视学"学科建设的需要，有关古代格言的研究就停下来了。已写成的四篇都交给谢清果老师了，你提到的就是其中的两篇。第三篇是《我国古代格言所传播的万象归一观念》，发表于《华夏传播研究》第三辑。根据谢老师的建议，它们在发表时对标题和内容做了修改，突出了华夏传播的特色。

陈瑞： 黄教授在华夏传播领域是否有新的研究规划？

黄鸣奋： 华夏传播是一个很重要的研究领域。余也鲁先生当年曾希望我致力于有中国特色的华夏传播理论建设，其情殷殷，其言谆谆。我目前正在从事有关中国科幻电影的书稿写作，从广义说这也是属于华夏传播研究，不过，其着眼点是未来时代而非过去时代。至于编选华夏传播典型案例、编注华夏传播精华文献、编纂华夏传播观念集成，甚至是构想华夏传播理论体系，都是可能的选项，要视客观需要和自己的身体状况而定。

陈瑞： 黄教授作为华夏传播研究领域的前辈学人，对厦门大学传播研究所的华夏传播研究事业有什么希冀或建议？

黄鸣奋： 贵所是华夏传播研究的中坚力量，在谢清果先生的领导下开拓进取，不仅通过培养研究生壮大力量，而且通过刊物组织相关队伍，通过举办学术活动广结学缘，正在发挥越来越大的影响。瞩目于华夏传播研究的长远发展，我有如下建议：（1）倡导价值目标。中华文化源远流长，有关传播的精神遗产非常丰富。要让它们在新的历史条件下展示丰采、赋予价值，需要付出艰辛的努力。建议将华夏传播与建设人类共同体的使命联系起来，着重探讨它在历史上如何维系着华夏大地上各个民族的团结统一，在现实生活中又如何激励华夏儿女为祖国发展繁荣而不懈奋斗，并在和谐世界的建设中做出贡献。（2）利用当代视听媒体促进华夏传播研究成果普及化，如推出在线课程、拍摄在线视频等。可以遴选或创作体现华夏传播基本观念的生动故事，用微电影、微戏剧等形式加以描绘与表达。（3）加强与海外华文媒体的联系。例如，可以和"一带一路"沿线国家的华文报刊、华文学校、华文广播电视台接洽，对接需要，组织专题，由贵所供稿，或者由对方提供材料，在贵所刊物上发表。多谢采访。

陈瑞： 谢谢黄教授，祝愿您贵体安康！希望黄教授未来能够多关注华夏传播研究所，关注学界的华夏传播研究，期待黄教授在华夏传播研究领域的更多研究成果。谢谢您！

跨文化传播的桥梁搭建者

——赵晶晶传播思想综述

孙培雯 *

Sun Peiwen

作为研究文化与传播的学者，赵晶晶与陈国明、三池贤孝等学者致力于传播学"亚洲范式的建构"，期待以亚洲的视角来发现分析亚洲问题，并建构起成熟的亚洲传播理论以进一步分析全球传播现象。在不断的努力中，赵晶晶获得较为丰厚的学术成果。其建构亚洲视维的背后透露着浓郁的本土化思想，对于亚洲地区特别是中国的文化传播提出引人思考的研究视角、观念境界等，既丰富中国传播学的思想体系，同时对国际学者如何更好地研究中国乃至亚洲地区提供方向。在此笔者对赵晶晶博士的学术研究思想（理念）作简要梳理，着重介绍其关于中华传播研究的一些思考，意图读者能体会赵晶晶博士的传播理念和其对跨文化传播学科建设的努力。

一、赵晶晶学术研究介绍

（一）学术成就

赵晶晶（J. Z. Edmondson; J.Z. 爱门森），美籍华人学者，在中国复旦大学中文系攻读博士期间赴美留学。曾先后在美国密西根州立大学、密西根大学、北京师范大学、中国社科院、复旦大学、浙江大学等中外多所大学和研究机构任助教、讲师、副研究员、研究员、教授、访问学者等职。[①] 赵晶晶博士往来于太平洋两

---

* 作者简介：孙培雯（2000—），女，台湾台北人，厦门大学新闻传播学院学生。

① ［美］赵晶晶编译：《"和实生物"——当前国际论坛中的华夏传播理念》，杭州：浙江大学出版社，2010年。

岸，在美国与中国均分时间，创办和主编 *China Media Research*（CMR，中国传媒研究），和 *China Media Report Overseas*（CMRO，中国传媒海外报告）两本学术刊物。前者乃国际上第一本聚焦中国传媒研究的全英文连续出版物；后者为前者的姊妹刊，以中文为主、辅以英文，乃为方便国内外作者和读者的语言便利所设。两刊均由美国中国传媒研究协会联合浙大传播所运营。在国际传播学坛颇具影响。① 赵晶晶博士的主要学术研究领域是文化与传播。有《清空的浑厚》《新声一段高楼月》《国际跨文化传播精华文选》《传播理论的亚洲视维》《欧美传播与非欧美传播中心的建立》《和实生物》《大道自然——论中华智慧对国际 / 文化间传播的可能贡献》等专著、译著多种。赵晶晶是最早在国际上从学术角度指出非欧美传播中心研究学派的存在，并将之系统引进中国传媒学坛的学者。② 近年曾在周游世界、长期考察研究中积累的大量第一手资料基础上，引进国外教学模式，集中精力在国内大学开设了用双语教学的跨文化传播、国际传播、世界比较文化等课程；同时还根据国内学科状况，从事跨文化传播著述的翻译引进和教材编著，为使跨文化传播的学科建设先与国际接轨继而再创中国特色尽了一己之力。③

（二）赵晶晶传播思想发展

赵晶晶博士致力于跨文化传播研究，纵观其专著及收入"求是书系"的译著，其旨在搭建国际传播理论的桥梁并逐步建构"传播学亚洲范式"。在建构过程中，赵晶晶的传播本土化思想贯彻始终，笔者在这里将对其涉及的一些思想、研究视角作简要梳理，以便于后续的具体阐释。

1997 年赵晶晶出版《清空的浑厚——姜白石文艺思想纵横》一书，此书初观为作者努力建构姜白石文艺思想体系的尝试，细品其中所蕴含的中国古代顺应时代潮流的儒释道三家合一、以释道为儒用的思想倾向，求全与统"一"，环周，折中和以"负"求正的思维方式，以及系统多层面开展的文艺构成④，似乎已经很好地体现了中国文学史，至少是宋代的传播思想特征。在其后面出版的译著中，又尝试从思想维度解释华夏乃至国际传播现象，是对国内传播学思想建构的积极尝试。2007 年，赵晶晶基于跨文化传播学在世界范围内也处于新兴学科，需要各界学者积极研究，出版了译著《国际跨文化传播精华文选》（"求是书系"第一本，

---

① ［美］J.Z. 爱门森编译：《国际跨文化传播精华文选》，杭州：浙江大学出版社，2007 年，第 1 页。

② 参阅《传播理论的亚洲视维》、《欧美传播与非欧美传播中心的建立》。

③ ［美］赵晶晶编译：《"和实生物"——当前国际论坛中的华夏传播理念》，2010 年。

④ ［美］J.Z 爱门森：《清空的浑厚——姜白石文艺思想纵横》，上海：上海文艺出版社，1997 年，第 4 页。

浙江大学基督教与跨文化研究基地成果），旨在向国内外学者们提供交流思想的平台。在该书前言中，她就指出了中国的跨文化传播理论亟须与国际接轨，并需要努力使之本土化，因为本土化即是最好的国际化。而书中所收录的《中华民族的文化精华："工而自然"的人文境界和人文理想》一文，可以观其以展示寻绎方式在华夏传播审美境界和传播模式理念构建上所做出的努力。① 隔年赵晶晶出版《传播理论的亚洲视维》（教育部哲学社会科学创新基地 浙江大学基督教与跨文化研究中心项目成果），作为"求是书系"第二本，作者以"后现代""后美国"与"复古求变"的交叉视角，对国际上已出现并逐渐发展的亚洲中心学派作介绍和阐释，并从贯穿华夏文化，包括新儒家思潮的"复变"视角，来观察辨析亚洲中心学派的兴起，无疑乃其提出并运用华夏传播思想观念的具体实践。随着国际上亚洲中心学派的壮大和中国对本土传播理论的努力，2009 年的《欧美传播与非欧美传播中心的建立》一书客观呈现了其时跨文化传播领域的矛盾与发展，同时提出了对中国传播理论面向世界的一些看法，力图使中国传播理论对自身有更全面的了解。2010 年出版的《"和实生物"——当前国际论坛中的华夏传播理念》（教育部哲学社会科学研究重大课题攻关项目《国际传播的理论、现状和发展趋势研究》中期成果之一），作为"求是书系"系列的最后一本（截至 2019 年），笔者认为该书是对赵晶晶华夏传播理念的最直观体现，文中所提到的"和实生物"的和谐传播理念、从传统走向国际的华夏传播的"气"的理论等，进一步推进华夏传播研究在国际上的发展。

（三）赵晶晶的学术特色

笔者认为赵晶晶博士的学术特色可由浅入深地用四个特性概括，首先是用开阔性视野吸取前沿理论。全球化的趋势是不可逆转的，而在建立中国传播理论体系时我们不可能忽视国际传播的声音。赵晶晶基于长期在世界周游研究的特点，以开放客观的视角传播国际国内跨文化传播的优良理论，比如中华文化"气"的传播理论、探索佛教开悟（菩提）之道作为终极传播（石井敏）、全球传播能力模式（陈国明）等，以求对中国传播学研究的发展有所贡献。其次是融合的观念，全球化趋势一大特点是世界走向互相理解、互相融合的道路。在此趋势下赵晶晶积极使中国的跨文化传播先与国际接轨，正如其所说的"东西方研究的不同路径，确实可以互相生发"，赵晶晶除了在学术领域内积极传播亚洲视维理论，还积极在

---

① ［美］J.Z.爱门森编译：《国际跨文化传播精华文选》，杭州：浙江大学出版社，2007 年，第 1 页。

国内几所大学开设相关课程（世界比较文化、国际传播等），编著翻译相应教材以建设中国国内的跨文化传播学科。在此融合基础上，赵晶晶期待中国生发本土化传播思想来实现理论创新，其提出的"和实生物""工而自然"等研究视角正是此想法的体现，而这种既不落入西方话语霸权，又能客观看待西方优良理论，并使之为自己本土化传播理念增光添彩的做法，是值得研究者们思考的地方。最后则是实践性，笔者认为这是赵晶晶学术风格中极具价值的一点，我们常道理论离不开实践，任何传播理论都要经历"实地检验"才能体现其价值，并借以寻找改进的方向，赵晶晶相当注意理论在不同语境下的实际价值，这种严谨的态度有助于传播学研究的进一步发展，而在华夏传播学研究不断发展的今天，这种思维方式也给华夏传播学一个警示，即中国如何能在全球化与多元化的辩证历史大背景中，谦虚谨慎、不骄不躁地面对机遇和挑战。在传播中心建立这一问题上，既能在强化中心中起到中坚作用，又能在超越中心的进程中大国风范、虚怀若谷。① 以上四个特性共同构成赵晶晶的学术特色，笔者认为此四个特性可由浅入深地看待，而且各特性之间也呈现相互生发共同发展的关系，可以说它们多层次地体现了赵晶晶在学术研究上的创新与严谨精神，特别是其在跨越语言障碍、力图完整呈现各方学者传播思想上所做的努力是值得我们尊敬的。

二、华夏传播体系的建构意见

（一）"复变"的研究视角

三池孝贤指出："亚洲中心"要从亚洲理论的视角出发，对亚洲传播进行研究。"坚持将亚洲价值与亚洲理想置于求索的中心位置，从亚洲人民作为主体的视角出发来看待亚洲现象"。② 为更好地了解亚洲中心学派，赵晶晶提出以"复变"的研究视角进行解释。何为"复变"？赵晶晶在《传播理论的亚洲视维》一书中提到，"反复其道"（《易·复》），"无往不复"（《易·泰》），"卒乃复"（《书·舜典》），《老子》中的"夫物芸芸，各复归其根"（十六章）等等，都体现了中国曾是个重古立本的民族，所复之"古"当然不是古板、古老、古旧意义上的古，而是越古，越根、本、真、理、赤、诚、质、朴。重古，并不意味着中国就缺乏随时逐新的精

---

① ［美］赵晶晶编译：《欧美传播与非欧美传播中心的建立》，杭州：浙江大学出版社，2009年，第10页。

② ［美］赵晶晶编译：《"和实生物"——当前国际论坛中的华夏传播理念》，杭州：浙江大学出版社，2010年，第396页。

神。①赵晶晶以儒家思想为例，指出它既固守本根，又能通过其特有的包容性而不断吸收别家思想之精华以更好发扬本家之长，因变复而不断成就自己的丰富、改进和完善。这种"折衷"、变复的做法，使儒家思想在中华悠久历史中始终拥有一席之地，并在近代发展中再现生命力以支持华夏传播研究乃至更大范围的传播学研究。

赵晶晶指出"复变"的研究视角，以今天的语言来解释界定，是提醒和坚持以根本的东西为准则，同时不断求发展更新和丰富自身。②观其书中收录的其他篇章，也体现了推举当代新儒家的关注本土智慧。亚洲中心学派的代表人物陈国明等人更是极力主张通过对古老文化进行再探索以求新变，继而建构理论体系。所以这种"复变"的研究视角其实是为华夏传播研究提供方向。中国深厚的历史底蕴滋养了丰厚的文化，学者如何在丰富的中国文化当中选取、探索和创新当成为重中之重。可以说"复变"视角的提出既是亚洲中心学派的立足点之一，同时又是赵晶晶本土传播思想的具体体现，为华夏传播研究更好地进入国际视野提供可行路径。

（二）华夏传播理论的具体体现

在《中华民族的文化精华："工而自然"的人文境界和人文理想》一文中，赵晶晶提到全球化进程在加速，中国学人迫切需要总结和发扬中华文化的精华，将中华文化成果纳入世界文化和世界文化的未来"天择"之中去。并希冀进一步发挥中华文化的能动作用，以提挈世界文化到最"自然"发展的高度为己任。③面对这一华夏人民的心愿，赵晶晶也指出其发展直至完成的道路上拥有许多障碍，为在一定程度上减少障碍、促进理解，赵晶晶从中西哲学对比角度入手、以儒释道三家作为分析重点，最终提出"工而自然"的境界。"工而自然"是尽量发挥人在社会中的作用而又能不计名利，不多占有；"工而自然"是尽量美化生活而又不矫揉造作琐屑媚俗；"工而自然"是民族自强而又顺应全球发展的一体化形式；"工而自然"是尽量发挥人在自然中提携万物的能动性，又扬弃人类自我中心主义的戡天役物。"工而自然"是中华民族在珍惜人的价值的同时又服从、尊敬"自然规律"，是在长期的社会实践中逐渐完善起来的人文理想。④从国际传播的视角看问

---

① [美]赵晶晶编译：《传播理论的亚洲视维》，杭州：浙江大学出版社，2008年，第5—6页。
② [美]赵晶晶编译：《传播理论的亚洲视维》，第6页。
③ [美]J.Z.爱门森编译：《国际跨文化传播精华文选》，杭州：浙江大学出版社，2007年，第158页。
④ [美]J.Z.爱门森编译：《国际跨文化传播精华文选》，杭州：浙江大学出版社，2007年，第172页。

题，赵晶晶"工而自然"的人文境界的提出，是在尝试向世界传播输出中华文化中总结出来的顺应世界发展潮流的精华人文思想，是希望中国文化所蕴含的精华人文境界能传播到国际上，在态势方面对世界现正面临的许多现实问题起到积极的参考引领作用。此乃其为中华优秀传播理念为世界所理解接受并走向前沿而做的努力和具体实践。

在《"和实生物"——当前国际论坛中的华夏传播理念》中，赵晶晶对从传统走向国际的传播理论作了介绍，这些论文旨在介绍华夏传播的"气"的理论，在阐明"气"的定义以及提出沟通中的"气"的理论假设后，又引进"势"的概念来解释阴阳互相作用以生"气"[①]，还提到《易经》的叙事结构使其成为中国讲述命运最具影响力的著作。同时在《传播理论的亚洲视维》一书中介绍了风水理论对中国文化传播的影响与价值。这部分集合了中华文化的精华思想，旨在让没有中国文化背景的人和国际学坛能充分认识华夏传播的特色理论体系。

这些文章的收录进一步体现赵晶晶传播观念中对本土化的重视，也具体向国内学坛展示了一批学者在促成华夏传播研究走向世界、融入国际传播的理论进程。同时所收录的这些理论也丰富了传播学亚洲视维的思想理论体系，给人以启迪。

（三）"和实生物"——和谐传播为理想境界

笔者将"和实生物"[②]这一思想自成一段是由于其重要性，和谐传播也是当今国际传播研究中颇受认可的中国传播理论。在中华文化中，和谐是常道的体现，也因此成为传播交流的终极目标。赵晶晶此次收录的文章更为全面地阐释了和谐传播的观念，以"仁""义""礼""时""位""幾""关系""面子"和"权力"为基础，又采用西化的严谨的研究方法得出和谐是中国文化的核心价值，是中国传播行为的准则。还认为中华民族的和谐范式在当今冲突四起的世界中应该可以发挥重大作用，同时辅以创新和实践的是将中国传统的和谐理念与西方现当代文化融合，指出了东西方的互相理解和认同接受在理论形成和实践中的重要作用。[③]

这些文章充分体现和谐传播的重要性，也是华夏传播研究的重要方向。值得一提的是赵晶晶在倡导且积极发扬"和实生物"观念时，着重强调在注重中华民族的传播理想境界（和谐）时，不可忽视或错误解读他族文化，也就是说要以一

---

① ［美］赵晶晶编译：《"和实生物"——当前国际论坛中的华夏传播理念》，杭州：浙江大学出版社，2010 年，第 5 页。

② 注：《国语·郑语》，"夫和实生物，同则不继。以他平他谓之和，故能丰长而物生之"。

③ ［美］赵晶晶编译：《"和实生物"——当前国际论坛中的华夏传播理念》，杭州：浙江大学出版社，2010 年，第 3—4 页。

种互相包容、互相学习的态度共同努力，而这也是从另一个层次去推进华夏传播研究与世界的接轨。

（四）中华传播体系总体架构

赵晶晶认为，每个成功延续、发展壮大的文化都有自己一整套成功的传播模式体系。中华文化历史源远流长，纵横管汇，细大不捐，积累和构建了自己的完整、精粹，尤其是不断发展的传播体系。赵晶晶本人也曾从多个角度层次去对华夏传播体系可能的完整架构呈现做过多方努力：如选择了尽量中华本土的视角、材料、术语和架构方式，围绕国际/文化间传播的重要问题，罗列出中华有代表性的与传播相关联的智慧。从中国纯正的道、法、术、器四个层面——相对于西方传播体系中的理念、模式、技巧、途径和审美等一系列传播体系的建构成分去展开研究，[1]在多层依次展开的思维模式，[2]华夏数理传播，[3]华夏音乐传播，[4]华夏民族传播，[5]和组织传播[6]等相应领域中，赵晶晶皆付出过探索开拓之力，且不乏精彩篇章。尤其需要提到的是：在尝试架构中华本土传播理论框架的整个进程中，除了探讨这些智慧在此四个层面上于中华传统传播体系本身中所曾发挥过的作用，还能重点发掘这些智慧对传播可能具有的现代影响和意义。因本文着重于其跨文化传播的桥梁作用及其在"求是书系"系列中体现出来的研究范围，此处对这些就不详细加以讨论了。

小结

至此笔者已将赵晶晶的华夏传播思想研究作了相对完整的介绍，需要补充的是其编译的"求是书系"中的诸书，表面上看是对传播学亚洲范式的建构和跨文化传播作出的努力，往深层次看便能体会其本土化研究思想的宗旨：建构传播学

---

① 《大道自然（一）：论中华智慧对国际/文化间传播的可能贡献》，*China Media Report Overseas*，2014 年第 10 期，第 3 页。

② 赵晶晶：《中华文化传播的主要思维方式》，*China Media Report Overseas*，2008 年第 1 期。

③ 参看《说"一"》，《世界经理人》，2012 年第 7 期；《道"二"》，《世界经理人》，2012 年第 8 期等文。

④ 参看《琵琶起舞换新声》，Marsland Press，USA. 2003 年。

⑤ 参看《中国各民族文学关系研究先秦至唐宋卷》，国家社会基金重大项目："中国各民族文学的贡献及其相互关系研究"，贵州：贵州人民出版社，2005 年。

⑥ 参看《从"二次创新"到"包容性创新"》，《世界经理人》，2011 年 7 月 7 日；《企业经营之"王道"解读》，《世界经理人》，2011 年 8 月 29 日；《管理改变中国》，《世界经理》，2012 年 2 月 10 日；《动态竞争》，*China Media Report Overseas*，2012 年第 8 期，第 2 页；《中道经权管理模式：全球化社会的中国式管理学纲要》，*China Media Report Overseas*，2012 年第 8 期，第 2 页；《世界经理人》，2012 年第 7 期；《去多森吧！》，《世界经理人》，2014 年第 6 期等文。

亚洲范式是为华夏传播研究能更加迅速进入国际舞台。在期待非欧美中心的传播理论能进一步发展壮大、亚洲传播范式的建立与华夏传播研究相互作用,互利共赢的同时,也从另一角度重申演绎了在国际间公平"和谐传播"的中国传播思想,可谓高明。

三、对跨文化传播研究的期望

赵晶晶致力于跨文化传播领域,然当今跨文化研究上依然存在诸多问题和矛盾。对于这样的情况,赵晶晶等学者尝试"去西方化"的话题设置,还包括传播理论的"亚洲性"的开掘和传播学研究的"亚洲范式"的构建,在亚洲性和本土性上做足文章。他们认为国内的研究不能停留在仅仅对西方的研究主题、方法加以复制上,期望现今学者在研究相关问题时能既有全球视野又具浓郁的本土色彩,[①]同时希望华文传播学术期刊能积极走向世界。对于华夏传播研究,虽然研究的道路还漫长与曲折,但依然期待中华文化走向世界,强调中国"传播学研究的本土化方法应植根于具体的文化中",坚持"和而不同"的传播策略,记住从这个角度来看,本土化即是最好的国际化。

最后笔者想用赵晶晶的一段话为本文作结:"试想像一下,地球就像一叶扁舟,在广袤无际的太空中运行。如果坐在小船中的人们你推我攘,互不相让,一旦失去平衡,必然导致全舟覆灭。相反,如果大家能和平共存、同舟共济,这小小的宇宙船将能逍遥遨游于无限之中。"

四、赵晶晶访谈录

孙培雯: 作为致力于建构起传播学的亚洲范式的传播学者,您在做相关研究或是收集相关资料时更加注重亚洲范围内的理论建构,在研究过程中请问您对传播研究本土化有什么新的建议呢?

赵晶晶: 一些国际学者批评传播领域的欧美中心致使学科无法真正地充分运用"国际"人类资源——真正的"国际"人类资源理应包括世界上各个国家的本土知识、本土智慧及世界范围内广泛多元的人类想象力与创造力。毫无疑问,作为亚洲最大国家的中国的传播经验和成就,与其在今天的国际传播学中的位置显然是极不相称的。或又曰中国没有传播学——任何文明的形成和发展都离不开传播,中国作为悠久的文明,怎么可能没有传播学!中国所没有的只是现代欧美意义上的传播学,而该传播学概念的内涵已然朝过时的方向发展。若说近代美国以

---

① [美]赵晶晶编译:《"和实生物"——当前国际论坛中的华夏传播理念》,杭州:浙江大学出版社,2010年。

商业宗旨的国际传播兴起的时候，中华独尊儒术的悠久历史积淀的更多是学而优则仕，商业在历史文化中久居旁侧，近代没有很多的经验可以生发、借鉴，所以初始期更多是将西方发达国家的经验植入我们传媒学院的话，那如今的中国已是大量的企业排山倒海而至，新的企业家阶层崛起，成为世界经济大国。事实上世界经济疆域拓展和实力重组后，国际上现行的以欧美为中心的传播理论巨擘在付诸新环境的实践里捉襟见肘之窘态亦早日显。西方传播学科中的痼疾，也让中国的传播学坛越来越意识到自身的不能随欧美亦步亦趋。

我曾在《大道自然——论中华智慧对国际/文化间传播的可能贡献》①一书中，从人类与生俱来的攻击性，人类认知的局限性，国内外传媒学院教育模式的局限性等多个角度对华夏传播体系的建构背景进行过反思。并对中国传播的本土化研究就以下六大方面陈述了自己的相关浅意：

1. 人类在寻求新的方向中，重拾中华文化之古道，是不是正确的回应？

对于这一点，即便中国人自己也难免疑惑。尤其回看自己的历史，在思维对接世界的过程中，大家可以深刻体会到华人传统思维带来种种不便。何况一些华人文化观念中的抽象符号神秘而又遥远，让人高山仰止，可把这种华人古文化的精髓转化成可以适用于现代化传播中的实践操作路径却迟迟未见踪影。

尽管国际上有不少华人学者在脚踏实地地做着探索工作。一直试图在华人文化中抽离出可适用于现代传播的一般规则。但仍苦于如今的传媒理论和大学中的教程基本是以西方人的逻辑体系和操作规范为架构，是他们建立并完善了整个流程的。反馈到学术的理论操作层面，东西方为学思维的不同，也一定程度上导致许多东方学者在实际架构本土理论时困惑丛生。故对于类似上面的宣言，我想许多人或是没有意识到，或认为只能是束之高阁的空洞大言。

2. 本土化理论是不是先需要非本土化形式才能进国际学术圈？

非欧美中心的传播学者们纷纷为各自传播的本土化大声疾呼。当代中华传播先驱更是在国际学坛上振臂并为之踌躇满志。是他们引领不少传播领域研究者们逐渐走出二十年前盲目的拿来主义的阶段，开始学会以国际化视野回看自身。本人很是希望将来有某一天能细细回顾中华传播思想走向国际的历程。虽然这里不可能对海内外的文化传播学研究作详细复述和系统介绍，更不敢对海内外学者们的辛勤劳动妄加评论和菲薄。因为我始终认为我们应该感到很幸运，可以在这个研究领域中已经积累的经验基础之上再去做积极的思考判断和行动，可以站在前

---

① [美]J.Z.爱门森，《大道自然——论中华智慧对国际/文化间传播的可能贡献》，纽约：马斯兰出版社，2009年。

人的肩膀上去高瞻远瞩。

不过，同时我们也需要有清醒的认识，这些流向国际传播的中国智慧在整体建构过程中已经不可避免地整合融入了大量西方系统化知识。所以对本土化来说，这也是另一种类型的考验。我们知道，欧美中心的传播理论在经过数十年的发展后，形成了比较成熟的体系、模式。一些有影响的中华传播学者们已经或正在孜孜不倦地努力把传统中华文化蕴含丰富的传播智慧如易经、风水、和谐、面子等介绍到国际上去。客观地说，因为这个能在国际上向西方介绍中国传播思想的学者群，基本上是在美国大学课堂中接受的正统教育，或是在美国价值观认同国如现代日本受美国正统传播理论润泽成就，其思维方式、思想发展与传播理论的目前国际上的主流语境是同步的。尤其在介绍的过程中，这些学者们大都不得不试图用欧美人也理解的模式，把中国传播思想纳入西方的既成理论架构，以期起到影响作用，这种方式精神可嘉也很不容易！不过毕竟在嫁接过程中失去了不少东方的原汁原味。而且难免零碎枝节，要把中华古老智慧系统化，并转变成可实际运作的传播架构和体系，从而使之成为西方传播学界不用在他们一面做太多的努力就可以理解认同的全球性传播战略管理理论——达到这样的目标，尚且有很长的路要走。何况我们还很难说这是不是一种最佳的途径方式。

3. 传播本土化是从西方的视角看东方还是从东方的视角看东方？

成为本土化道路上最大障碍的，还有本土研究的成果要获得国际相关学术圈的认同，首先需要采纳欧美传播中心理论的研究方式，否则就必定被拒之门外——这显然已经与本土化格格不入，而且本身就是国际／文化间传播中的一种不公正。习以为常的是大量中国的学者们因语言障碍或地域局限而不能登上国际学坛。所以笔者就传播理论的本土化问题的一个首要考虑和学术声明是：什么时候西方能真正从东方的视角看问题，而不是要求把东方的传播经验和智慧先纳入他们的既成研究体系才有可能交流，换言之只有西方也学习从东方的视角去看问题，真正的东西方对话才能产生，而真正的国际传播也才能真正实现。

在思想领域也同样，空洞地说非欧美学者们应不满足于掌握美国的研究范式、研究主题及研究方法，而是要从自己独特的文化、历史、哲学、宗教及社会框架的角度出发做出贡献，并不解决目前的问题。而国际传播没有欧美圈之外的学者的参与，对人类传播现象的展现就必定是偏狭、贫涩、不完整的。所以真正的非欧美中心传播理论要走向国际，首先要摒弃一种期望，那就是边缘的非欧美的传播经验和智慧的走向国际，必须得装入既定的模子中。

非欧美国家的大量留学生到美国都学会了站在西方人的视角看待世界，用西方人的方式来做学问，或许今天我们应该提出，平等传播的基础应该建立在视角转换的基础上而不是永久性地固定于欧美一角。让西方人学会站在非西方的视角看一下东方的智慧和传播经验能给全球化的社会带来什么积极的影响，将远比把东方智慧纳入西方体系，然后再请西方来了解东方要更为彻底。世界需要的是链接而不是嫁接。

4. 衡量一种新理论的价值，是否必须要在已知研究中有根源和地位？

西方传媒学院里面培养出来的学者，已经被训练得所有的新理论都必得要有广泛的学术文献为基础才可靠、可信和有说服力。一种新理论的建立，必须要在已知传统中具有根源和地位。"衡量一种理论好还是不好，在于它可否被证明；这里，证据限制在常规的、具有潜在局限性的衡量条件之中。"同时，一篇文章的学术价值，往往需以引用率来作为判断。网上发表的文章，其价值则需要点击率来支撑，其他价值判断标准则几乎被完全忽视。所以一篇正规美国传媒学院培训者撰写的学术论文出来后，往往非常炫人眼目的是连篇累牍的参考文献。当然中国人也喜欢引经据典，但真正的本土化理论的学术规范如果必须沿用美国人文学科惯用的 APA 风格，恐怕是会本土味大减的。而且一部真正有价值的学术著述也不一定要有渊源和高引用率、点击率。历史教会我们的太多了。

大都有建树的理论家会觉得或者说是希望自己的发现和建树具有世界范围内的普适准确性和效应。或许是人类的控制欲也反映在学术规范中，谁都愿自成规范去受仿效于他人。但他文化的本土化，恐怕需要用他形式。

中国需要逐步摸索适合于本土人文国情的传播模式，事实上，以前我们大抵采取西方传播，学的是美国制度化的操作之路，从眼下来看，中国传播理论已经开始自己往深度下走了，中国需要的不仅是方式、工具这些具象操作规范，而是逐步延伸到人文的深层次理念，工具的使用只是表象，背后的观念才是原动力，当然这也还需要一些更完整的论述基础。

5. 本土化之上的传播共同基础的建立

要平等传播，最需要的是在各自本土化之上再建立起国际传播的共同基础，需要西方遇见东方，而不是西方接见东方。

前面说了，国际上的华人学者基本上都是把是把中国文化中的观念引入西方模式，分析具体过程，用西方实验方式去研究证明。认为要得到西方的认可，必须用他们也能理解的价值观来切入。他们的建树是令人瞩目的，但从根本上却不可能解决中华传播理论的本土化问题，而且这种做法从客观上也助长了欧美研究的始终中心化。中国的媒介团体尚缺乏世界级企业家所需要的一些视野，那是经验的问题；相互理解总是不容易的，传播理念上的交流，要让西方理解东方，就不能让他们以自身的人文理念来理解我们的传统传播理念，否则那种理解将会始终是肤浅的。

再看西方如何向东方传播？所谓国际／文化间传播，西方媒介集团的首领也应该逐渐放下身段，开始真正从观念上考虑如何用中西相通的视野看待传播问题，而不是到中国去做与传媒相关的生意，而又始终以西学为体，仅仅采取中式本土适应的传统老套路。现有的国际／文化间传播研究也受制于立场，其角度大抵从欧美自身视角出发。至今，在西方多数学者的心目中，即便在认同非欧美中心传播理论的本土化的同时，也还立足于优越的居高临下向客人发出邀请的姿态。这也是为什么我认为西方若要与东方做真正的沟通，就必须从东方的角度看东方的原因。世界对中国的了解还很少。尤其是从中国的视角来了解中国，还几近稚嫩。要真正全面地了解中国，需要一大批能把视角从客位调整到主位的先驱者。

6. 如何统一全球化的典型矛盾

在整个人类历史的发展中，各个不同文化的所有确定感都来自封闭，比如信宗教的人就比没有信仰的人要确定；封闭的爱比泛滥的爱要确定。这种封闭其实是价值观的封闭。在全球化的氛围中封闭逐渐在拆除，于是价值观必然会随之逐渐朝不确定方向走。本土化在某种程度上说乃出于价值观的重新封闭化，这与国际／文化间交流的开放合作性、与全球化时代对多元文化认同融合的要求，显然是相悖的。

回到中国的角度看问题，中华自古至今都是一个善于学习的民族、也是一个重实用的民族。它不像其他文化那样执着，数千年来都周游于三教之间，崇尚"叩其两端而折其衷"，善于引进，兼收并蓄，惟其如此，才为我们的"用"开了方便之门。我们可以博览广陈，左右逢源。虽然，我们还是充分意识到，今天的"可用"面临巨大挑战，中国的接受群体已经不再处于当初刚刚张开眼睛看世界的阶段了，他们已经渐趋成熟。既有的一般性的舶来传播理论模式的"可用度"已经捉襟见肘；而同时，中国传统中所有积存的精华也还不足以分析并解释现象。这个群体对"可用"的期待的升值，使朝外朝内、开放封闭、舶来本土各种选择所面临的挑战在全方位的与日俱增。

孙培雯：您曾提出的"工而自然"的境界，可以再详细跟我们解释它与华夏传播研究的联系吗？

赵晶晶：每个成功延续、发展壮大的文化都必然有自己的一套成功传播模式体系，中华文化历史源远流长，纵横管汇，细大不捐，自是积累和构建了自己的完整、精粹，尤其是不断发展的传播体系。因为以前中国在传媒技术上基础弱、没有规范，所以只顾低头学习西方传媒企业和传媒学院的机制套路，但是在这过程中丢失了太多有悠久深厚积淀的文化精华。所以今后我们在借鉴西方的同时，需要认真地考虑重拾华人自己的宝典。这些宝典，随着中国近年为世界所瞩目的新经济腾飞和国力强盛，势将为未来全球文化的建立和研究提供有其特色的文化要素和取之不竭的智慧泉源。从另一个角度，在全球化进程中，中国学人也迫切需要总结和发扬中华文化的精华，将中华文化成果纳入世界文化和世界文化的未来"天择"之中去。本人曾从多个角度层次去对华夏传播体系可能的完整架构呈现做过多方努力。如选择尽量中华本土的视角、材料、术语和架构方式，围绕国际/文化间传播的重要问题，罗列中华有代表性的与传播相关联的智慧，从中国纯正的道、法、术、器四个层面（相较于欧美传播，包括了理念、模式、技巧、途径和审美等一系列传播体系的建构成分）去研究和展开论述。"工而自然"就是应此使命在长期研究的基础上提出的。

如当年文中指出，"工而自然"是尽量发挥人在自然中提携万物的能动性，又扬弃人类自我中心主义的戡天役物；"工而自然"是中华民族在珍惜人的价值的同时又服从、尊敬"自然规律"；"工而自然"是民族自强而又顺应全球发展的一体化形势；"工而自然"是尽量发挥人在社会中的作用而又能不计名利、不多占有；"工而自然"是尽量美化生活而又不矫揉造作、琐屑俗媚；"工而自然"是将传播艺术发挥到极致而又没有刻意雕琢和虚假浮华不实……它应该说是华夏民族在长期社会实践中逐渐完善起来的人文理想精华。今天的人文理想必然会影响今后人类人文进化与自然进化的关系。研究中华民族"工而自然"的人文理想精华，在现当代人与自然关系模糊困惑、人类生存困窘之境日益显现以及国际交流间信任危机重重、人类生存风格日益浮夸的状态下意义重大，它对未来全球文化的建设是可以发挥能动作用、多可有回馈贡献的。

举一反三，回看中国智慧和千年国学和中国悠久文化中积累起来的传播理念和方法，虽然很多没有直接通过"传播"这个词汇来表述，但本身却经过了传播的千锤百炼。必然会对现代传媒有长足的帮助。让这些精华融入并成为国际传播主流，惠泽全球化过程中的所有地球村居民，是大多数中华传播学者的心愿。对于此，学坛罕有异议。而尤其值得欣喜的是像"工而自然"的精华，我们还有不少。瞻望未来，我们是有信心期待这类中华人文精华逐渐成为华夏民族对于现代国际/文化传播及人类文明的最大贡献的。

孙培雯：近年来中国从中华文化出发，大批学者抒发自己的看法，努力建构起自己的中国传播理论，践行"本土化就是最好的国际化"，您是如何看待华夏传播研究最近取得的成果呢？

赵晶晶：学科的民族意识既已复苏、有了自己的思考，中华传播学者自会超越对"已接受的"范式、理论及研究方法的依赖，追求新的图景。若要构建华夏传播体系，中国传媒学中的教学宗旨和教学模式会首当其冲地需要改革。而这种改革，又当从整理本土的传播经验和理论做起。在建立中华传播体系的进程中，我的观点几十年来一直没有变，华夏传播体系是需要建立在华夏文化基础上去构建体现现代哲学和现代价值的。在对中华传播做发掘、整理和总结的一系列研究的时候既要有高度的文化自信，又要对欧美及世界上既有的文化传播经验和贡献有充分的尊重。努力用本土语言思维模式而不是用既成的欧美流行术语材料模式来建构传播体系；同时这个体系构建成后又能走向国际，为他文化理解接受并获益。当然，这会是一个极有难度的需要几代学者长期努力的发掘总结兼开拓性研究领域。看到国内目前华夏传播研究的蔚然成风，心中很是欣慰艳羡。我长期来主要生活在美国，因而相信身处直接学术环境中的学者比我更合适来总结评论这些成就。作为一个华裔学者，仅谈几点不希望将来在华夏传播体系建立过程中看到的：

一、不希望看到华夏传播体系的建立和倡导成为所谓的民族主义、民粹主义、地方主义的理论支撑，成为新壁垒和高筑墙的全球化进程中的反向动力。那样做不仅不能在全球传播中增强中国话语权、从而去获得弘扬自有声音的机会，也不仅不能在世界的大合唱中让华夏音声成为浑厚中坚并起到积极引领的作用；反而只会是逆势而动，将国家民族引回与世界隔绝、顾影自怜、孤芳自赏的古堡式一唱三叹，而我相信那将会是与包括本人在内的学者们十几年前大力倡导非欧美传播中心的原始动机相违的……

二、不希望在华夏传播体系建构过程中看到不尊重其他传播体系，将一切欧美的传播经验皆溯源于华夏传播体验，把华夏传播的体验和经验扩大成世界传播的总源头或超越否定其他文化传播经验的做法。我们要接受多元并存并行的世界。不能假定自己的传播经验是唯一的伟大，不同的伟大之间需要尊重和理解，人类在共居的星球上才能和谐交流和平共存。

三、不希望看到以华夏传播的名义却并没有立足本土，不是本着原创、尽量原汁原味的本土发展精神来进行华夏传播体系的构建。摒弃彻底的拿来主义或改头换面。要警惕一方面在不齿欧美传播的自我中心和文化霸权，可同时又固守既成习惯，在非欧美的学术思维和研究模式方面迈不出坚实步伐。

四、不希望看到这个体系构建只能供中国传播学坛内孤芳自赏，而不能走向国际，为他文化理解、接受并获益。

顺便说一点，在这科技发达的史无前例的大接触、大"流动"时代。传播日益扮演不可或缺的角色，研究人类对传播的理解认识和运用之重要、影响之广远也已经到了前所未有的程度。中华传播体系的构建，道、法、术、器，面面俱到，细大不捐。应该远古到先民口中的历史传说和远古歌谣，摩登到新媒体中的网络舆论和微传播；微小到自我反省、愉悦邻里，巨大到影响国家意志国策制定……比如在目前的疫情中，就能观察到中国传播叙事重点与西方的明显不同，也可以清晰地看到传播在冲突形成中的角色扮演。任何一方的不慎重都可能引起国际信任危机、误解，格局裂变和冲突。个人以为，在疫情下全面陷入的汹涌滥觞的争战中，笼统说来，中华传播还未能起到全球化过程中令人期盼的全面、正面的巨大积极作用。这也从侧面说明了今后学者们在此领域中的研究既会是举足轻重，影响广远的，同时也是任务及其艰巨的。

孙培雯：请问您对"本土化是最好的国际化"、本土化与全球化的关系有什么具体的研究想法呢？

赵晶晶：这是一个很大也是长期的热门话题。实际上在特定语境中讨论的就是本土化与全球化的关系。我在第一个问题时已作部分相关回答。我们说这里牵涉到对"全球化"一词内涵的界定。首先，学界不乏对全球化的观念的追溯久远，事实上这一切或许就是源自人类本身对拓展和无限的追求。中国的"一统"论、"天下"观，也不是迟迟出现于现当代的。世界史上开拓疆域的此起彼伏的帝国，亚历山大、成吉思汗、拿破仑、希特勒……那一个个想要将自己的影响势力极大化的历史人物们身上不能说没有丝丝端倪。犹太教、基督教、印度教、佛教、伊斯兰教、儒教……哪个宗教没有将普世全球认作自己的拯救普度范围？不过这些暂不在我们讨论范围。我们只说现代意义上大规模的起落和使人望洋兴叹的研究热潮中的"全球化"，是指科技带来人的交流传播能力的延伸使国与国间距离缩短，当今世界各国的政治、经济、文化教育日益互相关联依存，地球仿佛变成为了村落。

学术界往往为了方便而将全球化和相应的本土化问题划分为相互联系的三大领域：经济全球化、政治全球化和文化全球化。我觉得简言之，全球化指的无非是视涵括所有人类政治经济文化活动在内的世界为一个整体的进程。传播是无处不在的，它在经济中，它在政治中，它在文化中，它与人类的所有活动如影随形。而传播领域的全球化的最简要定义概念范畴应该是将范围扩展到全球并有效促进全球化的传播。

尽管跨文化传播内涵已逐渐朝名副其实的方向发展，但我们知道，狭义的跨文化传播学科起源于不同文化间因盈利而需求的商业交流培训。同样，无论欧美发达国家当初策划推进国际全球化的动机是什么，是美国垄断金融集团在全世界创造利益最大化企图，抑或是美国普罗大众对廉价消费的追求，我们这里探讨的国际化、全球化，亦已早不再局限于经济领域。而不同国家的人民在现代科技背景下进行全球范围内的有效传播交流，也就是说传播领域中的"全球化"也无法不具有更广阔和积极的意义。尽管我们并不讳言经济全球化的利益分配不均衡，西方少数发达国家掌控国际规则和全球治理体系的主导权，传播话语权的偏倚倾斜曾是我们探讨的全球化和本土化的矛盾起点，也曾是该语境中我们重点关注非欧美传播中心和华夏传播理论重构的理论出发点。

如众所知，当初由李嘉图提出的"比较优势理论"曾是自由贸易和经济全球化的理论基础。经济学家们认为，不同国家生产自身具有比较优势的产品（即本土化），汇总在一起，将增加全球的总产出，从而提高所有贸易参与者的经济规模（即更好的全球化）。西方理论家们的相关论述我们这里不去详加讨论，但有一点是肯定的，全球化原始理论的获益基础乃建于本土化。我们将经济领域中所谓更好的本土特色化也就是更好的国际化／全球化的结论，转接运用于传播领域，那就成了不同国家总结出自身具有优势的传播经验，必然增加世界的总体经验。而一些国际学者批评传播领域的欧美中心致使学科无法真正地充分运用"国际"人类资源——真正的"国际"人类资源理应包括世界上各个国家的本土知识、本土智慧及世界范围内广泛多元的人类想象力与创造力，也是从此视角看问题。确实，群策群力，多木成林，只有每种不同的花都开出自身的特色，才能使整个国际花园更加绚烂多姿。本土化是最好的国际化，本土化与国际化、全球化相辅相成而不相悖论原是从这样的角度延伸出来的。

但是需要特别注意的是今天假若我们把本土化与民族主义、民粹主义、地方主义等趋同合一，那这个本土化就不再是全球化大河中的注入河流了，而会是全球化进程中的壁垒隔墙。那"本土化是最好的国际化"也就自然无法自圆其说，这个命题也就不再成立了。我们需要承认，那过去的数十年中国经济的奇迹增长和文化的空前繁荣是与全球化进程分不开的。华夏传播要继续成为全球传播的参与者，成为全球化传播的主音部和领唱人，就必须获得世界的信任、认可和支持。中国传播不可能自成一家、高筑墙而又获全球话语权，得全球传播传唱之益之力。这是很浅显的道理。

历史是流动的，文明是流动的，全球化是进程。全球化与本土化的矛盾和统一皆和人类的属性本能相关。现代传播技术的先进可达性已经走在了人类思维认知以及行动的前面。我们可不能让"器"不载"道"，"术"先于"法"。虽说全球化的前景眼下因各类叠加交错危机，尤其是正在因猖獗未测的疫情蒙尘，但全球化浪潮是处于回落蓄势再发，不是戛然终止。而这一历程正在通过逐渐累积而形成波浪式和螺旋式的上升。全球秩序中的矛盾，不同民族和不同文化之间的隔阂、纷争和冲突之浪，终究会通过克服对立、相互磨合而渐次淡化消减，以终究达到一个更高层次的整合而浩荡向前。美国需要让中美关系避免陷入"修昔底德陷阱"；中国也需要在世界关系中履行不称王称霸的承诺，让大一统观念与时俱进而奉"天下大同"之精华。确实，让世界回到小国寡民、老死不相往来的状态去是不可能了。如何用中华民族的"复变"智慧去前瞻后顾，在新形势下的世界全球化的新进程中，站在地球村人类命运共同的高度，全盘而不是隔绝、支离破碎地去企图运行操纵全人类的命运之舟呢？我们确实到了打破零和博弈，认准"和实生物"的时候了。既实现对近代以来欧美一统独领传播体系的超越，也实现对狭隘民粹主义，闭关自守、自说自唱的超越！中华传播如何融入世界、发扬壮大乃至精诚贡献，在自己的强项方面起引领作用，最终达到国际认向、全人类同舟共济的和谐终极——这，我认为应该是每个传播学者的宗旨和社会历史责任。

此外，在眼下特殊的语言环境中，我认为自己十多年前的一个相关的基本观点还是有前瞻性的，那就是呼吁"舆论领袖和政治首领的全球化人格的率先建立"。[①] 从全球或泛人类立场而言，现有的知识与理解能力尚具有不完备和不确定之特性，要在本土经济文化纷呈的全球化过程中传播，首当其冲是在全世界的政治领导人和舆论领袖间建立全球人格和全球心智。他们亟须摒弃壁垒思想和极端态度，以人类现阶段认知的局限和世事万物的不可确知性来铸就文化兼容态度并付诸行动，从而避免不同民族及国家之间言论的互相伤害乃至武力冲突。政治首领和舆论领袖之所以需要先行，当然是因为他们所拥有的举足轻重的地位和号召力。因为普通民众虽然因新媒体的普及而有了一席之地，毕竟小房子中的激烈谈论和零碎的"愤青"牢骚很容易淹没在信息的洪流中而很难成气候。如若国际间的政治领导人、意见领袖和舆论领袖意见相左，各不相让，意气用事，则今天的科技，足以摧毁我们的整个地球家园。所以这是怎么强调都不为过的。

---

① 参见 J. Z. 爱门森 & N. P. 爱门森：《世界文化和文化纷呈中的传播策略——一个致力于跨文化融洽交流的计划》；英文原载 J.Z. Edmondson：《大道自然——论中华智慧对国际／文化间传播的可能贡献》，*Journal of Intercultural Communication,* Issue 8，（January 2005）；J.Z. Edmondson, China Media Report Overseas, no.10（2014），pp.3.

中国传播学研究的践行者

——李庆林传播学研究思想综述

闫　珂[*]

Yan Ke

李庆林，广西大学新闻与传播学院教授，博士生导师。1990 于中国青年政治学院社工系毕业后，在山西太谷县委政策研究室工作，1993 年后在北京先后就职于《中国农民》杂志社和《中国城乡金融报》社，任记者、编辑。在当记者和编辑的过程中他被新闻传播这一门学科深深吸引，于 1998 年考入广西大学新闻系进行学习，在 2001 年获得新闻学硕士学位，2003 年继续考入中国传媒大学攻读博士，师从我国著名传播学者陈卫星教授，2006 年获得了传播学博士学位。曾任广西大学新闻传播学院副院长。兼任全国大学生广告艺术大赛组委会委员、广西艺术广告协会副会长、广西对外经济文化交流中心理事等。

李庆林教授李庆林教授有着丰富的学术研究经验和生活工作经历。李庆林教授的传播学研究关注范围广泛，其对中华本土思想文化资源的挖掘丰富了华夏传播研究领域的内容体系。笔者对此加以梳理，重点关注其在传播学本土化方面的研究，试图展示李庆林教授在华夏传播领域所做出的贡献和努力，为后来的学者做研究提供参考。

一、李庆林学术研究介绍

（一）学术成就及贡献

李庆林教授的研究方向主要为新闻理论、传播理论、广告与文化产业、中国－东盟区域传播、大众传媒与社会这几个方面。李庆林教授先后发表论文 50 余篇，

*　作者简介：闫珂（1998—），女，天津和平人，厦门大学新闻传播学院学生。

其中核心期刊 15 篇。研究内容分为基础理论研究和应用研究两部分，理论研究论文是李庆林教授长期关注"传播与社会"这一命题的研究成果，主要从传播的基本构成和形态出发，分析传播技术（从文字到网络）如何塑造文化、改变社会，探讨其中的原理和机制。应用研究论文是运用以上理论研究成果和心得对中国—东盟媒体合作及中国对东盟国际传播能力提升进行的案例研究。两部分论文自成体系又密切关联，构成一个完整的整体。

代表作有：《传播研究的多维视角——马克思、哈贝马斯、麦克卢汉传播观比较》一文，发表于《新闻与传播研究》2005 年第 4 期。《新华文摘》2006 年第 6 期（134—136）全文转载；《人大报刊复印资料》（新闻传播学卷）2006 年第 4 期全文转载，并列封面文章；《从传播的分类看传播学的研究重点》一文，发表于《国际新闻界》2008 年第 3 期，《人大报刊复印资料》（新闻传播学卷）2008 年第 7 期观点摘录。获广西第十一次社会科学优秀成果奖论文类三等奖；《表达和阐释：人类传播的两大构成》一文，发表于《现代传播》2017 年 12 期，获第十五次社会科学优秀成果奖论文类三等奖。

科研项目包括：1. 主持完成 2012 年国家社科基金一般项目立项，《中国—东盟传媒合作的现状、问题与对策研究》；2. 主持完成 2011 年教育部人文社科西部项目：《马克思、哈贝马斯和麦克卢汉的传播观比较研究》；3. 主持完成广西哲学社会科学"十一五"规划立项课题：《文化体制改革背景下的广西传播产业发展研究》。作为主要成员参加 2015 年国家自然科学基金项目《文化外交网络在地缘经济区的溢出效应及其机制研究》。

（二）李庆林传播学研究的思想脉络

第一阶段：2001—2008 年启蒙时期

2003 年李庆林在《广西大学学报》（哲学社会科学版）上发表了《文字如何影响我们的生活——对汉字和英文的一种传播学分析》，这是最早的一篇有关中西方传播思想观念对比的论文。在文章中他提道："许多人探讨中国人学不好外语的原因，其实这背后，实在是两种文化的差异。我们似乎并没有真正意识到，汉字和英文是完全不同的两种传播媒介。这种不同不只是体现在书写笔画的不同，更重要的，它通过对形、音、义三者关系的不同处理，反映出两种不同的精神指向，不同的对世界的认知方式，由此塑造了两种不同的文化。因此如果总是想用汉语的思维方式和习惯去理解英语，就永远理解不了英语。"

随后，李庆林在 2005 年发表于《广西大学学报》（哲学社会科学版）的《传播的意义辨析》一文中在更为宏观的视角下探讨了人类传播、动物传播、交通运输等不同传播形式的差异，并将传播视为社会这一有机体的神经网络。

无论是语言文字还是传播的概念，中国对于传播学的研究一定不能是生搬硬套，而是要在引进传播学概念的同时注重到传播学本土化的进程。顺着这个思路，李庆林开始从中华上下五千年的历史中，去挖掘中国人的传播方式和传播结构。在 2008 年发表的《论帝制中国宗法一体化的传播结构》一文中，他提出在帝制中国，宗法一体化的传播结构把传播限制在一个自足的封闭的系统里。这是一个维护皇帝、圣人、老人、祖宗的绝对权威和古老传统生活方式的传播系统，它那强有力的控制力量，有效地遏制着新生事物的萌芽，任何偏离"主旋律"的微弱信号输出都会立即遭到全社会的合力扑杀。鉴古而知今，我们探讨这样一个话题，就是为了在民族复兴的伟大征程中，探寻变革我们传统传播结构和话语方式的新方向，而这是现代中国走向进步和开放的题中应有之义。同年，在发表这篇文章之后，李庆林教授发表了《游民社会：帝制中国隐秘的话语空间》。介绍了主流社会之外的游民社会的传播模式，两篇文章形成姊妹篇，上下两篇以对比的方式深刻的向我们介绍了中国传播社会的传播模式和传播结构。

李庆林教授的研究一改以往学者从中华几千年的灿烂文明中去寻找华夏传播之魅力的做法，通过理性批判性地分析中国宗族制下的传播结构所呈现的弱点和暴露出的问题，以鉴古知今，使中国加快现代化的步伐。

在李庆林教授的博士论文《皇权专制的建构和叙事——论帝制中国的话语和传播方式》中，他将自身对中国古代君主制社会传播结构和叙事方式的省思进行了系统性的书写，建构了一个以一体化社会和集权式政治为主体又包含游民社会这一非主流隐匿场域的复杂传播空间。值得一提的是，李庆林教授在这篇学位论文中将文字、仪式和建筑都视为表征皇权的媒介，体现了其广泛深入的媒介视野。

第二阶段：2008— 2010 年，确立阶段

在经历了前一个阶段对中国传统社会传播领域的研究，李庆林教授敏锐地意识到是时候进行系统化和长时间的对华夏传播学的研究了，于是他在 2008 年 3 月于《湖北广播电视大学学报》上发表了《寻求传播学研究的自为之路——兼谈传播学本土化研究的路径选择》一文，在这篇论文中李庆林教授认为"当前流行于我国传播学界的绝大多数传播理论，无论是经验的还是批判的，都是西方学者用各种方法研究'他们'的传播活动而得出的结论。国内流行的一种传播学研究也是采取中国的样本来验证国外一些传播学理论在中国的适用程度。与其这样做，还不如首先继承和批判好先人在这方面留给我们的遗产，让中国文化里头潜藏的一面，可以在大家的努力耕耘下，得到发扬"，"只有更好地了解我们自己的话语和传播方式，才能更好地了解自己，同时更好地了解别人。这对于在今天这样一

个'地球村'时代唤醒和保持我们的'文化自觉'是有意义的，对于丰富世界传播学理论也有很大作用"。李庆林教授在文中引用马克思的名言"理论在一个国家的实现程度，决定于理论满足这个国家的需要的程度"引申出自己的结论："传播学中国化或本土传播学的发展，最重要的工作既不是检验西方传播理论的本土适用度，也不是单纯地、孤立地总结自己的传播规律，自说自话，而是要从本土传播现象出发，深刻分析这些现象赖以产生的原因、背景，参考相关理论和方法，提出自己的理论概括，正所谓'主义可拿来，问题须土产，理论应自立'。"这篇文章标志着李庆林教授开始正式有计划地系统性研究有关华夏传播领域的问题，连续发表了《论中国传统传播的观念和传播智慧》《论汉字的文字特性及其文化影响》《论儒家的伦理传播观》等论文。这些论文从传播观念、传播伦理、传播与社会等方面切入传统社会与信息传播机制的内部肌理，提出了"中国社会是传播过剩和传播缺乏互为因果的社会"、"'礼'是儒家传播观的伦理实质"等论断，这对中国传播学本土化研究具有重大意义。

第三阶段：2011 至今，实践阶段

这一阶段主要立足于前一阶段所取得的学术成果，根据前一阶段建立的传播学理论，以传播学的角度来分析中国－东盟关系中媒介所起到的作用。他在 2011 年发表的一篇名为《试论传媒在中国－东盟自由贸易区建设过程中的角色定位和功能发挥》的论文中指出，中国和东盟各国的媒体不但是本国经济体系中一支重要的产业力量，同时还是一种重要的文化认同工具，是民意和舆论的汇集和表达平台。一个区域共同体的形成和发展，有赖于一种深层次的维系力量，即彼此之间的文化认同。实现中国与东盟的民心相通，必须"传播先行"。区域一体化能否取得预期成效，在很大程度上取决于中国与东盟各国媒体能否合力推进多边信息交流。广西主流媒体应充分发挥地缘优势，尊重国际传播规律，在面向东盟的传播中保持领先和主动。

李庆林教授致力于中国与东盟方面的传媒领域的研究，主导了多个课题，继续发表了《中国—东盟影视合作研究》、《中国－东盟民心相通需要加强传媒合作》等多篇文章，将中国－东盟传播交流系统化理论化，提出了具有可行性的具体对策。

此外，李庆林教授在深化对中国－东盟传播领域的实践研究之外，还坚持对马克思恩格斯交往传播观的理论研究，从而试图在理论和实践的交互思考中探索当下新媒体时代的传播研究进路和发展范式。

（三）李庆林的治学风格

我们看到，在三十多年的传播学研究中，李庆林老师立足本土、追寻中国传统社会的交流的魅力，能够在时代发展中，将传播理论与中国本土传播实践紧密结合，形成了自己的研究特色。

其一，大胆创新。李庆林老师的《游民社会：帝制中国隐秘的话语空间》一文，以独特的研究视角，对中国的游民社会进行研究。文中提道：中国传统社会是一个宗法一体化即家国同构的社会，与此相应，形成了帝制中国宗法一体化的传播结构。但是在家庭和国家的秩序之外，一直存在着一个秘密社会，其成员系从家庭和国家的秩序之中"脱序"而来，一般叫游民。游民一旦由于各种原因而从土地上"游离"出来，以前所有的社会正统思想的束缚，便不再对他们起作用了，而游民的作为，也历来不为主流社会所认可。游民社会有一个独特的价值体系，也因此形成了自己独特而隐秘的话语空间。

"物种繁衍靠复制，学术研究靠创新"。创新是中国学术灵魂，华夏传播学研究只有不断进行学术创新，才能在国际学术竞争和发展中处于有利位置，也才能赢得主动权、发言权和平等对话、受人尊重的权利。从李庆林老师的研究中我们可以看到他不仅立足于主流声音，也从被人忽视的游民中寻找新的研究选题。他不仅立足于中国实事，同时也在最新的研究成果中挖掘传播学领域的研究空白，这种立足创新，坚持创新的精神正是后学所应该谨记和培养的。

其二，勤勤恳恳，一丝不苟。在做学问上，李庆林教授几十年如一日，孜孜不倦的全身心投入到传播学本土化的研究过程中。仅仅2008年一年他就发表论文22篇之多，相当于每两周就有一篇论文出炉。在李庆林老师的众多论文中，我们能够看到，在从事传播学本土化的过程中，他从来没有停止过对最一般的传播学理论的研究，在进行华夏传播学研究的过程中，对大众传媒、媒介理论等的研究也没有停止。在实践中得出理论，又将理论应用于实践，将华夏传播与中国时政结合起来，在"一带一路"的建设下将视野集中于中东盟关系，将华夏传播的理论用于解决实际问题，让华夏传播不仅仅是高高在上的理论，更是无时无刻不都在我们的身边所被运用。通过对华夏传播学研究所得到的成果丰富了原有的西方研究学者得出的一般性传播理论。

李庆林教授的研究对华夏传播研究以及传播学本土化方面做出的贡献是有目共睹的。

二、李庆林老师的访谈录

为了更为深入地向读者展示李庆林老师的学术风格，笔者通过谢清果老师联系李老师，进行了书面访谈。

闫珂：李老师您好！当前华夏传播研究正在学界兴起，您作为当前中国传播学研究的专家，您认为在传播学本土化的研究过程中存在的主要问题是什么？遇到的最大的困难是什么呢？

李庆林： 我国近四十年来的传播学研究，大部分是以西方尤其是美国经验学派的学术范式为主，初期的新奇和模仿学习是可以理解的，也是必需的，但是长此以往，就会使我国的传播学发展失去应有的主体性，没有主体性，就不会有长久的生命力。这时传播学的本土化就是一个必然选择。

本土化有两个思路，一个是用现代传播理论来反思和解读中国传播实践，另一个是直接从我们中国人的传播实践——主要是传统传播实践中总结我们自己的传播理论，这就是华夏传播学的初衷。厦门大学新闻学院的老师们首先从传统文化中寻找本土传播理论，提出了诸如"风草论"等很有启发的一些理论，取得显著成绩。在这方面，还有很大的空间可以拓展。因为中国文化博大精深，尤其在传播方面，有独特领悟和智慧，需要进一步总结。

在这方面，我觉得存在的问题一是研究力量还不够强大，需要有更多热爱中华文化并有现代意识的学者加入这一研究领域；二是应寻找各种途径转化研究成果，将其变为各种政策、决策依据或是在社会生活中营造一种文明和谐的传播文化。以体现研究的价值和意义。

闫珂： 您的研究涉及诸多领域，不仅立足于传播学基础理论、传播学本土化的研究，还有中国—东盟媒体合作方面的研究，您是如何平衡这些研究选题并进行分配时间的呢？

李庆林： 传播学本来就是一个面向很广泛的学科，因为传播是一个根本的社会过程。围绕传播，可以展开无穷多的研究向度。我仅仅是在几个相关的层面有所涉猎，并不深入。

闫珂： 我看到近几年您对中国－东盟之间的媒介关系等传播领域主导了多个课题的研究，您认为对于华夏传播学的研究所得到的经验是否可以运用到新的研究领域？是如何应用的呢？您觉得中国－东盟关系建立过程中，媒介起到什么样的作用呢？

李庆林： 我所供职的广西大学所在地广西地处中国西南边境，与东盟多国海陆相连。是"一带一路"交会对接的重要节点和关键区域，中国对东盟开放合作的前沿和窗口。长期以来，广西与东盟国家保持着广泛的经贸、文化和社会交往。从2004年开始，中国—东盟博览会永久落户广西省会城市南宁。作为一个传播学者，当然要因地制宜为广西的经济社会发展尽一份力。

中国－东盟传媒合作的研究同时是我申报的一个国家社科基金项目。中国和东盟的媒体是中国—东盟区域一体化进程的记录者、见证者、参与者和推动者。

中国和东盟各国的媒体应在讨论中增强各国文化的彼此欣赏和认同，拉近各国人民心灵的距离。随着时代的发展，基于互联网的网络空间已经成为双方新闻和信息传播的主要平台，如何构建"中国—东盟网络空间命运共同体"又成为一个时代课题，十分值得研究。

中国－东盟传媒合作既是一般的传媒合作，又是一种跨国界、跨文化的传媒合作；既是产业层面的合作，也是文化和意识形态层面的碰撞与交流；既是中国对东盟整体的传媒合作，同时又是对东盟十国不同国家的一对一的传媒合作。打仗要知己知彼，其实合作同样也要知己知彼。华夏传播研究是对我们自己传播方式的认识和理解，是为知己，这是与东盟所有合作的前提。

闫珂：你能具体谈一谈 2008 年那一年吗？我看到在那一年您发表了近 20 篇有关中国传统社会的传播学的研究成果，所涉及方面之广，研究程度之深令我惊叹，能和我们谈一谈是什么使得 2008 年成为您学术研究生涯的一个高潮呢？

李庆林：这个完全是机缘。那时博士刚毕业，头脑中有许多想法，正好也要评职称，所以就多写了一些。

闫珂：您早年当过记者、当过编辑，也进行过政治政策的研究，您认为早期的这些经历对您的学术研究是否产生了一些潜移默化的影响？能具体和我们谈一谈吗？

李庆林：县级政府部门的经历使我了解了基层社会的一些真实情况。记者、编辑的经历也是在一个更广的层面上去认识社会。既然要把学问写在大地上，首先就要全方位去接触社会。学术研究不是空中楼阁。尤其是人文社科研究，其研究的问题只有从现实生活中提出，才能凸显意义和价值。传播学的研究更是如此，我觉得我在这方面还有很长的路要走。

闫珂：近年来学术界产生了很多学术造假，学术浮躁的现象，您认为在新时代如何能够潜下心来做学问？

李庆林：学术造假是学术浮躁的一种表现，也是学术浮躁恶性发展的结果。原因有很多，根本原因还是功利心、名利心在作怪，忘了学术研究的目的是发现真相和真理。现在是一个快节奏和碎片化的时代，学人特别是年轻学者压力很大，诱惑也很多。但是付出与收获永远是成正比的。学术研究需要灵光一闪，需要聪明，但更需要扎实的努力，切实的付出。慢工出细活，高质量的成果永远是精雕细琢的。

能够静下心来做学问需要具备很多条件，其中最重要的就是要真正对学术研究感兴趣，如果不能从学术研究中找到乐趣，外在的因素是不能持久的。

中华文化传播研究的探索者与践行者

——访武汉大学新闻与传播学院教授李敬一

刘韬[*]

  李敬一生于 1946 年，湖北蕲春人。武汉大学新闻与传播学院教授、博士生导师，中央电视台《百家讲坛》栏目主讲人，著名诗词研究专家。1970 年，毕业于武汉大学中文系并留校任教；1978 年至 1979 年，在北京大学中文系青年教师进修班学习；1999 年，赴法国学术交流。先后在武汉大学中文系、新闻系主讲"中国文学史""中国传播史"等课程，为全校开设公选课"唐诗欣赏""宋词欣赏"。曾任武汉大学新闻与传播学院广播电视系主任、教育部学位委员会新闻传播学科通讯评审专家、全国新闻教育学会播音与主持艺术专业委员会常务理事、湖北省新闻系列播音与主持高级职称评委会委员、湖北省重点（培育）学科戏剧与影视学首席负责人。

---

  * 作者简介：刘韬（1991—），男，河北邯郸人，厦门大学新闻传播学院 2019 级博士研究生，研究方向：新闻出版。

　　主要研究领域：中国传播史、中国文学史，长期致力于中华传统文化的传播普及和新闻传播学研究。1998 年，主持教育部人文社会科学研究专项任务项目《中国传播史研究》；2001 年，主持湖北省教委人文社会科学研究规划项目《新闻道德与新闻法规研究》。独著和合著作品共计 20 余部，代表著作有《先秦两汉文学史》《中国传播史（先秦两汉卷）》《中国传播史论》《壮哉唐诗》《节目主持概论》《唐诗宋词名篇精选精讲》《司马迁》《休闲唐诗鉴赏辞典》等。发表《关于传播学研究本土化问题的思考》《中国农民革命战争史上的舆论传播》《佛教在华传播的现代解读》《新闻传播与辛亥革命爆发：兼说辛亥前后蕲春籍报人》等学术论文。

　　李敬一教授是传播学研究本土化的先行者之一，并在传播中华文化的实践过程中提出许多创见。他认为传播学的研究应突出中国特色，同中国社会发展和传播事业的实际结合起来，探索并建立适合中国国情和文化传统的传播理论体系，为中国的新闻传播实践服务。在《关于传播学研究本土化问题的思考》中，李敬一教授认为：由于历史和现实因素，中国的传播学研究在短时间内不可能出现西方那样有里程碑意义的传播学理论和学术概念；由于国情不同，我们也不可能照搬西方的理论指导中国的传播实践。传播学研究本土化是一个新课题，建立有中国特色的传播学理论体系有待于学术界做出艰苦努力，总体上需要"四个工作"：第一，加强对中国传播历史和古代传播思想的研究。他指出对中国古代传播历史的深入研究是一崭新的课题，是一块有待开发的科学研究处女地。对于传播学研究者来说，研究中国古代传播历史既是学术使命、也是历史责任。李敬一教授的《中国传播史（先秦两汉卷）》《中国传播史论》就是这一方面工作的突出成果。第二，加强对中国传播事业发展现状的研究，关注我国传播事业区别于其他国家或地区的具体特征。这些特征无法用西方传播理论简单地加以解释，如不进行深入研究，就无法正确总结出中国传播事业发展的规律，无法指导中国传播事业进一步的开拓与繁荣，更谈不上传播学研究本土化。第三，加强对西方传播理论及其最新发展态势的研究，取其精华，去其糟粕、洋为中用、发展创新。如李金铨所言，西方传播学理论不能定于一尊，而且除非经过国际层面的考验，终究还是停留在"西方"的理论层面。[①] 这就意味着传播学研究本土化要吸收和借鉴带有人类社会发展不同阶段共性的观点，改造和融汇具有一般性规律的东西，扬弃那些仅仅适用于资本主义社会的传播观念和理论。第四，尽快建立有中国特色的传播理论体系，注重研究传播学的历史与现状、基本原理及其应用、中国传播历史与传

---

　　① 李金铨：《传播研究的典范与认同：一些个人的初步思考》，《传播研究与实践》，2014 年第 4 期，第 1 页。

播思想发展史、传播与中国传统文化等。[①]

一、做中华文化传播研究的先行者

1996 年，李敬一教授的著作《中国传播史（先秦两汉卷）》正式出版，标志着我国首部传播史专著诞生。[②] 这是一次规模宏大的本土性传播学文化探索，开创了分历史阶段研究中华文化传播的先例，对早期传播学本土化，尤其对中国古代传播史的研究做出贡献。[③] 在《绪论》中，李敬一教授开宗明义阐述关于传播学中国化的思考，他提出：对中国自身的传播历史、传播方式、传播观念，尤其是对传播与中国传统文化、传播与中国社会发展的关系的研究，基本上是空白。传播学亟须中国化。[④]

先秦两汉是中国社会发展史上最为重要的时期，也是传播史上极为重要的节点，这一时期的传播事业有许多鲜明特色，是中国传播事业的源头。对包括先秦两汉在内的中国古代传播史进行研究，一直以来是华夏传播学研究的重要内容之一，亦是李敬一主张建立有中国特色的传播理论体系的组成部分。《中国传播史（先秦两汉卷）》再现先秦两汉时期社会传播的全貌，阐述这一时期的传播实践与中华民族文化传统之间的渊源，探讨其对中国社会发展的影响。《人民日报》撰文认为：这部专著的问世，填补了传播学研究中国化领域的空白。此外，《光明日报》总编辑王晨在《序》中说，该书不仅帮助我们更深地认识中国古代传播，也为我们认识中国文化传统的形成提供新视角。它从历史学、社会学、文化学的视角，驾驭、审视先秦两汉传播史，对"上古""春秋战国""秦""西汉""东汉"五个时期的传播方式进行重点研究；对"焚书坑儒""张骞出使西域""黄巾起义"等传播现象也做出细致分析。此外，书中对先秦两汉的传播思想及大一统做专章论述。先秦诸子传播思想影响深远，借用马克思形容古希腊神话的艺术成就时的比喻，"就某方面说还是一种规范和高不可及的范本"。[⑤] 秦汉时期的许多传播方式至今沿用，活跃的传播思想仍以不同形式产生直接或间接的影响。[⑥] 秦汉时期大一统局面形成，对中国传播事业的影响也是空前的，使得中国古代的传播事业进入了

---

①　李敬一，刘兰珍：《关于传播学研究本土化问题的思考》，《新闻与传播评论》，2001 年，第85 页。

②　劳孟：《首部〈中国传播史〉在武汉出版》，《出版参考》，1997 年第 7 期，第 8 页。

③　杨永军：《论我国"传播学本土化"的理论构建》，《学术论坛》，2005 年第 3 期，第 5 页。

④　李敬一：《中国传播史》（先秦两汉卷），武汉：武汉大学出版社，1996 年，第 2 页。

⑤　李敬一，刘兰珍：《关于传播学研究本土化问题的思考》，《新闻与传播评论》，2001 年，第81 页。

⑥　李敬一：《中国传播史》（先秦两汉卷），武汉：武汉大学出版社，1996 年，第 15 页。

一个新阶段。[①]

　　根据浙江大学传播研究所编撰的《中国大陆传播学专著、译著要目》，传播学本土化研究的成果体现在三个方面：第一，纵向的中国传播现象和传播思想的研究；第二，横向的中国传播学理论和传播问题研究；第三，从中国具体国情和传播实际出发所进行本土化研究。[②]《中国传播史（先秦两汉卷）》无疑属于第一个方面，即研究中国传播现象和传播思想研究所取得的重要成果。此外，它也符合余也鲁所提倡的研究路径："回到过去"，在中国传统文化中寻求传播观念，从历史经验中总结传播特征，建立自己的理论框架，偏重于传播理论的中国化。[③]

　　在《中国传播史（先秦两汉卷）》之后，李敬一教授于 2003 年出版《中国传播史论》，以专论形式对古代传播展开叙述和论证。中国有没有属于自己的传播思想和传播理论？它们与中国传统文化有怎样的联系？它们以怎样的方式影响中国社会的发展和当今传播的面貌？在中国传播史的整体构架下，李敬一教授在书中用 22 个章节回答了这些与传播学研究本土化息息相关的问题，纵向大体勾勒古代社会传播发展的历史线索；横向以点带面，对某一历史时期的传播实践做出历史总结。他从史实论（游说诸侯、传播互动、史官记事、玄奘西游、鉴真东渡——唐代对外传播、宋代书院、明东林党、秦焚书与清修书、邮驿传播、佛教传播）、人物论（司马迁与《史记》、张骞通西域、郑和下西洋）、思想论（道家、儒家）、技术论（蔡侯纸、活字印刷）、发展论（先秦、汉唐、明清、近代等）五个方面对文化传播进行分类，以传统文化的独特视角审视传播学。全书在历史与文化的双重参照下，全方位再现中国古代传播的思想观念与方式方法。

　　《中国传播史论》运用新闻史学和传播学的理论框架，从人文精神角度，对中国的传播历史、传播方式、传播观念，尤其是对传播与中国传统文化、传播与中国社会发展的关系进行初步探索。[④]传播不是一种独立的文化现象，传播活动对一个民族的文化传统的形成有着重要的促进作用，同时，又深受本民族文化传统、文化心理的制约。李敬一教授把新闻（信息）传播视为整个文化传播的一个侧面，抓住古代传播的特点，对中华民族的传播历史和传播方式进行综合考察，探讨中国古代社会发展的历史轨迹和演进过程，理析我国现阶段传播观念、思想、方式的历史传承与文化渊源。这部著作探寻中华民族历史发展所形成的文化传统及根

　　① 李敬一：《中国传播史》（先秦两汉卷），武汉：武汉大学出版社，1996 年，第 253 页。

　　② 邵培仁：《传播学本土化研究的回顾与前瞻》，《杭州师范学院学报》，1999 年第 4 期，第 40 页。

　　③ 史冬冬：《传播学中国化：在地经验与全球视野》，《社会科学研究》，2015 年第 5 期，第 45—49 页。

　　④ 李敬一：《中国传播史》（先秦两汉卷），第 299 页。

深蒂固的传播观念，为传播学本土化研究及建立有中国特色的传播理论体系作出了贡献。正因此，前人民日报社社长王晨对这一研究予以高度评价，他认为李敬一教授凭借深厚的传统文化功底，述中有评，见解独到，有些看法对研究中国新闻史具有重要参考价值。

二、做中华文化传播的践行者

"与其坐而论道，不如起而行之"，李敬一教授亲身走在传播和弘扬中华文化的第一线，尤其为古典诗词的推广做出贡献。"肚子里有墨水，步履下有清风"，他以诗词为载体，长期致力于弘扬中华传统文化，不仅广受师生好评，公认为武汉大学"四大名嘴"之一，还把课堂搬向电视荧屏，面向全国观众。知行合一之间，他为中华文化的传播研究鼓与呼，更为弘扬中华文化践行奔走。

立足传播学研究的本土化，李敬一教授认为：我们不仅要将传播学研究同中国社会发展和传播事业的实际结合起来，更要从传统文化中撷取例证。他倡导在社会生活中领略诗词的意境美、欣赏诗词的语言美、感受诗词的形式美。[1] 多年间，他不遗余力地把古代优秀诗词作品中的思想美和艺术性传递给社会大众。2003 年至 2005 年，他先后在中央电视台《百家讲坛》主讲《怎样欣赏中国古典诗词》《李后主和他的词》《屈原》《司马迁》；2008 年 6 月至 10 月，在北京电视台《中华文明大讲堂》主讲《壮哉唐诗》系列专题。"今天，你背诵经典了吗？"经由全国数百家政府、高校、科研院所、企事业单位的文化讲座，成为大家口耳相传的"李敬一之问"。李敬一教授提出：生活中处处有诗词，诗词既告诉我们怎样认识生活，反映生活，表现生活，也是提高我们人文素养、培养综合素质的重要方面。[2] 人民是最懂得传播，也是最精于传播的传播理论家和传播实践家。[3] 李敬一教授用诗词为广大"传播理论家和传播实践者"打开融入华夏文明的一扇窗，是传播中华文化的真正践行者。

三、李敬一老师访谈录

为了让读者更深入把握李老师的学术心路历程，在谢清果老师的帮助下，通过书面访谈的形式，形成本部分访谈录，以飨读者。

记者（刘韬）：学界将《中国传播史》誉为"我国首部传播史专著"，请您谈

---

[1] 李敬一：《古诗词"三美"》，《刊授党校》，2013 年第 10 期，第 78 页。
[2] 李敬一：《古典诗词与现代生活》，《图书情报论坛》，2009 年 3 期，第 75—78 页。
[3] 李敬一，邹莹：《中国农民革命战争史上的舆论传播》，《新闻与传播评论》，2002 年，第 193 页。

谈当时缘何写这本书的？

李敬一：传播学是由西方学术界传入中国的社会传播理论，要消化它并以之来解释中国社会传播现象、指导中国新闻传播事业、推进中国社会发展进步，就必须"中国化"，即：研究自己民族的传播历史、传播经验；总结出有中国特色的传播理念、传播思想；运用该学科的基本原理，剖析历史个案、检视时代现象，使之更为"现代"、更为"立体"、更为"实用"，于是我利用自己的专业优势，将学术探索的关注点聚焦于"中国传播史"研究。

记者：《中国传播史》出版发行后，《人民日报》《长江日报》《湖北日报》《中国读书报》以及港澳地区的媒体均发消息或书评，引起很大的反响。您能不能谈一谈这本书出版发行后的所产生的影响？

李敬一：有人关注是好事，有人支持更是好事，抛"砖"而引出璀璨"群玉"则尤令我欣慰。当今许多新闻传播学者和学术团队将其学术目光关注于中国传播思想、中华传统文化研究，这是令人高兴和敬佩的。

记者：在《中国传播史（先秦两汉卷）》之后，您并未在先秦两汉卷的基础上续写传播史，而是出版《中国传播史论》。您能谈谈当时具体的创作思路，这两部著作间是什么关系？

李敬一：《中国传播史论》实际上是《中国传播史（先秦两汉卷）》的续篇，其中"史实论""人物论""技术论"等，已将中国古代传播史的脉络自先秦两汉至唐、宋、明、清作了粗略勾勒，对中华五千年传播活动中的突出事件（如"采诗观风"与"秦焚书""清修书"等）、重要人物（如司马迁采写"纪实文学"与鉴真"东渡"、玄奘"西游"、郑和"下西洋"等）、重大技术革新（如"蔡侯纸""活字印刷"等）作了深入具体的分析、介绍，但着眼点还是"论"，即试图对中国古代的传播理念、传播文化作一些总结，以期为后来学者构建中国特色传播理论提供一点参考。

记者：1970年，您从武汉大学中文系毕业，且一直以来在文学史及诗词方面造诣颇深，缘何会进入新闻传播学领域？最终又回到文学领域耕耘多年，是什么因素促使您研究重心的变化与转移？

李敬一：我是20世纪60年代中期考入武汉大学的，那时武大中文系教师队伍中有"五老""八中""十二青"之说，其中有章太炎的大弟子刘博平，楚辞大家刘永济，黄侃之侄黄焯，陈寅恪之弟陈登恪，唐诗宋词专家程千帆、沈祖棻、胡国瑞，语言文字学家周大璞、李格非，古文专家李健章等，都是大师级人物。我留校任教之后，这些老先生大部分都健在，系里组织他们为青年教师集中补了一年的课，算是打了个好的基础。后来北京大学中文系举办了一个全国青年教师古典文学培训班，我有幸参加该班一年多时间的学习，又受教于彭兰、陈贻焮、袁行霈、费振刚等教授。此外，我还因为一个特殊机会，给著名历史学家唐长孺先生、历史地理学家石泉先生当了一年助手，也使我学到不少历史知识，培养了我研究中国历史的兴趣。这样，学习、讲授中华传统文化便成了我的终身职业。后来武大筹办新闻学专业，白手起家，刘道玉校长从中文系点了几位教师过来搭一个班子，我被转到了新闻系，投入到新闻传播学的教学、研究工作中，一干二十余年。退休之后，又因社会需要，与媒体打交道多，便应邀在电台、电视台及各类论坛讲一讲学习中华传统文化的心得体会。所以，我谈不上在哪个专业领域"耕耘"，只是因工作需要而不断"变化"与"切换"。我们这一代人，都是普普通通一块砖，哪里需要哪里搬，如此而已。

记者：从您学术经历上看，尤其在学术著作上，有一比较明显的变化，即从传播史到文学史的转变。1996 年、2003 年，您相继出版《中国传播史（先秦两汉卷）》《中国传播史论》，这两部著作一经出版，就在传播学界颇具声誉，不仅是"中国首部传播史著作"，而且在传播史研究方面被誉为"与西方传播学对话"的"填补空白之作"。在此 6 年后，2009 年，您又出版了《中国文学史》（先秦两汉文学史）。13 年，3 部著作，在创作或内容方面有什么关联？

李敬一：上面所提及的这几本书都是我在不同时期从事中国文学史和新闻传播史教学、科研的一点心得体会，此外，我还撰写过《壮哉唐诗》（华艺出版社出版）、《休闲唐诗鉴赏辞典》（商务印书馆出版）、《唐诗宋词名篇精选精讲》（武汉大学出版社出版），以及参编《唐诗鉴赏辞典》、《宋诗鉴赏辞典》（上海辞书出版社出版）等书。这些文学类图书与传播史一类图书的"关联"之处，便都是传播中华传统文化以及总结中华传统文化在其传播过程中的特点与规律。文学与传播学本质上是相通的，比如唐诗宋词，在它们产生的那个年代，人们从"主流"传播渠道（官方的"朝报""露布""邸报"等）获得的信息，远远不及从诗词中所获得的，所谓"夷歌是处起渔樵""满村听说蔡中郎""凡有井水饮处即能歌柳词"，说的就是文学与社会传播之间的关系。这一点，讲文学史的人不关注，讲传播学的人也没有注意到。而我讲传播史，常常会结合文学史上的例子；讲诗词则往往提醒人们从传播学的角度认识古代社会，效果一般较好。

记者：2001 年，在《关于传播学研究本土化问题的思考》中，您认为"中国的传播学研究在短时间内还不可能出现像西方那样里程碑式的传播学理论和学术概念；同时由于国情的不同，我们也不可能照搬西方的理论来指导中国的传播实践。要使中国的传播学研究在 21 世纪有一个新飞跃，必须加紧建立有中国特色的传播学理论体系，传播学的研究应该突出中国特色，实现本土化。"19 年过去了，您认为我们国内的传播学研究是否具备了中国特色？抑或有哪些进展与不足？

李敬一：学术研究有一个积累的过程，理论高度是一项逐步构筑的工程，在这一过程中会产生里程碑式的标志性成果。我虽已退休多年，但乐见国内学术界有关传统文化深入研究、跨学科交叉研究、传播学本土化目标研究，已成为大家的共识，这本身就是"中国特色"，希望能尽快多出研究成果！

记者：您曾提出"中国古代传播历史是悠久的，古代传播思想、传播观念对民族文化传统的影响是深远的，对它作深入的研究，是有意义的。这是一个崭新的课题，是一块有待开发的科学研究处女地"。如今，探究中华文化中的传播智慧已成为中国传播学中一道美丽风景线。在对中国传统社会中的传播活动和传播观念进行发掘、整理、研究和扬弃基础上，建构起能够阐释和推进中华文明可持续发展的传播机制、机理和思想方法，甚至可以成为一门独特的学问——华夏传播学。您如何看待这块"有待开发的科学研究处女地"到"华夏传播学"的变化和发展？

李敬一：我以非常钦佩的心情关注"华夏传播学"的提出与研究，有了这方面的研究，中国古代传播史研究领域就不再是"处女地"，而是"高产田"了。

记者：在"传播学本土化"的论述中，您强调要进一步加强对西方传播理论及其最新发展态势的研究。您认为目前我们在引进和评价西方传播理论方面有哪些问题或不足？

李敬一：从 20 世纪 80 年代开始，传播学在中国的发展大体上经历了三个阶段，即：引进、介绍阶段；消化、理解阶段；"本土化"形成阶段。传播学是在传统新闻学理论基础上，扩大了"新闻"的外延含义：将单纯的新闻信息传播规律研究，拓展为社会团体传播、社会成员个体间的传播与以及人的自身内向传播等，它成为社会学、新闻学、文化学、心理学交叉学科。而这些学科所涉及的内容会因民族历史、文化传统、社会制度、意识形态、宗教信仰的不同而大为不同。所以我主张"传播本土化"，同时也主张"传播学研究本土化"，即用有中国特色的学术语言、中国人能理解的学术体系和中国人看得见的实用价值来构建和宣传，那种将传播学神秘化、抽象化、小众化的做法是不能鼓励的。

记者：您如何看待传播学本土化与世界化的关系？对于有中国特色的传播理论体系走向世界，您有何建议？

李敬一："世界化"有三层含义，一是考察学习，来自西方的传播学理论，在当今纷繁复杂的世界上，又有哪些新的发展和新的变化？我们要随时跟进和关注。二是交流访问，将我们对传播学的独特理解和表述与国外同行交流，以期得到有益的建议和补充。三是通过走出国门，考察国际社会生活，增强民族文化自信，从而发展我们的新闻传播事业，推动中国社会的发展进步。

记者：在华夏传播相关领域的研究中，您比较关心的议题是什么？

李敬一：华夏传播研究是内容广博、富有特色、实用性强的学术探索，希望通过这一课题研究，能从理论上解释华夏大家庭的文化传统，以及从这一传统出发，如何完善新时代新闻及社会传播、舆情及民意引导的新思想、新政策，从而推进中华优秀传统文化传承发展工程的建设与落实。

记者：作为国内著名的诗词研究专家，您长期致力于中华传统文化的传播，不仅是武汉大学"四大名嘴"之一，广受武大师生好评，还把课堂搬到了"百家讲坛"，面向全国观众。请您结合推广中华传统文化的切身体会，谈一谈我们如何进一步加强对中华传统文化的传播？

李敬一：党的十九大报告中指出，"要坚持中国特色社会主义文化发展道路"；十九届四中全会又进一步强调，要"推进中华优秀传统文化传承发展工程"；此前，中共中央办公厅、国务院办公厅还曾印发《关于实施中华优秀传统文化传承发展工程的意见》，其中"重点任务"就包括："加强研究，深入阐述（传统）文化精髓""落实教学环节，贯穿国民教育始终""充分运用媒体，加大宣传教育""利用开放环境，推动中外文化交流"等，这些都与教育工作者、新闻传播工作者有关。我认为，我们所应当做的，包括"落实传统文化教学环节""加强传统文化研究""形成学习传统文化的良好氛围"。我个人作为一名退休教师，精力有限，能力不足，除了出版前面提到的那些关于传统文化（文学史、传播史）的书籍之外，近年来还在机关、学校、工厂做了一些关于"传统文化与人才成长"之类的讲座，也还应邀为澳门回归十周年撰写过《中华颂》（刻于澳门"中华民族文化园"主题纪念碑）、为湖北宜昌嫘祖公园撰写过《嫘祖赞》（刻碑于该公园）、为湖南长沙某单位广场撰写过《湘女赋》（已刻碑），这一《颂》、一《赞》、一《赋》，主要表达我对祖国传统文化的敬仰和热爱。此外，我也曾获得一些机会去欧洲进行学术访问和交流，让中华传统文化能得到世人的更多认可。在与海峡两岸暨香港、澳门的文化交流中，更是将中华传统文化传播作为重要内容。二〇一八年，台湾高校曾举办一个《壮哉唐诗》（李敬一著）"读后感"征文比赛活动，我作为通讯评委，与台湾青年学生通过中华诗词而建立了一些联系。不过，我们这一代人已逐渐老去，弘扬华夏传统文化，寄望于"后浪"潮涌，乘风而前行！

记者：您先后在武汉大学中文系、新闻系任教，后担任武汉大学新闻与传播学院广播电视系系主任、教育部学位委员会新闻传播学科通讯评审专家。从您执教多年的经验来看，您认为我国新闻传播教育有哪些优势，又应该注意哪些问题？

李敬一：新闻传播教育是一项系统工程，其人才培养是一个非常有意义的话题，简要说来无非是：一、多关注国际国内社会发展新形势；二、多研究中国历史与当下国情；三、多掌握科技进步、特别是媒介技术发展的信息；四、多培养复合型人才，注重多学科知识的学习。

记者：作为诗词研究专家，您在不同场合都曾强调学习中国古代优秀诗词对新闻传播人才培养的重要性。您认为，学习中国古代诗词对新闻传播人才培养有怎样的作用？

李敬一：学习古诗词可以让人洞察历史，学习古诗词可以让人增添智慧，学习古诗词可以让人更深刻地认识生活、更生动地表现生活，学习古诗词还可以让人"超凡脱俗"，提升品行修养和思想境界。这些不正是新闻传播人才所必需的吗？

黄河文化专栏

主持人：常民强

《水经注》里的黄河（河南篇·上）

——《水经·河水注》卷四所涉河南地域考略[①]

The Yellow River of *Shui Jing Zhu*[②] (Henan Province·Part 1): A new study on the region of Henan Province in volume 4 of *Shui Jing Zhu*

杨年生[*]

Yang Niansheng

摘　要：《水经·河水注》是研究黄河流域最重要的史地文献之一。本篇主要采

---

[*]　作者简介：杨年生（1975—），男，山西应县人，独立撰稿人，北京交通大学硕士（2006 年毕业），《水经注》系统探究者目前已大致完成《水经注》卷一至卷十六的考释初稿考释，具体内容详见《水经注》探究系列公众号（备注：《水经注》探究系列公众号读者群主要以复旦、武大、陕师大等史地专业的青年师生为主）。

[①]　本文主要采用杨守敬，熊会贞：《水经注疏》（段熙仲点校 陈桥驿复校，江苏古籍出版社，1989 年版）为底本。为便于读者系统理解，对部分涉及晋、陕地域的郦注，亦作了适当保留。本文曾获 2020 年 7 月郑州市政协主办的：“庚子年黄帝文化与黄河文化网络论坛”学术论文优秀奖（学术类最高奖），详见《庚子年黄帝文化网络论坛征文获奖名单出炉》，2020 年 7 月 31 日，中原网新闻：《网络论坛让黄帝文化黄河文化在民间开花”》，2020 年 7 月 31 日，河南日报），此外拙文曾参与河南省社科联主办的“黄河文化与中原学高层论坛”学术交流。（详见《黄河文化与中原学高层论坛论文集》，2020 年 12 月 14 日，第 417—457 页）及河南大学主办的“首届黄河流域生态保护与高质量发展高层论坛”2020 年 11 月 29 日，详见《首届黄河流域生态保护与高质量发展高层论坛论文摘要集》。

[②]　*Shui Jing Zhu*（水经注，*Notes to the Book of Rivers*）（注：《水经注》的英译，主要参考《中国历史地图集》第一册，中国地图出版社，1996 年 6 月，总编例英译篇。）

用"三层二维法"①即宏观层面依据文献记载着重从时间维度进行多重比对勘验（鉴于文献记载的模糊性）；中观层面则借助百度地图、谷歌地球等工具着重空间维度的方位校验；而微观层面则以相关考古资料及实地踏勘等为据进行细探甄别。通过宏观、中观、微观不同层面时空维度的综合考析着重对《水经注》卷四黄河下游流域所涉史地疑难：潼关、黄帝铸鼎原、石堤山、柏谷水、门水、方伯堆、寘辕、十二金人等进行系统探究。期冀能为修复和保护黄河流域相关历史文化遗存，延续历史文脉恪尽绵薄之力。

Abstract: *Shui Jing·He Shui Zhu* is one of the most important historical and geographical documents in the study of the Yellow River Basin. This paper mainly adopts the "three-level and two-dimensional method", that is, the macro level focuses on multiple comparison and inspection from the time dimension according to the literature records (in view of the fuzziness of the literature records); the meso level focuses on the orientation verification of the spatial dimension with the help of Baidu map, Google Earth and other tools; the micro level focuses on the detailed exploration and identification based on the relevant archaeological data and field survey. Through the comprehensive analysis of the time and space dimensions at different levels of macro, meso and micro, this paper focuses on the historical and geographical difficulties involved in the lower reaches of the Yellow River in Volume IV of *Shui Jing Zhu*: Tongguan, zhudingyuan of the Yellow Emperor, Shidi mountain, bogushui, Menshui, fangbodui, Zhuyun, shierjinren, etc. It is hoped that we can do our best to restore and protect the historical and cultural relics of the Yellow River Basin and continue the historical context.

关键词：水经注；黄河；潼关；黄帝铸鼎原；十二金人

Keywords: *Shui Jing Zhu*; The Yellow River; Tongguan; zhudingyuan; shierjinren

---

① 注："三层二维法"系笔者独创的系统考证方法，即宏观层面依据文献记载着重从时间维度进行多重比对勘验（鉴于文献记载的模糊性），中观层面则借助百度地图、谷歌地球等工具着重空间维度的方位校验，而微观层面则以相关考古资料及实地踏勘等为据进行细探甄别。（详拙作《〈水经注〉卷六汾水上游流域新考兼与李晓杰老师的商榷交流》）。2020 年 9 月 26 日，由广州大学人文学院、岭南文化艺术学院与大阪市立大学大学院文学研究科、都市文化研究中心联合举办的首届中日城市史与都市文化国际学术研讨会隆重召开。来自中山大学、中央民族大学、大阪市立大学等学校的多位中日城市史研究学者通过线上会议的方式对城市历史地理和都市文化等问题展开讨论。笔者受邀参会，提交论文：《水经注》里的广州，并做汇报交流。学者们的交流涉及城市史、海洋史、经济史、东西交流史、环境史等多方面，体现了史学学科的多元化，激发了历史研究的活力，是一次有特殊价值意义的学术会议。日本著名史学家平田茂树教授总结发言时认为："杨年生先生的三层二维法"很重要。

引言

北魏郦道元所撰《水经注》是我国第一部以水道为纲，全面系统的综合性历史地理巨著。郦道元，字善长，北魏范阳郡涿县（今河北省涿州市）人。郦道元出身于官宦家庭，成年后长期担任北魏中央和地方官吏。他自幼便对地理书籍和山川名胜极有兴趣，步入仕途后，利用为官的机会，对所到之处进行了详细的考察。这一过程中，郦道元深切感到，前人的地理著作要么体系不够周全，要么内容过于简略，大多不能令人满意。其中《水经》这本书还算比较有条理，但又缺少很多解释和说明的内容。于是，郦道元决定为《水经》作注，这就是今天我们看到的《水经注》。历史上，还有东晋郭璞也曾为《水经》作注，但只有郦道元的注本流传至今。《水经》大约成书于汉魏时期，是中国历史上第一部记载全国水系的地理专著。但书中仅记载水道 137 条，内容过于简略。郦道元的《水经注》共记载水道 3000 多条[①]，内容近十倍于原文，文字数则是《水经》的二十多倍，是一部三十四万多字的鸿篇巨制。实际上是一部重新编撰的著作。《水经注》中几乎每条河流均记载发源地、流经地区、河道特征，以及沿岸植被、物产、交通、历史遗迹等信息，是一部百科全书式的历史地理巨构。

毛泽东主席曾说过："《水经注》作者也是一位了不起的人。"[②] 众所周知，此作者就是被誉为"中世纪时代世界上最伟大的地理学家[③]"的郦道元。原德国柏林大学校长、国际地理学会会长李希霍芬（1833—1905 年）就称誉《水经注》乃是"世界地理学的先导"。清初著名舆地学者刘献廷在其所著《广阳杂记》中，称此书为"宇宙未有之奇书"。当代著名历史地理学家侯仁之院士认为《水经注》"赋予地理描写以时间的深度，又给予许多历史事件以具体空间的真实感"。郦道元的《水经注》影响如此广大，以致明清以来，研究《水经注》成为一种专门的学问，出现了不少研究大家，人们将这项研究工作称为"郦学"。

一、《水经注》的版本及流传

《水经》的作者及成书年代。清代学者纪昀、陆锡熊、戴震等根据郦道元《水经注》原序及郦注中提及桑钦所作是"地理志"而非《水经》。（"道元注亦引钦所

---

① 赵永复：《〈水经注〉究竟记载了多少条水》，《历史地理》，1982 年第 2 辑。

② 注：摘自毛泽东 1958 年 1 月 28 日在最高国务会议上的讲话："我看《水经注》作者也是一位了不起的人。他不到处跑怎么能写得那么好？这不仅是科学作品，也是文学作品。"

③ 注：日本地理学界元老米仓二郎教授称赞郦道元为"中世纪时代世界上最伟大的地理学家"。

作地理志，不曰水经"），推论郦注之《水经》的作者并非桑钦。[①] 他们依据涪水注中"广汉"称为"广魏"推证《水经》绝非汉代。此外他们又发现锺水条中"称晋宁仍曰魏宁，则未及晋代"。故此推论《水经》的作者"大抵是三国时人"。[②] 而著名历史地理学家谭其骧先生则认为"清人戴震认为《水经》作于三国时人，这个论断是不妥当的。《水经》各篇，非出于一时一人之手，应据各篇的具体内容，分别推定其写作时代。如《深水篇》应写定于《说文》以前"[③]。相较而言，谭其骧先生所论显然更具体妥切。

《水经注》的成书年代。相关研究表明《水经注》约于孝昌三年（527 年）十月前已经定稿，而《水经注》所记历史事件的最晚时间是孝昌元年（525 年），按此徐中原等学者推测《水经注》应成书于孝昌元年（525 年）与孝昌三年（527 年）十月之间[④]。

北魏至唐期间《水经注》版本及流传。郦道元撰成《水经注》以后，这部书连同他的其他著作便流行于当世。由于当时尚未发明印刷术，书籍的流传只能靠传抄，所以，当时流传的只能是四十卷《水经注》的抄本。北齐北周时期，《水经注》的版本与流传情况不见文献记载。隋唐两代流传的《水经注》，史书均著录为四十卷。如：《隋书·经籍志》：《水经》四十卷，郦善长注。[⑤]《旧唐书·经籍志》：《水经》……四十卷，郦道元注。[⑥]《新唐书·艺文志》：郦道元注《水经》四十卷。[⑦] 雕版印刷术虽然出现在隋末唐初，但终唐一代都未将其用于《水经注》的刊刻。因此，隋唐时期，《水经注》也只能仍以抄本的形式流传《水经注》在唐代流传较为广泛，不仅史书著录，而且还为许多学者、文士所征引和研读借鉴。唐初李贤注《后汉书》称引较多。唐玄宗以后的类书、研地志和一些史书、别集注本等，对《水经注》多有称引，如《史记索隐》究《史记正义》《文选注》《艺文类聚》《初学记》和《元和郡县志》等等。不仅如此，《水经注》还进入了诗人的视

---

① 摘自纪昀，陆锡熊，戴震：《水经注》校上案语 陈桥驿：《水经注校证》，"水经作者，唐书题曰桑钦班固尝引钦说，与此经文异；道元注亦引钦所作地理志，不曰水经……今既得道元原序，知并无桑钦之文，则据以削去旧题，亦庶几阙疑之义尔。乾隆三十九年十月恭校上"总纂官侍读臣纪昀、侍读臣陆锡熊、总修官举人臣戴震，北京：中华书局，2015 年 1 月，第 7 页。

② 摘自纪昀，陆锡熊，戴震：《水经注》校上案语 陈桥驿：《水经注校证》，"观其涪水条中，称广汉已为广魏，则决非汉时；锺水条中，称晋宁仍曰魏宁，则未及晋代。推寻文句，大抵三国时人。今既得道元原序，知并无桑钦之文，则据以削去旧题，亦庶几阙疑之义尔。乾隆三十九年十月恭校上"总纂官侍读臣纪昀、侍读臣陆锡熊、总修官举人臣戴震，北京：中华书局，2015 年 1 月，第 7 页．

③ 谭其骧著，葛剑雄主编：《谭其骧全集》，北京：人民出版社，2010 年，第 578 页。

④ 徐中原：《〈水经注〉研究》，北京：民族出版社，2012 年，第 20 页。

⑤ 《经籍志》，见《隋书》，卷三十三，北京：中华书局，1973 年，第 4 册，第 984 页。

⑥ 《经籍志》，见《旧唐书》，卷四十六，北京：中华书局，1975 年，第 6 册，第 2014 页。

⑦ 《艺文志》，见《新唐书》，卷五十八，北京：中华书局，1975 年，第 5 册，第 1501 页。

野，为他们的诗歌创作提供营养。盛唐诗人李白、杜甫已借鉴《水经注》进行诗歌创作，如李白《望庐山瀑布》取意于《庐江水》；李白《上三峡》《早发白帝城》，杜甫《秋兴八首》（其二）取意于《黄牛滩》和《三峡》。可见，至盛唐时，《水经注》已广传于朝野之间。至晚唐时，《水经注》已成为一些文人手不释卷的必读之书，如陆龟蒙曰："山经水疏不离身。"①综上所述，北魏至唐，郦道元的《水经注》均为四十卷的足本钞本，唐时已流传较广。很遗憾的是，那时的抄本没有流传至今，也没有文献记载它们的版本情况，所以，我们无法获知更多的具体情况，如册数、行款、版式、字体等。②

宋金至清代时期《水经注》版本及其流传。从宋开始，《水经注》出现了钞本和刊本两大类，二者并行流传；也是从宋代开始，《水经注》开始出现残缺，其版本变得多样化复杂化。此后，《水经注》在校勘和复原中产生了诸多不同版本，并流传绵延开去。《水经注》传至宋初仁宗景祐年间（1034—1038 年）已有残缺，据《崇文总目》载，此时只有三十五卷，缺佚五卷。③宋初太宗太平年间（976—984 年）所编类书《太平御览》、地志《太平寰宇记》大量引用了《水经注》文献，其中多与今传《水经注》不合，大概在太平年间《水经注》还是足本完帙。《水经注》残缺于何时？未有定论。郑得坤在《水经注引得序》中认为《水经注》残缺始于五代："五代之乱，《水经注》缺佚多卷。"④宋代流行的《水经注》，"可考者，明清以来相传尚有九种：崇文馆阁本蜀刊本、何圣从本、元祐刊本、宋刊本、影宋本、宋本、宋刊残本及宋校本是也"。⑤其中，唯一今存者是宋刊残本，其余的只能通过有关文献的记载，获知一二……由宋人无名氏题跋语，可以推知宋初还有何圣从本《水经注》和元祐刊本《水经注》。何圣从本属于善本。元祐刊本，共四十卷，刊于元拓二年（1087 年），以蜀刊本三十卷为底本，与何圣从本相参校，完缺补漏，刊刻而成。由"篇轶小失"一语来看，元祐二年刊本虽为四十卷，然已非郦道元原稿本四十卷，实为残本。当然，何圣从本虽为善本，但亦当是残本。《四库全书总目提要》指出："《崇文总目》称其中已佚五卷，故《元和郡县志》、《太平寰宇记》所引漳沱水、洛水、泾水，皆不见于今书。然今书仍作四十卷，盖

① 《全唐诗》，卷六百二十六，北京：中华书局，1960 年，第 10 册，第 7193 页；注：按有关文献记载，《崇文总目》所载《水经》四十卷后原有"已佚五卷"四字，但今各本佚此四字。
② 徐中原：《〈水经注〉研究》，北京：民族出版社，2012 年，第 20 页。
③ 注：按有关文献记载，《崇文总目》所载《水经》四十卷后原有"已佚五卷"四字，但今各本佚此四字。
④ 洪业等：《水经注引得》，上海：上海古籍出版社，1987 年，第 5 页。
⑤ 郑德坤：《水经注研究史料初编》，台北：台湾艺文印书馆，1984 年，第 15 页。

宋人重刊，分析以足原数也。"①《四库全书总目提要》所论是确当的。②元祐刊本今也不存。宋刊残本此本也称残宋本，是现在唯一能见到的宋刊本，也是现存的最早的《水经注》刊本。今藏于中国国家图书馆，现已制成胶片。湖北图书馆藏有残宋本的过录本。在宋代虽然出现了《水经注》的几种刊本，但由于当时雕版的成本较高，所以《水经注》仍以钞本流传为主。"可惜，《水经注》宋代钞本，现在早已不见影踪。从宋代钞本中钞出的本子，现在也绝无所闻。元代也没有钞本流传。"宋代，《水经注》流传甚广。学者重之，称引颇多，如洪适、李防、乐史、宋敏求、王存、王应麟、胡三省诸家均有引录。同时，《水经注》也博得许多词人的喜爱，如苏东坡、颜奎、张炎等人常赏读之，爱不释卷。在金代，是否有新版本的《水经注》问世，不见文献记载。但有金人学者蔡硅著《补正水经》问世。此书与《水经注》相关，但又与之不同。唐宋尤其宋代以来，《水经注》在传抄、刊刻过程中产生了不少错误和残缺，如经注混淆，字句讹误，篇轶错简，卷恢不全．学人不堪寓目，金人蔡硅病之，故撰《补正水经》，欲补《水经注》之缺。此书共四十篇，共三卷，今已不传．不得详其面目。《补正水经》对《水经注》起到了补遗的作用。由上述可知，北魏至唐宋，《水经注》大多处于被称引和欣赏的状态。至明清两代方正式进入此书的校勘、补正、注疏阶段，各种版本竞相问世，名本辈出，尤以清代为甚。明代流传的《水经注》版本今之可考者，有十五种之多。其中，影响最大的钞本是永乐大典本；影响最大的刊本是朱郁仪本，即《水经注笺》。

到了清代，许多学者吸收明代校勘成果，校勘出一大批各种版本的《水经注》，见诸文献的其数量在四十五种以上，主要有康熙年间的孙潜校抄本、项姻校刻本，雍正年间的沈炳异集释本，乾隆年间的全祖望《七校水经注》、赵一清《水经注释》、戴震武英殿聚珍本，光绪年间王先谦《合校水经注》等，其中以全、赵、戴、王本最为著名，都是《水经注》的名本。除上述影响较大的《水经注》清代版本外，还有一些其他清代版本，它们对《水经注》的校勘和流传同样起着十分重要的作用。这些版本有黄宗羲《山水经》（未就）、《水经注》顾祖禹本、《水经注》顾炎武本、《水经注》阎若璩本（未传）、刘献廷《水经注疏》（未就）、《水经注》黄仪本、《水经注》胡渭本（未传）、《水经注》姜底英本、杨格《水经注广释》、《水经注》杭世骏本、《水经注》董熄本、王峻《水经广注》（未传）、《水经注》齐召南本、《水经注》季沧苇本、《水经注》沈大成本、《水经注》黄晨本、《水经注》

① 纪昀：《四库全书总目提要》，卷六十九，北京：中华书局，1965年，上册，第610页。
② 徐中原：《水经注》研究，民族出版社，2012年，第21页。

段玉裁本、孔继涵《水经释地》、《水经注》孙星衍本、谢钟英《水经注洛经二水补》、《水经注》丁履恒本、沈钦韩《水经注疏证》、张匡学《水经注释地》、王漠《水经补注》、初桐于阳《水经注补正》、杨希闵《水经注汇校》、《水经注》林颐山本、丁谦《水经注正误举例》、《水经注》李慈铭本、《水经注》李克家本、《水经注》汤显祖本，等等。[①]

民国以来《水经注》版本及流传。民国以来，随着科技的飞速发展，《水经注》版本除传统的钞本与刻本外，还出现了铅印本、影印本等新型版本，大大加快了《水经注》的传播速度。这一时期主要有杨守敬、熊会贞《水经注疏》、王国维《水经注校》、陈桥驿《水经注校释》与《水经注校证》诸书问世。《水经注疏》本为杨守敬、熊会贞师徒所校注。"杨氏与门人熊君会贞，发愤为《水经注疏》，稿成八十卷，凡郦氏所引之书，皆著其出典；所叙之水，皆详其迁流"[②]。此书从开始到定稿，耗费杨、熊二人五十余年的心血。《水经注疏》卷帙浩博，杨、熊师徒无力刊行；杨氏为避免书稿为他人所得而"又增一赵戴之争"，便抽取其中精要部分编成《水经注疏要删》，于光绪三十一年（1905年）刊行。1915年，杨氏辞世，熊氏续而不懈，积二十二年之功，校勘改定六七次，于1936年基本完成最后定稿。此书几成定稿之时．不幸被人盗卖，至今下落不明。所幸的是，在最后定稿之前，已有多种钞本钞出，流传于内地[③]。1957年，中国科学院将《水经注疏》一个钞本由科学出版社影印出版。这是我国出版的第二部《水经注》影印本（上文已述，第一部影印本是1935年商务印书馆据《水经注》明《永乐大典》本影印的本子）。1971年，中华书局影印出版了熊氏已校改的一个钞本。《水经注疏》还有两种铅印本问世。1989年，江苏古籍出版社出版了《水经注疏》。这是《水经注》较早的铅印本。此书是由段熙仲和陈桥驿对上述两影印本点校整理后而付梓的。卷首有陈桥驿所撰长篇《说明》。1997年，湖北人民出版社与湖北教育出版社出版了《杨守敬集》本《水经注疏》。《水经注疏》分上、下两个部分，各二十卷，分别在《杨守敬集》的第3册和第4册。此本由谢承仁、侯英贤等点校而成。《水经注疏》是近代以来最著名的《水经注》校释本，是郦学史上注释郦注最大最为精详的版本，堪称《水经注》校注之集大成者，为治郦学者所必读之书。学者对此本评价甚高。谢承仁指出，此书系自朱郁仪《水经注笺》以来三百余年郦学研究水平最高、成

① 徐中原：《〈水经注〉研究》，民族出版社，2012年，第33页。
② 潘存：《水经注要删序》，转引自郑德坤：《水经注研究史料初偏》，台北：台湾艺文印书馆，1984年，第173页。
③ 参见陈桥驿：《郦道元和〈水经注〉》，上海：上海人民出版社，1957年，第139页。

就最大之划时代著作^①。《水经注校》，是王国维以朱郁仪《水经注笺》为底本，参校宋、元、明诸本而成。此本未及时刊行，由于收藏失慎，首卷被毁而为残卷。所幸的是，其门人赵万理临有副本，保存了其本全貌。王校本后由袁英光、刘寅生整理标点，于 1985 年由上海人民出版社排印出版，是为铅印本。但是，此本在校勘和校点方面存在着大量错误。^②《水经注校释》与《水经注校证》这两个本子均为铅印本，校注者是当代郦学家陈桥驿。前书是陈先生多年研读《水经注》各种版本所积累的成果，也是他在郦学研究中费力最多、耗时最长的一项成果。此本以戴震殿本为底本，涉及郦注不同版本三十三种，各地方志一百二十余种，其他文献近三百种。在编排形式上，陈氏将原本的繁体竖排改为繁体横排，还全部删去了正文内夹注的戴震按语，其中涉及《水经注》内容的部分，则移至篇末出注。另外，在各卷末有《释》一篇，阐释各卷首篇中主要河流的历史变迁及古今对照。陈氏《释》本，于 1999 年由杭州大学出版社出版。之后，陈先生又继续校勘，增添新内容，终成《水经注校证》。此书于 2007 年由中华书局出版……《校证》在《校释》的基础上，汲取郦学界研究新成果，如《胡适手稿》，杨、熊《水经注疏》及现代学者研究《水经注》的论文等，堪称清以来郦学界校勘《水经注》的又一集大成之鸿作。^③

相关考证方法。20 世纪 20 年代，王国维先生提出了"二重证据法"^④即"纸上之材料"与"地下之新材料"相互印证的研究方法，对 20 世纪中国学术研究产生了巨大的影响。但毋庸讳言百年前的"二重证据法"已无法更好地适应当今科技日新月异之发展；而历史地理学也需要注入新的科技元素才能焕发出新的生机。在极其烦琐艰辛的郦注探究过程中，笔者逐步提炼形成一套较为系统完备的考证方法即"三层二维法"^⑤。"三层二维法"本质而言属多重考证法的范畴；三层即宏观、中观、微观三个不同层面；二维即时间（历史）与空间（地理）维度。通常

---

① 杨守敬：《杨守敬集·水经注疏重印〈水经注疏〉前言》，武汉：湖北人民出版社、湖北教育出版社，1997 年。

② 参见刘跃进：《古典文学文献学丛稿关于〈水经注校〉一书的评价与整理问题》，北京：北京学苑出版社，1999 年，第 301—347 页。

③ 徐中原：《〈水经注〉研究》，北京：民族出版社，2012 年，第 33 页。

④ 摘自王国维：《王国维考古学文辑》，"吾辈生于今日，幸于纸上之材料外，更得地下之新材料。由此种材料，我辈固得据以补正纸上之材料，亦得证明古书之某部分全为实录，即百家不雅驯之言亦不无表示一面之事实。此二重证据法，惟在今日始得为之。虽古书之未得证明者，不能加以否定，而其已得证明者，不能不加以肯定，可断言也"，南京：凤凰出版社，2008 年，第 25 页。

⑤ 注：2020 年 9 月 26 日，笔者应邀参加广州大学主办的"中日城市史与都市文化学术研讨会"，并以《〈水经注〉里的广州》为主题作汇报交流。日本著名史学家平田茂树教授点评："三层二维法"很重要。详见《〈水经注〉里的广州》，广州大学：《中日城市史与都市文化学术研讨会论文集》，2020 年 9 月 26 日。

而言宏观层面依据文献记载着重从时间维度进行多重比对勘验（鉴于文献记载的模糊性）；中观层面则借助谷歌地球、百度地图等工具着重空间维度的校验；而微观层面则以实地踏勘及相关考古资料为据等进行细探甄别。通过宏观、中观、微观不同层面时空维度的综合校验去综合考量系统探究相关史地疑难。当然《水经注》的文字校验问题依然非常重要。笔者认为除了在现有几个较好的版本（如：全祖望《七校水经注》、赵一清《水经注释》、戴震武英殿聚珍本、王先谦《合校水经注》、杨守敬、熊会贞《水经注疏》、陈桥驿《水经注校证》等）结合宋刻残本统筹考量的基础上还须引入微观层面的考古校验及中观层面的谷歌地球、百度地图等方位距离综合校验的理念，不宜拘泥于以文本校文本的传统单一型思路。

《水经·河水注》里的黄河（河南篇）主要涉及郦注卷四的后半部分及卷五的前半部分。本文主要以《水经注疏》为底本，采用"三层二维法"对《水经注》卷四、卷五所涉河南地域之史地疑难进行系统梳理与探究。为便于读者系统理解，对部分涉及晋、陕地域的郦注亦作了适当保留。

党的十八大以来，习近平总书记曾多次实地考察黄河流域生态保护和发展情况。他指出：保护母亲河是事关中华民族伟大复兴和永续发展的千秋大计。

依托《水经注》等典籍所蕴藏的宝贵文化资源，发掘厚重的黄河文化，切实保护好中华民族的根与魂，则是本文的主旨所在。

河水自潼关北，东流，水侧有长坂，谓之黄巷坂，傍绝涧，涉此坂以升潼关，所谓沂黄巷以济潼矣。

潼关，潼关属今陕西省渭南市潼关县的港口镇，位于陕西、山西、河南三省的交界处，素有"鸡鸣闻三省"之说。自古以来长洛大道、渭河、黄河、漕渠在这里交汇，使潼关成为控制东、西方交通的重要战略要地。东汉末年，为了防止羌民的起义，威胁到首都洛阳而建。潼关南有禁沟、十二连城，北有黄河抱关而下，东有黄巷坂"五里暗门"，唐朝诗人崔颢用"关门扼九州"来形容潼关的险要与重要，谢立阳认为西汉武帝时兴建的京师仓地势险要、易守难攻是从东方进入长安的最后一个屏障。在潼关没有建立以前，它与潼关一样起到保卫长安的作用……船司空县是潼关的孕育，京师仓城客观上为潼关的建立起到示范作用……而潼关在东汉建立后到明代之前的主要职能是保卫（长安）[①]。

潼关作为战略要塞，1949 年前便饱受了战火的摧残；而 1959 年三门峡水库的

---

① 谢立阳：《潼关历史地理研究》，硕士学位论文，陕西师范大学，2012 年。

修建，雪上加霜，致使部分城垣被拆，遗址遭到严重破坏。《陕西文物地图集》认为今港口镇潼关城遗址为唐到清代遗存①；但从港口镇附近分布的数处颇具规模的汉墓群推析唐—清潼关城很可能是在原汉潼关城遗址上所经建。

历北出东崤，通谓之函谷关也。邃岸天高，空谷幽深，涧道之峡，车不方轨，号曰天险。故《西京赋》曰：岩崄周固，衿带易守，所谓秦得百二，并吞诸侯也。是以王元说隗嚣曰：请以一丸泥东封函谷关，图王不成，其弊足霸矣。郭缘生《记》曰：汉末之乱，魏武征韩遂、马超，连兵此地。今际河之西，有曹公垒。道东原上，云李典营。义熙十三年，王师曾据此垒。《西征记》曰：沿路透迤，入函道六里，有旧城，城周百余步，北临大河，南对高山，姚氏置关以守峡。宋武王入长安，檀道济、王镇恶或据山为营，或平地结垒，为大小七营，滨带河险，姚氏亦保据山原，陵阜之上，尚传故迹矣。

函谷关，此处注文"历北出东崤，通谓之函谷关也"应指今位于今河南省灵宝市北15公里处王垛村附近的秦函谷关和曹魏函谷关及崤函古道相关军障遗址。（秦函谷关与汉函谷关后文有进一步的阐述，此处不再赘述。）

关之直北，隔河有层阜，巍然独秀，孤峙河阳，世谓之风陵。戴延之所谓风堆者也。南则河滨姚氏之营，与晋对岸。

风陵（堆、堆），谢鸿喜援引《蒲州府志·古迹》风后冢所载"今永济县风陵乡焦芦里"；认为风陵位于今风陵渡乡北3里焦芦村。但爬梳相关文献资料今风陵渡镇赵村墓葬判定为风陵更为妥切②。据民国《芮城县志》载，赵村墓葬为黄帝轩辕贤相风后之墓。

河水又东北，玉涧水注之。水南出玉溪，北流迳皇天原西。周固记开山东首，上平博，方可里余，三面壁立，高千许仞，汉世祭天于其上，名之为皇天原，上有汉武帝思子台。又北迳阌乡城西。《郡国志》曰：宏农湖县在阌乡。世谓之阌乡水也。魏尚书仆射阌乡侯河东卫伯儒之故邑。其水北流注于河。

① 陕西文物局：《中国文物地图集·陕西卷》（下），西安：西安地图出版社，1998年，第582页。
② 山西文物局：《中国文物地图集·山西卷》（下），北京，中国地图出版社，2006年，第1060页。

河水又东迳阌乡城北，东与全鸠涧水合。水出南山，北迳皇天原东。《述征记》曰：全节，地名也。其西名桃原，古之桃林，周武王克殷，休牛之地矣。《西征赋》曰：咸徵名于桃园者也。《晋太康地记》曰：桃林在阌乡南谷中。其水又北流注于河。

玉涧水，现名双桥河；古名玉溪涧、玉溪河、阌乡水、涧水。玉涧水是黄河进入古阌乡县，今灵宝市所汇入的第一条河，今天的流域面积包括豫灵镇和陕西潼关县的各一部分。明代阌乡古城东迁四十里，清雍正十二年在古城阌底镇又设阌乡县丞（副县级），民国玉涧河流域设有阌底镇、玉涧乡[①]。

湖县，张维慎在《"桃林塞"位置考辨》一文中认为湖县原本为建元元年（公元前140年）的胡县，自建元三年汉武帝改"胡县"，为"湖县"……灵宝市阳平镇阌东村在湖水东岸，而阌东村西北约两公里处的湖县旧址（即阌乡县城旧址）则在湖水西岸，这与郦道元记载的湖县故城的位置是一致的[②]。

全鸠涧水，张维慎认为全鸠涧水即盘涧水。杨守敬认为盘涧水（盘豆河）在妫水之先入河与注文所述不同，可能是水道已改。（守敬按：《注》叙盘涧水入河，在永乐涧水入河之后，今盘豆河在妫水之先入河，盖水道改矣[③]。）亦有学者认为全鸠涧水今名十二里河。古名泉鸠涧、全节水、全鸠水、泉鸠涧水、鸠水。流域内有今故县镇栗家崖、冯家原及豫灵镇底董、庙上等村，由西北湾村流入黄河。十二里河河名的来源应该是"泉鸠里"距古阌乡县城十二里而起。而盘涧水即今枣乡河。古名盘涧水、盘豆河、郎水、兜津[④]。

汉武帝思子台，戾太子（刘据）墓位于河南省灵宝市西50公里的豫灵镇底董村南约2公里处。戾太子墓北约1.5公里处，有一石碑，原碑高1.6米，宽0.85米，厚0.1米，正面刻着"汉台风雨"四个大字。西北2.5公里处，原有"归来望思台"和"思子宫"，为汉武帝时所建，以表汉武大帝对太子的哀思。

桃林，张维慎认为从《水经注》的记载可以看出郦道元认为桃林有两个地方：一是在描述阌乡城时提到了全鸠涧水即全节水，亦即盘涧水，认为桃林在全节水以西的阌乡南谷，并引《述征记》《西征赋》、晋《太康地记》等书加以论证；一

————————

① 金城灵宝：《灵宝主要河流古今探》，《金城灵宝》副刊，河南，2010年10月20日，第A4版。

② 张维慎：《"桃林塞"位置考辨》，《兰州大学学报（社会科学版）》，兰州，2001年第5期，第71—77页。

③ 郦道元注，杨守敬，熊会贞疏，段熙仲（点校），陈桥驿复校：《水经注疏》卷四，南京，江苏古籍出版社，1989年，第327页。

④ 金城灵宝：《灵宝主要河流古今探》，《金城灵宝》副刊，河南，2010年10月20日，第A4版。

是在描述阌乡城以东的湖县故城时提到了湖水，认为桃林就在湖水流过的夸父山之北，并引《三秦记》《山海经》等书加以论证。由于阌乡本汉湖县之一乡，况且"湖县，湖城县，是因湖水绕县城而得名"。所以郦道元虽把桃林分在两个地方，但却都在湖县境内，而湖县就是隋代的阌乡县，并于1954年并入灵宝县（今灵宝市）。桃林塞是指秦函谷关以西逶迤而至于湖水西岸的湖县故城之间的函谷古道。它以此间谷道两旁及其以南衡岭塬（南部为焦村塬）、铸鼎原的桃树成林而得名①。

湖水，今名阳平河。

…………

河水右会槃涧水。水出湖县夸父山，北迳汉武帝思子宫、归来望思台东，又北流入于河。河水又东，迳湖县故城北，昔范叔入关，遇穰侯于此矣。湖水出桃林塞之夸父山，广圆三百里。武王伐纣，天下既定，王巡岳渎，放马华阳，散牛桃林，即此处也。其中多野马，造父于此得骅骝、绿耳、盗骊之乘以献，周穆王使之驭以见西王母。湖水又北迳湖县东，而北流入于河。《魏土地记》曰：宏农湖县，有轩辕黄帝登仙处。

黄帝采首山之铜，铸鼎于荆山之下，有龙垂胡于鼎。黄帝登龙，从登者七十人，遂升于天，故名其地为鼎湖。荆山在冯翊，首山在蒲坂，与湖县相连。《晋书地道记》《太康记》并言胡县也。汉武帝改作湖。俗云：黄帝自此乘龙上天也。《地理志》曰：京兆湖县，有周天子祠二所，故曰胡。不言黄帝升龙也。《山海经》曰：西九十里曰夸父之山，其木多棕、枏，多竹箭，其阳多玉，其阴多铁。其北有林焉，名曰桃林，其中多马。湖水出焉，北流注于河。故《三秦记》曰：桃林塞在长安东四百里，若有军马经过，好行则牧华山，休息林下。恶行则决河漫延，人马不得过矣。

闻名遐迩的黄帝铸鼎原处于豫陕晋三省交界的阳平镇境内，是东西方交通的咽喉，黄帝铸鼎原，位于荆山脚下，依山傍水，北有黄河，西临阳平河（古名湖水），东依沙河（古名柏谷水）。原上地势平坦开阔，土地肥沃，加之东西两条四季长流不息的河水，适宜古代先民农耕、定居、繁衍生息。黄帝在此铸鼎铭功，祭祀天、地、祖先。河南省文物考古研究所和中国社会科学院考古研究所组成的联合考古队，对灵宝铸鼎原西坡遗址进行的发掘，出土了大批仰韶中期的文物遗存。发现仰韶中期单间房屋基址多座，占地面积均达到90平方米以上；特别是最

---

① 张维慎：《"桃林塞"位置考辨》，《兰州大学学报（社会科学版）》，2001年第5期，第71—77页。

近发现的一座房址，是在地势高亢开阔，叠压于同属仰韶中期的稍小的房基之下。整个基址坐西向东，室内净面积约204平方米。整体占地约516平方米。此房基以半地穴式主室为中心，四周围以回廊，斜坡式门道伸出回廊外，近门口处还有一火膛。其布局井然有序，主次分明，形成一个结构复杂严谨的建筑整体。此房基的发现，是迄今为止在时间总跨度约2000年的整个仰韶文化中所见面积最大、结构最为复杂、规格最高的房屋基址。另外，在西坡遗址还发现了铜矿石，有研究者提出它预示黄帝在此铸鼎的故事当非虚言，铸鼎原当时已有铸铜是可能。并且，铸鼎原正处于庙底沟类型的中心分布区，而庙底沟类型存在的年代正涵盖了黄帝登上历史舞台前后，灵宝铸鼎原既有黄帝铸鼎的传说，所以可将其作为探索中华文明起源，或谓"黄帝时代"的一个切入点[1]。

湖水，今阳平河。

河水又东，合柏谷水，水出宏农县南石堤山。山下有石堤祠铭云：魏甘露四年，散骑常侍、征南将军、豫州刺史领宏农太守、南平公之所经建也。其水北流，迳其亭下，晋公子重耳出亡，及柏谷，卜适齐、楚。狐偃曰：不如之翟。汉武帝尝微行此亭，见馈亭长妻。故潘岳《西征赋》曰：长傲客于柏谷，妻睹貌而献餐，谓此亭也。谷水又北流入于河。

石堤山，《隋志》，宏农县有石堤山。《寰宇记》，山在宏农县西南十七里。（按此约今核桃洼至黄天墓一带之山岭）。而清雍正《河南通志》卷八"陕州"条亦言："石堤山，在灵宝县西南万度里，山下有石堤，魏时所建。"[2] 说明清代的石堤山约位于灵宝县（今灵宝市）西南万度里（疑即今灵宝市万渡村）之南山且当时山下的石堤遗迹尚存。

张鹏飞认为此处"石堤"为石堤山下所修石堤以防止柏谷水之泛滥。自古以来，为防止河流洪水泛滥，保护农田及城池，古人以巨石修筑堤防以防洪[3]。结合地形图及附近的窄口水库干渠等综合考量本文以为此石堤除防洪外可能还有水利灌溉之功效。（当然尚待进一步的考古发掘报告出炉）

柏谷水，不少学者认为沙河即古柏谷水[4]，但按《一统志》："柏谷亭在灵宝县

---

① 汤淑君：《轩辕黄帝与铸鼎原》，《中原文物》，2002年第2期，第85页。
② （清）王士俊等修：《河南通志·续通志》卷八"山川下陕州"条，台北：华文书局股份有限公司，1969年，第197页。
③ 张鹏飞：《水经注》石刻文献丛考，北京：科学文献出版社，2015年，第287页。
④ 汤淑君：《轩辕黄帝与铸鼎原》，《中原文物》，2002年2期，第85页。

西南朱阳镇。"而按注文"其水北流，迳其亭下"考量，则古柏谷水上游系今沿灵宝马家湾村、马河口村、朱阳镇一线的那条河流，下游可能与沙河有关。故按注文所述结合方志等综合考量其下游应今沙河有关。

杨守敬认为此处注文援引的石堤祠铭有讹文。"石堤祠铭云：魏甘露四年，散骑常侍、征南将军、豫州刺史领宏农太守、南平公之所经建也"。（守敬按：《历代史表》，魏甘露四年，豫州刺史，前为州太，后为陈骞。太为征东将军，骞为安东将军，皆非征南将军，亦不云领宏农太守，封南平公，疑此有讹文①。）

此处郦注"汉武帝尝微行此亭，见馈亭长妻"有误，应校正为"见馈逆旅妻"。注疏本中熊会贞对此已做了校正。（会贞按：《汉武帝故事》，帝即位，为微行，尝至柏谷。夜投亭长宿。亭长不纳，乃宿逆旅。逆旅翁要少年十余人，皆持弓矢刀剑，令主人妪出遇客。妇谓其翁曰，吾观此丈夫，非常人也，且有备，不可图也。天寒，妪酌酒多与其夫，夫醉，妪自缚其夫，诸少年皆走。妪出谢客，杀鸡作食。平旦，上去还宫，乃召逆旅夫妻见之，赐妪金千斤，擢其夫为羽林郎。李善《西征赋·注》亦引之，是见馈逆旅妻，非亭长妻也。此别有所据②。）

河水又东，右合门水，门水即洛水之枝流者也。洛水自上洛县东北，于拒阳城之西北，分为二水，枝渠东北出为门水也。

门水，即今弘农涧河，而注文"门水即洛水之枝流也"从今天的角度审视当然是错误的。因为洛水即洛河水系，而门水即弘农涧河水系，弘农涧河并非洛河支流③。这种今人看来较为粗浅的错误，一方面可能是郦道元当时参考了绘制不够精确的水系地图（如分水岭界限不明确等）而做出的错误描述；另一方面从注文"枝渠东北出为门水也"结合地形图综合考量很可能是注文没有错，而当时的水系地图亦无错，因为沟通门水与洛水的"枝渠"极有可能是古人开凿的实实在在存在的，但限于相关考古资料的匮乏本文无法作出进一步的讨论；而按此思路则不可轻言注文是错误。

拒阳城，在（洛南）县东南。东晋时置县于此。《旧唐书》：隋改拒阳为洛南，旧治拒阳川。显庆三年移理清川。即今治矣。（《读史方舆纪要》卷五十四）

上洛县故城，根据 2013 年出版的《陕西第三次文物普查丛书》中"商洛卷 商

① 郦道元注，杨守敬，熊会贞疏，段熙仲（点校），陈桥驿复校：《水经注疏》卷四，南京：江苏古籍出版社，1989 年，第 329 页。
② 郦道元注，杨守敬，熊会贞疏，段熙仲（点校），陈桥驿复校：《水经注疏》卷四，第 329 页。
③ 金城灵宝：《灵宝主要河流古今探》，《金城灵宝》副刊，2010 年 10 月 20 日，第 A4 版。

州文物 / 古城村遗址"的记载：汉代"上洛县故城"位于商州孝义代街村七组（原古城村），三面均临丹江，城址略成扇形，东西长约 900 米，南北宽 300 米，面积约 27 万平方米。城址西部残存夯筑墙垣，残高 1.4 米。遗址表面文化遗存丰富。王国伟、李明记等先生通过地名学、考古学和古文字学（陶文）的综合研究，对于"上雒古城"（孝义代街古城）遗址进行了确认。

门水又东北，历阳华之山，即《山海经》所谓阳华之山，门水出焉者也。又东北历峡，谓之鸿关水。水东有城，即关亭也。水西有堡，谓之鸿关堡，世亦谓之刘、项裂地处，非也。余按上洛有鸿胪围池，是水津渠沿注，故谓斯川为鸿胪涧；鸿关之名，乃起是矣。

门水又东北历邑川，烛水注之。左水出于阳华之阴，东北流迳盛墙亭西，东北流与右水合，右水出阳华之阳，东北流迳盛墙亭东，东北与左水合，即《山海经》所谓 姑之水，出于阳华之阴，东北流注于门水者也。又东北，烛水注之。水有二源，左水南出于衡岭，世谓之石城山。

阳华之山，按门水为弘农涧河考量则"门水出焉者也"的"阳华之山"即今灵宝市南一带之山岭。

门水，灵宝的母亲河——弘农涧河。古名：鸿胪涧、鸿关水、鸿胪水、洪溜涧河、弘农河。弘农涧河源于灵宝崤山北麓，于灵宝北寨村流入黄河。

孙靖国认为此处"最终注入门水的，是姑之水而非烛水。之所以说烛水注入门水，是因为烛水（先）注入姑之水，然后沿姑之水河道注入门水，这就是两条河流'互受通称'的真实含义，也是我们理解'乱流'的关键窍要所在"[1]。

盛墙亭，具体不详。

衡岭（石城山），按《寰宇记》，岭在恒农县西南三十五里。故此则衡岭与烛水均应在今灵宝市南，但具体不详。

其水东北流，迳石城西，东北合右水，右水出石城山，东北迳石城东，东北入左水。《地理志》曰：烛水出衡岭下谷。《开山图》曰：衡山在函谷山西南。是水乱流，东注于 姑之水，二水悉得通称矣。历涧东北出，谓之开方口。水侧有阜，谓之方伯堆。宋奋武将军鲁方平，建武将军薛安都等，与建威将军柳元景北入，军次方伯堆者也。堆上有城，即方平所筑也。

---

① 孙靖国：《〈水经注〉"乱流"新解》，《中国典籍与文化》，2010 年第 1 期，第 23 页。

方伯堆，按《元和志》，方伯堆在宏农县东南五里。按此方伯堆约位于今灵宝市函谷关镇王垛村东南一带。（附近的后城子村不知是否与方伯堆有关）

又东北迳邑川城南，即汉封窦门之故邑，川受其名。亦曰窦门城，在函谷关南七里。又东北，田渠川水注之。水出衡山之白石谷，东北流迳故丘亭东，是薛安都军所从城也。其水又迳鹿蹄山西，山石之上，有鹿蹄，自然成著，非人功所刊。历田渠川，谓之田渠水，西北流注于烛水。烛水又北入门水，水之左右即函谷山也。

邑川城，当地学者认为邑川城位于灵宝市北 10 公里函谷关镇西留村与岸底村中间。在西留村与岸底村中间黄脸沟南端，沟的南北两侧，多处发现明显的城墙夯土层，上距地面 3.5 米，夯层 6—8 厘米，高 0.8 米—2 米，宽 1.8 米—2.8 米；下为褐色土。两村周围苹果园地下 1 米深处，有 0.5 米—0.9 米的碎砖瓦片。1.5 米—2 米深处可见到墙基夯土层。遗址面积南北约 1500 米，东西约 1000 米。岸底村南 1 公里处的墙底村取名也与此城有关。在城遗址的东侧，弘农涧河的西岸有一处龙山文化遗址，断崖上多处暴露出大面积的灰坑，包含物较丰富，遗物有灰陶盆、缸、鬲残片，均斜施、竖施绳纹，素面，有少量的褐色绳纹陶钵片，鼎足等。说明该处早在龙山时期已有人类居住。从以上遗迹现象及地望看，它正处在古函谷关南七里，东临弘农涧河，即历史上的邑阳、邑川县故城①。

鹿蹄山，在今河南宜阳县东南。《山海经·中山经·中次四经》："厘山之首曰鹿蹄之山，其上多玉，其下多金。甘水出焉，而北流注于洛。"《隋书·地理志》：兴泰县"有鹿蹄山"即此。②

门水又北迳宏农县故城东，城即故函谷关校尉旧治处也。终军弃繻于此。燕丹、孟尝亦义动鸡鸣于其下，可谓深心有感，志诚难夺矣，昔老子西入关，尹喜望气于此也。故《赵至与嵇茂齐书》曰：李叟入秦，及关而叹。亦言与嵇叔夜书，及关尹望气之所。异说纷纭，并未知所定矣。汉武帝元鼎三年，徙关于新安县，以故关为弘农县，弘农郡治。王莽更名右队。

宏农县故城（故函谷关校尉旧治处），位于灵宝市城北 15 公里的函谷关镇北

---

①　李效民：《千古名城函谷关》，《灵宝市档案信息》，2011 年 5 月 17 日。
②　史为乐：《中国历史地名大辞典》，北京：中国社会科学出版社，2005 年，第 1454 页。

王垛村。近年来灵宝市文管会调查发现函谷关的旧址就在王垛村梁家沟口。关城为不规则长方形。城墙基一般宽为 10 至 15 米间，东城墙长约 1800 米，西城墙长 1300 米，南城墙长 180 米，东城门位于东城中段的函谷沟口，即关道接弘农涧地。关楼门、城基呈凹形，南北长 60 米，东西宽 50 米。按《太平寰宇记》中记载："其城北带河，南依山，周五里余四十步，高二丈。"与调查关城情况基本一致。除此之外，在关城东门南侧发现竖井式箭库一个，在关门北侧发现汉时铸钱的陶钱范、冶炼遗址。另外在关内还发现铜箭镞、瓦当、铜剑、封泥等重要文物。故学界多认为此处为周秦时期的函谷关城。汉武帝元鼎三年（前 114 年），因迁函谷关于新安，同年在旧函谷关置弘农县（以弘农涧河取名）①。

刘桓公为郡，虎相随渡河，光武闻而善之。其水侧城北流，而注于河。河水于此，有湿津之名。说者咸云：汉武微行柏谷，遇辱窦门，又感其妻深识之馈，既返玉阶，厚赏赉焉，赐以河津，令其鹢渡，今窦津是也。故潘岳《西征赋》云：酬匹妇其已泰，胡厥夫之谬官？袁豹之徒，并以为然。余案河之南畔，夹侧水滨有津，谓之湿津。河北县有湿水、湿泽，其水南入于河。河水故有湿津之名，不从门始，盖事类名同，故作者是之。《竹书·穆天子传》曰：天子自窦轵，乃次于湿水之阳。丁亥，入于南郑。考其沿历所踵，路直斯津，以是推之，知非因门矣。俗或谓之偃乡涧水也。河水又东，左合一水，其水二源疏引，俱导薄山，南流会成一川。其二水之内，世谓之闲原，言虞、芮所争之田，所未详矣。又南注于河。

湿津，亦称陌南渡，《嘉庆重修一统志》：陌底（南）渡在芮城县东南，一名窦（湿）津，又名湿津渡，土人呼王村区里渡，通河南灵宝县．谢鸿喜以为湿津（陌南渡）即今芮城县沙窝沟。②（谢鸿喜，1990）

湿水，谢鸿喜经过认真辨析后认为即今恭水，在芮城县东 33 里处，发源于县东北 32 里中条山南侧枣园村泉水处。湿水是条仅长 30 余里的小河，但却因"汉武微行柏谷""（穆天子）次于湿水之阳"等历史典故而名垂青史③。值得一提的是湿水附近还有规模庞大的坡头新石器遗址。（面积约 210 万平方米）

窦轵，光绪《山西通志·古迹考》引《平陆县志》：轵桥村在县东北 60 里。《嘉庆重修一统志》：窦轵坂在平陆县东北 70 里。谢鸿喜认为轵桥是置轵坂道中一座桥梁，桥名轵桥，史学家多将窦轵坂与轵桥等同看待，《水经注》中则"坂"

① 李效民：《千古名城函谷关》，《灵宝市档案信息》，2011 年 5 月 17 日。
② 谢鸿喜：《〈水经注〉山西资料辑释》，太原：山西人民出版社，1990 年，第 33 页。
③ 谢鸿喜：《〈水经注〉山西资料辑释》，第 34 页。

与"桥"分明。①《水经注疏》中熊会贞援引《元和志》《寰宇记》等便将"坂"与"桥"混为一谈。（会贞按：《元和志》、《寰宇记》并云，颠軨坂，今谓之軨桥。②）显然谢氏的校勘是正确的。

闲原，亦称闲田，有让畔城，兴让里之称。其范围东自平陆县南候沟涧，西至芮城县界之涺水涧，东西十五里、南北 20 余里③。（谢鸿喜，1990）按，《嘉庆重修一统志》解州：闲原在平陆县西四十里。

河之右，曹水注之。水出南山，北迳曹阳亭西。陈涉遣周章入秦，少府章邯斩之于此。魏氏以为好阳。《晋书地道记》曰：亭在弘农县东十三里。其水西北流入于河。河水又东，蓄水注之，水出常烝之山。西北迳曲沃城南，又屈迳其城西，西北入河。诸注述者，咸言曲沃在北，此非也。魏司徒崔浩以为曲沃，地名也。余案《春秋．文公十三年》晋侯使詹嘉守桃林之塞，处此以备秦。时以曲沃之官守之，故曲沃之名，遂为积古之传矣。河水又东，得七里涧，涧在陕西七里，故因名焉。其水自南山通河，亦谓之曹阳坑，是以潘岳《西征赋》曰：行于漫渎之口，憩于曹阳之墟。袁豹、崔浩，亦不非其地矣。余按《汉志》，昔献帝东迁，逼以寇难，李傕、郭汜追战于弘农涧，天子遂露次曹阳。杨奉、董承外与傕和，内引白波李乐等破傕，乘舆于是得进。复来战，奉等大败，兵相连缀四十余里，方得达陕。以是推之，似非曹阳，然以《山海经》求之，蓄、曹字相类，是或有曹阳之名也。

曹水，今名好阳河。古名曹阳水、好阳涧。《元和郡县图志》："后曹公改为好阳。"清《读史方舆纪要》："好阳涧，在州西（陕州）45 里。……其水出州西 40 里岘山，北流于河。……曹操改曰好阳涧。""岘山，在县东 35 里，山连陕州界，曹水出焉。"民国·《灵宝县志》："好阳河，本名曹阳，源出岘山，北经曹阳亭西，陈涉（陈胜）遣周章入秦，少府章邯斩于此。魏武西征，改名好阳亭，故以名。水北流至东十堡里入黄河。"建安十六年（221 年），曹操西征马超路过曹阳，想到献帝的败绩，为避曹姓才改曹阳为好阳。好阳河河名存世已有 1789 年④。

曹阳亭，当地学者多认为在今河南灵宝市东北旧县东北十三里大王镇冯佐村西。因在曹水之阳得名。《晋书地道记》曰："亭在弘农县东十三里。"《三国志·魏志·李傕传》，李傕、郭汜"追及天子于弘农之曹阳"，皆即此。曹操改名好阳亭。

① 谢鸿喜：《〈水经注〉山西资料辑释》，太原：山西人民出版社，1990 年，第 41 页。
② 郦道元注，杨守敬，熊会贞疏，段熙仲（点校），陈桥驿复校：《水经注疏》卷四，第 352 页。
③ 谢鸿喜：《〈水经注〉山西资料辑释》，第 34 页。
④ 金城灵宝：《灵宝主要河流古今探》，《金城灵宝》，2010 年 10 月 20 日，第 A4 版。

河水又东合谯水，水导源常烝之山，俗谓之为干山，盖先后之异名也。山在陕城南八十里。其川，二源双导，同注一壑，而西北流注于河。

谯水，就是焦水，亦今苍龙涧河，位于陕州城西南，向北注入黄河。

△又东过陕县北。

橐水出橐山，西北流，又有崖水，出南山北谷，迳崖峡，北流，与干山之水会。水出干山东谷，两川合注于崖水。又东北注橐水，北流出谷，谓之漫涧矣。与安阳溪水合，水出石崤南，西迳安阳城南，汉昭帝封上官桀为侯国，潘岳所谓我徂安阳也。西合漫涧水，水北有逆旅亭，谓之漫口客舍也。又西迳陕县故城南。又合一水，谓之渎谷水，南出近溪，北流注橐。其水又西北，迳陕城西，西北入于河。

橐水，即青龙涧河。发源于河南省三门峡市陕州区店子乡十八盘的南部及摩云岭的葫芦峪，流经陕州区和湖滨区，注入黄河，是一条季节性河流。漫涧即青龙涧河在今陕县菜园乡中庄川一段。青龙涧河经陕县老城南门外后入黄河，渎谷即今火烧阳沟。渎谷水发源于今陕县西张村镇前关村与后关村东边的沟里，向北偏西至南关村北流入青龙涧河，因水小所以说"近溪"，即近似溪水。青龙涧河支流雁翎关河古称"安阳溪水"。[1]

橐山，按上述青龙涧河发源地考析疑即摩云岭一带之山脉。

安阳城，在今河南陕县东南硖石乡西四十里。《水经·河水注》：安阳溪水"出石崤南，西径安阳城南，汉昭帝封上官桀为侯国。潘岳所谓我徂安阳也"。唐贞观八年（625）曾移崤县治于此。北宋初，城废。[2]

梁宁森在《虢城、焦城与陕城考》一文中对虢城、焦城、陕城地望有着较为详尽的论述：关于虢城、焦城与陕城的关系。《史记·魏世家》正义引《括地志》云："故焦城在陕县东北古虢城中东北隅"，这说明虢城的东北隅即是焦城，而虢城又在陕城中，为陕城的东城。由此推知，周幽王七年（公元前775年）虢人灭焦，占有了焦国的领地，后来又以焦城为基础，在其西南营建新城，使原焦城成为新虢城的一部分，即虢城的"东北隅"。虢国灭亡之后，直到西汉景帝年间，在其城西营建了陕城，形成了大城中有小城，城与城相连的格局。西晋杜预说上阳

① 金城灵宝：《灵宝主要河流古今探》，《金城灵宝》，2010年10月20日，第A4版
② 史为乐：《中国历史地名大辞典》，北京：中国社会科学出版社，2005年，第1115页。

（虢城）"在弘农县东南"，使三城之间的关系又得一佐证。西汉元鼎四年，曾在陕城西边扩建新建，原景帝年间所建的陕城是在汉武帝时所建的陕城的基础上扩建，而虢城又是在焦城的基础上扩大。如果以陕城为参照，焦城就在陕城的东北，虢城当然应在陕城的东南，即杜预说的："县东南"。（下图）梁文中亦认为郦道元所说上阳城（虢城）在陕城的东城，上阳城中有一座小城，即焦城，即郦道元对三城的记载及其关系是确信无疑的①。

三城具体的位置关系，如下图一所示：

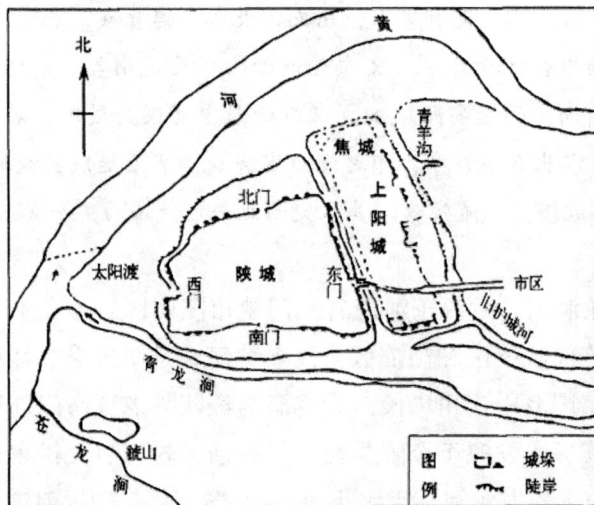

图1　虢城、焦城与陕城关系示意图

图1摘自：梁宁森《虢城、焦城与陕城考》，《华夏考古》，2008年第2期，第108页

河北对茅城，故茅亭，茅戎邑也。《公羊》曰：晋败之大阳者也。津亦取名焉。《春秋·文公三年》，秦伯伐晋，自茅津济，封崤尸而还是也。东则咸阳涧水注之。水出北虞山，南至陕津，注河。河南即陕城也。

茅城，学界普遍认为即今茅津渡。茅津渡位于平陆县城南约4公里处。历史上曾名陕津渡、茅城渡、会兴渡，因古代茅族居此而得名。茅津渡地形险要，历史悠久，是沟通晋豫两省的交通要津，也是万里黄河上的一个极为重要的渡口，与风陵渡、大禹渡并称为黄河三大古渡，有"铁码头"之称。

咸阳涧水，今五龙庙涧，赵永复《水经注通检今释》云：今山西平陆县西五龙庙沟涧是。

---

① 梁宁森：《虢城、焦城与陕城考》，《华夏考古》，2008年第2期，第109页。

昔周、召分伯，以此城为东西之别。东城即虢邑之上阳也。虢仲之所都为南虢。三虢，此其一焉。其大城中有小城，故焦国也。武王以封神农之后于此。王莽更名黄眉矣。

南虢的称谓最早见于《水经注》，因位于大河之南而得名，蔡运章认为南虢故城在今河南三门峡市东南李家窑附近；但对南虢的由来，也有不同的说法。蔡氏等认为《水经注》所载：虢仲之所都为南虢，是说南虢的始迁之君为虢仲，这已为三门峡虢国墓地 M2009 号虢仲大墓所证实，这位虢仲，就是周厉王时赫赫有名的卿士虢公长父，而南虢则是由西虢东迁而来的[①]。关于南北二虢，于豪亮先生认为：虢仲、虢叔都是文王之弟，虢仲封于东虢，虢叔封于西虢，北虢在平陆，在黄河北岸，南虢在三门峡，在黄河南岸，北虢和南虢隔河相望，其实只是一个虢国，这是虢叔的后代随平王东迁后建立的国家。蔡运章等亦基本赞同此说[②]。按此则上述郦注所谓"三虢"，很可能便如于豪亮、蔡运章等诸先生所论。

戴延之云：城南倚山原，北临黄河，悬水百余仞，临之者咸悚惕焉。西北角河水涌起，方数十丈，有物居水中。父老云：铜翁仲所投处。又云：石虎载经，于此沈没。二物并存，水所以涌，所未详也。或云：翁仲头髻常出，水之涨减，恒与水齐。晋军当至，髻不复出，今惟见水异耳。嗟嗟有声，声闻数里。案秦始皇二十六年，长狄十二见于临洮，长五丈余，以为善祥，铸金人十二以象之，各重二十四万斤，坐之宫门之前，谓之金狄。皆铭其胸云：皇帝二十六年，初兼天下，以为郡县，正法律，同度量。大人来见临洮，身长五丈，足六尺。李斯书也。故卫恒《叙篆》曰：秦之李斯，号为工篆，诸山碑及铜人铭，皆斯书也。汉自阿房，徙之未央宫前，俗谓之翁仲矣。地皇二年，王莽梦铜人泣，恶之，念铜人铭有皇帝初兼天下文，使尚方工镌灭所梦铜人膺文。后董卓毁其九为钱，其在者三。魏明帝欲徙之洛阳，重不可胜，至霸水西，停之。《汉晋春秋》曰：或言金狄泣，故留之。石虎取置邺宫，苻坚又徙之长安，毁二为钱，其一未至而苻坚乱，百姓推置陕北河中，于是金狄灭。

金人十二，按《史记》卷六《秦始皇本纪》："分天下为三十六郡，郡置守、

————————

① 蔡运章：《虢国的分封与五个虢国的历史纠葛——三门峡虢国墓地研究之三》，《中原文物》，1996 年第 4 期，第 74 页。

② 于豪亮：《陕西省扶风县强家村出土铜器铭文考释》，《于豪亮学术文存》，北京：中华书局，1985 年。

尉、监。更名民曰'黔首'。大酺。收天下兵，聚之咸阳，销以为钟鐻，铸金人十二，重各千石，置廷宫中。"秦始皇统一中国后，曾经在首都咸阳铸造过 12 个巨大的铜人，史书上称之为"十二金人"。十二金人是秦汉时期最大的青铜器，代表了秦代铸造业的最高成就，在历史上曾经产生过一定的影响。王双怀认为十二金人是时代的产物，是秦始皇销毁兵器、宣传符瑞的结果；十二金人完全是按照"临洮大人"的形象铸造的，是十二尊高 6.93 米的铜质坐像，与翁仲没有什么关系；十二金人的用途是充当钟鐻，所以十二金人实际上是 12 个人形钟鐻[1]；十二金人自东汉末年开始遭受破坏，到前秦时被全部销毁[2]。（备注：值得注意的是，按上述注文"其一未至而苻坚乱，百姓推置陕北河中"显然并不是所有的金人都被销毁了，其中的一枚金人系被百姓"推置陕北河中"而逃过被人为销毁的命运；从时间维度考量郦注距苻坚之乱时较近，而以郦道元对北方水系一贯之严谨，本文认为上述郦注关于最后一枚铜人下落的记载可信度是较高的；相信随着社会的发展，科技的进步，这枚历经磨难的唯一可能存世的秦始皇铜人必将有其重见天日之时。）

各重二十四万斤，汪受宽先生在《"钟鐻金人十二"为官悬考》一文中说："以当代人口测量数据计算，我国农村男性青年身高与胸围的比例为 1：0.5148。则此铜人胸围为 3.567 米，其胸径 1.136 米，高 6.93 米，则体积 7 立方米。青铜密度 8.8，据此推算出 7 立方米青铜圆柱体的重量为 61.6 吨。秦权每斤合 258.25 克，则此圆柱体折合秦 23.8528 万斤。"如果考虑金人下部较大，"则（上述郦注）金人重量 24 万斤的记载是确凿的"[3]。

铸金人十二以象之，据汪受宽先生考证十二金人的用途是充当钟鐻，所以十二金人实际上是 12 个人形钟鐻。汪受宽先生指出："钟鐻金人十二"，鐻，又写作虡（jù）、簴（jù），就是编钟架的立柱；1978 年湖北随县战国曾侯乙墓出土的编钟，是"由六具钟鐻铜人承托"，则以铜质人形为鐻的编钟先秦即已有之。《过秦论》云："及至秦王……收天下之兵，聚之咸阳，销锋铸鐻，以为金人十二。"从文法上看，这句话中的介词"以"引出了方式方法，用白话说，就是销熔兵器，铸成了十二枚铜质人形的鐻，没有既铸鐻又铸金人的意思。[4]

　　余以为鸿河巨渎，故应不为细梗蹢端，长津硕浪，无宜以微物屯流。斯水之所

————————

① 王双怀：《"十二金人"考》，《陕西师范大学学报》（哲学社会科学版），1996 年第 3 期，第 52 页。

② 王双怀：《"十二金人"考》，第 53 页。

③ 汪受宽：《西北史札》，兰州：甘肃文化出版社，2008 年，第 39 页。

④ 汪受宽：《西北史札》，第 39 页。

以涛波者，盖《史记·魏世家》所云，魏文侯二十六年，虢山崩，壅河所致耳。献帝东迁，日夕潜渡，坠坑争舟，舟指可掬，亦是处矣。

虢山，即今河南三门峡市陕县老城西南二里鸡足山。《史记·魏世家》：魏文侯二十六年（前 420），"虢山崩，壅河"。《集解》："徐广曰：在陕。"《正义》引《括地志》云："虢山在陕州陕县西二里，临黄河。今临河有冈阜，似是颓山之余。"①

此处郦道元认为"（南虢即上阳城）西北角河水涌起，方数十丈，有物居水中"的怪异情形并非如当地父老云："铜翁仲所投处或石虎载经，于此沈没。二物并存，水所以涌。"他经过实地踏勘发现：今惟见水异耳。嗟嗟有声，声闻数里。故此郦善长结合《史记·魏世家》所载推析此处的水异情形（斯水之所以涛波者）可能系"虢山崩，壅河"的自然力量所致。

△又东过大阳县南。

交涧水出吴山，东南流入河。河水又东，路涧水亦出吴山，东迳大阳城西，西南流，入于河。河水又东，迳大阳县故城南。《竹书纪年》曰：晋献公十有九年，献公会虞师伐虢，灭下阳。虢公丑奔卫。献公命瑕父吕甥邑于虢都。《地理志》曰：北虢也，有天子庙。王莽更名勤田。应劭《地理风俗记》曰：城在大河之阳也。

交涧水，今称张沟涧②。按《嘉庆重修一统志》解州："交涧，一名三汊涧，……二沟合流，至此崖断支分，东南入河。即交涧水也。"

路涧水，今盘南涧③。《嘉庆重修一统志》解州：路涧在平陆县东十里，即盘南涧。

吴山，即虞山。在平陆县北 35 里处④。《嘉庆重修一统志》解州："吴山在安邑县东南 32 里，跨夏县、平陆界，一名虞山、一名吴坂、一名虞坂、一名盐坂"虞、吴二字，古时字形相近而通用，到战国时虞、吴二字才逐渐区别。

大阳城，按注文结合考古资料推析即今平陆县张村镇太阳渡村南周代下阳古城遗址。下阳周代城址位于张村镇太阳渡村南约 800 米，平面呈长方形；南北长约 3500 米，东两宽约 2000 米。地表残存墙垣数段，其中一段长约 200 米，宽 3—5 米，残高 4—6 米。墙体夯筑夯层厚 0.05—0.08 米。城址内暴露有同时期墓

---

① 史为乐：《中国历史地名大辞典》，北京：中国社会科学出版社，2005 年，第 2874 页。
② 谢鸿喜：《〈水经注〉山西资料辑释》，太原：山西人民出版社，1990 年，第 41 页。
③ 谢鸿喜：《〈水经注〉山西资料辑释》，第 41 页。
④ 谢鸿喜：《〈水经注〉山西资料辑释》，第 41 页。

葬，均为长方形土坑竖穴墓，出土有青铜编钟、鼎、簋、豆、壶、车马器及贝等。据清乾隆《平陆县志》记载，下阳城又称"金鸡壤"，筑于两周时期，属虢之重邑。①。

………
△又东过砥柱间。

砥柱，山名也。昔禹治洪水，山陵当水者凿之，故破山以通河。河水分流，包山而过，山见水中，若柱然，故曰砥柱也。三穿既决，水流疏分，指状表目，亦谓之三门矣。山在虢城东北，大阳城东也。《搜神记》称：齐景公渡于江沈之河，鼋衔左骖，没之，众皆惊惕。古冶子于是拔剑从之，邪行五里，逆行三里，至于砥柱之下，乃鼋也。左手持鼋头，右手挟左骖，燕跃鹄踊而出，仰天大呼，水为逆流三百步，观者皆以为河伯也。亦或作江沅字者也。若因地而为名，则宜在蜀及长沙。案《春秋》，此二土并景公之所不至，古冶子亦无因而骋其勇矣。刘向叙《晏子春秋》，称古冶子曰：吾尝济于河，鼋衔左骖，以入砥柱之流，当是时也，从而杀之，视之乃鼋也。不言江沅矣。又考《史迁记·齐世家》云：景公十二年，公见晋平公，十八年，复见晋昭公。雄轩所指，路直斯津，从鼋砥柱，事或在兹。又云观者以为河伯，贤于江沅之证，河伯本非江神，又河可知也。

砥柱山，也称"中流砥柱"。在河南省三门峡东，黄河急流中的石岛，以山在水中若柱，故名。为坚硬的闪长玢（bīn）岩构成。旧时船经三门峡神门水道下行时，应正对砥柱，才可安渡。今在其西建三门峡水利枢纽工程。②

三门，亦即砥柱山。在今河南陕县东北黄河中。唐赵冬曦《三门赋序》：砥柱山之六峰，"其最北有两柱（即今鬼门岛、神门岛）相对，距崖而立，即所谓三门也"。清雍正《河南通志》卷15："康熙四十三年，陕甘总督博济等疏称：会勘三门在陕州东北四十里。两岸石山，凿分三涧，中流谓之神门，水势正溜；南岸谓之鬼门，水更汹涌；北岸谓之人门，水势舒缓"③。

河之右则崤水注之。水出河南盘崤山，西北流，水上有梁，俗谓之鸭桥也。历

① 山西文物局：《中国文物地图集·山西分册》，（下），北京，中国地图出版社，2006年12月，第1154页。
② 中华书局辞海编辑所修订：《辞海》（试行本），第9分册，地理，中华书局辞海编辑所，1961年11月，第27页。
③ 史为乐：《中国历史地名大辞典》，北京：中国社会科学出版社，2005年，第51页。

涧东北流，与石崤水合。水出石崤山。山有二陵，南陵，夏后皋之墓也，北陵，文王所避风雨矣。言山径委深，峰阜交荫，故可以避风雨也。秦将袭郑，蹇叔致谏而公辞焉。蹇叔哭子曰：吾见其出，不见其入。晋人御师必于崤矣，余收尔骨焉。孟明果覆秦师于此。

崤水又北，左合西水，乱流注于河。河水又东，千崤之水注焉。水南导于千崤之山，其水北流，缠络二道。

崤山与崤水，辛德勇认为关于崤山地理形势最早、最详的记述，当推《水经注》。《水经注》中涉及崤山或崤水的地方有多处，总起来看由西向东有盘崤山、崤水（入河），石崤山、石崤水（入崤水），千崤山、千崤水（入河），土崤（三崤）。这些地点虽然已不可能完全一一确指，但其大致所在还是可以推究的。

土崤，谷水即今洛河支流涧河，上源处今仍有山名马头山，在今陇海铁路观音堂站北面，当即沿用古代旧名；俱利城即今渑池县西"秦赵会盟台"处，因此辛德勇认为所谓土崤应即指"秦赵会盟台"一带的山地……土崤为东、西二崤之外的第三崤。

千崤水与崤水应是同一河流，辛德勇认为《水经注》的错讹应当是错把同一条河流上源的不同支流分成了两条各自独立的河流，即千崤水与崤水应是同一河流。从名称上看，应以崤水为主流名，千崤水作为支流汇入崤水，再北入黄河。本文认为辛氏此论有待商榷，如孙靖国前文所述的《水经注》中河流"互受通称"及"乱流"等内涵[1]。"千崤水与崤水未必如辛氏所述是同一河流（不擅改典籍，是本文所遵从的原则）。当然石崤水系崤水之支流这一点是可以肯定的。

石崤山，辛氏还认为钦吟山（西崤）亦即石崤山北陵只是石崤山的一部分；其南十里左右还有夏后皋墓所在的崤山南陵。由金银山向南十里，已到今响屏山东北的"大槽沟"一带（直线距离），而石崤山的范围比这还要大一些。由此向西南可以再推到响屏山以西，接近雁翎关。因为发源于此的青龙涧河支流雁翎关河古称"安阳溪水"《水经.河水注》称其"出石崤南"。

千崤水与千崤山，确定了石崤山的位置和范围.也就可以推断其他几个地方的所在了。在天冶河和涧底河村附近流入黄河的这条河溪在上游有两大支源头。东支经甘豪，西支经碤石。甘豪一支东侧即谷水所出的源地马头山，因此应是《水经注》的千崤水。当然，千崤山的位置也就可以同时确定在这里了。

石崤水，千崤山西面，就是石崤山北段的"金银山"（钦吟山）。西面经碤石

---

① 孙靖国：《〈水经注〉"乱流"新解》，《中国典籍与文化》，2010 年第 1 期，第 23 页。

的一支溪流，在碳石又可分为东西两支。东面一支侧近"金银山"，当即石崤水。

盘崤山、崤水正源，其（石崤水）西应即盘崤山和《水经注》中的崤水正源。盘崤山应是指崤山山区西部接近交口河这一段。因由东西行，山路至此纡曲下降而得名，故潘岳西行至此自称"降曲崤①"

汉建安中，曹公西讨巴、汉，恶南路之险，故更开北道。自后行旅，率多从之。今山侧附路，有石铭云：晋太康三年，宏农太守梁柳，修复旧道。

辛德勇认为上述注文中的梁柳修路碑铭可以更有力地证明东、西二崤都是在崤山北道上，与南道无涉。东崤既然是指千崤山，那么相应地西崤即应指石崤山②。

太崤以东，西崤以西，明非一崤也。西有二石，又南五六十步，临溪有《恬漠先生翼神碑》，盖隐斯山也。其水北流注于河。

《恬漠先生翼神碑》，张鹏飞认为郦注此处所言"恬漠先生翼神碑"所指当为"恬漠先生"陵墓之碑，碑首雕刻有"翼神默"之形象，也可解释为"恬漠先生"陵墓之前所立石碑及"翼神石兽"③。

············

河水又与畛水合。水出新安县青要山，今谓之疆山。其水北流，入于河。《山海经》曰：青要之山，畛水出焉，即是水也。河水又东，正回之水入焉。水出騩山，疆山东阜也。东流，俗谓之疆川水，与石瓜畴川合。水出西北石涧中，东南流，注于疆水。疆水又东迳疆冶铁官东，东北流注于河。

青要山，在今河南新安县西北七十里。《山海经·中山经·中次三经》："青要之山，实惟帝之密都。……畛水出焉，而北流注于河"④

畛水，地方史志学者认为畛水发源于青崖地，西南山下曰泥池濠。东北流过青崖地，合螃蟹夹水，经王黑子寨北，合白龙潭水。东南流，与猪嘴岩水会。而

① 辛德勇：《古代交通与地理文献研究》，北京：中华书局，1996 年，第 20 页。
② 辛德勇：《古代交通与地理文献研究》，第 23 页。
③ 张鹏飞：《〈水经注〉石刻文献丛考》，北京：社会科学文献出版社，2015 年，第 6 页。
④ 史为乐：《中国历史地名大辞典》，北京：中国社会科学出版社，2005 年，第 2874 页。

东，经曹村、谷堆，是为景阳川。又东，经石寺，马陵川水自西南来会。马陵川水，源于木兰山之陶沙河，亦畛水之源也。东北流经官水磨村，云水北来注之。石涧水南来注之。云水在县北三十里，官水磨南山水也。石涧水源于碾坪，东南流经滴溜泉，东经北冶、梁庄、莲花寨，入畛。《水经注》所谓石等瓜川也。[1]

河水又东，合庸庸之水。水出河南垣县宜苏山，俗谓之长泉水。《山海经》曰：水多黄贝，伊、洛门也。其水北流，分为二水，一水北入河，一水又东北流注于河。

"庸庸之水"，即横水河，发源于宜苏之南麓（横水村东），其旁有伊洛门遗址。据考证，远古时伊河和洛河在横水东南汇合经横水入黄河，后因地质变迁，改向东流。宜苏山有一南北走向的支脉，山之西有一沟叫洛沟，山之东一沟，叫谢沟（因谢姓迁居这里而命名），即为伊洛河故道[2]。

河水又东，迳平阴县北。《地理风俗记》曰：河南平阴县，故晋阴地，阴戎之所居。又曰：在平城之南，故曰平阴也。三老董公说高祖处。陆机所谓幡幡董叟，谋我平阴者也。魏文帝改曰河阴矣。

平阴县，古县名。秦置，属三川郡。治所在今河南省孟津县东北。《汉书·地理志》河南郡平阴县注引应劭曰"在平城南，故曰平阴"；西汉属河南郡。三国魏黄初中改为河阴县[3]。

河水左会瀑水出垣县王屋西山瀑溪，夹山东南流，迳故城东，即瀑关也。汉光武建武二年，遣司空王梁北守瀑关、天井关，击赤眉别校，皆降之。献帝自陕，北渡安邑，东出瀑关，即是关也。瀑水西屈迳关城南，历轵关南，迳苗亭西，亭故周之苗邑也。又东流注于河。《经》书清水，非也，是乃瀑水耳。

瀑关，为太行八陉之一的轵关陉上一处著名关隘。两汉前后称箕关；北朝时期称瀑关；古瀑关即为现济源市邵原镇东侧的邵原关，此关在中国古代军事史上

① 孟庆德主编：中国·洛阳·新安青要山《黄帝天都文献录》，郑州：中州古籍出版社，2016年，第40页。

② 仝红星，乔德位：《洛阳瀍河之源 华夏农业文明之根源》，2016年3月15日，https://www.docin.com/p-1488666016.html。

③ 史为乐：《中国历史地名大辞典》，北京：中国社会科学出版社，2005年，第657页。

占据着重要的地位①。

瀑水，今东阳河。罗火金等通过实地考察认为郦氏的记载误将瀑水（下游）和大店河混淆。其上游记载瀑水的特点和东阳河相符，而其下游记述的特点则和大店河的特征相似②。

苗亭，1996 年河南省文物考古研究所对位于济源西部王屋山主峰南麓的下冶乡长泉村西北隅的长泉古城进行发掘；古城南北长约 250 米，东西宽约 150 米，城墙宽 12 米—15 米。西北部城墙残高 6 米—7 米；东北角城墙残高 8 米—10 米，东墙南段及南墙已不复存在。城址下为一处裴李岗文化至庙底沟二期文化的遗址。城内有较丰富的东周时期文化层，城墙夯土内有东周时期的陶片，确定了该城建筑的上限为东周时期，此外还发现了大量东周时期的灰坑、墓葬以及生产和生活用具；该古城在时间上正好与史书记载的东周王朝或苗贲皇修建的苗亭存在的时间相吻合，且东阳河入黄口位于长泉古城西北约 8 千米处，符合"瀑水……径苗亭西"的地理方位。因此考古工作者认为长泉古城即为东周时期的苗亭③。

△又东至邓。

洛阳西北四十二里，故邓乡矣。

轵，即轵关，位于河南济源城西 22 公里处的封门口村东，关当轵道之险，因曰轵关，为太行八陉第一陉。是古轵道上的咽喉，为历代军事险要。

邓乡，按《括地志》，故邓城在河阳县西三十一里。而河阳县（洛阳冶成村）西三十一里处约今小浪底水库一带，故《括地志》所载邓乡地望有误。按注文"洛阳西北四十二里"作方位距离校验邓乡约今孟津县南，但具体位置不详。

---

① 罗火金：《古瀑关考》，《中原文物》，2006 年第 5 期，第 63 页。
② 罗火金：《古瀑关考》，《中原文物》，第 63 页。
③ 罗火金：《古瀑关考》，《中原文物》，第 63 页。

《水经注》里的黄河（河南篇·下）

——《水经·河水注》卷五所涉河南地域考略

The Yellow River of *Shui Jing Zhu*[①] (Henan Province·Part 2)：A new study on the region of Henan in volume 5 of *Shui Jing Zhu*

杨年生[*]

Yang Niansheng

摘　要：本篇按"三层二维法"[②]即宏观层面依据文献记载着重从时间维度进行多重比对勘验（鉴于文献记载的模糊性），中观层面则借助百度地图、谷歌地球等工具着重空间维度的方位校验，而微观层面则以相关考古资料为据进行细探甄别。通过宏观、中观、微观不同层面时空维度的综合考析着重对《水经注》卷五黄河下游流域所涉史地疑问：湛水、向城、毋辟邑、河阳县故城、临平亭、旋门关、虎牢关、氾水、东关水、杨兰水、东蒲、石城山、鄩水、荥泽、陆浑、廪延邑、白马津、濮阳县等地望进行系统探究。期冀能为修复和保护黄河流域相关历史文化遗存，延续历史文脉恪尽绵薄之力。

Abstract: On the macro level, according to the literature records, this paper focuses on multiple comparison and inspection from the time dimension (in view of the fuzziness of the literature records), on the meso level, with the help of Baidu map, Google Earth and

---

　*　作者简介：杨年生（1975—），男，山西应县人，独立撰稿人，北京交通大学硕士（2006年毕业），《水经注》系统探究者目前已大致完成《水经注》卷一至卷十六的考释初稿考释，具体内容详见《水经注》探究系列公众号（备注：《水经注》探究系列公众号读者群主要以复旦、武大、陕师大等史地专业的青年师生为主）。

　①　*Shui Jing Zhu*（水经注，*Notes to the Book of Rivers*）（备注：《水经注》的英译，主要参考《中国历史地图集》第一册，中国地图出版社，1996年6月，总编例英译篇。）

　②　详见拙文《水经注》里的黄河（河南篇·上）。

other tools, it focuses on the orientation verification of the spatial dimension, and on the micro level, it uses the relevant archaeological data as the basis for detailed exploration and identification. Through the comprehensive analysis of the time and space dimensions at different levels of macro, meso and micro, this paper focuses on the historical and geographical questions of the lower Yellow River Basin in volume 5 of shuijingzhu: Zhanshui, Xiangcheng, wubiyi, the old city of Heyang County, linpingting, xuanmenguan, hulaoguan, Sishui, dongguanshui, yanglanshui, Dongpu, shichengshan, Gushui, Xingze, Luhun, qingyanyanyanyanyi, baimajin, Puyang County, etc Line system exploration. It is hoped that we can do our best to restore and protect the historical and cultural relics of the Yellow River Basin and continue the historical context.

关键词：水经注；河水；湛水；虎牢关；东关水

Keywords: *Shui Jing Zhu*, Yellow River, Zhanshui, Dongguan water

○河水五

△又东过平县北，湛水从北来注之。

△湛水出河内轵县西北山。

湛水出轵县南原湛溪，俗谓之椹水也。是盖声形尽邻，故字读俱变同于三豕之误耳。其水自溪出，南流。

湛水，在今河南济源市西南①。（备注：湛水条原散见于卷六末，全祖望认为"其为错简无疑②"。经系统梳理，本文以为卷六末"错简"的湛水条"湛水出轵县南原……湛水又东南迳邓，南流注于河，故河济有邓津之名矣"按方位及行文次序等作综合考量，应将其置于卷五首湛水相关处，即附于经文"又东过平县北，湛水从北来注之"之后）

轵国故城，位于济源城南5公里的轵城镇南。轵国故城遗址规模庞大，面积约325万平方米，平面呈长方形、东西稍宽，东、南城墙保存较为完好，城门遗迹各两处。西城垣北段夷为平地，南段尚存残段，城口，水门各一处。城墙系夯筑而成，历代修葺，加以利用。城墙自下而上包括有春秋战国、西汉等夯土层，

---

① 史为乐：《中国历史地名大辞典》，北京：中国社会科学出版社，2005，第1669页。

② （清）全祖望：《鲒埼亭集．東东潜水经湛水篇帖子》：《水经》第六卷，自汾水以至晋水，皆异源而同入于汾，以达河者也。顾独强附湛水于其末，其为错简无疑矣。上海，商务印书馆，民国25年，第327页。

轵国故城在春秋战国时期曾富冠海内，为天下名都①。轵国古城自公元前 633 年筑城至公元 627 年废弃，经历了 1260 年的历史，延续时间长，保存较完整，四周遗留了大量的遗迹遗物，对研究古轵国的政治、经济、文化和生产力水平，都有重要价值②。

△东过其县北，又东过波县之北。（备注：此句应是经文针对"河水"而言，颇疑系后世传抄乱窜所致）

湛水南迳向城东，而南注。

向城，清《济源县志》载："向国，今在县西南五南山西曲，地名左家山云。"按此约今济源左山村附近。按注文"湛水南迳向城东，而南注"的方位描述，结合济源市相关文普资料推析本文颇疑向城与留庄遗址有关。（备注：留庄遗址位于济源坡头镇留庄村南的黄河台地上。遗址平面呈刀把形，东西长约 300 米，南北宽约 200 米，面积约 6 万平方米。在耕地层散布的陶片以灰色绳纹陶片居多，器形有罐、瓮等，鉴定属龙山文化③。）

△又东过毋辟邑南。（备注：此句亦系经文针对"河水"而言）

原《经》所注，斯乃漠川之所由，非湛水之闲关也，是《经》之误证耳。湛水自向城东南，迳湛城东，时人谓之椹城，亦或谓之隰城矣。溪曰隰涧，隰城在东，言此非矣。《后汉·郡国志》曰：河阳县有湛城，是也。

毋辟邑，即无鼻城，在河南孟州市东④。毋辟邑即无鼻城。在河南孟州市东⑤。当地学者认为无鼻城又称无辟邑。《水经注》云："淇水又径无辟邑西。"冯志按："无辟邑在前后姚村间。今西姚村西南里许，城迹犹存，高七尺许，南北长二步，东西长六十步。《齐书》谓在河桥北二里。"即北魏太和间孝文帝囚其长子废太子元恂之城。⑥

① 按《盐铁论·通有篇》："燕之涿蓟、赵之邯郸，魏之温轵、韩之荥阳……富冠海内，皆为天下名都。"

② 程峰：《先秦时期焦作地区古城邑述略》，《焦作师范高等专科学校学报》，1995 年第 1 期，第 36 页。

③ 国家文物局：《中国文物地图集》（河南分册），北京：中国地图出版社，1991 年，第 170 页。

④ 史为乐：《中国历史地名大辞典》，北京：中国社会科学出版社，2005 年，第 527 页。

⑤ 史为乐：《中国历史地名大辞典》，第 527 页。

⑥ 政协河南省孟州市委员会文史资料研究委员会：《孟州市政协文史资料》第 6 辑（孟州史志丛话），第 56 页。

湛城，在今洛阳吉利区西部的送庄村与南陈村之间，西临湛河。与注文"湛水自向城东南，迳湛城东"的方位描述基本相符。坐落在湛河二级台地上，与东寨村隔河相望，南临黄河。总面积约 20 万平方米。2004 年在古湛城城址的南部至黄河北岸断崖之间进行等古发掘工作，从发掘的情况可以看到，文化堆积可以分为两个大的阶段：仰韶文化晚期和东周中晚期。古湛城遗址，近方形，每边长约450 米。从现存的古城遗址能够看到南墙、西墙、北墙的一部分。从文化遗物分析，该古城的始建年代在东周中晚朗，沿用至汉代废弃。根据当地人的传说和所处的地理位置分析，古湛城遗址可能和军事活动有很大关系①。

△又东南当平县之东北，南入于河。
湛水又东南迳邓，南流注于河，故河济有邓津之名矣。

邓津，当地学者认为古汉祖渡、邓津、汉王渡、冶坂津，冶坂津浮桥故址等当在今吉利区白坡渡口一带②。

河水又东，迳河阳县故城南。《春秋经》书天王狩于河阳。壬申，公朝于王所。晋侯执卫侯，归于京师。《春秋左传·僖公二十八年》，冬，会于温，执卫侯。是会也，晋侯召襄王，以诸侯见，且使王狩。仲尼曰：以臣召君，不可以训。故书曰天王狩于河阳，言非其狩地。服虔、贾逵曰：河阳，温也。班固《汉书.地理志》、司马彪、袁山松《郡国志》、《晋太康地道记》、《十三州志》：河阳，别县，非温邑也。汉高帝六年，封陈涓为侯国，王莽之河亭也。《十三州志》曰：治河上，河，孟津河也。郭缘生《述征记》曰：践土，今冶坂城，是名异《春秋》焉，非也。今河北见者，河阳城故县也，在冶坂西北，盖晋之温地，故群儒有温之论矣。《魏土地记》曰：冶坂城旧名汉祖渡，城险固，南临孟津河。

古河阳县治所，罗火金等认为即位于孟州市西南 18 公里处的洛阳市吉利区白坡村南，隋唐以前一直是河阳县治所。2008 年孟州市西北石庄乡雷河村附近出土的隋司马融墓志③载："仁寿元年……迁葬于河阳县北原廿里之上乐乡。"而现在

---

① 河南省文物局：《河南省文物志》，北京：文物出版社，2009 年，第 157 页。
② 周得京：《古代黄河最长的浮桥——晋富平津浮桥》，《洛阳日报》，2018 年 8 月 16 日。
③ 2008 年 5 月该墓志在孟州市西北石庄乡雷河村附近起土时发现，出土后被运到西虢镇，后被卖往外地，遂不知所终，现仅存拓片。摘自罗火金，刘刚州：《隋代司马融墓志考》，《中原文物》，2009 年第 3 期，第 94 页。

从白坡村向北到石庄乡雷河村，基本上为 10 公里，与墓志上记载的"北原廿里"相符。这说明仁寿元年（601 年）河阳县治所还在白坡村，还没有进行第一次迁移[1]。但亦有学者认为西汉河阳县故城治所约今孟州市槐树乡西部岭区东周河阳古城[2]。经百度地图作方位校验，本文认为河阳县故城洛阳市吉利区白坡村南说是相对正确的，比较符合注文"河水又东，迳河阳县故城南"，"今河北见者，河阳城故县也，在冶坂（今吉利区白坡渡口一带）西北"的方位描述；而孟州市槐树乡东周"河阳"古城则距黄河较远。

河水右迳临平亭北。《帝王世纪》曰：光武葬临平亭南，西望平阴者也。

临平亭，按注文"光武葬临平亭南"推析则临平亭应位于光武陵之北，按此临平亭约今孟津县铁谢村西一带，而城址亦可能被湮没。

河水又东迳洛阳县北。河之南岸有一碑，北面题云：洛阳北界，津水二渚分属之也。上旧有河平侯祠，祠前有碑，今不知所在。郭颁《世语》曰：晋文王之世，大鱼见孟津，长数百步，高五丈，头在南岸，尾在中渚河平侯祠。即斯祠也。

洛阳县，此处应指北魏洛阳县，其治所亦应在汉魏洛阳城。（详拙作《〈水经注〉里的洛阳》[3]）

河平侯祠碑，河平侯，当为黄河水神之称。晋文王，当指西晋文帝司马昭，"河平侯祠碑"当立于曹魏中晚期司马昭当政之时，此碑仅见于《水经注》，欧、赵、洪诸家皆未有著录，当早已亡佚[4]。

河水又东，迳平县故城北。汉武帝元朔三年，封济北贞王子刘遂为侯国，王莽之所谓治平矣。俗谓之小平也。有高祖讲武场。

平县，据当地学者考证：西汉初年，（朝廷）将洛阳县北部的部分地区分出去，设置了平县。到王莽时期将平县更名为治平县，到东汉初又将治平县改为平县。

---

[1] 罗火金，刘刚州：《隋代司马融墓志考》，《中原文物》，2006 年第 5 期，第 94 页。

[2] 《河南孟州市发现东周河阳古城》，北方网，2001 全年 7 月 12 日，http://www.enorth.com.cn/system/2001/07/12/0_20010712.shtml。

[3] 杨生生：《〈水经注〉里的洛阳》，《2019 河洛文化传承创新研讨会论文集》，2019 年，第 470 页。

[4] 张鹏飞：《水经注石刻文献丛考》，北京，社会科学文献出版社，2015 年 11 月，第 267 页。

汉灵帝在县城北部置"小平津"，是汉魏洛阳都城八大关之一。平县县城之位置在今会盟镇花园村北的黄河河道中。1962 年初春，因上年天气干旱而造成黄河"亮底"，当时近两千年未见天日的平县故城突然呈现在世人面前，街道遗址乃至房屋根基等清晰可见①。

河北侧岸有二城相对，置北中郎府，徙诸徒隶府户并羽林、虎贲领队防之。河水南对首阳山，《春秋》所谓首戴也。夷齐之歌，所矣曰登彼西山。上有夷齐之庙，前有二碑，并是后汉河南尹广陵陈导、雒阳令徐循与处士平苏腾、南阳何进等立，事见其碑。又有周公庙。魏氏起玄武观于芒垂。张景阳《玄武观赋》所谓高楼特起，竦跱岧峣，直亭亭以孤立，延千里之清飙也。朝廷又置冰室于斯阜，室内有冰井。《春秋左传》曰：日在北陆而藏冰。常以十二月采冰于河津之隘，峡石之阿，北阴之中。即《邠诗》：二之日凿冰冲冲矣。而内于井室，所谓纳于凌阴者也。

首阳山，按注文"河水南对首阳山"考量，则符合上述注文载的首阳山应即今河南偃师县西北 7.5 公里处之首阳山。

凌阴，我国古代利用天然冰进行人工冷藏的冰窖。②

河南有钩陈垒。世传武王伐纣，八百诸侯所会处，《尚书》所谓不期同时也。紫微有钩陈之宿，主斗讼兵阵，故遁甲攻取之法，以所攻神与钩陈并气，下制所临之辰，则秩禽敌，是以垒资其名矣。河水于斯，有盟津之目。《论衡》曰：武王伐纣，升舟，阳侯波起，疾风逆流，武王操黄钺而麾之，风波毕除。中流，白鱼入于舟，燔以告天，与八百诸侯，咸同此盟，《尚书》所谓不谋同辞也。故曰孟津，亦曰盟津。《尚书》所谓东至于孟津者也。又曰富平津，《晋阳秋》曰：杜预造河桥于富平津，所谓造舟为梁也。又谓之曰陶河，魏尚书仆射杜畿以帝幸许，试楼船，覆于陶河，谓此也。

盟津（孟津），当地学者认为孟津遗址在今会盟镇扣马村邙山"钩陈垒"下东南约 3 公里处，商代始置。汉献帝时以袁绍为首的十八路诸侯讨伐董卓，曾经此渡河聚会盟誓③。

富平津，东汉桓帝时（147—167），始有富平津的记载。而按杜预所述"预以

① 李永贵总主编，孙顺通，卞金星，裴建宗副总主编：《孟津文化大观》，郑州：河南人民出版社，2014 年，第 175 页。
② 袁明仁等主编：《三秦历史文化辞典》，西安：陕西人民教育出版社，1992 年，第 284 页。
③ 张士恒著，孟津县文物管理局编：《话说孟津》（内部刊印本），2015 年。

孟津渡险，请建河桥于富平津"则显然富平津与孟津并非一处地望。当地学者认为富平津的具体位置应在如今会盟镇的小寨村以北。富平津是与花园渡相距不远的另外一个渡口，这里的河面相对是比较宽阔。[①]

昔禹治洪水，观于河，见白面长人鱼身，出曰，吾河精也，授禹《河图》而还于渊。及子朝篡位，与敬王战，乃取周之宝玉沈河以祈福。后二日，津人得之于河上，将卖之，则变而为石。及敬王位定，得玉者献之，复为玉也。

白面长人鱼身，盛文强以为在汉民族的神话中，河伯也是人鱼的形象，《尸子》载："禹理水，观于河，见白面长人鱼身出，曰：'吾河精也。'授禹河图，而还于渊中。"《博物志》亦载："昔夏禹观河，见长人鱼身出，曰'吾河精'。"所谓的河精，也就是河伯，是中国神话中的河水之神在古人的想象中，水中之神必要人面鱼身，才符合水神的身份，毕竟那时的水域内，仍是鱼的世界[②]。

河水又东，漠（jú）水入焉。《山海经》曰：和山，上无草木而多瑶碧，实惟河之九都。是山也五曲，九水出焉，合而北流，注于河。其阳多苍玉，吉神泰逢司之，是惟萯山之阳，出入有光。《吕氏春秋》曰：夏后氏孔甲田于东阳萯山，遇大风雨，迷惑入于民室。皇甫谧《帝王世纪》以为即东首阳山也。盖是山之殊目矣。今于首阳东山，无水以应之，当是今古世悬，川域改状矣。昔帝尧修坛河洛，择良议沈，率舜等升于首山，而遵河渚，有五老游焉，相谓《河图》将来，告帝以期，知我者重瞳也。五老乃翻为流星而升于昴，即于此也。又东，泲水注焉。

漠（jú）水，即今河南济源市、孟州市、武陟县境之黄河支流漭河。《水经·济水注》："漠水出原城西北原山勋掌谷，俗谓之为白涧水，南径原城西。漠水又东南径阳城东，与南源合。……又南注入河。"《清一统志·怀庆府》：漠水"在济源县西南，东流经孟县北，又东南入河"[③]。

泲（jǐ）水，即古济水。《周礼·职方》《汉书·地理志》《说文》作"泲"。《汉

① 李永贵总主编，孙顺通，卞金星，裴建宗副总主编：《孟津文化大观·都城》，郑州：河南人民出版社，2014年，第115页。

② 盛文强：《中国古代半人半鱼生物：鲛人泪化珍珠 海人鱼貌美》，《北京晚报》，2016年2月19日，https://cul.qq.com/a/20160219/041874.htm.

③ 史为乐：《中国历史地名大辞典》，北京：中国社会科学出版社，2005年，第1454页。

志》注引师古曰："沛本济水之字，水弗声"①。济（沛）水为古四渎之一②。

菑山，一名东首阳山。在今河南巩义市北，黄河南岸。③

△又东，过巩县北。

河水于此，有五社渡，为五社津。建武元年，朱鲔遣持节使者贾强、讨难将军苏茂，将三万人，从五社津渡，攻温。冯异遣校尉与寇恂合击之，大败，追至河上，生擒万余人，投河而死者数千人。县北有山，临河，谓之崟崄邱，其下有穴，谓之巩穴，言潜通淮浦，北达于河。直穴有渚，谓之鲔渚。成公子安《大河赋》曰：鳣、鲤、王鲔，暮春来游。《周礼》：春荐鲔。然非时及佗处则无。故河自鲔穴已上，又兼鲔称。《吕氏春秋》称：武王伐纣至鲔水，纣使胶鬲候周师。即是处也。

五社津，在今河南巩义市北。为古黄河津渡。《后汉书·光武帝纪》：建武元年（25 年）光武帝"遣耿弇率强弩将军陈俊军五社津，备荥阳以东"，即此。④

崟崄邱，按注文"县北有山，临河"推析崟崄邱约今巩义市西北马峪沟一带之丘陵。

鲔渚，《中国历史地名大辞典》给出了鲔渚的大致方位，即今河南巩义市西北⑤。按注文所述结合巩义市西北一带地貌等综合考量颇疑鲔渚与今巩义市西北马峪沟南之泉源有渊源。

△洛水从县西，北流注之。

洛水于巩县东迳洛汭，北对琅邪渚，入于河，谓之洛口矣。自县西来，而北流注河，清浊异流，瞰焉殊别。应场《灵河赋》曰：资灵川之遐源，出昆仑之神邱，涉津洛之峻泉，播九道于中州者也。

巩县，即今巩义市康北城址。位于巩县城（巩义市）西 3 公里的康北村邙山山巅的窑顶沟。⑥（详拙作：《水经.洛水注》考略）

洛汭，在今河南巩义市东北。《尚书·禹贡》：导河"东过洛汭"。水曲流曰汭。

---

① 史为乐：《中国历史地名大辞典》，北京：中国社会科学出版社，2005 年，第 1343 页。
② 详拙作《水经·济水注》考略。
③ 史为乐：《中国历史地名大辞典》，第 1669 页。
④ 史为乐：《中国历史地名大辞典》，第 344 页。
⑤ 史为乐：《中国历史地名大辞典》，第 2802 页。
⑥ 详拙作：《水经·洛水注》考略。

洛汭，洛水入河处。①

△又东过成皋县北，济水从北来注之。

河水自洛口又东，左迳平皋县南。又东，迳怀县南，济水故道之所入，与成皋分河。河水右迳黄马坂北，谓之黄马关。孙登之去杨骏，作书与洛中故人处也。

平皋县，汉武帝建元年间（约前140年），割温县、怀县两县地置平皋县（今河南温县赵堡镇北平皋村），属河内郡。北平皋村东北有一古城遗址，周长4000余米，南部城墙保存较完整，现存高约6米。城内东南部有一高出地面3—4米的台地，面积380—390平方米，四周断崖处有许多春秋到汉代的陶片，有的陶片上印有"邢公""公"文字。史籍记载与实物证明，此遗址为春秋晋国的邢丘城，汉代在此置平皋县。②

怀县故城，位于武陟县城西南8公里的阳城乡土城村周围。北靠沁河大堤，南距东张村500米，其西500米处为全国重点文物保护单位妙乐寺塔。该城遗址尚存，南面有城门券顶，整座城东西宽800米、南北长1400米，因沁河多次决口，城大部淤于地下，仅存部分土城垣，断续可辨。③

黄马关，在今荥阳市汜水镇成皋故城西。魏晋置关，地势险要，常为兵家所用。东晋咸和三年（328）后赵石勒攻赵主刘曜之洛阳。刘曜闻石勒已渡过黄河，遂增兵荥阳戍，把守黄马关。刘曜兵力不支，关不能守，败退洛阳，于洛阳西门外被擒《资治通鉴》卷九十四：刘曜"增荥阳戍，杜黄马关…即指此关。④

河水又东，迳旋门坂北，今成皋西大坂者也。升陟此坂而东趣成皋也。曹大家《东征赋》曰：望河洛之交流，看成皋之旋门者也。

旋门关（旋门坂上所置），旋门关是东汉所置八关之一，也是大伾山虎牢关城以西又一处险要之地，是东汉以来洛汴东西大道的重要关隘；但其具体方位，典籍记载模糊。陈有忠先生认为，它应该是今汜水镇西6公里的蓼峪（古称蓼子谷和蓼子峪）。今蓼峪居临黄河南岸，村东有一大坂，坡长约150米，且古为通道，

① 史为乐：《中国历史地名大辞典》，北京：中国社会科学出版社，2005年，第1987页。
② 杨保群主编，杨贵金等编纂，焦作市文物局编：《焦作市文物志》，郑州：中州古籍出版社，2005年，第27页。
③ 杨保群主编，杨贵金等编纂，焦作市文物局编：《焦作市文物志》，第57页。
④ 郑州市地方史志编纂委员会编：《郑州市志》（1991—2000），第1分册，郑州：中州古籍出版社，2009年，第220页。

直到清朝嘉庆年间，为维修此坂，方便来往交通，汜水县还豁免该村丁壮外出服差役。地形、交通之形势古今相同，古旋门关即今蓼峪无疑①。

曹大家（gū），名班昭，东汉博学高才的女史学家、文学家。史学家班彪之女，班固之妹；班固死时所撰《汉书》的八表及《天文志》遗稿散零，并未完成。她奉昭帝命与马续共同续撰之。《汉书》初问世时，读者多未能通，她又亲授同郡马融等诵读。和帝时任皇后和妃嫔的教师。因以其夫曹世叔之故，被世人称之为"曹大姑"。年七十余卒。今存《东征赋撖女诫》等书。"家"字，从《集韵》古胡切，义与"姑"同。"大家（音 gu）"者，古时人们对有成就的妇女的敬称。如同近代以来，学术界亦尊称有学问、有地位、有影响的女性为"先生"一样。②

河水又东，迳成皋大伾山下，《尔雅》曰：山一成谓之伾。许慎、吕忱等并以为丘一成也。孔安国以为再成曰伾，亦或以为地名。非也。《尚书·禹贡》曰：过洛汭至大伾者也。郑康成曰：地肱也。沇出伾际矣。在河内修武、武德之界。济沇之水与荥播泽出入自此，然则大伾即是山矣。伾北即《经》所谓济水从北来注之者也。今沸水自温县入河，不于此也。所入者奉沟水耳，即济沇之故渎矣。成皋县之故城在伾上，萦带伾阜，绝岸峻周，高四十许丈，城张翁峻，崎而不平。

成皋县故城，位于荥阳市汜水镇虎牢关行政村周围的大伾山上。据初步调查，该城址北濒黄河，东临汜水，城墙依山就势，筑于原上，外临深涧，凸凹曲折，很不规则，其走向大体为西北—东南方向。遗址西城墙长约 700 米，南城墙长约 600 米，东、北城墙不明（估计已被河水冲毁和建筑民宅时挖掉）。据地貌判断，城址北侧宽于南侧，总面积应不小于 60 万平方米，现存城墙中以西墙最为高大，最高处 10 米以上，一般在 2 至 5 米，宽一般在 20 米左右，最宽处约在 40 米以上。夯层明显，厚度在 6 至 13 厘米之间，夯窝圆形，底有平、寰 2 种，但以平底居多，直径 5 至 7 厘米。根据有关文献记载、城墙夯筑情况以及采集陶片的器形等分析，城址的时代应为战国时期③。

《春秋传》曰：制，岩邑也，虢叔死焉。即东虢也。鲁襄公二年七月，晋成公与诸侯会于戚，遂城虎牢以逼郑，求平也。盖修故耳。《穆天子传》曰：天子射鸟猎兽于郑圃，命虞人掠林，有虎在于葭中。天子将至，七萃之士高奔戎，生擒虎而献之。

---

① 陈隆文：《虎牢关变迁蠡测》，《文物研究》，2009 年第 5 期，第 90 页。
② 张涵编著：《播音员主持人汉字读音手册》，北京：中国传媒大学出版社，2011 年，第 116 页。
③ 河南省文物局：《河南省文物志》，北京：文物出版社，第 155 页。

天子命之为柙，畜之东虢，是曰虎牢矣。然则虎牢之名，自此始也。秦以为关，汉乃县之。城西北隅有小城，周三里，北面列观，临河，苕苕孤上。景明中，言之寿春，路值兹邑，升眺清远，势尽川陆，羁途游至，有伤深情。

东虢，西周封国。姬姓。约今河南荥阳市东官庄遗址①。

七萃之士，按《穆天子传》卷一："赐七萃之士战。"晋·郭璞注："萃，集也，聚也；亦犹传有七舆大夫，皆聚集有势力者，为王之爪牙也。"又同书卷三："七萃之士高奔戎，刺其左骖之颈，取其膏血以饮天子"。七萃为周王的禁卫军，由七支精干的队伍组成。后世常用以泛指皇帝卫队，或泛指精锐的部队。②

虎牢关，陈隆文根据文献记载与实地考察认为：历史上的虎牢关、成皋关是二关而非一关；受黄河侧蚀的影响，虎牢旧关址发生过变化，后迁徙至今汜水镇，即汜水关。陈氏认为郦注"城西北隅有小城，周三里"是虎牢旧关城的所在；隋唐以后因受黄河侵蚀，虎牢旧关迁徙至今汜水以北的汜水镇。③（备注：史念海先生也认为此处所谓周3里的小城自然是由于黄河侧蚀而崩塌于河底了④。）

河水南对玉门，昔汉祖与滕公潜出，济于是处也。门东对临河，泽岸有土穴，魏攻宋司州刺史毛德祖于虎牢，战经二百日，不克。城惟一井，井深四十丈，山势峻峭，不容防捍，潜作地道取井。余顷因公至彼，故往寻之，其穴处犹存。

玉门，据陈隆文考证虎牢城北有一门名玉门，对临黄河，说明郦道元到此之时黄河距虎牢城还有一段距离。黄河所对临之玉门曾为津渡，故汉高祖刘邦与滕公为避项羽追杀，曾由此渡河。因此，此城在交通上具有极其重要的意义。而在今成皋故城以东汜水入河之处，仍存一古渡口——玉门古渡。玉门古渡在广武，大伾两山之间，中有汜水穿流，是明清以来北渡黄河的重要津渡。自今玉门渡口过河向北便是太行山东南麓的焦作温县。由玉门古渡向南溯汜水河道而行，便可到达今天的汜水镇。故此陈氏疑玉门古渡与《水经注》中大伾山顶成皋虎牢城的北门玉门有关⑤。

① 张贺君，吴倩，魏青利：《郑州地区西周城址探析》，《洛阳考古》，2014年第3期，第62页。
② 范之麟主编：《全宋词典故辞典》（上），武汉：湖北辞书出版社，2001年，第86页。
③ 陈隆文：《虎牢关变迁蠡测》，《文物研究》，2009年5期，第91页。
④ 史念海：《黄土高原历史地理研究》，郑州：黄河水利出版社，2001年，第83页。
⑤ 陈隆文：《虎牢关变迁蠡测》，第91页。

河水又东，合汜水。水南出浮戏山，世谓之曰方山也。

汜水，即今汜水，经腾讯地形图校验，源出今河南巩义市东南浮戏山雪花洞景区南伏羲大峡谷附近。北流经荥阳市汜水镇西，北入黄河。

浮戏山，即今浮戏山，一名方山。在今河南荥阳市西南①。

北流合东关水。水出蒿渚之山，泉发于层阜之上，一源两枝，分流泻注，世谓之石泉水也。东流为索水，西注为东关水。西北流，杨兰水注之。水出非山，西北流，注于东关水。

东关水，经谷歌地球鸟瞰，颇疑东关水即今沿马粪沟、小西沟、上泉沟一线的那条支流。而按此推析，则杨兰水颇疑系沿荷叶沟村注入本文认为"东关水"的那条小支流。而杨兰水源出之非山，则颇疑即张坡村北一带的那座小山（当然此流域内注文提及的河流山川之自然原貌已为人类改造得面目全非）。

又西北，蒲水入焉。水自东浦西流，与东关水合，而乱流注于汜。

经谷歌地球鸟瞰校验，东蒲颇疑约位于今东架子沟村东一带（有数处池沼分布）。按此蒲水则是与之有渊源的大致出于其间的那条小支流。

汜水又北，右合石城水。水出石城山，其山复涧重岭，欹叠若城。山顶泉流，瀑布悬泻，下有滥泉，东流泄注。边有数十石畦，畦有数野蔬。岩侧石窟数口，隐迹存焉，而不知谁所经始也。又东北流，注于汜水。

经谷歌地球鸟瞰校验，石城山约今西冯沟一带之山岭（此处地貌特征与注文"其山复涧重岭，欹叠若城"大致相符，当然仍待微观层面的进一步细致校验。）
而按"右合石城水"推析，上述注文"（石城水）又东北流"应校正为"（石城水）又西北流"。

汜水又北，合鄫水。水西出娄山，至冬则煖，故世谓之温泉。东北流，迳田鄫谷，谓之田鄫溪水，东流注于汜水。

① 史为乐：《中国历史地名大辞典》，北京：中国社会科学出版社，2005年，第321页。

郾水，经谷歌地球鸟瞰疑即今沿荥阳魏窑村、仁信沟一线注入汜水的那条支流。按此郾地亦应在这一带；此外值得注意的是郾水还出现了关于温泉的记载。

汜水又北，迳虎牢城东。汉破司马欣、曹咎于是水之上。汜水又北流，注于河，《征艰赋》所谓步汜口之芳草，吊周襄之鄙馆者也。余按昔儒之论，周襄所居在颍川襄城县，是乃城名，非为水目。原夫致谬之由，俱以汜、郑为名故也，是为爽矣。又按郭缘生《述征记》、刘澄之《永初记》，并言高祖即帝位于是水之阳，今不复知旧坛所在。卢谌、崔云亦言是矣。余按：高皇帝受天命于定陶汜水，又不在此也，于是求坛，故无仿佛矣。

虎牢城，仍指虎牢旧关城，即前注文所述（成皋）城西北隅之小城（"周三里，北面列观，临河，苕苕孤上"）位于大伾山顶。（详前文虎牢关条）

河水又东，迳板城北，有津，谓之板城渚口。

板城渚，黄河津渡名。在今河南荥阳市北北邙乡牛口峪附近①。

河水又东，迳五龙坞北。坞临长河，有五龙祠，应劭云：昆仑山庙，在河南荥阳市。疑即此祠，所未详。

五龙坞，一说在今河南省荥阳广武镇桃花峪村东北黄河道中。待考。

△又东过荥阳县北，蒗荡渠出焉。
大禹塞荥泽，开之以通淮，泗，即《经》所谓蒗荡渠也。

荥阳，秦置，属三川郡。治所在今河南郑州市西北古荥镇。西汉属河南郡。三国魏正始三年（242）为荥阳郡治②。纪信墓在东距汉荥阳故城约 300 米处③。
荥泽，按杜预"荥泽，在荥阳县东④"结合 Google earth 作海拔及方位校验；

---

① 史为乐：《中国历史地名大辞典》，北京：中国社会科学出版社，2005 年，第 1652 页。
② 史为乐：《中国历史地名大辞典》，第 1925 页。
③ 河南省文化厅文物志编辑室：《河南省文物志选稿》（内部资料第四辑），1983 年，第 70 页
④ 杜预：《春秋经传集解》宣下第十一，上海：上海古籍出版社，1988 年。

荥泽约今古荥镇东乃至东北一带成片的低洼地带。侯卫东认为荥泽的形成与距今7000 至 3000 年间本地的暖湿气候有重大关系，古济水、今索河、枯河和贾鲁河等河流均给荥泽补水，则是直接而重要的原因。荥泽的形成年代至少为商代中晚期之际，很可能更早就已经形成。荥泽的消失是一个过程，其主要原因是自然方面的，即干冷气候的影响；人为地决其附近下游的黄河水，也会造成水源流失，应该也是荥泽干涸的原因之一。公元 1 世纪荥泽主体上成陆，南北朝提到的"荥泽"水域已经很小，已经不是真正意义上的"荥泽"了[①]。近年来，肖冉等通过对史料及考古资料的系统梳理与分析，认为按今荥阳枯河、索河、贾鲁河地区发现的商周时期的郑庄、石河城、小双桥、王寨北、大河村等遗址，以及春秋时期的垂陇故城遗址的分布情况看，推测荥泽的方位与范围大致为：北可与黄河相连，南不出郑庄、石河、小双桥、王寨北等遗址，西不过广武山，东不越垂陇故城，受黄河泥沙影响，西汉末年荥泽日益淤堵，"自汉平帝（前 1 年—6 年）后，荥泽塞为平地"，东汉时几成平陆。然仍谓其地为荥泽，因北与河、济相通，西晋时尚有积水，唐初彻底淤成平陆[②]。

菠荡渠，一作茛荡渠、狼汤渠。即战国至秦、汉间之鸿沟。《汉书·地理志》河南郡荥阳市："有狼汤渠，首受沛，东南至陈入颍，过郡四，行七百八十里[③]。

> 汉平帝之世，河汴决坏，未及得修，汴渠东侵，日月弥广，门闾故处，皆在水中。
>
> 汉明帝永平十二年，议治汴渠，上乃引乐浪人王景，问水形便。景陈利害，应对敏捷，帝甚善之。乃赐《山海经》、《河渠书》、《禹贡图》，及以钱帛。后作堤，发卒数十万，诏景与将作谒者王吴治渠，筑堤防修堨，起自荥阳，东至千乘海口，千有余里。景乃商度地势，凿山开涧，防遏冲要，疏决壅积，十里一水门，更相回注，无复渗漏之患。明年，渠成，帝亲巡行，诏滨河郡国，置河堤员吏，如西京旧制。景由是显名，王吴及诸从事者，皆增秩一等。顺帝阳嘉中，又自汴口以东，缘河积石为堰，通渠，咸曰金堤。灵帝建宁中，又增修石门，以遏渠口，水盛则通注，津耗则辍流。

王景，字仲通，乐浪訡邯（今朝鲜平壤北）人。历官侍御史、河堤谒者、徐

① 侯卫东：《"荥泽"的范围、形成与消失》，《历史地理》第二十六辑，上海：上海人民出版社，2012 年，第 292 页。

② 肖冉，何凡能，刘浩龙：《鸿沟引水口与渠首段经流考辩》，《地理学报》，2017 年第 4 期，第 713 页。

③ 史为乐：《中国历史地名大辞典》，北京：中国社会科学出版社，2005 年，第 1315 页。

州刺史、庐江太守。对治理黄河、兴修汴渠等水利上程有贡献。《后汉书》卷七六有传。景少学《易》，遂广窥众书，又好天文术数之事，沈深多伎艺……[1]

中国现代水利建设先驱者李仪祉先生曾高度推崇东汉王景治河的功德，称颂王景在治黄史上为功最巨，"其治功几与大禹相埒[2]"。

辛德勇认为由于济水和汴渠两岸有许多居民都因遭受严重水灾而发出"怨言"，汉明帝才下决心治理水道，当时面临的首要问题，是黄河主要水量所行用并泛滥成灾的汴渠，而随着黄河主溜夺汴南下，黄河下游的河水泛滥，已经不会造成严重破坏。正是这一情况，决定了王景受命治理的直接对像是汴渠而不是黄河。在此背景之下，我们在审视《汉书·王景传》中包括"十里立一水门"在内的各项具体治理措施时，理应首先考虑这些措施更有可能是施用于汴渠[3]。

本文基本赞同"（王景）这些措施更有可能是施用于汴渠"这一观点。但对辛氏所谓"随着黄河主溜夺汴南下，黄河下游的河水泛滥，已经不会造成严重破坏"的说法则姑且存疑；因为即便当时可能有"黄河主溜夺汴南下的"情形，但黄河大溜颇多，下游河水泛滥还是可能会造成严重破坏的。

十里立一水门，辛德勇经过周密的论证后分析认为：《后汉书·王景传》所说"十里立一水门"应当是指王景治理汴渠时，在某些特殊地段，大致以十里左右的同距设置水堰，用以保障航道畅通。由于渠水受到堰埭阻拦后会产生逆向的回流，所以也就有了"令更相洄注"的说法[4]。

△河水又东北，迳卷之扈亭北。《春秋左传》曰：文公七年，晋赵盾与诸侯盟于扈。《竹书纪年》：晋出公十二年，河绝于扈。即于是也。

扈亭，春秋郑邑。今河南省原武县西北有扈亭。[5]

河水又东，迳八激堤北。汉安帝永初七年，令谒者太山于岑，于石门东，积石八所，皆如小山，以捍冲波，谓之八激堤。

————————

① 史为乐：《中国历史地名大辞典》，北京：中国社会科学出版社，2005年，第1715页。

② 李仪祉：《李仪祉水利著作选集》，北京：水利电力出版社，1988年，第108—112、153、164页。

③ 辛德勇：《由元光河决与所谓王景治河重论东汉以后黄河长期安流的原因》，《文史》，2012年第1辑，第40页。

④ 辛德勇：《由元光河决与所谓王景治河重论东汉以后黄河长期安流的原因》，第40页。

⑤ 段木干主编：《中外地名大辞典》（1—5册），北京：人文出版社，1981年，第3249页。

八激堤，中国古代黄河上的水工建筑物。位于今河南原阳西南。东汉永初七年（113 年）于岑为了保护汴口安全，在石门东积石八处，皆如小山，以捍御黄河水溜冲击，故名。其作用与挑水坝相似①。

河水又东，迳卷县北。晋楚之战，晋军争济，舟中之指可掬。楚庄祀河，告成而还。即是处也。

卷县，古县名。本战国魏邑。西汉置县，治今河南省原阳县原武镇古圈城村②。两汉属河南郡。西晋属荥阳郡。北魏太平真君时废，太和中复置。北齐天保七年（556 年）废。北濒黄河，为河津要地③。

河水又东北，迳赤岸固北而东北注。

赤岸固，今原阳县磁固堤。④

又东北，过武德县东，沁水从西北来注之。
河水自武德县——汉献帝延康元年，封曹叡为侯国，即魏明帝也。——东至酸枣县西，濮水东出焉。

武德县，治所在今河南武陟县东南十四里挡店乡大城村。据《大清一统志》记载："武德故城，在武陟县东南，秦县也，始皇东巡置。"⑤

酸枣县，按《中国历史地名大辞典》酸枣县：秦置，属东郡。治所在今河南延津县西南十五里。《元和志》卷 8，"以地多酸枣，其仁入药用，故名"汉属陈留郡。北魏太和十八年（494）属东郡，移治今延津县北十五里⑥。结合相关文普资料综合推析颇疑秦酸枣县故城即今延津县南古墙村战国城址（备注：城址位于延津县新安乡南古墙村北，城址全貌因黄河淤积不详。现存一段南北长 700 米的城垣，

---

① 河海大学《水利大辞典》编辑修订委员会编：《水利大辞典》，上海：上海辞书出版社，2015年，第 22 页。
② 国家文物局：《中国文物地图集》（河南分册），北京：中国地图出版社，1991 年，第 253 页。
③ 史为乐：《中国历史地名大辞典》，北京：中国社会科学出版社，2005 年，第 1644 页。
④ 郑原林主编：《新乡地区黄河志》（新乡市黄河河务局编志组内部资料），1993 年，第 23 页。
⑤ 武陟县地方志编纂委员会编：《武陟县志》，郑州：中州古籍出版社，1993 年，第 652 页。
⑥ 史为乐：《中国历史地名大辞典》，第 2791 页。

墙宽 10 米，夯土筑成。曾在此发现大量战国铜镞．俗称此为"鬼打城"。①)

沁水，一名少水，即今山西东南部之沁河。源出沁源县北绵山二郎神沟，南流经安泽、沁水、阳城诸县，入河南济源市境，东流至武陟县南入黄河②。

濮水，濮水本是黄河的一个支流，自河南延津东北经长垣，至濮阳锁城附近入境。东北流经山东鄄城的临濮集，再东北入濮州界。后来又在濮阳锁城引濮水入渠，名濮渠，沿濮水南面东去注入钜野泽。后濮水、濮渠都被黄河湮没。濮阳、临濮、濮州都因濮水而得名，而这些地名也正是研究濮水故道的历史见证。③

汉兴三十有九年，孝文时，河决酸枣，东溃金堤，大发卒塞之。故班固云：文埋枣野，武作《瓠歌》，谓断此口也。今无水。

金堤，原指黄河堤防。《史记·河渠书》："汉兴三十九年，孝文时河决酸枣，东溃金堤。"张守节《史记正义》引《括地志》云："金堤一名千里堤，在白马县东五里。"后泛指修筑坚固的江河堤塘。著名的有：西汉时东郡、魏郡、平原郡界内黄河两岸，都有石筑的金堤，高者至四五丈。东汉时自汴口以东，沿河积石，通称"金堤"。今西起河南卫辉市、滑县，经濮阳、范县、山东阳谷，东至张秋镇东，有古金堤，相传宋所筑，一说东汉王景所修。④

河水又东北，通谓之延津。石勒之袭刘曜，途出于此，以河冰泮为神灵之助，号是处为灵昌津。昔澹台子羽赍千金之璧渡河，阳侯波起，两蛟挟舟。子羽曰：吾可以义求，不可以威劫。操剑斩蛟，蛟死，波休，乃投璧于河，三投而辄跃出，乃毁璧而去，示无吝意。赵建武中，造浮桥于津上，采石为中济，石无大小，下辄流去，用工百万，经年不就。石虎亲阅作工，沈璧于河。明日，璧流渚上，波荡上岸。遂斩匠而还。

延津，津渡名。宋代以前黄河流经今河南延津县西北至滑县一段，为重要渡口，总称延津。据《水经·河水注》其在今延津县西北者，亦称灵昌津。其东有"棘津"，亦名"石济津"或"南津"，其在旧滑县以北的亦名"延寿津"；历代作

① 国家文物局：《中国文物地图集》（河南分册），北京：中国地图出版社，1991 年，第 261 页。
② 史为乐：《中国历史地名大辞典》，北京：中国社会科学出版社，2005 年，第 1350 页。
③ 中共濮阳县委宣传部：《濮阳县文物志》（内部资料），1980 年 6 月，第 4 页。
④ 河海大学《水利大辞典》编辑修订委员会编：《水利大辞典》，上海：上海辞书出版社，2015 年，第 20 页。

战时常为行军所经①。另据《河南省新乡县地名志》（1983 版）延津关，汉代关名。在新乡市区中心东南，新乡县申店、关堤南、古黄河北岸②。

澹台子羽，即澹台灭明，孔子学生，品行端正，为孔门七十二贤之一。以貌取人的典故便与澹台子羽有关。《史记·仲尼弟子列传》：孔子闻之，曰："吾以言取人，失之宰予；以貌取人，失之子羽。"子羽即澹台子羽。澹台子羽入水斗蛟的故事，在《博物志》中有记载与上述注文大致相仿。③

阳侯，古代传说中的波涛之神。《淮南子》高诱注："阳侯，陵阳国侯也。其国近水，溺水而死。其神能为大波，有所伤害，因谓之阳侯之波。"④

△又东，过燕县北，淇水自北来注之。

燕县，本春秋南燕国。秦置县，治今河南省延津县东北，属东郡。《史记·高祖本纪》：汉王三年（前 204 年），卢绾、刘贾渡白马津，入楚地，"与彭越复击破楚军燕郭西"，即此。寻改为南燕县。东汉复为燕县。永平二年（59 年）封樊儵为燕侯于此。西晋末改为东燕县⑤。此外按《延津县志》载，1932 年曾在大城置南燕镇。当地学者认为《春秋》之南燕国，汉之南燕县，东汉之燕县，晋之东燕县，隋、唐及宋之胙城县，均治于今延津县王楼乡大城村。⑥

淇水，古黄河支流。即今河南淇河，南流至今卫辉市东北淇门镇南入河。《诗经·卫风·竹竿》："泉源在左，洪水在右。"（汉书·地理志）河内郡共县："北山，淇水所出，东至黎阳入河。"东汉建安时，曹操在淇水口筑枋堰，遏淇水使东北流，注入白沟（今卫河）。此后遂成为卫河支流。《三国志·魏书·武帝纪》：建安九年（204），"遏淇水入白沟以通粮道"。即此。⑦

河水于是有棘津之名，亦谓之石济津，故南津也。《春秋·僖公二十八年》，晋将

① 中国历史大辞典·历史地理卷编纂编委会编：《中国历史大辞典·历史地理》，上海：上海辞书出版社，1996 年，第 323 页。
② 郑季铭主编，新乡县地名办公室编著：《河南省新乡县地名志》，西安：三秦出版社，1993 年，第 30 页。
③ 李剑平主编，《中国神话人物辞典》，西安，陕西人民出版社，1998 年 10 月，第 702 页。
④ 霍松林主编，《中国古典小说六大名著鉴赏辞典》，西安，华岳文艺出版社，1988 年 12 月，第 261 页。
⑤ 戴均良，刘保全，邹逸麟等主编：《中国古今地名大词典·下》，上海：上海辞书出版社，第 2879 页。
⑥ 王培勤著，濮阳日报社编：《濮阳春秋·下》（修订版），北京：中国国际广播出版社，2008 年，第 579 页。
⑦ 史为乐：《中国历史地名大辞典》，北京：中国社会科学出版社，2005 年，第 2438 页。

伐曹，曹在卫东，假道于卫，卫人不许，还，自南河济，即此也。

晋伐陆浑亦于此渡。宋元嘉中，遣辅国将军萧斌率宁朔将军王玄谟北入，宣威将军垣护之以水军守石济，即此处也。

石济津（即棘津）。在今河南滑县西南古黄河畔。《宋书·垣护之传》："玄谟攻滑台，护之百舸为前锋，进据石济。"石济在滑台西南百二十里①。另据《中外地名大辞典》（段木干主编）石济津，胙城之北，名南津，亦名石济津，今湮。（左传昭公十七年一：晋苟吴帅师，涉自棘津。）②

陆浑，南留古城位于洛阳市宜阳县白杨镇南留村东田地之中。2013 年，在对伊川徐阳被盗墓进行发掘时调查发现，结合《水经注》所载，推测其可能是西汉早期的陆浑县城的县治所在。经初步调查得知，该城平面大致呈梯形，墙体均有不同程度的破坏。2014 年 11 月，为了解该城的夯筑方式及时代，考古工作者在东城墙进行了试掘。发现有城墙、灰坑、灰沟、房屋、墓葬等遗迹，出土有陶器、骨器、蚌器、铁器、铜器等③。

河水又东，淇水入焉。又东，迳遮害亭南。《汉书·沟洫志》曰：在淇水口东十八里，有金堤，堤高一丈，自淇口东，地稍下，堤稍高，至遮害亭，高四五丈。又有宿胥口，旧河水北入处也。

遮害亭，在今河南浚县西南、淇口之东十八里，古为黄河所经。《汉书·沟洫志》：哀帝初贾让献治河策，"今行上策，徙冀州之民当水冲者，决黎阳遮害亭，放河使北入海"。④

河水又东，右迳滑台城北。城有三重，中小城谓之滑台城。旧传滑台人自修筑此城，因以名焉。城即故郑廪延邑也。下有延津。《春秋传》曰：孔悝为蒯瞆所逐，载伯姬于平阳，行于延津，是也。廪延南故城，即卫之平阳亭也。今时人谓此津为延寿津。宋元嘉中，右将军到彦之，留建威将军朱修之守此城。魏军南伐，修之执节不下。其母悲忧，一旦乳汁惊出，母乃号踊，告家人曰：我年老，非有乳时，今

① 史为乐：《中国历史地名大辞典》，北京：中国社会科学出版社，2005 年，第 593 页。
② 段木干主编：《中外地名大辞典》（1—5 册），北京：人文出版社，1981 年，第 3661 页。
③ 吴业恒，马占山，郭改委等：《河南省宜阳县南留古城东城墙发掘简报》，《洛阳考古》，2017 年第 4 期，第 17 页。
④ 史为乐：《中国历史地名大辞典》，第 2806 页。

忽如此，吾儿必没矣。修之绝援，果以其日陷没。城故东郡治。

滑台城，《中国历史大辞典》滑台古城即今河南省滑县东滑县故城。十六国南燕慕容德曾建都于此。北魏、南朝宋时为兖州及东郡治，又是北魏河南四镇之一。城池坚固，北临黄河，为东晋、南北朝时期军事要地[1]。

廪延邑，古邑名。春秋郑邑。在今河南省延津县东北、古黄河南岸。《左传》隐公元年（前722年）：郑"大叔又收贰以为己邑，至于廪延"，杜注："廪延郑邑。陈留酸枣县北有延津。"即此[2]。按注文"城有三重，中小城谓之滑台城……城即故郑廪延邑也"当时的廪延邑则是将滑台城包括在内。

平阳亭，春秋卫邑，在今河南滑县南。《左传·哀公十六年》卫侯饮孔悝酒于平阳，醉而送之，《杜注》燕县东北有平阳亭。[3]

《续汉书》曰：延熹九年，济阴、东郡、济北、平原，河水清。襄楷上疏曰：《春秋》注记，未有河清，而今有之。《易乾凿度》曰：上天将降嘉应，河水先清。京房《易·传》曰：河水清，天下平。今天垂异，地吐妖，民厉疾，三者并作而有河清。《春秋》麟不当见而见，孔子书以为异。河者，诸侯之象，清者，阳明之徵，岂独诸侯有窥京师计也？明年，宫车宴驾，徵解渎侯为汉嗣，是为灵帝。建宁四年二月，河水又清也。

汪前进认为黄河河水变清本来是一种自然现象，但在那"天人感应、皇权神授"的年代，它却具有了预示皇权更迭或预示圣上贤明的重要功能。朝野因此而展开了一系列呈报祭祀与颂扬活动。一种自然现象演变成了政治文化现象。过去人们对它的解释不是从自然的角度，而是从政治文化的角度，人们忽视了它的自然成因，放弃了对自然成因的探索，使得生态环境的恶化得不到及时与有效的控制，反而将黄河清出现的时间，人为地概括成定期出现的规律……如《清史稿·乐志》则曰："河千年而一清，圣人千年而一生"[4]。

△又东北，过黎阳县南。

[1] 史为乐：《中国历史地名大辞典》，北京：中国社会科学出版社，2005年，第1915页。
[2] 史为乐：《中国历史地名大辞典》，第2923页。
[3] 史为乐：《中国历史地名大辞典》，第656页。
[4] 汪前进：《黄河河水变清年表（公元前1035年—公元1911年）——敬以此文恭祝何丙郁先生80华诞》，《广西民族学院学报（自然科学版）》，2006年第2期，第13页。

黎，侯国也。《诗·式微》黎侯寓于卫是也。晋灼曰：黎山在其南，河水迳其东。其山上碑云：县取山之名，取水之阳以为名也。王莽之黎蒸也。今黎山之东北故城，盖黎阳县之故城也。山在城西，城凭山为基，东阻于河。故刘桢《黎阳山赋》曰：南阴黄河，左覆金城，青坛承祀，高碑颂灵。

黎阳县故城，战国赵邑。在今河南浚县东。《战国策·赵策三》："赵以公子郚为质于秦，而请内焦、黎、牛狐之城，以易蔺、离石、祁于赵"。[1] 此外浚县城东的大伾山汉墓群等亦可为佐证。（备注：大伾山汉墓群，位于浚县县城东大伾山南坡，面积 1000 平方米。发现大批汉代土坑墓及空心砖蘸。曾出土陶器、铜钱等 [2]。）

黎山，又名黎阳山、大伾山。在今河南浚县东南二里。《汉书·地理志》魏郡黎阳县注引晋灼曰："黎山在其南，河水经其东。"[3]

昔慕容玄明自邺，率众南徙滑台，既无舟楫，将保黎阳，昏而流渐冰合，于夜中济讫，旦而冰泮，燕民谓是处为天桥津。东岸有故城，险带长河。戴延之谓之逯明垒，周二十里，言逯明，石勒十八骑中之一，城因名焉。郭缘生曰：城，袁绍时筑。皆非也。余案：《竹书纪年》梁惠成王十三年，郑釐侯使许息来致地平邱、户牖、首垣诸邑，及郑驰地，我取枳道与郑鹿，即是城也。今城内有故台，尚谓之鹿鸣台，又谓之鹿鸣城。王玄谟自滑台走鹿鸣者也。济取名焉，故亦曰鹿鸣津，又曰白马济。津之东南，有白马城，卫文公东徙渡河，都之，故济取名焉。袁绍遣颜良攻东郡太守刘延于白马，关羽为曹公斩良以报效，即此处也。白马有韦乡、韦城，故津亦有韦津之称。《史记》所谓下修武，渡韦津者也。

鹿鸣城，即战国魏鹿邑。在今河南滑县东北。为黄河重要渡口 [4]。

白马津，大体在今滑县枣村乡鱼池村北、白马坡西端之酸枣庙南街（今称马村，原属白马县、滑县，1949 年后为浚县辖）附近，当地的地形显示，该村位于古黄河南（东）岸，往对岸望去，五六里宽的黄河故道相当平坦，对岸就是故黎阳津，这与《浚县志》"河南岸曰白马津，北岸曰黎阳津"的记述相吻合今枣村乡鱼池村北白马坡中有"汉将军颜良之墓"碑，于注文"关羽为曹公斩良以报效，

① 史为乐：《中国历史地名大辞典》，北京：中国社会科学出版社，2005 年，第 2864 页。
② 国家文物局：《中国文物地图集》（河南分册），北京：中国地图出版社，1991 年，第 229 页。
③ 史为乐：《中国历史地名大辞典》，第 2864 页。
④ 史为乐：《中国历史地名大辞典》，第 1915 页。

即此处也"可为参照①。

韦城，夏王少康时，封颛顼后代元哲于豕韦，称为"豕韦氏国"，又称韦城。"韦"在《国语》《左传》中皆作"豕韦"的简称。今滑县万古乡妹村曾发现韦城城隍庙碑（现存于滑县高平乡政府），故妹村之地当属于原来韦城的范围，亦即豕韦氏国。《诗经·商颂·长发》载商汤讨伐夏桀时云："韦顾既伐，昆吾夏桀。"故此有学者认为此处"韦"即为"韦城"即今滑县万古乡②。

> 河水旧于白马县南泆，通濮、济、黄沟，故苏代说燕曰：决白马之口，魏无黄、济阳。《竹书纪年》：梁惠成王十二年，楚师出河水，以水长垣之外者也。金堤既建，故渠水断，尚谓之白马渎。

白马渎，在今河南滑县、濮阳市境③。

> 故渎东迳鹿鸣城南，又东北，迳白马县之凉城北。《者旧传》云：东郡白马县之神马亭，实中层峙，南北二百步，东西五十许步，状丘斩城也。自外耕耘垦斫，削落平尽。正南有蹊陛陟上，方轨是由。西南侧城有神马寺，树上修整，西去白马津可二十许里，东南距白马县故城可五十里。疑即《开山图》之所谓白马山也。山上常有白马群行，悲鸣则河决，驰走则山崩。《注》云：山在郑北，故郑也。所未详。刘澄之云：有白马塞，孟达登之长叹，可谓于川土疏妄矣。亭上旧置凉城县，治此。白马渎又东南，迳濮阳县，散入濮水，所在决会，更相通注，以成往复也。

白马山，《清一统志》：白马山在滑县东北三十四里，山上有关帝庙；与唐《元和志》宋《寰宇记》所载合。按《重修滑县志》：县东北三十五里酸枣庙南有土山，俗呼为白马山。白马县、白马津皆以山名。后因河水决溢，山久颓圮，踪迹湮没，今已不可考矣④。按注文所述颇疑"神马亭、神马寺、白马县"等均在白马山一带。

白马县，秦置，属东郡。治所在今河南滑县东二十八里。取白马山为名。西

---

① 刘守森：《古白马县浅探》，《河南省滑县和广西白马移民》，郑州：大象出版社，2014年，第21页。
② 仝相卿：《古代滑县政区地理沿革述略》，《黄河科技大学学报》，2013年4期，第27页。
③ 史为乐：《中国历史地名大辞典》，北京：中国社会科学出版社，2005年，第312页。
④ 河南省滑县地方史志编纂委员会：民国《重修滑县志》标注本（上），1986年10月，第159页。

晋属濮阳国。北魏天兴中为西兖州治，徙治滑台城[1]。当地学者认为白马城即今滑县留固镇白马墙村；2009年5月经安阳文物管所探测，已发现城墙基和城门[2]。

濮阳县，按注文"白马渎又东南，迳濮阳县"应指北魏濮阳县。吴宏岐、郭用和认为北魏时期濮阳县治移至今县西南二十里子岸乡故县村处。（备注：故县村遗址位于濮阳县子岸乡故县村·汉代，面积约9万平方米，文化层距地表深2—3米；采集有陶瓮、板瓦、筒瓦、空心砖、绳纹小砖等遗物；据传故县村是汉濮阳县城．但未发现城垣遗迹[3]）

河水自津东北，迳凉城县，河北有般祠。《孟氏记》云：祠在河中，积石为基，河水涨盛，恒与水齐。戴氏《西征记》曰：今见祠在东岸临河，累石为壁，其屋宇容身而已，殊似无灵，不如孟氏所记，将恐言之过也。

凉城县，北魏天兴中置，属东郡。治所在今河南滑县东北[4]。

河水又东北，迳伍子胥庙南，祠在北岸，顿邱郡界，临侧长河，庙前有碑，魏青龙三年立。河水又东北，为长寿津。《述征记》曰：凉城到长寿津六十里。

长寿津，今河南滑县东北六十余里[5]。《中国历史地名大辞典》给出了长寿津大致的方位："今河南濮阳县西南古黄河上。[6]"

河之故渎出焉。《汉书·沟洫志》曰：河之为中国害尤甚，故导河自积石，历龙门，酾二渠以引河。一则漯川，今所流也。一则北渎，王莽时空，故世俗名是渎为王莽河也。

漯川，古漯川是黄河下游主要支流．它源自黄河，东北逶迤流经一千余里，至千乘流人渤海。自夏禹至宋初，先后称漯川、漯水、隰水、武水、武河等。《水

① 史为乐：《中国历史地名大辞典》，北京：中国社会科学出版社，2005年，第323页。
② 刘守森：《古白马县浅探》，《河南省滑县和广西白马移民》，郑州：大象出版社，2014年，第21页。
③ 国家文物局：《中国文物地图集》（河南分册），北京，中国地图出版社，1991年，第301页。
④ 史为乐：《中国历史地名大辞典》，第1021页。
⑤ 孙铁林，屈军卫：《从黄河下游河道历史变迁探寻古漯川流经轨迹》，《濮阳职业技术学院学报》，2016年3期，第12页。
⑥ 史为乐：《中国历史地名大辞典》，第287页。

经注》详尽记述了自东武阳以下漯水河道流经，而对于自东武阳以上之漯水河道只字未提；足见古漯水上游河道消失过程之复杂，时间之久远。①

王莽河，东汉以后对西汉时黄河自濮阳以下故道的俗称，因改徙于王莽时，故名②。

孙铁林、屈军卫等认为：黄河是经过几千年的变迁仍旧存续的河流，在历史时期对于它的记载较多，地质学证据也证明了黄河在《水经注》中的记载可信度较高。在汉代黄河经历了两次改道，而河南境内的黄河应当为从郑州以北经过新乡、濮阳北上的方向，结合黄河改道历史，所提取河网中北上的较大量级河流与之吻合，推测其为禹贡时期的黄河③。

东北迳戚城西。《春秋·哀公二年》：晋赵鞅率师，纳卫太子蒯聩于戚，宵迷。阳虎曰：右河而南，必至焉。今顿邱卫国县西戚亭是也。为卫之河上邑。汉高帝十二年，封将军李必为侯国矣。

戚城，位于濮阳市区京开大道西侧，北临古城路口。1965年曾进行过试探性挖掘，城垣基本呈长方形（东西稍宽），周长1520米，残高最高处8.3米，最厚处16.5米，城角为圆形，唯西南城角略向外突，城内面积14.4万米。现存东西北三面墙体。地下依次叠压着裴李岗文化、仰韶文化、龙山文化以及商、西周、春秋、汉等文化。城墙先后分两次筑成，城垣东36米与80米处有土丘两个，均高6米，呈长方形，西丘较小，东丘长20米宽16米高4.6米，夯筑而成，属戚城的附属建筑。戚城是春秋之际卫国的重要城邑，曾有许多国家在这里会盟商讨大事。（据《春秋》和《左传》记载诸侯在此会盟8次）。在遗址东北部有子路慕和蒯聩台遗址④。

故渎又迳繁阳县故城东，《史记》：赵将廉颇伐魏，取繁阳者也。

繁阳县故城，西汉置，属魏郡。《汉书·地理志》繁阳县注引应劭曰："在繁水

---

①　孙铁林，屈军卫：《从黄河下游河道历史变迁探寻古漯川流经轨迹》，《濮阳职业技术学院学报》，2016年3期，第12页。
②　史为乐：《中国历史地名大辞典》，北京：中国社会科学出版社，2005年，第315页。
③　孙铁林，屈军卫：《从黄河下游河道历史变迁探寻古漯川流经轨迹》，第12页。
④　河南省文物局：《河南文物志》2009版（上），北京：文物出版社，2009年，第138页。

之阳"故名。西晋属顿丘郡。当地学者认为繁阳县故城在今楚旺镇北三华里处[1]。

北迳阴安县故城西。汉武帝元朔五年，封卫不疑为侯国。

阴安县故城，西汉置，属魏郡。治所在今河南清丰县西北二十里古城集。西晋属顿丘郡。（备注：阴安县故城位于清丰县古城乡古城村东北，城址呈方形，周长约 3 公里，夯筑城墙宽 10 米，遗址东部原有高土台，面积约 300 平方米，存高 0.5 米。在距地表 3 至 4 米深处发现水井，房基、板瓦、瓦当、建筑残件、货币、瓷器等。据《清丰县志》载：此地汉置阴安城、唐改置清丰县．其上层曾发现元、明、清代墓葬，可证该城宋时为水淹而废[2]。）

故渎又东北，迳乐昌县故城东，《地理志》，东郡之属县也。汉宣帝封王稚君为侯国。

乐昌县故城，西汉置，属东郡。治所在今河南南乐县西北。东汉废[3]。

故渎又东北，迳平邑郭西。《竹书纪年》：晋列公四年，赵城平邑。五年，田公子居思伐邯郸，围平邑。十年，齐田汾及邯郸韩举战于平邑，邯郸之师败逋，获韩举，取平邑、新城。

平邑，本为赵国邑，后归齐国，在今河南南乐县东北[4]。

————————

[1] 王培勤著，濮阳日报社编：《濮阳春秋·下》（修订版），北京：中国国际广播出版社，2008 年，第 530 页。

[2] 国家文物局：《中国文物地图集》（河南分册），北京：中国地图出版社，1991 年，第 310 页。

[3] 复旦大学历史地理研究所《中国历史地名辞典》编委会编：《中国历史地名辞典》，南昌：江西教育出版社，1986 年，第 242 页。

[4] 复旦大学历史地理研究所《中国历史地名辞典》编委会编：《中国历史地名辞典》，第 157 页。

政治传播视域下的《管子》人才致仕机制探微

A Probe into the Mechanism of Talents Retirement in *Guan Zi*: from the Perspective of Political Communication

黄志立 *

Huang Zhili

摘　要： 从政治传播的角度，探讨《管子》一书中所述的致仕机制，是检视与考察先秦人事制度革新的重要契合点。先秦之际的致仕机制是由自发、自觉再到约定俗成的一种历史文明传承。而管子"七十而致政"的退休年龄、"一子无征"的养老优待、"班禄赐予"的礼遇方式、"察能授官"的举让标准、"修而兼用"的养老形态正是这一嬗递传播形态的具体展现。《管子》所述的致仕机制，既探索先秦之际致仕机制的积淀环境、社会形态、体例特征、时代意蕴、嬗变轨迹等，考察先秦人事制度的构成形态与文明传承的现实意义，又为探索新时代人事管理制度的改进与补缺提供了丰赡的文献来源。

Abstract: From the perspective of political communication, it is an important meeting point to examine and investigate the reform of personnel system in pre-qin dynasty to discuss the mechanism of serving as an official described in *Guan Zi*. In the pre-Qin period, the official service mechanism was a kind of historical civilization inheritance from spontaneity and self-consciousness to convention. The concrete manifestation of this transmutation communication pattern is the retirement age of "the government after seventy years", the preferential treatment of "a child without any imposition", the courtesy way of "banlu grant", the promotion standard of "examining the ability to grant officials", and the old-age form of "repair and use both". mechanism of talents retirement in *Guan*

---

*　作者简介：黄志立（1986—），男，河南项城人，华南师范大学文学院特聘副研究员，文学博士，博士后，从事古代文学与文化传播研究。

Zi, is to explore both the pre-qin mechanism of talents retirement as the accumulation of environment, social form, style characteristics, era meaning, changing track, etc., the composition of the personnel system of the pre-qin forms and the realistic significance of the inheritance of civilization, and the improvement of personnel management system and to explore new era consultantship provides a rich source of literature.

关键词:《管子》；致仕机制；管理思想；政治传播

Keywords: *Guan Zi*; mechanism of talents Retirement; management thought; cultural communication; political communication

五千年的华夏文明包含着丰富的政治智慧，其中能够传播和需要被传承的政治文明确实不少。管仲，后人尊之为管子，被誉为"华夏文明的保护者""华夏第一相"，是中国古代著名的政治家、军事家、经济学家、哲学家等。管仲早年曾在河南南阳一带经商，《战国策》载录云："管仲，其鄙人之贾人也，南阳之弊幽。"此可为文明溯源，尤其从政治传播的角度，呈现中原独特文化魅力的文献依据。"政治文明和政治形态各有不同，因而需要传播和能够传播的信息亦千差万别，这就深入到了政治文明和政治形态的内部，当属于政治传播研究的具体内容。"①管仲所著《管子》一书，可谓先秦之际百科全书式的奇书，所涉内容宏赡广博，其中论及先秦时代人事制度中的致仕问题。管仲的致仕机制承袭周代礼制而来，是先秦人事制度中的重要组成部分，亦是诸侯国中率先推行致仕机制的典范，较为集中地体现了分封建制下诸侯国与宗主国之间一种紧密的呼应关系。管仲在齐国探索性地实施致仕机制，不仅有利于先秦之际人事制度的不断丰富与完善，而且能彰显时代的进步性，兼备重要的示范作用。综观该书所论官吏致仕机制，大体涵盖了致仕年龄、养老方式、等级待遇、举让贤才四个方面的内容。

一、"七十而致政"的退休年龄

先秦之际对官员的致仕后待遇已与礼仪制度建立了紧密联系，对不同等级的官员待遇已做了明确的规定，比如待遇中的养老地点、供给多少、赡养方式等皆有初步的定制，而且这种养老机制对后世影响较深。先秦典籍中，常用"致事""致政""致仕""告归"等辞来表述官员离职告老。起初此类表述多指年终时向上汇报工作及其施政情况，后延伸为辞官。"致事"一词在《周礼》中出现颇多，如《天官·大宰》曰："岁终，则令百官府，各正其治，受其会，听其致事，而诏

---

① 荆学民，苏颖：《中国政治传播研究的学术路径与现实维度》，《中国社会科学》，2014年第2期，第80页。

王废置。"① 同卷《天官·小宰》："赞冢宰受岁会，岁终，则令群吏致事。"② 此外卷三、卷四、卷九载录甚夥，此不逐一示例。

到了《礼记》的记载中，"致事"已经有了本质的转变。如《礼记》卷一《曲礼》载录："大夫七十而致事，若不得谢，则必赐之几杖，行役以妇人，适四方，乘安车，自称曰老夫。"③ 郑玄在"致事"后注曰："致其所掌之事，于君而告老。"这里明确了"致事"即将个人所掌之权事，复还于君主。这样一来从《礼记》"致事"记载中的可以明确了两点：一是官员致事年龄以七十岁为分界线，到了这个年龄，官员即还政于君，辞官告老；二是倘若辞官没有得到君王的批准，那么，则可继续享有一定的礼遇，如君王可赐予官员几和杖，本国内因公外出可有妇人相陪；出游他国，可以安车相乘，而且与人讲话时可以老夫自称。赐杖，既是周代尊老礼节的体现，又是荣耀的象征。《周礼》卷十《秋官·司寇下》："伊耆氏掌国大祭祀，共其杖咸。军旅授有爵者杖，共王之齿杖。"④《礼记》卷十四《祭义》："是故朝廷同爵则尚齿，七十杖于朝，君问则席，八十不俟朝，君问则就之，而弟达乎朝廷矣。"⑤ 七十岁，是先秦社会尊老养老的重要时间节点，而杖又是老者的显著标识，二者可谓异曲同工，共同彰显周代社会对老者的优待政策。这些都是对七十致仕，或因其他情况继续留任者的不同礼遇，这与其说是致仕，倒不如说更是一种礼仪。

先秦之际，官吏七十而致仕的人事机制在当时颇有影响，这一点可从《管子》⑥（以下凡引皆据黎翔凤《管子校注》，中华书局 2004 年版，不一一出注）一书得到明证。在《管子》中，管仲称官员退休为"致政"，即还政于君，书中多处论及。如《戒》第二十六："仁从中出，义从外作。仁故不以天下为利，义故不以天下为名。仁故不代王，义故七十而致政。"其"致政"后房玄龄注解曰："老而不致政，贪冒者耳非义也。"管子认为：仁是从内心生发的，义是从外部实施的。所以不利用天下谋求利益，不利用天下攫取私名。仁者，不要取代他人而自立为王，义者，到了七十岁就要交政还君。此外，房玄龄的注解已经意识到官员年岁七十尚未告老辞退，是贪恋权力的表现，而这种行为当是不义之举，则会受到时人的诟病。从《管子》论"仁"与"义"的论断中，得知管子已经认识到官员年近七十岁时，则还政于君的必要性。

---

① 阮元校刻：《十三经注疏·周礼注疏》，北京：中华书局，1980 年，第 650 页。

② 阮元校刻：《十三经注疏·周礼注疏》，第 655 页。

③ 阮元校刻：《十三经注疏·礼记正义》，第 1232 页。

④ 阮元校刻：《十三经注疏·周礼注疏》，第 889—890 页。

⑤ 阮元校刻：《十三经注疏·礼记正义》，第 1599 页。

⑥ 黎翔凤：《管子校注》，北京：中华书局，2004 年。

"致政"一词，在《管子》中并非都是还政于君之意，检览文中几处对比即知。如《大匡》第十八："若亟召则不可得也，不亟不可得也。夫鲁施伯知夷吾为人之有慧也，其谋必将令鲁致政于夷吾。夷吾受之，则彼知能弱齐矣；夷吾不受，彼知其将反于齐也，必将杀。"同书，"管仲有慧，其事不济，今在鲁，君其致鲁之政焉。若受之则齐可弱也，弱不受则杀之"。同书"鲁未及致政，而齐之使至，曰：夷吾与召忽也，寡人之贼也，今在鲁，寡人愿生得之。若不得也，是君与寡人贼比也"。再如《正》第四十三："致政，其民服信以听；致德，其民和平以静；致道，其民付而不净。"此处不是本文探论的重点，今摘录供研究者参览，以示区别。

管仲除关注年迈七十致仕的人员之外，仍关心底层民众的衣食住行、生老病死等养老问题。如《禁藏》篇云："赐鳏寡，振孤独，贷无种，与无赋，所以劝弱民。"而且管仲尽力做到《轻重甲》篇"饥者得食，寒者得衣，死者得葬，不资者得济"，他祈望饥饿者有饭吃，寒冷者有衣穿，死者能得到安葬，生活贫困者能得到周济。《揆度》篇云："管子曰：'匹夫为鳏，匹妇为寡，老而无子者为独。君问其若有子弟师役而死者，父母为独，上必葬之：衣衾三领，木必三寸，乡吏视事，葬于公壤。若产而无弟兄，上必赐之匹马之壤。故亲之杀其子以为上用，不苦也。君终岁行邑里，其人力同而宫室美者，良萌也，力作者也，脯二束、酒一石以赐之。力足荡游不作，老者谯之，当壮者遣之边戍，民之无本者贷之圂强。故百事皆举，无留力失时之民。此皆国策之数也。'"再如《入国》篇："入国四旬，五行九惠之教。一曰老老，二曰慈幼，三曰恤孤，四曰养疾，五曰合独，六曰问疾，七曰通穷，八曰振困，九曰接绝。"通篇围绕"老老""慈幼""恤孤""养疾""合独""问疾""通穷""振困""接绝"九惠之教的内容展开，彰显管仲"贵民""劝孝""本厚民生"等的人文情怀，这和其致政机制一道，相互渗透，合二为一，共同体现管仲的人事思想。

二、"一子无征"的养老优待

在养老方面，管仲强调在国都和城邑要设立"掌老"的官，定制凡年七十以上且一子者，官府要给予一定照顾和优待，即免除征役、赋税、刑罚等以便来更好地优待老人，此谓"一子无征"的第一方面。《入国》篇明确载录："所谓老老者，凡国、都皆有掌老，年七十以上，一子无征，三月有馈肉；八十以上，二子无征，月有馈肉；九十以上，尽家无征，日有酒肉。死，上共棺椁。劝子弟：精膳食，问所欲，求所嗜。此之谓老老。"管仲定制凡年七十及以上，且一子者免除征役，并且每年三个月有政府给予的馈肉，八十岁以上者，二子免除征役，每月有馈肉；九十岁以上者，全家免役，而且官家每天要供给酒和肉。若这些老者去世，君主要提供棺椁。劝勉其子弟：细作饮食，探询老人的欲求，潜熟他们的嗜好。

"一子无征"第二方面还表现在恤孤救助上。即在国都和城邑设有"掌孤"的官职，规定士民死后，子女孤幼，无父母所抚，尚不能自理生活，这时就归乡党、生前好友、故人抚养。代养一孤儿者，一子免除征役；代养两孤儿者，二子免除；三者，全家免除。《入国》篇云："所谓恤孤者，凡国、都皆有掌孤，士人死，子孤幼，无父母所养，不能自生者，属之其乡党、知识、故人。养一孤者一子无征，养二孤者二子无征，养三孤者尽家无征。掌孤数行问之，必知其食饮饥寒身之腆胜而哀怜之。此之谓恤孤。"这时设在国都的"掌孤"官吏要不断地了解孤儿情况，对其饮食饥寒与身体健康状况进行救助。

管仲除釐定"一子无征"之外，又定制了"无妇征"的机制，即家中抚养三个幼儿者可免除"妇征"，养四个者全家免除"妇征"。这种闪耀人性光辉的理念及其对妇幼高度的尊重与优待，在先秦之际无疑是一种跨越式进步，亦是推进社会向前发展的重要举措。《入国》篇如是说："所谓慈幼者，凡国、都皆有掌幼，士民有子，子有幼弱不胜养为累者，有三幼者无妇征，四幼者尽家无征，五幼又予之葆，受二人之食，能事而后止。此之谓慈幼。"观此可知，倘若有五幼子者，政府不仅免除"妇征"，而且还要配备类似的"保姆"人员予以照顾，供给两份粮食的份额直至幼儿可以治理生活为止。如此体贴周详的育人举措与《权修》篇："一年之计，莫如树谷；十年之计，莫如树木；终身之计，莫如树人。"的理念一脉相承，前呼后应，为后来齐国的迅速崛起奠定了坚实的人才基础。

管仲"年七十以上，一子无征"人事机制，在年龄釐定上远远优于较早时代或者同时代的其他文献记载。较早时代如《礼记》卷四《王制》篇第五曰："八十者，一子不从政。九十者，其家不从政。废疾非人不养者，一人不从政。父母之丧，三年不从政。齐衰大功之丧，三月不从政。将徙于诸侯，三月不从政。自诸疾来徙，家期不从政。"[1]同书卷八《内则》第十二述云："凡三王养老，皆引年。八十者，一子不从政；九十者，其家不从政。"[2]从两处的文献记载来看，周代规定是凡年八十者，一子可以免除各类赋征杂役，以便更好地赡养礼遇老人。《荀子》卷十九《大略》："八十者一子不事，九十者举家不事，废疾非人不养者一人不事。父母之丧，三年不事。齐衰大功，三月不事。从诸侯不。与新有昏，朞不事。"[3]荀卿所述与《礼记》载论二者相同，皆主张家中有年满八十者，可以免除一子赋税

---

① 阮元校刻：《十三经注疏·礼记正义》，北京：中华书局，1980 年，第 1346 页。
② 阮元校刻：《十三经注疏·礼记正义》，第 1467 页。
③ 王先谦撰，沈啸寰等（点校）：《荀子集解》，北京：中华书局，1988 年，第 500 页。

征役之况。

然管仲之理念与上述"八十者,一子不事"相比,显然有一定的优越性和超前性,此外,据银雀山汉墓出土的竹简亦可补正管仲这一超前理念。其简《田法》记载:"年六十(以上)与年十六至十四,皆为半作。"[①]"以上"二字后注解:"二字上三残文所剩笔画至少,下文谓年六十以上为半作,疑为此处残文当是'年七十'三字。"其中的"半作"指年龄在十四至十六岁与六十及以上者皆视为半个劳动力,同时享有减半赋税服役之礼。《田法》是当时齐国的田赋之法,说明战国之时该制度已经施行。《管子》该条与出土的汉墓竹简《田法》可互为参证。管仲"年七十以上,一子无征"的养老方式,不仅可为一个家庭减免诸多服役、杂税、刑罚等方面责任与压力,而且又可让年长者提前安享晚年,是尊老爱老优老的具体举措,更是崇礼尊教、孝善为先的目的所在,其意旨之非凡,影响之深远,堪为后世之典。

三、"班禄赐予"的礼遇方式

中国古代在致仕俸禄方面经过长期的探索、尝试,逐渐形成一定的机制,有些规则条例有利于了解对古代人事制度的整体概貌,而且对当今的人事制度的建设仍具有借鉴意义,因此值得明辨。管仲根据时人的能力授予官职,再按照劳绩差别进行俸禄分配。《问》篇云:"爵授有德,则大臣兴义;禄予有功,则士轻死节;上帅士以人之所戴,则上下和;授事以能,则人上功。"《权修》篇云:"凡牧民者,以其所积者食之,不可不审也。其积多者其食多,其积寡者其食寡,无积者不食。或有积而不食者,则民离上;有积多而食寡者,则民不力;有积寡而食多者,则民多诈;有无积而徒食者,则民偷幸;故离上、不力、多诈、偷幸,举事不成,应敌不用。故曰:察能授官,班禄赐予,使民之机也。"引文中的"积"通"绩",指劳绩、功劳之意,"食"此处指给予俸禄奖赏。管仲这种"察能授官,班禄赐予"的人事机制,在当时无疑具有一定前瞻性和示范性,以等级差别给予俸禄奖赏的措施,也为其他诸侯国所借镜。

管仲认为"爵"与"禄"的设置,是成就王业的重要构成机制。如《法法》篇云:"爵不尊禄不重者,不与图难犯危,以其道为未可以求之也。是故先王制轩冕所以著贵贱,不求其美;设爵禄所以守其服,不求其观也。使君子食于道,小人食于力。君子食于道,则上尊而民顺;小人食于力,则财厚而养足。上尊而民顺,财厚而养足,四者备体,则胥足上尊时而王不难矣。"管仲强调如果爵位得不

---

① 银雀山汉墓竹简整理小组:《银雀山汉墓竹简》,北京:文物出版社,1985年,第145页。

到尊重，俸禄不够殷实，那么，就不会有人为他赴难冒险，究其原因则是"爵"与"禄"未能较好地匹配起来。管仲进一步述论先王规定轩冕之礼不是求其貌美，而是为划境贵贱之别而设，同样建爵设禄并非求其好看，亦是用来鳌定级别待遇所制。最后管仲总结四个方面条件：君主尊严、官民顺从、财物丰厚、生活富足，倘若具备于此，王霸之业仅是时间的早晚问题。

在致仕机制中管仲以"爵""禄"的形式进行礼遇，是对周代人事制度的继承与发展。此举，可从周之青铜器铭文上的记载得到明证，今略举几例，加以辅证：成王《余簋》："王伐录子耷，（厥）反，王降征（微）令于大（太）保，大（太）保克（敬）亡（遣）。王永大（太）保易（锡），休余土，用（兹）彝对令（命）。"①唐兰译："王去讨伐录子耷，在他回来时，王对太保发出征召的命令，太保能恭敬，没有受责备。王延长对太保的赏赐，赏给我土地，用这件彝器来对答这个命令。"

康王《俎侯矢簋》："佳（唯）三（四）月，辰才（在）丁未，（王）眚（省）珷王成王伐商图，（诞）眚（省）三（四）或（国）图。王卜于俎人土南叩。王令（命）虞侯矢曰：'（迁）侯于俎。'易（锡）鬯郁鬯一逎。（商）鬲（甗）一，（左边'矢'字，右边'彡'字）弓一，（左边'弓'字，右边'彡'字）矢百、旅弓十、旅矢千。易（锡）土：（厥）川（甽）三百，（厥）百又，（厥）宅邑卅又五，（厥）百又卌。易（锡）才（在）俎王人（十）又七生（姓）。易（锡）（上面'酉'字，下面'大'字）（郑）七白（伯），（厥）（卢）（千）又五十夫。易（锡）俎庶人六百又（十）六夫。俎侯矢（扬）王休，乍（作）虞公父丁（尊）彝。"②唐兰译：那是四月里丁未这一天，王查看了武王和成王伐商的图，于是查看了四方的地图。王占卜在俎的地方把土地归入南面边疆。王命令虞侯矢说：'调你到俎国去做俎侯。'赏赐鬯地方的郁酒一壶、商贷的甗一具、朱红色的弓一张、朱红色的箭一百支、黑色的弓十张、黑色的箭一千支。赏赐土地：那山谷里的肥田三百处、那某种土地百多处、那有住宅的城邑三十五处、那某种土地一百四十处。赏赐在俎地方属于王家的人十七个姓。赏赐郑邑的七个长官，那种田的奴隶一千零五十个夫。赏赐俎地的庶人六百十六个夫。俎侯矢颂扬王的休美，做了虞公父丁的宝器。

《礼记集说》："所谓官，若公卿大夫。所谓爵，若或食九人，或食八人。所谓禄，官所以居之，爵所以贵之，禄所以富之也。官非贱者之可居，故既官之必爵之，爵之矣，宜有以养其廉，故既爵之必禄之，其序如此。"该集承接《礼记》之体，对"官""爵""禄"三者的异同、性质、形态，进行了初步的辨别与鳌定，

---

① 唐兰：《西周青铜器铭文分代史征》，上海：上海古籍出版社，2016年，第73页。

② 唐兰：《西周青铜器铭文分代史征》，第167—168页。

不仅是研究古代官职制度的重要文献，也从侧面考量俸禄在不同时代的致仕机制变迁中的着力点。

《管子》中"班爵赐禄"的人事机制，并非是管仲的首创，除上述周代铭文记载之外，其他先秦的典籍中已有论述。《礼记》卷十三《王制》篇述及周代官吏制度时："任官，然后爵之；位定，然后禄之。"[1]《孟子·万章下》卷十："北官锜问曰：'周室班爵禄也，如之何？'孟子曰：'其详不可得闻也，诸侯恶其害己也，而皆去其籍。然而轲也，尝闻其略也。天子一位，公一位，侯一位，子男同一位，凡五等也。'"[2]唐时杜佑结合《礼记》与《孟子》所论爵禄内容，将二者融为一体，使其更详备。今摘录如下，足资参证。《通典》卷三十五职官十七"禄秩"条论述："周班爵禄之制，天子一位，公一位，侯一位，伯一位，子男同一位，凡五等也。君一位，卿一位，大夫一位，上士一位，中士一位，下士一位，凡六等。大国君十卿禄，卿禄四大夫，大夫倍上士，上士倍中士，中士倍下士，下士与庶人在官者同禄。次国君十卿禄，卿禄三大夫，大夫倍上士，上士倍中士，中士倍下士，下士与庶人在官者同禄。……"[3]足见其影响之深。

由此可见，管子的班爵赐禄体制是承袭《礼记》《孟子》等篇而来，这一机制能在齐国推广实施并成为日后"九合诸侯一匡天下"的局面，既得益于管仲的善于学习他国之长的能力与智慧，又凸显管仲在人事机制方面卓有成效的劳绩。

四、"察能授官"的举让标准

致仕是让贤的一种表现形式。此番既可以使有才华的新晋者谋求到合适的职位来施展宏图，在人才机制上又可推陈出新，防止因一成不变的人事关系所带来的弊端，《管子》一书在此方面论述颇多。如《小匡》篇云："升降揖让，进退闲习，辨辞之刚柔，臣不如隰朋，请立为大行。垦草入邑，辟土聚粟多众，尽地之利，臣不如宁戚，请立为大司田。平原广牧，车不结辙，士不旋踵，鼓之而三军之士视死如归，臣不如王子城父，请立为大司马。决狱折中，不杀不辜，不诬无罪，臣不如宾胥无，请立为大司理。犯君颜色，进谏必忠，不辟死亡，不挠富贵，臣不如东郭牙，请立以为大谏之官。此五子者，夷吾一不如；然而以易夷吾，夷吾不为也。君若欲治国强兵，则五子者存矣；若欲霸王，夷吾在此。"管仲依据隰朋、宁戚、王子城父、宾胥无、东郭牙五位不同个人优势，来分封不同职务，进而充分发挥他们的才能。一方面以让贤的方式向齐桓公陈说自己不足，另一方面

① 阮元校刻：《十三经注疏·礼记正义》，北京：中华书局，1980年，第1343页。
② 阮元校刻：《十三经注疏·孟子正义》，第2471页。
③ 杜佑撰，王文锦等（点校）：《通典》，北京：中华书局，2016年，第950页。

又用举贤的方式推荐德才兼备者来效力齐国。从中可以看出管仲并非居功自傲，反而更加彰显其旷达的心胸和过人的胆识，先秦之际的能臣志士虽多，然如管子依样者却是凤毛麟角，其探索人事机制之举更是吉光片羽，堪称后世之典。

《国语·齐语》曾有对管仲在举贤选拔人才方面的记载，其云："是故匹夫有善，可得而举也；匹夫有不善，可得而诛也。"[1]另外管仲还善于因人而用，如在政治外交方面，针对不同诸侯国的特点，遣派不同的能臣使者。《大匡》篇如是说："隰朋聪明捷给，可令为东国。宾胥无坚强以良，可以为西土。卫国之教，危傅以利。公子开方之为人也，慧以给，不能久而乐始，可游于卫。鲁邑之教，好迩而训于礼。季友之为人也，恭以精，博于粮，多小信，可游于鲁。楚国之教，巧文以利，不好立大义，而好立小信。蒙孙博于教，而文巧于辞，不好立大义，而好结小信，可游于楚。"管仲对人才使用，主张因材施教，用其所长，《权修》篇记载他坚持"察能授官"，然后遵循《形势解》篇"任其所长，不能其所短"的举贤标准。

此外，管仲在人事机制与人才任用、培养、选拔等方面曾提出具有建设性理论与主张，约略如下。

（一）"三本"治乱之原则。《立政》篇云："君之所审者三：一曰德不当其位，二曰功不当其禄，三曰能不当其官。此三本者，治乱之源也。故国有德义未明于朝者，则不可加于尊位；功未见于国者，则不可授以重禄；临事不信于民者，则不可使任大官。"管仲在人才使用上注重德行与地位相称、功绩与俸禄相称、才能与职务相称，如果德行、功绩、才能不能匹配，则不予其爵位、俸禄和官位。

（二）"四固"关乎国家安危的原则。《立证》篇云："君之所慎者四：一曰大德不至仁，不可以授国柄；二曰见贤不能让，不可与尊位；三曰罚避亲贵，不可使主兵；四曰不好本事，不务地利，而轻赋敛，不可与都邑。此四固者，安危之本也。"管仲认为"四固者"关乎家国之兴亡安危。

（三）"任力有五务"的用人原则。据《五辅》篇记载"民知礼矣，而未知务，然后布法以任力。任力有五务"。接着管仲"五务"进一步概述"五务者何？曰：君择臣而任官，大夫任官辩事，官长任事守职，士修身功材，庶人耕农树艺"。管仲主张用其所长，而不用其所短，因材施教，因人而异，真正做到人尽其才，才尽其用，充分发挥人才的最大作用。

（四）"终身之计，莫如树人"的人才培养理念。《权修》篇云："一年之计，莫如树谷；十年之计，莫如树木；终身之计，莫如树人。一树一获者，谷也；一树十获者，木也；一树百获者，人也。我苟种之，如神用之，举事如神，唯王之门。"

---

[1]　上海师范大学古籍整理点校组：《国语》，上海：上海古籍出版社，1978年，第234—235页。

此即管仲强调人才培养与人才教育的核心，倘若治理好国家，人才是关键，而人才的培养，既是终身之计，又是事关国家长期发展的战略性任务。

（五）"三选"制的人才选拔方式。管仲为使齐国人才选拔的制度化、常态化，遂制定了一套完善的选拔体系与机制。《小匡》篇云："正月之朝，乡长复事，公亲问焉，曰：'于子之乡，有居处为义好学、聪明质仁、慈孝于父母、长弟闻于乡里者，有则以告。有而不以告，谓之蔽贤，其罪五。'有司已于事而竣。公又问焉，曰：'于子之乡，有拳勇、股肱之力、筋骨秀出于众者，有则以告。有而不以告，谓之蔽才，其罪五。'有司已于事而竣。公又问焉，曰：'于子之乡，有不慈孝于父母，不长弟于乡里，骄躁淫暴，不用上令者，有则以告。有而不以告，谓之下比，其罪五。'有司已于事而竣。于是乎乡长退而修德、进贤。桓公亲见之，遂使役之官。公令官长，期而书伐以告，切令选官之贤者而复之。曰：'有人居我官有功，休德维顺，端悫以待时使。使民恭敬以劝。其称秉言，则足以补官之不善政。'公宣问其乡里，而有考验。乃召而与之坐，省相其质，以参其成功成事。可立而时。设问国家之患而不疚，退而察问其乡里，以观其所能，而无大过，登以为上卿之佐。名之曰三选。"简而言之，"三选制"即由基层向上逐级选拔的一种机制。其大体顺序为：一选，乡长荐举贤才兼备者。二选，由乡选优秀者，经过各级官员的审核考察，再以文书样式递呈君主。三选，君主将下面举荐上来的贤才经过面试后，最终确定任用。关于"三选制"选举详情，拙文《〈管子〉人才思想及其当代价值》一文已有相关论述，文章指出："简而言之，三选制即由基层向上逐级选拔的一种机制。其大体顺序为：一选，乡长荐举贤才兼备者。二选，由乡选优秀者，经过各级官员的审核考察，再以文书样式递呈君主。三选，君主将下面举荐上来的贤才经过面试后，最终确定任用。管仲的三选制人才学思想，对当今从基层选拔优秀干部，具有有益的借鉴价值，因此三选制，也具有重要现实意义和历史价值。"[1]

（六）"中央之人"的用人指导思想。《君臣下》篇云："为人上者，制群臣百姓，通中央之人。是以中央之人，臣主之参。制令之布于民也，必由中央之人。中央之人，以缓为急，急可以取威；以急为缓，缓可以惠民。威惠迁于下，则为人上者危矣。贤不肖之知于上，必由中央之人。财力之贡于上，必由中央之人。"房玄龄在"中央之人"小字注曰："谓君之左右也，左右与君和之也。"实质就是君主身边的肱股之臣，对其池万兴先生曾有详细的阐释："《管子》认为中央之人是大政方针的决策者，掌握着制定政策和实施法令的实际权力。而且施政的轻重缓急

① 黄志立：《管子人才思想及其当代价值》，《管子学刊》，2016年第2期。

取决于中央之人。反之，若此权利不出于中央，那么君权必然会发生动摇和削弱。此外，中央之人又控制着人权和财权，如果掌控人事和财政大权的'中央之人'用人不当，那么必将出现用人失控、财政失控、吏治败坏、朋党宗派风气盛行的严重后果。所以对于'中央之人'的任用是国家用人的关键问题。"① 关于管仲的人事机制与人才思想，前修时贤已有诸多论述，兹不赘论。

管仲的致仕机制上承了诸如周代文献所载的内容，从中央到地方，实为互为表里，一脉相承，亦是先秦社会中人事制度进步与文明的具体表现。社会制度是致仕机制建立和完善的基石，综观先秦社会是历经了奴隶制的发生、发展、衰亡，及其封建社会制度的滥觞与建立的过程，而封建社会中分封制又伴随着社会性质的变迁而此消彼长。这一沉浮消长的变化势必会涉及甚至影响到封建贵族世禄的兴衰，而封建世禄制度的兴衰又将制约官吏致仕的能否顺利通行。诚如管仲在《问》篇中所云："凡立朝廷，问有本纪。爵授有德，则大臣兴义；禄予有功，则士轻死节，上帅士以人之所戴，则上下和；授事以能，则人上功。审刑当罪，则人不易讼；无乱社稷宗庙，则人有所宗。毋遗老忘亲，则大臣不怨；（房玄龄注曰：大臣非国老，则君亲令不遗忘，故不怨）。举知人急，则众不乱。行此道也，国有常经，人知终始，此霸王之术也。"管仲认为：凡主持朝廷政事，进行调查要有一些原则。爵位授给有德的人，大臣们就提倡行义，禄赏赐予有功的人，战士就不怕牺牲。君主任用所爱戴的将领治兵，上下团结和睦；按才能安排工作，人们就讲求功效。判处刑罚恰当其罪，人们就不轻易诉讼；社稷宗庙不被渎乱，人们就有信奉的中心。不遗忘老臣和宗亲，大臣就不会抱怨；充分了解人们的疾苦，民众就不会作乱。实行这些准则，国家有常规常法，人们也知道行动的轨范，这是实现霸王之业的措施。正是诸如此类的进步理念不断得以增加和实施，二者互为作用，彼此渗透，才成就其后齐桓公"九合诸侯一匡天下"的雄伟霸业。

五、"修而兼用"的养老形态

先秦之际对官员的致仕后待遇已与礼仪制度建立了紧密联系，对不同等级的官员待遇已做了明确的规定，比如待遇中的养老地点、供给多少、赡养方式等皆有初步的定制，而且这种养老机制对后世影响较深。致仕养老机制方面，《礼记》记述颇为翔实。书云："凡养老，有虞氏以燕礼，夏后氏以飨礼，殷人以食礼，周人修而兼用之。凡五十养于乡，六十养于国，七十养于学，达于诸侯。八十拜君命，一坐再至，瞽亦如之，九十使人受。……有虞氏养国老于上庠，养庶老于下

---

① 池万兴：《管子论君主与"中央之人"的重要作用》，《管子学刊》，2014 第 3 期。

庠，夏后氏养国老于东序，养庶老于西序，殷人养国老于右学，养庶老于左学，周人养国老于东胶，养庶老于虞庠，虞庠在国之西郊。有虞氏皇而祭，深衣而养老，夏后氏收而祭，燕衣而养老，殷人哻而祭，缟衣而养老，周人冕而祭，玄衣而养老。"① 从繁富而详细的文献记录可以得出如下内容。

首先，根据年龄界限，来划分致仕归宿。如五十养于乡，六十养于国，七十养于学。养于乡，多指老者被政府养于所辖的乡地范围，告老还乡即是。养于国，指官员致仕后由朝廷安排其在官府所置的馆阁之内，可编书修史，国家有难之时仍可献言建策，尽绵薄之力。养于学是古时礼遇最好的致仕之地，"有虞氏养国老于上庠，养庶老于下庠，夏后氏养国老于东序，养庶老于西序，殷人养国老于右学，养庶老于左学，周人养国老于东胶，养庶老于虞庠，虞庠在国之西郊"，其"上庠""下庠""东序""西序""右学""左学""东胶""虞庠"皆指受教育地方，统称学校。虞舜至夏商周三代，对致仕养老的体制基本一致，如"国老"一般养于"上庠""东序""右学""东胶"，这些应该属于高等学校，隶属于国家重要的文职机构。相对应的"庶老"则养于"下庠""西序""左学""虞庠"，这些教育机构相对偏低，适合"庶老"级别的官员颐养天年。从中不难发现，致仕官员的身份决定了赡养的属地，也是体现待遇不同的一种指标。

其次，尊享膳食之礼。虞氏时代与夏、商、周三代对待养老上各有侧重。虞氏之时以燕礼而养老，夏则以飨而礼，殷商以食而礼。其中，燕礼、飨礼以酒为主，前者主于恩，后者主于礼，食礼则以食为主。降级周代，在继承前者的基础上加以改进，形成"修而兼用"的综合之礼，并为后世研究先秦之际人事制度提供了有力的文献依据。同时《礼记》中也规定了不同年龄阶段的老人，所享膳食亦有不同。如"五十异粮，六十宿肉，七十贰膳，八十常珍，九十饮食不离寝，膳饮从于游可也"，五十者膳食要优于壮年，六十者可享有储藏的肉食，七十者膳食有多余的储备，八十者有佳肴美味，九十者在住所和常游之地要配备饮食，以供之需。

复次，俸禄中的冠服仪制。冕服是古代礼制的重要组成部分，尤其周代讲究礼乐文明之时，冕服被赋予了具有象征意义的符号，《论语·卫灵公》："行夏之时，乘殷之辂，服周之冕，乐则《韶》舞。"孔子所论最能体现冕服的意义。除此而外，周礼中的冕服体制，一则表现等级观念，依据冕服的异同，可以查看官员地位或级别。这在《周礼·春官》记载中得以证之，云："诸侯及孤卿大夫之冕，韦弁皮

---

① 阮元校刻：《十三经注疏·礼记正义》，北京：中华书局，1980年，第1345—1346页。

弁，弁绖各以其等为之。"①另一则高等级的冕服为君王所赐，若无君王之命则不能乘服。《礼记·玉藻》："君赐车马，乘以拜。赐衣服，服以拜赐。君未有命，弗敢即乘服也。"②此虽仅涉及周礼中冕服之制，然其背后则是地位、身份、官阶等的流露，古代以加赐章服、冠带致仕，不仅是一种较高的礼遇，更是一种官阶的彰显。这种冠带致仕的风气对后世影响较深，在其后的文献尚可觅寻其踪迹。

最后，持杖成为以老为尊的赡养方式。持杖不仅是辅助老人行走的工具，而且也是尊老执礼的标志。赐杖，既是周代尊老礼节的体现，又是荣耀的象征。《周礼·司寇下》："伊耆氏掌国大祭祀，共其杖咸。军旅授有爵者杖，共王之齿杖。"③《礼记·祭义》："是故朝廷同爵则尚齿，七十杖于朝，君问则席，八十不俟朝，君问则就之，而弟达乎朝廷矣。"④七十岁，是先秦社会尊老养老的重要时间节点，而杖又是老者的身份标识，二者共同彰显周代社会对老者的优待政策。古时持杖非常有讲究，譬如杖的大小、长短、材质等皆有严格的标准。另外，在什么情形下、何种级别的人持杖时，则要按照礼法而行，尚不可随意为之。如《后汉书·礼仪志中》记述："仲秋之月，县道皆案户比民。年始七十者，授之以王杖，餔之糜粥。八十九十，礼有加赐。王杖长（九）尺，端以鸠鸟为饰。鸠者，不噎之鸟也。欲老人不噎。是月也，祀老人星于国都南郊老人庙。"⑤此处载录了持杖的时间、接受者的年龄、杖的尺寸、形制纹饰，以及持杖后所尊享的礼遇等，观此可以进一步增加"持杖"与尊礼之间的关系，亦有助于认识古人在的致仕方面所推行的体制。

从上述文化传播的视角不难发现，致仕机制的逐渐成熟与推广，其旨归如下："其一，国家的统一与朝野的稳定是其臻于完善的基石。其二，消减了官吏终生为官的体制，不仅为统治者政权建设源源不断地输送富有活力的人才提供保障，而且退职后的官吏在政府的致仕机制下可以老有所养、老有所助更好地安度晚年。其三，致仕机制运行既大大缓和阶级之间的矛盾，又利于社会的稳定与发展。其四，致仕机制在先秦时期虽流露出时代局限的痕迹，但在探索古代养老体制与人事制度的形成与发展的进程中,其筚路蓝缕之功不可埋没。"⑥总之,不论是《周礼》《礼记》等此类记载宗主国事务的典籍，抑或类似诸侯国《管子》的文献，古人对先秦之际的人事退休制度已经有了清晰的认知，并逐渐形成一定的制度。这里面

---

① 阮元校刻：《十三经注疏·周礼注疏》，北京：中华书局，1980年，第855页。
② 阮元校刻：《十三经注疏·礼记正义》，第1483页。
③ 阮元校刻：《十三经注疏·周礼注疏》，第889—890页。
④ 阮元校刻：《十三经注疏·礼记正义》，第1599页。
⑤ 范晔：《后汉书》，北京：中华书局，1965年，第3124页。
⑥ 黄志立：《从管子致仕思想探析先秦人事时期制度》，《哈尔滨工业大学学报》（社科版），2019年第6期。

既有对致仕的官员年龄、官爵条件、致仕待遇、身体条件、养老机制等的要求和限制，又从侧面反映出先秦官员致仕背后是社会制度的渐趋成熟与礼乐文明的浮沉迁变。

他山之石

铅华退去，按迹循踪

——从唯物主义史观读黄仁宇:《中国大历史》

Return to simplicity, follow the trace: Reading Ray Huang: *China: A Macro History from the perspective of historical materialism*

张伟博 *

Zhang Weibo

摘　要: 历史乃岁月之痕，光阴之迹。读史不但可以明智，更可以鉴知。正确的史观和严谨的求知态度是客观认识历史的保证。本文从唯物主义史观和认识论的角度出发，对黄仁宇:《中国大历史》进行客观解读，主要以秦时期的部分案例进行阐述。

Abstract: History is the trace of time. Reading history can not only be wise, but also identify knowledge. Correct view of history and rigorous attitude of seeking knowledge are the guarantee of objective understanding of history. From the perspective of historical materialism and epistemology, this paper objectively interprets Ray Huang: China—A Macro History, mainly expounds some cases of the Qin dynasty.

关键词: 唯物主义史观；中国大历史；黄仁宇

Keywords: Historical materialism; *China—A Macro History*; Ray Huang

---

* 作者简介:张伟博，南京林业大学人文社会科学学院副教授，兼任厦门大学新闻传播学院副教授。研究方向:媒介、文化与传播，品牌研究。

一、历史与唯物主义史观

历史是一条长河，随时间流淌，厚重且无法阻挡。从过去、现在到未来，人类都无法阻止历史的发展。纵观历史长河，没有人能够改变历史，"即使是伟大领袖，也只能在弯曲的小径施加小小的推力"①。历史的车轮终究还是以它自身的轨迹缓慢而又坚定的前行。在历史的记述中我们通过文字寻觅以往的空前盛世，理解曾经的风云际会，体会过去的刀光剑影。当历史的镜像一帧一帧地在我们面前闪烁时，我们有时却又难以握住真相，似乎"真实"稍纵即逝，难以掌控。甚至，很多历史事件都无法理解，更无从解释。究其原因便是史观的问题，是看待历史的角度和方法出现了偏差。如果我们从唯物主义史观的角度出发，结合当时的历史情境去审阅历史，就会发现很多惊心动魄的"突发事件"都是合理且有历史条件支撑的。同样，再看那些原本被我们认为是平淡如水的历史时期，实则正在酝酿空前的政治思想基础，抑或是在其他诸如经济、精神、艺术、宗教等方面，正在取得波澜壮阔的成就。

唯物主义史观认为历史的发展以及每一个历史事件的发生，都受到当时的政治、经济、文化，甚至地理，资源等多种因素的制约。政治基础映射了当时的经济、文化水平，同时又受到经济与文化的制约。所以，研究历史时不能把这些因素割裂开来，否则我们看到的历史就只能是一幕幕死水般的乏味叙述；或者相反，看到的是一场场难以用逻辑解释的历史事件。其次，在看待历史时不能就事论事，即使挖掘了大量的事实，但若孤立地追求每一个事件个体的真实，依然难以保证我们准确的看清整个事件的发展脉络。所以，唯物主义史观要求我们要用发展的、联系的眼光看待历史。历史的发展是有前因后果的联系的，如果只是简单地从某一事件的真实与否，评价历史，那么我们将很难理性的对历史做出客观的评价，但是若从发展的、联系的眼光重新审视，则历史上很多看似"不合理"的状况都变得合理了。最后，唯物主义史观认为历史的发展有它自身的规律，即生产方式决定社会、政治和精神生活的一般过程，这些因素结构成一种总体的"社会存在"，这种客观的"社会存在"不断地变革与发展，并受到生产力和生产关系之间的矛盾、经济基础与上层建筑之间的矛盾，这两种力量的双重推动。所以，纵观历史，每一次变革也都是一种延续，很多时候看似仅仅是一般的延续，究其深层却发现其本身却在不断地变革。正如李彬所说："既有变革，又有延续；一阴一阳，一动一静；变革中体现着延续的逻辑，延续中不乏变革的轨迹。也可谓自其变者而观

---

① 黄仁宇：《黄河青山：黄仁宇回忆录》，张逸安译，台北：联经出版社，2001年，第616页。

之，则天地曾不能以一瞬；自其不变者而观之，则物与我皆无尽也"①。

黄仁宇的《中国大历史》正是从唯物主义史观的角度出发，结合客观的现实条件，剖析中国历史上的朝代更迭和历史事件。其叙事方式没有就事论事，而是结合政治、经济、地理、人文等多种因素进行飞翔实且富有深度的阐述，通过缜密的逻辑判断揭示出一个个鲜活的时代。黄仁宇的书带给读者一种全新的视野，书中的大历史观使读者对历史的认知上升到一个从所未有的高度。本文将结合黄仁宇的思路从三个大家熟知的历史史实来展现以上观点。

二、秦与统一六国

说到秦统一六国，不得不提到秦始皇，然而提到秦始皇，根深在大家脑海中的印象无非是残暴、杀戮。其中史记是这样描写的"秦王怀贪鄙之心，行自奋之智，不信功臣，不亲士民，废王道，立私权，禁文书而酷刑法，先诈力而后仁义，以暴虐为天下始"②。然而，如若从历史发展的脉络来看，似乎秦统一六国并不完全以个人的意志决定。从唯物主义史观的角度来看六国统一更是一种客观的历史诉求，而杀戮本身更是一种时代的延续。

周朝时期，疆域辽阔。在分封制的背景下，周是一个相对较大的王朝，与当时的诸多小国共存于世，但周能够掌握话语权对其他众多的小国家发号施令。然而，随着战争与经济的变化，这种状况在缓慢地发生变化。公元前 771 年，戎人攻入国都长安，周幽王被杀，王子东逃，周在政治上节节衰退。从此中国历史进入春秋战国时期，史称东周。这一时期中国历史进入了一个大混乱时期。原本周朝的政治组织维持着区域内的稳定，可是人口的激增，环境的变化，逐渐使得各个小国间的冲突不断，战争此消彼长，而周朝势力的丧失使得原本享有的仲裁权也变成了空话。自此，宗主关系被打破，取而代之的是各自为政，从而加剧了社会的混乱，连年的战争给百姓生活带去了无尽的灾难。到了战国时期延绵不断的战争和骚乱已经持续了好几百年。在春期时代，记录里留下了一百七十多个国家的名录，这些国家连年混战，百姓痛苦不堪。各诸侯国相互吞并，例如楚国当时就吞并了百余国家中的四十个③。再后来在版图上就只剩下了七个国家，史称"战国七雄"。从一百七十个国家，经过战争的残酷筛选，最后只剩下七个，可以判断这个过程是极其残忍的。在东周历史的五百多年里，中华大地经历了无数次战争，且这些战争的规模和仪式已经一改春秋早期战争比较注重礼仪风度和杀戮较小的

---

① 李彬：《试谈新中国新闻业的十大关系》，《山西大学学报》，2014 年第 3 期，第 86 页。

② （汉）司马迁著，（宋）裴骃集解：《史记》（卷六），北京：中华书局，1995 年，第 200 页。

③ 黄仁宇：《中国大历史》，台北：联经出版事业股份有限公司，1993 年，第 22 页。

战争风貌，战势已经变得极其残忍。据史料记载，彼时战争中双方投入的兵力往往都超过五十万，而且当战争从荒郊攻入城郭通常都会连续数月，对当时百姓的生命是一种近乎疯狂的践踏。甚至"有一个国君命国内十五岁以上的男子全部充军参加战争"①。战争的残酷和鲜血淋漓的场面一次次的刺激百姓的心灵，统一与和平的声音逐渐萌发了。

除此以外，水患等自然灾难也一次次的肆虐当时的百姓。洪水和旱灾对百姓的肆虐一点都不亚于战争带来的创伤。由于当时各个国家分封而治，在洪水面前各自都无能为力。即使各个诸侯签立盟约（葵丘之盟），不得修筑有碍邻国的水利设施，然而当灾难来临时盟约犹如废纸一张，各自仍旧以自身利益为重，最终受伤的还是全天下的百姓。到了旱灾年月，一国受灾严重时，邻国紧锁城门，不愿救助。这时，受灾国军队必将越过"国境"抢夺收成，这便成为战争的永恒导火线，抢夺和杀戮便很自然的发生了。当时的政治局势——分散的列国根本上没有治水和抗旱的政治基础，更无法解决这两个与百姓生死攸关的问题。《孟子》中提到的治水记录有十一次之多，但效果都不理想，因为各自都是从局部解决问题，未能从整体上总览水患全局，探寻解决问题之道，所以灾难无法从根本上得到治理。"天下之定于一，才有安定"，《孟子》的这句话准确的道出了当时的社会政治局面，几乎为当时所有问题的核心找到了准心。自然气象与地理水文，这两种因素客观上促进了中央集权的发展，在上层建筑中也形成了一种渴望统一的思潮。

再次，政治本身也为统一埋下了伏笔。当时，中国政治体制早熟，春秋时期各种思潮的出现为政治打下了坚实的基础。"百家争鸣"使得当时中国政治文明已经上升到一个高度，各诸侯国都在寻求变法与整改。"嬴秦尚不是改制的先锋，早在秦进行改革之前，其他国家就已经开始改革，只不过改革的力度和程度不同罢了"②。当时，儒家思想与农耕社会组织形态，以及分封制的政治体制使得对君主和宗族都有着无限的容忍，而对普通百姓却不能一视同仁。最终导致特权阶级的出现，并促使了法家思想的崛起（鼓吹王子犯法与民同罪）。儒家的法律无法脱离家族观念，中国社会亟须一种司法体系，亟须一种统一的社会形态。最终表现为中国社会亟须一种集权的政权。此时，华夏大地上的所有土壤已经为统一做好了准备，为变革奠定了坚实的基础。

除上述论述以外，农业，冶金、军事等技术的发展也为变革做好了最后的点火准备。所以，从唯物史观的角度看我们不能孤立地看待秦统一六国，更不能简

---

① 黄仁宇：《中国大历史》，台北：联经出版事业股份有限公司，1993年，第23页。
② 吕思勉：《先秦史》，上海：上海古籍出版社，2009年，第22页。

单的将着眼点落在秦王个体以及他的杀戮上，而应该纵观史实，用历史的逻辑思考、解读历史，将会发现统一是一种必然，而统一的人选是历史做出的选择。

三、揭开焚书坑儒的真相

焚书坑儒被看作是秦始皇的又一"杰作"，但是，秦焚书与坑儒的动机是什么？有什么逻辑关系？当时的历史事件中还发生了什么事情？弄清楚这几个问题有助于我们揭开这一事件的神秘面纱，不是要为秦朝与秦始皇辩论，而是一种客观的学术思想要求我们尽可能客观的素描事实真相。

首先我们承认秦是一个集权国家，法家思想构成其主要意识形态。秦始皇的个人意志往往成为法律的准则，统治者的行为往往只受个人道德和意识的约束。所以这是焚书坑儒事件得以发生的一个必备条件，但除此以外，我们需要了解当时的社会形态。

公元前 213 年，博士齐人淳于越要求尊重传统政治，根据古制，分封子弟。丞相李斯加以驳斥，并主张禁止百姓以古非今，以私学诽谤朝政。秦始皇采纳了李斯的建议，下令焚烧《秦记》以外的列国史记，对不属于博士馆的私藏《诗》《书》等限期交出烧毁；有敢谈论《诗》《书》的处死。此即为"焚书"。前面论述已知秦统一之前，正是由于东周政治的分封而制，导致各方诸侯连年混战，儒家思想中的"家人亲疏"、"君父观念"，甚至是"仁怀恻隐之心"往往成为特权阶级的温床。秦国正是要打破这种局面，并且已经取得了一定的成绩。虽然在自身权力的约束上还是体现了集权的思想，但在君主以下的权利设计上已经取得了很大的进步。这种进步以及刚刚建立的统一国家在当时的历史情境里不失为一种成就。所以，在当时来看儒家思想中的一些主张恰是这个刚刚建立的国家所不能容忍的，其次，秦作为统治阶级必须用法律维护自己的政权。为了巩固政权就必须削减其他诸侯的势力，同时在思想上加以控制。然而，淳于越要求尊重传统政治，这实际上在当时来看就是一种复辟，一种将全天下人民再次带入战火的政治言论。所以这才是焚书的客观背景。最后，值得一提的是很多历史史料中记载焚书事件中，秦并未完全将六书烧光，而是烧了民间的六书，朝廷中的依然保存了下来。例如："秦焚书也只是教天下焚之，他朝廷依旧留得；如说非秦记及博士所掌者，尽焚之，则六经之类，他依旧留得，但天下人无有"（朱熹《朱子语类》）。"博士之所藏具在，未尝烧也。六经之亡非秦亡之也，汉亡之也"（刘大櫆《焚书辨》）。"书之焚，非李斯之罪，而项籍之罪也"（刘大櫆《焚书辨》）。

坑儒事件在大众的认识中更是有偏差。首先对坑儒的"儒"的定义有很大争议，因为《史记》《汉书》《通鉴》等正史均称"屠术士""坑术士""坑方术士"

而非"坑儒"，"坑儒"之说始见于汉武帝时期，且多见于野史，严肃的正史是很少有记载的。而且据说孔子的后人在坑儒时对当时被处死的术士说："原来你们都不是读书人"。所以这个"儒"字，只能定义为儒士，而非大众概念中持儒家思想的学术人士，或者是其他与秦政见不同的学者。

春秋战国时期流行各种方士、术士。在秦时期，朝廷除了任用了很多文学、政见学者之外，也收养了一些占星和炼丹的术士。其中有两人受命为秦始皇炼制长生不老之药，当秦始皇花费巨大代价以求长生不老之药时，这两位术士无法交出，同时指斥秦始皇性情急躁不符合长生不老的条件。于是，焚书翌年，这两个炼丹术士侯生和卢生暗地里诽谤秦始皇，并亡命而去。秦始皇得知此事，大怒，派御史调查，审理下来，得犯禁者四百六十余人。这些人大多数都是一些江湖术士，或者都在卖弄相似的方术，最终，这四百多人统统被秦始皇坑埋于咸阳郊外。

康有为认为："秦焚书，六经未因此而亡。秦坑儒，儒生未因此而绝。自两生外，鲁诸生随叔孙通议礼者三十余人，皆秦诸生，皆未尝被坑者。其人皆怀蕴六艺，学通《诗》《书》，逮汉犹存者也。然则以坑儒为绝儒术者，亦妄言也"。

四、十五英寸等雨线与中国长城

万里长城是中国古代伟大的防御工程，中国人民智慧的结晶。秦始皇为了修筑长城动用了 30 万人，创造了人类建筑史上的奇迹……对长城的表述中我们看到的常常是这些言辞。但秦为什么要修建长城？为什么要在那个位置修建长城？长城与政治、经济、人文之间有什么联系？这些问题却鲜有人提出，但在《中国大历史》中可以看出些许端倪。

《中国大历史》结合气候与地理因素深掘这些问题原委。"气象上的因素也促成中央集权的发展，此中值得注意的是所谓十五英寸等雨线，这条线从东北到西南，当中一段与长城大致相符"①。从这里我们可看出不能简单地按照惯性思维理解长城的意义，若要深入理解必须从气候、地理，与中央集权的发展看待这个悠长的建筑防御工事。

按照黄仁宇的观点，中国长城甚至中国政治的发展都受到了地理、气候等自然因素的影响。长城的修建实际上与这些因素有关，某种程度上这些因素甚至起到了决定性作用，而这种决定不单单只涉及长城，更包括政治、经济、文化以及百姓生活方式。所以长城与政治应该在很大程度上都受到了自然条件的制约。中华大地幅员辽阔，土壤、气候差异较大，尤其是降雨量相差更大。根据地理条件，

---

① 黄仁宇：《中国大历史》，台北：联经出版事业股份有限公司，1993 年，第 30 页。

我国东南部受沿海暖湿气流影响年平均降雨量400毫米以上是常事，而西北地区则正好相反。400毫米接近于15英寸，所以黄仁宇称为十五英寸等雨线，降雨量400毫米是半湿润与干旱的分界线，低于400毫米的地区不适宜农业耕种。在中国，这条分界线自东北一直向西南延伸至青藏高原，这条线很长一部分与长城吻合。长城外的西北大面积降雨稀少，"往往几千英里内人类全然不事农桑，他们不直接地倚赖土地上的植物为生"[①]，他们与牲口来往于干燥的地区，让牛羊自觅水草。牧人的生计不能转变为种稻人的生计。在长城内外栖息着游牧与农耕两种生存方式，中华文明也始终伴随着两种文明的斗争。但是，自始至终两种文明的界限始终被限定在长城内外，即使是在元、清时期，中国被少数民族所统治，但在文明的事实上，农耕与游牧的界限仍旧存在那里，所以才会出现关外少数民族进入中原后迅速接受中原文明，并再次以长城为界抵御外来侵略。

综上所述，长城的存在与走向除了鲜明的地理特征以外，更多地体现了深邃的民族地域特征与地缘政治特性。从战国以来，有20多个诸侯国和封建王朝修筑过长城。最早是楚国，为防御北方游牧民族或敌国，开始修建长城，随后，齐、燕、魏、赵、秦等国基于相同的目的也开始修筑自己的长城。秦统一六国后，把各国长城连起来，西起临洮，东至辽东，绵延万余里，遂称万里长城。长城伴随着中国历史，记载了两千多年的中原与塞外的战争史，它是中国政治、民族、以及气候、地理的多重因素的产物，更是这些因素的历史记忆。

结语

黄仁宇的书籍以及一些观点并无被所有人认可，仍旧有一些学者对他的观点提出了质疑，例如：气候、地理等自然因素对政治的影响。但是，唯物主义史观却能让我们更客观的认识事物本身。当今社会媒介泛滥，信息爆炸，作为数字生活空间的生活者，应该学会正确的解读各种信息，具备一定的媒介素养。当接收到一些信息时不能被事件的表象所迷惑，而应该选择"退去铅华，按迹循踪"，按照事件的发展轨迹从本源解读事件真相。从发展和联系的角度辨别信息的真伪，而不是孤立的看待信息。同时应该培养自身独立的思考能力与批判能力，不能人云亦云或随风摇摆。在对一些事物做出判断时更应该保持价值无涉的态度，从学术的角度正确、客观的发出自己的声音，久而久之形成自己的人生观与世界观。

---

① 黄仁宇：《中国大历史》，台北：联经出版事业股份有限公司，1993年，第30页。

《华夏传播研究》征稿函

中国拥有五千年的文明,拥有丰富的传播实践、传播思想,拥有巨大的学术研究空间。前辈学者余也鲁、徐佳士、郑学檬、孙旭培等首倡"华夏传播",随后黄星民教授在《华夏传播研究刍议》一文中将"华夏传播研究"界定为"是对中国传统社会中的传播活动和传播观念的发掘、整理、研究和扬弃"。华夏传播研究的终极指向是构建系统化的华夏传播学理论。该理论立足于中国历史与现实,能够阐释中华文明传播现象,解决中国社会传播问题,运用中华术语建构起来的具有中国风格、中国气派的理论体系。其使命在于整理中国传统的传播理念、传播理论、传播制度,这不仅是理解当下中国诸社会现象的重要依据,也是反思中国传统、构建未来和谐社会所需要的传播资源,还是丰富世界传播理论的必由之路。总之,华夏传播学作为华夏传播研究领域的理论成就,为促进作为传播学"中华学派"理论表征的"中华传播学"的最终形成奠定了基础。

华夏传播研究具有推动与深化中国传播学研究,回应传播学基本问题的理论特质,未来必将成为研究热点。当前,在中国注重国家形象传播,追求提升自身文化话语权与软实力的大好形势下,传播学主体性凸显的学术界在华夏传播研究方面的热情正在不断被激发,一批青年学者涌现,一批有分量的成果出现,使这一领域大有兴起新高潮之势。21世纪的第二个十年以来,华夏传播研究获得迅猛发展。

传承与发展中华优秀传统文化是时代的使命,也是学者的责任。为不断发扬光大华夏传播研究事业,我们在广大热爱中华文化、关注中华文化研究与传播的众多学者和社会贤达的大力支持下,将以"厦门大学传播研究所"这一校级机构为组织者,以两岸关系和平发展协同创新中心为联合主办单位,以新闻传播学院为依托,以广大中华文化研究学者和新闻传播学研究学者为强大的后盾,搭建文史哲与新闻传播对话交流的平台,以嘉惠学林。为此,厦门大学传播研究所在学院领导、前辈学者和众多同仁的关心与支持下,决定再创办一本具有鲜明领域特色和专业性、严肃性的学术辑刊——《华夏传播研究》。我们希望以此刊为平台,继续集聚海内外有志于传播华夏文明、展现中华博大精深的沟通智慧的各方人士,分享研究成果,提供学术动态,推进中华文化的社会传播与国际传播,同时兼及新闻学与传播学各领域的新成果,以便更深入地发掘中华文化中的传播智慧,提炼中华传播观念,锻造中华传播理论,推动传播学"中华学派"的早日形成。

稿件方向:

(1)基础理论,研究中华文化的传播思想、传播制度与传播方法等;

(2)历史发展,研究中华文明不同时代的传播观念与传播技术等方面的变迁,探索中华传统文化对于弥合大陆和台湾民众心灵距离、增强文化共有空间的重要意义；

（3）民俗传播，探讨中华大地上民间社会生活中依然鲜活传承的民俗传播形态及其文化传承方式，也包括大陆和台湾民俗交融研究，特别是妈祖文化、闽南文化、客家文化、族谱文化的交流与传承等；

（4）传播观照，包括从健康传播、公共传播、政治传播、科技传播、跨文化传播、情感传播、新媒体传播等各领域来探讨中华文化的传播问题；

（5）古今融通，注重中外传播智慧的比较研究和中国传播观念的古今传承；

（6）经典发微，注重挖掘中华文化经典作品中的传播智慧；

（7）传播实践，着重推介那些致力于国学当代运用的新观点和新做法，积极探讨中华文化海外传播的路径，传扬中华文化传承与发展的实践经验，当然也包括大陆和台湾如何协作共同传承好、发展好中华优秀传统文化的问题；

（8）学术动态，通过译介、摘编、撰写著作提要等方式来介绍海内外学者华夏传播研究的新成果，同时也刊发相关的学术会议综述和重要研究著作的书评。

来稿规范：

论文题目、内容提要、英文摘要、关键词、作者简介、通讯地址（含邮箱和手机号码）、参考文献等内容均应书写清楚，论文字数以控制在 20 000－30 000 字以内为宜，优秀稿件可以不受此限制。引文务必核对原书。格式为自动生成的脚注，以①②为标记，每页重新编号。若有"参考文献"，可放于文末，以［1］［2］为序号，格式同引文。引文中已有的，不再罗列。具体注解格式请参照《中国社会科学》。

截稿时间：

本刊为半年刊，上半年截稿时间为当年 5 月 1 日；下半年截稿时间为当年 10 月 1 日。欢迎各位同仁提前联系，探讨相关选题，以保证推出高质量的学术论文，进而推进传播学中国化的进程，以无愧于这个中华传统文化勃兴的时代。

稿件一经刊用，酌付稿酬，并赠送样刊两本。

赐稿方式：

来稿请通过电子邮件发送 word 文稿。

本刊编辑部联系地址：福建省厦门市思明区思明南路 422 号厦门大学传播研究所（新闻传播学院内）；

邮政编码：361005；

联系人：若水先生；

赐稿邮箱：hxcs2018a@163.com。

厦门大学传播研究所
《华夏传播研究》编辑部
2021 年 5 月 1 日